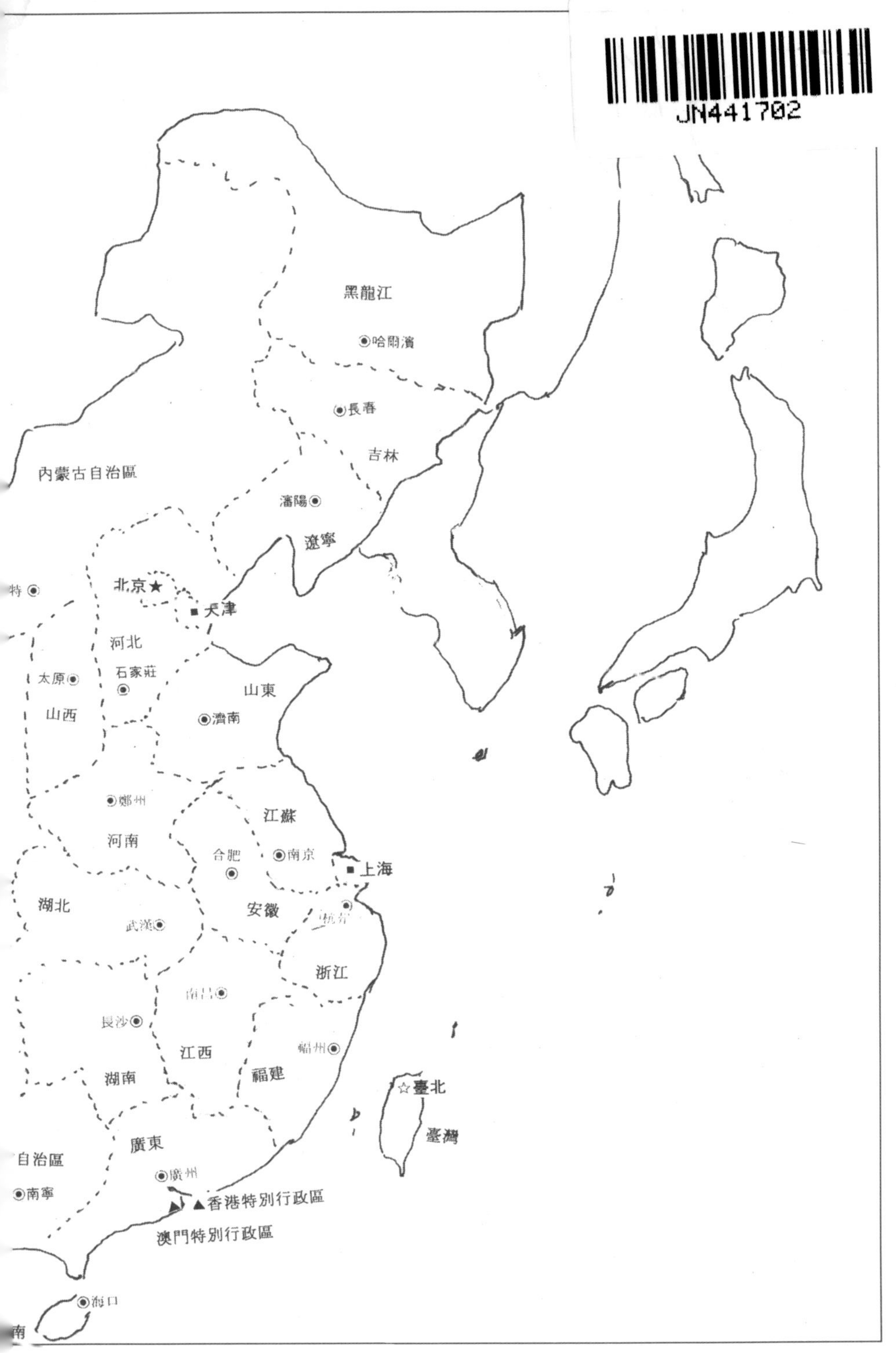

黑龍江
哈爾濱
長春
吉林
內蒙古自治區
瀋陽
遼寧
北京
天津
河北
石家莊
太原
山西
山東
濟南
鄭州
河南
江蘇
合肥
南京
上海
安徽
湖北
武漢
浙江
長沙
江西
湖南
福建
臺北
臺灣
廣東
廣州
南寧
香港特別行政區
澳門特別行政區
海口

중국근현대사 ③

# 당대중국 : 중화인민공화국과 대만

신 승 하 저

大明出版社

# 머 리 말

1992년 8월, 중국과 수교할 때까지만 하여도 죽의 장막에 가리어진 당대의 중국사정은 알고 싶어도 알 수 없었다. 특별한 연구기관이나 극소수 전공자들의 경우에만 중국에서 출간된 자료들을 손에 넣을 수 있었을 뿐 중국을 여행하거나 자료자체를 갖고 있거나 보는 것이 법에 저촉되었기 때문이었다. 중국근현대사를 공부하는 필자로서는 그래도 일본이나 홍콩을 자주 드나 들 수 있는 기회가 있어 불법이긴 하지만 두 서 너 권씩 다른 책들 속에 넣어 가지고 들어 와 그런대로 기본적인 것은 구비할 수 있었다. 이에 힘입어 1993년 4월에 출간한 것이 『중국당대40(1949-1989)년사』였다.

그러나 너무나 빈약한 자료를 바탕으로 한 출판이었기에 흐름은 정리가 되었으나 1990년대부터 홍수처럼 쏟아지는 자료들을 보면서 재정리가 불가피하게 되었다. 그런데 대학에서 당대사에 관한 강의가 이루어지지 않아 정리할 시간이 주어지지 않았다. 사실 필자는 또 다른 저서 중국근대사와 중국현대사를 재정리 하여 『근대 중국: 개혁과 혁명』, 『현대중국 : 중화민국과 공산혁명』을 출판하였기 때문에 기회를 보았으나 뜻대로 되지 않았다.

새천년을 넘기고 정년을 의식하면서 마음이 조급해졌다. 다른 일도 정리하여야 하였지만 2쇄를 내고 출판사가 문을 닫는 바람에 그 동안 다른 출판사로부터 여러 차례 재판을 내자는 요구도 있었지만 거절해왔기에 더욱 심리적 부담을 갖고 있었다. 그런데 마지막 연구년을 얻게 되었고, 또 그 기회 해외연수 연구비를 아산재단으로부터 받게 되어 필자에게는 큰 도움이 되었다. 계획을 세워 출발하려는 때 중국에서 사스(SARS)가 돌아 어려움을 주었고 정리가 끝날 무렵 건강 문제가 필자에게 좌절감을 주었다. 주님의 뜻이라 마음가짐을 했지만 수술 후 얼마 못가 재발로 결국 정년 할 때까지는 끝내야 한다는 자신과의 약속을 지키지 못했다.

그래도 이것만은 정리를 끝내야 한다는 마음가짐이 있어 갖가지의 잡념과 치료의 고통에서 벗어나 모든 것을 잊을 수 있는 방패막이로 삼았다. 그런데 학교를 떠나 연구실을 정리하고 가지고 있던 책들을 제자들에게 넘기고 나니 끝 부분 좀더 찾아야 할 자료를 확인하는 일이 쉽지 않아 방학 전까지 끝낸다는 것이 늦어졌다.

이제 이 책을 출간으로 필자는 대학 강단에 서면서 생각해왔던 것 가운데 하나인 당대사를 포함하여 중국근현대사의 통사적 정리를 마친 셈이다. 한 때 중국공산당이 계급투쟁을 내세워 혁명을 외칠 때 역사는 정치의 시녀라 여기고 제 입에 맞춰 고쳐 쓰고 날조하면서 군중을 선동하였으나 그것은 허상이었음이 밝혀지듯이 역사는 누구 편에 이용되어지는 것이 아니라 그 자체가 가르침이고 교훈이다. 새로운 자료들이 발굴되고 연구, 해석되겠으나 평가는 달라도 역사적 사실은 지워지지 않기에 사실 중심으로 서술했다.

마지막 한 해 남겨두고 정년도 못 채우는 것 아닌가 하였으나 주변의 관심과 격려아래 투병하며 강의를 마치고 학교를 떠나 이제 이 작업을 끝맺고 보니 고마움을 표할 분이 너무 많아 일일이 적을 수가 없다. 그러나 어려운 여건에도 출판하겠다고 나선 출판사 이철구 사장의 각별한 배려가 있었음은 적지 않을 수 없다. 모든 분들께 감사드린다.

2006년 9월

신 승 하

## ◇ 목 차 ◇

### 제1장 서 장



### 제2장 사회주의 국가의 건국과 국민정부의 대만이전(1949-1952)

## 제 3 장 사회주의 체제로 개조와 삼민주의 모범성 건설(1953-1956)

## 제 4 장 사회주의 건설의 매진-대약진과 반공복국의 표방시기(1956-1960)

## 제 5 장 대약진의 좌절과 국민경제의 전면조정(1960-1965)

## 제 6 장 문화대혁명과 중국문화부흥운동(1966-1970)

## 제7장 문화대혁명의 실패와 문혁기의 중국(1970-76)

# 제 8 장 중국의 현대화, 개혁개방과 대만의 본토화(1976-82)

## 제 9 장 중국특색의 사회주의건설과 대만의 민주화(1983-1989)

## 제 10 장　회귀이전의 마카오와 홍콩



## 제 11 장　제3대 영도 체제-강택민시대 : 사회주의 시장경제 체제의 확립과 성장의 지속

## 제 12 장 대만의 정권교체와 대만화

## 제 13 장　해협양안의 정치 관계와 민간 교류의 확대

제 1 장

# 서　　장

## 1. 당대사(當代史)와 현대사(現代史)

'당대(當代)'란 말은 지금의 시대 즉 우리가 살고 있으면서 경험하고 있는 바로 오늘의 시대를 가리킨다. 당대에 일어난 일은 우리가 직접 보고 듣고 경험하였기 때문에 나름대로의 관점을 갖고 이해할 수 있다고 하지만 사실은 그렇지 못하다. 왜냐하면 우리가 보고 들은 것들은 사실의 모든 면을 인지하고 비교 검토한 객관적인 것이 아니고 그것은 어느 한 면만을 본 피상적인 것이기 때문이다. 비록 공식적인 자료가 공개되었다고 하지만 공개된 자료만 갖고 사실을 증명하려 한다거나 기술한다면 오히려 사실을 오도할 수 있을 뿐 아니라 체제의 합법성이나 정부 정책의 미화를 선전하는 역할에 그칠 수밖에 없다. 그 이유는 공식적인 것 이외에도 더 많은 자료들이 숨겨져 있기 때문이다.

따라서 당대의 역사는 서술하기가 그만큼 어렵다. 특히 역사란 객관적이고 정확한 사료를 바탕으로 연구되는 학문이기 때문에 공개되지 않은 자료가 많지 않은 상황에서 정리하기란 쉬운 일이 아니다. 이에 연구자들의 관심은 많지만 또한 기피하고 있는 분야이기도 하다. 그러므로 역사연구의 시대구분론에서도 근대와 현대란 시대는 설정하고 있지만 당대란 시대는 설정하고 있지 않고 현대사에 포함시켜야 한다는 막연한 생각을 갖고 있다. 이처럼 당대사에 대하여 역사학에서 기피하다보니 주로 현실 문제를 접근하려는 사회과학 특히 정치학 분야에서 많은 관심을 갖고 있는 시기이기도 하다.

현대(現代)란 근대이후가 되며 근대의 하한을 언제까지로 잡느냐에 따라 그 시작의 시기가 정해지지만 언제까지여야 한다는 하한을 설정하기가 어렵다. 현대에는 어떻게 보면 현재(現在), 즉 당대(當代)가 다 포함되었다고 보여 실제로 그 시기는 훨씬 광범위하기 때문에 당대란 시대 설정이 불필요하다는 쪽에 가깝다고 할 수 있다. 즉 당대란 시기가 설정되었다면 시간적으로 당대에 가장 근접하는 시기까지 포함할 수 있고, 아니라면 현대에 당대를 포함시킬 수박에 없기 때문이다.

그런데 현재와 현대가 엄격하게 구별되어야 하는 것처럼 당대와 현대도 구별되어져야 한다. 그렇다고 현재를 당대로도 볼 수 없다. 이미 현대가 어디까지라고 하한이 그어졌다고 한다면 마땅히 그 이후는 현재라고 보아야 하겠지만 그러나 막연하게 현재란 말을 갖고 지금의 시대를 볼 수 없기에 현재란 말을 사용하지 않고 '당대'란 용어를 취하게 되었다. 그 이유는 현재란 바로 시간적으로 오늘, 지금을 이야기하고 있으나 당대란 적어도 하나의 세대, 즉 우리의 세대를 의미하고 있으므로 현재보다는 훨씬 포괄적이기 때문이다.

최근에 들어와 이른바 정부 정보의 공개요구가 거세지면서 정부에서 보관하고 있던 중요 사건 자료들이 공개되고 있다. 중국도 1988년 1월부터 「중화인민공화국 당안(문서)법」이 실시되면서 문서가 작성된 지 만 30년이 지나면 그 문서를 개방하기로 되었다. 이들 문서는 당연히 제1급 사료로서 역사연구의 가장 중요한 자료가 되지만 자료의 특수성 때문에 그 자료에 문제점도 많다는 점을 유념하지 않으면 안 된다. 뿐만 아니라 이런 저런 이유로 공개를 제한하는 자료들이 많아 연구자들을 애태우고 있다. 하지만 공개된 자료 가운데는 논란이 되었던 문제를 단번에 해결해 준 중요한 것들이 있기에 공개를 기대하고 있으며 역사학분야에서 연구영역을 확대하고 있다. 대표적 경우가 소련의 한국전쟁 관련 문서가 공개되면서 이른바 북침설

(北侵說)은 근거를 잃게 된 예이다.

따라서 현대사의 연구범위를 확대하여야 한다면 문서가 공식적으로 공개되는 30년 전까지로 잡을 수 있다. 그 이후의 시기는 아직도 많은 자료들이 숨겨져 있기에 엄밀한 의미에서 객관적 역사서술이 어렵다고 보아야 한다. 역사는 우선 사실이 규명되고 그 토대위에 정리되어야 하기 때문이다. 그렇다고 자료들이 나올 때까지 기다릴 수 없다. 역사는 지금 이 순간에도 계속 새롭게 이루어지고 있기에 그 흐름을 정리해둘 필요가 있다. 이는 더 나아가 연구의 단초를 열어주는 역할도 할 수 있다. 때문에 현대사에서 정리할 수 없는 부분으로 당대사가 필요하다.

## 2. 중화인민공화국사와 중화민국의 대만 통치사

당대사란 용어 대신에 가장 분명하게 표현할 수 있는 용어는 중화인민공화국사와 중화민국의 대만통치사이다. 그런데 전자는 대륙의 역사로 제한되어 있고 후자는 대만으로 옮긴 중화민국의 역사로 제한 되어있다. 그러므로 두개의 중국론을 지지해서라기보다 중국을 이해하려 한다면 중화인민공화국의 역사와 대만을 다스리고 있는 중화민국의 역사를 이해하여야 한다.

공산혁명으로 수립된 중화인민공화국은 중화민국의 국민당정부를 대륙에서 대만으로 쫓아냈을 뿐 아직까지 전 중국을 지배하지 못하고 있다. 오히려 중화민국은 대만에서 손문의 정치사상인 삼민주의를 내세워 경제를 발전시키고, 이른바 반공대륙을 표방, 국방을 튼튼히 하면서 국제사회에서 한동안 중국을 대표해왔다.

1990년대에 들어와 중국 대륙은 대만을 평화적으로 통일하기 위하여 일국 양체제를 내세워 외교적으로 대만을 고립시키고, 더 나아가 대륙에 흡수되기를 기대하고 있지만 아직도 국제사회에서 대만의 위치는 독립된 자리를 지키고 있다. 그러므로 당대 중국을 이야기 하면서 대만문제를 언급하지 않을 수 없다.

대체로 대륙과 대만은 대만해협을 사이에 두고 있기 때문에 중국인들은 해협양안관계(海峽兩岸關係)란 표현을 쓰고 있다. 대륙의 개방정책으로 대만인의 대륙 친척방문과 대만의 투자가 허용되면서 양안관계는 더욱 확대되고 있는 실정이다. 이는 무시될 수 없는 역사적 사실이고 중국을 이해하는데 소홀 할 수 없는 이유이기도 하다.

대만인들은 대륙의 국민당정권이 대만을 지배하였다며 국민당을 대만의 국민당으로 개조하고 더 나아가 대만이 독립하여야 한다는 주장을 내세우고 있다. 심지어 대만의 독자성을 찾기 위하여 탈 중국화를 주장하기도 한다. 그러나 아직도 중국인이라 생각하고 독립을 반대하며 대륙과 평화적인 관계를 지속하여야 한다는 주장을 하고 있는 사람도 많다, 서로 다른 이 주장은 언제까지 지속될 가 관심의 대상이다.

그러나 우리의 입장에서 보면 비록 대만이 독립하였다 하여도 중국의 범주를 벗어날 수 없다. 이는 과거의 대만역사가 증명해 준다. 만일 아니라 해도 대만을 필리핀과 함께 동남아시아의 범주에 넣을 수 없기 때문이다. 그러므로 대만이 현상을 유지하건 독립을 하건 우리는 중국사의 한 부분으로 이해 할 수밖에 없다.

## 3. 당대사(當代史)와 당사(黨史)의 관계

당대를 주도하고 있는 실체가 대륙에는 중국공산당이고, 대만은 중국국민당이었다. 양당의 관계는 이미 중국공산당이 창당되면서부터 시작되었다. 중국공산당은 공산주의 혁명을 내세웠고, 중국국민당은 삼민주의를 내세워 중국을 통치하려하였다. 공통점은 전자는 프롤레타리아 전정(독재)을, 후자는 당이 나라를 다스리는 이당치국(以黨治國)을 내세웠고 헌정(憲政)을 한다면서도 계엄을 내세워 국민당이 지배하여 왔다. 그러므로 대륙이건 대만이건 당에서 모든 국가 정책과 정부기관을 장악하고 있기 때문에 당의 결정과정이 중요한 의미를 갖고 있어 당의 역사가 바로 정부의 역사가 된다고 보아야 할 것이다. 그러므로 중국공산당이나 중국국민당의 당사(黨史)는 당대사의 중요한 몫을 차지하고 있다.

중국공산당은 민주당파와의 연합정부론을 내세워 중화인민공화국 건국이래 오늘날 까지 이를 내세워 중국을 지배하고 있다. 표면적으로는 민주당파 인사들에게도 참여의 기회를 준 것처럼 보이나 실제 모든 정책이나 인사의 결정은 중국공산당의 결정에 따르도록 되어있다. 비록 개혁, 개방의 중국 현대화를 한다면서도 중국공산당이 주도하여야 한다는 원칙을 포기하지 않고 있어 중국의 민주화에서 항상 제기되는 문제점을 안고 있다.

즉 당은 시대의 변화에 따라 당 중앙정치국회의에서 노선과 정책을 결정하고 이를 중앙위원전체회의(중전회)에 넘겨 토의를 거쳐 결정한 다음 다시 당 전국대표대회를 소집하고 이 자리에서 각종 정세보고를 통해 실시하였던 정책에 대한 평가와 신임을 받아내고 아울러 새로운 정책과 정부의 중요 인사문제에 대한 동의를 얻어 냈다. 그리고 이를 전국인민대표대회에 넘겨 동의를 받아내는 방식을 취하였으나 전국인민대표대회는 거부권이 없었다. 따라서 전국인민대표대회의 역할이란 이미 준비된 각종 필요한 법과 중국공산당에서 결정된 인사문제를 동의해주는 역할밖에 하지 못해 당의 결정이 중요하였다.

이러한 정치구조는 대만의 사정도 비슷하다. 국민당 스스로는 독재한다는 말은 하지 않아도 실질적으로 당이 국가를 다스리기 때문에 당권을 장악하면 정권도 장학할 수 있어 당이 행정기관보다 우위에 있을 수밖에 없다. 그러므로 당의 역사를 이해하지 못하면 당대사

이해도 어렵다.

## 4. 당대사의 기점과 하한 문제

언제부터가 당대사의 시작 즉 기점(起點)인가를 이해하려면 현대사와 당대사를 구별하였을 때 현대사의 하한(下限)이 어디에서 끝나는 가를 알아보면 쉽게 풀릴 수 있다. 시기구분의 조건은 반드시 역사적으로 어떤 전환점이 있어 앞의 시대와 확실한 구별이 있을 때 그 의미가 있다. 예를 들어 당대사의 범주 안에서도 건국이래 사회주의 체제아래 있다가 중공 11기 3중전회에서 개혁개방 정책을 확정하고 계획경제에서 시장경제체제를 채택하는 이른바 중국식 사회주의로의 전환은 앞 시대와 확연하게 차이가 있다. 막연하게 어느 시기를 뚝 잘라서 여기부터가 당대의 시작이라고 할 수 없다. 분명한 것은 지금 우리가 현대, 당대라고 표현하는 용어는 이후 한 두 세기가 지나가면 근대에 편입되어 설명될 수 있다. 그 이유는 한 두 세기가 지나면 현대, 당대의 의미는 바로 한 두 세기후의 바로 그 때가 되기 때문이다.

따라서 우리가 말하고 있는 근대, 현대, 당대는 지금 우리가 살고 있는 시대에서 본 기준일 따름이다. 우리가 살고 있는 현재에서 뒤돌아보아 역사적 전환점을 갖고 시기를 구분하다 보니 그렇게 나누고 있을 따름이다. 그리고 그것도 역사 전반을 포괄하는 것이 아니라 우선 표면적으로 분명하게 나타나는 정치적 사건을 가지고 나누고 있다. 물론 엄청난 정치적 사건이기에 사회, 경제 등 여러 방면에서 영향을 끼치고 있음도 전혀 부인할 수 없으므로 시기구분의 분기점이 된다고 본다.

당대사의 기점은 현대사의 하한인 1949년 즉 중화인민공화국의 수립과 중국국민당의 국민정부가 대륙을 떠나 대만으로 옮긴 때가 비교적 객관적인 기준이 된다고 보아야 할 것이다. 그렇다고 간단히 당대사는 중화인민공화국사라고도 할 수 없다. 왜냐하면 대만에는 중화민국이 그대로 유지되면서 한동안 반공대륙의 꿈을 버리지 않고 국제사회에서도 중국을 대표하였으며 지금도 그 실체를 인정받고 있기 때문이다.

따라서 당대사의 기점은 분명하게 나타나고 있다. 그러나 시대사의 경우 기점이 있으면 종점 즉 하한(下限)이 있어야 되는데 당대사의 하한은 설정하기가 어렵다. 지금의 시대가 당대라고 하기 때문에 지금이란 바로 현재 즉 현재까지라야 할 것이다. 그러나 현재란 표준을 잡기가 어려운 것이 현실이다. 필자가 원고를 탈고한 때가 유일한 기준이 될 수도 있겠으나 탈고 후 책이 되어 나오기까지도 시간이 필요한 것이기 때문에 출판한 날을 놓고 본다면 현재의 즉 오늘날의 것이 아니라 어제 즉 과거의 일이 되어버린다.

우리는 시간을 볼 때 적어도 5년 혹은 10년을 기준으로 나누어 보는 경향이 있다. 10년이 지나면 무엇인가 변하는 것이 사실이다. 10년이면 강산이 변한다는 말이 바로 그것이다. 따라서 기점이 1949년이기 때문에 일단 10년을 단위로 삼아 하한을 1999년으로 잡았다. 그렇게 보면 그 기간은 바로 50년이 된다. 50년이란 기간은 그런대로 당대사를 이해하는데 있어서 의미 있는 시간이 될 수 있다. 아마도 중화인민공화국50년사와 같은 저서가 나오게 된 것이 대표적인 예일 것이다.

그런데 1999년 이 해는 공교롭게도 아직 제3대 영도체제인 강택민 체제중이어서, 그리고 뒤이은 제4세대 영도체제인 호금도(胡錦濤)의 시대가 새롭게 전개되기 때문에 본서에서는 강택민 시기까지를 하한으로 삼았으며, 대만의 경우 공교롭게도 2000년에 처음으로 정권교체가 이루어져 중국국민당의 집권이 끝났다. 이에 대륙과 일치시키기 위하여 비슷한 시기까지 하한을 잡았다.

## 5. 당대사의 시기구분

중국의 당대는 모두 새로운 정치와 경제체제, 그리고 이에 맞는 사회, 교육 등 문화를 수립하여야 하였다. 즉 대만으로 정부를 옮겨야 하였던 중국국민당의 국민정부도 대만이라는 새로운 땅에 새 정부를 세우는 것이나 다를 바 없었고 또한 중국공산당에 실패한 정권이었기 때문에 정통성을 이어나가는 이외에 대륙에서와는 다른 정치를 전개해 나가야 하였다. 또한 중국공산당도 1921년 창당이래 오랜 혁명운동을 통하여 1949년에 비로서 사회주의 국가를 세웠기 때문에 이 체제에 맞는 정치를 펴나가야 하였다.

따라서 대륙이건 대만이건 우선 첫 단계는 정권을 수립하고, 두 번째 단계는 이에 걸 맞는 체제의 확립이며, 세 번째 단계는 이를 바탕으로 발전 건설하는 것이었다. 그러나 발전 건설이 순조로워 번영을 구가할 수 있으나 시행착오가 일어나게 되면 네 번째 단계는 이에 대한 조정이나 수정을 가하지 않으면 안 되었으며, 또한 이를 계기로 복잡한 권력싸움이 나타나 발전에서 벼랑으로 떨어졌는가 하면, 정치적으로 안정되어 이를 바탕으로 비약의 단계로 접어들게 된다. 전자가 대륙에 해당한다면 후자는 대만에 해당한다.

중국의 당대사는 체제가 다른 두 정권의 역사이기에 이를 통합하여 하나의 시기로 구분하기가 어려운 형편이다. 그것은 마치 중국의 현대사를 정리할 때 중국국민당과 중국공산당이라는 체제가 전연 다른 두 세계를 하나의 계통으로 정리하는 것과 같이 어려운 것이다. 그러나 공교롭게도 체제가 다른 중국의 대륙과 대만이지만 거의 비슷한 현상이 나타나 이를 하나의 시기에 놓고 정리할 수 있다. 물론 혹자는 대륙에 대만을 꿰맞추어 놓은 것이라 하겠지만 대륙과 대만의 중국을 이해하기 위하여 별 무리가 없다고 생각된다.

대체로 대륙에서 출간된 중화인민공화국사의 경우 1980년대 말 1990년대 초에 나온 것과 2000년대 초에 나온 것을 비교하면 다소의 차이는 보인다. 그러나 전체적인 틀에서 보면 서로 크게 벗어나지 않고 있다. 이에 대륙의 시기구분에 대만의 정세 변화를 통합하여 아래와 같이 시기를 나누고 본서의 구성을 다음과 같이 하였다.

### 1) 서 장

### 2) 중국 사회주의 국가의 건국과 중화민국의 대만이전 (1949-1952)

-- 중국공산당에 의하여 성립된 중화인민공화국의 중국통일과 건국체제의 확립시기이다. 한편 대만의 중화민국은 대만이란 부흥기지를 확립하고 국가체제를 확립하는 시기이다.

### 3) 사회주의체제로의 개조와 삼민주의 모범성 건설(1953-1956)

-- 건국과 기지 확립이후 각기 자기 체제로의 개조시기이다. 대륙은 사회주의 체제에 적합하도록 기본적인 개조를, 대만의 중화민국은 그 정통성을 유지하면서 삼민주의 체제로 개조하는 시기이다. 물론 이에 따른 반대세력이 대두되기도 하였으나 이는 모두 실패로 끝나고 각각의 체제로 기본적인 개조가 이루어 졌다.

### 4) 사회주의 건설의 매진(대약진, 大躍進)과 반공복국(反共復國)의 표방시기(1957-1960)·

-- 사회주의 체제를 기본적으로 확립한 대륙은 제1차 5개년계획을 계획보다 일찍 달성하게 되자 보다 빠르게 사회주의 사회를 수립하기 위하여 사회주의 건설의 대약진을 도모하게 되었다. 한편 중화

민국은 체제를 유지하기 위하여 반공복국(反共復國)이란 구호를 앞세워 이념을 통일하고 경제적 발전을 위한 기초를 다져 삼민주의(三民主義)의 모범성(模範省)을 건설하여 나갔다.

### 5) 대약진의 좌절과 국민경제의 전면조정(全面調整, 1961-1965)

-- 중국의 현실 상황을 고려하지 않고 무리하게 대약진을 전개한 중국대륙은 오히려 부작용을 초래하여 제1차 5개년 경제발전의 성과에 훨씬 뒤떨어져 경제적으로 곤란한 시기에 빠졌다. 이를 좌적착오 때문이라 하였으며 이를 바로 잡아야 하기 때문에 전면적인 조정이 불가피하게 되었다.

### 6) 문화대혁명(文化大革命)과 중국문화부흥운동(中國文化復興運動)(1966- 1970)

-- 중국 대륙은 조정기를 통하여 대약진으로 무너진 경제가 회복국면에 접어들어 점차 안정을 되찾게 되었다. 그런데 이 과정에서 사회주의를 부정하고 자본주의 사회로 회귀하는 것이 아닌가 하는 의구심을 갖게 되었다. 따라서 모택동은 이 도전을 봉쇄하기 위하여 이른 바 문화대혁명을 전개하였다. 표면적으로 비판세력을 우파(右派), 주자파(走資派)로 몰아 부치고 홍위병(紅衛兵)과 군중운동을 동원하여 전통문화를 봉건적인 것으로 몰아 이를 파괴하는 운동이 일어났다.

한편, 대만에서는 중앙 민의대표를 증원하여 정치적 혁신을 도모하면서 대만독립운동을 와해시키고 경제적 발전을 지속하여 나갔다. 그리고 대륙에서 문화대혁명으로 전통문화가 파괴되자 대만은 오히려 중국문화부흥운동을 전개하여 이에 대응하였다.

### 6) 문화대혁명의 실패와 문혁기의 중국(1970-1976)

-- 문화대혁명은 모택동(毛澤東)의 후계, 권력 승계문제로 임표(林彪) 집단의 반란이 일어났다. 뒤이어 4인방은 권력 승계를 위하여 주은래(周恩來)를 비롯한 반대세력을 제거하기 위하여 비림비공(批林批孔) 운동을 전개하였다. 그런데 주은래의 사망을 계기로 천안문 사건이 일어나고 뒤이어 모택동도 사망하여 원로와 등소평 등이 화국봉과 손잡고 4인방을 제거하여 문화대혁명은 끝났다.

한편, 대만은 석유파동이란 국제적인 경제의 곤경을 극복하고 발전을 계속하였다. 그러나 국민정부는 중공의 국제연합가입으로 국제적인 위치가 향상되자 상대적으로 고립되었다.

### 8) 중국의 현대화(現代化), 개혁 개방과 대만의 본토화(本土化) : (1976-1982)

-- 모택동의 사망과 문혁이란 대동란의 시기는 사인방의 제거로 종결되고 대륙에 큰 변화를 가져왔다. 즉 계급투쟁이니 혁명이란 용어는 살아지고 사회주의 건설을 앞세운 구호로써 사회주의 현대화와 개혁 개방이 등장하였다. 특히 이 기간인 1978년 11월에 소집된 중공당 11기 3중전회는 등소평(鄧小平)을 중심으로 새로운 영도체제, 즉 제2대 영도체제가 확립되고 개혁 개방을 내세워 당대사에 전환을 가져와 이후를 '신시기(新時期)'라고 하여 앞 시기와 크게 구별하고 있다.

한편, 대만도 대륙에서 온 외성인(外省人, 대만출신 본성인과 구별)의 노령화와 함께 대만출신의 정치 경제적 지위가 상승되면서 본성출신의 목소리가 높아졌다. 이에 국민당 정부는 본토화(本土化)를 구호로 내세워 본성인의 불만을 소화시켜 나가야 하였다.

이와 같은 대륙과 대만에서의 정치적 변화는 단절되어 왔던 해협양안의 관계마저 새로운 변화를 낳게 하였다. 정치적으로 쌓아놓았던 해협양안의 철옹성은 무너지고 민간에서부터 왕래가 시작된 것이다.

### 9) 중국특색의 사회주의(社會主義) 건설과 대만의 민주화(民主化) : (1983-1989)

-- 등소평은 중국 특색의 사회주의 건설을 앞세워 개혁 개방 정책을 적극적으로 가속화 시켰다. 그리고 개방으로 사회의 변화는 민주화 자유화 바람까지 일어나 갈등은 개방파내에서도 완전 개혁과 온건개혁의 양파로 나뉘면서 6.4 천안문 사건이 일어나고 이를 계기로 온건 개혁의 보수파가 집권하게 되었다.

한편, 대만에서도 정치적인 봄바람이 불기 시작하여 민주화가 시작되었다. 우선 계엄령이 해제되고 중국국민당이외의 재야 즉 당외(黨外) 인사들이 정당을 조직하여 집권당과 대항하여 중국국민당의 일당 독재라는 개념이 변화되지 않으면 안 되었다.

### 10) 회귀이전의 홍콩과 마카오(1949-1997, 1999)

--중화인민공화국수립이래 1997년의 홍콩 회귀, 1999년의 마카오 회귀까지 두 지역은 나름대로의 역할을 수행하였다. 특히 두 지역은 냉전시기 죽의 장막을 들여다 볼 수 있는 유일한 곳이었고, 중공도 밖의 세계를 내다 볼 수 있는 유일한 창구였다. 회귀이후에는 중국의 특별행정구가 되어 중국 국내 문제가 되었으나 일국 양체제를 전제로 한 회귀였기에 그 위상은 여전히 흔들리지 않고 있다.

### 11) 제3대 영도체제-강택민(江澤民) 시대 : 사회주의 시장경제의 확립과 성장의 지속(1990-2003)

-- 등소평의 구도와 보호아래 성립된 체제가 제3대 영도체제인 강택민 시대다. 이른바 후계자의 자리를 차지하기 위한 치열한 갈등

도 없었기에 오직 등소평이 내세운 시장경제 체제를 굳건히 확립하고 개혁을 지속적으로 추진하여 놀랄만한 경제적 성장을 가져왔다.

### 12) 대만의 정권교체와 대만화(1990-2003)

-- 대륙출신들이 장악하였던 집권당 중국국민당의 권력은 대만출신 이등휘(李登輝)의 총통승계와 중국국민당의 대만화를 도모하여 중국국민당에 내분이 일어났다. 여기에 민주화 바람이 강해지면서 총통직선제를 채택하고, 대만의 독립을 주장하는 야당 민진당(民進黨)의 소리가 고조되면서 마침내 반세기동안 대만을 지배하던 중국국민당은 정권을 민진당에게 넘겨야하는 정권교체가 이루어졌다.

이에 따라 사회는 통파(統派)와 독파(獨派)로 나뉘고, 새 정부는 대만의 주체성을 내세워 역사와 문화적으로 탈 중국화를 적극 기도하고 있다.

### 13) 해협양안관계의 정치적 대립과 민간교류의 확대(1990-2003)

대만정부가 대륙의 친척방문(探親)을 허용하면서 민간 왕래가 시작되어 대만의 경제적 부유함이 '대만경험'이라는 이름으로 대륙에 전파, 왕래가 갈수록 확대되었다. 그러나 정치적으로 하나의 중국과 양체제를 내세운 대륙의 통일정책에 대하여 두 정부론을 내세운 대만의 대응으로 대립이 지속되고 있다.

그러나 양자의 필요에 따라 경제와 민간 교류는 갈수록 증대되고 있다.

# 6. 당대의 중국

## 1) 자연지리

오늘날 중국 영토의 전체 면적은 약 960만㎢ 인데, 동쪽 흑룡(黑龍, 헤이룽) 강과 오소리(烏蘇里, 우수리) 강의 합류점으로부터 서쪽으로 신장웨이얼자치구의 오흡(烏恰, 우차)현의 파미르고원에 이르기까지 약 5,200km, 남쪽 남사(南沙, 난사)군도의 증모암사(曾母暗沙, 정무안사)부터 북쪽 막하(漠河, 모허)이북의 흑룡강에 이르기까지 약 5,500km이다. 미국과 비교하면 거의 비슷하고, 일본의 약 30배, 우리나라 남북한 합쳐 48배에 이른다.

중국은 아시아의 동쪽 대부분을 차지하고 있는데, 육지로는 한국·러시아·몽골인민공화국·카자흐스탄·키르키스탄·타지키스탄·아프가니스탄·파키스탄·인도·네팔·부탄·미얀마·라오스·베트남 등과 국경을 맞대고 있으며, 그 길이는 약 2만 2천km이다. 해안선은 발해만으로부터 황해 동중국해, 남중국해에 걸쳐 1만 8천km에 달하고 있으며, 일본·필리핀·말레이시아·인도네시아와는 바다를 사이에 두고 있다.

전국의 면적 가운데 산지가 33%, 고원이 26%, 구릉이 10%, 분지가 19%, 그리고 평야는 12%를 차지하고 있다. 중국의 지형은 서쪽의 해발 4,000m이상이 되는 청해성과 티베트의 청장고원이 있다. 다음으로 해발 2천m에서 1천m에 이르는 운귀고원·내몽고고원·황토고원, 타림분지와 준가르분지·사천분지가 있으며, 다음으로 해발 500m에서 1천m에 이르는 동북평원·화북평원·장강 중하류의 평원이 있어 세 계단으로 이루어졌다. 즉 대체로 서쪽이 높고 동쪽으로 낮아지고 있는 형태(西高東低)의 지형이다.

따라서 하천은 대부분 서쪽에서 발원하여 동쪽으로 흐르는데, 황해로 들어가거나 동중국해로 들어가는데 황하(黃河, 5,464km)와 장강(長江, 창장, 양쯔(揚子)강이라고도 함, 6,300km)이 대표적이며, 회수(淮水, 화이수이) · 전당(錢塘, 첸탕)강이 있고, 남중국해로 들어가는 주(珠)강 등이 있고, 동북쪽 태평양으로 들어가는 흑룡강을 경계로 러시아와 국경을 이루고 있다. 또한 전국 각지에 크고 작은 호수가 분포되어있는데, 비교적 큰 것은 청해 성의 청해(靑海)호가 4,538㎢, 강서 성의 파양(鄱陽, 포양)호기 3,976㎢, 호남성의 동정(洞庭, 동팅)호가 3,915㎢ 이다.

서쪽은 세계의 지붕이라 일컫는 히말리아 산맥에서 북동쪽으로 톈산산맥(天山), 알타이 산맥, 대싱안링 산맥을 축으로 러시아 · 몽골 인민공화국과, 남동쪽은 톈산고원을 경계로 동남아시아의 라오스 · 미얀마와 경계하고 있다. 그리고, 중국 안은 다시 쿤룬산맥 · 탕구라산맥 · 바옌카리산맥 · 치롄산맥이 있다. 그리고 그 안으로 다시 남북으로 태행(太行, 타이항)산맥이 놓여있고, 진령(秦嶺, 진링)산맥 · 남령(南嶺, 난링)산맥 · 무이(武夷, 우이)산맥이 동서로 놓여있으며, 동북(東北, 동베이, 만주)평원 화북(華北, 화베이)평원 장강 중하류 평원이 있다. 이밖에도 타클라마칸사막과 고비사막이 있으며 타림분지와 웨이수이분지가 있다.

대체로 하남(河南) 성과 하북(河北) 성은 황하를 경계로 남북으로 나뉘며, 호남(湖南) 성과 호북(湖北) 성은 둥정호를 경계로 남북으로 나뉘며, 산동(山東) 성과 산서(山西) 성은 태행(太行) 산맥을 기준으로 동서로 나뉘어 붙여진 이름이다.

이밖에도 화동(華東) · 화서(華西) · 화남(華南) · 화북(華北) · 화중(華中) 지방으로도 나뉘고 있는데, 화동이란 강소 안휘 절강 복건 강서성과 상해 시를 가리키며, 화서란 장장 상류의 중경시와 사천성 일대를 가리키며, 화남은 주강유역으로 광동과 광서성을, 화북이란 하북 산서 산동 북경시 천진시 일대를 가리키며, 화중이란 장강의 중류, 즉 호북 호남성 일대를 가리킨다. 그리고 우리가 만주라고 지칭하고 있는

요하 이동지역을 동북(東北) 지방이라 부르고 있다.

### 2) 다민족 국가

중국은 여러 민족이 통합되어 형성된 다민족 국가이다. 일찍이 중국의 고대 사서에는 주변 민족에 관한 기술을 중국 역사서에 포함시켜 중국이 하나의 단일민족이 될 수 없음을 예견하였다. 진한대의 흉노나 위진남북조시대의 오호나 수당대의 돌궐, 오대 송대의 거란족이나 여진족 등은 끊임없이 중국내지로 들어와, 심지어 중국을 지배하면서도 중국화 되어 '하나의 중국인'으로 통일되었다.

즉, 하나의 중국인이란 '한족(漢族)'을 가리키는 것으로, 오늘날 중국인의 대부분을 지칭하고 있다. 중국 전체의 인구수로 보면 한족이 94%를 차지하여 압도적으로 많은데, 이들이 차지하고 있는 땅은 40~50%에 불과하다. 또한 중국은 인구가 많고 땅이 넓다지만, 여기서 인구가 많다는 것은 한족을 지칭하는 것이고, 땅이 넓다고 하는 것은 소수민족에 해당하는 것이다.

그러므로 한족이외의 이른바 소수민족은 중국 안에 있어서 대단히 중요한 문제이다. 물론 이들도 시간이 지나면 언젠가 중국화 될 수밖에 없지만, 우선 이들에게 적당한 정책을 펼 수밖에 없는 실정이기 때문에 표면적으로 소수민족에 대한 특별정책을 표방할 수밖에 없다.

1953년에 각 지방정부에 신고된 민족은 400여 개, 1964년에 조사된 민족의 수는 183개로 나타나 아직도 정확한 민족의 수를 확인할 수 없지만 중국정부가 공식적으로 발표한 것은 56개의 다민족 국가라는 것이다. 그 가운데 한족이외에 55개의 소수 민족으로 구성되었다는 표현을 공식적으로 사용하고 있다.

1999년의 조사에 따르면 12억 5,909만 명이었고, 2005년 현재의 인구수는 12억 9641만 4809명으로 되었으나 일반적으로 13억을 훨씬 넘고 있다. 이 가운데 1천만 명을 초과하는 장족(壯族)이 있으며 100만 명을 초과하는 소수민족은 회족(回族). 위구르족(族), 이족(彝族), 묘족(苗族), 장족(藏族), 몽골족(蒙古族), 만주족(滿洲族), 조선족(朝鮮族) 등 14개 민족이 있으며, 10만 명이상인 민족은 13개, 1만 명이상인 민족은 18개, 1만 명이하가 9개 민족이 있다. 참고로 조선족의 증가율을 보면 1953년에 111만명, 1964년에 133만명, 1982년에 176만 5204명이었다.

이들 소수민족의 분포지역을 살펴보면, 북쪽에 21개 소수민족으로 농업을 중심으로 하는 만족·조선족·회족·위구르족 등 12개 민족이 있고, 그 밖의 민족은 목축을 주로 하고 있다. 남방의 34개 민족은 장족이 목축과 농업을 겸하고, 경족이 어업을 주로 하는 이외에 32개 소수민족은 농업을 주업으로 하고 있다.

### 3) 행정구획

오늘날 중국의 행정구획은 4개 직할시, 5개의 자치구, 22개의 성, 두 개의 특별행정구로 되었다. 직할시란 베이징(北京)·텐진(天津)·상하이(上海)·충칭(重慶)을 가리키며, 인구가 1천만 명 이상으로 규모가 비교적 큰 도시로 국무원(중앙정부)의 직할을 의미한다.

자치구란 중공의 소수 민족정책의 하나로 인구 2백만 명 이상이 집중되어 살고 있는 지역인데, 내몽고(內蒙古, 내이멍구) 자치구, 영하후이족(寧夏回族, 닝샤) 자치구, 신장웨이얼(新疆維吾爾) 자치구, 광서좡족(廣西壯族, 광시) 자치구, 서장(西藏, 시짱) 자치구를 가리킨다.

성(省)은 명·청대 이래의 행정 구획을 답습한 것으로 흑룡강(黑龍江, 헤이룽장)·길림(吉林, 지린)·요녕(遼寧, 랴오닝)·하북(河北, 허베이)·하남(河南, 허난)·산동(山東, 산둥)·산서(山西, 산시)·섬서(陝西, 산시)·감숙(甘肅, 깐수)·청해(靑海, 칭하이)·호남(湖南, 후난)·호북(湖北, 후베이)·사천(四川, 쓰촨)·안휘(安徽, 안후이)·강소(江蘇, 장수)·강서(江西, 장시)·

절강(浙江, 저장)·복건(福建, 푸젠)·광동(廣東, 광둥)·귀주(貴州, 구이저우)·운남(雲南, 윈난)·해남(海南, 하이난)성을 가리킨다.

특별행정구란 중국의 통일전선 정책의 하나인 '한 나라에 두 체제(一國兩制)'아래 자본주의 체제를 50년 동안 보장해주기로 한 특별행정구이다. 영국의 식민지로 1997년에 되돌려 받은 홍콩과 구룡반도에 설치한 홍콩특별행정구와 1999년에 포르투갈로부터 되돌려 받은 마카오 특별행정구를 가리킨다.

북경(北京, 베이징)은 현재 중화인민공화국의 수도로 경(京)이라 약칭한다. 면적은 1.68만㎢이며 화북평원의 서북쪽에 있는데, 인구는 1,456만 명이다. 전국시대의 연, 요대의 연경, 금·원·명·청대에도 수도였으며, 중도·대도·북경이라 불렀다. 건국전의 화북인민정부 관할아래 있다가 1949년 10월 31일에 화북인민정부의 업무를 종결시키고 중앙인민정부로 이관되었다.

천진(天津, 톈진)은 제2차 아편전쟁으로 개항되어 조계가 설정되면서 신시가지로 확대되어 오늘날의 규모가 형성되었다. 면적은 1.1만㎢이며 인구는 1,011만 명으로 진(津)이라 약칭한다. 1949년 10월 31일에 화북인민정부에서 중앙인민정부로 이관되었다.

상해(上海, 상하이)는 현재 중국의 최대 상업 도시이며 경제중심으로, 滬(호)로 약칭한다. 면적은 6200㎢로 인구는 1,711만 명으로 신(申)으로 쓰기도 한다. 1949년 5월 27일에 해방(국민정부의 지배로부터) 되었다.

중경(重慶, 충칭)은 쓰촨 분지에 자리 잡고 있으면서, 서북지역의 경제개발을 촉진시키기 위하여 새로운 중심지로 삼고자 1997년에 직할시로 승격되었다. 면적은 8.2만 ㎢이며 인구는 3,130만 명, 유(渝)라 약칭한다.

내이멍구 자치구는 북쪽 변경에 있으며 내몽고(內蒙古)라 약칭한다. 면적은 110여 만㎢로 인구는 2,380만 명으로 1947년에 성립되었다. 자치구로서는 제일 처음에 설치된 곳으로, 자치구 정부는 호화호

특(呼和浩特, 후허하오터)에 있다.

닝샤후이족 자치구는 서북지구 황하의 중류에 있으며 녕(寧)이라 약칭한다. 면적은 6.6만여㎢로 인구는 580만 명, 자치구 정부는 은천(銀川, 인촨)에 있다. 영하성인민정부는 1949년 12년 22일에 성립하였다.

신장위구르자치구는 중국의 가장 서북쪽에 있으며 신(新)이라 약칭한다. 1955년에 신장위구르자치구가 되었는데, 면적은 160만여㎢로 인구는 1,934만 명, 사치구 정부는 오노목제(烏魯木齊, 우루무치)에 있다.

시짱 자치구는 테베트 고원에 있으며 장(藏)이라 약칭한다. 1951년에 중국인민해방군이 들어가 1965년에 시짱자치구가 성립되었다. 면적은 122만여㎢로 인구는 270만 명, 자치구 정부는 납살(拉薩, 라사)에 있다.

광시핑족 자치구는 서남쪽 베트남과 경계하고 있으며 계(桂)라 약칭한다. 1958년에 광시좡족자치구가 성립되었으며, 면적은 23민여㎢로 인구는 4,857만 명, 자치구 정부는 남녕(南寧, 난닝)에 있다. 광서성인민정부는 1950년 2월 8일에 성립하였다.

흑룡강(黑龍江)성은 동북 끝에 있으며, 흑(黑)이라 약칭한다. 면적은 46만여㎢로 인구는 3,815만 명, 성 정부는 하얼빈(哈爾賓)에 있다.

길림(吉林)성은 동북지역의 중부에 있어 우리나라와 접하고 있으며, 길(吉)이라 약칭한다. 면적은 18만여㎢로, 인구는 2,704만 명, 성 정부는 장춘(長春)에 있다.

요녕(遼寧)성은 랴오둥 반도에 위치하며, 요(遼)라 약칭한다. 면적은 15만여 ㎢로 인구는 4,210만 명, 성 정부는 심양(瀋陽)에 있다.

하북(河北)성은 황하의 북쪽 베이징 주위로, 기(冀)라 약칭한다. 면적은 19만㎢로 인구는 6,769만 명, 성 정부는 석가장(石家莊)에 있다. 1949년 10월 31일에 화북인민정부로부터 중앙인민정부로 이관되었다.

하남(河南)성은 황하의 중하류 화중지구에 있으며, 예(豫)라 약칭한다. 면적은 16만여㎢로 인구는 9,667만 명, 성 정부는 정주(鄭州)에 있다. 1949년 10월 31일에 화북인민정부로부터 중앙인민정부로 이관되었다.

산동(山東)성은 타이항산 동쪽 황하의 하류에 있으며, 노(魯)라 약칭한다. 면적은 15만여㎢로 인구는 9,125만 명, 성 정부는 제남(濟南)에 있다. 산동성인민정부는 1950년 3월 8일에 성립하였다.

산서(山西)성은 화북의 타이항산 서쪽에 있으며, 진(晉)이라 약칭한다. 면적은 15만여 ㎢로 인구는 3,314명이며, 성 정부는 태원(太原)에 있다. 1949년 10월 31일에 화북인민정부로부터 중앙인민정부로 이관되었다.

섬서(陝西)성은 황하의 중류에 위치하며, 섬(陝), 또는 진(秦)이라 약칭한다. 면적은 19만여㎢로 인구는 3,690만 명, 성 정부는 서안(西安)에 있다. 섬서성인민정부는 1950년 1월 10일에 성립하였다.

감숙(甘肅)성은 황하의 상류에 있으며, 감(甘) 또는 농(隴)이라 약칭한다. 면적은 39만여㎢로 인구는 2,603만 명, 성 정부는 난주(蘭州)에 있다. 감숙성인민정부는 1950년 1월 8일에 성립하였다.

청해(青海)성은 청장고원(青臟高原)의 황하와 장강의 상류에 있으며, 청(青)이라 약칭한다. 면적은 72만여㎢로 인구는 534만 명, 성 정부는 서녕(西寧)에 있다. 청해성인민정부는 1950년 1월 1일에 성립하였다.

호남(湖南)성은 장강중류·동정호의 남쪽에 위치하며, 상(湘)이라 약칭한다. 면적은 21만여㎢로 인구는 6,663만 명, 성 정부는 장사(長沙)에 있다. 호남성인민정부는 1950년 4월 2일에 성립하였다.

호북(湖北)성은 장강의 중류·동정호의 북쪽에 위치하며, 악(鄂)이라 약칭한다. 면적은 18만여㎢로 인구는 6,002만 명, 성 정부는 무한(武漢)에 있다.

안휘(安徽)성은 화동서북부에 장강·회하에 있으며, 환(皖)이라 약칭하며 휘(徽)로도 쓴다. 면적은 13만여㎢로 인구는 6,410만 명, 성 정부는 합비(合肥)에 있다. 안휘성인민정부는 1952년 8월 24일에 성립하였다.

강소(江蘇)성은 장강하류에 있으며, 소(蘇)라 약칭한다. 면적은 10만여㎢로, 인구는 7,406만 명, 성 정부는 남경(南京)에 있다. 강소성인민정부는 1953년 1월 1일에 성립하였다.

강서(江西)성은 장강 중하류에 남쪽에 있으며, 감(贛)이라 약칭한다. 면적은 16만여㎢로 인구는 4,254만 명, 성 정부는 남창(南昌)에 있다.

절강(浙江)성은 화동 중부, 동중국해와 접하고 있으며, 절(浙)이라 약칭한다. 면적은 10만여㎢로 인구는 4680만 명, 성 정부는 항주(杭州)에 있다.

복건(福建)성은 동남연해지방에 있으며, 민(閩)이라 약칭한다. 면적은 12만여㎢로 인구는 3,488만 명, 성 정부는 복주(福州)에 있다.

광동(廣東)성은 남령이남 남중국해와 접하고 있으며, 월(粵)이라 약칭한다. 면적은 18만여㎢로 인구는 7,954만 명, 성 정부는 광주(廣州)에 있다. 광동성인민정부는 1950년 1월 1일에 성립하였다.

사천(四川)성은 창장 상류에 있으며, 천(川) 혹은 촉(蜀)이라 약칭한다. 면적은 56만여㎢로 인구는 8,700만 명, 성 정부는 성도(成都)에 있다. 사천성인민정부는 1952년 9월 1일에 성립하였다

귀주(貴州)성은 서남지구 운귀(雲貴)고원 서쪽에 있으며, 검(黔) 혹은 貴(귀)라 약칭한다. 면적은 17만여㎢로 인구는 3,870만 명, 성 정부는 귀양(貴陽)에 있다.

운남((雲南)성은 서남의 변경지역에 있으며, 전(滇) 혹은 雲(운)이라 약칭한다. 면적은 38만여㎢로 인구는 4,376만 명, 성 정부는 곤명(昆明)에 있다.

해남(海南)성은 남쪽 끝에 있는 해남도로 대만 다음으로 큰 섬인데 경(琼)이라 약칭한다. 서사군도와 남사군도를 포함하고 있다. 1988년에 광둥성에서 분할하여 성으로 승격되었는데, 면적은 3.4만여㎢로 인구는 811만 명, 성 정부는 해구(海口)에 있다.

홍콩, 마카오 특별행정자치구는 광둥성 남쪽 주강이 바다로 들어

가는 오른 쪽에 홍콩, 왼쪽에 마카오가 있다. 홍콩은 홍콩섬, 구룡(九龍), 신계(新界) 세 부분으로 면적은 1,068㎢이며, 인구는 680만 명이다. 아편전쟁의 패배로 홍콩섬을, 북경조약으로 구룡반도를 할양하고, 1898년에 99년 동안 조차해 준 곳이 신계였다. 신계의 조차기간이 끝난 1997년 7월에 영국으로 돌려받을 때 홍콩의 경제체제를 유지하기 위하여 50년 동안 특별행정구를 두기로 한 것이다.

마카오(澳門, 오문)는 마카오 반도와 노환도(路環島), 모자도(氹仔島)로 이루어졌으며, 면적은 16천㎡로 인구는 45만 명이다. 광동성 향산현(현재 중산)에 속하였으나 16세기에 포르투갈이 점거하여 서양의 중국진출에 관문 역할을 하였다. 1999년 12월에 중국에서 돌려받았고, 홍콩과 같은 이유로 특별행정구가 되었다.

### 4) 중앙인민정부의 조직

국가주석 - 국가를 대표하며, 전국인민대표대회에서 선출한다. 중국공산당의 독재이기에 당 주석이 선출되고 있다. 긴급명령, 선전포고 등의 권한을 갖고 있으며 만 45세로 중화인민공화국 국적을 가지면 피선거권이 있으며 임기는 5년으로 전국인민대표와 같으나 1회에 한하여 연임할 수 있다.

전국인민대표대회 - 최고의 국가권력 기관으로 대표는 바로 아래급의 인민대표대회와 해방군에서 선출하였다. 자격은 만 18세이상으로 민족, 종족, 성별, 가정출신, 종교신앙, 교육정도, 재산상황과 거주기간에 상관없이 출마할 수 있다. 후보자는 각 정당, 인민단체의 연합 혹은 단독으로 추천받거나 선거인 10인 이상의 연명으로 추천받아야하며 후보자는 정원의 1/3이거나 배가 많아야 한다.

해방군은 단독으로 선거를 행사하며 선거법은 별도로 정하였다. 전국인민대표의 정원은 3,000명을 초과할 수 없으며 각 지역의 정원은 상무위원회에서 인구의 과다와 지역의 실정을 고려하여 결정하고 선거를 맡도록 되었으며 선출된 대표는 임기 5년이다. 투표는 무기명 투표방식을 일률적으로 행하며 유권자가 문맹이거나 장애가 있어 선거를 할 수 없는 경우 타인에게 위임하여 권한을 행사한다. 위탁받은 사람은 세 사람을 초과할 수 없다.

홍콩과 마카오 특별행정구는 전국대표대회에서 별도로 정하였다.

전국인민대표대회는 헌법의 수정, 각종 법률을 심의 제정하며 국가 주석, 부주석, 군사위원회 주석을 선출하고 주석이 제청한 국무원 총리, 부총리, 최고인민법원과 최고인민감찰원의 장에 대한 동의권이 있다.

인민대표대회는 매년 1회 북경에서 소집되며 대회 휴회 기간에는 전국인민대표대회 상무위원회가 입법권을 대행하여 위원장은 국회의 장과 같다.

**국무원** - 중앙인민정부로 국가최고 행정기관, 즉 행정부이다. 총리와 여러 명의 부총리, 국무위원, 각부 부장, 각 위원회 주임으로 구성되었다. 법률의 집행, 행정조치 및 국민경제 계획과 국가 예산을 작성, 집행하며 지방 각급 행정 기관을 지도한다. 전국인민대표대회가 부여한 권한을 집행하며 임기는 5년이다.

**중앙군사위원회** - 전국의 군대를 지휘한다. 주석은 전국인민대표대회에서 선출한다. 당에도 당 군사위원회가 있어 당 군사위원회 주석이 국가군사위원회 주석이 되며, 통상 당의 총서기가 겸임하나 보직을 맡지 않더라도 등소평과 같이 실권자가 맡았다.

**최고인민법원** - 최고 사법기관으로 지방의 각급 인민법원을 지휘하며, 법원장은 전국인민대표대회에서 선출한다.

**최고인민검찰원** - 최고 검찰기관으로 지방의 각급 검찰원을 지휘하며, 검찰원장은 전국대표대회에서 선출한다.

한편, 지방에도 구, 성, 직할시, 시, 현, 향, 진 등에 인민대표대회와 각급의 인민정부를 두었다.

### 5) 중국의 국기(國旗)와 문장(紋章), 국가(國歌)

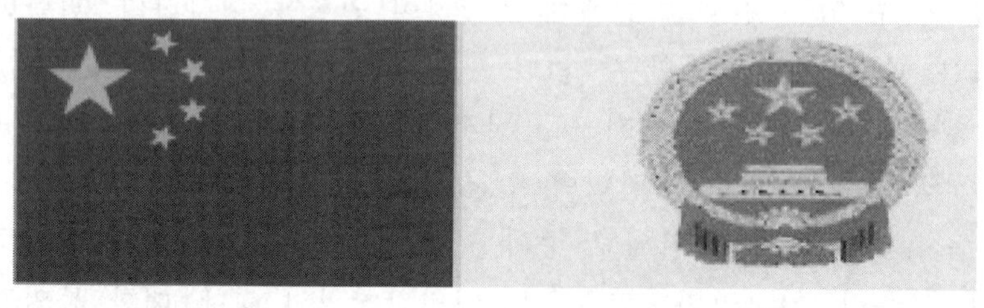

국 기 문 장

국 기 - 오성홍기(五星紅旗)로 설계자는 중공상해지하당 지도기구의 지하신문에서 일하였던 증연송(曾聯松)으로 1949년 7월에 공모광고를 보고 참가하여 선정되었다. 국기의 가로와 세로 비는 3:2이다. 홍색의 바탕은 공산당의 피로 혁명을 상징하며, 왼쪽 위에 큰 별은 중국공산당을, 네 개의 작은 별은 노동자, 농민, 도시 소자본가, 민족자본가 계급을 대표한다. 1949년 9월 27일에 제1차 중국인민정치협상회의 전체회의에서 통과되어 공포되었다.

문 장 - 도안은 청화대학 건축학과 1급 교수인 임휘음(林徽音)·이종률(李宗律)·막종강(莫宗江) 등으로 조직된 소조가 설계하였다. 의미는 별 다섯이 천안문을 비추는 것을 주체로 주위는 곡물(벼와 밀)과 아래에 톱니바퀴로 되었으며 홍수(紅綬)로 톱니바퀴를 묶고 있다. 천안문은 중국인민의 혁명전통으로 새로운 민족정신을 상징하며, 톱니바퀴와 곡물은 노동자, 농민계급을, 5성 별은 중국공산당의 영도아래 중국인민의 대단결을 의미한다. 1950년 6월 23일에 제1기 중국인민정치협상회의 제2차 회의에서 통과되고 9월 20일에 공포하였다.

국 가 - 국가는 항일전쟁시기 애창되던 의용군행진곡(義勇軍行進曲)이다. 1935년에 전한(田漢)이 작사하고 섭이(聶耳, 본명은 聶守信) 작곡한 것으로 상해영화회사에서 촬영한 「풍운아여(風雲兒女)」의 배경음악이었다. 건국 때에 가사를 바꾸어 국가로 선정되었다. 그 후 「동방홍(東方紅)」으로 대체되었다가 1978년 3월에 소집된 제5기 전국인민대표대회 제1차 회의에서 회복되었다. 그러나 1982년 12월의 제5기 전인대 5차 회의에서 의용군행진곡을 국가로 확정했다.

## 7. 중화민국(대만)

### 1) 자연환경과 인구, 언어

대만(臺灣)은 중국에서 제일 큰 섬으로, 팽호(彭湖) 열도와 금문도(金門島), 마조도(馬祖島)를 포함하여 면적은 3.6만㎢로 대(台)라 약칭한다. 동쪽으로 태평양, 남쪽으로 필리핀 군도를 바라보고 있으며, 서쪽으로 대만해협을 사이에 두고 복건성과 마주보고 있으며, 동북으로 약 300km에 유구(琉球, 오키나와)가 있다.

대만 섬은 남북이 377km, 동서 142km, 중앙산맥이 남북으로 놓여있어 크게 동서 양부로 나누고 있는데, 해발 100m이상의 산지가 70%, 그 이하 평지가 30%를 차지하고 있다. 해발 3000m이상의 산이 62개로 옥산이 제일 높아 해발 3997m이다.

대륙과 가장 가까운 곳에 있는 것은 금문도(하문의 건너편)와 마조도로 금마지구로 불러 대만성에 속하지 않아 현재 중화민국은 대만성과 복건성의 금마(金馬)지구를 차지하고 있다.

대만의 인구는 약 2,200만 명으로 본성(청대까지 중국대륙에서 유입된 중국)인 84%, 외성(국민정부가 대만으로 옮겨갈 때 이주한 대륙출신을 지칭) 출신이 16%, 산지족(고산족이라고도 하며, 토착원주민)이 2% 차지하고 있다.

대체로 국민정부가 옮겨간 다음 국어(북경어)교육과 보급에 힘을 써 공용어로 사용하고 있으나 본성인들은 정부의 지도에도 불구하고 그들의 방언을 써왔다. 특히 본성인들은 크게 두 부류로 복건성에서 이주한 족군(族群)과 광동성에서 이주한 족군이 있는데, 전자는 복건지방의 방언인 민남어를, 후자는 주로 객가인들 이어서 객가어를 사용하였으며, 산지족은 산지족대로 토박이 언어를 사용하였다.

1980년대부터 국민정부의 본토화 정책에 따라 대만인들의 정치적 위상이 높아지면서 대만독립 바람도 일어나 민남어와 객가어의 활용이 장려되고, 더욱이 탈 중국화, 대만화가 제기되면서 민남어와 객가어가 공용어로서 인정되고 있는 실정이다.

### 2) 행정구획

대륙의 중화인민공화국이 1971년에 국제연합에서 중화민국을 대신하게 되자 국제사회에서 중화민국이란 국호는 이름만 유지되었을 뿐, 자유중국, 국부(국민정부의 준말), 또는 대만이란 지역 명칭이 국호를 대신 대만정부라 불렀다. 그런데 중국은 대만을 자국의 영토라 하고 일국 양체제를 내세워 '하나의 중국'만을 전제로 외교관계를 수립하였기 때문에 중화민국과 대만이란 명칭을 인정하려 하지 않는다. 따라서 두 명칭대신에 차이니즈 타이페이(Chinese Taipei, 中華 臺北)라는 명칭으로 올림픽(1976년 대회 이후) 등의 스포츠대회와 각종 국제기구에서 사용하고 있다.

1990년대 중반까지 중화민국의 행정구획은 복건성과 대만성, 대북시와 고웅시, 즉 두개의 성과 두개의 직할시로 되었다. 그리고 성아래에 시, 현을 두었다. 그런데 대륙과의 관계에서 성을 그대로 두었을 경우 완전히 하나의 중국문제로 대륙에 편입되고 중화민국은 없어지는 것과 같아 1996년 1월에 복건성을 폐지하고 성정부의 기능을 중지시켰으며, 1998년 12월에 대만성정부도 기능을 중지시켜 중화민국 중앙정부가 직접 다스리는 체제로 바꿨다.

대만의 총통부(전 일본 총독부)

현재 2개의 직할시, 18개 현, 5개 시정부로 되었다. 수도는 대북(臺北)에 있다.

### 3) 정부조직

헌법상 세 단계의 정부구조로 되어 있다. 첫째, 총통부(總統部)와 행정원(行政院), 입법원(立法院), 사법원(司法院), 고시원(考試院), 감찰원(監察院) 등 5원(院)을 포함하는 중앙정부와, 둘째는 성(省)과 특별시, 셋째는 현(縣) · 시(市) 정부로 되었다.

**총통부** - 총통은 보통, 직선으로 선출된 국가원수로 통치권을 부여받는다. 임기는 4년이다.

**국민대회** - 대표는 보통 직선제로 2000년 4월에 반포된 입법원의 헌법개정안에 따라 입법원이 발의한 헌법개정, 국가영토 변경 심의 및 총통탄핵안을 심의하는 권한으로 축소되었다.

**행정원** - 행정원 원장(내각 총리에 해당)이 이끄는 내각은 행정원위원회, 내정·외교 등 8개부와 교무 등 위원회의 부처급 각종위원회, 주계처·예산·회계국·신문국 등으로 구성되었다.

입법원 - 의원 수 225명으로 구성된 국가최고 입법기관, 직선으로 선출되나 정당이 얻은 표에 따라 비례대표제를 할당한다. 임기는 3년이다.

사법원 - 국가 사법체제를 관리하며 민, 형사 및 행정사건은 물론 정부 기율사건도 맡는다. 사법원에는 헌법재판소 격인 대법관회의가 있으며, 대법관은 총통이 입법원 동의를 얻어 임명한다.

고시원 -공무원 선발을 위한 시험, 고용, 관리 등 정부 인사문제를 맡으며, 위원 전원은 총통이 입법원의 동의를 얻어 임명한다.

감찰원 - 정부부처 및 공무원에 대한 탄핵과 견책, 교정 감사 등의 권한을 갖고 있다. 위원은 29명으로 임기 6년이며, 총통이 입법원의 동의를 얻어 임명한다.

제 2 장

# 사회주의 국가의 건국과 국민정부의 대만이전(1949-1952)

## 1. 중화인민공화국의 대륙통일과 중국공산당의 독재 확립

### 1) 중화인민공화국의 대륙통일

1949년 10월 1일에 북경 천안문에서 모택동 주석이 호남성 지방의 강한 어조로 중화인민공화국 중앙인민정부가 수립되었다고 세계 각국에 선포하였지만 아직 전 대륙을 다 공산화하지 못한 채 건국을 선포하였다.[1] 따라서 중화인민공화국도 역대의 중국 왕조가 창업할 때와 마찬가지로 전국을 통일하여야 하는 과제가 남아 있었다. 이에 신중국은 중국인민정치협상회의에서 결의한 「공동강령」에 '중국 전부를 해방하고 중국의 통일 사업을 완성한다'는 규정에 따라 국민정부의 잔여 부대를 섬멸하기 위한 군사작전에 돌입하였다.

당시 국민정부는 중남, 서남, 화동지역에 백숭희(白崇禧) · 여한모(余漢謀) · 호종남(胡宗南)이 지휘하는 3개 집단군 약 70만 명이 자리잡고 있었다. 백숭희와 여한모는 양광지방을 방어하고 있었으며, 호종남은 진령(秦嶺)의 험준한 지역을 방어하고 있으면서 해방군의 사천지역 진입을 저지할 계획이었다. 그리고 이 방어선이 무너지면 광서, 사천으로 철수하여 서남방어선을 구축하고 국제환경의 변화에 따라 권토중래 할 기회를 잡으려 하였다.

한편, 중공 당 중앙군사위원회는 전국을 통일하기 위하여 임표

(林彪)와 나영환(羅榮桓)이 지휘하는 해방군 제4야전군을 제2야전군의 주력일부와 함께 1949년 9월 13일에 호남, 광동지역에 투입하였다. 그 결과, 10월 26일에 이르기까지 43일 동안에 국민정부의 여한모군 10여만을 섬멸하고 10여 개의 도시를 해방시키는 작전을 승리로 끝마쳤다. 이때 전투에서 패한 백숭희는 자기 고향인 광서로 들어가 자리 잡으려 하였다. 이에 중공군은 11월 6일부터 광서작전에 들어가 12월 6일에 흠주(欽州)를 점령하여 백숭희 군이 남해(南海)로 탈출할 바다를 봉쇄하고 철저하게 섬멸작전을 펴 국민정부의 마지막 군사적인 지주였던 백숭희 부대도 무너졌다.

화동지구는 진의(陳毅), 속유(粟裕)가 지휘하는 제3야전군이 복건지역을 해방하고, 서북지역은 팽덕회(彭德懷)가 지휘하는 제1야전군이 신강(新疆)지역의 작전을 맡아 10월 20일에 성정부가 있는 적화(迪化, 지금의 오노목제(烏魯木齊, 우루무치))를 해방시켰다.

이와 아울러 유백승(劉伯承)과 등소평(鄧小平)이 이끄는 제2야전군은 11월 1일부터 서남작전을 시작하여 귀주성(貴州省)으로 들어가 15일에 성정부가 있는 귀양(貴陽)을 함락하고, 30일에 중경(重慶)을 함락하여 국민정부의 서남방어선을 교란시켰을 뿐만 아니라 국민정부의 퇴로를 차단하였다. 따라서 국민정부는 사태가 더욱 위급해지자 12월 9일에 장개석은 모든 군사지휘권을 호종남에게 위임하고 대만으로 갔다.

이처럼 사태가 국민정부에게 더욱 불리하여지자 국민정부의 운남성(雲南省) 주석 노한(盧漢), 서강성(西康省)주석 유문휘(劉文輝), 서남군정장관공서의 부장관인 등석후(鄧錫侯)·반문화(潘文華) 등이 중공에 귀순하였다.2) 그리고 12월 하순에 인민해방군은 국민정부의 마지막 주력이었던 호종남 부대마저 섬멸하고 27일에 성도(成都)를 점령하였으므로 서남작전도 승리로 끝났다.

1950년 4월에 해방군은 해남도(海南島) 작전을 시작하여 4월 30일에 이를 점령하고, 5월에는 동남연해 해상방어의 요충지인 주산군도

(舟山群島)를 점령하였다. 이로서 국민정부군의 장강 봉쇄도 붕괴되어 절강 연해의 여러 섬들을 정령할 수 있게 되었다. 또한 10월에 티베트로 진군하여 19일에 그 동부의 정치, 경제 중심지인 창도(昌都)를 점령하고, 티베트와 정치적 협상을 통하여 10월 26일에 라사로 들어갔다.

이에 따라 대만(臺灣), 팽호(澎湖), 마조(馬祖), 금문(金門), 홍콩(香港)과 마카오(澳門)를 제외한 전 대륙이 중화인민공화국의 통치아래 들어가 중국공산당은 마침내 대륙 통일을 완성하였다.

## 2) 중앙 인민민주정부의 수립

중화인민공화국의 수립은 명의상으로 중국공산당과 여러 민주 당파의 연합정부로서 출범한 것이다. 이는 전후 중국 정치에 관하여 모택동이 제시하였던 '연합정부론(聯合政府論)'에 따라 유명무실해진 중국정치협상회의(중경담판에 의하여 성립된) 대신에 중국신정치협상회의(中國新政治協商會議, 후에 중국인민정치협상회의로 개칭)를 소집하고 여기에서 의결한 「중국인민협상회의 공동강령」과 「중화인민공화국 중앙인민정부 조직법」에 따라 성립된 것이기 때문에 표면적으로 중공이 제시하였던 통일전선에 의한 여러 당파의 연합정부였다.

예를 들면 제1기 전국정치협상회의(政協으로 약칭) 위원회, 중앙인민정부 위원회, 정무원, 인민혁명군사위원회의 구성원은 순수한 공산당 당원만이 있었던 것은 아니었다. 정협위원회의 정・부주석 6명 가운데 4명의 민주당파와 무당파가 있었으며, 중앙인민정부위원회의 정・부주석 7명 가운데 3명의 민주당파가, 정부위원 56명 가운데 25명의 민주당파가, 인민혁명군사위원회 부주석 6명 가운데 1명의 비공산당 당원이, 정무원의 정・부총리 5명 가운데 민주당파가 2명이, 정무위원 21명 가운데 11명의 민주당파 인사가 참여하였다. 그리고 정무원산하 30개 부(部), 위(委, 위원회), 서(署)의 93명 정・부 간부 가운데

정무원의 회의 모습(서 있는 사람은 주은래)

42명의 민주당파 또는 무당파 인사가 포함되었다.3)

대체로 해방군은 도시에 입성하게 되면 제일 먼저 국민정부의 기관을 취소하고 「공동강령」의 규정에 따라 과도기적인 성격의 군사관제위원회를 설립하고, 중앙 인민정부 혹은 각 전선의 군정기관에서 파견한 인원으로 지방인민정부를 조직하고 반혁명 세력을 철저히 숙청하였다. 그리고 국민당의 공공기관과 산업, 물자를 접수하였으며 지방의 경제를 회복하고 사회 질서를 안정시켰다. 한편, 인민정부를 공고히 하기 위하여 각계의 지원이 필요하였기 때문에 각계 인민대표회의를 소집하여 이 문제를 해결할 방침이었다.

행정구획 상 1949년 12월까지 전국에는 모두 동북(東北), 화동(華東), 중남(中南, 즉, 華中), 서남(西南), 서북(西北)의 5개 대행정구(大行政區)를 두었다. 그리고 원래 있었던 화북 인민정부는 중앙 인민정부가 성립된 다음 취소되고 관할하던 5개 성과 두개의 시(北京과 天津)를 중앙 인민정부에 귀속시켰다. 그리고 1949년 12월에 중앙인민정부위원회 제4차 회의에서 「성·시·현의 각계 인민대표대회통칙」을 통과시켰다.4) 이에 따르면 인민대표회의는 반 정권 기관의 성격으로 보통

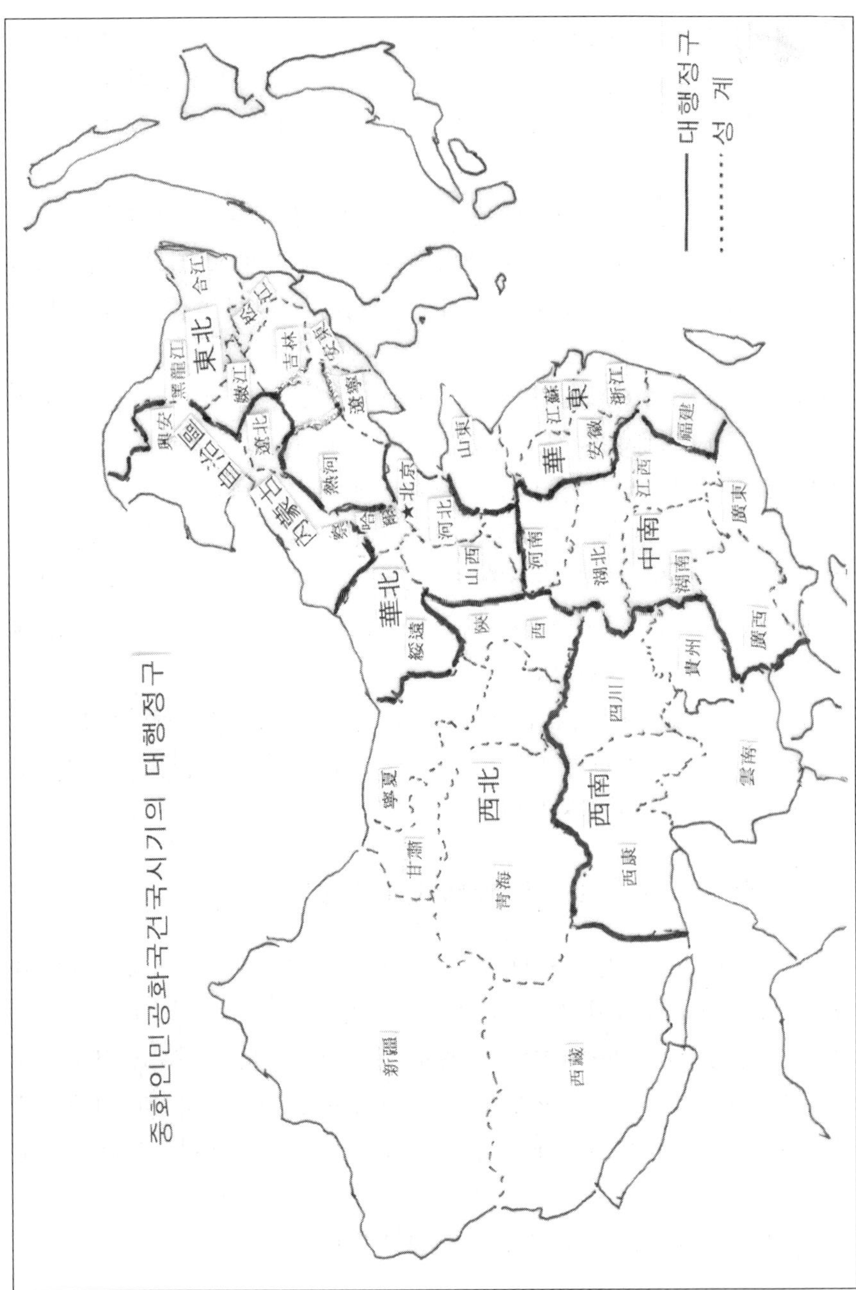


중화인민공화국건국시기의 대행정구

선거에 의한 인민대표대회가 성립되기 전 그 준비가 되도록 하였던 것이다. 그리고 정무원의 제의에 따라 동북 인민정부위원회와 하나의 중앙 직할자치구(내몽고자치구)인민정부, 5개의 대구군정위원회 정·부 주석을 임명하였다.5)

이처럼 대행정구를 두게 된 것은 마치 명칭 상 연방제와 흡사하지만 실제는 달랐다. 이는 각 지역 마다 특성에 맞게 서로 다른 정책을 펴 전쟁의 상처를 치유하고 사회 질서와 경제를 회복하려는데 있었다.

대체적으로 1950년 7월까지 전국에는 하나의 대행정구(동북행정구), 10개 성, 7개 직할시, 13개 성 직할시, 1,707개 현의 각급 각계 인민대표회의가 소집되었으며 그 가운데 일부에서는 이미 인민대표회의의 직권을 대행하고 있었다.6) 그리고 9월에는 동북·서남·서북·화동·중남의 다섯 대행정구와 28개 성, 1개 자치구, 9개의 성급 행정구, 12개의 중앙·대구(大區) 직할시와 67개의 성직할시, 2,087개의 현 인민정부가 성립되었다.

한편, 소수 민족이 집단적으로 거주하고 있는 지역에 대하여 그 민족의 자치를 추진하여 나갔다. 그 결과 1952년 6월까지 전국적으로 130개의 자치구역이 성립되었다.

### 3) 중국공산당의 일당독재체제 확립

건국초기 중공 당 중앙의 최고 영도기관은 중앙정치국(서기처)이였다. 서기처의 구성과 직권은 훗날의 중앙정치국 상임위원회와 같은 것이다. 중앙정치국과 서기처 아래에 당 군사위원회를 두고 군사권을 장악하였다. 그런데 중앙인민정부의 성립은 표면적으로 각 민주당파와의 연합정부이기 때문에7) 중국공산당은 집권당으로서 세력을 확보하지 않으면 안 되었다.

이에 1949년 11월에 중공 당 중앙정치국은 「중앙인민정부 안의 중국공산당 당위원회 조직과 중국공산당의 조직에 관한 중앙의 결정」을 통과시켜 중앙인민정부 안에 당위원회를 조직하고 중앙인민정부 안에서 활동하고 있는 모든 당원은 중앙의 허가를 받은 자를 제외하고 모두 지부조직에 참가하여 당의 조직생활을 하도록 하였다. 그리고 당위원회의 임무는 당외 민주당파 인사와 단결하여 중앙 인민정부의 정책과 결의에 따라 그 임무를 다하도록 하였다.8)

또한 중공 당 중앙은 「중앙 인민정부안의 중국공산당 당 조직에 관한 결정」을 하달하여 당이 더욱 정부를 영도하고 당 중앙의 정치노선과 정책을 관철 집행시키기 위하여 중앙인민정부가 공산당 당원의 조직을 책임 맡도록 요구하였다.9) 이렇게 하여 중공은 정부안에서 영도권을 확립하여 나갔다.

또한 중공 당은 군대의 지휘권을 계속 유지하여 나갔다. 주덕(朱德)은 당과 군대와의 관계를 '군대는 당의 영도아래 창설되고 발전되어 왔음을 강조하고 당은 군대의 영도자이고, 군대는 당의 혁명발전과 혁명이 승리할 수 있도록 한 도구이며, 당의 영도가 없으면 군대도 없었다'고 하였다.10)

한편, 1950년 3월에 제1차 전국통전공작회의(全國統戰工作會議)를 소집하여 민주당파의 성질을 가리켜 계급연맹의 성질을 갖고 있는 단일적인 정당은 아니라면서 신중국 성립 후 기본적으로 신민주주의 성질의 정당이 되어야 한다고 하였다. 그러면서 민주당파를 영국과 미국의 정당을 표준으로 비교하여서는 안 되며 우리의 인민민주전정(독재)은 공산당이 영도하는 인민민주통일전선의 정권이어야 한다고 하였다. 이 회의를 통하여 민주당파에 대한 방침을 확정하였다.

즉, 공산당의 영도아래라는 전제아래 표면적으로 민주당파를 지원하는 정책을 펴 기관의 행정경비, 사업비, 특별보조비를 정부에서 지원하였을 뿐만 아니라 그 구성원도 수적으로 증가시켜 명목상으로는 민주당파의 조직을 그대로 유지시켰다. 그러므로 민주당파는 중공의 일당독재를 적극 지지하는 입장을 취할 수밖에 없는 형편이 되었으며, 중공 당의 들러리에 불과하였기 때문에 이른바 정당으로서의 역할과 기능을 제대로 할 수 없었다.

한편, 중공 당은 청년단과 노동 단체 등 군중 조직을 강화시키고 이를 최대한으로 이용하려 하였다. 청년단의 조직을 확대 발전시키기 위하여 1950년 3월 29일에 중공 당은 「각급 당위원회는 청년단을 지도하고 도움을 강화시켜 나가야 한다는 지시」를 하달하고, 다시 4월 16일에 「청년단과 기타 군중단체 활동을 강화하여야 한다는 지시」를 하달하여 청년단, 농민회, 노동 단체의 조직을 충분히 발전시켜 이들 단체의 도움으로 사회개혁의 임무를 완성시키고, 당이 지지받을 수 있는 힘이 되도록 하였다.11)

## 2. 사회주의 국영경제의 도입과 재정 경제의 재조정

### 1) 사회주의 국영경제의 도입

국민정부가 붕괴되고 각 급의 인민민주정권이 수립되면서 중공 당 중앙과 중앙인민정부는 국가권력의 힘을 이용하여 관료자본을 몰수하거나 이를 이어받았으며 중국 안의 제국주의 기업을 징발하였다. 그리고 원래 해방구에서 성립되어 발전되어 온 공영경제를 첨가하여 강력한 사회주의 국영경제를 도입하였다.

당시 몰수된 관료자본은 중국국민당의 중앙이나 지방정부가 경영하던 기업으로 여기에 항전승리 후 접수한 중국 안의 일본, 독일, 이탈리아의 기업이 포함되어 있었다. 그리고 국민정부의 고위 관료가 경영하던 기업으로 공장, 광산, 은행, 창고, 선박, 전화, 전보, 체신, 상수도, 농장과 목장 등이 포함되었다. 이들 기업을 신속히 재가동하기 위하여 노동자들에게 공장관리위원회를 조직하게 하고 이들의 힘을 빌렸다. 그리고 1950년 6월에 「중화인민공화국 공회(노동조합)법」을 시행하여 조합의 기층조직이 이루어지고 이를 바탕으로 중화전국총공회(中華全國總工會)의 조직이 회복되었다.

대체로 중공의 건국직전 중국의 관료자본은 전국 공업자본의 2/3를 점하고 있었으며, 공업·광업·교통 운수업의 고정자산은 80%, 철강은 90%, 석탄은 33%, 전기는 67%, 시멘트와 석유화학은 67%, 금융기관과 철도 도로·항공운수업은 전국적으로, 해운업은 총 톤 수의 40%를 점하고 있었다.

장강(長江)이북의 관료자본은 건국직전에 이미 몰수하였고, 그 이남의 지역은 「공동강령」의 규정과 중앙인민정부의 지시에 따라 단시간 안에 몰수하여 국유로 전환시켰다. 1949년말 까지 인민정부는 2,858개의 관료자본기업을 몰수하여 75만 명의 생산 노동자를 갖게 되었다. 그리고 몰수방법에 있어서도 원래의 모습, 즉 직급, 임금, 조직을 그대로 보존하는 형태를 취하고 생산관계만 개선하였다. 따라서 인민정부가 접수한 기업들은 모두 신속하게 생산이 회복되었다.

뒤이어 중앙 인민정부는 1950년 1-2월 사이에 「기업에 투자된 관의 주식청산에 관한 방법」과 「전범(戰犯), 한간(漢奸), 관료 자본가와 반혁명 분자의 재산몰수에 관한 지시」를 발표하고 일반 사기업에 숨겨져 있는 관료자본의 주식을 찾아내도록 하였다. 이렇게 함으로써 철저하게 관료자본을 몰수하고 이를 사회주의 기업으로 전환시켜 사회주의 개조의 물질적인 기초가 되도록 하였다.

### 2) 물가 안정

신중국 성립초기에 중국은 경제적으로 상당히 곤란한 환경에 처하여 있었다. 생산량이 크게 감소되었을 뿐만 아니라(철강 83%, 석탄 48% 등) 국민정부가 통화를 팽창시켜 물가파동과 시장이 혼란에 빠져 있었기 때문이다. 즉 1949년의 국가재정지출은 2/3가 적자였기 때문

에 화폐발행으로 이를 메울 수밖에 없는 실정이었다.12)

여기에 투기 자본가들의 개입으로 물가파동은 더욱 심하였다. 특히 1949년 4월, 7월, 11월과 1950년 2월의 네 차례에 걸친 물가파동이 있었다. 첫 번째 파동은 화북에서 일어나 화중, 산동과 강소의 북부에까지 파급되었는데, 화중의 물가는 4배, 기타 지역은 50%나 올랐다. 두 번째는 상해에서 일어나 해방구 전 지역으로 확산되었는데, 6월 23일부터 7월 16일까지 곡물가격은 4배, 기타 주요상품은 0.5배에서 두 배 정도나 올랐다. 세 번째는 상해를 중심으로 전국적으로 확산되었다. 이 기간 동안 상해의 물가는 하루에 10%-30%가 올랐으며, 11월 25일은 10월 상순과 비교하여 세배이상 올랐다. 네 번째도 상해에서 시작되었다. 더욱이 구정 명절이 가까워짐에 따라 이에 관련된 상품이 오르기 시작하여 25종의 주요 상품은 두 배 이상 올랐기 때문에 경제는 극도로 혼란에 빠지게 되었다.13)

따라서 인민정부는 투기를 근절하기 위하여 적극적인 대책을 세우지 않으면 안 되었다. 우선 금·은과 외국화폐의 관리를 강화하여 반드시 중국인민은행(中國人民銀行)을 통하여 교환하도록 하였으며, 상해시 인민정부에서는 당 중앙의 동의아래 공안원을 파견하여 투기의 소굴이었던 상해증권거래소를 포위하고 금융질서를 파괴하는 투기분자 238명을 체포하여 투기를 근절시켰다.

또한 물가의 상승을 억제하기 위하여 국가에서 보유하고 있는 물자를 대량으로 풀어 충분한 공급을 통하여 매점과 투기를 막았다. 그리하여 1949년 10월이래 50여 일 동안 폭등하던 물가가 11월 26일부터 점차 떨어지기 시작하였다. 그리고 시장물가에 대한 행정관리를 보다 철저하게 강화하기 시작하여 상공업자등록방법을 공포하여 허가 없이는 영업을 하지 못하도록 하고 유통가격을 철저하게 통제하였다. 이와 같은 경제조치와 행정수단을 통하여 투기를 근절하고 물가를 잡기 시작하여 점차 안정되어 갔다.

그러나 문제는 있었다. 전쟁이 가져온 상공업의 파괴와 민족자산계급의 인민정부에 대한 불만은 통화, 물가가 안정되어 가는 추세를 보이자 생산을 중단하고 휴·폐업하는 자가 속출하였다. 따라서 공장 실업자 수가 늘어나고 노사관계가 긴장되게 되었다. 1950년 제2분기 상해(上海), 북경(北京), 천진(天津), 무한(武漢), 광주(廣州), 중경(重慶), 서안(西安), 제남(濟南), 무석(無錫), 장가구(張家口) 등 10개 도시의 민영 상공업으로 개업한 것은 5,903개이었는데, 폐업한 수는 12,750개였다. 즉 개업보다 폐업이 더 많았으며 생산량도 급속도로 감소되었다.

이렇게 된 원인은 통화, 물가가 안정된 후 구매력이 거의 없어 상품의 재고가 늘었기 때문이며, 이들 기업의 조직이 방만하여 경영이 불합리하였기 때문이었다. 이밖에도 동일업종간의 과당경쟁과 고급 사치성 업소가 그 시장성을 상실하였기 때문이었다.

### 3) 전국재정경제공작(全國財政經濟工作)의 통일

통화팽창과 물가를 안정시키기 위하여 반드시 국가 재정의 수지 균형을 맞추지 않으면 안 되었다. 이에 중앙 인민정부위원회는 1949년 12월 2일에 소집된 제4차 회의에서 1949년도의 물가폭등의 원인과 성격 그리고 앞으로의 예상에 관하여 분석하고 구체적인 방안 즉 1950년도 재정수지 예산과 공채발행 방법을 규정하였다. 그리고 1950년 2월 13일부터 25일까지 정무원 재경위원회는 진운(陳雲)의 주재아래 전국재정공작회의(全國財政工作會議)를 소집하여 「국가재정경제통일에 관한 결정」을 제안하여 3월 3일에 정무원에서 이를 발표하였다.14)

이 결정에 따르면 전국의 재정수지를 통일하여 국가수입에 중요한 중앙수입을 국가의 중요 지출로 사용하며, 전국의 물자유통을 조정하여 국가가 보유하고 있는 물자를 효과적으로 이용하며, 중국인민은행(中國人民銀行)이 전국의 현금관리를 통일 관리하여 통화팽창이 일어나지 않도록 하며 국가가 사용할 현금을 충분하도록 증액한다고 하였다. 즉 재정, 무역, 금융을 통일하여 재력과 물력의 분산과 그 낭비를 막고 이를 집중적으로 그리고 효과적으로 사용하고자 하였다.

그 결과 국가 재정수지가 평형을 찾게 되었다. 즉 1950년 1, 2분기에는 재정적자가 40%이상이었는데, 3, 4분기에는 계속 하락하여 9.8%와 6.4%로 축소되었다.15) 그리고 1951년과 1952년에 완전히 균형을 이루어 약간의 여유도 있었으며 재정수지의 구성도 명확한 변화가 나타났다.

재정수입과 지출의 구성비16)

| 수입 구성비(%) | | | | | 지출 구성비(%) | | | | |
|---|---|---|---|---|---|---|---|---|---|
| 연도 | 세수 | 기업 수입 | 채무 수입 | 기타 | 경제 건설 | 사회 문화 | 국방 | 행정 관리 | 기타 |
| 1950 | 75.1 | 13.4 | 4.6 | 6.9 | 25.49 | 11.09 | 41.43 | 19.20 | 2.60 |
| 1951 | 60.9 | 22.9 | 6.2 | 10.0 | 29.50 | 11.29 | 42.52 | 14.66 | 2.03 |
| 1952 | 53.2 | 31.2 | 5.3 | 10.3 | 45.53 | 13.58 | 26.03 | 10.29 | 4.66 |

그런데 새로운 현상이 나타났다. 즉 상품의 재고는 쌓이고 공장의 생산량이 감소한 것이다. 그리고 전장(錢莊)이나 은행, 상점, 공장이 문을 닫게 되었다. 상해의 민영 금융업은 더 이상 고리로 대출할 수 없게 되자 문을 닫게 되고 상점과 공장도 마찬가지였다. 따라서 실업자도 급증하게 되고 구매력도 없어져 상품의 재고가 쌓이는 현상이 나타났던 것이다.

이러한 상황을 호전시키기 위하여 중공 당 중앙은 1950년 6월 6일부터 9일까지 북경에서 7기 3중전회를 소집하였다. 회의 참가자는 중공 중앙위원 35명, 후보위원 27명과 각성 시 당위서기와 기타 행정요원 43명이 참가하였다.17) 여기에서 국내외정세를 분석하고 국가의 재경상황을 호전시키기 위한 대책으로 토지개혁의 완성, 현재의 상공업을 합리적으로 조정하기로 하였으며, 국가기관의 필요 경비를 최대한 절약하기로 하였다.

중공 당 7기 3중전회는 중공 당 중앙이 건국 후 처음으로 소집한 중요한 회의로서 사상과 행동의 통일과 단결을 다짐하며 경제회복과 발전을 위한 명확한 지침을 결정하였던 회의였다.

### 4) 상공업의 합리적 조정

중공 당 7기 3중전회 후 당과 인민정부는 적극적으로 토지개혁을 추신하려는 준비에 들어가고, 국가가 필요로 하는 경비를 삭감하는 이외에 도시의 상공업에 대한 조정에도 착수하였다. 1950년 5월 8일부터 26일까지 정무원 재정경제위원회는 전국 7대 도시의 공상국 국장회의를 소집하여 물가안정 후 나타날 시장의 침체현상과 상공업의 휴폐업을 방지할 수 있는 해결방법을 논의하였으며, 상공업의 조정활동을 전국적으로 전개하였다.

상공업의 조정범위는 대단히 광범하여 공영과 민영과의 관계, 공영과 공영과의 관계, 민영과 민영과의 관계를 조정하고 공업과 상업과의 관계, 금융업과 상공업과의 관계를 조정하는 것이 포함되었다. 그 가운데 가장 문제가 된 것은 공사(公私)관계의 조정, 노사(勞使)간의 관계, 생산과 판매 관계의 조정이었다.

공사관계의 조정은 공사 상공업에 있어서 국영이 민영을 영도하는 원칙아래 민영기업은 국가에서 가공, 주문, 포장과 일괄 구매방식으로 생산하게 하였다. 따라서 민영기업의 경제활동을 국가가 계획한 궤도 안에서 합리적으로 생산하고 정당한 이익을 취하도록 하였다.

노사관계의 조정은 노동자와 자본가의 관계를 조정하는 것이다. 자본가들에게는 과거처럼 노동자를 압박할 수 없고 노동자들도 자본가들에게 지나친 요구를 하지 못하도록 하였다. 조정원칙은 노동자의 민주권리를 확인하게 하고, 생산에 유리하여야 하며, 노사 관계는 반드시 협상의 방법으로 해결하고 상호 계약관계를 확고히 하도록 하였다.

생산과 판매 관계의 조정은 균형을 갖도록 하는 것이다. 중앙 인민정부는 1950년 6월부터 9월까지 전국성의 각 업종별 회의를 소집하였다. 그리고 판매가 확정되면 생산하는 원칙을 정하고 구체적으로 각 업종별 생산 판매 계획을 세우도록 하였다. 따라서 민영기업도 계획생산의 궤도위에 기업 활동을 하게 되었다.

상공업의 조정과 국내시장의 확대를 도모하기 위하여 1950년 겨울부터 1951년 상반기에 인민정부에서는 전국적인 규모로 각 지역간의 물자교류를 전개 하였다. 전국 각 지역에서 물자교류대회를 소집하여 거래와 협조가 이루어지도록 함으로써 통화팽창으로 인하여 조성된 각 지역 간의 정체된 교류를 풀게 하였다. 그러므로 농민들은 그들이 생산한 잉여 농산물과 특산물의 판로가 트이게 되었으며 도시의 공산품도 넓은 시장을 확보할 수 있었다.

그 결과, 1950년 하반기부터 시장의 상황이 새롭게 되고 또한 건전한 기초를 다지게 되었다. 생산량도 1949년과 비교하여 1951년에 48.8%가 증가하였고, 상업의 매출액도 1950년과 비교하여 1951년에 33.2%가 증가되었다. 이처럼 상공업이 회복됨에 따라 취업자 수도 자연 증가하게 되어 전국 29개 도시의 실업자 수는 1950년 6월의 166만 명에서 1951년 7월에 45만 명으로 감소되었다.[18]

### 5) 국방건설

「공동강령」에 따르면 중앙인민정부 인민혁명군사위원회(중앙군사위로 약칭)가 전국의 군사를 지휘하도록 하였고, 또한 중화인민공화국은 현대화된 육군을 강화하고 또한 공군과 해군을 건설하여 국방을 공고히 한다고 규정하였다. 1949년 10월에 국가중앙군사위원회가 성립되고 모택동이 주석이 되었으며, 그 밑에 참모부, 총정치부와 총후방근무부를 두었다. 중앙군사위원회는 각 야전군(1950년 6월 야전군과 병단의 양급지휘기관은 취소)과 군구조직 등을 관할하였다.

군대체계는 민주혁명시기에 형성된 야전군, 지방군, 민병 세 계통이 결합된 삼결합의 조직을 기초로 해방군, 공안군과 민병이 서로 결합된 무력체제를 확립하였다.

건국초에 전국의 전략구는 서북, 서남, 중남, 화동, 동북과 화북의 6개 대군구(1급 군구)와 12개의 2급 군구, 24개의 3급 군구로 나뉘었다. 각 대군구는 전략구의 최고 군사지휘기관으로 대군구 휘하의 성구와 소속 군 분구, 인민무장부가 있는데 이들은 소속 지구의 병역, 동원, 민병공작을 맡았다.

국방과학 기술관리를 위해 1951년 1월에 중앙군위에 병공위원회(兵工委員會)를 성립시키고 주은래(周恩來)가 주임, 섭영진(聶榮臻), 이부춘(李富春)이 부주임을 맡아 국방공업을 이끌어나갔다. 1952년 8월에 중앙인민정부는 제2공업기계부를 설립하고 병기, 탱크를 관리하고 항공공업국, 전신공업국을 관할하였다.

군대의 정규화와 현대화에 착수하였다. 1950년초에 인민해방군은 그 총수가 550만 명이었다. 경제회복과 발전을 강화하기 위하여 군대의 총수를 400만 명으로 감축하고 감축된 인원을 전업시키거나 지방으로 돌려보내려 하였는데 한국전쟁이 일어나 일단 중지되었다.

건국당시 인민해방군은 육군 즉 보병의 단일 구조였다. 이에 이를 기초로 해군과 공군, 방공군, 공안군을 조직하고, 포병, 장갑병, 공병, 철도병, 화학병부대를 두어 여러 병종이 종합된 군대로 전환되었다. 그리고 각종 조례와 규정을 정하여 통일적인 지휘가 이루어지게 되었다. 중앙군사위원회는 1950년부터 1953년까지 인민해방군의 내무, 기율, 대열 3대 공동조령(초안)을 제정 시행하였다. 그리하여 이를 근거로 부대의 정규화와 현대화 건설이 촉진되었다.

그리고 장병에 대한 문화교육과 기술훈련을 시켰다. 즉 당시 장교와 사병들의 문화수준이 낮아서 군의 현대화에 적응하지 못했다. 이에 1950년 8월에 중앙군사위원회에서는 「군대안의 문화교육에 관한 지시」를 하달하여 문화교육을 전군의 훈련 중심과제로 삼았다.19) 그 결과 1953년에 전군의 67.4%를 차지하였던 문맹, 혹은 반문맹은 30.2%로 떨어졌으며 간부들은 대부분 초등학교 졸업이나 중학졸업 정도의 수준을 갖출 수 있었다. 그리고 이를 바탕으로 기술교육을 확대할 수 있었다. 그리고 부대 안에 정치 문화교육을 위하여 1951년에 『팔일잡지(八一雜誌)』를 창간하고, 1952년에 팔일영화제작소(八一映畵製作所)를 설립하였으며, 1956년에 『해방군보(解放軍報)』를 창간하였다.

군의 현대화 건설에 간부의 교육이 중요함을 인식하고 각종 군사학교를 세웠다. 대체로 1953년말까지 전국에 200여개의 군사학교가 세워져 군사교육의 체계를 이루었다.

중공 당 중앙군사위원회는 1953년 12월 7일부터 1954년 1월 26일까지 전국군사계통 당의 고급간부회를 북경에서 소집하여 당의 과도시기 총노선 지침에 따라 건국이래 4년 동안의 경험을 종합하고 이후 국방건설 방침과 임무 등에 관한 주요사항을 논의 확정하였다. 여기에서 군대의 총수를 350만 명으로 감축하여 군비를 삭감, 국가 경제건설을 지지하고, 해외로부터의 무기구입을 축소하는 대신 중공업을 일으켜 군대의 무기와 장비를 현대화하기로 하였다. 또한 군대에 대한 당의 영도를 강화하기로 하였으며, 편제와 훈련, 의무병역제, 장교의 대우와 계급제도 등에 관하여 협의하였다.

## 3. 3대 혁명운동의 전개

### 1) 항미원조운동(抗美援朝運動)

한국전쟁이 발발할 시기에 중공 당 정권은 아직 안정되지 못한 상태였다. 전쟁은 비록 중국 안에서 일어난 것이 아니라고 하지만 제

압록강을 도강하는 인민지원군

2차 세계대전 후 나타난 이데올로기의 대립에서 비롯된 것이기 때문에 중국으로서는 관심 두지 않을 수 없었다.

특히, 한국전에 참전한 미국은 대만으로 옮겨간 국민정부를 지지하고 있었으며 대만을 위한 군사적인 방어는 물론 경제적인 원조를 계속하고 있었기 때문에 중국은 대만을 해방시키지 못하고 있는 실정이었다. 그러므로 미국은 이데올로기적인 면에서 뿐만 아니라 중국혁명을 미완성으로 끝마치도록 한 주범이기도 하였기 때문에 한국전쟁이 일어나자마자 중공은 즉각적인 반응을 보였다.

즉 전쟁 발발한 3일 후인 6월 28일에 모택동(毛澤東)은 전국과 전세계의 인민이 단결하여 충분한 준비를 진행시켜 미국 제국주의의 어떠한 도전이라도 이를 물리치자고 하였다.20) 그리고 8월 1일에 북경에서 미국의 대만과 한국침략을 반대하기 위한 각계 인민의 군중대회를 소집하여 미국에 대하여 엄중하게 경고하였다.

그런데 연합군의 인천상륙으로 전세가 역전되어 북한에게 점차 불리하게 되어가자 9월 30일에 주은래(周恩來)총리는 이를 좌시할 수 없다고 성명하고 참전의사를 공개적으로 표명하기 시작하였다. 그러나 중국의 참전에 대하여 80% 정도의 장교와 사병들이 참전을 원하지 않았다. 뿐만 아니라 10월 4일에 소집된 중공 당 중앙정치국회의에서도 주덕(朱德), 유소기(劉少奇), 주은래(周恩來), 임필시(任弼時), 진운(陳雲), 고강(高崗), 양상곤(楊尙昆), 등소평(鄧小平) 등 대다수 인물들은 출병을 원하지 않았다. 그런데 1943년에 중대문제의 마지막 결정권을 모택동에게 부여하였기 때문에 동북을 보위하고 대만을 지원하는 미국에 항거하여야 한다는 그의 주장에 따라 참전하기로 결의하였다.[21] 10월 8일에 중국인민혁명군사위원회 주석 모택동은 지원군에게 한반도로 출동할 것을 명령하고 사령관 겸 정치국위원인 팽덕회(彭德懷)가 10월 19일에 압록강을 건너 한국전에 투입되었다.

중국은 참전하면서도 중국의 안전을 고려하여 이미 구성된 동북변방군을 중국인민지원군으로 개편하였다. 그리하여 중국인민해방군의 이름으로 참전하지 않고 중국인민지원군의 이름으로 참전하여 중국 개입의 성격을 분명히 하였다. 당시 지원군은 한국전쟁기간 130만 병력을 투입하였으며, 각종 물자 560여만 톤, 경비 60만 억 원(구인민폐), 36만 여명의 사상자를 냈다.

한편, 중국 내지에서 당 중앙의 지시에 따라 중국인민항미원조총회와 분회에서 각종 선전방식을 통하여 계획적으로 공장, 농촌, 기관, 학교, 거리에서도 항미원조(抗美援朝), 보가위국(保家衛國)운동을 전개하여 중국인들의 애국주의가 크게 고양되고, 오랜 동안 존재하였던 친미(親美), 숭미(崇美), 공미(恐美)사상은 없어지게 되었으며 미국을 적대시하는 민족의 자존심을 높였다. 그리고 중국인들이 실질적인 행동으로 항미원조 운동에 사원하여 참가하려고 등록한 숫자가 당국에서 필요로 한 숫자보다 몇 배가 많았다.

결과적으로 항미원조 운동은 정치사상의 각성을 촉구하고, 경제회복 활동과 사회개혁 활동과 긴밀히 결합되어 노동자들에게 공장은 전장이며 기계는 대포나 총이라는 구호아래 증산활동을 독려하였으며 농민들도 생산량을 늘려 미국의 '이리와 같은 야심'을 막아야 한다고 하였다. 그 결과 참전자체는 중국에게 인적 물적 손실을 가져왔으나 사상적으로 경제회복을 보다 빨리 가져올 수 있는 교훈을 주었으며 이후 시행된 제1차 5개년계획을 순조롭게 계획보다 빠르게 달성하는 원동력이 되었다.

### 2) 토지개혁(土地改革, 혁명(革命))의 완성과 농촌호조합작운동의 발전

해방전쟁과정에서 이미 중공 당은 1억 4,500만 농업인구가 있는 구해방구(총인구는 1억 6천만 명)에 토지개혁을 실시하여 지주와 부농의 토지 2,500만 공경(公頃, 헥타르)을 1억의 농민에게 나누어주었다. 신중국이 수립되면서 3억 1천만 명의 신해방구(농업인구는 2억 6,400만 명으로 전체 농업인구의 2/3)도 토지개혁을 실시하지 않으면 안 되었다.

「공동강령」의 제3조에 따르면 '봉건, 반봉건의 토지 소유제를 농민의 토지소유제로 바꾼다'라 하였고, 제27조에 '토지개혁은 생산력을 발전시키고 국가의 공업화에서 필요조건'이라 명시하여 '토지개혁을 실시한 지역에서는 농민의 토지소유권을 보호하여야 하며 토지개혁을 실시하지 못한 지역에서는 농민을 동원하여 농민단체를 조직하고(이들의 힘을 빌려) 토비들의 악덕을 제거하고 감조감식(減租減息)과 토지분배의 과정을 거쳐 경자유기전(耕者有其田)을 실현'하여야 한다고 하였다.

중국인민정치협상회가 1950년 6월 14일부터 23일까지 제1기 전국위원회 제2차 회의를 소집하였는데, 여기에 중공 당 중앙은 공동강령을 바탕으로 「중화인민공화국 토지개혁법 초안」을 제출하였다. 유소기는 당 중앙을 대표하여 토지개혁 문제에 관한 보고를 통해 개혁의 기본적 이유와 목적을 설명하였다. 이 회의에서 중공 당 중앙의 초안과 유소기의 보고에 동의하고 이를 수정 보완하였다. 그리고 1950년 6월 28일에 중앙인민정부위원회는 「중화인민공화국 토지개혁법」을 통과시키고[22] 6월 30일에 모택동은 전국적으로 이를 실시하도록 명령하였다.

뒤이어 7월에 정무원에서는 「농민협회 조직통칙」, 「인민법정 조직통칙」을, 8월에 「농촌계급획분에 관한 결정」을 차례로 발표하여 토지개혁이 순리적으로 진행될 수 있도록 보장하였다.[23] 토지개혁의 순서는 대체로 군중을 발동하여 계급을 구분하고 토지를 몰수 분배한 다음 다시 재조사하여 종결짓는 단계로 실시되었다.

1950년 겨울에 먼저 화동, 중남의 1억 농민인구를 갖고 있는 300여 개의 현(縣)에서 진행하여 1951년 봄에 완성하였다. 그 밖의 지역에서도 1951년과 1952년에 실시하여 1952년과 1953년 봄에 각각 완성되었으며 신강(新疆)과 티베트지역은 적당한 시기까지 늦추기로 하였다.[24]

토지개혁은 하나의 계급투쟁으로[25] 토지개혁을 통하여 농촌인구의 70%를 차지하는 빈농과 고농을 옹호하고 이들로 하여금 봉건 수탈제를 소멸시킬 수 있다고 보았다. 그 결과 빈농과 고농은 대부분이 자기가 경작할 수 있는 토지를 얻게 되어 만족감을 얻었다. 한편, 지주들에게도 농민과 같은 땅을 주어 노동으로 스스로를 개조하도록

토지개혁을 위한 토지측량 모습

하였고, 상공업을 겸업하는 지주의 토지와 재산에 대하여도 모두 몰수하지는 않았다. 그러나 이른바 악덕 지주나 토지개혁을 반대하거나 방해하는 지주들에 대하여는 인민재판을 통하여 사형에 처함으로서 토지개혁에 대하여 지주계급이 저항하지 못하도록 하였다.

토지개혁은 그 성과가 특히 정치적으로 구세력을 제거하는 것이었으며 농민들에게 만족감을 주어 새로운 제도에 대하여 절대적인 지지를 받을 수 있게 되었다. 그리고 농촌에 본래부터 있던 씨족, 사원, 비밀 방회(幇會)조직이 새로운 조직으로 대체되는 결과를 가져왔다.

또한 토지개혁의 결과, 첫째, 농업생산의 뚜렷한 회복과 발전이 보이고 농민생활도 현저하게 개선되었다. 1951년 전국의 농업 생산량은 1949년보다 28.8%가 증가하였으며, 1952년은 48.5%가 증가하였다. 둘째, 농민들의 정치의식을 높여주어 농촌인민정권의 지주가 되었으며 인민민주전정(독재)과 공농연맹은 더욱 공고해졌다. 셋째, 농촌의 문화 수준을 크게 높였다. 토지개혁 후 농촌에는 성인 남녀가 참가한 식자반, 신문열람반, 동학(冬學)이 성립되었다. 1951년 전반기에 전국의 농촌에는 동학이 25만 곳이나 설치되어 문맹퇴치에 큰 역할을 하였다.

토지개혁이 완성된 지구에서는 농민이 토지를 분배받아 대다수의 빈농, 고농은 중농이 되어 중농은 농촌에서 중요 계층이 되었다. 대부분의 지역에서 농촌 인구 가운데 차지하는 중농의 비율은 과거 20%에서 60%좌우로 상승되었으며, 빈·고농의 경우 70%좌우에서 10%좌우로 감소되었다.

토지개혁 전후의 중국 농촌사회 구조(단위 %)[26]

| 구 분 | 빈·고농 | 중 농 | 부 농 | 지 주 |
|---|---|---|---|---|
| 개혁이전 | 70 | 20 | 6 | 4 |
| 개혁이후 | 10 | 60 | 6 | 4 |

이러한 상황의 변화로 농촌에서는 개인생산에 적극성을 보이고, 또한 호조합작에 적극성을 보였다. 물론 이러한 적극성이 국민경제를 발전시키고 국가의 공업화를 촉진시키는 기본적인 요인이 되었다. 그러므로 이를 적극적으로 지도하지 않으면 안 되었다.

그런데 농민 개별이 생산하는 소생산의 상품경제는 오히려 사회의 분화현상을 가져오고 많은 어려움을 가져온다고 보았다. 따라서 이를 조직하여 스스로 원하고 서로 도운 다는 원칙아래 농민호조합작의 길로 나아가게 되었다.

중공 당 중앙은 1951년 9월 9일에 농업호조합작을 발전시키기 위하여 제1차 농업호조합작회의를 소집하고 「농업생산 호조합작에 관한 중공 중앙의 결의(초안)」을 제정하였다. 이 결의에서 농민의 두 가지 적극성, 즉 개인생산의 적극성과 호조합작의 적극성을 고려하여 조직의 필요성을 강조하였다.

그리고 중공 당 중앙은 1951년 12월에 「농업생산 호조합작에 관한 결의」를 통과시켜 토지개혁이후에 나타나게 되는 농민의 분산경영으로 발생할 수 있는 어려움을 조직을 통하여 이끌어나가려고 하였다. 농업생산 호조합작의 조직은 세 가지 형식으로 이루어졌다. 하나는 간단한 노동호조로 임시적이고 계절성이었으며 일반적으로 3-5호 내지는 7-8호 사이에 이루어졌다. 다른 하나는 1년 내내 호조하는 것으로 이것은 비교적 높은 차원의 것인데 농업이외에 부업에서도 1년 내내 호조하는 형식이다. 또 다른 하나는 농업생산 합작사(合作社)인데 이는 호조조(互助組)를 확대 발전시킨 것으로 자기의 토지를 합작사에 넣어 운영되는 것이 특징이다. 일반적으로 10호-20호, 혹은 4, 50호가 모여 이루어지는 것으로 토지사유의 원칙 아래 이루어지고 있었으며 원하면 언제든지 탈퇴할 수 있는 특징을 갖고 있다.

그 결과, 1950년에 전국적으로 조직된 농호는 10.7%에 불과하였으나 1951년에 19.2%로 늘어났다. 그리고 1952년에 39.9%(802.6만개)로 크게 늘어났는데, 그 가운데 1952년에 1년 내내 하는 호조조는 175.6

만개로 1144.8만 호가 가입하였다. 그리고 호조의 실질 내용도 좋아져 처음에는 계절성이 주가 되었는데 점차 1년 내내하는 호조에 참가하는 비중이 늘어나 1951년의 3.1%가 10.1%로 증가했다. 한편 토지를 합작사에 넣어 운영되는 합작사(초급 합작사)에 가입하는 농민도 늘어나 1951년에 129개 였던 것이 1952년에 3,634개로 늘어났고, 5.72만 호가 가입하여 전체 농호의 0.1%를 차지하였다.27)

### 3) 새로운 사회조직, 질서 확립과 구습의 타파

전통사회의 말단 관료조직은 현이었고, 그 아래는 향신(鄕紳)의 자치와 종법(宗法)조직이었는데, 이는 민간사회였다. 그런데 국민당 시대에 관료조직으로 전통 사회를 대체하려 하여 현 아래에 구(區) 정부를 설치하였다. 이는 농촌중심의 구조를 도시중심으로 전환시키는 의미를 갖고 있으며 농촌의 동원력을 갖추지 못했으나 전통사회보다는 훨씬 강화되었다. 이를 통해 항일전쟁에 대응할 수도 있었다.

그런데 공산당이 집권하면서 구 아래에 다시 하나의 향(鄕)정부를 두어 자연촌락까지도 정부의 통제아래 둘 수 있었다. 그러므로 촌락이나 거리까지도 관료조직의 통제아래 들게 되었으며 군중을 동원하는 힘이나 통제력이 전에 없이 강화되었다. 대체로 국민당의 통치시기 관료조직과 비교하여 몇 10배의 크기로 확대되었으며, 이에 따라 관리의 수도 대폭적으로 늘어났다. 대체로 국민당 시대에는 대략 70만 명으로 보고 있는데, 1953년에 국가의 녹을 받는 사람이 390만 명에 달하였던 것으로 보아 그 조직의 비대함을 미루어 짐작할 수 있다.28)

바로 이러한 힘을 바탕으로 전통사회에서 해결하지 못했던 습속과 뿌리 깊은 검은 조직을 흔적도 없이 없애버렸고, 하루 밤에 기원의 문을 닫게 하였으며, 식량의 구입과 배급의 방식으로 통제할 수 없었던 통화팽창을 막아낼 수 있었다.

중화인민공화국 혼인법에 따라 북경교외에서의 간소한 결혼식

신중국 수립 후 제일 먼저 제정한 법률이 「중화인민공화국 혼인법」으로 강제결혼을 금지시키고 혼인의 자유, 일부일처, 남녀평등, 여자의 이익을 법으로 보장하였다. 특히 결혼을 빙자한 재물 요구와 같은 매매혼을 금하고, 과부의 결혼을 간섭할 수 없었다. 그리고 각종 잡지와 문학작품, 연극을 통하여 이를 널리 선전하였다. 기원(妓院)의 경우 이보다 앞서 1949년 11월에 북경각계인민대표회의에서 기원의 폐쇄를 결의하여 12시간 만에 224개의 기원이 문을 닫았고 그 규모에 따라 업주를 처벌하고 기녀 12,000명을 수용하여 교육 시켜 각자 생업에 종사할 수 있게 하였다.[29] 그리고 상해, 천진, 무한, 남경 등지도 뒤따랐는데 전국적으로 8,400여 곳이 폐쇄되었다.

한편, 아편의 흡연올 금지시켰다. 당시 운남성(雲南省)의 경우 앵속의 재배가 경지면적의 1/5을, 흡연자는 1/4을 차지하고 있을 정도였고, 전국적으로 아편 판매자는 60만 명을 넘었고, 흡연자는 2억 명으로 추산하고 있었다. 이에 철저한 단속을 단행, 비교적 중요한 1,200여 지구에 대하여 군중운동을 발동, 집중적으로 색출하여 판매, 수송자들 36만 9천 여명을 찾아내고, 8만 2천 여명을 체포하여 그 가운데 5만 1천 여명이 형을 받거나 노동개조, 감시의 처분을 받았고, 880명은 처형당했다. 이와 더불어 도박도 금지시켰다.30)

또한 공장과 광산에서는 노동자와 광부들 가운데 혁명성이 강한 인물들을 교육시켜 민주개혁이란 이름으로 새로운 노동제도와 조직을 정비하고, 공장관리위원회와 노동자대표회의를 열어 기존의 질서를 바꿨다. 그리고 이를 통해 노동자 내부의 단결을 유도하였다.

### 4) 반혁명 운동의 진압31)

중국의 건국초기에 대륙에는 국민당의 무장 세력이 200만 명, 각종 정보요원이 60만 명, 국민당과 밀접한 관계를 맺고 있는 당파의 간부가 60만 명, 그밖에 토비, 반동적인 결사, 단체의 지도자 등 반혁명의 세력이 있었다. 그러나 반혁명 분자의 개념은 대단히 광범위하여 이들 이외에도 지방의 지도자로 그 지역에서 영향력이 있는 인물들도 포함되었다. 1950년 6월에 한국전쟁이 일어나자 이들 반동세력은 재기의 기회가 왔다고 보아 활발한 활동을 전개하였다. 대체로 1950년 봄부터 가을까지 4만 명의 간부와 신중국을 위하여 적극적으로 활동하고 있던 인물들이 이들 반혁명 세력에 의하여 살해되었다.

이에 중공 당은 정부에게 반혁명 분자의 숙청을 강력하게 요구하였다. 중앙인민정부 정무원과 최고인민법원은 1950년 7월 23일에 「반혁명의 활동진압에 관한 지시」를 공포하였다.32) 그리고 이해 10월 10일에 중공 당 중앙은 「반혁명활동의 우경편향을 바로잡기 위한 지시」를 내려33) 반혁명 진압에 대하여 관대함과 철저한 진압을 결합시키도록 하였다.

이에 따라 1950년 12월부터 전국적으로 반혁명 진압운동을 전개하기 시작하였다.34) 우선 진압의 대상을 토비, 악덕지주, 기업인, 정보요원, 반동 당의 간부, 반동 결사의 우두머리에 중점을 두었다. 그리고 1951년 2월 21일에 중앙인민정부는 「중화인민공화국 반혁명(분

자) 처벌 조례」를 반포하여 반혁명 분자의 진압을 위한 법률적 근거와 형량의 표준을 명확하게 밝혔다.35)

한편, 이 과정에서 나타날 수 있는 문제를 연구하고 처리하기 위하여 다섯 차례에 걸쳐 전국공안회의(全國公安會議)를 소집하였다. 그 가운데 1951년 5월 10일부터 16일까지 열렸던 제3차 전국공안회의에서 과거 7개월 동안 전개된 경험을 종합하여 이후의 임무를 결정하였는데, 특히 이 회의에서 모택동이 직접 수정한 제3차 전국공안회의 결의를 통과시켰다.36)

이에 따르면 지나치게 많이 체포된 반혁명분자에 대하여 신속히 처리할 것과 축소할 것을 포함하여 지나치게 좌경화 된 착오를 바로 잡도록 하였다. 이 기본 방침에 의거하여 죄행이 크고 국가의 이익에 손해를 준 것이 확실하면 반드시 신속하게 사형에 처하도록 하였으며, 비록 국가의 이익에 손해를 끼친 것이라 하더라도 아직 위태로운 정도에 다다르지 않았다면 사형을 시켜야 할 자도 2년을 늦추고 강제노동을 통하여 그 효과를 본 다음에 처리하도록 하였다.

이렇게 함으로서 진압과정에서 일어날 수 있는 착오를 피할 수 있었고, 또한 사회 인사들의 광범한 지지와 동정을 받을 수 있었다.

노동자들에 의하여 비판받는 악덕기업주

또한 반혁명세력을 분화시켜 반혁명을 철저하게 소멸시킬 수 있었으며 대량의 노동력을 보존시켜 국가의 건설사업에도 유리하게 되었다.

1951년 9월에 제4차 전국공안회의를 소집하여 제2단계의 임무를 확정 시켰다. 이 단계에서는 불철저한 지역과 숨어있는 반혁명 분자를 찾아내어 군중의 힘에 의지하여 타격을 주는 것이었다. 그 결과, 전국의 약 80%지역에서 철저하게 이루어 졌고, 80%이상의 반혁명 골수분자들이 처형되거나 정리되었다.

1952년 10월에 제5차 전국공안회의를 소집하여 제2단계의 활동을 종합하고 나머지 부분에 대한 진압대책을 논의하였다. 이 회의에서 해상에서 활동하는 비밀 결사의 우두머리와 비적의 정리에 중점을 두었다. 그 결과, 1953년 상반기에 반혁명 세력은 완전히 진압되고 사회는 안정국면에 접어들게 되었다. 특히 비적의 세력이 창궐하던 호남(湖南) 서부, 광동(廣東), 광서(廣西), 사천(四川), 귀주(貴州), 운남(雲南) 등지가 안정되었으며 따라서 중공에 반대하는 세력을 완전히 제거한 셈이 되었다.

이 운동의 결과, 전국적으로 토비 200만 명이상을 소멸시키고, 반혁명분자 71만 명을 죽였으며, 교도소에 감금된 자가 129만 명에 이르렀는데, 그 가운데 형기를 마치고 석방된 자는 45만 명이었다. 그리고 중공 당 7기 4중전회까지 구속되어 있던 사람은 84만 명, 요시찰 대상자는 123만 명 가운데 59만 명이 해제되었다.37)

결국 이와 같은 반혁명 세력의 진압은 전국 각 급 인민정권을 더욱 튼튼하게 만들어주었으며 군중들에게 정치적 각성을 일깨워 주어 군중치안보위위원회가 성립되었다. 이와 함께 진행된 항미원조 전쟁에서도 후방의 안정을 가져올 수 있었고, 토지개혁을 지지하도록 만들었다.

## 4. 사회, 사상개조 운동의 실시

### 1) 3반(反) 5반(反) 운동의 전개

중국은 건국초 국민경제의 회복시기에 진행된 첫 번째의 사회개혁운동으로, 1951년 11월부터 1952년 10월까지 전국적으로 3반운동과 5반운동을 전개하였다. 그리고 이 운동은 항미원조, 토지개혁, 반혁명의 진압운동과 함께 진행된 군중운동이기도 하다.

1950년 10월에 중국인민지원군을 한반도에 파견한 후 군사비의 지출이 크게 늘어났다. 즉 1951년의 국방비는 52만 6천억 원으로 1950년과 비교하여 87%이상이 증가하였다. 이에 1951년 10월에 중공당 중앙은 정치국 확대회의를 소집하고 정병간정(精兵簡政), 증산절약(增産節約)의 방침을 결정하고, 23일에 소집된 전국정협회 1기 3차 회의에서 모택동은 '증산과 절약으로 중국인민지원군을 지원하는 것이 오늘날 중국인민의 중심 임무'라고 역설하였다.[38] 이로부터 절약 증산운동이 전국적으로 활발하게 일어나고 공업과 농업생산은 계속적으로 발전하게 되었다.

그러나 이러한 가운데 대규모의 부정부패와 낭비, 관료주의가 문제로 등장하였다. 특히 1930년대 혁명에 참가하였던 원로 간부들의 탐오와 생활의 타락은 증산 절약정신에 크게 위배되는 것이었다. 모택동은 11월 30일에 이를 지적하였으며, 12월 1일에 중공 딩 중앙은 「정병간정, 증산절약을 실천하고 탐오 반대, 낭비 반대, 관료주의 반대 투쟁에 관한 결정」을 하달하여[39] 3반운동이 전개되기 시작하였다.

모택동은 1952년 원단의 중앙인민정부 단배식에서 대규모로 반탐오, 반 낭비, 반 관료주의의 투쟁을 전개하여야 한다고 강조하였다. 이에 중공 당 중앙은 1월 4일에 각급  단위에서 기간(예 10일)안에 군중운동을 발동하도록 지시하여 3반운동은 고조에 달하게 되었다. 이 운동을 이끌어 나가기 위하여 당 중앙에 박일파(薄一波)를 주임(위원장)으로 하는 증산절약위원회를 두었으며, 그 아래 당, 정, 군의 각 장이 책임을 맡는 각급 절약검사위원회를 두어 이를 추진하도록 하였다.

3반운동의 단계는 우선 운동의 필요성을 교육시키고 스스로 자신을 고백하게 한 다음, 크게 호랑이 잡기(抓虎)단계, 처리(處理)단계, 건설(建設)단계의 세 단계로 나누었다. 호랑이 잡기단계란 군중운동을 전개하여 탐오(1억 원 이상 부정한 자를 대탐오범이라 함), 낭비, 관료주의 행위자를 찾아내 그 사실을 밝히는 단계로 1952년 2월에 끝났는데, 강소 남부지역의 당 계획에 따르면 잡아야 할 호랑이의 목표를 3,000마리로 잡았고, 이 가운데 500마리는 늙은 호랑이, 2,500마리는 작은 호랑이라 하며 1,700여명의 간부를 훈련시켜 5개조로 나누어 색출작업을 전개하였다.40)

1952년 3월에 중앙인민정부 정무원은 「탐오, 낭비의 처리와 관료주의 잘못을 극복하기 위한 것에 관한 일부 규정」, 「중화인민공화 국탐오징계처리조례」를 발표하여 처리 방침을 정하였다. 그 결과 국가의 간부 약 4.5%가 탐오, 낭비, 관료주의의 행위로 처벌받았으며 제2

하남성의 탐오범 유청산(劉靑山)과 장자선(張子善)의 공개재판

단계가 6월에 끝났다.41)

중공 당 중앙은 1952년 6월 15일에 3반운동의 성공적 끝마무리를 위하여 이 운동 가운데 나타난 일부 문제점을 지시하여 자산계급사상을 비판하고 노동계급과 자산계급 사상의 한계를 분명하게 하면서 이를 정당(整黨)과 결합시켜 당의 조직과 제도 건설에 좋은 결과를 가져올 수 있는 건설단계로 접어 들어갔다. 결과적으로 3반운동은 구사회제도가 남겨 논 나쁜 독소를 제거하는 효과를 가져 온 셈이 되었다. 그리고 3반운동의 결과 전국 현 이상의 당과 정부기관(군인은 불포함)에서 탐오분자나 착오로 탐오분자로 색출된 사람은 1,203,000여명으로 그 가운데 공산당 당원은 196,000여명으로 16.3%를 차지하였으며, 1000만 원 이상 탐오한 자가 105,916명으로 8.8%를 차지하였다. 그리고 금액으로는 60,000억 원으로 1952년 10월까지 20,000억 원을 회수하여 약 1/3을 차지하였다.42)

3반운동이 발전되면서 국가기관, 기업에 근무하고 있는 인물들의 탐오 절도행위가 노출되었다. 이것은 대부분 사회적으로 기업가들의 불법 행위와 결탁하여 이루어지고 있던 현상이었다. 1952년 1월 9일에 중앙증산절약위원회 주임 박일파는 보고서에서 상공계에서 일어나고 있는 뇌물행위의 반대, 탈세 세금의 누락 반대, 국가자재의 빼내기 반대, 부실공사의 반대, 국가경제정보의 빼내기 반대 투쟁을 전개하여야 한다고 하였다.43) 이를 5반운동이라 하며 또한 이 부류를 '5독(五毒)'이라 불렀다. 대체로 3반운동 가운데 노출된 5독 행위자는 북경, 천진, 상해 등 9개의 대도시에서 조사받은 상공업자 수가 모두 45만 여 호였다.44)

이에 중공 당 중앙은 1월 26일에 「도시에서 기간 안에 대규모로 확고하고 철저하게 5반운동을 전개하라는 지시」를 하달하였다. 여기에서 노동자 계급을 바탕으로 법을 지키는 자산계급과 그 밖의 시민과 결합하여 법을 어기는 자산계급에 대하여 5반 투쟁을 전개하도록 하였다.

5반운동은 2월 상순부터 시작되어 행위자를 찾아내는 단계와 처리 단계로 나누어 진행되었다. 즉 각 지의 당은 군중조직을 발동하여 5독 행위자를 찾아내는 한편, 기관의 간부와 노동자, 점원으로 조직된 5반공작대(검사조)를 민영 상공기업에 투입하여 자본가의 5독 행위를 검사하고 자본가들에게 스스로 자백하도록 하여 자성할 수 있는 기회를 주었다.

그리고 3월 5일에 중공 당 중앙은 이의 처리 원칙을 규정하여 5반 문제에 관한 지시를 하달하였나. 이에 따르면 ① 법을 지키는 사람, ② 기본적으로 법을 지키는 사람, ③ 반은 법을 지키고 반은 어기는 사람, ④ 법을 위반하는 사람, ⑤ 완전히 법을 위반하는 사람의 다섯 종류로 나누고 이에 따른 처벌을 각기 다르게 하였다.

처리 결과는 전 3항까지 95%, 4항은 4%, 5항은 1%를 차지하였는데, 2항까지는 처벌하지 않고 3항은 위법한 부분에 대하여 세금을 징수하거나 배상하면 처벌하지 않았으며, 4항은 경중에 따라 벌금을 부과하고, 5항에 해당하는 자는 처벌받았다. 구체적으로 몇 지역을 예로 들면 다음 쪽의 표와 같다.

결국, 5반운동도 3반운동과 마찬가지로 구 사회가 남겨 논 나쁜 악습을 제거하는데 있었으며 자산계급에 대한 첫 번째의 대투쟁이라고 할 수 있다. 그러므로 이를 가리켜 공산당의 위대한 뛰어난 식견이라는 칭찬을 들었다.[45] 3반운동과 5반운동은 동시에 진행하였으나 하나는 내부에서(기관, 학교, 부대, 공영기업) 부패한 공직자를 조사 처리하는 것이고, 외부에서 상공계의 위법을 저지른 상공업자를 찾아 처리하는 것이었다. 따라서 이 두 운동은 서로 연계되어 서로 도와가며 추진하게 되어 3반에서 제공된 자료를 5반에 참고하도록(근거는 될 수 없음)하여 5반을 순조롭게 진행하였다. 따라서 3반에 제공된 자료는 3반에 있는 것이 아니라 5반을 위한 것이었다. 따라서 기관의 늙은 호랑이들이 마음대로 자본가를 물지 못하게 하고 자본가들도 마음대로 간부들을 물지 못하게 하였다.[46] 그리고 이를 통하여 노동자 계급이 국가 안에서 영도적 위치를 확고히 한 셈이 되었다.

5반운동의 처벌분류

단위(만호)

| 분 류 | 북경-5 | 상해-16.5 | 무한-4 | 광동-4 | 전국* |
|---|---|---|---|---|---|
| 1항-수법자 | 10% | 15% | | 14% | 10-15% |
| 2항-기본 수법자 | 60% | 50% | 2-2.5만호 | 58% | 50-60 |
| 3항-반수법자 | 25% | 30% | 1.3-1.8만호 | 24% | 25-30 |
| 4항-중한 위법자 | 4% | -- | 1500호 | | 4 |
| 5항-완전 위법자 | 1% | 5% | 5,500호 | 4% | 1 |

(*전국은 孫健,『中華人民共和國經濟史(1949-90年代初), 中國人民大學出版社, 1992, p.82

결국, 1951년 12월에 시작되어 1952년 6월에 끝난 3반 5반운동은 좌우파의 격렬한 투쟁에서 노동자계급이 승리하는 역사적 의미를 갖고 있다. 또한 이를 기회로 노동자계급의 국가의 영도적 지위를 확립하게 되었으며 내부적으로 다수의 이질분자와 부패분자를 찾아내 혁명대오를 깨끗이 하여 인민민주전정을 공고히 한 셈이다.

또한 국민경제에서 사회주의 국영경제의 영도적 지위를 크게 강화시켰으며, 노동자 군중이 사인기업을 감독, 관리하게 되어 자본가들로 하여금 기업을 통제할 권력을 상실케 하였다. 이에 따라 자본주의 상공업을 사회주의 상공업으로 개조하는데 유리한 조건을 만들었다.

## 2) 영화 무훈전(武訓傳)의 비판과 지식인의 사상개조

영화 무훈전은 청말 산동성 당읍현(當邑縣) 무훈이라는 사람이 평생토록 의학(義學)을 진흥시키는데 힘을 기우려 청조로부터 표창을 받는 내용이다. 무훈전의 극본은 1947년 가을에 만들어져 1948년부터 1949년까지 국통구(國統區, 국민당 통치구역)의 중국영화사와 곤륜영화사가 촬영에 들어갔으나 완성하지 못하였던 작품이다. 그런데 1950년에 곤륜영화사가 다시 제작에 들어가 완성하여 1950년말부터 1951년 초에 상해, 북경, 천진 등지에서 상영되었다.

무훈전은 실제 인물의 전기로 가난한 농민으로 태어난 무칠(武七)이 농민이 빈곤하게 된 원인을 글자를 모르기 때문이라 여기고 구걸을 해서 농민들에게 글을 가르치는 일을 했다. 이에 청정부가 그의 사후에 '행걸흥학(行乞興學)'이라 표창하고, 훈이란 이름을 하사하였다. 편집자의 의도는 무훈의 일을 당시 전개되고 있던 동학(冬學)운동에 배합하려 하였던 것인데 구걸할 때 모욕을 참아가며 원한을 갖지 않고, 압박을 받으면서 항쟁하지 않은 인물이어 교훈이 될만한 인물이 아닌데 칭찬하고 있다는 것과 무훈의 행걸흥학과 농민혁명 투쟁을 함께 거론해 중국역사상 인민의 투쟁을 왜곡하였다고 하였다. 그리고 사회적 효과도 나쁘다는 이유로 비판받아 사회적으로 상반된 반응을 보였다.

『인민일보(人民日報)』는 1951년 5월 20일에 영화 무훈전의 토론을 마땅히 중시하여야 한다는 사설을 게재하고  문화 교육계가 무훈전을 승인하고 이를 칭송하고 나오는 것은 문화계의 사상이 극도로 대단히 혼란되었음을 말하고 있다고 힐난하고, 당 안의 일부 동지들도 잘못된 사상에 젖어 있다고 비난하였다.

뒤이어 중공 당 중앙선전부, 중앙인민정부 교육부, 중공 당 상해시위원회에서도 무훈전에 대한 비판과 토론을 하도록 지시하였다. 따라서 문예계, 교육계에서는 각종 형식의 토론회를 소집하고 각종 신문과 잡지에서도 비판의 글을 대량으로 게재하였다. 무훈전을 비판하면서 이전에 무훈전을 칭송한 사람들을 비판하여 곽말약(郭沫若)·도행지(陶行知) 등도 이에 관련되었다. 비판운동이 진행되면서 무훈역사조사조가 성립되었으며 강청(江靑)도 참가하여 『무훈역사조사기』라는 책을 썼다. 그 내용은 무훈이 주관주의와 실용주의를 갖고 있으며 지주, 채권자, 깡패의 모자를 쓰고 있어 믿고 따를 만한 사람이 못된다는 점이었다.

이처럼 지식인들의 사상이 혼란에 빠지게 되자 모택동은 1951년 10월 23일에 중국인민정치협상회의 제1기 전국위원회 제3차 회의에서 전국 지식인들에게 스스로 교육하고 스스로 개조하는 운동을 전개하라고 호소하였다. 이에 모택동의 건의에 따라 각 민주당파, 각 인민단체와 각계 애국인사들이 지식인의 사상개조 공작을 추진하기로 하고 마르크스 레닌주의에 관하여 계통적으로 학습하고 중국 혁명의 실천을 모택동 사상과 결합시키는 학습운동을 전개하기로 하였다.

그리하여 중공 당 중앙은 11월 30일에 「학교에서의 사상개조의 진행과 조직 정비활동에 관한 지시」를 하달하였다.47) 여기에서 아직도 사상적으로 불순하고 조직상으로도 불순한 면이 있음을 지적하고 1년에서 2년 안에 모든 교직원과 대학이상의 학생은 초보적인 사상개조를 하여야 하며 간부와 적극적인 분자를 양성하여야 한다고 하였다. 그리고 마침 전개되고 있는 3반운동과 결합시켰는데 그래도 3반운동에 문제가 나타난 과학자, 학자들에 대하여 모택동과 당 중앙은 신중하게 처리하여 반드시 당 시위원회의 결재를 받거나 심지어 성위원회 혹은 중앙국의 결재를 받아 편파적이지 않게 하였다.48)

사상개조를 위하여 먼저 마르크스 레닌사상, 그리고 모택동의 글 『중국혁명과 중국공산당』을 학습시켰다. 이것은 이른바 신'경전(經典)'으로 취급되어 이를 금과옥조처럼 여겼다. 그러나 이름이 널리 알려진 학자들에게 새로운 경전만 교육시킬 수 없는 노릇이었다. 그리고 새로운 세대와 교사들에게 마르크스 레닌주의 이론을 중국 역사자료에 결합시켜 강의안을 만들어야 하기 때문에 자료집의 정리가 시급하였다. 때문에 모택동이 사상개조를 위하여 제시하였던 「우리들의 학습을 개혁하자」에49) 따라 그동안 학습한 이론을 실제 사료와 부합시키고자 『중국근대사자료총간』을 펴냈다. 따라서 1950년대 초에 마르크스, 엥겔스, 레닌, 스탈린과 모택동의 저작이 번역되고 출판되었다.

또한 중공 당 중앙은 「문예계의 정풍 학습운동의 전개에 관한 지시」를 하달하여 문예계의 각급 당부가 목적이 있는 정풍 학습운동을 준비하도록 하였다.

1952년 1월 5일에 정협 상무위원회는 「각계 인사들의 사상개조 학습운동의 전개에 관한 결정」을 작성하여 민주당파 인사, 무당파 인사, 상공계, 종교계가 참가하는 사상개조 학습운동을 전개하였다. 이 학습운동은 대체로 자아교육과 자아개조 운동으로 나누었다.

사상개조의 학습내용과 목적은 철저하게 봉건적, 매판적 사상을 숙청하는 것이었으며, 자산계급 사상을 비판하고 노동계급과 자산계급의 사상의 한계를 분명히 하는 것이었다. 그리하여 지식인들로 하여금 인민을 위하여 봉사하는 혁명 인생관을 갖도록 하고 노동계급이 정치적으로 사상적으로 지도적 위치를 갖도록 하는 것이었다.

### 3) 중국공산당의 정풍(整風), 정당운동(整黨運動)

중화인민공화국이 수립된 다음에 중국공산당의 지위와 상황은 크게 바뀌어 집정당의 지위에 있었다. 당원의 수도 크게 늘어나 1949년 말에 450만 명에 이르렀으며 당의 조직과 당원의 분포도 전국 각지의 공장, 광산, 농촌, 군부대, 기관, 상점, 학교 등에까지 확산되어 각종의 공작을 지휘하고 있었다.[50] 그런데 당원의 교육 수준은 높지 않아서 문맹이거나 반 문맹이 60%, 초등학교 수준이 27%, 중등학교 수준은 3.02%, 대학 수준은 0.3%에 불과하였으며 24세 이하가 24.6%, 여성이 14.2%에 불과한 형편이었다.[51]

그러나 중국 혁명이 신속하게 성공하게 되자 중국공산당 안에 새로운 문제가 나타났다. 즉 일부 당원, 간부들은 도시로 들어가자 자본주의 사상에 물들어 스스로 공을 내세워 교만과 자만에 빠졌다. 그리고 혁명은 이미 끝났다고 보아 집안을 일으키고 돈을 벌어야 한다는 퇴폐사상에 물들게 되었다. 또 일부 당원들은 권력을 장악하자 관료주의와 명령주의에 빠져 당과 인민의 관계에 해를 끼치고 있었다.

그러므로 중공 당 중앙은 1950년 5월 1일에 「전당, 전군의 정풍운동 전개에 관한 지시」를 하달하여 당의 사상과 조직상황을 분석하고 정풍운동의 중요성을 설명하는 한편 정풍 방법을 설명하였다.52) 모택동도 6월 6일에 소집된 당의 7기 3중전회에서 대규모의 정풍운동을 진행하도록 지시하였다.

정풍의 중점은 처음에 각 급의 책임간부 당원을 두어 이들이 정풍된 다음에 하급 간부의 작풍을 정돈할 수 있다고 보았다. 그리고 정풍 방식은 간부 정풍회의를 소집하거나 혹은 정풍훈련반을 성립시켜 중공 7기 3중전회에서 모택동이 보고한 것과 지정된 문건들을 학습하게 하고, 하는 일을 종합 평가하여 비판하고 자아비판하도록 하였다. 그리고 정풍 운동은 위로부터 아래로 내려가는 방식을 채택하여 약 반년동안 계속한 끝에 1951년 봄에 끝마쳐 간부의 사상수준을 높이고 근무 작풍을 고쳤으며 잘못을 바로잡아 당과 인민의 관계가 보다 밀접하여졌다.

정풍운동의 기초 위에 당은 정당운동(整黨運動)을 전개하였다. 1951년 2월 중순에 당 중앙에서 중앙국의 책임자가 참가하는 확대회의를 소집하고 정당(整黨), 건당(建黨, 당의 건설)문제를 토론하였다. 그리고 정당의 방법과 시간에 관하여 명확한 규정을 확정하였다. 즉 정당은 3년 안에 실현하기로 하고 1년의 시간 안에 어떻게 하여야 공산당 당원이 될 수 있는가를 교육하고 모든 당원을 표준이 되도록 한 다음 직무를 담당하고 있은 당원들을 훈련한다는 것이다. 동시에 시험을 실시하여 먼저 최하위인 4등급의 당원을 출당시키고, 3등급과 2등급을 구분하여 교육을 시켜도 당원의 조건에 합격되지 못하면 탈당하도록 권하고, 탈당하게 되는 자들은 절대 당에 대하여 감정을 상하지 않도록 자원하여 탈당하도록 하였다.

특히 1951년 3월 28일부터 4월 9일까지 중공 당 중앙은 제1차 전국공작(실무)회의를 소집하여 2월의 확대회의에서 결정한 정당, 당의 건설에 관한 결정을 관철시키고자 「당의 기층조직 정돈에 관한 결의」, 「신당원 확대에 관한 결의」를 통과시켰다.53) 그리고 각급 당 조직은 당 중앙의 지시에 따라 조직공작회의를 소집하고 구체적인 집행계획을 정하였다.

정당의 방법은 먼저 학습을 하고 난 다음에 등록하여 심사를 받고 처리하는 네 단계를 거치게 하였다. 학습은 레닌, 스탈린과 모택동의 당 건설에 관한 저작, 정당에 관한 중앙 당의 문건을 학습하게 하고 이를 토론하게 하여 공산당원이 필수적으로 갖추어야 할 8개항의 표준을 이해시키는 것이다.54)

등록이란 스스로 표준에 부합되도록 자기 자신을 개조할 수 있고 계속 당원으로 남기를 원하는 당원은 규정된 기간 안에 등록하여 자기의 역사와 정치 경력, 자기 사상과 작풍을 상세히 설명하도록 하였다. 물론 이렇게 할 수 없다고 생각하는 당원은 스스로 당을 떠나도록 하였다.

심사란 당원이 등록한 후 자아비판의 방법을 통하여 심사와 평가를 받아야 한다. 당원은 철저하게 자신의 전부를 그리고 완전한 심사를 받고 당원의 표준에 의거하여 직무상의 장점과 단점을 감정하고 서면으로 보고하도록 하였다.

처리란 심사 감정의 결론에 근거하여 지부는 조직원칙에 따라 당원의 토론을 통하여 당원을 네 등급으로 나누어 위에 설명한 것처럼 처리하였다.

정당(整黨)은 당시 진행되고 있던 3반 5반운동과 결합하여 상당한 성과를 거두었다. 1953년 6월말까지 약 32만 8천여 명이 당의 조직에서 떠나게 되었으며, 그중 23만 8천여 명이 당원의 조건을 상실한 타락 변절분자로서 당적을 제적당하였으며(1955년까지 65만 명), 약 9만여 명이 교육을 통하여도 당원의 조건을 갖추지 못하여 당에서 물러나도록 권고 받았다. 그리고 1954년까지 전국 25만개 지부 가운데 22만

개 지부가 정당을 끝냈으며, 나머지 3만개도 1955년에 전부 끝마쳤다.

한편, 당의 건설(당의 조직확대)의 경우 1953년 6월 말까지 각지에서 107만 당원이 새로이 입당하고, 82,000여 개의 당 지부가 결성되었다. 그리하여 전국의 당원은 1950년말의 582만 명에서 636만 9천여 명으로 증가되었으며 당 지부도 1950년말의 24만 6천여 개가 32만 8천여 개로 증가하였다.

## 5. 건국초의 문화정책

### 1) 새로운 문화 교육 정책

신중국의 문화와 교육의 방침은 구문화 통치로 인하여 우매하고 낙후된 중국을 새로운 문화 통치를 펴 문명되고 선진된 중국으로 바꾸는데 있었다. 여기에서 말하는 새로운 문화란 신민주주의 문화를 가리키고 있다.

「공동강령」의 규정에 따르면 중화인민공화국의 문화는 신민주주의적이어야 하는데 즉 민족적, 과학적, 대중적인 문화교육이어야 한다고 하였다. 그리고 인민정부의 문화교육 공작은 인민의 문화수준을 높이고 국가건설을 위한 인재를 배양하고 봉건적, 매판적, 파시스트 사상을 숙청하고 인민을 위하여 봉사하는 사상을 발전시키는 것이 중요 임무라고 하였다. 동시에 조국을 사랑하고 인민을 사랑하고 노동을 사랑하고 과학을 사랑하고 공공재물을 애호하는 것을 전체 국민의 공덕으로 삼아야 하며 자연과학을 발전시키도록 노력하여 공업과 농업, 국방건설에 봉사하여야 하며, 과학적인 역사관점을 발전시켜 역사, 경제, 정치, 문화와 국제사무를 연구하고 해석하여야 하며,

인민을 위하여 봉사하는 문학, 예술을 제창하여야 한다고 하였다.

공동강령에서는 또한 중화인민공화국의 교육방법은 이론과 실제가 일치하여야 하며 인민정부는 마땅히 구 교육제도, 교육내용, 교육방법을 계획적으로 단계적으로 개혁하여야 한다고 하였다. 1950년 6월에 소집된 중공 당 7기 3중전회에서 모택동은 단계적으로 신중하게 구 학교 교육사업과 구 사회문화사업의 개혁 작업에 착수하여 애국적인 지식인들이 인민을 위해 봉사하도록 하여야 한다고 지적하였다. 그리고 문제는 시간을 끌면서 개혁을 원치 않는 생각은 잘못이며 성급하고 조잡하게 개혁을 진행하려는 생각도 잘못이라고 하여 개혁의 방향과 원칙을 제시하였다.

### 2) 교육제도의 개조

건국이전 중국에는 기본적으로 두 가지 서로 다른 교육제도를 갖고 있었다. 중공 당의 입장에서 보면 하나는 국통구(國統區, 국민당 통치구)의 반봉건, 반식민지 교육이고, 또 다른 하나는 해방구(解放區, 공산당 통치구)의 인민교육이었다. 대체로 전자는 전국 대부분의 국토와 중요 중소 도시에서 실시되고 있었고, 후자는 편벽한 산악과 농촌지역에서 행하여지고 있었다.

구중국은 80%이상이 문맹이었으며 농촌의 문맹비율이 더욱 높았다. 전국의 수학 적령기에 있는 아동의 입학률도 20%에 불과하였다. 고등학교 학생의 경우 노동자, 농민의 자제는 극히 적었다. 국민정부 교육부 통계에 따르면 1947년에 전국의 대학 재학생은 15만 명이었고, 1946년에 중. 고등학교 재학생은 179만 8천 명이었으며, 초등학교 재학생은 2,285만 8천 명이었다. 당시 인구 4억 7천만 명으로 볼 때 평균 1만 명에 대학생이 3 명, 중고등학생이 38 명, 초등학생이 486 명 꼴 이었다.

신중국이 수립된 후 1949년 12월 23일부터 31일까지 북경에서 전국교육공작대회를 소집하여 원래의 해방구와 새로운 해방구의 교육 경험을 교류하고, 중앙 교육부의 1950년 상반기 사업계획을 토론하였으며 교육개혁 문제를 명확하게 설정하였다. 그 내용은 첫째, 신민주주의의 교육방침을 천명하였는데 그 요점은 인민민주주의 독재를 발전시키고 공고히 하기 위한 투쟁의 도구는 교육임을 강조하였다. 둘째, 학교는 반드시 노동자 농민을 위하여 문을 열어야 한다고 하였다. 왜냐 하면 신중국은 노동자 농민의 연맹이 기초가 된 인민민주주 독재(전정)의 국가이기 때문에 교육은 노동자, 농민이 주체가 되어야 한다는 것이다. 셋째, 계획적으로 단계적으로 신중하게 구교육을 개혁하여야 한다고 하였다. 넷째, 지식인들을 개조하고 이들과 단결하는 것이 신 해방구 교육 사업의 관건이 된다고 하였다.

이 회의 이후에 전국의 교육 개혁사업은 중앙의 영도아래 계획적으로 단계적으로 진행되게 되었다. 신해방구 학교에서는 국민정부 때의 당의(黨義), 공민(公民), 동자군(보이스카웃), 군사훈련과목이 폐지되고, 마르크스 레닌주의의 정치과목이 개설되었다. 대학에서는 『중국혁명과 중국공산당』, 『신민주주의론』, 『사회발전사』 등의 과목이 개설되었다.

### 3) 대학교육의 조정

1950년 6월 1일부터 9일까지 교육부는 제1차 전국고등(대학)교육회의를 소집하여 대학교육의 개조방침과 중국 대학교육의 방향을 토론하고, 대학교육은 반드시 이론과 실천이 일치되어야 한다고 하였다. 그리고 고도의 문화수준을 배양하고 현대과학과 기술의 성과를 장악하며, 인민을 위하여 봉사하는 기술인재를 양성하여야 한다고 하였다. 이 회의에서 「대학교육 임시실시규정」과 「교육과정의 개혁과 지도에 관한 결정」을 통과시켰다.[55]

학제 개혁과 대학의 학과를 조정하기 위하여 1951년 가을 북경대

제1차 고등교육회의

학 총장인 마인초(馬寅初)의 건의에 따라 교수의 정치학습과 사상개조, 대학의 개조를 추진하기로 하였다. 중앙 교육부도 이를 수행하여야 할 필요에 따라 북경 천진지역 교수학습위원회를 성립시켜 이 지역 20개 대학 3천여 교수를 대상으로 사상개조 학습운동을 전개하였으며 뒷날 전국으로 확대하였다.

교수에 대한 사상 개조운동은 대학의 조정을 추진시켰다. 1952년 하반기에 전국 대학의 학과를 조정하기 시작하였는데 그 방침은 공업인재와 교수 자질배양에 중점을 두어 전문대학을 발전시키고 종합대학을 강화 정리하는 것이었다. 조정 이후 화북지구는 대학이 41개소로 북경(北京), 남개(南開)대학은 문, 이과의 종합대학으로 청화(清華), 천진(天津)대학은 여러 개 과의 공업대학으로, 북경사범대학(北京師範大學)은 사범대학으로 전문화 시켰다. 그 결과 북경대학의 공과대학은 청화(清華)대학으로, 청화대학의 문, 이, 법과 대학은 북경대학으로 편입되었다. 그리고 가톨릭 계의 보인(輔仁), 경자배관(庚子賠款)으로 설립된 연경(燕京)대학은 취소되고 관련학과는 다른 대학으로 편입시켰다. 이밖에 북경철강대학, 북경지질대학, 북경항공대학, 북경석유대학,

북경농업기계화대학, 북경광업대학, 북경의과대학 등과 같은 전문성의 대학을 설치하였다.

화동지구는 조정 후에 54개소의 대학이 있었는데, 복단(復旦)·남경(南京)·하문(厦門)·산동(山東)대학은 문·이과의 종합대학으로, 절강(浙江)·교통(交通)·남경(南京)공대는 종합성의 공과대학으로, 동제(同濟)대학은 측량·토목·건축 관계의 공업대학으로, 화동사범대학(華東師範大學)은 여전히 사범대학으로 존속시키고 여기에 성(聖) 요한대학을 흡수시켰다. 그밖에 호강(滬江)·진단(震旦)·금릉(金陵)·제노(齊魯)·광화(光華)·기남(暨南)·동오(東吳)대학 등은 폐교시키고 관련학과는 타 대학으로 편입시켰다. 이밖에 화동수리대학·화동화공대학·화동방직공과대학·남경항공대학 등 공과대학을 신설하였다.

그러나 이와 같은 조정은 경험과 충분한 검토가 따르지 않았기 때문에 부작용을 일으켰다. 문과와 사회과학의 중요성을 인식하지 못하여 모집 학생의 비율이 떨어졌을 뿐만 아니라 어떤 전공학과는 취소되기까지 하였으며, 폐교나 폐과되지 않아야 할 것이 폐과 폐교되었다. 따라서 뒷날 다시 복교, 복과되기도 하였다.

### 4) 중국과학원(中國科學院)의 설립

신중국이 수립된 다음에 과학연구사업을 대단히 중시하여 1949년 11월 1일에 중국과학원을 설립하고 중국 자연과학 최고의 학술기관과 종합연구 기관의 중심으로 삼았다. 그리고 사회과학 연구기구도 그 안에 포함시켰다.

중국과학원 원장은 곽말약(郭沫若), 부원장은 이사광(李四光)·도맹화(陶孟和)·축가정(竺可楨)·진백달(陳伯達) 등이었으며 그 아래 계획국, 편역국, 연락국 등이 있었다. 과학원이 성립된 후에 원래의 화북대학 연구부, 정생(靜生)생물조사소, 전 북평연구원의 각 연구소, 전 중앙연구원의 각 연구소, 전 중국지리연구소 등을 병합하여 지학·물리학·화학·생물학·사회과학 등 다섯 분야의 15개 연구소를 두었다. 즉 근대물리연구소, 응용물리연구소, 물리화학연구소, 유기화학연구소, 생리생화학연구소, 실험생물연구소, 수생생물연구소, 식물분류연구소, 지구물리연구소, 근대사연구소, 고고연구소, 사회연구소, 어언연구소, 자금산천문대, 공학실험관이 있었다. 이밖에 수학, 심리, 지리연구소 등의 설립을 준비하였다. 연구소에는 약간의 연구실을 두고 연구원과 부연구원이 연구 활동을 맡았다.

연구 활동을 활발하게 하기 위하여 과학원은 각 분야의 전문가들을 전문위원으로 초빙하였는데, 설립 초에는 전 중앙연구원 원사 30명의 추천을 받아 233명을 선출하였다. 그리고 다시 보충하여 전문위원은 약 865 명이 되었는데, 그 가운데 약 20%인 174 명이 외국에 있었다. 그리고 865 명 가운데 전문위원 161 명을 선출하여 각 연구소의 연구를 지도하도록 하였다.

중국과학원의 설립은 중국의 과학학술연구가 발전할 수 있노록 좋은 조건과 환경을 만들어주었다. 과학원이 성립된 다음에 과학연구방침이 제출되어 과학의 발전에 크게 기여하였으며 사상개조의 무기가 되었다. 그리고 실제로 필요한 인재를 배양하여 국가의 각종 건설사업에 중요한 역할을 하였으며 중국의 학술 수준을 높였다.

### 5) 『모택동선집(毛澤東選集)』의 출판

마르크스 레닌주의는 중국공산당의 지도 사상이었다. 따라서 당의 건설을 강화하기 위하여 마르크스 레난주의에 관한 수준을 높여야 하였기 때문에 마르크스와 레닌의 저작은 물론 모택동의 저작과 당의 정책을 학습하는 조를 조직하였다. 특히 당의 7기 2중전회 후 당은 당원간부들에게 중앙에서 규정한 간부필독서 12종과[56] 모택동의 「중국혁명과 중국공산당」, 「신민주주의론(新民主主義論)」, 「논연합정부(論聯合政府)」와 「논인민민주주의전정(論人民民主主義專政)」과 중앙에서 지정한 44개의 문건을 필독하도록 하였다.

1951년 2월에 당 중앙은 「이론교육 강화에 관한 결정(초안)」을 제출하여57) 이론학습의 중요성을 다시 강조하고 그 실시방법과 학습계획을 수립하게 하였다. 그리하여 학습내용과 학습방법, 학습기간과 시험방법 등을 정하고 이를 실천하기 위하여 전문직과 이론을 겸비한 전문 교원을 선발하였다. 따라서 비교적 정규적인 이론 학습의 열기가 나타났다.

당 중앙은 이러한 분위기에 맞추고 수요에 부응하기 위하여 『모택동선집(毛澤東選集)』을 간행하기로 결정하였다. 그리하여 11월에 중공 중앙 모택동선집출판위원회는 『모택동선집』 제1권을 정식으로 출판하고, 뒤이어 1952년 4월에 제2권을, 1953년 4월에 제3권을 출판하였다.

모택동은 중국공산당의 대표적인 인물일 뿐만 아니라 마르크스 레닌주의의 기본원리를 창조적으로 운용하여 이를 중국혁명에 구체적으로 결합시켜 모택동 사상을 형성하고, 또한 중국혁명을 승리로 이끌 수 있도록 정확한 길을 찾아주었다고 이해되었다. 특히 그의 사상은 중국혁명의 승리를 지도한 마르크스 레닌주의의 발전에 중요한 공헌을 하였다고 인정되었기 때문에, 또한 모택동의 저작은 중국 혁명을 이끌어 온 경험의 과학을 총집합한 것이며 중국공산당 전 당원 모두가 경험한 지혜의 결정이라고 보았다. 따라서 그의 사상을 이해하여야 하는 것은 중국공산당 당원에게 필수적인 것으로 간주되었다.

선집의 구성은 제1권에 모택동의 제1, 2차 국내혁명전쟁시기 주요 저작 16편이 수록되었고, 제2권과 제3권에는 항일전쟁시기 모택동의 주요 저작 72편을 수록하였다. 여기에 수록된 것은 모택동이 직접 교정을 보았고 선집출판위원회에서 주석을 추가하기도 하였다. 전체의 주요 내용은 신민주주의 혁명이론, 혁명군대와 군사책략, 정책과 책략, 당의 건설 등에 관한 것이었다.

모택동선집의 출판으로 공산당 당원뿐만 아니라 당시 일어나고 있는 사상개조, 정풍·정당 등에 필수적으로 읽혀져야 하는 것으로 되어 모택동 사상에 의한 사상교육이 가능하여 졌다. 따라서 이 전집을 출판하고 또한 이를 강제적으로 읽게 함으로서 신중국 건국 초 사회주의 체제나 모(毛)의 체제를 구축하는데 중요한 역할을 하였다.

### 6) 제1차 전국문예, 예술인대표대회의 소집

신중국이 수립되기 직전인 1949년 7월 2일부터 19일까지 북평(北平, 현재의 북경)에서 제1차 전국문예계에 종사하는 문예. 예술인 대표대회를 소집하였다(약칭 제1차 문대회).58) 회의는 곽말약(郭沫若)이 주석, 모순(茅盾)과 주양(周揚)이 부주석이 되어 진행되었다.

그런데 이 회의는 본래 곽말약이 제의한 것으로 1949년 초에 해방구의 문예종사자들과 국통구 문예종사자들이 북평에서 모여 쌍방은 서로의 경험과 의견을 교환하고 비판을 전개하여 공동으로 문예계 종사자들이 담당하여야 할 임무를 토론하기로 하였던 것이다. 그리고 전국적인 모임을 계획하게 되어 마침내 이 회의를 소집하게 되었다.

대회가 소집되기 전날 중공 당 중앙은 축전을 보내 인민의 문예운동을 대대적으로 발전시켜 인민의 문화활동과 교육활동에 배합하고 또한 인민의 경제건설에 배합하자고 하였다. 회의기간에 모택동(毛澤東), 주덕(朱德), 주은래(周恩來) 등이 참석하여 대회가 원만하게 성공하기를 축하하고 격려하면서 또한 중공 당의 정치보고를 하였다.

특히 주은래는 정치보고에서 '3년 이래의 해방전쟁을 중공 당이 승리하게 된 원인과 상황을 설명하고, 문예계에서 인민해방군의 업적과 농민의 생활을 묘사해 주기'를 호소하였다. 또한 '모택동 동지를 학습하여 혁명이론과 혁명실천을 결합하자'고 하고, '중국공산당은 이

미 중국 인민생활과 불가분의 관계를 갖고 있기 때문에 중국공산당을 제대로 인식'해주도록 호소하였다.59)

곽말약은 「신중국의 문예 건설을 위하여 분투하자」는 보고를 통하여60) '전체 문예계 종사자들은 정치적으로 단결하는 이외에 인민을 위하여 봉사하는 입장에서 문예계가 단결하고 문학·예술의 무기를 가지고 제국주의, 봉건주의, 관료자본주의를 타도하자'고 하였다. 모순은 「반동파의 압박아래 투쟁과 혁명문예의 발전」이란 주제를, 주양은 「새로운 인민문예」란 제목으로 국통구와 해방구의 문예활동에 관한 보고를 하였다.

대표대회에서는 이 보고에 대한 토론을 전개하였다. 그 결과, 이 보고들은 모택동의 문예방침아래 문예계가 앞으로 노력하여야 할 방향과 그 임무를 지적하고 있다고 인식하였다.

대회에서는 전국문학예술계연합회의 위원을 선출하고 전국문연(全國文聯)의 주석에 곽말약, 부주석에 모순과 주양을 선출하였다. 그리고 이 대표대회가 끝난 다음에 전국문학, 희극, 영화, 음악, 미술, 무용가협회를 성립시켰다. 이러한 조직은 신중국이 대륙을 통일한 다음에 중국공산당의 지도아래 그 활동이 가능할 수 있게 만들었을 뿐만 아니라 당의 방침에 따라야만 문학, 예술 활동이 가능하게 되었다.

한편, 중공 당 중앙선전부는 1951년 9월 11월까지 문예공작회의를 소집하여 문예계의 간부 정풍운동을 진행하여 문예계의 각종 착오사상을 바로 잡았다. 이를 위해 자산계급 사상의 문예사상을 비판하는 문예정풍운동을 펴 모택동의 「연안문예좌담회상의 강화」를 학습하도록 하였다. 그리하여 모택동사상으로 문예계를 확실하게 이끌어가게 되었다.

# 6. 건국 초의 외교정책과 대외관계

## 1) 건국 초의 외교정책

중국의 외교정책은 「공동강령」속에 명시하기를 '세계상에 평화와 자유를 애호하는 모든 국가와 인민과 연합하고, 먼저 소련과 각 인민민주국가와 각 피압박민족과 연합하며 국제 평화 민주진영의 입장에서서 공동으로 제국주의 침략에 반대하고 세계의 평화유지를 보장한다'고 하였다. 그리고 '국민정부가 이미 체결한 조약에 대하여 이를 심사하여 그 내용에 따라 승인하거나 폐기 혹은 수정하거나 다시 체결한다'고 하였다. 또한 공동강령에 국민당 반동파와 관계를 맺고 있는 국가와는 관계를 단절하며 중화인민공화국에 우호적인 태도를 갖고 있는 국가와는 평등한 입장에서 서로의 이익과 영토주권을 존중하는 기초 위에 외교관계를 수립한다고 하는 등 구체적인 외교정책을 명시하였다.

1949년 10월 1일에 중화인민공화국의 수립을 선포하고 「중화인민공화국 중앙인민정부공고」에서 선포하기를 '본 정부는 중화인민공화국 전국 인민의 유일한 합법정부를 대표하며, 평등과 서로의 이익을 준수하고 서로의 영토주권을 상호 존중한다는 원칙을 갖고 있는 어떤 나라 정부와도 본 정부는 외교관계를 건립하기를 원한다'고 밝혔다.[61] 그리고 같은 날 외교부장 주은래(周恩來)는 이 공고를 각 국정부에 보내고, 중화인민공화국과 세계 각국과의 외교관계는 필요하다고 하였다.[62]

그러나 모택동은 이보다 앞서 2월에 석가장(石家莊)에서 소련의 미코얀(Mikoyan, Anatas Ivanovich)을 회견하였을 때 '해방후 반드시 우리 집안을 깨끗이 청소할 것이며 집안이나 집밖이건 숨겨져 있는 물건을 모조리 씻어낼 것이며 그렇게 한 다음 손님을 초대할 것이라' 하여63) 중국에서 제국주의가 갖고 있는 특권을 없앨 때까지 외교관계를 유보한다는 뜻을 밝혔다. 주은래도 '집안을 깨끗이 청소하고 다시 손님을 초대한다'라는 말을 보충하여 제국주의 세력은 군사적으로 쫓아냈으나 100여 년 동안 제국주의의 경제세력은 아직도 커서, 특히 문화적으로 깊게 영향을 미치고 있어 우리의 독립에 영향을 미치고 있다. 그러므로 외교관계 수립이전에 집안을 깨끗이 청소하고 다시 손님을 초대한다는 것이다 라고 하였다. 그러면서 서두르지 않겠다고 하였다.64)

결국, 국민당 정부와 체결한 어떠한 외교관계도 계승되지 않는 점을 명시한 것이다. 때문에 외국에 있는 국민당정부의 외교기관과 그 인원에 대하여도 승인하지 않았다.

### 2) 대외관계의 수립

신중국이 수립되자 제일 먼저 승인한 나라는 소련이었다. 즉 소련은 10월 2일에 중국을 승인하고 다음날 외교관계를 수립하였으며 동시에 국민정부와는 단교하였다. 뒤이어 4일에 불가리아와, 5일에 루마니아와, 6일에 북한·헝가리·체코슬로바키아와, 7일에 폴란드와, 16일에 몽골인민공화국과, 25일에 동독과, 11월 23일에 알바니아와 외교관계를 맺어 유럽과 아시아 사회주의 국가들이 중국을 승인하였다. 10월 5일에 유고슬라비아가 승인하였고, 1950년 1월에 베트남민주공화국과 서로 승인하고 외교관계를 맺어 중국은 처음으로 베트남민주공화국을 승인한 나라가 되었다.

대체로 1949년 말부터 1950년 상반기까지 버마(미얀마)·인도·파키스탄·실론(스리랑카)·이스라엘·아프가니스탄·인도네시아 등 아시아 국가들이 신중국을 승인하였으며, 노르웨이·덴마크·필란드·스위스 등 유럽 국가들이 신중국을 승인하였다. 이들 유럽의 나라 가운데 노르웨이가 국제연합에서 미국의 정책에 따라 신중국의 활동을 방해하고 국교수립을 늦추는 이외에 다른 4개국은 국민정부와 외교관계를 단절하고 신중국과 외교관계를 수립하였다.

영국과 네덜란드도 신중국을 승인할 뜻을 표방하였으나 외교관계의 수립까지는 이르지 못하였다. 중국은 영국에게 국교수립에 관한 담판을 요구하여 1950년 3월에 담판이 진행되었다. 당시 중국은 국교수립이전에 영국정부와 국민당 정부와의 관계를 해결하라고 요구하였으며 영국이 국제연합에서 중국대표권을 의논할 때 기권할 것인가의 문제를 분명히 하고, 홍콩과 영국의 속지 안에 있는 국민당 집단의 각종 기관과 중국재산에 대하여 어떻게 처리할 것인가의 문제를 분명하게 밝히라고 요구하였다. 결국 영국은 이 문제에 대하여 명확한 답을 하지 않아 담판은 결렬되었다.(한국전쟁이 끝난 다음 제네바회의 이후에 비로소 양국은 외교관계를 맺게 되었다.)

한편, 미국은 1949년 10월 30일에 국무원 대변인이 공개적으로 미국은 앞으로도 계속 국민당정부를 승인할 것이며 중화인민공화국의 승인을 거절한다고 공식으로 발표하였다. 그리고 12월 말에 미국대사관도 대만으로 옮겼다.

### 3) 중·소 우호동맹조약의 체결

제2차 세계대전이 끝난 후 세계는 양대 진영으로 나누어져 일부에서는 미국과 소련 사이에 제3의 길로 나가 미·소 사이의 모순을 이용하여 주도권을 장악하자는 의견이 있었다. 그러나 모택동은 1949년 6월에 발표한 『논인민민주전정(論人民民主專政)』에서 중국은 제국주의 한쪽으로 치우칠 수 없고, 사회주의 쪽으로 서야한다며 소련 일변도 외교정책을 추진하여야 한다고 하였다. 따라서 『공동강령』에서도 이를 분명히 하였다.

그러나 소련의 입장에서 모택동이 영도하는 중국공산당에 대하여 회의적인 태도를 보였다. 특히 해방전쟁시기에 소련은 두 차례 중국의 정책결정에 영향을 미치려 하였다가 중국공산당에게 받아들여지지 않았던 일도 있었다. 그러므로 중·소 양국의 관계는 상당히 미묘하였다. 그러나 중국이 지원을 받을 수 있는 상대는 제국주의 국가를 제외하면 소련과 사회주의 국가 뿐 이었다. 이에 중국은 소련과의 관계를 돈독히 하여야 하였는데, 중국공산당은 이미 외국과 체결한 구정부의 조약은 승인하지 않는다고 하였기 때문에 1945년 8월에 국민정부와 소련이 체결한 중·소 우호동맹조약 문제를 어떻게 처리하느냐가 문제였다. 왜냐하면 국민정부는 이를 체결할 때 소련에게 동북지역의 여러 이권을 소련에 양보하였기 때문에 이를 회수하지 못하면 중국이 선포한 독립자주외교에 손상을 가져오는 것이라 이를 인정할 수 없는 입장이었다.

따라서 중·소 신약을 체결하여 신중국과 소련의 관계를 새롭게 정립하고 또 소련의 원조를 구하기 위하여 모택동은 1949년 12월 16일에 대표단을 이끌고 모스크바를 방문하여 스탈린(Stalin J.)과 정치, 경제문제에 관하여 회담하였다. 스탈린 등 소련지도자들은 그의 방문을 환영하면서도 모택동이 제출한 중·소 조약의 체결에는 냉담하여 다른 속셈이 있는 것으로 모택동은 받아들였다. 결국 모택동은 그 원인을 상세히 분석하고 2주후에 비로서 신조약을 갖고 구조약을 대체하기로 원칙적 합의를 보아 스탈린도 정무원 총리 주은래가 모스크바로 와 새로운 중·소 우호동맹조약과 차관, 통상, 민항(民航) 등의 협정 문제를 구체적으로 담판하는 것에 동의하였다.65)

이에 주은래와 그 수행원은 다음해 1월 20일에 모스크바에 도착하여 20일의 담판을 벌려 마침내 2월 14일에 「중·소 우호동맹호조조약」과 「중국장춘철도와 여순·대련에 관한 협정」, 「중화인민공화국에 대한 소련의 차관협정」을 체결하였다. 그리고 양국의 외무장관은 1945년 8월 14일에 체결한 조약과 협정은 효력을 상실하였다고 성명을 발표하였다.

모택동의 모스크바 방문

중·소 우호동맹호조조약의 내용은 양국의 합작 강화와 공동으로 일본의 재기와 일본 혹은 기타 어떠한 형식의 침략에 대하여 공동으로 이를 방어하며 공동으로 필요한 일체의 조치를 취하는 것에 쌍방은 보증한다고 하였다. 또한 쌍방은 상대방을 반대하는 어떠한 나라의 동맹에도 참가하지 않는다고 선포하였다.

중국과 소련이 공동으로 관리하던 중동로(中東路)의 철도는 1952년 12월말까지 소련이 중화인민공화국에 무상으로 돌려주기로 하고, 소련군대가 사용하던 여순항의 해군기지도 소련이 철군하고 그 설비는 중국에 넘기기로 합의하였다.(그 후 쌍방의 협상에 따라 1955년 5월에 소련군은 철수함)

## 4) 중국 안의 제국주의 특권의 취소

모택동은 이미 중공 당 7기 2중전회에서 중국 안에서 제국주의 국가가 갖고 있는 특권을 하나하나 철저하게 분쇄하여야 한다고 지적한 바 있었다. 신중국 정부는 구중국 시대에 있었던 각 국의 외교기관과 외교관을 승인하지 않고 중국과 외교관계가 없는 중국주재의 외교기관의 활동을 불법이라고 하였다.

1950년 1월에 북경군사관제위원회는 북경시내의 외국군 주둔지 재산을 시기에 맞추어 회수한다고 선포하고 지상의 병영과 건물을 징용한다고 선포하였다. 그리고 중국에 투자한 외국기업과 그들의 부동산에 대하여 그들의 투자와 경영을 일체 승인하지 않고 오히려 그 처리방법을 연구 조사하면서 불법적인 활동을 법률로서 제한하였다.

한국전쟁이 일어나자 중국은 중국 안에 있는 미국의 재산처리부터 서두르게 되었다. 그런데 1950년 12월 16일에 미국은 미국 관할 안에 있는 중국의 재산을 통제하고, 미국에 등록된 선박의 중국항해를 금지함에 따라 중국도 이를 항의하는 이외에 12월 28일에 중국 안에 있는 미국정부와 미국기업의 재산을 조사 통제하라는 명령과 중국 안에 있는 미국의 국유와 사기업 예금에 대하여 동결하라고 명령하였다.

영국도 뒤이어 한국전쟁에 참가하자 중국정부는 1951년부터 중국 안에 있는 영국의 재산을 집중적으로 처리하여 영국의 재산을 징용하였다. 그러나 일부 영국의 재산과 일부 자본주의 국가의 기업으로 중국의 법령을 위반하지 않고 중국의 민생에 해를 끼치지 않으면 그들이 잠시 중국에 남는 것을 허락하였다. 대체로 1953년에 이르러 군이 관리하거나 징용, 매입, 차용, 대리 관리, 몰수, 전매 등의 방법으로 중국 안의 제국주의 기업은 완전히 처리되었다.

한편, 외국인이 경영하는 문화교육기관과 종교단체에 대하여 인민정부는 법령을 엄격히 지켜주도록 요구하고, 잠시 그들이 외국으로부터 받는 보조를 받도록 허락하였다. 그러나 한국전쟁이 일어난 다음 미국의 보조를 받는 문화교육기관이나 종교단체에 대하여 정부가 이를 수용, 스스로 운영하도록 하고 미국의 보조를 받는 구호기관도 중국인민구제총회에서 전부 이어받도록 하였다. 그리고 외국과 밀접한 관계를 맺고 있는 종교단체에 대하여는 중국 교도들이 스스로 운영하는 단체로 고쳐나가도록 하였다.

## 5) 한국전쟁 참전과 중공의 위상

신중국이 성립되었을 때 미국은 공산주의 확대에 대하여 염려하였고 만일 대만마저 공산주의 국가로 바뀌면 미국의 큰 재난이 될 것이라 여겼다. 그리하여 대만의 지위에 대하여 여러 가지 방안이 제기되었다. 예를 들면 하나의 중국과 하나의 대만, 대만 자치, 대만 독립 등으로 방안이 제기되었는데, 그 목적은 모두 대만을 공산당의 손에 넘길 수 없다는 것이었다.

사실 1949년 1월에 소련의 스탈린(Stalin J.)은 미군이 한반도에 영구히 주둔할 기회를 주지 않기 위하여 김일성의 동맹조약 체결을 거절하였으며, 중국의 대만을 무력통일하기 위한 해공군의 지원을 요청받았으나 이 또한 미국을 고려하여 받아들이지 않았다. 한편, 중공당은 1949년 7월에 조선인으로 조직된 중국 동북 야전군 제163사단, 164사단의 장비와 군을 김일성에게 넘겼고, 다음해 초에 임표의 주력인 165사단과 제4야전군의 각 부대에 소속된 조선인 장교와 사병 및 무기를 조선에 넘겨 조선인민군 제5, 6, 7사단으로 개편하여 북한은 5, 6만의 정병을 갖추는데 중요한 역할을 하였다.66)

그런데 1950년에 미국의 애치슨(Acheson D.G.) 국무장관이 한반도와 대만을 보호하기 위하여 무력을 쓰지 않을 것이라 하여 김일성과 스탈린을 고무시켰으며 스탈린은 김일성을 지원하기로 하였다. 김일성은 소련을 방문하고 5월에 중국을 방문하여 스탈린의 남침 동의를 통고하였으며, 스탈린도 모택동에게 한국의 통일에 중·조 양국이 해결하기를 바란다고 하여 한국전쟁은 일어났다.67)

이에 미국은 즉각 참전하고, 또한 7월 7일에 국제연합 안보이사회를 조종하여 유엔군을 조직하기로 의결하였다. 따라서 한국전쟁에 유엔군이 참전함에 따라 전쟁의 규모는 국지전이지만 국제전으로 확대되었다. 미국이 참전하던 날(6월 30일) 중국은 토지개혁법을 반포하고 전국적인 규모의 군중운동을 전개하고 있어서 크게 관심을 두지 않았다. 그러나 전쟁의 규모가 커지면서 7월 7일과 10일에 중앙군사위원회를 열어 「동북변방 보위에 관한 결정」을 결의하여 4개군, 3개 포병사단, 3개 공군단 등 모두 25만 5천명으로 구성된 동북변방군을 조직하고 8월 5일 이전에 동북에 집결하기로 하였다.68) 그리고 8월 5일에 모택동은 동북군구사령관이며 정치위원인 고강(高崗)에게 9월 상순에는 출동할 준비를 갖추라고 지시하였다.

이로 보면 중국은 이미 전쟁 초부터 한국전 개입에 관심을 가졌고, 미국과의 관계로 직접 출병할 수 없었던 스탈린의 입장에서 중국의 개입을 바랐기 때문에 여기에 응할 준비를 갖추고 있었다. 한편, 소련은 공군기를 파견하여 중국군을 엄호하기로 하였기 때문에 중국은 이를 기회로 중국공군의 훈련과 소련의 장비를 지원받으려 하였다.69)

연합군의 인천상륙으로 전세가 북한에게 불리해지고, 또한 북한의 지원요청과 스탈린의 출병 요구를 받고 모택동은 중국인민지원군을 파견하기로 결정하고, 팽덕회(彭德懷)를 지원군총사령관으로 임명하였다. 모택동은 10월 8일에 지원군에게 출동을 명령하여 19일에 지원군은 안동(지금의 단동)에서 압록강을 건너 한국전쟁에 참전하였다.

한국전쟁은 1953년 5월부터 본격적인 담판에 들어가 6월에 기초적인 합의가 이루어졌다. 그리하여 7월 27일에 쌍방의 대표가 정전협정에 서명하였다. 이때 물론 중국은 팽덕회가 참가하여 서명하였는데, 이 전쟁은 어느 쪽도 승리하지 못한 전쟁이었기 때문에 중국의 국제적 위상만 상승되게 되었으며, 그리고 반공에 대한 이데올로기적 대립을 높이는 계기를 가져왔으며 미국과의 관계는 최악의 상황으로 바뀌어 이후 국제관계에서 중국은 많은 제약을 받았다.

한편, 중국은 한국전쟁으로 인적, 물적, 재정적인 지출을 가져왔다. 모택동은 중국인민지원군의 군사적 약점을 인정하지 않고 있으나 적지 않게 발생한 지원군의 인적 손실은 중국의 군사적 능력에 문제가 있음을 나타냈다. 따라서 이 전쟁이 끝난 다음 중국은 1950년대 중국군의 현대화 계획을 가속화시켰다. 특히 한국전의 경험은 모택동에게 외부의 원조란 과도기적인 것에 불과하다는 사실을 인식하게 만들었다.

또한 이 전쟁은 중·소 관계에도 영향을 끼쳤다. 중화인민공화국 수립이후 스탈린은 중국이 티토주의(Titoism)경향을 취하지나 않을 가 회의하여 왔다. 그런데 중국이 한국전쟁에 참전함으로써 이러한 염려가 일소되어 중·소 관계의 강화를 가져왔다. 그러나 소련의 중국군 지원문제로 인하여 그 의심과 불협조의 요인은 그대로 굳어지게 되었다.[70] 따라서 한국전쟁을 뒷날 중소 논전의 기원으로 보고 있다.[71]

# 7. 중화민국의 대만기지 건설과 국민당체제의 확립

## 1) 국민정부의 대만에 대한 주의와 정부이전

1947년 2.28사변 후 국민당은 안정 가운데 번영이라는 대만통치 방침을 정하고 이해 5월에 대만행정공서(臺灣行政公署)를 폐지하고 성(省) 정부를 성립시켜 위도명(魏道明)을 초대 주석으로 임명하였다. 그는 5월 15일에 취임하자 다음날 대만성의 계엄을 해제하고 대만인들이 한(恨)을 갖고 있는 전매국을 공매국으로 고쳐 소금, 술과 담배를 전매하는 이외에 그 밖의 것(예 성냥 등)은 민영을 허락하는 등 경제조치를 취하여 질서와 안정을 찾고자 하였다.

한편, 장개석(蔣介石)은 1948년 말 동북전쟁에서 중공군에게 패하고 회해(淮海), 평진(平津)전투에서도 위기에 몰리게 되자 대만을 혁명의 부흥기지로 건설하고자 주의하기 시작하였다. 1948년 12월 2일부터 1949년 5월 15일까지 장개석은 장경국(蔣經國), 유홍균(兪鴻鈞)에게 국고에 보관하고 있는 약 5억 달러에 해당하는 황금과 백은, 미화와 중앙은행과 중국은행에 보관중인 외화를 모두 대만으로 이전시켰다.[72] 그리고 회해전투가 끝나기 전에 대량의 국보급 문화재 예를 들면 그림, 자기, 옥기, 청동기 등 2,962상자 23,1910건에 달하는 보물을 북평과 남경에서 비밀리 대만으로 옮겼다.

또한 진성(陳誠)을 1949년 1월에 위도명 대신에 대만성 주석 겸 경비총사령관으로 임명하고 장경국을 중국국민당 대만성당부 주임위원으로 임명하는 등 그 밖의 인사도 끝냈다. 1월 21일에 장개석은 총통직을 사임하고 부총통인 이종인(李宗仁)에게 총통직을 대행하게 한 다음 국민당의 당권만 장악한 채 고향인 계구(溪口)로 가 정국을 조종하였다. 즉 국민당 총재의 신분으로 총통의 자리에서 물러나기 전과 같이 정국을 조종하고 있었다.[73] 그런데 1월 31일에 북평(北平)이 평화적으로 중공군에게 넘어가고, 4월 23일에 남경(南京)마저 중공해방군에게 점령되자 장개석은 대만(臺灣)으로 가기를 결심하였다.[74]

한편, 장경국은 그의 부친을 수행하였기 때문에 국민당대만성 당부 주임으로 부임하지 못하자 진성에게 주임을 겸임하도록 하였다. 이에 진성은 당·정·군권을 모두 장악하여 장개석의 대리인으로서 통치권을 강화하였다. 진성은 1949년 2월 26일부터 27일까지 전 성의 호구를 조사하고, 3월 1일에 대만제지회사에 명하여 종이를 교과서 인쇄용으로 돌린다며 신문용지 공급을 중단시켜 언론을 봉쇄하였다. 그리고 5월 19일에 대만성경비총사령부는 다음날 영시부터 계엄을 실시하여 기륭(基隆), 고웅(高雄), 마공(馬公)의 3개 항구만 경비사령부의 감시아래 개방하고 그 밖의 항구는 출입을 봉쇄하였다.

장개석은 5월 26일에 광주에서 고웅으로 들어와 대북 교외에 있는 초산(草山)으로 거처(대만제당회사의 초산빈관)를 옮겨 이곳을 양명산(陽明山)이라 이름을 고치고 뒷날에도 그곳에 계속 머물렀다. 한편, 국민정부는 대만으로 물러나기 전인 6월 11일에 중국국민당 중앙상무위원회에서 비상위원회를 설치하기로 결정하고 장개석, 이종인, 염석산(閻錫山), 손과(孫科), 거정(居正), 우우임(于右任), 하응흠(何應欽), 오충신(吳忠信), 장군(張群), 오철성(吳鐵城), 주가화(朱家驊), 진립부(陳立夫) 12명을 위원으로 선출하면서 장개석을 주석. 이종인을 부주석으로 추대하였다. 이 기구 설치는 장개석이 당권을 갖고 이종인의 정권을 누르려는 의도가 있었으며 대만으로 물러나기 직전 장개석은 계속 실권을 가질 수 있었다.

비상위원회는 7월 18일에 동남장관공서(東南長官公署)를 설치하고 진성을 장관으로 임명하여 강소・절강・복건・대만과 해남도를 하나의 구로 삼아 이를 다스리도록 하였다. 8월 1일에 장개석은 대만에 사무실을 개설하고 그 아래에 당무, 경제, 군사, 선전, 국제문제, 비서, 정보, 경위, 총무 등의 9개조와 하나의 설계위원회를 두었다. 명의상으로는 장개석 개인의 막료기구인 것처럼 보이나 실제는 중앙당부 겸 총통부와 같았다.

한편, 장개석은 7월 10일에 필리핀으로 가 퀴리노(Quirino, Elpidio) 대통령과 태평양반공연맹의 조직과 망명정부수립문제를 협의하고, 다시 8월 3일에 우리나라의 진해(鎭海)로 와 이승만(李承晩)대통령과 극동 각 국과의 반공연맹구성에 대한 협의를 하였다. 그러나 미국의 태

이승만 대통령과 진해 회담

도가 『중국백서(中國白書)』 발표로 국민정부에 대하여 더 이상 지지의 태도를 보이지 않아 별다른 성과를 거두지 못하였다.

10월 13일에 광주가 중공의 손에 넘어가자 그곳에 있던 행정 각부의 위원이 일부는 중경으로 가고 일부는 대만으로 갔는데, 국민정부는 11월 29일에 중경마저 위태로워지자 성도로, 12월 7일에는 다시 성도에서 대만으로 옮겼다. 그리고 12월 11일에 장개석도 이미 전세를 되돌릴 수 없다고 보고 12월 10일에 대북으로, 다음 날 국민당 중앙당부도 대북으로 옮겼다.75)

### 2) 장개석 총통의 복직

장개석의 하야이후 총통직을 대행하던 이종인부총통은 중공 당과 몇 차례 교섭을 시도하여 보았으나 별다른 성과를 거두지 못하고, 전세는 국민정부에게 계속 불리하여졌다. 11월 20일에 홍콩으로 간 이종인은 부총통의 신분으로 장개석 총통을 대신하여 미국으로부터 원조를 받도록 교섭하고, 또한 신병을 치료하기 위한다는 구실로 미국으로 간다고 하였다.

당시 중경(重慶)에 있던 국민당 중앙상무위원회는 거정(居正) 등을 홍콩에 보내 그를 만류하고 중경으로 와 정부를 이끌도록 요청하였다. 그러나 이종인은 이를 거절하면서 미국으로 치료를 받고 총통대리의 자격으로 미국의 재정 원조를 청구하고 받아내던 못 받아내던 1개월 이내에 돌아와 계속 공산당과 작전하겠다면서 12월 8일에 미국으로 떠났다.76)

1950년 2월 3일에 대만으로 간 국민대회 대표들은 연명으로 장개석의 복직을 요청하였다. 그리고 2월 12일에 감찰원은 이종인을 탄핵하는 제안을 통과시키고, 국민대회에 그를 탄핵하도록 요청하였다. 한편 2월 12일에 국민당비상위원회에서는 이종인에게 조속히 귀국하기를 요청하는 전보를 보냈다. 그리고 21일에는 3일 안으로 귀국하도

장개석 복직후 민중에 인사

록 하고 그렇지 않으면 총통대행은 자동으로 취소될 것이며 장개석에세 총통 복직을 요청할 것이라는 최후통첩을 보냈다. 3일 후까지 이종인은 돌아오지 않았고 입법원에서는 장개석에게 복직을 요구하는 결의를 통과시켰다. 이에 3월 1일, 장개석은 대북(臺北) 총통부에서 복직한다고 발표하고, 복직담화에서 '중공 당을 물리치고 대륙을 광복하여 삼민주의의 민유(民有), 민치(民治), 민향(民享)의 국가를 다시 세우겠다'고 하면서77) 총통직을 수행하였다.

또한 시정강령을 선포하였는데, 그 내용은 ① 군사적으로 대만기지를 공고히 하여 대륙광복을 도모한다. ② 국제적으로 자력갱생을 구하며 다시 민주국가와 연합하여 공동으로 반공한다. ③ 강제적으로 절약을 제창하여 생산을 장려하고 민생주의를 추진한다. ④ 정치적으로 민권을 보장하고 법치를 실행한다고 하였다.78)

한편, 1954년에 부총통으로 총통을 대행하여 왔던 이종인을 탐오하고 나라를 그르쳤다는 죄목으로 파면하였다.

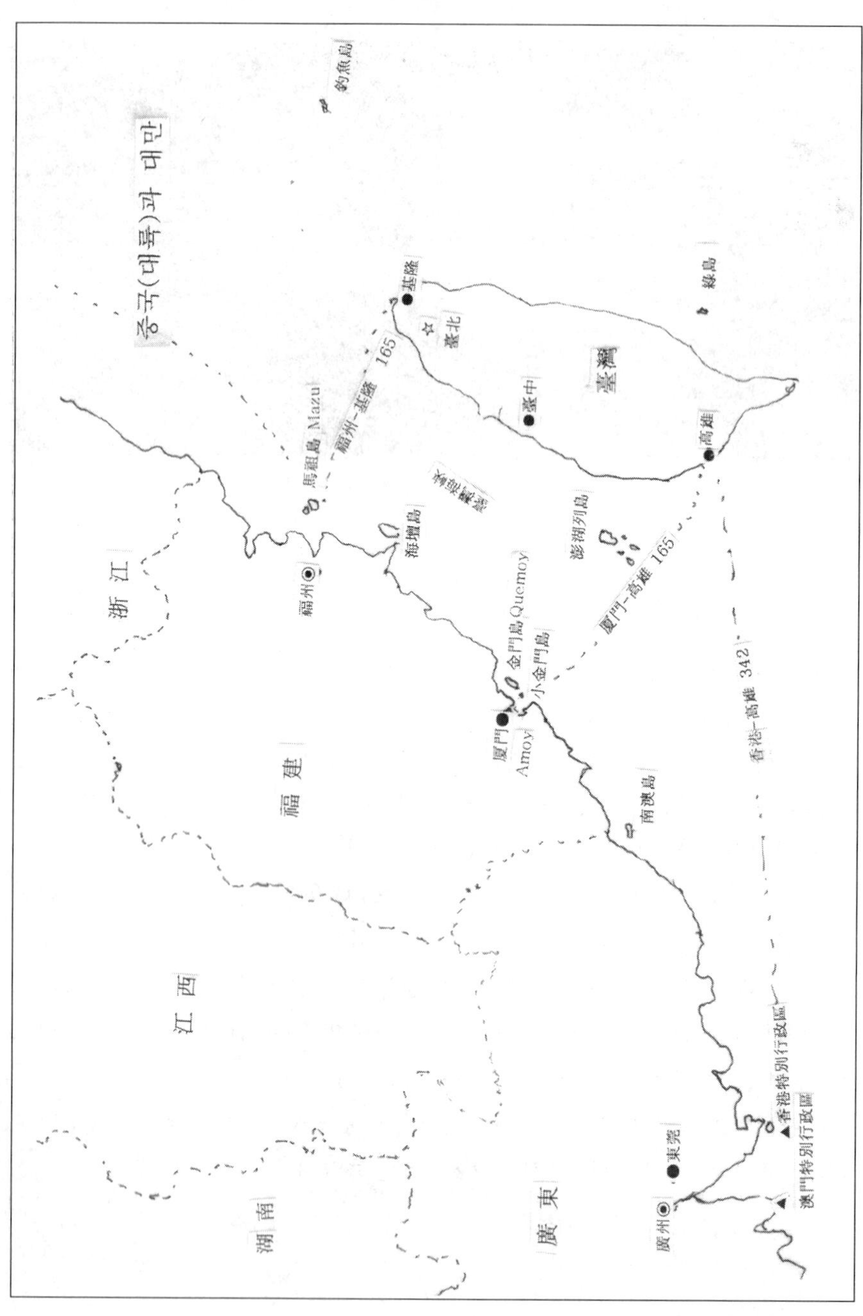
중국(대륙)과 대만
釣魚島
基隆
臺北
臺灣
臺中
高雄
綠島
馬祖島 Mazu
福州-基隆 165
海壇島
福州
澎湖列島
廈門-高雄 165
金門島 Quemoy
小金門島
廈門
Amoy
香港-高雄 342
南澳島
浙江
福建
江西
湖南
廣東
廣州
東莞
香港特別行政區
澳門特別行政區

### 3) 중화민국의 정통성 - 헌정(憲政)유지

대륙에 중화인민공화국의 수립되어 중화민국 정부는 국제적 지위에 큰 도전을 받게 되었다. 그러므로 이때 어떠한 정치적 체제의 변화는 직접적으로 대만의 국민정부가 표방하고 있는 정통성과 합법성을 상실하게 되는 결과를 가져오게 되어있었다.

또한 중화민국은 반공대륙을 표방하고 공산당을 비도(匪徒)로 보고 있었기 때문에 국민정부가 스스로 정체를 변경하게 되면 북경정부를 승인하는 결과를 가져올 수 있었다. 그리고 국민정부가 대만을 통치하게 되는 법적인 근거는 국민정부가 중국의 중앙정부이고, 대만은 중국의 한 성에 불과하므로 지방이 중앙에 복종한다는 원칙아래 대만인들이 중앙정부의 통치를 받아들일 의무가 있게 되기 때문에 정체를 바꿀 수가 없었다. 만일 정체를 바꾸게 되면 법통을 잃어버리는 결과를 가져오며 신정부는 중앙정부로서 큰 타격을 받을 수밖에 없었다.

이와 같은 이유로 국민정부는 중화민국의 정통성을 유지한 체 비상시기의 정부 통치방식으로 이미 대륙에서 조직된 중앙 민의기구와 정부기구를 그대로 대만으로 옮겨왔으며 헌법체제는 절대 바꾸지 않는다고 선언하였다. 따라서 헌정체제아래 국민당의 정부가 그대로 유지되었다.

장개석은 복직을 선언한 후, 4대 시정강령을 추진하기 위하여 직계 세력으로 권력의 핵심을 구성하였다. 당무에서는 중앙개조위원회를 조직하여 국민당의 중앙과 지방 각급 조직을 정비하여 당치 중심의 권력구조를 이루고, 정부 쪽은 중앙정부와 지방정부의 행정기구를 유지하였다. 행정기구는 오권헌법(五權憲法)에 따라 총통부, 행정원, 입법원, 감찰원, 사법원, 고시원과 대만성정부가 있었으며 행정원은 대만 최고의 행정기관이었다.

3월 6일에 국민당중앙상무위원회는 행정원장 염석산(閻錫山)을 사직하게 한 다음 7일에 진성을 행정원 원장에 임명하고 행정원의 조직을 개편하였다. 즉 부원장에 장여생(張勵生), 황소곡(黃少谷)을 비서장에, 유대유(兪大維)를 국방부 부장에, 여정당(余井塘)을 내정부 부장에, 주가화(朱家驊)를 재정부 부장에, 섭공초(葉公超)를 외교부 부장에, 정준유(鄭遵儒)를 경제부 부장에, 하충한(賀衷寒)을 교통부 부장에, 임빈(林彬)을 사법부 부장에, 정천방(程天放)을 교육부 부장에, 그리고 오국정(吳國楨)·채배화(蔡培火)·전형금(田炯錦)·동문기(董文琦)·왕사증(王師增)·양육자(楊毓滋)를 정무위원으로 임명하였다.

계속하여 고축동 대신에 공군총사령관 주지유(周至柔)를 참모총장으로, 손입인(孫立人)을 육군총사령관 겸 대만방위사령관으로 임명하고, 장경국(蔣經國)을 국방부총정치부 주임으로, 왕세걸(王世杰)을 총통부 비서장으로 임명하고, 대륙에서부터 활동하던 일부의 당 원로를 총통부 자정(資政), 국군고문(國軍顧問)으로 임명하여 자문에 응하게 하였다. 이렇게 대륙에서 신임하던 인물들을 중심으로 그리고 대만의 일부 지방정치세력의 대표들을 끌어들여 중화민국 정부의 정치체제를 굳혔다.

### 4) 계엄의 실시와 국민당 일당전정(독재)

장개석은 하야하기 직전인 1948년 12월 10일에 전국계엄령을 내렸는데 그 범위는 대만, 신강, 청해, 티베트, 서강의 5성을 제외하였다. 그런데 이 계엄령은 총통직을 대행한 이종인에 의하여 1949년 1월 23일에 해제되었으나 지방의 군정요원들은 이를 지키지 않았다. 대만의 경우 5월 20일에 계엄에 들어가 사실상 군사관제를 받고 있었다.

1950년 3월에 장개석이 총통으로 복직하였으나 여전히 계엄법을 실시하였으며 후에 계엄시기를 이유로 간첩검거 숙청조례 등 보안에 관한 조치를 취하였다. 계엄시기에는 노동자의 파업을 금지하고 출입국관리를 엄격히 통제하였으며, 통행금지의 실시와 불법 전단의 부착이나 살포를 엄금하고 무기탄약의 휴대나 은닉을 철저하게 금지시켜 위반자는 군법에 따라 처벌하였다.

또한 대만성경비사령부는 「불법·집회·결사·시위·청원·파업 철시방지에 관한 규정, 실시방법」과 「신문잡지도서 관리법」을 제정하였다. 이에 따라 신문 잡지 등의 모든 출판물은 인쇄 발행할 때에 반드시 경비사령부의 검열을 받아야 하였으며, 정부에 조금이라도 불리한 내용이 있으면 공산당을 위하여 선진한다고 출판이 금시되었다.

계엄법에는 철저하게 별도의 정당 조직을 금지시켜 국민당 이외의 반대세력을 억압하였다. 그러나 대륙에서부터 국민당과 우당 관계였던 중국청년당(中國青年党)·민사당(民社党, 민주사회당)의 활동은 그대로 인정하여 주었다. 왜냐 하면 이 두 당은 국민당이 소집하였던 국민대회와 정부에 참여하였었기 때문이다.

이 두 당은 대만으로 온 다음에 거의 와해단계에 있었다. 그리고 국민당은 이 두 당의 발전에 대하여 적극적인 태도를 취하지 않았다.[79] 그러나 국민당은 구체제를 유지하고 무당파의 정치적 공격을 받게 되자 일당 독재를 감추기 위하여 이 두 당을 정치무대로 끌어들였다. 따라서 이 두 당의 활동 경비와 활동 장소를 제공하였으며, 국민대표와 위원의 정원에 극소수를 배분하였다.

결국, 국민당이 두 당을 합법적으로 인정하여준 목적은 대만에 정당정치라는 가면을 만들기 위하여서였으며, 표면적으로 국민당 일당정치를 은폐하기 위한 방법의 하나였다.

## 8. 대만에서의 국민정부 초기 정책

### 1) 중국국민당의 개조

국민당이 대륙을 떠나지 않으면 안 되었던 원인은 여러 방면에서 그 이유를 찾을 수 있으나 근본적인 실패는 '조직의 와해, 기강의 해이, 정신적인 타락이 가져온 결과'이었다.[80] 1949년 1월에 장개석이 하야를 결정하게 된 것도 당 내부에 모순이 있었고 계파가 난무하였기 때문이었다. 그러므로 국민당의 개조는 반드시 하지 않으면 안 될 과제였다.

장개석은 하야이후 봉화 계구(溪口)에서 중국국민당총재의 신분으로 당무를 정리하여 다시 재기할 생각이었다. 그는 국민당의 개조를 실천하기 위하여 장경국(蔣經國)·황소곡(黃少谷)·장기윤(張其昀)·정언분(鄭彦棻) 등과 의견을 교환하고 개조의 골격을 만들었다. 그리고 구체적으로 5월에 개조방안을 연구하도록 하였다. 그 결과, 1949년 7월 18일에 광주(廣州)에서 소집된 국민당 중앙상무위원회에서 장개석이 제출한 「본당 개조안」을 논의하여 「개조요강과 실시순서」를 통과시켜 국민당의 사상노선, 사회기초, 조직원칙, 지도방법, 당의 작풍을 확정시켰다.[81]

그리고 9월에 개조방안 실시를 위하여 장개석은 「전당 동지에게 보내는 글」을 발표하고 10월에 혁명실천연구원(革命實踐硏究院)을 설립하여 개조 조치를 취하였으나 전세의 혼란으로 실천에 옮기지 못하였다.

대만으로 온 다음 장개석은 1950년 1월에 국민당개조안연구소조를 구성하여 개조 방안을 수정하게 하고 실천 방법과 순서를 연구 정리하게 하였다. 특히 6월에 한국전쟁이 일어나 미 7함대가 대만해협으로 출동하게 되자 대만의 정세가 안정되어 국민당의 개조에 유리한 조건을 만들어 주었다.

7월 12일에 국민당 중앙집행위원, 감찰위원 240명이 연명으로 장개석에게 국민당의 개조 계획을 실시하도록 요구하였다. 이에 장개석은 중앙상무위원 임시회의를 소집하여 「본당 개조안(수정안)」을 통과시키고 중앙개조위원회를 설치하여 개조 작업을 진행시키고, 또한 중앙평의위원회를 설치하여 개조를 감독하게 하였다. 특히 중앙개조위원회의 위원 선임을 장개석에게 위임하였으며, 개조위원회가 중앙집행 감찰위원회의 직권을 대행하도록 하였다.

1950년 8월 5일에 중앙개조위원회가 정식으로 성립되어 16명의 위원들은 총재의 영도를 존중하여 개조 임무를 완성하겠다고 선서하였다.

중앙개조위원회가 성립된 후, 성·시 개조위원회가 성립되어 기층조직을 다시 정비하기 시작하였다. 그리하여 1951년 1월 4일부터 당원은 본래의 소속지역에서 등록을 다시 시작하여 1월 23일에 마감하였는데, 기간이 지나도록 재등록하지 않은 당원은 당적을 포기하는 것으로 처리하였다. 그 결과, 당원은 1948년에 4,080,293명에서 대만으

중국국민당 개조회의

로 온 다음 1950년에 72,426명, 1951년에 100,092명, 1952년에 145,600명이 되었다.[82]

당원의 등록을 받은 다음에 소조를 성립시켜 당의 기층조직으로 삼았으며 소조의 당원은 반드시 소조활동에 참가하고 당비를 납부하여야 당적은 효력이 있었다. 1951년에 국민당 중앙기구이외의 전성 각 지구에는 3만 여 개의 소조가 성립되었다.[83] 그 다음에 교육훈련을 강화하여 조직과 기율을 강화하였다. 교육의 내용은 소조를 통하여 대륙 실패의 교훈과 삼민주의의 이론과 개조위원회의 문건을 학습시켰다. 훈련은 두 가지로 개조위원회에서 파견한 선전소조가 각지를 순회하며 강연을 통하여 기층간부들이 훈련받을 것과[84] 고급 간부들을 양명산혁명실천연구원(陽明山革命實踐硏究院)에 입학시켜 학습하게 하는 방법이 있었다.

교육 훈련과 동시에 부패 분자는 도태시켰다. 부패 분자란 변절하여 적과 내통한 자, 이중당적을 가진 변절행위자, 당의 기율을 위반한 자, 탐오 독직한 자, 호화 사치생활자, 직무유기로 책임감 없는 자 등 8개항을 규정하여 이에 해당하면 즉시 출당시켰다.

당 안의 조직 기율을 감독하기 위하여 본래에 설치되었던 당 각급의 감찰위원회를 폐지하고 조직은 1인 영도체제아래의 민주 집권제를 채택하였으며, 조직이 정책을 결정하고 정책이 정치를 이끌어 나가도록 하였다. 1951년 2월 28일에 중앙개조위원회는 「중국국민당 당정관계 대강」을 통과시켜 당이 직접 정부를 영도하는 방식을 고쳐, 당의 주의(主義)에 의하여 정책을 결정하도록 하였다. 특히 1인의 영도체제아래 간부는 반드시 영수의 의지를 관철시켜야 하였다.

당에서 경영하는 사업을 조정 정리하기 위하여 중앙에 재무위원회를 설치하고 당의 경제문제를 전문으로 관리하게 하였다. 그리하여 우선 이름만 걸어놓는 이사, 감사를 면직하고 전문 경영인의 당원을 파견하여 관리하게 하였으며, 회계 관리인의 상호 교류제도를 만들어 중앙에서 직접 파견하였으며, 2-3년마다 교류시켰다. 물론 개조 후에 정계 혹은 군계에서 은퇴한 인물들이 이사・감사가 되었으나 경영만큼은 전문 경영인에게 맡겼으며, 경제부 부장・재정부 부장 등은 반드시 실천경험이 많은 관리가운데서 선발하였다.

개조운동은 1950년 7월부터 1952년 10월 말까지 2년 3개월 동안 계속되었으며 이 기간동안에 국민당 6기 중앙위원회가 취소되었기 때문에 이 개조운동은 단순한 정당운동이 아니고 국민당 발전사상 중 하나의 특수한 단계가 되기도 하여 역사적으로 중요한 의의를 갖고 있다.

## 2) 중국국민당 제7차 전국대표대회

당무개조의 성과를 총 정리하기 위하여 국민당의 중앙권력을 재조직하지 않으면 안 되었다. 1952년 5월 29일에 중앙개조위원회는 10월에 국민당 7전 대회를 소집하기로 결정하고, 6월 26일에 중국국민당 제7차 전국대표대회 조직법을 통과시켜 대회의 준비에 들어갔다.

중국국민당 7전 대회는 10월 10일부터 20일까지 대북 양명산에서 300여 명의 대표가 참석한 가운데 열렸다. 회의의 중심 의제는 당장(黨章)의 개정과 중앙위원 등 당의 지도부를 선거하는 것이었다. 7전 대회에서 32명의 중앙위원을 선출하여 조직된 중앙위원회(16명의 후보위원이 있음)가 중앙개조위원회의 직권을 이어받아 법통상으로 6기의 중앙을 승계한 셈이 되었다.(중앙개조위원회는 6기 중앙위원의 직권을 이어받았으므로)

대회에서는 「중국국민당 총상수정안」을 통과시켰는데, 과거의 총장보다 수정내용이 많았다. 총장을 당장이라 고친 이외에 중국국민당을 혁명 민주정당이라 하고, 청년, 지식분자, 농공, 생산자 등 폭넓은 노동 민중이 사회기초가 된다는 내용을 추가하였다.85)

대회에서는 반공구국(反共救國)의 구체적인 목표와 행동강령을 확립하기 위하여 「중국국민당 반공항소(反共抗蘇)시기 공작강령」을 통과시켰다. 그 내용은 자기 스스로를 공고히 하고 민중과 결합하고자 문화선전을 강화하며 심리작전, 정치작전과 적후작전으로 적의 세력을 훼손한다로 되었다.

대회는 주석단의 제의에 따라 기립방식으로 장개석을 국민당 총재로 추대하였으며, 장개석의 제의로 오경항(吳敬恒), 우우임(于右任), 왕총혜(王寵惠), 추로(鄒魯), 염석산(閻錫山), 하응흠(何應欽), 송미령(宋美齡) 등 48명을 중앙평의위원으로 선출하였다.

10월 23일에 7기 중앙위원 취임선서식이 거행되었으며, 뒤이어 7기 1중전회를 열어 「중앙위원회 조직대강」을 통과시켰다. 이리하여 국민당의 개조는 완성되었다.

### 3) 신정(新政)의 실시

#### (1) 지방자치의 실시

대만으로 물러난 국민정부는 당무개조와 동시에 정치, 경제, 문화, 사회개조와 국방건설에 역점을 두었다. 그 가운데 정치개조의 핵심은 전면적으로 지방자치를 실시한 것이다. 지방자치에 관한 법은 이미 1938년 4월 중국국민당 제5기 4중전회에서 현급 지방자치기구와 조직원칙을 정하고 이를 실시한 바 있었다.

대만으로 물러난 후 국민정부는 바로 이 제도를 이식하여 국민당 통치의 정치적인 기초가 되게 하였다. 1949년 7월 20일에 진성(陳誠) 주석은 장여생(張勵生), 살맹무(薩孟武), 연진동(連震東) 등 209명으로 대만성지방자치연구회를 조직하게 하고 여기에서 지방자치 실시 8개항의 순서를 결정하였다. 8개 항이란 행정구역의 조정, 자치재정의 정리, 자치교육의 충실, 자치법규의 제정, 자치인재의 훈련, 각급 민의기구의 개선, 현·시장의 선거, 성장의 선거이다.

1950년 4월에 행정원은 정식으로 「대만성 각 시, 현 지방자치 실시요강」을 공포하고 대만성 정부부터 지방자치를 실시하도록 하였는데, 그 내용은 네 가지였다. 하나는 행정구역의 조정으로 대만성행정장관공서에서 8개 현, 9개의 성관할 시, 초산관리국과 2개의 현 관할 시, 66개의 성 관할 시구공소(구청), 52개의 서, 300개의 향진으로 조정하였던 것을 16개 현, 5개의 성 관할 시, 6개의 현 관할 시, 양명산관리국, 312개의 향 진, 42개의 성 관할 시구로 조정하였다. 둘은 현시 향 진의 장과 촌의 이장을 민선으로 선출하는 것이다. 임기는 4년이며 진장 이상은 1차에 한하여 연임이 가능하며 이장은 몇 번이고 연임이 가능하였다. 1950년 8월부터 1년 안에 여덟 번에 걸쳐 선거를 하였는데 현, 시장의 경우 유권지 349.48만 명 가운데 투표에 참가한 사람은 275.9만 명이었으며 90명의 입후보자 가운데 16명의 현장, 5명의 시장을 당선시켰다.

셋은 민의기관의 건립으로 1951년에 국민정부는 본래의 현, 시참의회를 현, 시의회로 이름을 고치고, 성 참의회를 임시 성의회로 고쳤다. 그런데 임시 성의회는 자치조직이 아니라 현, 시의원의 투표로 선출되고 임기는 2년이었다. 이에 1950년 9월에 「대만성 임시 성의회 조직 규정」과 「대만성 임시의회의원 선거파면 규정」을 반포하여 간접 선거방식으로 성의회 의원 55명을 선출하고 12월 11일에 제1대 대만성 임시의회를 성립시켰다.

넷은 지방자치의 발전을 강화시키는 일이었다. 왜냐 하면 당시 학력수준이 낮아서 이들을 교육시키지 않으면 안 되었다. 대만성 민정청의 통계에 의하면 지방공무원이 모두 1만 6천 명이었는데 3/4이상이 초등학교 정도의 학력이었으며 일의 처리능력이 떨어졌을 뿐만 아니라 실제 일을 맡고 있는 중년층은 일제시대에 성장하여 총통의 훈시나 중앙의 명령이 제대로 이행되지 않았기 때문이다.[86]

물론 국민정부는 지방자치를 통하여 국민당의 통치권을 강화할 수 있었으며, 또한 이를 위하여 자치법규를 계속 수정해 나갔다.

(2) 초보적인 토지정책

진성(陳誠)은 대만성 주석이 되자 1949년 1월에 바로 토지개혁의 준비에 착수하여 그 첫 단계로 375감조(減租)를 실시하였다.[87] 진성은 3월 1일에 소집된 대만성 행정회의 개막식에서 375감조를 철저하게 집행할 것이라 선포하고 특히 대지주와 민의대표 현, 시장들에게 375감조에 대한 태도를 시험할 것이라고 경고하였다.

375감조란 이미 대륙의 국통구(國統區-국민당 통치구역)에서 실시되었던 것이나 철저하게 실천에 옮기지 못한 것이다. 그 내용은 농민이 지주에게 바치는 것을 수확물의 50%로 보고 이를 기초로 다시 25%를 감하도록 하는 것으로 지주에게 37.5%이상의 지조가 돌아갈 수 없는 것이어서 25감조라고도 부른다. 이론적으로 볼 때 매년 수확량이 다르기 때문에 해마다 실제 수확량의 37.5%를 최고 한도의 지조가 되게 한 것이다.

그러나 진성이 대만에서 실시한 375제에는 하나의 규정을 추가하였는데, 그것은 1948년의 생산량을 기준으로 하도록 한 것이며, 현, 시의 지방조직이었던 375지조추진위원회가 평가할 책임을 맡도록 한 것이다. 그리고 수확이 감소되면 정부가 지주에게 지조를 내리도록 하고 수확이 많으면 1948년의 생산량에 37.5%만 지조를 지주에게 주게 하였다.

물론 일부 지주는 경작권을 취소하겠다는 위협으로 지조를 더 요구하기도 하였으나 농민은 이에 항의하여 지주가 지조권(地租權)을 철회하고자 법원에 고발하여 승소판결 까지 받았던 일도 일어났다. 그러므로 1951년 6월에 「경지375 조례」를 반포하여 375감조를 법적으로 보호하여 지조 보증금제나 지조를 미리 징수하는 제도를 폐지하였다. 지조계약도 스스로 경작하겠다고 정해진 6년보다 단축할 수 없도록 하였다. 특히 소작인을 보호하기 위하여 지조계약의 철회는 지주와 소작인이 공동으로 등록하거나, 소작인이 사망하여 승계할 사람이 없거나 전업할 경우, 혹은 지조를 2년 이상 지주에게 주지 않을 경우, 계약기간이 끝난 다음에도 소작인의 생계가 유지되기 어려운 경우 이외에는 철회할 수 없도록 하였다. 그리하여 1952년에 3.75감조가 완성된 것은 총 경지면적의 29%를 차지하였으며 수혜 농가가 43%에 달하였다.88)

두 번째 단계로 대규모의 공유토지를 농민들에게 매각하였다. 대만은 일본의 식민지아래에 있었기 때문에 일본인 소유의 농지가 가경지의 21.6%(가경지 총면적은 81.6공경(公頃))나 차지하였다. 따라서 국민정부는 이를 이용하려고 1951년 6월 4일에 대만성 공유경지매각으로 「자경농 보조 실시법」을 반포하여 1년 수확량의 2배 반을 지가로 산정하여 현재의 경작자, 고농, 경지부족의 소작농, 경지부족의 반자경농, 토지 경작을 필요로 하는 토지 관계인, 농업으로 전업하고자 하는 사람들에게 우선순위로 매각하였다. 1952년까지 매각을 계속하여 그 면적은 공유지의 약 1/4을 초과하게 되었으며 이로 인하여 자경농은 20만 3천호나 늘었다.(매입자는 1961년 6월까지 6회에 나누어 완성하고, 10년 분할 상환)

그리고 세 번째 단계는 '경지유기전'의 실천'으로 지주의 과다 소유 경지를 정부가 매입하여 소작인에게 다시 구입하도록 하였다.

### (3) 상공업의 민영화

국민정부는 경제적인 곤경을 해소하기 위하여 재정경제 안정정책을 폈다. 우선 공업생산을 신속히 회복시키고, 대만으로 옮겨온 공영사업의 감독을 위하여 1949년 6월 10일에 대만구생산사업관리위원회를 조직(생관회라 약칭)하여 진성이 주임을 겸임하고 대만 안의 국영(國營)과 성영(省營)의 각종 사업을 계획하고 배합 감독하면서 다음과 같은 주요 시책을 펴나갔다.

첫째, 생관회가 성립된 후 공업의 회복과 발전으로 생산사업 발전을 두 방향으로 하나는 군수용품, 생활필수품, 수출품, 수입상품의 대체품을 증산하도록 원료와 자금의 공급에 편리를 주고, 또 하나는 불필요한 소비품과 재고 상품은 생산을 제한하도록 하였다. 이와 같은 원칙아래 대만 공업발전의 중점을 전력, 비료공업, 방직공업에 두었다. 또한 민영기업에 대하여도 정부에서 자금을 빌려주어 생산을 도와주면서 또한 기업 간의 조정과 합병, 설비의 증설, 경영 규모의 확대로 생산 발전의 수요에 적응하게 하였다.

둘째, 통화팽창의 억제였다. 통화팽창은 당시 대만이 당면하고 있었던 가장 큰 어려움이었다. 이에 대만성 정부는 1949년 6월 15일에 「신대폐 발행방법」을 반포하여 화폐개혁을 단행하여 구화폐 4만원을 신화폐 1원으로, 신폐(NT $) 5원을 1달러로 하는 단위로 개혁하였으며 총 25억 원을 발행하였다. 그리고 통화팽창을 억제하기 위하여 은행 저축이자를 높여 최저 300원 저금에 월 7%의 이자를 지급하였다. 그리하여 통화량을 경감시켜 시장물가를 잡았고 사회경제가 점차 안정되어갔다.

그러나 막대한 군비의 지출과 생산투자는 적자예산을 편성하여야 하였고 외화는 감소되어 수입 생필품과 공장 기계시설을 구입하기에 부족하였기 때문에 외국으로부터 차관을 들여올 수밖에 없었다. 이것은 통화팽창의 원인을 가져와 달러의 환율도 6:1을 유지할 수 없게 되었으며, 암시장에서는 11.53:1까지 올라가는 실정이 되었다.

셋째, 외국무역과 외환의 통제를 강화하였다. 정부는 외화를 유효하게 사용할 수 있도록 1950년 말부터 생관회 금융소조에서 외화 심사제도를 실시하였으며, 1951년부터 「금융 신조치」를 실시하여 35 종류의 수입화물에 대한 외화분배와 외화의 결재신청을 심사 처리하였다. 또한 1950년 3월부터 이원화 된 환율 제도를 실시하여 1달러 당 공정가를 5원과 7.5원으로 환율을 정하여 후자는 수입업자에게 적용하였다. 그리고 수출업자가 대만은행(臺灣銀行)에서 자금을 결산할 때에 20%는 전자로 80%는 후자로 계산하였다.

넷째, 미국의 원조를 받으려 노력하였다. 한국전쟁이 일어나면서 미국의 대만에 대한 태도가 바뀌어 국민정부에게 원조를 재개하였다. 그리하여 1950년부터 1952년까지 국민정부는 미국으로부터 3억 900

만 달러를 받았으며 이 가운데 1억 6600만 달러는 물자 원조였다. 이 원조는 대만의 경제를 안정시키는데 적지 않은 역할을 하였다.

(4) 문화정책과 반공사상의 체계화

대만으로 물러난 국민정부는 반공여론의 선전을 강화하면서 삼민주의 구국교육(三民主義 救國教育)을 실시하여 전통문화와 도통을 유지하고 보호하자고 하였다. 그리고 반공항소(反共抗蘇)의 사상이론을 확립하여 대만사회의 사상과 문화 교육을 국민당의 통치궤도 안에 넣으려 하였다. 특히 대륙에서의 실패원인 가운데는 반공선전의 문화활동이 크게 미흡하였다 보고 반공 선전정책을 강화하고 삼민주의 문화운동으로 인심을 얻고자 하였다.

국민정부는 1950년 초에 반공항소(反共抗蘇)란 정치적 수요에 적응하기 위하여 반공문예운동을 전개하였다. 5월에 국민정부는 중화문예장려금위원회와 중화문예협회를 조직하여 이 운동을 주도하도록 하고 반공반소(反共反蘇)의 선전활동을 주요 임무로 설정하였다. 그리고 『문예창작(文藝創作)』 월간을 창간하여 이 활동의 중심으로 삼았다. 이해 8월에 중앙개조위원회가 성립되자 제4조가 선전사업을 맡아 문예활동은 이곳의 통제를 받게 되었다.

출판문화사업을 장려하여 중화문화출판사업위원회를 성립시키고 중국의 문예부흥을 목표로 『국민기본지식총서(國民基本知識叢書)』, 『학술계간(學術季刊)』, 『신사조(新思潮)』월간을 발행하였다. 국민당의 출판사인 중앙문물공응사(中央文物供應社)에서도 『장개석언론선집(蔣介石言論選集)』, 『당사개요(黨史概要)』 등 국민당의 역사와 반공 선전서를 발행하였다.

교육은 삼민주의 구국교육을 교육방침으로 정하고 민족주의 윤리교육, 민권주의 민주교육, 민생주의 과학교육을 실시하였다. 이를 위하여 1950년 6월에 「감란건국교육실시요강(戡亂建國教育實施要綱)」을 반포하였다. 그리고 이에 따라 교육제도와 교재를 개정하고 훈육제도와 군사훈련제도를 시행하였으며 청년반공항소구국단을 조직하였다.

또한 교육을 위하여 장개석은 1950년 초에 『삼민주의 본질』, 『총리지난행이학설여지행합일철학지종합연구(總理知難行易學說與知行合一哲學之綜合研究)』 등을 발표하였으며, 반공대책을 위한 연구를 강화하였다. 또한 당내에서도 정치훈련을 시켰으며 이를 위하여 『중국국민당간사(中國國民黨簡史)』, 『삼민주의간편(三民主義簡編)』, 『당원수지(黨員須知)』 등을 펴냈고, 역행철학(力行哲學)사상을 선양하여 자력갱생(自力更生) 설치복국(雪恥復國)의 사상을 확립시키려 노력하였다.

## 9. 중화민국의 외교

### 1) 중·미 관계의 냉각

미국은 1949년 8월에 『중국백서』를 발표하여 중국의 공산화는 국민정부의 부패와 독재, 탐오 때문이라 하여 그 책임을 국민정부에 돌렸다. 이것은 중공에게도 불만이었지만 국민정부에게는 더욱 불만스러운 것이었다. 그리고 중국과 미국과의 관계는 악화되기 시작하였다.

중화인민공화국이 수립되면서 미국의 국민정부에 대한 정책은 곤경에 처하여졌다. 따라서 미 국무성은 여러 분야에서 중국전문가들을 불러 중국문제에 관한 토론을 벌렸다. 당시 참가한 사람은 35명으로 일부는 중화인민공화국을 승인하여야 한다는 주장이 있었는가 하면 반대하는 사람도 있었다. 따라서 중화민국은 더 이상 미국의 지지를 받기 어려운 것처럼 보였다.

한편, 일부에서는 대만을 공산화시킬 수 없다는 주장도 있었으며, 또 다른 일부에서는 국제연합의 신탁통치를 하자는 주장도 있었다. 그러나 장개석의 명령을 받고 미국으로 간 송미령(宋美齡)은 로비활동을 벌여 의회 안에서 국민정부를 지지할 수 있는 의원들로 하여금 국민정부를 지원해주도록 트루먼(Truman, H.)대통령에게 압력을 가했다.

국민정부가 1949년 12월에 대만으로 옮겨오자 미국은 총영사관을 설치하고 대만에 있는 미국인의 철수를 종용하였다. 한편, 국민정부는 12월 정식으로 미국에 대하여 군시, 정치, 경제고문을 파견하여 주도록 요구하였다. 이에 대하여 미 국무성은 당일에 대만은 정치상, 지리상, 전략상 중국의 일부분이라고 성명을 발표하여 더 이상 국민정부를 지지하지 않을 것처럼 보였다.

그런데 중공 당은 그동안 미국에 대하여 좋지 않은 반응을 보였다. 1949년 7월 7일에 상해미국영사가 구속되어 모욕을 당하였으며 7월말에 중공 당은 중국 각지의 미국신문처를 폐쇄시키고, 미국인들의 자유행동을 제한하였다. 중국은 1950년 1월 13일에 북경에 있는 미국영사관을 몰수하여 미국 안의 미국인들의 불만을 초래하였다. 따라서 이 달 16일에 미 국무성은 대륙에 있는 미국 외교관과 그 가족 135명을 모두 철수시켰다. 그리고 미국은 18일에 중공정권을 승인하지 않는다고 성명하였다. 한편, 미 국회는 31일에 상하양원에서 중화민국을 계속 원조하자는 안건을 통과시켰다.

한편, 중국은 1950년 2월에 소련과 우호동맹호조조약을 체결하였다. 이 조약의 체결은 미국의 정책에 중대한 영향을 끼쳤다. 여기에 한국전쟁이 일어나면서 미국은 태평양의 안전에 주의하지 않으면 안되었다. 결국, 미국은 한국전쟁에 참전하고 이를 계기로 미국의 대만정책도 변화를 가져와 제7함대를 파견하여 대만을 무력으로 보호하게 되었다. 그리고 외교관계도 7월 28일에 란킨(Rankin, Karl)으로 주대만공사직을 대리하도록 하여 관계를 강화시켰다.(다음해 총영사관을 대사관으로 승격시켰고, 국제연합에서의 중화인민공화국의 권리회복을 반대하고 대만을 지지하였다)

특히 7월 31일에 대만을 방문한 맥아더(MacArther, Douglas)는 장개석을 만나 대만의 방어문제와 중·미 군사협조문제에 관하여 협의하였다. 그리고 한국전쟁에 대한 국민정부의 참전이나 또는 이를 기회로 반공대륙 할 수 있는 군사행동을 자제시키고 쌍방의 육해공군은 맥아더의 지휘아래 공동으로 대만을 방어하며 미 공군을 대만에 상주시키며 군사연락사무처를 두기로 합의하였다. 특히 맥아더는 대만을 떠나면서 대만은 '침몰시킬 수 없는 항공모함'으로 미국과 대만의 군사관계가 확립되었다고 하였으며, 미국정부에 대만에 대한 군사, 경제원조의 필요성을 건의하였다. 특히 중국인민지원군의 한국전쟁 참전으로 미국의 대만정책은 확고하게 장개석을 지지하게 되었다.

미국은 국민정부와 1951년 1월 30일과 2월 9일에 문서교환방식으로 연합방어협정을 맺고 5월 1일에 장교와 사병 600명으로 구성된 미국 군사고문단이 대북(臺北)에서 수송과 군원물자의 사용과 국민정부 군의 훈련을 감독하는 업무를 시작하였다. 그리고 미 제7함대 사령관이 겸임하는 주대만협방사령부가 설치되었다. 한편 미국 의회도 7,100만 달러의 군사원조를 승인하였다. 이로부터 국민정부는 미국의 해군함정과 신형 제트 공군기를 이관 받아 사용할 수 있게 되었다.

### 2) 국제연합에서의 중국대표권 확보

국민정부는 1949년에 공산당의 세력이 확대되자 이는 소련의 지지아래 이루어지고 있다고 보았다. 이에 당시 국제연합 상주대표인 장정불(蔣廷黻)에게 명령하여 이해 9월에 소집되는 제4차 국제연합 총회에 소련탄핵안을 제출하였다. 그리고 대회의 의안(議案)에 상정되도록 하였다. 한편, 중공정권이 수립되자 중공은 소련을 동원하여 중공당이 중국의 대표권을 가져야 한다는 의안을 상정시키려 하였으나 미국의 반대로 이 의안은 폐기되었다.

한편, 중국은 한국전쟁이 발발한 후 미국이 제7함대가 대만해협으로 출동하자 미국의 대만침략안건을 국제연합에 제기하였다. 중공 대표가 이를 위하여 11월 뉴욕에 도착하였으나 중공군이 한국전에 개입하였으므로 이 안건의 토론을 연기하였다. 당시 중국대표권문제도 제기되었으나 중공군의 한국전참가로 국제여론이 중공에게 불리하여 결국 대표권문제의 토론은 다시 연기되었다. 결국, 한국전쟁에 중공군의 개입은 중공이 예정하였던 대만공격의 위협을 중지시켰고, 미국의 아시아에 대한 정책의 변화를 가져와 국민정부와 미국의 외교관계가 개선되었으며, 중화민국이 국제연합에서 중국의 대표권을 20여 년 동안 안정적으로 유지할 수 있었다.89) 그리고 1951년 11월에 파리에서 소집된 제6차 총회에서 국민정부는 다시 소련을 고발하였다. 여기에서 소련은 1945년에 체결한 중·소 우호동맹조약을 위반하고 이 조약 위반행위가 바로 침략행위이며 세계를 정복하려는 계획의 일부라고 지적하여 이는 1952년 2월 1일에 25대 9표로 통과되었다.

국민정부가 제안한 안건의 통과는 국민정부 외교의 승리로서 국제연합에서 국민정부의 지위를 날로 확고하게 하는 바탕이 되었다. 동시에 국민정부는 1953년 2월 25일에 중·소 우호동맹조약의 파기를 정식으로 선포하였다.

### 3) 국민정부의 반공정책과 미국과의 관계강화

1952년 12월에 실시된 미국의 대통령선거에서 공화당의 후보인 아이젠하워(Eisenhower, Dwight D.)가 승리하여 다음해 1월 취임하면서 덜레스(Dulles, John Foster)를 국무장관으로 임명하였다. 새로운 미국정부는 공산주의의 확대를 막아야 한다는 전략을 취하여 대만에 대한 정책을 크게 바꿨다.

지금까지 미국의 트루먼 행정부의 대만정책은 대만을 중립화시키려 하였던 것이다. 이것은 국민당과 공산당사이에 군사행동이 확대되는 것을 막아 대만을 중공군의 공격으로부터 보호하고, 또한 국민정부의 대륙에 대한 해, 공군의 공격을 방지하려는데 있었다.

한국전쟁이 발발하면서 미국의 대만에 대한 태도는 국민정부가 대만으로 옮겨왔을 때와 달라 미국의 태평양 안보와 직결되는 것으로 간주되어 7함대를 파견하고 대만해협을 방어하였다. 아이젠하워는 국회에 보낸 메시지에서 그는 이미 대만의 중립화를 해제하고 미7함대가 대만군대의 대륙에 대한 자유행동을 제한하지 않을 것이며, 미7함대는 그대로 대만해협에 남아 대만의 방어임무를 책임 맡도록 하겠다고 하였다.

덜레스 국무장관은 취임 후 중국에 대하여 ① 중화민국의 승인, ② 중화인민공화국의 불승인, ③ 중화인민공화국의 국제연합가입에 반대하는 3원칙을 정하였다. 그 목적은 미국과 대만 국민정부와의 관계를 강화시켜 국제적 지지를 얻어 반공의 힘을 증진시켜 반공 준비를 조성하고 국민정부로 하여금 대륙 민중에 대한 흡인력을 가질 수 있도록 하기 위함이었다.

따라서 3월에 미국은 란킨(Karl Rankin)을 주중화민국의 대사로 임명하여 대만과 새로운 관계로 진입하게 되었다. 그리고 1953년 7월에 한국전쟁이 휴전하자 미국은 대만에 대한 원조를 증가시켰으며, 8월부터 미 7함대와 중화민국의 해, 공군은 대륙을 가상의 적으로 합동군사훈련에 들어갔다.

### 4) 미국과의 공동방어조약의 체결

미국의 대만에 대한 정책이 바뀌었다고 하여도 이것은 일방적인 것으로 일본, 필리핀, 한국과의 관계처럼 쌍방방어조약을 체결하지는 않았다. 당시 대만주재 미국대사 란킨은 미국이 비록 대만을 원조하여준다 하더라도 원조와 지지는 수시로 중지할 수 있는 것이므로 정식으로 공동방어조약을 체결하는 것만이 중국친구들의 사기를 그대로 지속시킬 수 있다고 하였다. 그리고 미국이 중화민국에게 주는 대규모의 원조도 좋은 결과를 낳을 수 있다고 하였다.

그런데 아이젠하워가 대통령에 당선된 다음 미국의 대만정책은 더욱 적극적이 되었고 중국에 대한 3원칙 아래 1953년 11월 8일에 미국부통령 닉슨(Nixon, Richard)부부가 대만을 방문하였는데, 이때 외교부장 섭공초(葉公超)는 정식으로 방어조약의 체결을 건의하였다. 그러나 장개석은 1954년의 신년사에서 앞으로 곧 반공대륙을 할 것이라고 하여 미국의 의심을 불러일으켰다.

이러한 미국의 염려를 해소하기 위하여 외교부장 섭공초는 미국대사 란킨에게 공동방어조약을 체결하게 되면 장개석은 어떠한 군사적 행동을 취하기전에 미국의 동의를 구하는 것에 동의할 것이라고 통지하였다. 이것은 바로 미국이 반대할 경우 공산당에 대한 군사행동을 장개석은 포기하기를 원한다는 뜻이기도 하였다.

이로부터 미국도 협상에 응하기로 동의하였다. 그런데 적용범위를 둘러싸고 대만당국은 금문(金門), 마조도(馬祖島)를 포함시켜야 한다 하였고. 미국은 이에 동의하지 않고 대만과 팽호(澎湖)만 포함시키려 하였다. 바로 이러한 의견이 합의되지 않고 있을 때 9월 3일에 중국인민해방군과 국민정부군 사이에 금문도에서 포격전이 일어나 며칠동안 계속 되었다. 이에 미국은 보다 대만 문제에 많은 관심을 두지 않을 수 없었다. 그러나 금문, 마조도의 군사 충돌에 개입할 입장도 아니어서 원상태의 유지아래 정전하기를 바랐으며, 이를 국제연합 안보리에 상정하고자 하였다.

대만도 미국의 도움이 없이는 반공대륙을 할 수 없었으므로 이때 미국이 직접 전쟁에 말려들게 할 뜻은 없다고 밝혀 미국의 입장을 받아들이는 태도를 취하여 미국이 안보리에 이 문제를 제안하기 전 미국과 대만은 조약의 합의가 이루어졌다. 그리고 외교부장 섭공초가 국제연합 제9차 대회에 참석차 미국에 갔을 때 중화민국대사인 고유균(顧維鈞)과 함께 국무성을 방문하여 서태평양을 위한 협정이라는 안을 제출하였다. 이렇게 하여 12월 3일에 섭공초와 덜레스 사이에 워싱턴에서 중·미 공동방어조약을 체결하였다.

조약의 내용은 전문 10조로 ① 조약 체결 국가는 개별적으로 자조 혹은 호조방식으로 그 개별과 집체의 능력을 유지 발전하며 영토의 완정과 정치안정을 위태롭게 해치는 공산당의 전복활동에 무장공격으로 저항한다. ② 서태평양 구역 안에 체결국 어느 한나라의 영토에 무장공격을 받아 자신의 평화와 안전이 위태로워지면 즉시 국제연합 안보리에 보고하여 국제평화와 안전의 회복과 그 유지에 필요한 조치를 취한다. ③ 국민정부는 미국이 대만, 팽호와 그 부근의 방어에 필요한 미 육해공군의 배치권리에 동의한다로 되었다.

이 조약이 체결되자 중화인민공화국 총리 겸 외교부장 주은래는 이 조약을 불법적이고 무효라고 하면서 미국은 어떠한 이유라도 중국의 영토 대만을 침략 점령할 수 없다고 성명하였다. 그러나 국민정부 입법원과 미국의 중의원에서 이를 비준하여 3월에 쌍방은 이를 교환함으로서 효력을 발생하게 되었으며 이로 인하여 대만의 방어는 미국의 강력한 비호를 받게 되었다.

### 5) 일본과의 평화조약체결

1951년 9월 4일에 미국과 영국의 제안으로 제2차 세계대전기간 일본에 선전포고하였던 동맹국들은 샌프란시스코에서 대일강화회의(對日講和會議, 속칭 샌프란시스코會議)를 소집하였다. 당시 중화민국은 동맹국의 하나였으나 초청받지 못하였다. 그리고 9월 8일에 소련, 폴란드, 체코슬로바키아 등 3국을 제외하고 48개 국의 대표는 일본과 강화조약을 체결하였다. 당시 국민정부 외교부 부장 섭공초(葉公超)는 중국은 일본과 강화조약을 체결할 권리와 지위를 갖고 있다고 성명하고 일본과 화약을 체결하기 원한다는 의사를 표명하였다.

한편, 이보다 앞서 국민정부는 1951년 1월 17일에 일본정부의 요청에 따라 일본의 대표가 대북(臺北)에 주재하는 것을 허락하였다. 그리하여 11월 17일에 주대북일본사무소가 설치되었다. 그러나 일본은 국민정부와의 화약체결에 적극적이지 않았다. 당시 일본은 국민정부를 존중하기는 하나 불행하게도 영토는 대만밖에 안되지 않느냐며 조약체결에 회의적인 태도였다.

일본의 이와 같은 태도는 국민정부를 불안하게 하였다. 왜냐하면 바로 중국의 대표권과 연계되기 때문이다. 미국 역시도 일본이 중화인민공화국과 조약을 체결하지 않을 까 염려스러웠다. 이에 미국은 12월 10일에 덜레스(Dulles, John Foster)를 특사로 일본에 파견하여 일본 수상 길전무(吉田茂, 요시다 시게루)에게 일본이 대만과 조약을 체결하지 않으면 강화조약은 미 참의원에서 비준되지 않을 것이라고 압력을 가하였다. 당시 일본은 정치, 경제, 군사 등을 미국에 의존하고 있었기 때문에 결국 미국의 압력에 굴복하고 중화민국과 조약을 체결하겠다는 의사를 표시하게 되었다.

따라서 쌍방은 1952년 2월 20일부터 대북(臺北)에서 담판에 들어갔다. 쌍방은 3차에 걸친 정식회의와 18차에 걸친 비공식 회의를 통하여 합의를 보고 4월 28일에 정식으로 조약을 체결하였다. 당시 체결된 문건은 중·일 평화조약 1건, 의정서 1건, 교환 문건 2건, 동의기록 1건으로 되었다.

이 가운데 평화조약은 모두 14개조인데 그 내용은 다음과 같다. ① 일본은 대만(臺灣), 팽호(澎湖)열도, 남사(南沙)군도와 서사(西沙)군도의 모든 권리를 포기한다. ② 일본은 대만과 팽호열도의 주민을 중화민국의 인민으로 승인한다. ③ 1941년 12월 9일 이전에 중국과 일본이 체결한 모든 조약은 무효이다. ④ 중국과 일본의 관계는 국제연합헌장 제2조의 각 항 규정 원칙을 존중한다. ⑤ 중국과 일본은 민간항공, 운수, 어로 등등에 관한 협정을 조속히 체결하기로 하였다.

평화조약은 8월 5일에 쌍방이 비준서를 교환함으로써 발효되었다. 이에 따라 중화민국은 동경(東京)에 주일대사관과 횡빈(橫濱, 요코하마), 대판(大阪, 오사카)에 총영사를 두고, 장기(長崎, 나가사키)에 영사관을 설치하였으며, 일본은 대북에 대사관을 설치하여 양국의 관계는 정상화 되었다.

사실 일본은 청일전쟁의 결과 대만을 할양받아 50년 동안 통치하였고, 국민정부도 만주사변이래 16년 동안이나 일본의 침략을 받았기 때문에, 마지막 8년 동안 있었던 제2차 중일전쟁에서 중국이 승리함으로써 중국은 일본에게 충분한 보상을 받아내 전쟁의 죄 값을 물어야 하였다. 그렇게 함으로써 일본으로 하여금 속죄와 반성의 교훈을 주어야 하였다. 그러나 당시 국민정부의 위치는 그렇지 못했고 오히려 장개석은 원수에게 덕을 베풀자(以德報怨)는 명분을 내세웠다. 한편 일본은 한국전쟁의 기회를 이용하여 미국의 적극적인 지지를 받고 부흥할 수 있는 기회를 잡게 되었다.

---

1) 유소기가 1949년 7, 8월경에 모스크바를 방문하였을 때 스탈린은 언제 정부조직을 선포하느냐고 묻자 유소기는 남아있는 문제를 해결하고 명년 1월 혹은 1월 1일로 잡고 있다고 답하였다. 이에 스탈린은 중국이 오랫동안 무정부상태로 있으면 열강의 간섭을 받을 것이라 하였다. 이 사실을 당 중앙에 알려 10월 1일로 건국일을 결정하였다고 한다(施哲雄主編, 『發現當代中國』, 揚智, 2003, pp.10-11 참조)

2) 서강성은 원래 성이었으나 1955년에 국무원의 결정으로 폐지되었다.

3) 中共上海市黨委宣傳部, 『中國共產黨七十年史』, 上海人民出版社, 1992, p.456 정무원은 1954년에 국무원으로 개칭됨

4) 『中華人民共和國實錄』, 第1卷上, 吉林人民出版社, 1994, p.110

5) 당시 전국을 동북, 화북. 화동, 중남, 서남, 서북 여섯 대행정구로 나눴으며 화북을 제외하고 다섯 곳에 행정기구를 설치, 동북은 인민정부, 화동, 중남, 서남, 서북은 군정위원회라 불렀다. 화북은 중앙인민정부가 이를 바탕으로 성립되었기 때문에 화북에는 대행정구를 두지 않았다. 1952년 11월에 대행정기구를 행정위원회라 고쳤는데, 이때 화북에도 행정위원회를 두었다. 1954년에 각 대구행정위원회는 취소되었다.

6) 『府工作報告會編』(1950), 人民出版社, 1951, pp.57-58

7) 당시 12개의 민주당파가 있었다.(『中國共產黨統一戰線史』, 上海人民出版社, 1991, p.437

8) 당시 9개의 민주당파가 있었는데, 중국국민당혁명위원회, 중국민주동맹, 중국민주건국회, 무당파민주인사, 중국민주촉진회, 중국공농민주당, 중국치공당, 구삼학사와 대만민주자치동맹이 있었다.

9) 『中華人民共和國政治體制沿革大事記』, 春秋出版社, 1987, p.12

10) 『朱德選集』, 人民出版社, 1983, p.328

11) 1)『中國共産黨执政四十年』, 中共黨史資料出版社, 1989, p.12

12) 1948년 말을 기준으로 1949년 11월에 약 100배, 1950년 2월에 270배 증가했다.(楊樹標・梁敬明・楊菁, 『當代中國史事略述』, 浙江人民出版社, 2003, p.45)

13) 상해의 경우 1949년 6월부터 1950년 2월까지 도매물가는 약 20배 상승하였다.(孫健, 『中華人民共和國經濟史稿』, 吉林人民出版社, 1980, p.52)

14) 『陳雲文選』, 下(1949-1956), 人民出版社, 1984, pp.63-68

15) 龐松主編, 『簡明中華人民共和國史』, 廣東教育出版社, 2001, p.58)

16) 『當代中國經濟』, 中國社會科學出版社, 1987, p.292

17) 張樹軍・齊生主編, 『中國共産黨八十年重大會議實錄』(上), 湖南人民出版社, 2001, p.314

18) 王學啓・楊樹標・姚鴻端, 『中國社會主義時期史稿』, 第1卷, 浙江人民出版社, 1983, pp.49-50

19) 『建國以來重要文獻選編』, 第1冊, 中央文獻出版社, 1992, pp.378-381

20) 『人民日報』, 1950년 6월 29일

21) 徐焰, 『毛澤東與抗美援朝戰爭』, 解放軍出版社, 2003 참조

22) 『建國以來重要文獻選編』, 第1冊, 中央文獻出版社, 1992, pp.336-345

23) 『中華人民共和國實錄』, 第1卷上, 吉林人民出版社, 1994, pp.291-292, 311-312

24) 대체로 세 차례 나누어 실시되었는데, 첫 번째는 1950년 겨울부터 1951년 봄까지 1.2억여 농업인구 지역에서, 두 번째는 1951년 겨울부터 1952년 봄까지 1.1억 여 농업인구 지역에서, 세 번째는 1952년 겨울부터 1953년 봄까지 3천여 농업인구지역에서 실시되었다.

25) 중공 당은 농촌인구의 10%를 차지하는 지주와 부농이 70-80%의 토지를 점유하여 이들이 빈농과 고농을 수탈하여 중국이 가난하고 낙후된 근본 원인이며 또한 신중국의 국가민주화, 사회주의 공업화의 장애요인이라 보았다. 한편, 공작대원에는 기관의 간부, 지식인(대학교수 포함), 민주당파 인사들이 참여, 매년 30만 명이상 참가하였다.

26) 陸學藝主編, 『當代中國社會階層硏究報告』, 社會科學文獻出版社, 2002, p.163

27) 高化民, 『農業合作化運動始末』, 中國靑年出版社, 1999, p.65

28) 金觀濤・劉靑峰, 『開放中的變遷-再論中國社會超隱定結構』, 中文大學出版社, 1993, pp.412-413 참조

29) 『北京封閉妓女院記實』, 中國和平出版社, 1988, p.314에 따르면 1,316명의 기녀 가운데 결혼-596(45.3%), 귀가-379(28.7%), 행정직 취업-62(4.7%), 방직공장 취업 209(16%)이었다.

30) 龐松主編,『簡明中華人民共和國史』, 廣東教育出版社, 2001, p.44
31) 항미원조운동, 토지혁명과 함께 3대 혁명이라 고도 한다.
32)『中華人民共和國實錄』, 第1卷上, 吉林人民出版社, 1994, pp.298-299
33)『中華人民共和國實錄』, 第1卷上, 吉林人民出版社, 1994, pp.357-358
34) 제1단계는 1950년 10월부터 1951년 10월까지, 제2단계는 1951년 11월부터 1952년 4월까지, 제3단계는 1952년 12월부터 1953년 5월까지로 나눈다(龐松主編,『簡明中華人民共和國史』, 廣東教育出版社, 2001, p.39).
35)『建國以來重要文獻選編』, 第2冊, 中央文獻出版社, 1992, pp.44-47
36) 이 결의는 공안공작의 강령이 되었다(楊樹標・梁敬明・楊菁 , 當代中國史事略述』, 浙江人民出版社, 2003, p.91).
37) 劉少奇,「中共中央政治局向第7屆第4次中央全會的報告」
38) 何沁主編,『中華人民共和國史』, 高等教育出版社, 1997, p.71
39)『建國以來重要文獻選編』, 第2冊, 中央文獻出版社, 1992, pp.471-476
40) 中共江蘇省委黨史工作室・江蘇省黨案館, 『3反.5反運動』(江蘇卷), 中共黨史出版社, 2003, p.9
41) 강소성은 이 기간에 탐오인원 7,810명을 찾아냈고, 그 결과 1,044명이 행정처분, 당 기률 위반 148명, 형사처벌이 34명이었다(中共江蘇省委黨史工作室・江蘇省檔案館,『3反.5反運動』(江蘇卷), 中共黨史出版社, 2003, pp.9-10).
42) 王關興・陳揮,『中國共産黨反腐敗淸廉史』, 上海人民出版社, 2001, p.209
43) 탈세와 세금의 누락상황은 1950년 1기 영업세의 경우 상해의 납세호 99%, 천진의 경우 82%를 차지하며, 천진의 자본가가 불법공사로 얻은 액수는 3년 동안 2,612억원에 달하였다(『中共黨史講義』, 中國人民大學出版社, 1984, p.35).
44) 이 가운데 정도에 따라 처벌받은 사람은 모두 76%로 상해 85%, 북경 90%였다.(『3反.5反運動』(江蘇卷), p.15).
45) 薄一波,『若干重大決策與事件的回顧』(上卷), 中共中央黨校出版社, 1991, p.174
46) 薄一波,『若干重大決策與事件的回顧』(上卷), 中共中央黨校出版社, 1991, p.175
47)『中華人民共和國實錄』, 第1卷上, 吉林人民出版社, 1994, pp.580-581
48) 中共中央文獻硏究室,『建國以來毛澤東文稿』, 第3冊, 中央文獻出版社, 1989, p.326
49) 모택동이 1941년 5월 연안에서 간부들에게 한 보고(『毛澤東選集』, 第3卷, 人民出版社, 1991, pp.795-803)
50) 1951년 3월말 현재의 당원 수는 580만 명으로 25만개 지부, 그 구성원은 군인이 160만 명, 공장 광산 기업종사자가 20만 명, 국가기관 기업종사자가 70만 명, 농촌이 300만 명으로 중공 당 7기 3중전회 후에 가입한 자가 130만 명에 달하였다.
51) 중공 당 7기 3중전회에서 당의 조직문제로 지적된 것임(楊樹標・梁敬明,『當代中國史事略述』, 浙江人民出版社, 2003, p.28).
52) 中共中央文獻硏究室,『建國以來毛澤東文稿』, 第1冊, 中央文獻出版社, 1989, pp.217-218

53) 中共中央文獻硏究室, 『建國以來毛澤東文稿』, 第2冊, 中央文獻出版社, 1989, pp.205-212, 213-216

54) 8개 항이란 1. 중국공산당은 노동계급 정당으로 전체 다수의 농민도 기계화 농업이 이루어진 다음에 노동계급이 됨을 인식, 2. 최종 목표는 공산주의 제도를 실현, 3. 공산당원은 평생 혁명투쟁을 견지하여야 하며, 4. 당의 통일된 지도를 받아야 하며, 5. 당의 이익이 개인의 이익에 우선하며, 6. 어려운 조건에 부딪쳐도 적에 투항할 수 없으며, 7. 자기 직업이외에 인민을 위하여, 당을 위하여 사회봉사하여야 하며, 8. 스스로 노력하여 마르크스 레닌주의 모택동 사상을 학습하여 각오를 높여야 한다.

55) 『中華人民共和國實錄』, 第1卷上, 吉林人民出版社, 1994, p.260

56) 12종은 공산당선언. 사회주의 공상에서 과학에 이르기까지의 발전. 제국주의는 자본주의의 마지막 단계. 국가와 혁명. 공산주의운동중의 좌파유치병. 레닌주의기초론. 소련공산당당사간명교정. 레닌・스탈린의 사회주의 경제건설론. 레닌・스탈린의 중국론. 마르크스・엥겔・레닌・스탈린의 사상방법론과 통속성의 사회발전간사. 정치경제학이다.

57) 『建國以來重要文獻選編』, 第2冊, 中央文獻出版社, 1992, pp.122-129

58) 문학사에서는 이 대회를 당대문학의 위대한 시작이라 부르고 있다(華中師範大學中國當代文學編寫組, 『中國當代文學史』, 第1冊, 上海文藝出版社, 1994. p.1 이 회의에는 824 명이 참가하도록 되었으나 실제로는 650 명이 참석하였다.

59) 『周恩來選集』, 上, 人民出版社, 1984, pp.345-350

60) 『中華人民共和國實錄』, 第1卷上, 吉林人民出版社, 1994, pp.14-15

61) 謝益顯主編, 『 中國當代外交史』, 中國青年出版社, 1997, p.4에서 재인용

62) 『中華人民共和國對外關係文件集』, 第1輯, 世界知識出版社, 1961, p.5

63) 師哲, 『在歷史巨人身邊』, 中央文獻出版社, 1991, p.379

64) 『周恩來選集』, 下, 人民出版社, 1984, p.87,

65) 謝益顯主編, 『中國當代外交史』, 中國青年出版社, 1997, p.34-35 참조

66) 徐焰, 『毛澤東與抗美援朝戰爭』, 解放軍出版社, 2003 참조

67) 당시 중국의 요구를 받아들이지 않았던 이유는 스탈린이 모택동을 아시아의 티도로 간주하여 김일성과 차별을 두게 되었으며, 김일성에게는 군사비와 무기만 지원하면 되지만, 중국에게는 군함과 항공기를 지원하여 미국과 직접 충돌할 가능성이 많았으며, 한반도는 숙적 일본을 견제할 전초 기지가 되기 때문이었다(孔寒氷, 『中蘇關係及其對中國社會發展的影響』, 中國國際廣播出版社, 2004, pp.155-156 참조).

68) 『建國以來毛澤東文稿』, 第1冊, 中央文獻出版社, 1987, p.423: 力平, 『開國總理周恩來』, 中共中央黨校出版社, 1994, p.247

69) 소련은 38명의 고문을 파견하였는데, 10명은 방공전문가, 28명은 공군 전문가였다.

70) 沈志華, 『中蘇同盟與朝鮮戰爭硏究』, 廣西師範大學出版社, 1999, p.171

71) 蒲國良, 『中蘇大論戰的起源』, 當代世界出版社, 2003, p.205

72) 전체 액수는 확실치 않아 2억 여 원이라고도 함(詹特芳, 「蔣介石盜取黃金銀元及外幣的經過」『文史資料選輯』, 93輯)

73) 『李宗仁回憶錄』,下, 廣西人民出版社, 1990, p.958

74) 「蔣經國日記」『風雨中的寧靜』, 저자의 증정본, 민국 56, p.185

75) 당시 대만으로 온 군은 60-90만 명으로 그 가운데 고참군 35만 명, 해군 4만 5천 명과 700척의 함정, 500대의 항공기, 그 밖의 공무원 등 모두 200만 명이 대만으로 왔다(施羅曼·費德林史공저, 『蔣介石傳』, 臺北, 民國 74).

76) 그는 1965년 7월에 미국에서 중국 대륙으로 돌아가 냉전시대 자유세계에 충격을 주었다.

77) 秦孝儀主編, 『中華民國政治發展史』, 第4冊, 臺灣近代中國出版社, 1985, p.1612

78) 秦孝儀主編, 『中華民國政治發展史』, 第4冊, 臺灣近代中國出版社, 1985, p.1612

79) 彭懷恩, 『中華民國政治體系的分析』, 臺灣時報文化出版事業有限公司, 1984, p.205

80) 黨史會編, 『革命文獻』, 第69輯, 1976, p.448

81) 許福明, 『中國國民黨的改造』, 正中書局, 1986 참조

82) 鄒魯, 『中國國民黨概史』, 正中書局, 民國 66, p.98

83) 『中華民國年鑑』, 1951년

84) 기층간부 12,000명이 수강하였는데 그 가운데 당 소조장이 8,000여 명이었다(張其昀, 「黨務報告要略」『革命文獻』, 第77輯, p.118).

85) 1952년 8월의 통계에 따르면 국민당 당원은 145,600명 가운데 노동자 농민이 49.31%, 고교졸업이상의 학력자는 29.77%, 25세이하 청년이 35.29%였다.

86) 宋春主編, 『中國國民黨臺灣四十年史』, 吉林文史出版社, 1990, pp.35-38

87) 이는 25감조에서 연유한 것으로 중국국민당이 북벌기간 결정한 정책이며, 절강에서 시행한 일이 있었다. 2월 4일에 '375감조'실시를 선포하고 4월에 시행에 들어가 먼저 간부들을 훈련, 각 현, 시에 추진위원회를 설치, 5월 하순부터 6월 하순까지 소작 계약을 고쳤다.(李雲漢, 『中國國民黨史述』, 第4編, 中國國民黨黨史委員會, 民國 83, p.28)

88) 林鍾雄, 『臺灣經濟發展四十年』, 自立晩報社, 1987, p.42

89) 李雲漢, 『中國國民黨史述』, 第4篇, 中國國民黨黨史委員會, 民國 83, pp.53-53

제3장
# 사회주의 체제로 개조와 삼민주의 모범성 건설(1953-1956)

## 1. 사회주의 혁명노선의 제출과 소련식의 모방

### 1) 과도시기 총노선(總路線)의 배경

중화인민공화국이 수립되어 중국공산당의 독재가 확립되고 건국 초의 정치, 경제, 사회적인 혼란이 수습됨에 따라 이를 바탕으로 본격적인 사회주의적 개조가 필연적으로 이루어져야 했다. 이처럼 중화인민공화국이 수립된 다음부터 사회주의 개조의 기본이 완성되는 시기까지를 하나의 과도시기라 한다.1)

일찍이 신중국이 수립되기 전인 1949년 3월에 소집된 중공 당 7기 2중전회에서 중국은 '안정적으로 농업국가에서 공업국가로 바꾸며, 신민주주의 국가에서 사회주의 국가로 전환한다'고 결정한 바가 있었다.2) 따라서 건국 후 사회주의 국가체제로의 전환이 중요한 과제였다. 그런데 건국 초 회복시기가 끝났지만 국민경제에서 사회주의 경제가 차지하는 비중은 높지 못하였다. 즉 농업과 수공업의 개체경제가 절대적인 우위를 점하고 있으며 자본주의 경제도 상당한 비중을 그대로 차지하고 있었다.

1952년의 통계에 따르면 국민경제의 총수입 가운데 사회주의 적인 국영경제는 19.1%, 사회주의 혹은 반사회주의 적인 합작사의 경제가 1.5%, 반사회주의 적인 공민 합영경제가 0.7%, 개인자본주의 경제가 6.9%, 농업과 수공업의 개체경제가 71.8%를 차지하고 있었다. 따라서 사회주의 반사회주의 성질의 경제를 합친다 하더라도 그것이 국민경제에 차지하는 비중은 전체의 1/4이 되지 못하는 실정이었다.

또한 중공업 생산이 크게 늘어났다고 하지만 전체적으로 볼 때 그 수준은 대단히 낮았다. 국가경제의 발전지표로 보고 있는 공업과 농업생산은 26.7%밖에 되지 않았으며 그것도 농업이 중심이어서 중국은 여전히 빈곤하고 낙후된 농업국이었다. 따라서 낙후된 농업 국가를 부강한 공업 국가로 고쳐나가지 않으면 안 되었고 여러 가지 경제형태가 혼합된 신민주주의 시기의 경제를 일관된 사회주의 경제로 개조해서 사회주의 국가를 건설하지 않으면 안 되었다.

특히 건국 초 사회 경제의 회복은 사회주의 경제로 개조할 만큼 어느 정도 기초가 잡혔다고 보았으며, 마르크스・엥겔스의 사회주의 이론에 근거해도 가능하다고 보았다. 또한 항미원조(抗美援朝)운동도 이미 종결되었을 뿐만 아니라 국제적으로 신중국의 독립과 안전은 어느 정도 보장되었기 때문에 중국이 갖고 있는 모든 정력과 재력을 사회주의 개조에 투입할 수 있다고 보았다.

### 2) 과도시기 총노선의 제출과 선전

사회주의화를 위한 기본적인 개조문제를 제시한 것은 1952년 9월에 모택동이 중공 당 중앙서기처회의에서였다. 즉 10년에서 15년의 기간 안에 사회주의의 과도를 완성해야 하며 10년 혹은 그 이후에 시작하는 것이 아니라고 언급하였다.[3] 그리고 10월에 소련공산당 19차 대표대회에 참석하였던 유소기(劉少奇)는 모택동의 위임을 받아 스탈린에게 중국은 이때부터 사회주의 과도기로 향하는 구상을 갖고 있다는 글을 보냄으로써 이를 공식화했다. 그리고 모택동은 11월에 중앙회의상에서 더욱 명확하게 설명하기를 자산계급을 소멸하려면 자본주의 상공업을 소멸시켜야 한다고 설명하였다.[4]

모택동은 1953년 2월 9일에 소집된 인민정치협상회의(정협)의 제1기 전국위원회 제4차 회의에서 소련에게 배워가면서 국가건설을 추진하여 나가야 할 것이라고 강조하였다. 따라서 이 회의에서는 소련의 경험을 배우고 따라야 한다는 의견들이 제시되었다. 그리고 이것을 기초로 중공 당 중앙은 4월 23일에 「1953-1954년 간부이론 교육에 관한 지시」를 내놓았다.5) 즉 소련으로부터 배우는 목적은 경제건설로 나가야 하는 시대적 요청에 따른 것이며 중국의 조건을 기초로 올바르게 소련의 경험을 이용한다는 것이다.6)

그 후 1953년 6월 15일에 소집된 중앙정치국회의에서 모택동은 과도시기의 총노선과 총임무에 대하여 구체적이고 비교적 분명하게 그 내용을 설명하였다. 그는 '10년에서 15년, 혹은 더 긴 시간을 요할지 모르지만 기본적으로 국가공업화와 농업, 수공업, 자본주의 상공업의 사회주의 개조가 이루어져야 하며 이 총노선을 이탈하게 되면 좌경 또는 우경의 착오가 일어나게 된다고 하였다.7)

이처럼 총노선이 제출된 다음 중공 당 중앙은 1953년 6월부터 8월까지 전국재경공작회의를 소집하고 총노선의 집행, 관철문제를 토론하였으며, 제1차 5개년 경제건설 계획을 제출하였다. 이와 동시에 민주당파와 상공계의 대표들에게도 총노선의 실천문제를 설명하고 사회주의에 대한 각오를 높이고 사회주의의 길로 가도록 요구하였다. 『인민일보』는 9월 25일에 중화인민공화국 수립 4주년을 경축하면서 전국인민에게 정식으로 과도시기의 총노선을 발표하였다. 그리고 중공 당 중앙은 12월 28일에 모택동이 두 번에 걸쳐 수정하여 중앙선전부에서 펴낸 「모든 힘을 동원하여 우리나라를 하나의 위대한 사회주의 국가로 건설하기 위한 투쟁-과도시기 당 총노선의 학습 선전에 관한 요강」을 발표하여8) 전국적으로 총노선을 배우는 열기가 일어나게 되었다.

총노선의 기본점은 국가의 사회주의 공업화를 한발자국씩 실현하는 것으로 개체경제를 집체경제로 개조하는 것이며 자본주의 경제를 사회주의 전민소유제 경제로 개조하는 것이다. 즉 사회주의 공업화가 새의 몸통이라면 농업·수공업과 자본주의 상업을 사회주의로 개조하는 것이 바로 두 날개라는 것이다. 따라서 총노선의 실질은 소유제 문제를 해결하는 것에 있었다.

그리고 이 총노선은 중앙정치국이 제출하여 1954년 2월 10일에 소집된 중공 당의 제7기 4중전회에서 통과되었으며, 다시 1954년 9월에 소집된 제1기 전국인민대표대회에서 통과된 「중화인민공화국 헌법」에 포함시켰다.

### 3) 사회주의 혁명노선의 내용

**(1) 국가의 사회주의 공업화** 국가의 사회주의 공업화를 실현하여야 농업과 교통, 운수업을 현대화시킬 수 있으며, 현대화된 국방을 튼튼히 할 수 있고, 사회주의적 상업을 발전시킬 수 있으며, 노동자 농민(工農)연맹을 강화시켜 국가의 경제재정을 강화시킬 수 있고, 인민의 수입을 증가시킬 수 있다고 보았다. 반혁명계급과 당파가 제국주의 국가들과 결탁하여 복벽을 기도하고 인민혁명정부를 넘어뜨리려 함으로 반드시 속도를 내어 국가의 사회주의 공업화를 이룩하여야 한다는 것이다.

**(2) 자본주의 상공업에 대한 태도** 자본주의 상공업은 어느 기간 동안 국가와 인민경제에 유리한 긍정적인 작용을 하였으나 반면에 부정적인 작용도 하였다. 신중국 수립이래 당은 자본주의 상공업에 대하여 이용, 제한, 개조정책을 써왔다. 특히 자본주의 기업의 노동자와 자본가의 대립 모순은 극복될 수 없는 것으로 보았고, 또한 이 모순으로부터 야기된 노동생산성의 약화, 자금낭비, 재생산 능력의 약화 등이 시장의 수요를 충족하지 못하여 국가경제에 혼란이 따르기 때문에 이를 개조하지 않으면 안 된다고 보았다.

그리고 개조의 방법으로 첫째 단계는 개인 자본주의를 국가 자본주의의 궤도로, 둘째 단계는 국가 자본주의 경제를 사회주의 전민경제로 바꾸어야 한다고 하였다.

(3) **사회주의의 길로 나아감** 낙후된 농업과 수공업이 아직도 국민경제에서 차지하는 비중이 상당히 높았다. 이에 개체화된 소농경제를 집체화된 사회주의 농업으로 개조하여야 하며 수공업 노동자의 개체소유를 집체소유제로 개조하여야 이들의 자본주의화를 막을 수 있고 사회주의 개조를 실천하는 길이라고 하였다.

이를 종합 정리하면 과도시기 총노선의 기본적인 내용은 '1화(化) 3개(改)'로, 1화란 국가 사회주의 공업화를 실현하여 사회주의 공업이 국민 경제를 결정하는 주도적인 힘이 되도록 하며, 낙후된 농업국을 선진 공업국으로 바꾸는 것이다. 그리고 3개란 농업, 수공업, 상업의 개체 소유제를 사회주의 집체소유제로 개조하자는 것이다.

따라서 총노선의 본질은 건국초기 신민주주의 사회를 전민소유(全民所有), 집체소유(集體所有)의 기초아래 사회주의 사회로 바꾸는 것이며, 사회주의 경제가 국가와 사회제도의 중요 경제기초가 되도록 하는 것이었다. 즉 유소기(劉少奇)의 말처럼 기존의 사회주의 경제와 자본주의 경제, 개체경제의 복잡한 경제구조를 갖고 있는 중국사회를 단일한 사회주의 경제 구조로 전환하는데 그 과도기가 필요하였던 것이다.9)

## 2. 사회주의 체제로의 개조

### 1) 농업합작화 운동

신중국 수립 후 토지개혁을 통해 개체 농민은 생산에 적극성을 보여 농업생산의 발전을 촉진하였다. 그러나 소농경제의 낙후로 자연

재해를 막아낼 힘이 없었고 대형 수리사업은 꿈도 꿀 수 없었으며, 소농경제는 농업의 기계화에도 불리하여 농업생산력을 높일 수 없었다. 이에 농민을 합작하도록 이끌어 소농경제를 사회주의 집체경제로 개조하였다.

대체로 개체 농업의 사회주의 개조는 세 단계의 과정을 거쳤다. 제1단계는 신중국 수립 후 1953년 가을까지로 개체경제를 기초로 집체노동을 통해 서로 돕고 경작하여 노동력과 농기구 부족을 해결하는 호조조(互助組)를 발전시켰다. 이를 위해 중공 당 중앙은 1951년 12월에 「농업생산 호조합작에 관한 결의초안」을 내놓고 노동호조를 적극 추진, 호조조를 발전시키는 합작화(合作化) 운동을 전개하였다.[10] 그 결과 1952년 말에 호조조는 800만개, 농업합작사는 3,600여개로 늘어났다. 전국 40%의 농호가 호조조 위주의 농업합작조직에 참가하였다.

이 초안은 수정을 거쳐 1953년 3월에 중공 당 중앙이 정식으로 결의하여 공포함으로써 농업합작화 운동의 더욱 발전되어 1953년 4월에 합작사가 1만 3천 여개로 폭증하여 일부 지방에서는 무모하게 추진하는 '모진(冒進)'현상도 나타났다. 이 때문에 농호가 스스로 원해 참가하도록 한 원칙을 위반하고 강제적으로 가입하는 문제점이 나타났다. 이에 중공 당 중앙 농촌공작부는 1953년 4월 3일에 제1차 전국 농촌공작회의를 소집하였다.[11]

당시 모택동은 10년 혹은 15년, 또는 더 오랜 시간이 걸려도 사회주의 개조를 완성하면 된다는 뜻을 갖고 있었고 이 뜻을 등자회(鄧子恢)가 회의에 전달하여 제1차 5개년계획 기간에 호조 합작운동의 발전계획을 축소하기로 하였으며 내부를 정돈하여 모진현상을 바로잡았다. 그러나 1953년 11월에 호조합작 조직에 참가한 농호는 약 4,790여 만호로 전체 농호의 43%를 차지하고, 농업합작사도 1만 4천여개로 늘어났다.

두 번째 단계는 1953년 겨울부터 1955년 봄까지로 초급합작사를 대대적으로 조직하였다. 즉 사원의 사유 토지를 넓이에 따라 합작사에 넣고 통일 경영, 농기구 등 생산 자료도 합작사에 넣고 통일 사용하여 적당한 대가를 받게 하거나 가격을 환산하여 분할 상환하였다. 그리고 노동력과 합작사에 넣은 토지를 단위로 분배하여 반사회주의 성질의 농업이 되었다.

그리고 농촌사회주의 개조의 경험을 종합하여 농업합작화 운동을 계속 안정적으로 발전시키기 위하여 중공 당 중앙은 1953년 10월 26일부터 11월 5일까지 제3차 농업합작사회의를 소집하여 「농업합작사 발전에 관한 결의」를 하였다.[12] 즉 사회주의 맹아성질의 호조조의 단계에서, 반사회주의 성질의 초급합작사를 사회주의성질의 고급합작사로 확대하기로 개조의 방향을 제시하고, 1953년 겨울부터 1954년 가을까지 초급합작사를 1.4만개에서 3.58만개로, 그리고 제1차 5개년 계획이 끝나는 1957년에 80만개까지 늘리기로 하였다.

그런데 이 결의가 공포된 다음 농민들이 적극적으로 호응하여 1954년 봄에 초급합작사가 9.5만여 개나 되어 결의에서 정한 숫자보다 1.6배나 많았다. 특히 1954년 겨울부터 1955년 봄까지 크게 증가하여 1955년 4월에 초급합작사는 67만개, 가입한 농호도 15%나 되어 다시 모진의 현상이 나타났다. 이에 중공 당 중앙과 중앙 농촌공작부는 발전을 통제하고 내부를 공고히 하기로 결정하여 각지에 농업합작화의 속도를 줄이도록 요구하였다. 이때 모택동은 등자회를 불러 '정(停), 축(縮), 발(發)'의 3자 방침을 제시하고 지역 실정에 따라 발전을 정지시키거나 실행을 축소하거나 적당하게 발전하라고 지시하였다. 이에 따라 중앙 농촌공작부는 1955년 4월 21일부터 5월 6일까지 제4차 전국농촌공작회의를 소집하여 이후의 방침 즉 정지와 축소문제를 논의하여 중앙의 지시에 따라 정돈과 압축을 단행, 67만개에서 2만개를 줄여 65만개로 감축하기로 하였다. 감축지역은 주로 절강, 하북 2개성이었고 중농의 이익을 침범한 착오를 바로잡았다.[13]

즉, 합작화 운동과정에서 합작사의 간부들은 개인적인 이익을 취하려 하였고, 공금을 빌려 갚지 않은 경우도 있었다. 여기에 간부들의 수가 많았을 뿐만 아니라 그들의 보수도 높아서 농민들의 의견이 분분하였다. 대체로 간부는 농민 100호당 7명, 또는 11명이 있는 곳도 있었다. 그리고 이들의 평균 수입은 농민의 2.8배에 달하였다.14) 특히 중농의 이익을 침범하는 경우가 있고, 국가의 식량구매량이 많아 농촌에 식량의 여유가 없는 현상도 나타났다. 이에 일부지방에서는 퇴사자도 발생하여 늘어나던 합작사의 감소현상까지 나타났다. 즉 섬서, 하남, 길림, 운남성 등 몇 성에서 조금 늘어나는 이외에 절강, 하북, 산동에서는 줄어들어 1955년 4월에 전국적으로 67만 개가 6월에 65만개로 2만개가 줄었던 것이다.15)

세 번째 단계는 1955년 여름부터 1956년 말까지의 농업합작화의 고급단계로 사원의 토지와 생산 자료를 완전히 합작사의 집체소유로, 사원은 집체노동으로 노동에 따라 분배하는 사회주의 성질의 농업을 실현하였다. 중공 중앙은 1955년 5월 17일에 15개 성, 시위의 서기회의를 소집하였는데 모택동은 이 자리에서 다시 정, 축, 발의 방침을 제시하였으나 특별히 발을 강조하였다. 이에 따라 당 중앙은 1년이내에 65만개의 합작사를 100만개로 늘리기로 하였으며, 1955년 7월 31일에 성시자치구 당위 서기회의를 소집하였다. 이 자리에서 모택동은 「농업합작화의 문제에 관하여」란 보고를 통해 공업화와 농업합작화는 하나로 결합되어야 한다며 농업합작화는 노동자와 농민 연맹을 공고히 하여 농촌에서의 사회주의와 자본주의 사이의 모순을 해결하는데 중대한 의의가 있음을 설명하였다.16)

모택동의 보고는 당의 확고한 정책을 천명한 것으로 또 한 차례 합작화운동의 바람이 불었다. 특히 이 보고에서는 그동안 합작사운동의 축소와 내부 정돈을 주장하였던 등자회(鄧子恢)가 거명되어 우경기회주의의 착오를 범하였다고 비판받았으며, 그가 주관하고 있던 중앙농촌공작부도 10년 동안 한건도 좋은 일을 하지 못했다는 이유로 폐지되었다.17) 그리하여 다시 합작화운동에 모진 바람이 나타났다.

중공 당 중앙은 1955년 10월 4일부터 11일까지 당 7기 6중전회를 소집하여 「농업합작화 문제에 관한 결의」를 통하여 농업합작화의 구체적인 정책과 조치를 규정하여 농업사회주의 개조를 가속화시켰으며,[18] 모택동은 직접 『중국농촌의 사회주의 고조』를 편집, 104편의 글에 자신의 생각을 써넣어 적극적으로 사회주의 길로 가는 농민을 찬양하고 각지의 합작화 경험을 소개하였다. 한편, 당 중앙은 1956년 1월에 「1956년부터 1967년까지 전국농업발전강요(초안)을 제정하여[19] 합작화의 기초위에 농작물의 생산량을 높이기로 하고 그 구체적 목표치를 지역에 따라 정하였다. 대체로 1956년 1월에 합작사에 가입한 농호가 전체의 80.3%에 달하여 기본적으로 초급합작화를 실현한 셈이다.

그리고 뒤이어 합작화운동은 고급합작사로 전환, 작은 합작사를 병합하는 새로운 운동이 일어났으며 1956년 말에 전국적으로 75.6만개의 농업합작사, 참가 농호는 11,782.9만호로 96.3%에 달하였으며, 그 가운데 고급합작사에 가입한 농호는 10,742만호, 전국적으로 87.3%가 참가하여 거의 전국적으로 농업의 사회주의 개조가 기본적으로 완성되었다. 이는 사회주의 개조의 큰 성과로써 절대다수의 농민을 사회주의 조직으로 끌어들이는 결과를 가져왔다.

이처럼 합작사의 조직이 급증하게 된 것은 농촌간부들의 힘이었다. 1955년 봄에 하남 신양의 3,711개의 합작사 가운데 상급간부가 1,577개, 향지부에서 1,573개, 농민 스스로 조직한 것은 561개였다. 대체로 1956년말에 농업합작화(완전 집체화)는 성공적으로 끝마쳤다.

호조합작화의 발전[20]

| 연 도 | 총 비율 | 호조조 | 초급합작사 | 고급합작사 |
|---|---|---|---|---|
| 1950 | 10.7 | 10.7 | - | - |
| 1951 | 19.2 | 19.2 | - | - |
| 1953 | 39.5 | 39.5 | 0.2 | - |

| | | | | |
|---|---|---|---|---|
| 1954 | 60.3 | 58.3 | 2.0 | - |
| 1955 | 64.9 | 50.7 | 14.2 | - |
| 1956 | 96.3 | - | 8.5 | 87.8 |
| 1957 | 97.5 | - | 1.3 | 96.2 |

그리고 20여 년 전에 소련에서 실시하였던 농업의 집체화의 경험을 모델로 삼았지만 중공 당은 자신들이 탐색하고 자신들의 방법을 채용하여 이로 인한 혼란은 소련보다 훨씬 적었다. 예를 들어 소련에서는 부농을 숙청하지 않고 제한하는 정책을 취하였다. 그런데 중국은 그것을 호조조-초기합작사-고급합작사의 단계로 추진하면서 신속하게 진행하였기 때문에 혼란을 초래하였던 소련의 방법과는 차이가 있었다.21)

## 2) 수공업 사회주의의 개조

농업사회주의 개조가 이루어지면서 수공업 합작화 운동도 발전되었다. 즉 농업의 개조로 유리한 기회를 잡게 된 중국공산당은 수공업과 그밖에 다른 개체 경제의 사회주의 개조를 가속화시켰다.

1954년 제3차 전국수공업생산합작회의에서 확정한 '적극적인 영도와 은밀히 전진'한다는 방침에 따라 수공업 합작화 운동도 크게 발전되었다. 중공 당 중앙은 1955년 5월 16일에 중앙수공업관리국·중화전국수공업생산합작사연합총사준비위원회에서 한 「제4차 전국수공업생산합작회의에 관한 보고」의 비준을 하달하면서 주의할 점을 제시하였다. 즉 수공업의 한 업종을 개조하면서 다른 업종까지 전면적 조사 연구하여 2년 안에 기본적인 정황을 철저히 파악하여야 한다고 하였고, 몰락한 수공업을 제외한 기타 수공업자들을 점차적으로 합작화의 방향으로 이끌어 사회주의로 개조하여야 하며, 1954년의 수공업 합작사의 경영관리가 비록 개선되었지만 아직도 문제가 많아 이를 정돈하고 공고히 하여 효율을 높여야 한다고 하였다.22) 그리고 개조 공작 중에 나타난 내부와 외부의 불협화음 현상을 지적하면서 전면적인 배치로 개조하라는 방침을 지시하고 각급 당위는 수공업 공작에 대한 지휘를 강화하라고 요구하였다.

이에 따라 수공업 사회주의 개조를 국가사회주의 공업화와 농업, 자본주의 상공업 개조와 밀접하게 결합시켜 나가게 되었다. 그 결과, 1955년 말에 전국수공업합작사는 6만 8천여 개가 조직되고 사원은 220만 명에 달하였다. 그러나 당시 수공업 사회주의의 개조속도는 농업의 개조보다 훨씬 뒤떨어졌다. 이와 같은 현상에 대하여 모택동은 수공업, 자본주의 상공업의 사회주의 개조가 좀더 일찍이 완성되어야 농업발전의 수요에 적응할 수 있다고 일침을 가하였다.

이에 1955년 12월 21일부터 28일까지 중앙수공업관리국과 중화전국수공업생산합작사연합총사준비위원회는 제5차 전국수공업생산합작회의를 소집하고 개조의 전반적인 계획을 정하였다. 그 결과, 다음해 1월부터 구입판매의 합작단계에서 직접 집체 소유제의 수공업합작사가 조직되기 시작하였으며, 일부에서는 전문 업종끼리 합작화의 방법이 채택되기도 하여 조직이 활발해졌다. 그리하여 6월 말에 14만

자본주의 상공업의 사회주의 개조가 끝났음을 모택동에게 신고

4천여 개의 합작사가 형성되고 460여만 명이 가입하여 참가 대상자 수의 90%이상이 참가하였기 때문에 기본적으로 수공업의 합작화가 완성된 셈이다.

수공업 합작화를 완성함과 동시에 어업, 염업, 민간 운수업과 소상인 등 개체노동자에게도 사회주의 개조를 진행시켰다. 중국의 연해와 양자강 일대에는 약 455만 명의 사람이 어업, 염업을 생업으로 삼았는데, 그 가운데 노동력을 제공하는 사람이 155만 명 정도였다. 어업과 염업의 사회주의 개조는 일부의 자본주의 성질의 기업을 제외하고 합작사를 조직하여 진행시켰다. 그 결과, 1956년에 어업, 염업합작사에 가입한 수공업의 종업원 수는 1백만 명이 되어 기본적으로 사회주의 개조가 이루어졌다.

민간운수업의 경우도 1956년 말에 목조로 된 범선으로 수송을 맡아 생활을 꾸려나가는 수상인구가 280여만 명이었는데 개체노동자에 속하는 선원(船員), 선민(船民)이 90% 이상이었다. 우차나 마차로 운수업을 하는 사람이 30만 명, 인력거 노동자가 40만 명 정도 있었다. 이들에 대한 사회주의 개조도 합작사의 조직으로 진행시켰다.

### 3) 자본주의 상업의 사회주의 개조

신중국에서 행한 자본주의 상업의 사회주의 개조는 건국 초에 상품의 주문, 수매, 일괄판매의 초보적인 형식을 통하여 자본주의 상업을 국가자본주의의 궤도로 진입시켰다. 즉 신중국은 자본주의 경제에 대하여 평화적인 개조방침을 채택하여 자본주의 생산 자료 소유제를 사회주의 전민 소유제로 바꾸었다.

과도시기 총노선이 제출된 다음 국가는 계획적으로 한 단계 한 단계씩 주문, 가공, 일괄수매와 판매의 범위로 확산시켰다. 국가가 기본적으로 자본주의 공업에 대한 원료의 공급과 제품에 대한 통제를 가하였지만 기업은 여전히 자본가의 손에 있었고 생산과 경영도 여전히 자본주의적이었다.

1953년 4월에 중공 당 중앙 통전부 부장 이유한(李維漢)은 조사조를 이끌고 무한, 상해 등의 몇 도시에서 자본주의 공업 가운데 공사(公私)관계를 조사하였다. 그리고 보고서에서 공사합영(公私合營)이 자본주의 사유제를 개조할 수 있는 가장 적당한 방식이라고 하였다.[23] 그리하여 당 중앙에서 이를 받아들이고 이용, 제한, 개조에서 단결, 교육, 개조로 방침을 바꾸자고 제시하였다.

이에 모택동은 1953년 9월 7일에 민주당파와 상공계의 일부 대표들과 만나 국가자본주의를 거쳐 사영(私營) 상공업의 사회주의 개조를 완성하는 것이 비교적 건전한 방법이고 방침이라 하였다. 그리고 국가자본주의는 자본주의 상공업을 개조하고 사회주의를 완성하는데 반드시 거쳐야 할 과도기적인 길이라 설명하였다.[24]

모택동은 구체적인 형식으로 공사합영의 방식을 제시하였으며, 이윤의 분배는 소득세 34.5%, 복리후생비 15%, 공적인 적립금 30%, 자본가의 이익이 20.5%로 하고, 시간상으로는 3내지 5년으로 정하여 전국의 민영 상공업을 기본적으로 국가자본주의로 끌어들인다고 설명하였다. 그리고 그 방법도 자본가들에게 애국주의를 교육하고 계획

자본주의 상업의 사회주의 개조

적으로 열성분자를 양성하여 그들로 하여금 자본가를 설득하여 자본가가 스스로 개조를 받아들이도록 하겠다고 하였다.

모택동의 이 담화 후에 민영 상공업자들에 대한 적극적인 사회주의 개조를 추진하게 되었다. 1954년 1월에 중앙인민정부 정무원의 재정경제위원회는 공사합영공작계획확대회의를 소집하였다. 중공 당 중앙은 이 회의에서 제시한 의견을 받아들여서 공사 합영의 확대 방침을 확정하였다. 이해의 계획은 비교적 규모가 큰 500개 개인공장을 공사합영으로 개조하는 것이었다. 1954년 말에 전국의 공사합영 공업의 호수는 1,746호, 직공은 53.3만 명으로 생산액은 50.86억 원으로 증가하였다. 그리고 1956년 말에 민영공업은 8.8만 호로 99%가 사회주의 개조를 끝냈다.

이와 동시에 자본주의 상업에 대하여도 사회주의 개조를 실시하여 우선 대도매상을 개조하고, 다음에 소매상업을 개조하였다. 1953년부터 국가는 계획적으로 국영 도매상업으로 민영 도매상업을 대신하게 하여 민영도매상에 종사하는 사람을 국영상업에 안배하였다. 1954년말에 전국의 도매무역 영업 가운데 국영 도매상업이 90%좌우하였으며 전국 소매업 판매액 가운데 사회주의 상업이 69%를 차지하였다. 그리고 1956년말에 사영상업호는 240만 호로 82.2%가 사회주의 개조를 끝냈다.

대체로 자본주의 상공업은 세 단계로 사회주의 개조를 하였다.[25] 첫 단계는 1953년말 이전까지 주로 초급 형식의 국가자본주의 단계로 사영 상공업을 국가계획의 궤도 안에 넣었다. 특히 건국 초 민족자본주의 기업을 몰수하여 공사합영 기업 997호를 세워, 총생산 가운데 11.5%를 점하였다. 즉 초급 국가 자본주의란 국가가 자본주의 기업의 원료 공급과 상품생산 판매를 통제하여 자본주의 기업을 제한, 생산력의 발전을 촉진하는 형식으로 '국가자본주의는 자본주의 상공업을 개조하여 점진적으로 사회주의로 가는 과도기에 반드시 거쳐야 하는 길'로 보았다.[26]

두 번째 단계는 1954년부터 1955년 여름까지로 개별 기업을 공사합영으로 개조한 것이다. 이는 국가에서 공사합영 기업을 중심으로 고급형식의 국가자본주의를 발전시키는 것이다. 즉 점진적으로 안정적으로 공사합영 기업을 발전시키는 것이다. 대체로 공사합영 기업은 1954년에 1,764호로 사영기업과 함께 총생산에서 49.5%를 차지하였다. 그리고 1955년에 공사합영 기업은 3,193호로 늘어났고, 총생산은 49.6%를 차지하였다. 기업의 이윤을 분배할 때 국가 세수기 34.5%, 직공의 후생복리비 15%, 기업자금의 적립 30%, 자본가의 이익은 20.5%로 1/4이었다. 이렇게 국가자본주의는 자본가의 이익을 위해 존재하는 것이 아니라 인민과 국가의 수요에 따라 존재하는 사회주의 성질의 것으로 사회주의 성분이 기업을 영도하는 지위에 있었다.

그러나 확실한 것은 공사합영 기업은 반쪽 사회주의 성질로 기업의 소유형태는 두 가지 소유제가 존재하였다. 공영과 사영, 자본가와 노동자의 모순은 해결되지 않았고, 또한 새로운 모순이 나타났다.

세 번째 단계는 1955년 가을부터 1956년까지로 전 업종을 공사합영으로 개조하는 것이다. 특히 1955년 하반기에 합작화가 고조에 달하여 자본주의 상공업도 개조의 발걸음을 빠르게 걸었다. 대부분의 상공업자들은 사회주의가 대세라는 것을 인식하고 앞날은 사회주의 길 뿐 이라고 여겼다. 특히 중앙정치국은 1955년 11월 16일부터 24일까지 각성, 시, 자치구의 당위 대표회의를 소집하여 「자본주의 공상업개조문제에 관한 결의(초안)」를 통과시켰는데, '자산계급에 대하여 보상을 조건으로 소유제를 개조할 것이며, 개조와 동시에 자본가들에게도 일자리를 분배할 것이며, 선거권도 박탈하지 않고 사회주의 개조사업에 적극 공헌한 인물에게 합당한 정치적 안배를 한다'고 하였다.27)

여기에 농업합작화가 고조에 달하자 그 영향을 받아 일부 진보적 상공업자의 주도아래 전 업종에서 공사합영의 바람이 크게 일어났다.

예를 들면 1956년초에 수도 북경의 자본가들이 제일 먼저 전 업종 기업이 공사합영을 신청하여 국가의 허가를 요구하였다. 그리고 1월 10일에 북경의 자본주의 상공업이 모두 공사합영을 실시하게 되었다. 뒤이어 상해, 천진, 무한, 광주 등 118개 대도시에서 3월말 이전에 전 업종의 상공업이 공사합영을 실현하였고, 이해 말에 전국 사영공업호의 99%, 사영상업호의 82.2%가 공사합영을 실현하였다. 이는 바로 자본주의 상공업의 사회주의 개조가 기본적으로 완성되었다는 표지이다.

### 4) 군대의 정규화, 제도화

사회주의 개조가 이루어지면서 국방체계도 조정하였다. 1954년 9월에 제1기 전국인민대표대회 제1차 회의에서 통과된 「중화인민공화국 헌법」에 따르면 중화인민공화국 주석이 전군의 군사통수권을 갖도록 하였고 또한 국방위원회(국가주석이 위원회의 주석)와 국방부(국무원 예속)를 두도록 되어있으며, 국무원이 국방건설을 지휘하도록 되었다. 이에 중공은 중앙군사위원회(중앙군위)를 다시 설치하고 전군을 지휘하도록 하였으며 원래의 중앙인민정부 인민혁명군사위원회는 취소되었다. 중앙군사위원은 모택동, 주덕, 팽덕회, 임표, 유백승, 하룡, 진의, 등소평, 나영환, 서향전, 섭검영이었으며 모택동이 주임, 팽덕회가 일상 업무를 맡았다.

중공 당 중앙은 이보다 앞서 8월에 「민병공작에 관한 지시」를 하달하여 민병공작과 예비역 공작을 통합하였는데, 민병제도는 반드시 보류시키기로 하였다. 뒤이어 중앙군사위원회는 병역공작을 고쳐 예비역에 복무하는 공민은 민병에 참가하면 그 민병은 바로 예비역이 되어 민병공작은 바로 예비역공작이 되는 셈이었다. 이 제도의 실시로 민병조직은 더욱 강화되고 예비역공작도 크게 개선되었다.

1955년 봄에 이르러 중앙군사위원회아래 3총부체제를 8총부체제로 조정하고 전국의 전략구를 6대 군구에서 13개 군구로 조정하였다.

그리고 대대적인 감축 정비계획을 수립하여 전군의 총병력을 23.3%, 그 가운데 육군을 29%로 감축하였다. 또한 의무병역제, 장교의 월급제, 군계급제를 실시하여 군대의 현대화 건설과 정규화를 강화하였다.

특히 제1기 전국인민대표대회 제2차 회의에서 「병역법」을 통과시켜 1955년부터 인민해방군의 의무병역제를 실행하여 오랫동안 실시해왔던 지원병제도를 대체하였다. 따라서 충분한 병력 자원을 확보하여 정기적인 순환과 예비병을 갖추어 전시동원을 가능케 하였다. 그리고 장교들에게 월급을 지급하여 생활을 보장하였기 때문에 안심하고 복무할 수 있었다. 또한 계급제를 실시하여 간부들에게 생기를 불어넣었다.

그리고 1955년 9월 21일에 전국인민대표대회 상무위원회에서 주덕, 팽덕회, 임표, 유백승, 하룡, 진의, 나영환, 서향전, 섭영진, 섭검영에게 중화인민공화국 원수의 군직을 주기로 결의하였으며, 일부 지휘관들에게 대장, 상장, 중장, 소장의 계급을 수여하였다.

또한 중앙군사위원회는 군대의 정규화와 현대화의 수요에 따라 대부분의 문화, 예비학교를 폐지하고, 작전지휘와 정치학교를 증설하

원수 계급장과 훈장수여(주덕과 모택동)

였다. 그리고 정규로 군사훈련을 실시하였다. 1955년 겨울에 인민해방군은 요동지구에서 처음으로 육해공군의 합동상륙작전 훈련을 성공적으로 마쳤다. 이는 합동작전 능력이 어느 정도의 수준에 도달하였음을 증명한 셈이다. 또한 1956년 3월에 전군에 우등사수 기술 경연대회를 열어 인민해방군의 전투력을 향상시켰다.

국방기술도 제1차 5개년계획부터 대중형 국방과학기술 항목 100여개를 선정하고 뒤이어 중점건설 항목을 새로이 선정하여 소총과 화포, 탱크, 항공기와 이에 수반되는 장비들을 생산하면서 장비의 규격화를 실현시켰다. 1950년 중기부터 첨단기술이라 할 수 있는 탄도탄과 원자폭탄의 개발(소위 양탄(兩彈))에 착수하였다.

그리고 국방시설 현대화에 착수하여 국방건설, 국방교통, 국방통신 등 기본건설에 착수하였다. 1956년에 이르러 동남 연해지구에 영구적인 방어시설을 구축하게 되었으며 해군기지와 부두, 해안의 포진지를 계속해서 완성하였다. 공군도 전국공항을 하나의 망으로 구축하고, 특히 대만과의 작전에 대비하기 위하여 복건지역 공항시설을 신속하게 건설하였다. 그리고 전국 교통망을 구축하였는데 서북, 서남, 동남지역은 경제건설과 밀접한 관계를 갖고 있는 간선 철도와 도로를 건설하였고, 통신사업도 크게 발전되었다.

## 3. 유심주의 학술사상 비판과 사상개조

### 1) 홍루몽(紅樓夢) 연구와 관련 유심주의 관점의 비판

1953년에 각 분야의 사회주의 개조를 진행하면서 의식형태에서도 마르크스 레닌주의 이론을 가지고 구 중국 문화 학술계에 존재하는 자본주의적 봉건잔재사상을 개조하려고 하였다. 따라서 자산계급의 유심주의 사상을 비판하게 되었는데, 1954년 9, 10월 사이에 유백평(劉伯平)의 『홍루몽 연구(紅樓夢硏究)』 비판에서부터 시작되었다.

유백평은 1920년대부터 홍루몽에 관한 연구를 진행하여 이 분야에서는 개척자라고 할 수 있었다. 그는 1952년에 전에 쓴 『홍루몽변』을 수정 증감하여 『홍루몽 연구』라는 서명으로 다시 출판하였다. 그 내용은 홍루몽의 작자, 저작과정, 판본 등에 관하여 가치 있고 의의 있는 고증을 한 것이다. 『문예보(文藝報)』는 1953년 5월에 신간서에서 이 책을 소개하였다.

그런데 1954년 가을에 이희범(李希凡), 남령(藍翎) 두 젊은이들은 함께 유백평의 문장을 비판하는 「홍루몽 간론과 기타에 관하여」라는 글을 『문예보』에 투고하였는데 채택되지 않자 산동대학에서 내는 『문사철(文史哲)』 9월호에 발표하였다. 그리고 10월 10일, 『광명일보(光明日報)』에서 그들이 쓴 또 다른 유백평을 비판하는 「홍루몽 연구에 대한 평」이란 글을 게재하였는데, 여기에서 유백평은 홍루몽의 위대한 사회적 의의와 예술적 가치를 부정하고 있으며, 그 사상의 근원은 호적(胡適)의 「홍루몽 고증」에서 비롯된 것이라 하였다.

이 두 사람의 글은 모택동의 주의를 끌었다. 모택동은 두 편의 글을 읽고 비판적인 주까지 달면서 대단히 성숙된 문장이라 평하였다. 모택동은 10월 16일에 중앙 정치국과 기타의 동지들에게 편지를 보내[28] 두 청년의 홍루몽 연구에 대한 비판을 긍정적으로 받아들이고 문예보가 유백평의 유심론을 용인하고 '소인물'의 문장을 채택하지 않은 착오를 범하였다고 비판하였다. 그리고 고전문학의 영역 가운데 호적파의 자산계급 유심주의 관점을 비판해 주도록 요구하였다.

모택동의 이 편지(홍루몽연구문제에 관한 편지)로 인하여 전국의 학술 문예계에서 유백평에 대한 비판운동이 일어났다. 전국작가협회 고전문학부는 10월 20일에 홍루몽 연구에 관한 토론회를 열고 고전문학의 영역 안에 자산계급 유심론이 차지하고 있는 위험성과 심각성을 지적하고 호적파 유심론의 영향을 씻어버리는 것이 사상전선의 절박한 문제라고 인식하였다.

한편, 『문예보』는 이로 인하여 공격받기 시작하였다. 『인민일보(人民日報)』는 10월 28일자에 「문예보 편집자에게 질문한다」는 글을 게재하여 문예보를 비판하였다. 10월 31일부터 12월 8일까지 여덟 차례에 걸쳐 중국문인연합회와 중국작가협회의 주석단이 확대연석회의를 소집하여 문예보의 태도를 비판하고 해당 잡지의 편집부를 개조하기로 결의하였으며, 이후 문예보의 방침을 다시 정하였다.

이와 동시에 북경과 전국의 신문 잡지에서 홍루몽연구에 관한 토론과 비판의 글을 게재하고 각지의 문화교육부문, 대학 연구기관, 문예단체에서는 좌담회, 토론회, 비판회를 소집하였다. 그 결과, 1954년 하반기부터 유백평에 대한 비판이 학술적인 것이 아니라 정치성향을 띄우게 되었으며 이러한 결과는 유백평 본인의 학술연구뿐만 아니라 학술계 전체에 악영향을 끼쳤다.29)

## 2) 호적(胡適)의 실용주의(實用主義) 비판

모택동의 편지에는 분명히 호적파 자산계급 유심론과의 투쟁을 지적하고 있었다. 호적은 신문화 운동 당시 마르크스 레닌주의의 확산과 혁명을 반대하고 실용주의를 전파하였었다. 그는 미국에서 듀이(Dewey, Jhon) 밑에서 공부하고 철학박사를 받고 귀국하여 1920년대 이래 중국 학술사상계에 상당한 영향을 끼친 인물이다. 호적은 그가 미국에서 공부한 배경으로 인해 호적하면 미국을 연상시켰고, 결국 항미원조(抗美援朝) 운동과 결합되어 비판, 공격의 대상이 되었다.

1954년 11월 8일에 『광명일보(光明日報)』는 곽말약(郭沫若)과의 인터뷰 내용을 발표하였다. 그 내용은 호적의 자산계급 유심론의 학문적 관점이 적지 않은 고급 지식인들에게 잠재하여 있다고 하면서 정치적으로 이미 호적을 전범으로 선포하였는데, 호적은 아직도 학술계의 공자(孔子)라고 지적하면서 이 공자를 우리는 아직 타도하지 못하

8책이나 출판된 호적사상 비판

였다고 지적하였다.

이후 12월 2일에 중국과학원 원부회의와 중국작가협회 주석단이 연석회의를 소집하고 연합으로 호적사상을 비판하는 토론회의를 개최하기로 합의하였다. 비판은 호적의 저서와 글을 갖고 철학사, 문학사, 역사와 문학의 고증방면, 홍루몽의 인민성과 예술성, 역대의 홍루몽 연구비판 등 분야로 나누어 하기로 하였다. 연석회의에서는 곽말약(郭沫若), 모순(茅盾), 주양(周揚), 반재년(潘梓年), 등척(鄧拓), 호승(胡繩), 노사(老舍), 소전린(邵荃麟), 윤달(尹達) 등 9명으로 위원회를 조직하고 곽말약은 주임이 되었다. 이 토론회는 1955년까지 21차에 걸쳐 거행되었다.

호적사상에 대한 비판은 1954년 12월부터 광범위하게 전개되어 북경, 상해, 강소 등지에서 호적사상비판토론공작위원회가 조직되고 토론회, 좌담회, 비판회를 개최하였다. 집중적으로 비판된 것은 호적의 유심주의 철학사상으로 실용주의 세계관, 진리론, 유심사관, 문예관, 미학, 교육학 등을 포함하였다.

이러한 비판을 통하여 호적의 실용주의 관점과 방법론에 영향을 받은 문화 학술계의 인사들은 한편으로 호적사상을 해부하고 또 한

편으로는 자기사상을 깨끗하게 정화하도록 하였다.30)

호적사상의 비판과 동시에 양수명(梁漱溟)의 향촌건설이론(鄕村建設理論)도 비판받았다. 이와 같은 비판운동은 2년 동안 계속적으로 일어나 많은 사람들에게 유물변증법이 무엇인가를 이해하도록 하였고, 무엇이 유심주의 형이상학이란 것도 알게 하여 그들로 하여금 마르크스 철학에 흥미를 갖게 하고 이것을 배우도록 이끌었다. 그런데 학술문제와 정치문제의 한계를 명확히 긋지 못하여 사상의 적대적 대립은 오히려 좋지 못한 영향을 가져왔다.

### 3) 호풍(胡風)문예사상의 비판과 그 확대-호풍반혁명집단

자산계급 유심사상을 비판하면서 모택동과 당 중앙은 문예계를 이끌고 호풍의 문예사상을 비판하였다. 호풍은 1933년 7월 상해에서 중국좌익작가동맹에도 참가한 진보적인 작가이고 좌익문예운동에도 공헌하였다. 이러한 문예 활동을 하면서 그를 우두머리로 하는 문예파가 형성되었다.

이 때문에 중공 당은 오랜 동안 호풍을 진보작가로서 친구로서 대해 왔다. 그러나 호풍의 문예사상은 관점이 정확한 것도 있었지만 어떤 것은 연구할 만한 관점도 있었다. 하지만 그의 문예사상에 대해서는 선의의 비평위주로 진행되었다.

그런데 1952년 문예계의 정풍운동시기에 독자가 호풍의 문예사상에 대하여 비평을 요구하였다. 6월 8일에 『인민일보』는 호풍파의 구성원인 서무(舒蕪)가 『장강일보(長江日報)』에 게재하였던 「연안 문예좌담회상의 담화를 처음부터 배우자」라는 글을 전재하였다. 그런데 편자의 글에서 호풍의 문예사상을 가리켜 실질적으로 자산계급, 소자산계급의 개인주의에 속하는 문예사상이라고 지적하였다.

이 글에 대하여 호풍은 받아들일 수 없었고, 자기의 문예사상에는 어떠한 착오도 없다고 하고, 7월에 주은래에게 편지를 보내 그의 문예사상을 토론하자고 요구하였다. 그리하여 주은래의 지시에 따라 주양(周揚)의 주재아래 북경의 문예계 인사들과 호풍이 좌담회를 가졌는데, 이 자리에서도 호풍은 그의 문예사상에 착오가 없다고 자기의 문예이론을 그대로 견지하였다. 그 결과, 호풍의 문예사상은 일부 문예 공작자들에게 영향을 끼치게 되어 중공 당 중앙은 그의 문예사상을 공개적으로 비판하기로 하였다.

1953년 1월에 『문예보』는 임묵함(林默涵)의 「호풍의 빈마르크스사상주의 문예사상」과 하기방(何其芳)의 「현실주의의 길인가, 아직도 반현실주의 길?」인가 라는 두 편의 글을 연속으로 발표하여 호풍을 비판하는 글을 싣고, 『인민일보』는 이를 전재하였다. 호풍은 이러한 비판에 대하여 불복하고 1954년 7월에 30만 자에 달하는 「몇 년 이래의 문예실천상황에 관한 보고」(30만언서라고도 부른다)를 국무원 문교위원회의 주임 습중훈(習仲勛)을 통하여 중공 당 중앙의 모택동, 유소기, 주은래에게 보내 자기의 비판을 반박하였다. 당 중앙은 이를 보고 호풍이 모택동의 「연안문예좌담회상의 강화」를 찬성하지 않았으며, 또한 당이 문예공작을 영도하는 것을 부인한다고 보았다. 12월에 호풍은 전국문연과 작가협회 주석단의 연석확대회의 석상에서 『문예보』 편집부의 잘못을 비판하고 문예방면에서 자기의 의견을 설명하였다. 그런데 그의 의견은 문예이론과 창작문제에 있어서 당 중앙의 영도와 문예실천에 저촉되는 부분이 있었다.

따라서 중공 당 중앙은 1955년 1월 26일에 중앙선전부를 통하여 호풍의 문예사상은 철두철미한 자산 계급 유심론이며, 반당 반인민의 문예사상이며, 그는 종파주의 소집단주의 활동을 하였으며, 그 목적은 바로 자산계급 문예사상의 영도적 지위를 얻으려는데 있었다라고 비판하도록 지시하였다.[31] 이에 따라 전국적으로 호풍의 문예사상을 비판하기 위한 작가, 문예공작자, 대학교수의 좌담회와 비판회가 열렸고 전국의 신문과 잡지에 호풍을 비판하는 문장을 발표하였다.[32] 이후 호풍은 반혁명집단으로 간주되어 호풍의 비판은 호풍 반혁명집단에 대한 투쟁으로 여겨져 전국적으로 확산되었다.

그리하여 5월 18일에 전국인민대표대회 상무위원회에서 호풍을 체포하는데 동의하였으며, 25일에 중국문련, 작가협회 주석단은 연석회의를 소집하여 호풍의 적을 제명하고 문예계에서 그가 갖고 있던 모든 직을 취소하였다. 그리고 호풍비판 문제는 정치 문제화되어 이와 관련된 사람이 2,100여 명이나 되었으며, 호풍 반혁명집단이라고 잘못 판정받은 사람이 78명에 달하였다.33)

## 4. 제1기 전국인민대표대회의 소집과 중화인민공화국 헌법 제정

### 1) 인구조사와 인민대표의 선출

모택동은 그의 『신민주주의론』에서 정치체제는 정권구성의 형식으로 국가체제에 상응하여야 하며 합당한 형식의 정권기관이 아니면 국가를 대표할 수 없다고 하였다.34) 신민주주의 공화국정치체제는 전국인민대표대회, 성 인민대표대회, 현 인민대표대회, 구 인민대표대회, 향 인민대표대회의 계통을 채택하여 각급 인민대표대회에서 선거해야 한다고 하였다. 선거는 남녀차별, 신앙, 재산, 교육 등의 차별없이 진정한 평등선거이어야 한다고 하였는데 이를 개괄적으로 모택동은 '민주집중제'라 하였다. 그가 인민대표대회를 통한 민주집정제를 구상한 것은 소비에트 정권과 항일민주정권에서 오랫동안 실천한 기초위에 마르크스 레닌주의 국가학설과 중국의 실제와 결합한 결과에서 나온 것이다.35) 특히 중화인민공화국은 중국공산당을 중심으로 한 제 당파의 연합정권이기 때문에 민주집중제의 인민대표대회의 정치체제 사상을 실현하려 하였다.

그런데 신정부가 수립된 지 3년이 지나면서 사회주의 체제가 잡혀가고, 토지개혁을 완성하여 농민들의 정치의식도 높아져 노동자와 농민의 연맹은 한층 공고해지고 인민민주전정(독재)도 공고해졌다. 또한 진국 각성(시), 현, 향(촌)에서 각계 인민대표회의가 소집되었다.36)

따라서 과도시기의 총노선과 제1차 5개년 경제계획을 실천하기 위하여 반드시 진일보한 인민민주제도로서 국가체제를 완비하고 사회주의체제를 건립하지 않으면 안 되었다. 즉 신중국 성립 후 이미 국가의 경제가 회복되었기 때문에 중국인민정치협상회의에서 통과시킨 「중화인민공화국 중앙인민정부 조직법」이나 「공동강령」을 가지고 인민을 대표한 민주정부라고는 할 수 없었다. 더욱이 공동강령에 명시하기를 국가정권기관으로 인민대표대회와 각급 인민정부를 두고, 일률적으로 민주집중제를 실행한다고 하였다(12조와 15조).

이에 중앙 인민정부 위원회는 중공 당 중앙이 제의한 것을 근거로 1953년 1월 13일에 「전국인민대표대회와 지방각급인민대표대회소집 개회에 관한 결의」를 통과시키고, 1953년 3월에 인민보통선거에 의하여 탄생되는 각급 인민대표대회를 소집하고 이 기초위에 전국인민대표대회를 소집하기로 결정하였다. 이를 위하여 주은래를 주석으로 하는 중화인민공화국선거법 기초위원회를 조직하고 여기에서 초안된 「중화인민공화국 전국대표대회와 지방각급 인민대표대회 선거법」을 중앙인민정부 위원회에 넘겨 공포하였다.

선거법의 주 내용은 각급 인민대표의 정원에 관한 규정(인구수에 따라 다름), 선거주관 기구(선거위원회), 선거절차, 소수민족대표의 선거 등이 포함되었다. 그러나 민주제를 원칙으로 한다면서도 중국공산당과 민주당파 등에서 추천하여 출마자의 수는 당선자의 수와 같게 하는 즉 '낙선자가 없는' 등액선거(等額選擧)를 원칙으로 하였다.

「선거법」이 공포되면서 이를 위해 전국의 인구 조사가 필요하여 신중국의 인구조사는 이때 비로소 처음으로 실시하였다.37) 국가통계국은 소련이 실시한 1939년의 인구조사방법을 기초로 전국인구조사의 조직계획과 조사방안을 만들고, 1953년 6월 30일 영시를 조사등록의 표준시간으로 정하였다. 이때 200여 만 명의 전문요원이 동원되어 1954년 4월에 인구조사작업이 끝났다. 그 결과는 전국총인구수는 6억 193만 8,035명이었는데, 직접 조사표에 등록한 수는 5억 7,420만 5,940명(남자 51.82%,여자 48.18% 도시 13.26% 향촌 86.74%)이었고 나머지는 교통 불편 등으로 추정방법에 의한 것이었다.

이와 같은 인구조사를 근거로 12월부터 전국범위에서 보통선거가 시작되어 1954년 6월에 기층 인민대표대회의 대표 5,669,144명을 선출하였다.

그리고 기층대표의 선거 기반 위에 각 성, 시, 자치구의 인민대표대회가 소집되고 여기에서 전국인민대회 대표를 선출하였다. 여기에 군인대표와 애국화교대표를 추가하여 각 지역, 각 단위에서 선출한 전국인민대표의 수는 1,226명이었다.[38] 따라서 전국인민대표는 지역대표를 주축으로 직업대표를 보완하고 있으며, 의회제도의 단원제였다.

### 2) 제1기 전국인민대표대회의 개회

제1기 전국인민대표대회(全國人大로 약칭한다) 제1차 회의가 1954년 9월 15일에 북경에서 개막되어 28일에 폐막되었다. 참가한 대표는 1,211명으로 모택동(毛澤東), 주덕(朱德), 유소기(劉少奇), 송경령(宋慶齡), 이제침(李濟琛), 장란(張瀾), 주은래(周恩來), 임백거(林伯渠), 동필무(董必武) 등 97명을 대회 주석단으로 선출하였다. 이 회의에서 하여야 할 일은 헌법을 제정하고 중요한 법률을 제정하며 정부의 공작보고를 청취하고 심의하며 새로운 국가의 지도자를 선출하는 것이었다.

중앙 인민정부 주석 모택동은 개막식을 주재하면서 「개막사」에서 '이 회의는 위대한 역사적 의의를 갖고 있다. 이 회의는 중국 인민이 1949년 건국이래 새로이 얻은 승리와 새로운 발전의 이정표가 된 다'

고 하였다. 그리고 '우리들의 총임무는 전국 인민을 단결하고 우방의 지원을 얻어 하나의 위대한 사회주의 국가건설을 위하여 분투하고 국제평화의 보위와 인류의 진보사업 발전을 위하여 분투하여야 한다'고 지적하였다.39)

그리고 주은래는 중앙 인민정부를 대표하여 「정부공작(업무)보고」를 하였다. 여기에서 신중국수립 이래 5년 동안 정치, 경제, 문화교육과 외교방면에서 거두어들인 중대한 성과를 종합하고, 각종 활동 가운데 결점과 문제점을 지적하여 사회주의 개조와 사회주의 건설의 임무를 제기하였다. 동시에 반드시 모든 힘을 다하여 헌법에 정한 과도시기의 총임무를 실현하여야 한다고 지적하였다.

대회에서는 「정부업무보고에 관한 결의」를 통과시키고, 또한 중앙인민정부가 중국공산당과 모택동의 영도아래 5년 동안 기울인 노력과 얻은 성과에 대하여 만족을 표시하였다. 또한 「중화인민공화국 전국인민대표대회 조직법」, 「중화인민공화국 국무원 조직법」, 「중화인민공화국 검찰원 조직법」, 「중화인민공화국 지방각급인민대표대회와 지방각급인민위원회 조직법」 등 다섯 가지의 중요한 법안을 통과시켰다.

그리고 이 대회에서 모택동(毛澤東)을 중화인민공화국 주석, 주덕(朱德)을 부주석, 유소기(劉少奇)를 전국인민대표대회 상무위원회 위원장으로, 송경령(宋慶齡)·임백거(林伯渠)·이제침(李濟琛)·장란(張瀾)·나영환(羅榮桓)·심균유(沈鈞儒)·곽말약(郭沫若)·황염배(黃炎培)·팽진(彭眞)·이유한(李維漢)·진숙통(陳叔統)·달라이라마(達賴喇嘛)·단증가조(丹增嘉措)·새복정(賽福鼎)을 부위원장으로, 동필무를 최고인민법원 원장, 장정승(張鼎丞)을 최고인민검찰원 원장으로 선출하였다.

대회는 중화인민공화국 주석 모택동의 지명에 따라 주은래(周恩來)를 중화인민공화국 국무원 총리로 선출하고, 또 주은래의 지명에 따라 국무원 구성인원의 인선을 통과시키고 이를 근거로 모택동 주석이 임명하였다.40)

전국인민대표대회의 대표는 수가 많기 때문에 항상 전체회의를 소집하여 직권을 행사할 수 없었다. 이에 상설기구를 두고 전체회의 폐회기간에 회의를 소집하여 국가최고 권력을 행사하도록 하였는데, 이것이 전국인민대표대회상무위원회(전인대 상위회라 약칭)이다. 그 구성원은 주석단에서 대표 가운데 후보자를 확정하고 전국인민대표대회에 넘겨 선거로 뽑았다. 물론 후보자의 수는 구성원의 정원과 같은 수여서 등액선거이었다.

대체로 제1기의 경우 전국대표 1,226명이었는데 상무위원회는 위원장 1명, 부위원장 13명, 위원(부위원장 겸임) 65명으로 79명으로 이루어졌다.41) 전국인대상위는 전국인민대표대회에 속하여 전국대표대회에 공작(업무)보고를 하여야하며, 정부 기관의 공작(업무)을 감독할 권한을 갖고 있어 정부기관은 전국인대상위에 그 활동을 보고하여야 할 의무를 갖고 있었다.

### 3) 중화인민공화국 헌법의 제정과 국가 행정 제도의 확립

1953년 1월에 인민대표대회를 소집하기로 한 중앙 인민정부위원회는 선거법기초위원회의 구성과 함께 모택동을 주석으로 하는 중화인민공화국 헌법기초위원회를 구성하여 전국인민대표대회에서 중화인민공화국 헌법의 제정을 준비하게 하였다. 헌법기초위원회는 1954년 3월에 중공 당 중앙이 제출한 「중화인민공화국 헌법초안」을 접수하고 북경과 전국의 대도시에서 각 민주당파, 각 인민단체, 사회 각 방면의 대표 인물 8,000여 명과 토론을 진행하였는데, 약 5,000건에 달하는 수정의견이 제시되었다.

그리고 이를 기초로 헌법기초위원회가 수정하여 초보적인 초안의 기초를 완성하였다. 6월에 중앙 인민정부는 이 헌법초안을 전국 인민에게 넘겨 토론하게 하여 약 2개월 동안 1.5억 여 명이 토론에 참가하였다. 여기에서 나온 의견을 보충하여 9월에 중앙 인민정부 위원회에서 헌법초안을 통과시키고 이를 전국인민대표대회에 넘기기로 결정하였다.

전국인민대표대회가 개회되자 유소기(劉少奇)는 「중화인민공화국 헌법초안에 관한 보고」를 하였다.42) 여기에서 유소기는 헌법초안은 1백여 년이래 중국인들이 해왔던 혁명투쟁의 역사경험을 종합한 것이고, 또한 중화인민공화국성립이래 새로운 역사경험의 종합이라고 설명하였다. 결국 대회에서 서문과 4장 6조로 된 「중화인민공화국 헌법」을 통과시켜 건국이래 헌법과 같은 기능을 해왔던 「공동강령」을 대신하게 되었다.

헌법에서 신중국의 성격을 공인(노동자)계급이 영도하고 노동자와 농민연맹을 기초로 한 인민민주국가라 하였다. 그리고 일체의 권력은 인민에게 속하며 인민의 권력행사기관은 전국인민대표대회와 지방의 각급 인민대표대회라고 하였다. 그리고 사회주의 공업화와 사회주의 개조를 통하여 사회주의 사회를 건립하는 것을 명시하여 과도시기의 총노선과 총임무를 법률의 형식을 갖고 규정하였다.

제1기 전국인민대표대회에서 헌법이 제정되고, 국무원 조직법, 지방 조직법 등 법률이 통과되어 비로소 국가 행정제도가 정식으로 성립되었다. 즉 헌법에 중화인민공화국 국무원 즉 중앙 인민정부가 국가 최고 권력의 집행기관이며, 지방 각급의 인민정부가 지방 각급의 인민대표대회의 집행기관으로 지방 각급의 국가 행정기관이었다. 동시에 국무원 조직법과 지방 조직법에서 각급 국가 행정기관의 직권과 조직, 활동과 행정절차에 관한 규정을 명확하게 정해놓았다.

건국초기 공동강령에 의하여 조직된 중앙 인민정부의 규정에는 정무회의가 정무위원 과반수 출석에, 출석 정무위원의 과반수에 의하여 결정되었으며, 정무위원 1/3의 요청에 따라 개회, 또는 연기할 수 있었다. 그리고 정무원의 총리는 다른 정무위원과 함께 한 표밖에 행사할 수 없는 위원회 합의제였다. 그리고 인민정부에 속하는 4대 기구(인민혁명군사위원회, 최고인민법원, 최고인민검찰서와 함께)의 하나로서 정무원은 중앙 인민정부의 한 기관에 불과하였다.

그런데 국무원조직법이 제정되면서 국무원은 협의의 정부 개념으로 받아들여졌고 국가권력의 최고집행기관으로 전국인민대표대회와 상임위원회에 종속되어 그 책임을 져야하며 감독을 받고 업무를 보고할 의무를 지고 있었다. 그리고 정무원과 큰 차이점은 국방부를 설치하고 국방건설과 군사관리의 권한이 주어졌다는 점이다.

한편, 지방 각급의 인민정부도 국무원의 영도아래에 있는 국가 행정기관으로 국무원에 복종하여야 하며 그 명령을 집행하여야 되었다. 이에 따라 국가 행정 권력과 행정업무가 통일될 수 있었다.

헌법의 규정에 국무원은 총리 1명과 부총리 약간 명, 각부 부장, 각위원회 주임, 비서장으로 구성되었다. 이는 바로 정무원과 비교하여 구성원이 확대된 것이며 정무위원회와 같은 유형의 직무를 두지 않았다.

그리고 전국인민대표대회는 국가주석의 제청으로 국무원 총리를 선출하고, 국무원 총리의 지명으로 그 밖의 구성원을 선출하도록 하였다. 만일 인민대표대회가 폐회중일 때에는 상임위원회에서 부총리와 각부 부장, 각 위원회 주임, 비서장을 임면하도록 했다. 그리고 국무원의 임기는 4년으로 정하여 전국인민대표와 같게 하였다.

### 4) 중국인민정치협상회의 제2기 전국위원회 제1차 회의의 소집

제1기 전국인민대표대회가 개회된 다음에 1954년 12월 21일부터 25일까지 중국인민정치협상회의(정협으로 약칭) 제2기 전국위원회 제1차 회의가 북경에서 소집되었다. 회의에 참석한 사람은 전국의 각 민족, 민주당파, 각 인민단체, 외국의 거주하는 화교와 애국민주인사 대표로 모두 502명이었다.

이 회의가 소집되기 전에 각 민주당파, 각 인민단체 대표들은 정협의 조직문제에 대하여 여러 차례 협상하여 정협 제2기 전체회의를 소집할 필요가 없다고 동의하였다. 그러나 민주당파와 각 인민단체와 기타 단위에서 인선을 끝내고, 정협 제1기 전국위원회 상무위원회와 협상을 거쳐 확정한 후 직접 제2기 전국위원회를 구성하였다. 즉, 1954년 12월 4일에 정협 제1기 전국위원회 상무위원회는 확대회의를 개회하고 정협 제2기 전국위원회 명단을 토론하여 통과시켰다. 이 위원회는 29개 단위 559명으로 구성되었다.43)

정협 제2기 제1차 회의의 임무는 인민대표대회 제도가 실행 후 정치협상회의의 임무를 확정하는 것이었다. 전국정협의 주석인 모택동은 개막식을 주재하고 정협 부주석 주은래는 정치보고를, 정협 부주석 진숙통은 제1기 전국위원회의 활동을 보고하였다.

주은래는 정치보고에서 전국인민대표대회 제1차 회의가 소집되어 중국인민정치협상회의가 대행하였던 전국인대표대회의 직권은 이미 소실되었다 하고, 그러나 정협은 통일전선 차원에서 그대로 존재하여 그 역할을 해야 한다고 하였다. 그리고 이후 중국공산당의 영도아래 계속 전국 각 민족의 단결, 각 민주계급, 각 민주당파, 각 인민단체, 국외 화교와 기타 애국민주 인사의 인민민주통일전선 조직으로 그 역할이 필요하다고 하였다.44)

임무는 「중국인민정치협상회의 장정(초안)」 총강에 따르면 ① 국제협상 문제, ② 전국인민대표대회 대표와 지방 각급 인민대표대회 대표의 후보자 명단과 중국인민정치협상회의 각급 조직 구성원의 인선문제 협상, ③ 국가기관을 협조하여 사회의 힘을 움직여 사회생활 각 계급 상호간의 문제를 해결하며 인민 군중과 연대관계를 맺고 관계 국가기관에 군중의 의견을 반영하고 건의를 제출, ④ 정협 안의 내부 당파와 단체사이의 합작문제를 처리 협상, ⑤ 스스로 원하는 선에서 마르크스 레닌주의를 학습하고 사상개조를 하여야 한다고 하였다.

회의에서는 당시 형세와 임무를 활발하게 토론하고 주은래의 보고와 진숙통(陳叔通)의 보고에 동의하였으며, 또한 「중국인민정치협상회의 장정」을 제정하였다. 이 장정은 각 민주당파, 각 인민단체와 각계 애국민주인사가 공동으로 준수하여야 할 준칙이었다. 여기에서 정협의 성격을 전국 각 민족, 각 민주계급, 각 민주당파, 각 인민단체, 국외의 화교와 기타 애국민주인사의 인민민주통일전선의 조직을 단결시키는데 두고, 국가기관과도, 인민단체와도 다르며 당파성의 인민민주통일전선이라고 하였다. 그리하여 중국인민정치협상회의에게는 새로운 역사적 사명이 주어지게 되었다.

장정에 나타난 정협의 기본 임무는 중국공산당의 영도아래 계속 각 민주당파, 각 인민단체의 단결을 통하여 더욱 광범위하게 전국 각 민족, 인민의 단결을 가져와 공동으로 노력하여 곤란을 극복하고 헌법을 준수하며 위대한 사회주의 국가건설을 위하여 분투하는데 있다고 규정하였다. 조직형식은 전체회의, 전국위원회, 상무위원회의 3층 구조를 전국위원회 전체회의와 상무위원회의 2층 구조로 바꿨으며, 지방위원회도 2층 구조로 수정했다.

이 회의에서 정협의 임원을 새로이 개선하였는데 모택동을 명예주석으로 추대하고, 주은래가 주석, 송경령·동필무·이제침·장란·곽말약·팽진·장백균·심균유·황염배·하향응·이유한·이사광·진가경 등 16명을 부주석으로 선출하였다.

### 5) 소수민족 거주 지역에 대한 자치실시

중국은 56개의 민족으로 통일된 다민족 국가이다. 1953년의 인구조사에 따르면 한족을 제외한 소수민족은 3,500여만 명으로 전국 인구의 6%, 그들의 분포지역은 전국 총면적의 60%를 점하고 있었다.[45] 중국공산당은 민족문제에 관한 마르크스 레닌주의의 이론에 근거하여 중국의 실제 사정을 바탕으로 민족구역의 자치를 실시함으로써 민족문제를 해결하는 기본정책으로 삼았고 이는 또한 국가의 기본 정치제도 이었다.

즉 「중국인민정치협상회의 공동강령」에 중화인민공화국의 영토 안에서 각 민족은 일률적으로 평등하며 단결호조를 실행, 제국주의와 각 민족 내부의 인민공적을 반대하여 중화인민공화국을 각 민족이 우애 합작하는 대가정이 되게 한다. 대민족주의와 협의의 민족주의를 반대하고, 민족간의 차별과 민족간의 단결을 압박, 분열시키는 행위를 금지한다. 또한 각 소수민족 집단 거주지민족의 구역자치를 실행한다고 하였다.

이에 따라 정무원은 1952년 2월에 「중화인민공화국 민족구역 자치실시강요」를 제정하여[46] 각 민족자치구는 모두 중화인민공화국 영토와 분리시킬 수 없는 한 부분이며, 각 민족자치구의 자치기관은 중앙 인민정부의 통일된 영도아래에 있는 지방정권이 되며 또한 상급 인민정부의 영도를 받도록 되었다. 그리고 각 민족자치구의 경계선과 그 조정, 행정지위와 명칭의 확정은 직접 관련 있는 상급인민정부와 관련 민족대표가 협의하여 결정하고 상급인민정부의 승인을 받아야 하였다. 그리고 각 민족자치구의 인민정부 기관은 구역자치의 민족을 중심으로 이루어지며 적당한 수의 기타 소수 민족과 한족을 포함하여야 한다고 하였다.

이 강요의 주요내용은 1954년에 제정된 「중화인민공화국 헌법」에 포함되었다. 그리고 각급 민족자치지방(자치구, 자치주, 자치현)의 자치기관은 중앙 인민정부의 통일된 영도아래 일반 지방 국가기관의 직권을 행사하는 이외에 각항의 자치권리를 향유하였다. 즉 헌법과 법률 규정의 권한에 따라 지방의 재정을 관리하며, 국가의 군사제도에 따라 지방 공안부대를 조직하며, 각 지역 민족의 정치, 경제, 문화적인 특징에 따라 자치조례를 제정하며, 자기 언어와 문자를 발전시키고 사용하며[47] 풍속과 습관을 보존 또는 개량하도록 하였다.

현재 중국에는 5개의 자치구,[48] 30개의 자치주, 121개의 자치현(기)이 있고, 1272개의 민족향이 있다.

## 5. 중국공산당의 신 3반투쟁, 반당(反黨)진압과 8전 대회

### 1) 신3반(新3反) 투쟁

과도시기의 총노선과 국민경제를 발전시킬 제1차 5개년계획을 실현시키기 위하여 당은 영도방법을 개선하여 당과 군중과 밀접한 관계를 맺어야 하였다. 이를 위해 좋은 조건과 분위기를 조성해야 했는데 실제적으로는 그렇지 못하였다. 1952년의 3반운동은 기본적으로 중앙, 대행정구, 성시와 전국의 4급 공직자들의 탐오와 낭비문제를 해결하였으나 관료주의 문제는 여전히 남아있었다.

많은 공직자들은 책상에 앉아 결의를 쓰고 지시를 하달하는 자리에 연연하면서 하급기관으로 내려가 실제적인 사정을 이해하고 검증하려 하지 않았다. 인수인계 때에도 임무의 완성만 강조하고 정책의 한계와 업무의 성질에 대하여는 제대로 인계해 주지 않아 군중의 어려움을 이해하려거나 관심을 두지 않았다. 좋은 일한 사람을 격려해 주지도 않았지만 나쁜 일한 사람도 처벌하지 않았다. 그러나 공직자의 잘못을 비판하는 사람에 대하여는 철저하게 보복 탄압하여 심지어 죽은 사람도 있었다.

이러한 상황은 관료주의를 심화시키고 또한 기층 간부들의 명령주의와 법을 어기고 기율을 문란 시켰다. 이러한 상황이 만연되자 1953년 1월에 모택동은 중공 당 중앙을 위하여 「관료주의, 명령주의, 법을 어기고 기율을 어지럽히는 것을 반대」한다는[49] 당내 지시를 기초하였다.

이에 당 중앙과 모택동의 지시에 따라 각급 당 조직에서는 회의를 소집하여 신3반 투쟁을 전개하고자 구체적인 계획을 수립하게 되었으며, 점차 전국적인 운동으로 확산되었다. 즉 크게 문제가 되는 것은 위에서 아래로 조사를 진행하고, 아래에서 위로 투쟁을 전개하여 나쁜 일과 나쁜 사람을 밝혀낸 다음 전형적인 사례를 확실히 잡아 이를 가지고 처리하도록 하였다. 동시에 이를 기화로 간부들에게 교육을 시켰다.

모택동은 1953년 3월 19일에 농촌공작에서 임무가 많고, 회의와 집단훈련이 많고, 공문 보고가 많고, 조직이 많고, 열성 공직자의 겸직이 많음(이를 5다(多)라 함)을 지적하면서 당 중앙을 위하여 「5다문제(多問題)의 해결」에 관한 당내 지시를 기초하였다.[50] 여기에서 신3반투쟁을 전개하는 가운데 영도기관의 관료주의와 분산주의를 극복하고 과거에는 필요하였다 하더라도 현재에 필요하지 않은 것은 과감하게 고쳐나가야만 5다문제가 해결된다고 하였다. 그러면서 농촌공작은 농업 생산량을 증가시키는데 있는데 오히려 방해가 된다면 이것은 피하여야 한다고 하였다.

신3반 운동은 1954년 봄에 정당(整黨)과 동시에 끝났다. 신3반 투쟁을 거쳐 각급의 간부들의 근무태도와 작풍은 큰 변화를 가져왔다. 그리고 이러한 변화가 과도시기 총노선과 국민경제 1차 5개년계획을 순조롭게 진행시킬 수 있게 되었으며 목표를 초과달성할 수 있는 조건을 만들었다.

### 2) 고강(高崗)·요수석(饒漱石)의 반당연맹(反黨聯盟)음모[51]

1953년, 당 중앙과 중앙 인민정부는 제1기 전국인민대표대회와 당의 제8차 전국대표대회의 소집을 준비 중에 있었다. 그리하여 당과 국가의 중앙 영도기구를 조정하여 사회주의 개조를 강화시켜 과도시기 총노선을 실현하려고 하였다. 이때 고강과 요수석이 혁명에 공이 있음을 내세워 당과 국가 최고 권력을 찬탈하려는 음모를 꾸몄다.

고강은 1926년에 중국공산당에 입당하여 1928년에 섬감녕(陝甘寧) 혁명근거지 창설에 참여하였으며, 1945년에 동북으로 전보되었다. 그는 원래 중공 당 중앙정치국 위원, 중공 당 중앙동북국 서기, 중화인민공화국 중앙 인민정부 부주석이었다. 1949년부터 동북국 서기, 동북행정위원회 주석, 동북군구 사령관 겸 정치위원이란 대권을 이용하여 모택동 중심의 당 중앙의 당직자들을 모함하고 당의 분열을 진행시켰다. 특히 그의 배후에는 동북지방을 주목하고 있는 소련과 관련이 있었다.52)

그리고 동북은 특수하다느니 앞섰다느니, 일관되게 정확하였다라는 등의 이유로 당 중앙의 지시와 결의를 집행하려고 하지 않고 이를 거절하였다. 또한 당 중앙의 동북지구에 대한 공작의 검사와 비평에 대항하여 당원들에게 동북공작의 결점을 누설하지 못하도록 하여 동북지역을 마치 고강 왕국으로 만들었다.

요수석은 1925년에 중국공산당에 입당하여 1943년부터 1953년까지 10년 동안에 여러 차례 영도권을 장악하려 하였다. 그는 1943년에 신사군의 지휘권을 탈취하기 위하여 신사군 군장인 진의(陳毅)를 모함하고, 1949년 이래 화동지구의 대권을 독점하고자 여러 가지로 노력하여 마침내 화동군정위원회 주석의 직을 차지하게 되었다.

요수석도 고강과 마찬가지로 상해의 상황을 들어 특수하다는 등의 이유로 중앙의 지휘와 감독에 대항하고 당의 노선과 정책 집행을 거부하여 화동지역을 그 자신의 독립왕국으로 만들려 하였다.

그런데 고강과 요수석은 1953년에 중앙으로 전보되어, 고강은 국가계획위원회 주석, 요수석은 조직부 부장이 되었다. 이들은 중앙으로 자리를 옮기게 된 것을 불만스럽게 여기고 사람들에게 말하기를 호랑이를 산에서 떠나라고 한 것과 같다고 불평하였다.

고강은 국가계획위원회 주석이 된 이래 자칭 경제내각을 조직하고 중앙 인민정부 정무원과 대항하여 당의 중앙 영도아래에 있는 국가기관을 분열시키고자 하였다. 심지어 그 자신이 당 중앙 총서기, 혹은 부주석과 정무원 총리직을 맡으려 하였다. 요수석도 직접 유소기와 당 중앙의 활동을 반대하고 고강의 활동을 지지하여 그와 함께 하려고 하였다.

이와 같은 음모와 사실이 밝혀지자 등소평(鄧小平), 진운(陳雲)은 즉시 모택동에게 고강의 음모를 알렸다. 모택동은 12월 24일에 소집된 중앙정지국회의에서 고강 등이 지하사령부를 조직하고 많은 사람을 타도하려 한다면서 정치국에서 「당의 단결 증강에 관한 결의」를 기초하여, 중공 당 7기 4중전회에 넘기자고 건의하였다.53)

### 3) 중공 당 7기 4중전회

중공 당 7기 4중전회의는 1954년 2월 6일부터 10일까지 중공 당 중앙위원 35명과 후보중앙위원 26명 이외에 당, 정, 군과 인민단체의 책임자 52명이 참석한 가운데 개회되었다. 당시 모택동은 휴가 중이어서 불참하여 유소기가 그의 부탁으로 중앙정치국의 보고를 하였다. 그리고 모택동의 의견에 따라 유소기 등 당 지도자들은 그동안 범한 자신들의 과오를 자아비판 하였다.

한편, 주덕·주은래·진운·등소평 등 44명이 발언하여 고강과 요수석의 반당 분열활동을 비판하였다. 그리하여 「당의 단결 증강에 관한 결의」를 통과시켰다.54) 이 결의에는 전당의 고급 간부들에게 다음의 6조를 반드시 준수하도록 요구하였다. 즉 ① 당의 단결 이익이 모든 것보다 우위에 있다. ② 당의 단결을 공고히 유지하기 위하여 자기 언론과 행동의 표준이 있어야 한다. ③ 당의 단결에 오직 중심은 반드시 당 중앙이며 어떤 지역, 어떤 부문의 당 조직과 공작은 중앙의 통일 영도아래 전체 당과 그 공작의 일부로 보아야 한다. ④ 중앙의 통일 영도를 방해하고 당의 단결과 위신에 손해를 주는 언론과 행동을 반대한다. ⑤ 민주 집중제와 집단 지도체제의 원칙을 엄격히 준수하고 분열주의, 개인주의, 개인숭배를 반대한다. ⑥ 전당의 고급간부는 중요한 정치활동과 정치의견을 그가 소속된 당의 조직을 통하여 보고, 반영한다고 하였다. 그리고 결의에서는 마지막으로 당의 중앙위원회와 성, 시위원회 이상의 책임자와 무장부대 고급 책임자의 단결이 전당 단결의 관건이라고 강조하였다.

중공 당 7기 4중전회와 여기에서 통과된 결의는 고강과 요수석의 반당 활동에 타격을 주었고, 모택동을 중심으로 하는 당 중앙을 보위할 수 있게 되었으며 당의 단결과 통일을 지켜나가게 되었다. 그리고 과도시기의 총노선을 실현하고 인민민주 독재를 공고히 하는데 중요한 의의를 지녔다.

그런데 고강과 요수석은 중공 당 7기 4중전회 기간 동안 조금도 자성하지 않았다. 1954년 2월 중순경에 중앙서기처의 결정에 근거하여 중앙위원과 후보중앙위원이 참석한 가운데 고강·요수석 문제에 관한 두 차례의 좌담회를 개최하였다. 주은래(周恩來)가 주재한 고강 문제 좌담회와 등소평(鄧小平), 진의(陳毅)가 주재한 요수석 문제 좌담회에서 이들의 반당 음모 사항을 확인하였다.

이때 고강은 자기 잘못을 인정하지 않았을 뿐만 아니라 당에 대하여 불만을 표시하고 자살하였다. 한편, 요수석은 혐의 사실 가운데 무거운 것은 회피하고 가벼운 것은 인정하면서 조금도 회개하지 않고 오히려 당에 대하여 공격적인 태도를 취하다 결국 고강과 함께 당에서 제명되고 장기간 조사를 받다가 정신분열증으로 1965년에 가석방되었다. 그러나 뒤이어 문혁시기에 재수감되어 1975년에 급성 폐염으로 사망했다.55)

그리고 요수석에 연루되어 상해시 부시장 반한년(潘漢年)과 공안부장 양범(梁帆)이 체포되었다. 전자는 국공담판에서 중요한 역할을 하였는데 중요사항을 당에 보고하지 않아 국민당에 투항했다는 것이며, 후자는 국민당의 정보원들을 비호하였다는 구실이었다.56)

### 4) 사회와 기관의 진반(鎭反) 숙반(肅反)운동

신중국 성립 초에 반혁명 세력을 진압하기는 하였으나 잔여 반혁명분자들은 다시 고개를 들기 시작하여 사회주의 건설과 개조에 파괴적인 활동이 나타났다. 1954년에 전국의 광업, 공업기업 가운데 반혁명 파괴사고가 340여 차례나 일어났다. 또 이 한 해 동안 전국적으로 암살사건만 6,300여 건이나 일어나 간부, 일반인들이 8,300여 명 살해되고, 안휘·호북·절강·광동·사천 등 13개성에서 여덟 차례의 반혁명 폭동이 일어났으며 19차의 소요가 있었다.

따라서 당과 인민정부는 이에 대한 필요한 소치를 취하지 않을 수 없었다. 1955년 5월 14일에 당 중앙은 반혁명분자와 각종 범죄자에 대한 철저한 투쟁지시를 내렸다. 사회 진반운동의 중요한 대상은 사회주의 건설과 사회주의 개조를 반대하고 파괴하는 반혁명분자로 이들을 숙청하는 것이었다. 이렇게 하여 사회질서가 진일보 안정되고 인민민주 독재를 공고히 하게 되었다.

사회진반(社會鎭反)이 시작된 후 중공 당 중앙은 1955년 7월 1일에 「숨어있는 반혁명분자 숙청의 전개에 관한 지시」를 내려[57] 숙반 투쟁의 필요성을 강조하고 목적을 설명하였다. 그리고 숙반 공작을 전개하는 구체적인 부서를 정하였다.

숙반 공작은 처음부터 당 중앙과 모택동의 직접 지휘아래 전당과 군중을 동원하여 진행하였다. 특히 모택동은 숙청을 강조하면서 편파적이지 말고 좋은 사람이 억울한 일을 당하지 않도록 주의하면서 반혁명문제와 정치 역사문제를 구분하게 하였으며 중간과 낙후된 상태의 군중을 동원하는데 주의하였다. 왜냐 하면 중간과 낙후된 군중들은 반혁명분자들에게 항상 쉽게 이용당할 수 있었기 때문이다.

숙반운동은 기관에서 일하는 전국 3천여 만 명의 봉급을 받는 인원을 몇 그룹으로 나누어 단계적으로 실시하였다. 첫 번째 그룹은 중앙과 성·시의 양급 당정(黨政)과 군대의 지휘기관에 대하여 진행하였는데, 당과 국가기관의 해로운 부분을 정리하고, 두 번째 그룹은 현·구 양급의 기관 간부와 광산과 공장단위의 직공과 중소학교의 교직원이 대상이었으며, 세 번째 그룹은 현·구의 부속단위와 소학교 교사와 분산된 소형의 공장 기업단위에서 진행하였다. 네 번째 그룹은 소학 교원, 향촌 간부와 공사합영 기업의 관리 직원과 노동자를 대상으로 하였다.

숙반작업은 준비를 거쳐 소조투쟁, 전문소조의 선별 확정, 재심의 단계로 이루어졌으며 세 번째 그룹까지는 대체로 1957년에 기본적으로 종결되고, 네 번째 그룹은 수가 많아 1958년에 끝마쳤다.

이러한 결과 1957년 말까지의 통계에 의하면 10여만 명의 반혁명분자와 기타 파괴분자를 색출하였는데, 그 안에는 이미 입당한 당내 인물이 5천여 명, 공산주의 청년단에 입단한 사람이 3천여 명이었다. 중앙 국가기관에서도 반혁명분자를 색출하였는데, 그 수는 220여 명이었다. 이때 이대조(李大釗), 진담추(陳潭秋), 모택민(毛澤民), 이조린(李兆麟) 등 혁명의 선구자를 가해한 자들이 모두 색출되었다. 이로서 사회주의 개조에 장애요인들이 제거되고 안전하게 사회주의 건설을 전개할 수 있게 되었다.

## 5) 중공 당 제8전대회

### (1) 지식인문제 회의와 모택동의 10대 관계를 논함

사회주의 건설의 발전을 촉진시키기 위하여 반드시 과학기술을 발전시켜야만 하였으며 그렇게 하기 위하여 지식인들이 충분히 그 역할을 발휘하여야 하였다. 이를 위하여 1956년 1월 14일부터 20일까지 당 중앙은 지식인 문제회의를 소집하였다. 회의에 참가한 사람은 중앙과 각 지방에서 각 분야의 책임자 1,279명이 참가하였다.

주은래는 「지식인 문제에 관한 보고」에서 ① 지식인들은 이미 각 방면 생활에서 중요한 요소로서 사회주의 건설사업의 또 다른 하나의 힘이다. 혁명은 지식인을 흡수하여야 하고 건설은 더욱 지식인을 흡수하여야 한다. 사회건설은 육체적인 노동과 정신적인 노동의 합작에 의존하여야 하므로 노동자, 농민, 지식인의 형제연맹에 의지하여야 한다. ② 지식인의 면모에 근본적인 변화가 일어나 대부분은 국가의 공무원이 되었으며 사회주의를 위하여 봉사하므로 노동자계급의 일부분 이다. ③ 현재 지식인이 문제가 되는 것은 지식인들이 종파주의적 경향을 띄고 있으며 정치적으로 낮게 평가받고 그들 스스로가 노동자계급이라는 것을 인식하지 못하고 있다. 그러므로 지식인에 대한 정책에서 당의 영도가 적극적이지 못하였다고 지적하였다.58)

회의의 마지막 날에 모택동은 전당은 노력하여 과학지식을 배우고 당외의 인사들과도 일치단결하여 함께 신속히 선진 세계 과학의 수준에 도달할 수 있도록 분투하자고 하였다.59) 모택동은 지식인들이 창조력과 능동성을 고도로 발휘할 수 있도록 하기 위하여 1956년 4월 28일의 중앙정치국확대회의 상에서 예술상의 백화제방(百花齊放), 학술상의 백가생명(百家爭鳴)을 중공 당의 방침으로 정하여야 한다고 하였다.60) 이와 같은 모택동의 의지는 5월 2일의 최고국무회의석상에서도 이 방침을 재천명하여 이후 이른바 쌍백(雙百)의 방침을 적극 관철하게 되었다. 이 회의는 건국이래 제일 규모가 큰 지식인의 회의로서 지식인들을 사회주의 사업에 헌신할 수 있도록 고무시켜 주었다.

신중국은 사회주의 개조를 하면서 소련에서 나타나고 있는 결점과 착오에 대하여 주의하기 시작하였다. 특히 1956년 2월에 소련공산당 제20차 대회에서 흐루시초프(Khrushchev, N.)가 스탈린{Stalin, J.)을 비판하게 되자 소련의 경험을 거울로 삼아 중국에게 적합한 사회주의의 길을 모색하여야 하였기 때문에 반드시 해결하여야 할 문제를 찾아내야 하였다. 모택동은 4월 25일에 중앙정치국 확대회의에서 「10대 관계를 논함」이란 보고를 하고 계속하여 5월 2일에 국무회의석상에서 이에 대하여 부연 설명하였다.61) 그 내용은 경제관계가 5개, 정치관계가 4개, 대외관계가 하나로 다음과 같다.

(1) **중공업과 경공업, 농업과의 관계** : 농업과 경공업을 발전시켜 중공업을 발전시키고 공업현대화를 실현하여야 한다.

십대관계를 논함을 널리 알리기 위하여 보급한 레코드판

(2) 연해공업과 내지공업의 관계 : 균형 있는 배치가 필요하며 신설 공장은 내지에 건설하여야 한다. 그러나 발전된 연해공업의 바탕을 이용하여 연해공업의 발전을 가지고 내지공업을 지지할 수 있다.

(3) 경제건설과 국방건설의 관계 : 경제건설의 기초위에 국방을 건설하여야 한다.

(4) 국가, 생산단위와 생산자 개인관계 : 세 방면의 이익을 다 함께 고려하여야 한다.

(5) 중앙과 지방과의 관계 : 중앙의 통일된 영도를 공고히 하는 전제아래 지방의 권력을 확대하고 독립성을 더 주어야 한다.

(6) 한족과 소수 민족의 관계 : 각 민족의 단결을 공고이하도록 공동 노력하여야 한다.

(7) 당과 다른 당과의 관계 : 오랜 동안 공존할 수 있고 서로 감독할 수 있어 다당제가 좋다고 할 수 있다.

(8) 혁명과 반혁명의 관계 : 과거에는 진압(鎭壓)이 필요하였고 지금에는 숙반(肅反)이 필요하다. 이후의 사회 진반(鎭反)은 적게 잡아들

이고 적게 죽이며, 기관의 숙반도 죽이지 않고 적게 잡아들이며 부정적 요소를 긍정적 요소로 바꾸는 것이다.

⑼ 시비관계 : 당내외 시비를 분명히 하여야 한다. 시비를 분명히 한 기초위에 잘못한 동지에 대하여는 먼서 징계히고 병을 고쳐 사람을 구하여야 한다.

⑽ 중국과 외국과의 관계 : 외국의 것을 많이 배워야 할 것이다. 그러나 반드시 분석하고 비판하면서 배워야 하지 맹목적으로 배워서는 안 된다.

이 「10대 관계의 논함」이란 그동안 사회주의 개조 상에 나타난 경험을 종합하고 앞으로의 방향을 제시하는 중요한 의미를 갖고 있다. 즉 곧 소집될 중국공산당의 8전 대회를 사상적 이론적으로 준비한 것이다.

⑵ 중공 당 8전 대회

중국공산당은 10월에 소집된 7기 6중전회에서 1956년 하반기에 8전 대회를 소집한다고 결정한 것에 따라 1956년 9월 15일부터 27일까지 북경에서 출석대표 1,026명이 1,073만 명의 당원을 대표하여 제8차 전국대표대회를 소집하였다. 그리고 여기에는 세계 58개국의 공산당과 노동당의 대표들이 초청받아 참가하였다.

이 대회는 당 7전대회이후 11년 만에 소집된 것으로 중국공산당이 집권당으로서 첫 번째로 소집한 회의였다. 즉 사회주의 개조가 기본적으로 완성되었다고 보고 당이 앞으로 맞이하게 될 새로운 노선을 결정하기 위한 것이었다. 때문에 모택동은 개막사에서 대회의 임무를 '7전대회 이래의 경험을 종합하고 당 전체가 단결하여 위대한 사회주의 중국을 건설하기 위하여 분투하자'고 하였다.62) 대회의 주요 의제는 당 중앙위원회의 정치보고, 당장의 수정에 관한 보고, 국민경제발전 제2차 5개년 계획에 관한 건의, 당 중앙위원회의 선거와 보고에 관한 결의였다.

중공 당 8전 대회에서는 다음과 같은 점이 제기되었다. 무산계급과 자산계급의 모순은 이미 없으나 인민들은 경제문화의 발전에 따라 불만족의 모순이 있으므로 당과 전국 인민의 임무는 모든 힘을 집중하여 사회 생산력을 발전시키고 국가의 공업화를 실현한다는 것이다. 그리고 제2차 5개년계획에서 농업의 발전에 주의하여야 한다는 점과 집정당은 당의 민주집중제와 집단 지도체제를 견지하여야 한다고 강조하였으며, 이론과 실제의 연계를 강조하고 실사구시(實事求是)를 사상의 원칙으로 삼아야 한다고 하였다. 특히 주은래는 합리적으로 국민경제의 발전 속도를 규정하여야 하며, 국민경제는 비교적 균형있게 발전되도록 해야 한다고 하여 1956년 5월에 중공 당 중앙이 제출한 반보수, 반모진 즉 종합적으로 안정적으로 발전하는 경제건설 방침을 견지하였다.

따라서 중공 당 8전 대회는 당의 사업 중심을 혁명에서 건설로 전환하였으며, 당은 정치상, 사상상, 조직상, 경제건설상 정확한 방침을 정한 셈이다. 그리고 단결만이 힘을 응집시키고, 긍정적인 요소를 동원하여 사회주의 강국을 건설하는 것이 당의 임무라는 것을 제출하였던 점에서 의의가 있는 대회였다.

이처럼 당 8전대회의 노선이나 방침은 정확한 것이었으나 부족한 면도 있었다. 예를 들면 노동자계급과 자산계급 사이의 모순은 이미 기본적으로 해결되었다든지, 개인숭배의 반대문제를 정확하게 제출하지 못하여 당내 민주제를 튼튼하게 형성하지 못하게 한 점 등이 그것이다.63)

대회는 마지막으로 모택동, 유소기, 임백거, 등소평 등 97명을 중앙위원으로, 그리고 73명의 후보위원을 선출하여 새로운 중앙위원회를 구성하고 뒤이어 중공 당 8기 1중전회의에서 모택동을 중앙위원회 주석, 유소기・주은래・주덕・진운을 부주석, 등소평을 총서기로 선출하여 이후 당을 이끌어 나가도록 하였다.

# 6. 제1차 5개년 계획과 사회주의 개조의 기본 완성

## 1) 전국재경공작회의(全國財經工作會議)의 소집

1953년 상반기에 과도시기의 총노선(總路線)을 실천하여 나가는 과정에 재정경제상에 착오가 일어났다. 건국이래 집행해 오고 있는 상공업 세법은 기본적으로 여러 가지 종류의 세를 여러 차례에 걸쳐 징수하도록 하였는데, 국민경제가 회복되고 발전되면서 새로운 변화가 나타나 세원이 영향을 받고 세수가 감소되었다.

그 결과, 재정예산은 1953년 6월말에 이미 21억원의 적자가 나타나 이러한 착오를 바로잡기 위하여 중공 당 중앙은 1953년 6월 14일부터 8월12일까지 전국재경공작회의를 소집하였다. 이 회의는 주은래(周恩來)가 주재하였는데, 그는 모택동(毛澤東)의 과도기 총노선을 전달하고 또한 이에 관하여 해설하였다.

회의는 총노선의 정신에 근거하여 지금까지 4년 동안의 경제건설 가운데 나타난 경험과 교훈을 종합 토론하고 재정, 세수, 상업, 식량, 은행 등 각 부문별로 이후의 방침과 임무를 제기하였다. 재정은 대규모 경제건설의 수요에 적응하기 위하여 공급재정에서 건설재정으로 전환하고 중앙의 영도아래 재정제도를 확립하였다. 세수는 가능한 한 계수를 늘리도록 하나 각 계급의 수입을 조절하여 공농연맹을 공고히 하는데 유리하도록 하여 세수가 사회주의를 보호하고 또한 이를 발전시킬 수 있도록 하였다. 상공업에 대하여 도시와 향촌의 호조를 확대하여 시장을 안정시키고 농공업의 생산발전을 촉진시켜 이로부터 합리적 이윤과 국가의 세수를 늘릴 수 있도록 하였다.

이 회의는 당의 고급 간부들에게 사상적으로 총노선을 인식케 하는 중요한 회의이었으며, 또한 국가계획의 경제건설과 사회주의 개조를 전면적으로 실시하려는 중요한 시점에서 실제 공작 가운데 나타난 착오를 바로잡게 해 주는 의의 있는 회의였다. 이 회의 중요성에 대하여 1953년 11월에 모택동은 어느 담화에서 '총노선의 문제는 7, 8월사이의 재경회의(財經會議)가 없었다면 많은 동지들이 해결하지 못하였을 것이다' 라고 강조했던 것을 보아도64) 그 의의를 알 수 있다.

### 2) 제1차 5개년 경제계획

과도시기의 총노선과 총임무에 따라 소련의 경제건설방법을 배워 국민경제 제1차 5개년(1953-1957)계획을 입안하였다. 즉 이 계획의 집행은 총노선을 실현하는 중대한 걸음이며 대규모로 계획적인 사회주의 건설의 시작이기도 하였다.

사실 이 계획을 세우기 시작한 것은 이미 1951년 봄부터였다. 그리고 중공 당 중앙의 지도아래 주은래, 진운, 이부춘 등이 경제발전의 실제적 상황과 소련의 경제건설 경험을 참조하여 수정과 보완을 거듭한 끝에 1952년 2월에 방안이 확정되었다. 그러나 실질적으로 그 시작은 1949년 12월에 모택동이 소련을 방문하였을 때 스탈린으로부터 소련의 자금과 기술을 지원받기로 하고 1950년에 중·소 우호동맹호조조약을 체결함과 동시에 차관협정을 체결하여 1차로 50개 항목을 지원받기로 확정되면서 비롯되었다. 집행과정에서 한 항목이 취소되고 2개 항목이 합쳐져 47개 항목이 집행되었는데, 36개 항목이 중공업 중심으로 동북지방에 집중되어 있었다.65)

이 계획의 주 내용은 소련이 중국을 지원하기로 한 50개 항목을 포함하여 모두 156개의 건설 항목을 중심으로 삼았다.66) 그리고 한도액 이상을 정한 694개 건설항목으로 구성된 공업건설로서 중국의 사회주의 공업화의 초보적인 기초를 건립하는 것이다.67) 그리고 부분적인 집체소유제의 농업생산합작사를 발전시키고, 또한 수공업 생산합작사를 발전시켜 농업과 수공업의 사회주의 개조의 기초를 건립하는데 있었다. 그리고 이렇게 함으로써 국민경제 가운데 사회주의 성분이 보이지 않게 성장하여 생산발전의 기초위에 인민의 물적, 문화생활의 수준을 높이는데 있었다.68)

이 계획의 중심은 중공업이 중심된 기본적인 공업의 건설이었다. 따라서 기본건설 투자 가운데 공업부문이 58.2%를 점하고 있다. 이 가운데 생산재 생산 공업의 투자가 88.8%, 소비재 생산공업 투자가 11.2%를 차지하고 있는 것으로 보아도 중공업에 역점을 두었음을 알 수 있다. 공장 건설은 694개 가운데 222개가 동북과 연해 각 지역에 건설되었다. 이것은 이들 지역이 원래부터 공업의 기초가 있었기 때문이었다.

또한 이 계획은 농업과 수공업의 사회주의 개조를 적극적으로 진행하고, 자본주의 상공업의 사회주의 개조도 포함하고 있으며 교통운수, 체신과 전신, 무역의 발전과 물자비축에 관한 내용도 포함하고 있다. 투자배분을 살펴보면 공업이외에 농업, 임업, 수리부문이 7.6%, 운수, 체신, 전신부문이 19.2%, 무역, 은행, 물자비축이 3%, 문화와 교육 위생부문이 7.2%, 도시공공사업 건설이 3.7%, 기타가 1.1%를 점하고 있었다.

### 3) 소련의 자본과 기술 원조

제1차 5개년계획은 소련의 협조에 의하여 초안되었으며 소련의 재정과 기술상의 원조아래 이루어진 것이다.69) 그러므로 초기 소련의 5개년 계획과 비교하여 중국도 소련처럼 쾌속으로 공업화를 추구하였다. 그러나 중국이 안고 있는 어려움은 소련보다도 심각했다. 즉 중국의 개인 농업과 공업의 평균 생산액은 대단히 낮았으며 투자의 시간이나 공급도 큰 차이가 있었다. 여기에 중국의 인구밀도와 증가율은 대단히 높아서 공업성장의 목표를 달성한다는 것은 쉽지 않왔다.

신중국을 수립한 중공의 지도자들은 스스로 해방의 길과 토지개혁의 방법을 창조하였지만 정권을 획득한 다음에는 어쩔 수 없이 소련의 경험과 설계를 모방하여 사회주의 발전의 책략을 취하지 않으면 안 되었다. 때문에 신문에서도 소련의 공업화 길이 바로 중국이 가야할 길이며, 또한 반드시 따라가야 하는 길이라고 하였다.

그 이유는 소련이 첫 번째의 사회주의 국가일 뿐만 아니라 낙후된 농업 국가를 하나의 선진된 공업국가로 개조하는데 성공하였으며, 그 과정도 한 세대 안에 완성시켰기 때문이다. 또한 소련도 중국의 공업화를 전적으로 원조하겠다고 했기 때문이다. 중공은 비록 농촌에서 풍부한 경험을 갖고 있었으나 도시의 관리나 대규모의 공업을 일으키는 것에 있어서는 완전히 문외한이었다. 그러므로 소련의 원조가 아니면 감히 엄두도 내지 못할 입장이었다.

특히 제1차 5개년 계획에 있는 156개 단위의 공업건설은 소련기술자 1만 4천명의 협조아래 가능한 것이었으며 소련은 중국을 대신하여 대학정도의 학력을 갖춘 기술자와 과학자 6천 명을 훈련하였으며, 소련의 공장에서 중국인 노동자 7천 명이 직업훈련을 받았다.

당시 소련 강철공업의 기술은 세계적인 수준이었기 때문에 안산강철공장(鞍山鋼鐵工場)의 건설이 48개 항목으로 전체 156개 항목의 1/3을 차지한 것도 이와 관련이 있었다. 소련은 1951년부터 5년 기간의 훈련과정을 만들어 5천 명의 기술 인력과 3만 명의 강철 노동자를 훈련시켜 1957년에는 중국도 선진적인 강철기술을 갖게 되었다.

이밖에도 제1차 5개년계획아래 기계공업, 금속야철, 에너지, 화학공업 등의 발전이 소련의 기술원조로 완성된 것이었다. 그러므로 소련의 원조는 중국의 공업화를 빠른 속도로 발전시키는데 절대적인 도움을 주었다. 그 도움이란 자금의 지원뿐만 아니라 과학기술 교육에서 공장건설 설계, 생산공정 설계 심지어는 계획, 예산, 경영계통까지 제공하였다.70)

그러나 소련도 한계가 있었다. 소련 역시 제2차 대전의 전쟁에서 겨우 회복된 형편이어서 1950년부터 1956년까지 중국에 제공된 4억 3천만 달러도 단기 저리차관이었다. 때문에 소련의 원조는 제1차 5개년계획의 총 투자액에서 불과 3.1%밖에 되지 않았다.

### 4) 제1차 5개년계획의 성과와 검토

제1차 5개년계획의 성과는 신민주주의에서 사회주의로 전환을 성공적으로 실현시켜 노동인민의 사유제와 민족자산계급의 사유제를 집체소유제와 전민소유제로 고쳤다. 그리고 계획된 생산과 건설지표를 초과달성하였다.

대체로 1953년부터 1957년까지 경제의 성장비율을 살펴보면 다음 표와 같다.

1952년과 1957년의 경제성장 비교(%)[71]

| 구 분 | 1952/1957 | 1953 | 평균성장률 | 계획초과 |
|---|---|---|---|---|
| 사회총생산액 | *** | 70.9 | 11.3 | ** |
| 국민소득 | /908 | 53.0 | 8.9 | ** |
| 공, 농업총생산액 | *** | 67.8 | 10.9 | ** |
| 공업총생산액 | 343.2/783.9 | 128.6 | 18.0 | +3.3 |
| 농업총생산액 | 484.0/604.0 | 24.8 | 4.5 | +0.2 |

제1차 5개년 계획기간 공업의 고속 성장은 국민경제의 구조를 체계적으로 정비하는데 중요한 작용을 하였다. 그리고 공업과 농업이외에도 1957년은 1952년과 비교하여 건축업은 107%, 운수업은 71.4%, 상업은 65.5%가 증가하여 평균 매년 10%이상의 성장을 보였다.

그러나 제1차 5개년 계획의 실시결과 몇 가지 모순, 문제점이 표면화 되었다.

첫째, 고도로 중앙 집권화된 행정구조이다. 초기 실천단계에서는 효과적인 구조가 될 수 있었으나 경제 규모가 확대되고 다양화되고 각종 경제 구성요소의 비율에 변화가 매우 빠르게 일어나면서 중앙의 지령하나로서는 운영이 어려워지게 되었다.

둘째, 공업발전과 농업발전의 불균형이었다. 즉 농업생산이 낮아 공업화의 방해요소가 되었다. 제1차 5개년계획기간에 농업은 국가 재정수입의 54-58%를 차지하였고 경공업 원료의 약 80%, 수출은 75%를 차지하여 공업화에 필요한 기계수입의 재원이 되고 있었다. 그런데 급속한 농업 합작사화의 문제점과 중공업 우선 발전 정책의 결과 농업의 안정적 발전을 위한 물질적 기반을 형성하지 못하게 되었다. 또한 중공업분야에서도 농업기계, 농약, 화학비료의 생산에 사용된 비율은 겨우 2.9%밖에 되지 않았기 때문에 균형을 가져오지 못하였다. 그러므로 국민경제 발전에 연속성을 갖지 못하였다.72)

### 5) 생활수준의 향상과 교육의 발전

사회주의 혁명이나 건설의 목표는 생산을 발전시키고, 인민의 생활을 개선하여 다 함께 부유하고 문화적인 생활을 누리는 데 있었다. 제1차 5개년 계획이 비록 경제건설 특히 공업 발전에 중점을 두었으나 인민의 생활수준을 향상시키는데도 중요한 역할을 하였다.

우선 취업의 기회가 늘어나 구 사회가 남긴 실업자들에게 취업의 기회를 주어 1957년에 2450.6만 명에 달했다. 이는 1949년에 비하여 206.2%, 1952년과 비교해도 55.1%가 증가한 것이다. 특히 여성 취업자가 빠른 속도로 늘어나 1952년과 비교하여 77.3%, 즉 184.8만 명에서 328.6만 명으로 늘어났다.73) 이와 아울러 임금도 상승하였다. 1952년의 평균임금은 446원이었는데, 1957년에는 637원으로 상승되었다. 이에 따라 소비수준도 높아졌다.

한편, 이들의 노동보호와 후생 복리도 계속 증가해 공장과 광산 노동자들에게 노동 보험제도를 실시하고, 국가기관과 인민단체, 교육

기관의 종사자들에게도 의료비를 국가가 부담하는 제도를 실시하였다. 따라서 1차 5개년 계획을 집행하는 기간동안 보험금과 의료비 등 복리후생비로 지급한 비용이 103억원에 달했다.74) 실제로 1957년에 노동 보험의 수혜자는 1,150만 명으로 1952년과 비교하여 세배 반이 늘었고, 1949년과 비교하면 18배가 늘어났다. 그리고 이러한 조치들로 의료, 위생망이 확대되었다.

제1차 5개년 계획기간에 교육도 크게 발전했다. 1957년에 전국의 대학생 수는 44.1만 명으로 1952년에 비하여 230.8%가 늘어났으며, 실업계 기술고등학교의 재학생은 77.8만 명으로 1952년에 비하여 22.4%가 늘어났는데, 1949년과 비교하면 239.9%가 늘어났다. 또한 5년 동안 60개 소에 달하는 대학을 새로이 설립하여 1957년에는 208 개소에 달하였다. 그리고 해외유학생을 1만 명, 기술연수 실습생을 1.1만 명을 해외로 파견하였다.

특히 농민과 노동자들의 수입이 늘어남에 따라 학생의 가정배경도 이들이 차지하는 비중이 높아졌다. 대학의 경우 1952년에 20.5%였던 것이 1957년에 66.6%로 높아졌다. 중등학교의 경우도 노동자와 농민 가정 출신이 1952년에 19.1%에서 56.1%로 상승되었다.75)

그리고 전국 과학연구기관도 1957년에 500여 개로 연구 인력은 2만 여명이 되었는데, 이는 1952년과 비교하여 두 배 이상 늘어난 것이다.

## 7. 사회주의 개조시기의 외교

### 1) 제네바 회의

1953년 7월에 한국전쟁이 휴전된 후 인도차이나 전쟁이 일어났다. 인도차이나 전쟁은 제2차 세계대전 후 프랑스가 재차 인도차이나를 식민지화시키려 하자 이에 대한 반식민지전쟁으로 발생한 것이다. 이 전쟁은 프랑스에게는 경제적 정치적으로 큰 고통거리가 되었다. 왜냐 하면 막대한 군비의 지출은 물론 반전운동이 일어나 사회가 혼란스럽고 프랑스내각이 자주 바뀌는 원인이 되어 프랑스를 곤경에 빠뜨렸다.

미국은 인도차이나반도의 공산화를 막기 위하여 베트남 문제에 개입하게 되었다. 따라서 인도차이나 전쟁은 한국전쟁 휴전이후 아시아와 세계평화의 또 다른 위협이 되어 긴장을 조성하였다. 이에 소련은 중화인민공화국을 포함한 5개국 외상회의를 소집하자고 제안하였다. 여기에 총리 겸 외교부장인 주은래는 1954년 1월 9일에 소련의 제의에 찬성하고 아시아문제에 만일 중화인민공화국이 참가하지 않으면 해결할 수 없다고 성명을 발표하였다.

그리하여 1954년 1-2월에 베를린에서 영, 미, 프, 소 4국 외상이 모여 미, 영, 소, 프, 중국의 5국과 기타 관계 국가가 참가하는 제네바회의를 소집하고 한국문제와 인도차이나 평화의 회복문제에 관하여 토의하기로 결정하였다. 그리하여 제네바 회의는 4월 26일에 23개

제네바 회의(정면에 중국대표단이 앉았다)

국가 1천여 명이 참가한 가운데 개막되었다.

중국은 주은래(周恩來) 수석대표를 비롯하여 장문천(張聞天), 왕가상(王稼祥), 이극농(李克農)이 대표하는 200여 명이 참가하였다. 회의는 27일부터 한국문제의 평화적 해결문제에 관한 토의에 들어가 중국은 한반도에서 외국군대의 철수, 통일건립, 평화적 민주적 한국정부수립의 주장을 폈는데, 유엔참전군 16국의 공동선언이 발표되어 51일 동안의 한국문제토론은 협의에 이르지 못하였다.

한편, 제네바회의가 진행되는 기간 베트남인들은 중국인들의 원조를 받아 프랑스군에게 타격을 주고 인도차이나전쟁의 국면을 유리하게 전환시켰다. 5월 8일부터 인도차이나의 평화회복문제를 다루게 되었는데 중국과 소련, 월맹은 입장을 같이하여 7월 21일에 제네바공동선언을 발표하였고, 인도차이나 3국(월맹, 캄보디아, 라오스)은 교전 중지와 적대행위 중지에 관한 협정에 서명하였다.

제네바회의는 신중국 성립 후 처음으로 참가한 국제회의였다.[76] 그리고 인도차이나 평화협정을 달성한 것은 제네바회의의 중요한 성과였다. 제네바회의는 중국으로 볼 때 아시아 문제에 있어서 중국의 국제적 위상을 크게 향상시키는 결과를 가져왔다.

### 2) 평화(平和) 5원칙의 확정

신중국이 성립된 후, 직면하였던 문제 중 하나는 사회제도가 다른 나라와 어떻게 관계를 맺어야 하는 가였다. 이때 어떤 국가들은 여러 가지 원인으로 사회주의 신중국의 출현에 우려를 표시하고 있었기 때문에 이에 대하여 확실한 태도를 표명하여야 할 필요가 있었다.

주은래 총리는 1953년 12월에 중국 티베트지방에서의 중국과 인도 양국관계의 문제를 협의하기 위하여 북경에 온 인도대표단을 접견한 자리에서 상호 영토와 주권의 존중, 불가침, 내정 불간섭, 평등

호혜, 평화를 위한 공동노력의 원칙을 담판의 전제라고 설명하였다. 이것이 처음으로 제기된 이른바 '평화 5원칙'의 기본사상이었다.

1954년 6월 하순에 주은래는 제네바회의가 휴회하는 기간에 인도 총리 네루(Nehru, J)와 미얀마의 총리 우누(Nu, T. U)의 초청을 받아 6월 25일부터 29일까지 인도와 미얀마를 차례로 방문하였다. 주은래 총리일행 16명은 6월 25일에 뉴델리에 도착하여 28일까지 중국과 인도 양국의 총리회담을 열고 공동성명을 발표하였다. 여기에서 ① 상호 영토를 존중한다. ② 서로 침략하지 않는다. ③ 서로 내정을 간섭하지 않는다. ④ 서로 평등 이익을 도모한다. ⑤ 공동의 평화를 누리는 것이 중·인 양국의 준칙이다 라고 하면서 아시아와 그 밖의 다른 국가와의 관계에도 이들 원칙을 적용한다고 발표하였다.

주은래는 6월 28일에 미얀마의 양곤(Yangon)에 도착하여 우누총리와 회담하고, 양국의 총리는 중국과 인도 양국총리가 제출한 평화 5원칙을 중국과 미얀마와의 관계에 준칙으로 정한다고 합의하였다.

중국정부는 1956년에 폴란드와 헝가리에서 반공 시위운동이 일어났을 때에도 11월 1일에 사회주의 국가의 관계에 관한 성명을 발표하고 사회주의 국가의 상호관계는 마땅히 이 5원칙의 기초위에 건립되어야 한다고 하였다. 따라서 이 5원칙은 사회제도가 서로 같은 국가들끼리도 적용되어야 하는 원칙이 되기도 하였다.

### 3) 제1차 아시아 아프리카(A.A반둥)회의의 소집

제2차 세계대전 후에 아시아·아프리카 주에서는 거대한 변화가 일어나 식민지로부터 해방되어 신생국가들이 탄생하였다. 그러나 아직도 영국과 프랑스 등의 식민통치가 끝나지 않아 독립을 이루지 못한 곳이 많았다. 따라서 강대국 서방의 식민지정책을 일소하고 아시아·아프리카의 신생국들이 우호와 합작을 도모하기 위하여 그리고 아시아, 아프리카의 단결과 합작을 강화하는 회의를 소집하게 되었다. 인도・버마(미얀마)・인도네시아・실론(스리랑카)・파키스탄의 5국 총리는 1954년 4월에 콜롬보(Colombo)에서 첫 번째 모임을 갖고 아시아・아프리카회의의 개최를 제의하였다. 그리고 12월 28일에 이들 5국 총리는 인도네시아의 보고르(Bogor)에서 두 번째 모임을 갖고 그들이 공동으로 제의하여 아시아 아프리카회의를 소집하기로 결정하였다. 준비과정에서 중국의 초청문제를 갖고 쟁론이 일어났으나 미얀마의 강력한 요구로 초청되었고, 일본도 초청되었다.[77]

회의는 1955년 4월 18일에 반둥(Bandung)에서 개막되었다. 이 회의에 중국은 주은래를 대표단 단장으로 파견하였다. 그런데 중국대표단이 4월 11일에 인도항공회사의 항공기(카시미르 공주 호)를 전세 내어 홍콩에서 반둥으로 가는 도중 비행기가 폭파되는 사건이 일어나 중국대표단 8명과 폴란드, 오스트리아 신문기자, 월맹대표단의 수행원 등 11명이 사망하는 사건이 일어났다. 주은래는 원래 이 비행기를 탈 계획이었으나 인도, 미얀마 총리의 요청으로 양곤(Yangon)회견에 참여하게 되어 다행히 화를 면할 수 있었다. 이 사건 후에 주은래는 진의(陳毅) 등으로 구성된 대표단을 이끌고 반둥에 도착하였다.

회의는 회의를 발기한 다섯 나라를 포함하여 29개국의 340명대표가 참가하여 큰 성황을 이루었다. 아시아・아프리카 여러 나라들은 독립을 유지할 수 있는 보장, 국내통일과 경제적 궁핍에서 벗어나려는 희망을 회의에서 표명하였다. 그러나 일부 국가에서는 공산주의의 확산에 대한 우려를 나타내 중국의 입장을 어렵게 만들었다. 주은래는 발언할 내용을 미리 서면으로 배포하고 실제로 발언할 차례가 되었을 때에는 이에 대한 보충설명을 하였는데 그는 중국대표단은 단결을 구하러 왔지 싸움하러 참가한 것은 아니며, 같은 입장이 되려하지 그 반대가 되려는 것은 아니다 라는 중국의 입장을 설명하였다.

아시아・아프리카회의는 공동성명을 기초하는데 식민주의의 반대문제에 대한 반대의견과 공동의 평화유지 문제에 대한 의견이 엇갈렸다. 전자에 대해서는 공산주의도 식민주의라 하고 사회주의 외교정책을 비난하는 의견이 있었고, 후자에 대해서는 연합국 헌장의 정신으로 각국 관계를 지도하여 나가자는 주장과 이것은 공산당의 말투라는 등 반대의견이 있었기 때문이다.

또 갑자기 대만문제를 들고 나와 연합국에 넘겨 신탁통치 후 독립시키자는 주장이 제기되어 주은래는 회의발기국인 다섯 나라와 태국·필리핀 대표를 별도로 만나 극동지역의 긴장완화 문제를 논의하고 대만문제에 대한 중국의 원칙을 설명하였다. 즉 중국은 미국과 싸우고 싶지 않으며 극동의 긴장완화, 특히 대만지역에 대한 긴장완화를 위하여 미국과 담판하기를 원한다는 미국에 대한 입장을 밝혀 회의 분위기가 호전되었다. 4월 24일에 공동 성명이 발표되었으며 또한 미국과도 대사급 담판이 진행될 수 있는 단서를 마련하였다.

이 회의 이후 중국의 외교적 위상은 더욱 높아졌다. 특히 아시아·아프리카 국가들과의 관계가 좋아져 1955년부터 1957년 초 사이에 아프가니스탄, 네팔, 이집트, 시리아, 예멘, 실론(스리랑카)과 외교관계를 맺게 되었다. 또한 주은래는 중국대표단을 이끌고 유럽과 아시아 11개 개국을 방문하여 각국과 우호관계를 다졌다.

이때 모택동(毛澤東)도 소련을 방문하고, 주덕(朱德)은 동독, 헝가리, 체코슬로바키아와 폴란드를 방문하고, 송경령(宋慶齡)은 인도, 미얀마, 파키스탄 등을 방문하였으며 이들 국가 원수들이 중국을 방문하여 국제사회에서 중국의 위상을 높였다.

### 4) 인도네시아와 화교의 이중국적 문제 조약의 체결

중국인의 해외거주는 오랜 역사를 갖고 있다. 특히 19세기에 이른바 '쿠리(苦力)로 불리는 중국인 노동자들은 제국주의 국가들이 개척한 식민지의 농장에서 일했다. 대체로 신중국 수립시기 해외 화교는 약 1,200만 여명으로 파악하고 있으며 대부분이 동남아 국가들에 집중되어 있었다. 이들 지역에는 이들의 2세대들이 현지에서 태어나

1세대인 중국인(화교)들과 구별하기 위해 교생(僑生)이라 불렸는데, 이들의 직업은 다양하였으며 그 지역 경제에서 중요한 역할을 담당하고 있었다.

인도네시아에 거주하고 있는 화교는 현지인들과 마찬가지로 제국주의 식민주의의 압제아래 있으면서 현지인들과 함께 외국 침략세력과 맞서 싸우기도 하였다. 그런데 인도네시아를 지배하고 있던 네덜란드는 이른바 속지주의에 따라 인도네시아의 원주민과 현지에서 대어난 화교들을 일률적으로 네덜란드의 신민(臣民)으로 삼았다. 따라서 네덜란드로부터 독립한 인도네시아는 당연히 이들을 인도네시아 국민으로 간주하려고 하여 화교들의 이중국적 문제가 대두되었다.

당시 인도네시아에는 약 270만 명의 화교가 있었는데, 반 이상이 현지에서 태어나 자동적으로 인도네시아 국석을 갖게 되었다. 그런데 1951년 11월에 주자카르타 중국총영사는 인도네시아에 태어난 화교의 국적문제는 인도네시아와 중화인민공화국 정부간의 문제라고 하면서 반드시 양국정부의 외교적 담판을 통해 합리적으로 해결하여야 한다고 성명하였다. 이에 대하여 인도네시아 정부도 동의하여 화교의 이중국적 문제가 1954년 11월에 북경에서 논의되기 시작하였다.

그리고 1955년 4월에 두 번째 회담에서 상호존중의 원칙에 따라 이중국적문제에 관한 조약을 체결하게 되었다. 이 조약의 체결은 아시아 아프리카 회의에도 좋은 영향을 끼쳤을 뿐만 아니라 다른 동남아 국가들과 화교의 이중국적을 해결하는데도 도움이 되었다.

즉 인도네시아와 중국 국적을 소유하고 있는 이중 국적자는 조약의 발효 2년의 기간 안에 본인의 원에 따라 하나의 국적을 선택하도록 되었다. 만일 규정된 기간이 지났는데도 선택하지 않았다면 아버지의 국적에 따르게 하고, 법률적으로 아버지 관계가 명확하지 않으면 어머니의 국적을 따르도록 하고, 미성년일 경우 성년이 된 다음 1년 이내에 하나의 국적을 선택하여야 하였다. 그리고 중국인과 인도네시아 인이 결혼하면 쌍방은 각각 원래의 국적을 유지할 수 있으나

만일 일방이 상대방의 국적을 선택하면 본인의 국적은 자동으로 상실되게 되었다.[78]

## 8. 국민정부의 대만 통치 질서 확립

### 1) 중국국민당 7기 2중전회의 소집

대만의 국민정부는 반공의 입장에서 미국과 관계가 강화되고, 국제연합에서 중국의 대표권을 확보함과 아울러 미국의 경제원조가 증가하여 국민당은 안전감과 함께 반공대륙 할 수 있다는 믿음이 증폭되었다. 그리고 중국국민당 7전대회 이래 당무개조와 정치, 경제, 사회, 문화의 개조운동은 대만을 사회적으로 안정시키고 발전의 기초를 다져주었다.

장개석(蔣介石)은 복국(復國)·건국(建國)의 기운이 새로운 단계에 접어들었다고 보고, 건국의 부흥을 표방하게 되었다. 이를 위하여 중국국민당은 7기 2중전회를 1953년 5월 5일부터 7일까지 대북에서 소집하였다. 회의의 중심의제는 반공, 복국 건국의 힘을 응집하여 자강의 신념을 확립하고 과학화, 조직화, 제도화로 국민당을 새롭게 재건하는 문제였다.

장개석은 회의에서 「본당(本黨) 재건의 근본문제」를 발표하여[79] 과거 3년 동안의 사업은 단지 대만의 방위에 필요한 준비였지, 대륙을 반공하고 건국을 부흥하기에는 부족하였다고 지적하고 이론에서 실천으로 나아가야 한다고 하였다. 그리고 건국부흥을 실현하기 위하여 국민당을 다시 조직하고, 정비하여야 하며, 고유의 본질과 전통정신을 유지하여야 하는데, 그 핵심인 삼민주의 오권(五權) 헌법의 기본을 실시하여야 한다고 하였다.

이러한 목표를 설정하여 놓고 건국의 부흥은 당무, 정치, 삼민주의 방면에서 전개하여야 한다고 하였는데, 이를 설명하면 다음과 같다.

당 무 당의 기초조직 강회를 대대적으로 추진하고 당정관계에서 정치에 참여하는 당원의 관리를 엄격하게 할 뿐만 아니라 당원의 운용을 통하여 국민당이 한 결정에 협조하고 지지하게 하여야 하며, 당원은 군중 안으로 들어가 군중과 결합하고 군숭을 이끌어 니가 대륙을 반공하는데 준비하여야 한다고 하였다.

정 치 대만에 현대사회의 건립이다. 정치란 사회기초위에 건축하는 것이므로 사회는 바로 정치의 반사경이라고 보아 현대사회의 건립에서부터 착안점을 두어야 한다고 하였다.

삼민주의 방면 삼민주의의 민속주의를 교육에 두어 국민교육과 초등학교 교사의 자질을 높여야 하며, 교육의 중점은 민족정신, 민족도덕, 민족지능을 배양하는데 있다고 보아 청소년들에게 삼민주의(三民主義), 사유팔덕(四維八德)을 교육시켜 반공복국의 예비가 될 힘을 배양하여야 한다고 하였다.80) 민권주의의 기본은 지방자치에 두며, 민생주의는 지권의 평균과 자본의 절제이며 현 단계에서는 경자유기전(耕者有其田)과 4년 경제건설계획을 실행하는 것이라 하였다.

### 2) 국민대회 제1기 2차 회의 소집준비

1948년 3월에 제1차 회의를 소집한 제1기 국민대회에서 장개석을 초대 중화민국총통으로 선출하였다. 중화민국 헌법에 따르면 총통의 임기는 6년으로 총통은 반드시 임기만료 90일전에 소집한 국민대회에서 선출하도록 하였다. 그런데 장개석의 임기는 1954년 5월 20일까지 되어있으므로 이에 총통을 개선하지 않으면 안 될 상황이 되었으며 늦어도 국민대회 2차 회의는 1954년 2월에 소집되어야 할 형편이었다.

그런데 국민당이 대만으로 철수할 때 많은 국민대회 대표가 대만으로 오지 못하여 법정개회의 정족수가 문제되어 개회가 어려워 졌고 총통을 선거할 수 없게 되었다. 이에 장개석은 헌법과 법규를 수정하게 하여 때맞추어 국민대회를 소집하고자 하였다.

물론 중화민국 헌법에 국민대회 대표의 임기도 6년이므로 제1기 국민대회 대표도 1947년 11월에 선거로 선출되어 1948년 3월에 제1차 회의를 소집하였기 때문에 1953년에 개선하지 않으면 안 되었다. 그러나 대륙을 잃고 대만으로 온 정부는 선거를 통해 개선할 수 없는 상황이었기 때문에 행정원의 건의에 근거하여 헌법규정에 따라 장개석은 1953년 9월에 제1기 국민대표는 다음 국민대표가 법에 의하여 소집될 때까지 직권을 계속 행사할 수 있게 하였다. 이리하여 1948년 대륙에서 선출된 국민대회 대표는 언제 반공대륙 할지도 모르는 상황이었기 때문에 종신대표가 된 셈이었다.

또한 장개석은 「국민대표 결원보충법」과 「제1기 국민대회직업단체와 부녀단체대표 결원보충법」을 공포하였다. 행정원 내정부는 이 법에 따라 원래의 국민대회 대표와 후보대표들에게 1953년 10월 10일부터 12월말까지 내정부에 친히 등록하도록 하여 기간이 지나도록 등록하지 않고, 또한 3년 이상 행방불명자는 그 자격을 취소하였다. 그리하여 12월 말까지 등록한 대표 수는 1,401명, 후보대표는 623명이었고, 법에 의하여 취소된 대표 수는 423명이었고, 후보대표로서 나중에 결원으로 보충된 수가 42명이었으며, 다시 제1기 국민대회 결원보충조례와 결원보충방법에 의하여 159명이 충원되어 국민대표 수는 1,643명이 되었다.

따라서 국민대표 3,045명의 과반수인 1,523명보다 많은 1,643명이 되었으므로 국민대회는 합법적으로 소집될 수 있었다. 그러나 만일에 불참자가 발생하여 성원미달이 될 것을 염려하여 입법원에서 「국민대회 조직법」을 개정하여 개회의 정족수 조건을 1/3로 줄여 정족수 부족으로 인하여 유회가 되지 않도록 하였다.

### 3) 장개석의 총통연임

장개석은 1954년 2월 15일에 중국국민당 제7기 중앙위원 임시전체회의를 소집하고 차기 총통후보를 지명하기로 하였다. 여기에서 장개석을 총통후보자로 지명하고, 장개석은 진성(陳誠)을 부총통으로 지명하였다.

그리고 2월 19일부터 25일까지 제1기 국민대회 제2차 회의가 대북에서 개회되었다. 참석한 대표는 1,578명으로 그 가운데 203명이 해외에서 왔다. 대회에서는 85명으로 구성된 주석단을 선출하고 호적(胡適)을 임시 의장으로 추천하였는데, 그는 개회사에서 이번의 회의가 완전히 합법적이며, 헌법에 의거하여 총통과 부총통을 선거하는 것이 대회의 목적이라고 하였다.

회의에서는 먼저 이종인(李宗仁)의 탄핵안이 상정되었다. 그의 탄핵안은 1950년 5월 5일에 제안되었으나 1952년 1월에 감찰원에서만 통과되고 국민대회가 법정인수 부족으로 개회되지 못하여 이번 회의에서 처리되어야 하였다. 그리하여 1,468명 출석에 1,403표로 「이종인 파면안」을 통과시키고 또한 그 후임은 보선하지 않기로 결의하여 모든 것이 형식상 민주적으로 진행되어 가는 것처럼 보였다.

회의에서는 「동원감란시기임시조관」의 폐기, 수정 혹은 연장여부를 둘러싸고 쟁의가 일어났으나 정식으로 폐기하기 전까지는 계속 유효하다고 결의하여 그대로 존속하게 되었다.

총통선거는 국민당의 장개석과 진성이, 민사당(民社黨)이 지명한 서부림(徐傅霖), 국민대회 대표가 연서로 추천한 막덕혜(莫德惠)와 왕운오(王雲五)와 석지천(石志泉)은 부총통 후보자로 후보 등록을 마쳤다. 이 가운데 무당파인 막덕혜와 왕운오는 경선을 포기하였고, 아무도 1차 투표에서 법정 과반수를 얻지 못하여 4차 투표까지 하면서 장개석(蔣介石)·진성(陳誠)이 각각 총통과 부총통으로 당선되었다. 그리하

장개석과 진성

여 5월 20일에 취임식을 거행하여 장진체제(蔣陳體制)가 성립되었다.[81]

### 4) 중국국민당 8전 대회와 반공대륙 정책의 추진

국민당 7전대회 후 5년 동안 국민당은 정치, 경제, 문화, 사회와 군사방면에서 이른바 삼민주의(三民主義) 모범성(模範省)을 건설하기 위하여 노력하여 왔기 때문에 그것이 어느 정도 뿌리를 내리게 되었다. 이러한 상황아래 국민당의 정강을 확정하고 반공대륙의 준비를 강화하기 위하여 1957년 10월 10일부터 23일까지 대북시에서 중국국민당 8전대회를 소집하였다. 대표의 분배는 자유지구에 168명, 해외지구에 86명으로 모두 380명이었다.[82]

대회에서는 반공대륙의 필요에 의하여 「중국국민당 당장수정안」을 통과시켰다. 그 중요 내용은 조직 원칙에서 민주 집권제를 삭제하고, 조직의 기초에 있어서 본당은 애국적, 혁명적 분자를 당의 구성분자로 한다는 조항을 전국의 삼민주의의 혁명을 신앙하는 청년과 애국동포를 결합하여 당의 구성 분자로 한다로 고쳤다. 그리고 사회

관계에서 민중운동을 펼쳐 민중의견을 반영하여 사회기풍을 개혁하며 사회복리를 증진한다와 건전한 간부제도의 확립 등을 추가하였다.83) 이에 따라 각 조직을 간소화시켰으나 실제로는 중앙집권 전제를 강화시켰다. 수정된 당장의 중심은 반공항소(反共抗蘇)의 기본정책 아래 반공분자와 연합하여 조직을 확대하고 간부에 대하여 더 많은 책임을 주어 반공대륙의 임무를 완성하는 데 두었다.

또한 통과된 국민당 정강을 보면 그 내용은 기본상령, 대만의 건설, 광복대륙의 세부분으로 되었는데, 그 목적은 이른바 삼민주의 모범성을 건설하여 건국의 기초를 튼튼히 하여 반공대륙 할 준비를 완성하자는 것이었다. 이것은 7전대회와 비교하면 반공대륙(反攻大陸)의 색체가 더 진하게 나타났다는 점이다.

이밖에도 장개석이 제출한 부총재실치인을 통과시켜 총재를 보좌하여 당무를 처리할 부총재 1명을 두기로 하였으며, 그 선출방식은 총재가 지명하여 대회에서 통과되어야 한다고 하였다.

그리고 대회에서는 장개석을 총재로 연임하게 하고 장개석이 지명한 진성(陳誠)을 부총재로 선출하였다. 이로서 행정에서 당무까지 고도로 집권된 장・진(蔣・陳)체제를 추진하여 나가는데 유리한 방안을 갖추게 되었다.

이밖에 진성(陳誠), 장경국(蔣經國) 등 50명을 중앙위원으로 선출하고, 왕승(王昇)・사동민(謝東閔) 등 25명을 후보중앙위원으로 선출하였으며, 장개석의 지명에 따라 우우임(于右任), 축영건(鈕永健) 등 76명을 중앙평의위원으로 선출하고, 뒤이어 소집된 국민당 8기 1중전회에서 장도번(張道藩) 등 15명을 중앙상무위원으로 선출하였다. 결국, 국민당 8전대회는 대만의 보위, 대만의 건설에서 반공대륙으로 국민당의 공작중심을 바꾼 것이다. 즉 반공대륙을 고취하기 위한 정치, 사상, 조직상 준비가 되었던 회의였다.

국민당 8전대회 후에 여러 분야에서 반공대륙을 강화하기 위한 준비를 하면서 다수의 정보 요원을 대륙에 파견하고, 연해지역에서 군사적 소요를 일으켰다. 그리고 1958년 7월 4일에 행정원장 유홍균(兪鴻鈞)이 사임하고 별도로 전시내각을 조직하였다. 즉 장개석의 제청으로 진성을 행정원 원장으로 내각을 조직하고, 장경국 등을 행정원 정무위원으로 임명하여 진성은 부총통, 부총재, 그리고 행정원 원장으로 장개석 다음으로 당, 정, 군의 대권을 장악하게 되었으며, 장경국은 국민당의 상무위원으로서 정무위원이 되어 정보와 당정의 대권을 장악하게 되었다.

## 9. 반국민당 운동

### 1) 오국정(吳國楨) 사건

중국국민당이 대만에서 자리를 굳혀 전권을 행사하게 되는 사이에 당안의 일부 자유주의 세계관을 갖고 있는 인물로 장군(張群), 오정창(吳鼎昌), 왕총혜(王寵惠), 진의(陳儀), 위도명(魏道明), 오국정(吳國楨), 왕세걸(王世杰), 오철성(吳鐵城) 등은 장개석 부자에 대하여 점차 불만을 품게 되었다. 그런데 이 가운데 진의(陳儀)가 1950년 6월에 공산당과 내통하였다는 이유로 총살당하였다.

위도명과 웅식휘(熊式輝) 등은 해외에서 관망하고, 장군, 왕총혜 등 원로들은 개조 때 명예직만 맡았을 뿐 권력구조의 재편 때 이미 세력을 잃고 있었다. 그러나 일부는 영국과 미국에 유학한 고급 지식인들이어서 당외의 자유주의자인 호적(胡適), 뇌진(雷震) 등과 비교적 밀접한 관계를 맺고 있었다.

장개석은 대만의 안정을 위하여 미국의 절대적인 원조를 받아야 할 입장이기에 미국인들에게 호감을 주고 있는 이들을 이용하려 하여 진성(陳誠)후임으로 오국정을 대만성 주석에, 왕세걸을 총통부비서장에 임명하였다. 오국정은 미국 프린스턴 대학을 졸업하고 귀국하여 국민당 선전부 부부장, 한구시장, 중경시장, 외교부 차장, 상해(上海)시장을 역임하며 '민주선생'이란 칭송을 듣기도 하였다.

그런데 1953년 1월에 미국의 아이젠하워 정부가 들어서 장개석을 적극적으로 지원하고 있어 오국정을 통할 필요가 없게 되었다. 이에 두 사람의 관계는 소원해졌고, 마침내 오국정은 3월에 건강을 이유로 성 주석직을 사임하였다. 그러나 그는 상해시장으로 있을 때 이미 장경국과 충돌한일이 있었으며, 대만성 주석이 되면서 다시 쌍방의 대립이 심해졌다. 특히 장경국이 정보조직을 운영하면서 정부에 비협조적인 민주인사를 체포 구금하자 오국정은 이에 심히 불만을 표시한 일이 있었다. 하지만 장개석은 오국정에게 행정원 정무위원의 직을 그대로 유보시켰다. 오국정은 원칙상 당원이 대만을 떠나지 못하도록 되어있었기 때문에 할 수 없이 미국대사 란킨(Rankin, K)과 송미령의 도움을 얻어 중학교에 다니는 막내아들을 남겨둔 채 5월 24일에 미국으로 떠났다.

오국정이 떠난 후 왕세걸(王世杰)도 장개석 부자와 충돌하였다. 왕세걸은 런던대학교에서 정치학 석사학위, 파리대학에서 박사학위를 취득한 후 호적(胡適)의 추천을 받아 북경대학의 교수가 되었다. 항전시기 국민참정회(國民參政會)의 비서장으로서 공산당과 민주인사와 연결되었으며 장개석과 모택동의 중경담판(重慶談判) 결과 쌍십협정(雙十協定)에 국민정부를 대표하여 주은래(周恩來)와 함께 서명하기도 하였다. 대만으로 온 후에 총통부 비서장이 되었는데 그도 장경국의 정보사찰행위에 불만을 품게 되었다.

결국, 왕세걸도 1953년 11월 17일에 면직되었는데, 그 이유가 탐오 때문이라는 유언비어가 나돌게 되었다. 그 내용 가운데 왕세걸이 오국정을 위하여 불법으로 외화를 사주었다는 내용이 있어 이 소식을 들은 오국정은 그러한 사실이 없다는 내용을 국민당 비서장 장기윤(張其昀)에게 보내 이를 신문에 내주도록 요구하였으나 보도되지 않왔다.

이때부터 오국정은 미국에서 본격적인 반장개석(反蔣介石) 여론을 일으켰다. 그는 1954년 2월에 미국 기자와의 인터뷰에서 ① 대만에서 민주를 실행하는 것밖에 민중의 지지를 받는 방법은 없으며, 그래야만 화교와 미국의 지지를 얻을 수 있으며, ② 현재 국민당 정권은 지나치게 전권을 행사하며 국민당의 당비는 당원의 회비로부터 나오는 것이 아니라 국고에서 지출되며 영원히 일당 통치를 하려 한다. ③ 대만군대 안의 정치부는 소련의 것을 그대로 복제한 것이라 하였다.[84] 그는 그때까지 국민당중앙위원, 행정원의 정무위원이었기 때문에 그의 비판은 큰 파문을 일으켰다.

그리고 오국정은 미국에서 마침 대북에서 개최되고 있는 제1기 제2차 국민대회대표들에게 장문의 편지를 보내 정부의 폐단, 즉 ① 국민당의 일당독재 그리고 장개석 일가의 독재, ② 군대의 당 조직과 정치부의 존재는 봉건과 내란의 세력을 조성, ③ 특무 정보정치의 횡횡, ④ 인권의 보장이 없어 대만은 경찰국가가 됨, ⑤ 사상통제로 반공구국청년단은 히틀러의 갈색샤스당과 공산당의 공산주의청년단을 모방한 것이라는 것 등을 지적하였다.

그리고 국민대표 대회에 대하여 ① 조직위원회를 구성, 국민당의 경비조달을 조사하고, ② 군대안의 단무조직과 정치부를 취소할 것, ③ 국가안전제도의 법률을 제정, ④ 조직위원회에서 언론의 자유가 없는 원인을 조사하여 밝힐 것 등 여섯 가지를 의결하라고 촉구하였다.

이처럼 미국에 있는 오국정과 국민정부와의 대립은 결국 미국대사 란킨이 표면에 나서 국민정부가 오국정을 체포하려는 것을 무마시키고 대만에 남아있던 오국정의 아들을 미국으로 보내 오국정도 더 이상 대만당국에 대한 비난을 하지 않아 조용해졌다.

## 2) 손립인(孫立人) 사건

오국정 사건의 풍파가 겨우 가라앉게 되자 이번에는 군대 안에서 장개석 부자에게 불리한 비밀활동이 발각되었다. 이 비밀활동은 손립인을 중심으로 진행되고 있었다. 그는 안휘 서성(舒城)인으로 청화대학을 졸업하고 미국으로 가 인디아나주의 퍼듀(Purdue)대학에서 공학을 공부하고 버지니아 사관학교로 전학하여 졸업하고 귀국, 군 요직을 거쳐 1947년 8월에 대만으로 와 신병을 훈련시켰다. 그리고 1950년에 육군총사령관 겸 대만방위총사령관이 되었다.

손립인은 국민정부 안에 영미군사이론에 밝으며 국민정부 장군들 가운데 미국으로부터 가장 신임 받고 있어 대만 육군 가운데 친미파의 수뇌라 불릴 정도였다. 그가 육군총사령관이나 대만방위종사령관을 맡게 된 것도 이러한 그의 배경과 무관하지 않았다. 또한 그는 군대의 조직으로 경생회(慶生會), 양심회(良心會)를 갖고 있었으며, 장개석의 반공대륙에 대하여 그렇게 할 수 없다는 입장을 보이고 우선 대만부터 튼튼히 다져놓고 보아야 한다는 태도를 취하였다.

손립인이 이러한 태도를 보이자 장개석은 1954년 6월에 그를 총통부 참군장으로 보직을 바꿨다. 그런데 관례대로라면 손립인이 참모총장이 되어야 하는데 실권이 없는 참군장으로 보직되었던 것이며, 또 새로이 임명된 참모총장이 취임 2개월 만에 사망하자 그보다 훨씬 아래인 황포 6기의 팽맹집(彭孟緝)을 참모총장으로 임명하여 손립인의 불만이 컸다.

결국, 그의 부하인 곽정량(郭廷亮)의 건의에 의하여 장개석 정권을 무너뜨리는 군사 쿠데타를 일으키지 않고 서안사변을 일으켰던 장학량의 방식인 병간(兵諫)을 채택하기로 하였다. 왜냐하면 그는 행정경험도 없었고 재무와 당무계통에도 그의 부하가 없었으며 군대도 일부만 통제하고 있었기 때문이었다.

이들이 요구한 사항은 ① 장개석 한사람이 당무와 반공사업을 도맡아 하는 것에 반대하며 정부의 사유화 국면을 반대하고 미국식의 민주를 요구하였으며, ② 현실을 보아 반공대륙의 구호를 중지하고 대만의 건설에 힘써야 하며, ③ 장경국의 특무 정보정치를 반대하고 정부와 군대안의 탐관오리를 제거하자고 요구하였으며, ④ 군대의 정치공작과 사단장급 이상 지휘관의 임기제를 반대하였다.

그런데 이와 같은 행동이 밀고 되어 계획을 총지휘하였던 곽정량이 5월 25일에 체포되고, 6월 중순에 손립인도 연금되었다. 그리하여 병간은 햇볕을 보지 못한 채 실패로 끝났다.

이 사건으로 소장파의 장교 300여명이 조사를 받았으나 실제로 연관된 사람은 103명이었고, 곽정량은 반란죄로 사형이 언도되었다가 다음날 무기징역으로 감형되고(1975년 도원(桃園) 정보국교도소에서 출옥되어 곧 녹도(綠島) 정치범수용소의 지휘부로 갔으며, 옥중에서도 월급은 계속 받았다고 한다), 손립인은 대중(臺中)에 있는 별장에서 유폐된 체 연금생활을 하였다.[85]

## 3) 『자유중국』 사건

### (1) 자유주의자 진영의 형성

중국국민당 안에도 자유주의자라는 소리를 듣는 사람이 있었지만 당 외의 인사 가운데도 자유주의자라는 칭호를 듣는 인사들이 있었다. 이들은 크게 세 부류로 나누어 설명할 수 있다.

첫 번째는 『자유중국(自由中國)』 반월간 잡지를 중심으로 모여 있는 그룹인데, 여기에는 주로 대륙에서 대만으로 온 저명한 지식인들이 포함되어 있었다. 그 가운데 호적(胡適), 뇌진(雷震)이 대표적인 인물이다.[86] 『자유중국』은 1949년 11월에 ① 자유와 민주의 진실 된 가치를 선전하고 각급 정부는 정치경제를 개혁하여 자유민주의 사회를 건설하는데 노력하도록 독촉하며, ② 국민당의 반공정책을 지지하며,

③ 공산당지구의 인민이 자유를 회복할 수 있도록 도와주며, ④ 전체 중화민국이 자유중국이 되도록 한다는 목적으로 창간되었다. 특히 잡지의 발행비용을 교육부의 예산에서 지원할 만큼 국민정부의 적극적인 지원을 받았다.

창간당시 호적은 발행인이고 뇌진은 사장으로 국민당 안의 왕세걸(王世杰), 항립무(杭立武) 등도 창간에 참여하였으며 호적, 뇌진과 모자수(毛子水), 장불천(張佛泉), 은해광(殷海光), 구형주(瞿荊洲) 등 여러 명이 편집을 맡았으나 대만성 출신은 한 사람도 없었다. 이들은 국민당과 비교적 오랜 관계를 맺고 있었다. 뇌진의 경우 국민당의 원로당원으로 국민참정회(國民參政會)와 국민대회(國民大會)의 부비서장을 맡았었으며, 대만으로 온 다음에 다시 등록하지 않아 스스로 국민대회대표의 신분을 포기하였다.

두 번째는 민사당과 청년당의 일부 당원들이다. 민사당의 장군매(張君勱), 청년당의 좌순생(左舜生)·이황(李璜) 등은 장개석을 따라 대만으로 오지 않고, 홍콩과 미국 등지에서 제3세력으로 활동하였다. 이들은 반공을 표방하면서도 장개석을 비판하였다. 대만의 청년당은 좌순생, 이황을 받들면서도 1951년 5월에 진계천(陳啓天), 여가국(余家菊)을 중심으로 신생남로파(新生南路派), 하도성(夏濤聲)과 주문백(朱文伯)을 중심으로 한 대화신촌파(大華新村派)로 나뉘어 각각 중앙기구를 두고 있었다.

민사당은 1954년에 장작전(蔣勻田)을 중심으로 한 팔상위파(八常委派)와 서부림(徐傅霖)을 중심으로 한 당무정리위원회로 분열되었다. 이들도 각기 중앙기구를 조직하고 있었는데, 장군매의 장작균파가 비교적 적극적으로 반장개석을 내세웠으며 서부림은 국민당의 뜻에 따랐다.

세 번째는 대만 지방 세력의 대표로서 대북시장을 역임한 오삼연(吳三連)·고옥수(高玉樹), 대만성의회 부의장을 지낸 이만거(李万居), 성의원으로 당선된 이원재(李源栽)와 곽국기(郭國基)·곽우신(郭雨新) 등이 있다. 이들은 『공론보(公論報)』(이만거), 『자립만보(自立晚報)』(이옥계, 오삼련)의 언론지를 갖고 있었다. 특히 이들은 세 부류로 나누어 조직상 통일이 이루어지지 않았으나 피차 사이에는 그래도 밀접한 관계를 갖고 있었다.

간행물에 게재된 글을 서로 전재 하였으며 정치풍랑이 있을 때마다 같은 바람을 불게 하였다. 그리고 개인적으로도 서로 잘 아는 관계이거나 당과도 밀접한 관계를  갖고 있어 실질적으로는 정치연맹을 형성하였다고도 볼 수 있다.

(2) 『자유중국』의 정부비판

1951년 6월의 『자유중국(自由中國)』은 사론으로 「정부는 국민을 유혹하여 죄를 뒤집어 씌워서는 안 된다」라는 글을 실어 정보기관에서 저지르고 있는 잘못을 꼬집었다. 이에 장경국계의 정보관계자는 뇌진에게 압력을 가하면서 위협까지 하였다. 이러한 상황에서 미국에 있던 호적은 오히려 이 사론에 대하여 극구 격려하면서 자유중국에 언론의 자유가 없고 책임감을 가지고 실제정치에 비판적 태도를 견지하지 못한다면, 이는 대만 정치의 최대 치욕이라면서 발행인의 이름에서 물러나겠다고 뇌진을 격려하는 편지를 보냈다.

『자유중국』은 이 편지를 게재하여 다시 뇌진은 보안사령부의 군

自由中國

FREE CHINA

第十五卷第九期

要目

恭祝總統七秩華誕

자유중국 잡지
장개석총통 70세 생일축하 기념호

법정으로 출두하라는 명령을 받았고 뇌진은 이를 거부하였다. 호적이 발행인에서 물러났기 때문에 자유중국은 편집위원회 이름으로 발행되었으며 계속하여 뇌진은 「여론과 민주정치」, 「민주정치는 바로 민의정치」, 「민주정치는 바로 여론정치」라는 글을 발표하였다.

그리고 1952년 11월에 미국에서 돌아와 28일에 『자유중국』 창간 3주년 기념식을 하는 자리에서 호적은 치사를 통하여 민주국가에서 가장 중요한 것은 언론의 자유이며 헌법에 들어가 있는 언론의 자유란 한 구절 가지고는 부족하다고 언급하였다. 호적은 또한 공산당의 방식을 배워가지고 공산당을 반대할 수 없다고 하였다.

자유중국 편집부는 1953년 4월에 뇌진이 쓴 『감찰원의 장래』란 책을 출판하였다. 여기에서 국민당의 당가를 국가로 한 것은 극히 총명하지 못한 방법이라고 지적하였다. 그리고 국민당이 실시하고 있는 당화교육(黨化敎育)과 장경국이 이끌고 있는 반공청년구국단에 대하여도 비판하였다. 그런데 1956년 10월에 장개석은 70회 생일을 맞게 되었다. 『자유중국』도 축하특집호를 마련하여 사론과 15편의 글을 실어 그의 생일인 10월 31일에 맞추어 출판하였다. 그런데 사론에서 장개석에게 ① 미국의 워싱턴대통령과 마찬가지로 세 번째 연임은 거절하고 후계자를 기를 것, ② 책임 내각제를 실시할 것, ③ 군대의 국가화를 실행할 것 등 세 가지를 희망하였다.[87] 이 특집호는 몇 달 안에 11판을 낼만큼 반응이 대단하였다. 그러므로 국민당의 분노를 사 당에서 경영하는 『중앙일보(中央日報)』에 『자유중국』의 광고를 받지 말도록 하였다.

『자유중국』은 한걸음 더 나아가 1957년 4월1일에 「반대당! 반대당! 반대당!」이란 사론을 실어 자유 민주인사들이 일어나 당을 만들어야 한다고 호소하였다. 그러면서 당을 만들 때에는 국민당 안에서 분화되어 나오는 방법과 당외의 지식인들이 당을 만드는 방법이 있다면서 모두 단점이 있기 때문에 당외 인사들이 당을 만들어 국민당 안의 개명파들을 끌어 내와야 한다고 하였다.

이처럼 『자유중국』은 국민당의 독재와 탄압에 대항하여 자유민주주의를 위하여 정부를 비판하고, 또한 정당까지 조직하여 국민당에 대항하려 하였으나 정부당국이 이를 허락하지 않았고 결국 뇌진은 1960년에 반란죄 혐의로 체포되는 이른바 '뇌진 사건'이 일어나, 『자유중국』도 폐간되었으며 이로 인해 국민당 독재아래 자유 민주주의 운동은 실패로 끝났다.

## 10. 민생주의(民生主義)의 경제건설

### 1) 토지개혁의 완성-경자유기전(耕者有其田)의 실행

국민당 개조위원회는 1952년 7월 24일에 시정(施政)중심을 '경자유기전'의 시행에 두었다. 이는 토지개혁의 두 번째 단계(공유지 매각)를 마치고 마지막 단계로써 실시된 것이다. 즉 지주가 초과 소유한 농지를 정부에서 지주로부터 구입하여 이를 소작인에게 다시 매도한 것으로 토지의 가격은 두 번째 단계인 공유지의 매도가격과 같게 하였다. 그리고 이를 실시함에도 세 가지의 기본원칙을 제시하였다. 즉 ① 온화한 방법으로, ② 농민의 부담을 증가시키지 않고 토지를 얻게 하며 지주의 이익도 고려할 것이며, ③ 지주가 얻는 지가는 반드시 정부에서 공업자본으로 유입시키도록 한다는 것이다. 그리고 11월 1일에 진성(陳誠)이 주재하는 행정원 회의에서 「경자유기전 실시조례」를 통과시켜 입법원에 보내 심의하게 하였는데, 입법원의 보수파들이 이를 거부하였다.

진성은 강경하게 입법원에 요구하고 장개석도 이를 적극 지지하여 1953년 1월 20일에 입법원에서 통과되어 5월 1일부터 시행하기로 하였다. 실시조례에 따르면 대만의 토지를 좋고 나쁨에 따라 26등급으로 나누어 지주의 토지소유 한계를 중등의 논(7-12등급) 43.5무, 혹은 밭 87무를 소유하게 하고, 초과되는 부분은 정부가 수매하여 농민에게 다시 매각하였다. 물론 매매되는 지가는 당시의 지가에 따랐으며 지불 방법은 10년 안에 상환하기로 하였다.

한편, 정부는 지주에 대한 지가의 보상을 채권이나 주식으로 주었다. 즉 지가의 70%를 토지채권으로 만들어 대만토지은행(臺灣土地銀行)이 지급하였는데, 토지에서 생산될 농산불의 가치를 갖고 연 4%의 이자를 포함하여 10년 동안에 균등 상환하는 조건이었다. 특히 정부는 이 채권으로 10년 동안 매년 고정 량의 농산물을 받을 수 있도록 하여 물가 상승에 대한 지주들의 불안한 심리와 통화증발에 따른 재정압박도 해소하였다.

그리고 나머시 30%는 주식으로 주었다. 정부는 이를 위하여 「공영사업의 민영화조례」를 반포하여 국영기업을 개인에게 불하하였는데, 대만시멘트주식회사 · 대만제지공업주식회사 · 대만광공업주식회사 · 대만농림주식회사의 주식 30%를 지주에게 준 셈이다.

### 2) 토지개혁의 성과와 그 영향

토지개혁은 농업, 공업, 사회 각 방면에 대하여 중대한 영향을 끼쳤다. 많은 수의 소작인이 자경농이 되었으며 농촌에 있어서의 지주 소작인의 봉건적 관계에 큰 변화가 발생하여 새로운 농촌 사회, 정치 구조가 건립되었다. 375감조이후 소작농의 수입이 증가하고 토지가격은 하락되어 소작농은 능력껏 토지를 구입할 수 있었다. 또한 토지개혁으로 농민은 대부분 자신의 토지를 가질 수 있게 되었다.

이에 따라 농민의 경제사정이 크게 개선되어 농민들도 사회적인 지위를 얻을 수 있는 사회활동에 참가하게 되었으며 참정의식도 점차 높아져 사회지위가 이전보다 높아졌다. 농민 출신의 공무원이 크게 늘어나 촌, 리, 인장이나 교원, 농민단체의 대표 혹은 이사, 감사가 되었으며, 향진장·현시의원·성의원 등을 맡게 되었다. 1948년 대만성의 농민으로 공직자는 8,830명에 불과하였는데 1950년대 말에 이르러 31,517명으로 증가하였다. 그리고 정치적으로 지주계층의 세력기반이 무너져 국민당은 반대세력의 형성을 봉쇄할 수 있었으며 혜택을 입은 농민들의 지지를 얻을 수 있었다.[88]

토지개혁 전후의 자경농 증가[89]

| 연 도 | 자경농 | 반자경종 | 소작농 |
|---|---|---|---|
| 1949 | 36(%) | 25(%) | 39(%) |
| 1960 | 64 | 21 | 15 |

토지개혁 후 쌀의 생산량과 농민소득의 증가[90]

| 구 분 | 생산량(헥타, Kg) | 지 수 | 농민소득(원) | 지 수 |
|---|---|---|---|---|
| 3.75감조 전(1948) | 3,894 | 100.0 | 1,947 | 100.0 |
| 경자유기전후(1953) | 5,388 | 138.4 | 4,220 | 216.7 |
| 1962년 | 6,851 | 175.9 | 5,693 | 292.4 |
| 농민지가 청산후(1963) | 7,239 | 185.9 | 7,239 | 371.6 |
| 1967 | 7,826 | 201.0 | 7,826 | 402.0 |

농업생산의 증가, 사회경제 상황의 개선은 국민정부가 혼란을 수습하고 통치 질서를 확립하는데 유리하게 작용하였다. 소작농은 경지 소유권을 획득한 후 힘을 다해 경작하고, 경지를 개량하고, 농기구를 구입하여 생산량이 급증하였다. 쌀의 생산량은 1948년을 기준으로 1952년에 147%나 증가하여 대만으로 물러난 200만 명에 가까운 당·정·군에 대한 식량 공급압력을 크게 감소시켰으며, 경제적 위기 해소에 큰 도움을 주었다.

그리고 토지개혁으로 대만 농촌사회에도 큰 변화가 일어났다. 우선 자경농이 대만 농촌의 주체가 되었다. 그리고 지주에게 준 보상은 어느 정도 지주의 이익도 보호해 준 셈이어서 이들은 자본가 혹은 상공업자로 변신하여 거부가 되었다. 대지주였던 고진보(辜振甫)는 솔선해 경지유기전 정책에 호응하여 정부로부터 대만시멘트회사의 주식을 지가의 보상금으로 받고 또 경제부의 고문으로 초빙되어 대만의 대표적인 기업가가 되었다. 그러나 일부 지주들은 주식에 대하여 모르기 때문에 주식을 받자말자 현금으로 바꾸어 액면가가 10원의 주식을 현금으로 3-4원 정도밖에 받지 못하여 손해를 본 사람도 많이 있었다.

한편, 국민정부는 토지개혁을 통하여 많은 이익을 취하였다. 보상지가와 실물채권의 이자는 실제 가격보다 낮았기 때문에 여기에서 거액의 자금을 절약할 수 있었고, 농민에게 지급한 토지는 곡물로 받고 또한 공급되는 비료도 반드시 곡물로 교환하였기 때문이다. 즉 1952년부터 1955년까지 곡물로 바꿔준 비료만 가지고도 6.21억 원이나 되었다. 이러한 이익으로 군, 공무원과 그 가족에게 기름·소금·쌀·연료를 무료로 공급할 수 있게 되어 그들의 생활은 어느 정도 보장될 수 있어서 사회질서가 급속히 안정되는 결과도 가져왔다.

토지개혁 후 토지개량사업으로 경지를 정리, 정리 전과 정리 후 모습

### 3) 제1차 4개년경제건설계획

대만으로 물러난 국민당은 정치, 사회, 경제가 어느 정도 안정되어 감에 따라 1953년부터 제1차 4개년 경제건설계획을 실시하기 시작하였다. 그런데 이와 같은 경제개혁을 실시하기 위하여 통일된 관리기구가 필요하여 회복시기의 각 경제 관리 분야를 대폭적으로 조정하였다.

행정원은 1953년 6월 30일에 각 관련기구를 합병하여 경제안정위원회(經安會)를 설치하고, 대만성 주석 유홍균(俞鴻鈞)이 주임위원을 겸임하였다. 그후, 경안회는 행정원 원장이 겸임하는 것으로 바꾸고 부주임 위원 1명을 증원하면서 재정부 부장, 경제부 부장, 교통부 부장, 국방부 부장, 참모총장, 농복회 주임위원, 중앙신탁국 국장, 미국원조운영위원회 비서장과 성정부 재정청 청장 등 11명으로 구성되었다. 그 아래에 금융・재정・농업조와 공업위원회를 두고 각 전문분야를 관장하였다.

제1차 4개년 경제건설계획은 원래 명칭이 「대만경제 4년자급자족방안」으로 1952년 8월부터 10월까지 대만성 정부와 관련 분야에서 공동으로 계획한 것이다. 경안회 성립 후에 대만경제건설 4개년계획으로 명칭을 바꿨다. 계획의 주요 목적은 예정된 시기 안에 생산계획에 따라 진행하여 확실히 자급자족에 이르게 한다는 것이다. 그리고 미국으로부터 공, 농업 건설의 원조를 지원받아 이 기간 안에 자급자족을 이룩하고 다시는 미국의 원조를 받지 않는다는 목표를 설정하였다.

건설계획의 내용은 크게 농업과 공업의 두 분야로 나눈다. 농업은 농작물 계획, 생산계획, 수산계획, 축산계획, 수리계획의 다섯 분야로 나누어, 각기 증산, 수입 감소, 외화 획득과 이를 위한 수리 관개사업의 건설 등을 포함하고 있었다. 결과적으로 4년 동안에 농업은

목표치였던 연 4.8%를 훨씬 초과하여 연 6.2%의 성장률을 올렸다.[91]

공업은 광산계획, 제조업 계획, 전력 계획과 교통운수 계획의 네 분야로 나누었다. 목적은 우선 소비재 공업을 발전시켜 수입품을 대체하는데 목표를 두고 이를 위하여 광산개발로 광업을 발전시키며, 제조업은 우선 국내에서 생산이 가능한 농부산품을 이용할 수 있는 제품을 생산하여 판매가 신속히 이루어 질 수 있도록 하였다. 화력과 수력발전소를 건설하여 필요한 전력을 공급하고 도로건설을 포함하여 수상 수송력을 증가시키는데 있었다. 그리하여 공업은 연 11.7%의 성장률을 보였다.[92]

공업 환경은 자원, 자금(외화)의 결핍으로 대단히 열악하였는데, 정부는 농업으로 공업을 배양한다는 정책을 써 과잉된 농업인구와 자금을 공업으로 전환하고 농산품과 농산 가공품을 수출하여 외화를 벌어 이를 가지고 시설재와 원료를 수입하여 우선 민생의 필수품을 생산함으로써 수입품을 대체하고, 농업분야에서 공산품을 구매할 수 있도록 하였다.

공업발전의 보장을 위하여 국내 제조업의 생산품의 경쟁력을 높이고자 관세보호를, 외화의 절약과 효과적 이용을 위하여 국내 생산의 경우 수입을 제한하였으며, 생산과잉과 자원낭비를 막고자 공장설

국민소득. 개인평균소득과 자본의 형성

| 연 도 | 국민소득 | 성장률 | 개인평균소득 | 성장률 | 자본형성 | 성장률 |
|---|---|---|---|---|---|---|
| 1952 | 34,307 | 11,48 | 4,220 | 7.93 | 6,037 | 33.36 |
| 1953 | 36,572 | 6.60 | 4,334 | 2.96 | 6,661 | 10,34 |
| 1954 | 38,312 | 4.76 | 4,379 | 1.03 | 7,331 | 10,06 |
| 1955 | 41,801 | 9.11 | 4,605 | 5.15 | 6,123 | 16.48 |
| 1956 | 43,709 | 4.56 | 4,655 | 1.09 | 7,301 | 19.24 |

(단위 신대폐(新臺幣) 백만 원, 1964년 물가를 중심)

립의 제한과 전망이 없는 공장을 도태시키고, 수출품 생산에 대하여는 세금을 돌려주는 우대정책을 썼다.

그 결과, 1956년은 1952년과 비교하여 개인소득이 40%, 실질 경제 성장률은 7.5%, 소비자물가 상승률은 10.1%이었다. 무역수지를 보면 1956년의 수입이 228만 달러, 수출이 130만 달러로 9,800만 달러의 무역역조가 이루어졌으나 미국의 원조가 9,600만 달러에 달하여 전체 수입의 42%를 차지하였다.

### 4) 미국의 원조

미국의 경제원조는 대만의 경제안정에 중요한 몫을 차지하였다. 1950년 하반기부터 미국은 대만에 대한 경제 원조를 시작하여 수요가 급한 원료, 기계, 식량 등 2,050만 달러의 물자를 원조해주었다. 이는 당해년도 총수입 12,280만 달러의 17%를 차지하는 액수였다.

1951년에는 5,660만 달러를 지원받아 수입 14,330만 달러의 39%, 1952년에는 미국의 원조가 더욱 늘어나 8,910만 달러로 대만수입의 43%를 차지하였다. 국민정부는 이 물자를 가지고 통화회수와 팽창을 억제하는데 사용하여 미국의 원조는 대만 경제에 중요한 역할을 하였으며 재정적자를 메어주는데도 큰 몫을 했다.

미국의 경제원조는 대만 경제회복과 초보적 발전의 주요 자금원이었다. 물자를 원조하는 이외에 경제원조액도 매년 늘어 1950년에 5,000만 달러, 1951년에 9,770만 달러였으며, 1차 4개년 건설계획을 추진하는 1953년부터 1956년까지 매년 평균 1.07억 달러로 모두 4.29억 달러를 대만에 제공하였다.

미국의 원조는 대만의 거대한 군사비 지출을 줄여줄 수 있었다. 당시 국민정부의 재정적자 요인은 군사비의 지출이 국민총생산의 12%이상을 차지하고 재정지출에서도 85-90% 차지하고 있었기 때문이다. 그런데 미국은 경제원조 이외에 군사원조를 해주었으므로 국방

예산을 그만큼 줄일 수 있었던 것이다. 대체로 1951년부터 1956년까지 미국이 대만에게 준 경제, 군사 원조 총액은 약 6.09억 달러에 달하고 있었다.93)

미국은 대만에 인력 자원방면에 약 25%의 경제 원조를 하였는데, 농업개량과 토지개혁은 중·미 농촌부흥연합위원회(농복회)를 통하여 이루어졌다. 특히 농복회는 농촌위생, 삼림, 가축생산, 수자원개발과 관리, 농촌의 전화(電化)사업과 교통 운수 등에 대량의 경비를 투자하였다.

미국의 원조대금 처리는 세 가지 독립된 계정을 가지고 처리하였다. 즉 미국정부의 계정, 중화민국정부계정, 중·미 연합계정이다. 중화민국에서 수입하는 미국의 원조물자는 대부분 이 세 가지 계정 가운데 어느 계정이던지 대만화폐로 지불하게 하였다. 그 결과 당지의 화폐로 교역이 이루어져 신대폐의 발행 준비금이 감소될 수 있었다. 그리고 이들 물자의 판매로서 얻는 돈이 신대폐 기금의 자금으로 되었다.

대체로 미국의 원조는 1956년까지 증여성이었고, 1957년부터 1961년까지 증여와 차관의 병행단계로 5.14억 달러, 1962년부터 공식적으로 원조가 끝나는 1965년까지 차관형의 원조로 3.22억 달러였다. 그런데 잉여농산물원조는 1968년까지 계속되어 결과적으로 18년 동안 받은 셈이었는데 당시 미국의 원조를 받은 다섯 나라(태국, 터키, 한국, 필리핀과 대만) 가운데 가장 성공적으로 경제발전을 이루었다. 당시 대만은 일본 통치 아래 비교적 기초 시설을 갖추고 있었으며, 실질적 경제성장정책과 발전전략에 부합되도록 경제원조를 활용하였는데, 미국에서 교육을 받은 인물들이 국민정부의 대만이전과 함께 대만에 집중되어 있어 효과적인 원조를 얻을 수 있었던 것도 경제발전에 유리하게 작용하였다.94)

1) 과도 시기는 레닌의 '과도시기 학설'에 따른 것이다(楊樹標・梁敬明, 『當代中國史事略述』, 浙江人民出版社, 2003, p.144).
2) 『中國共産黨歷次重要會議集』, 上, 上海人民出版社, 1982, p.269
3) 何沁主編, 『中華人民共和國史』, 高等教育出版社, 1997, p.95
4) 龐松主編, 『簡明中華人民共和國史』, 廣東教育出版社, 2001, p.75
5) 『中華人民共和國實錄』, 第1卷下, 吉林人民出版社, 1994, p.852
6) 학습교재는 1938년에 스탈린의 뜻을 따라 저술된 『볼셰비키 소사』의 9장부터 12장까지의 내용으로 바로 소련의 과도시기에 대한 서술이다. 대체로 이 시기의 풍조는 소련 '큰형님을 따라 배우자'는 풍조였다(孔寒氷, 『中蘇關係及其對中國社會發展的影響』, 中國國際廣播出版社, 2004, pp.118-120 참조).
7) 『建國以來重要文獻選編』, 第4冊, 中央文獻出版社, 1993, pp.700-701
8) 『中華人民共和國實錄』, 第1卷下, 吉林人民出版社, 1994, p.934
9) 劉少奇, 『論新中國經濟建設』, 中央文獻出版社, 1993 참조
10) 『建國以來重要文獻選編』, 第1冊, 中央文獻出版社, 1992, pp.510-522
11) 중공 당 중앙은 1952년 11월 12일에 농촌공작부 건립에 관한 결정을 통해 성위원회이상의 당위원회 영도아래 일률적으로 농촌공작부를 두었다(『建國以來重要文獻選編』, 第3冊, 中央文獻出版社, 1992, pp.410-411). 한편, 중공 당 중앙은 농촌호조합작을 이끌어 가기 위하여 등자회를 부장으로 하는 중앙농촌공작부를 두었다.
12) 『中共黨史參考資料』(8), 人民出版社, 1980, p.12
13) 『中華人民共和國實錄』, 第1卷下, 吉林人民出版社, 1994, p.1185
14) 金觀濤・劉青峰, 『開放中的變遷-再論中國社會超隱定結構』, 홍콩中文大學出版社, 1993, pp.448-450 참조
15) 安貞元, 『人民公社化運動』, 中央文獻出版社, 2003, p.119
16) 『建國以來重要文獻選編』, 第7冊, 中央文獻出版社, 1993, pp.58-84
17) 중공 당 11기 3중전회이후 등에 대한 비판이 착오였다고 인정받아 1981년 3월에 복권되어 명예를 회복하였다.
18) 『中華人民共和國實錄』, 第1卷下, 吉林人民出版社, 1992, pp.1259-1260
19) 『建國以來重要文獻選編』, 第8冊, 中央文獻出版社, 1994, pp.46-60
20) 安貞元, 『人民公社化運動』, 中央文獻出版社, 2003, p.172
21) *Cambridge History of China:The People's Republic,* Cambridge Univ. Press, 1987, pp.110-113
22) 『中華人民共和國實錄』, 第1卷下, 吉林人民出版社, 1994, p.1197
23) 『中華人民共和國實錄』, 第1卷下, 吉林人民出版社, 1994, p.861
24) 『毛澤東文集』, 第6卷, 人民出版社, 1999, pp.291-292
25) 何沁主編, 『中華人民共和國史』, 高等教育出版社, 1997, pp.129-133
26) 中共中央文獻研究室編, 『建國以來毛澤東文稿』, 第4冊, 中央文獻出版社, 1989,

p.324

27) 『中華人民共和國實錄』, 第1卷下, 吉林人民出版社, 1994, p.1314 이 문건은 1956년 2월 24일에 중앙정치국의 수정을 거쳐 정식문건으로 추인되었다.

28) 『建國以來重要文獻選編』, 第5冊, 中央文獻出版社, 1993, pp.645-646

29) 사건 31년만인 1986년 1월 20일에 유평백학술활동종사65주년경축회자리에서 사회과학원 원상 胡繩은 '학술적인 공헌을 세운 애국자에 대한 정치적 공격은 정확하지 못한 것이라 하였다(林蘊暉·張弓, 『凱歌行進的時期』(1949-1989年的中國①), 河南人民出版社, 1989, p.504).

30) 이때 발표된 호적비판의 글을 모아 모두 여덟 책을 펴냈다. 그런데 개혁개방정책을 펴면서 호적에 대한 긍정적인 재평가가 1980년부터 나타나 호적의 저서는 물론 그를 연구하는 연구지의 논문집과 저서들이 잇달아 출간되었다.

31) 이때부터 호풍의 비판은 단순한 문예사상의 비판에서 두 번째 단계로 호풍반혁명집단으로 확대되었다.

32) 『人民日報』는 1955년 5월 13일에 「호풍반혁명집단에 관한 일부 자료」를 발표, 1943년부터 1950년까지 胡風이 서무에게 보낸 34통의 편지를 정리하여 4류로 분류하였다(楊樹標·梁敬明, 『當代中國史事略述』, 浙江人民出版社, 2003, p.216).

33) 1980년에 중공 중앙은 호풍반혁명집단과 호풍 본인을 복권시키고, 호풍은 1981년에 중국인민정치협상회의 전국위원회 상무위원, 중국작가협회고문이 되었다.

34) 『毛澤東選集』, 第2卷, 人民出版社, 1991, pp.674-675

35) 尹世洪主編, 『人民代表大會制度發展史』, 江西人民出版社, 2002, p.78

36) 1953년 3월 1일 인민일보의 보도에 따르면 전국 159개의 시에서 신설도시 6개시를 제외하고 나머지 153개 시는 인민대표대회를 열었다. 전국 2,167개 현도 신설 38개 현 이외에, 전국 28만여 향(촌)도 인민대표회의 혹은 농민대표회의를 열어 인민대표대회의 직권을 대행하고 있었다.(동상, pp.93)

37) 국가통계국은 1952년에 시험적으로 1951년의 인구조사자료를 종합하여 전국 총인구를 5.64억 명으로 산출하였으며, 1952년에 내정부가 수집한 자료는 5.75억 명으로 산출하였다.

38) 1,226명 가운데 중국공산당 당원은 668명으로 54.48%였다(何沁主編, 『中華人民共和國史』, 高等教育出版社, 1997, p.109).

39) 『毛澤東選集』, 第5卷, 人民出版社, 1977, pp.132-133

40) 79명의 상무위원 가운데 공산당은 40명, 당외 인사 39명, 부위원장 13명 가운데 공산당 5명, 당외 인사 8명이었다. 그리고 인민대표대회 직후에 결정된 정부인사도 국무원 35개부, 위원회의 부장과 주임은 공산당이 22명, 당외 인사 13명으로 여전히 연합정부임을 나타냈다(龐松主編, 『簡明中華人民共和國史』, 廣東教育出版社, 2001, p.108).

41) 浦興祖主編, 『中華人民共和國政治制度』, 上海人民出版社, 1999, p.113 표 참조

42) 『劉少奇選集』, 下, 人民出版社, 1985, pp.132-170

43) 제1기는 180명이었다. 제2기 559명은 중국공산당 당원이 150명으로 26.8%,

당외 민주인사가 409명으로 73.2%였다(龐松主編, 『簡明中華人民共和國史』, 廣東教育出版社, 2001, p.110).

44) 『中華人民共和國實錄』, 第1卷下, 吉林人民出版社, 1994, p.1113

45) 2000년의 조사에 따르면 12억4261만 2226명 가운데 1억 449만 735명으로 8.4%를 차지하고 있다.

46) 『建國以來重要文獻選編』, 第3冊, 中央文獻出版社, 1992, pp.79-85

47) 55개의 소수민족 가운데 53개 민족이 언어를, 21개 민족이 27종의 문자를 사용하고 있다.

48) 내몽고자치구가 1947년 5월에, 신강위구르 자치구가 1955년 10월에, 광서 좡족자치구가 1958년 3월에, 영하후이족 자치구가 10월에, 1965년 9월에 서장 자치구가 성립되었다,

49) 『中華人民共和國實錄』, 第1卷下, 吉林人民出版社, 1994, p.801

50) 『建國以來重要文獻選編』, 第4冊, 中央文獻出版社, 1993, pp.105-108

51) 張聿溫, 『死亡聯盟-高饒事件始末』, 北京出版社, 2000 참조

52) 楊尙昆, 「回憶高饒事件」『中國共産黨八十年重大事件實錄』, 下, 張樹軍・史言 主編, 湖南人民出版社, 2001, p.351

53) 『中華人民共和國實錄』, 第1卷下, 吉林人民出版社, 1994, pp.932-933

54) 『建國以來重要文獻選編』, 第5冊, 中央文獻出版社, 1993, pp.126-131

55) 당시 모택동은 적극적으로 그들이 잘못을 고치려고 도와주는 태도를 취했다(薄一波, 『若干重大決策與事件的回顧』, 中共中央黨校出版社, 1991, pp.321-325)

56) 반한년은 1982년 8월에, 양범은 1983년 당 중앙으로부터 복권, 명예회복이 이루어졌다. 그러나 등소평은 고강과 요수석에 대하여 당 중앙의 처리가 신중하였고 타당하였다고 하면서 오히려 처리에 비교적 관대하였다고 하였다(동상).

57) 『中華人民共和國實錄』, 第1卷下, 吉林人民出版社, 1994, p.1230

58) 『周恩來選集』, 下卷, 人民出版社, 1984, pp.158-189

59) 『中華人民共和國實錄』, 第1卷下, 吉林人民出版社, 1994, p.1354

60) 『中華人民共和國實錄』, 第1卷下, 吉林人民出版社, 1994, p.1419

61) 본래 구두 보고였다. 중공은 이를 널리 알리기 위하여 레코드판으로 만들어 전국에 보급(다른 내용의 경우도 마찬 가지임)하였으나 1976년에 등소평이 보고내용을 정리하여 모택동의 동의아래 활자화되어 『毛澤東選集』, 第5卷(人民出版社, 1977)에 수록되었다.

62) 中共中央文獻研究室編, 『建國以來重要文獻選編』, 第9冊, 中央文獻出版社, 1994, p.33

63) 『關于建國以來黨的若干歷史問題的決議』(注釋本), 人民出版社, 1985, pp.261-262

64) 『陳雲文選』(1949-1958)의 주 163(人民出版社, 1984, p.260)

65) 編輯部編, 『當代中國的基本建設』, 中國社會科學出版社, 1989, pp.14-15

66) 실제로 공사가 시작된 것은 150개 항목으로 군사공업 44, 야금공업 20, 화

학공업 7, 기계가공업 24, 에너지공업 52, 경공업과 의약공업이 3개로 주로 동북지구, 중부와 서부에 집중되었다.

67) 한도액은 산업별, 부분별의 차이가 있으나 강철, 자동차, 트랙터, 열차 차량, 조선은 1천만 원으로, 금속, 화공, 시멘트는 600만원, 발전과 석탄채광은 500만원, 고무, 제지, 제당, 담배, 제약은 400만원으로 제한하였다(虞和平主編, 『中國現代化歷程』, 第3卷, 江蘇人民出版社, 2001, p.1005).

68) 『中共黨史參考資料』(8),人民出版社,1980,p.151

69) 당시 소련은 차관뿐만 아니라 자원의 조사, 공장부지의 선택, 기술설계, 기계설비와 인원의 훈련, 시험생산 등 구체적인 지원을 해주기로 되었다. 그리고 이를 위해 전문가 3,000여명을 파견하고, 중국은 유학생 7,000여명, 실습생 5,000여명을 소련에 파견하였다(龐松主編, 『簡明中華人民共和國史』, 廣東教育出版社, 2001, p.83).

70) Hans Heymann,Jr.,"Acquisition and Diffusion of Technology in China" in Joint Economic Committee of Congress, China:A Reassessment of the Economy (Washington:1975) p.686

71) 李德彬, 『中華人民共和國經濟史簡編』, 湖南人民出版社, 1987, p.228

72) 鄧辛未, 『三十五年來中共經濟的演變』, 商務印書館, 臺北, 民國 74, p.9

73) 1949년에는 800.4만 명, 1952년에는 1580.4만 명이었다(『偉大的十年』, 人民出版社, 1959, pp.159-160).

74) 「關于發展國民經濟的第一五個年(1953-1957)計劃執行結果的公報」(孫健, 『中華人民共和國經濟史』, 中國人民大學出版社, 1992, p.198)

75) 『偉大的十年』, 人民出版社, 1959, p.173

76) 중국이 처음으로 국제회의에 참가한 것은 1951년 10월에 덴마크 수도 코펜하겐에서 각국의 경제계인사들이 국제경제회의 발기인위원회에 참가(중국위원이 4명)하여 준비한 제1차 국제경제회의로 모스크바에서 열렸다. 국제 무역과 경제협력을 도모하기 위한 것으로 이 기간에 중국은 서방 국가들과 무역협정에 서명하여 정식 국교를 수립하지 않은 국가들과 협정을 체결한 바 있다. 물론 후에 미국을 비롯한 일부 서방 국가들의 방해로 실현되지 않은 것도 있었다(謝益顯主編, 『中國外交史』(中華人民共和國時期(1949-1979), 河南人民出版社, 1988, pp.145-146).

77) 謝益顯主編, 『中國外交史』(1949-1979), 河南人民出版社, 1988, p.154

78) 謝益顯主編,『中國外交史』(中華人民共和國時期,1949-1979), 河南人民出版社, 1988, pp.164-165

79) 張其昀主編, 『先總統蔣公全集』, 第2卷, 中國文化大學出版社, 1984, p.2288

80) 사유란 禮義廉恥를 가리키며, 팔덕은 忠孝, 仁愛, 信義, 和平을 가리킨다. 台北市에는 市중심에 八德路, 忠孝東・西路, 仁愛東・西路, 信義路, 和平東・西路의 거리 이름이 있다.

81) 宋春主編, 『中國國民黨臺灣四十年史』, 吉林文史出版社, 1990, p.101

82) 李雲漢, 『中國國民黨史述』, 第4編, 中國國民黨黨史委員會, 民國83, p.285

83) 『革命文獻』, 第77輯, 中央文物供應社, 1978, pp.136-137

84) 江南,『蔣經國傳』, 美國論壇社, 1984(中國友誼出版社, 1986), p.280

85) 그는 1988년에 장경국이 사망한 다음 비로소 자유의 몸이 되고, 1991년에 그의 옛 부하들에 의하여 공개적으로 90세 성대한 생일 연회를 열었다.

86) 뇌진은 1917년에 동경에서 국민당에 입당하였으며, 장계와 대계도가 추천인이었다. 그는 귀국하여 남경특별시 당부 상무위원, 중앙감찰위원, 항전기간 국민참정회 부비서장, 정치부의 지원을 받아 정치협상회의 비서장, 대만으로 와서는 총통부 국책고문이 되었다. 그는 군민의 사기를 진작시키기 위하여『자유중국』을 발행하였다.

87) 陳紅民,『臺灣政壇風雲』, 江蘇文藝出版社, 1991, p.6

88) 彭懷恩,『臺灣政治變遷40年』, 自立晚報社, 民國 76, p.75

89) 薛光前·朱健民編,『近代臺灣』, 正中書局, 民國 66, p.303

90)『臺灣省施政概況圖表』, 臺灣省政資料館, 1968, p.5

91) 張果爲,『臺灣經濟發展』, 正中書局, 1970, p.810

92) 동상, p.813

93) 行政院經濟設計委員會, *Taiwan Statistical Data Book*, 1977, p.219

94) 資中筠·何迪編,『美臺關係四十年(1949-1989)』, 人民出版社, 1991, pp.252-258

제 4 장

# 사회주의 건설의 매진-대약진과 반공복국의 표방시기(1956-1960)

## 1. 사회주의 개조에 나타난 모순과 그 처리

### 1) 사회주의 체제의 기본적 완성과 국내외 정세

1956년은 신중국이 성립된 이래 질서 회복과 안정이후 사회주의로 개조가 기본적으로 끝나는 해이다. 그런데 소련만 쳐다보고 소련의 경험을 배우자고 전개해 왔던 사회주의 개조였는데, 소련내부에서 문제가 일어났다. 즉 이해 2월에 개최되었던 소련공산당 20차 대회에서 개인숭배-스탈린(Stalin, Joseph)의 숭배를 반대, 비판하는 일이 발생하였다. 즉 미코얀(Mikoyan, Anastas)은 2월 18일의 회의에서 예상치도 않았던 개인숭배가 가져온 나쁜 영향에 관하여 발언하여 장내 분위기를 바꾸어 놓았다.

대회가 2월 24일에 폐막된 직후 그 날 밤 11시 반경에 이번 대회에 참가한 대표들을 크렘린 궁으로 불러 모아 소련공산당 20차 대회 주석단의 결정에 근거하여 자정부터 다음날 새벽까지 약 4시간 반 동안 흐루시초프(Khrushchev, Nikita)는 「개인숭배와 그 결과에 관하여」란 비밀 보고를 하였다. 보고의 내용은 주로 스탈린에 대한 비판이었다. 그리고 이 보고회에는 20차 대회에 초청 받지 않은 사회주의 국가, 당의 대표단도 참가하였다.

그런데 스탈린에 대한 비판은 교조주의의 금기를 깨고 마르크스주의의 발전을 더욱 확대 추진할 수 있도록 충격을 주었지만, 한편으로 자유민주주의 국가들에게는 사회주의 제도를 공격할 빌미를 주어 국제 공산주의 운동에 손실을 가져왔다. 즉 서방 국가 안에 있는 공산당 가운데 많은 당원들이 공산당을 탈퇴하게 되었으며 사상적으로 혼란을 초래하였다. 그 대표적인 예로 이해 6월에 폴란드 포즈난(Poznan)에서 일어난 반공의거(反共義擧)와 10월 헝가리 부다페스트(Budapest)에서 일어난 반소운동이었다.

한편, 중국은 사회주의 개조가 기본적으로 완성되었다고 하지만 이로 인한 사회의 대 변동과 그에 대한 인식이 일치되지 못하였다. 간부들은 비교적 수준이 향상되었지만 아직도 낮았을 뿐만 아니라 사회주의 경제와 문화를 건설한 경험이 없어서 이를 이끌어 갈 능력을 갖추지 못하고 있는 실정이었다.

또한 사회주의로의 개조와 건설을 너무 성급하게 추진한 결과 잘못된 점도 노출되었다. 일부의 소자산가를 자본가로 보아 이들의 가정 부담이 과중하여 공사합영제(公私合營制)에 동요가 일어났으며, 농업합작사(農業合作社)에도 중농의 이익에 손해를 끼쳤고, 합작사의 사원 수입도 낮아져 심지어 식량의 부족과 퇴사바람까지 불었다.1) 과도한 건설 투자가 재정상의 적자를 가져와 생산 원자재의 부족은 물론 생활필수품의 공급에도 어려운 상황이 나타났다.

여기에 국제적 환경의 영향으로 중국 안에서도 불안한 움직임이 나타났다. 1956년 하반기부터 1957년 봄까지 일부 도시와 농촌에서 파업과 동맹휴학하는 현상이 나타났다. 1956년 전국총공회(全國總工會)에 보고 된 파업과 청원사건만 86건으로 1/4분기에 6건, 2/4분기에 19건, 3/4분기에 20건, 4/4분기에는 더욱 늘어나 41건이나 되었다. 물론 보고 되지 않은 것을 포함하면 훨씬 더 많았다. 공산주의청년단의 중앙 통계에 따르면 대학과 중, 고등학교이상의 동맹휴학, 청원도 1956년 8월부터 다음해 1월의 반년동안에 30건이 일어났다.2) 때문에 1956년은 스산한 가을을 보내야 하였다.

### 2) 사회주의 모순의 탐색

노동자의 파업이나 학생의 동맹휴학, 합작사의 소요 등 사회주의 개조 후에 나타난 모순은 사회주의 건설에 앞서 해결하여야 할 과제였다. 따라서 1956년 봄부터 다음해 봄까지 이러한 모순을 해결하기 위하여 문제를 찾아내 심층 분석하게 되었다. 그리하여 마침내 마르크스 레닌주의의 신학설-두 종류의 모순학설을 만들었다.

1956년 4월초에 소집된 중공 중앙정치국 확대회의에서 스탈린의 착오 문제를 토론할 때 사회주의 안에도 모순이 있다는 것을 긍정하였다. 즉, 모순을 부정하는 것은 변증법을 부인하는 것이라 지적하고 이를 종합하여 모택동은 「10대 관계론」을 제시하고 내부 모순의 처리에 사상적 방향을 제기하였던 것이다.3) 그리고 신중국 수립과 집권당이 된 중국공산당은 처음으로 9월 15일부터 27일까지 소집한 제8차 전국대표대회에서도4) 국내정세를 분석하고 당의 모든 힘을 집중하여 이 모순을 해결하여야 한다고 인식하였다.

12월 하순에 소집된 중앙정치국 확대회의에서 무산계급 독재의 역사 경험을 토론하면서 두 종류 사회의 모순 문제를 제기하였다. 하나는 적(敵)과 아(我)의 모순으로 계급 상에 일어나는 근본적인 모순이며, 또 다른 하나는 인민 내부의 모순인데, 이것은 계급간의 모순이 아니라 정확한 의견과 착오 의견의 충돌이거나 혹은 국부적인 성질의 이해 모순으로 근본적인 것은 아니라고 하였다. 그리고 인민의 내부 모순은 단결하여 비판 혹은 투쟁을 거쳐 해결할 수 있다고 하였다.

모택동은 1957년 1월에 성, 시, 자치구 당 위원회 서기회의 석상에서 당시 중국사회에 나타난 여러 가지 모순을 지적하였다. 여기에서 '어떻게 사회주의 사회의 적(敵)과 아(我)의 모순과 인민 내부의 모순을 처리하여야 할 것인가는 하나의 과학으로 연구해 볼 가치가 있다'고 하면서 '우리나라의 사정으로 말하면 현재의 계급투쟁은 일부는 적과 아의 모순이며, 대량으로 나타나고 있는 것은 인민내부의 모순'이라고 지적하였다.5)

### 3) 모택동의 인민 내부 모순 처리 이론

1957년 2월 27일부터 3월 1일까지 모택동은 최고국무회의 제11차 확대회의를 소집하였다. 여기에 각 방면의 인사 1,600여 명이 참석하였는데, 모택동은 첫날 회의석상에서 「인민 내부 모순을 정확하게 처리하는 문제에 관하여」를 발표하였다.6) 이는 사회주의 사회 모순의 새로운 이론을 설명한 것인데 그 내용은 다음과 같다.

(1) 사회주의 사회의 기본적 모순과 그 특징을 밝혔다. 그는 사회주의 사회의 모순은 대항성의 성질이 아니며 그것은 사회주의 제도를 가지고 해결할 수 있다고 하였다.

(2) 두 가지 종류의 사회주의 모순의 이론을 제기하였다. 즉 적(敵)과 아(我)의 모순과 사회주의 내부의 모순이다. 전자는 대항성의 모순이고 후자는 그렇지 않기 때문에 해결방법도 달라야 한다고 하였다.

(3) 인민 내부 모순이 정치생활의 주제임을 밝혔다. 아직도 반혁명 세력은 있으나 없는 것이나 다름없다. 즉 적과 아의 모순과 내부 모순의 한계를 그어 인민 내부 문제의 모순을 제기하였다.

(4) 내부 모순의 정확한 처리 방침을 제정하였다. 즉 단결-비평-단결의 원칙을 운용하도록 강조하였다. 경제적으로는 국가, 집체, 개인의 이익을, 과학 문화적으로는 백화제방(百花齊放), 백가쟁명(百家爭鳴)을, 민주당파와의 관계는 장기간 공존할 것과 서로 감독하자는 계열별, 그리고 구체적인 방안을 제시하였다.

다음 날부터 3월 1일 오전까지 회의에 출석한 사람들은 조를 나누어 모(毛)가 제기한 문제들에 관하여 토론을 진행하였다. 그리고 오후에 이제침(李濟琛), 장백균(章伯鈞), 황염배(黃炎培), 마서륜(馬敍倫), 진가경(陳嘉庚), 진숙통(陳叔通), 곽말약(郭沫若), 정참(程潛), 마인초(馬寅初), 허덕행(許德珩) 등 16명이 발언하여 대대적으로 열띤 토론을 전개하고 오후에 마지막으로 모택동이 종합 결론을 내리는 것으로 끝났다.

그리고 이 회의 후 이 이론을 정리하고 약간 수정하여 「인민 내부 모순 문제의 정확한 처리에 관하여」라는 제목으로 1957년 6월 19일의 『인민일보(人民日報)』에 공개적으로 발표되었다. 이로서 전면적이고 체계적인 두 종류의 모순학설(茅盾學說)이 형성되었다.

## 2. 중국공산당의 정풍(整風)

### 1) 중국공산당의 상황

중국공산당은 집권당이었기에 국가 중추 기관의 공직자는 대부분이 공산당 당원이었다. 당원의 숫자도 크게 늘어나 중공 당 8전대회가 소집되었던 1956년의 1,073만 명에서 1,271만 명으로 늘어났다. 그런데 이 많은 수의 공산당 당원이 국가의 중요한 자리를 차지하고 있었으나 이들이 현실 문제점을 제대로 인식하지 못하고 있어서 이를 해결도 못하고 있는 실정이었다.

우선 당원들은 토지개혁 등 사회주의 개조가 끝나 혁명도 끝났다는 생각을 갖고 교만하고 자만하는 분위기가 돌아 군중들로부터 이탈되어 갔다. 그러므로 적과 아의 모순 대신에 내부 모순이 부각되고 있다는 사실을 자각하지 못하고 있었다. 그러므로 인민 내부의 모순을 정확하게 처리하지 못하였으며 쉽게 해결할 문제도 복잡하게 만들어 가고 있었다. 따라서 이러한 분위기를 신속하게 전환시키지 않으면 변화하는 형세, 새로운 임무에 적응할 수 없으며 당의 사업을

전용열차 안에서 지방 당 간부와 자리를 함께한 모택동(왼쪽 끝은 화국봉)

계속할 수 없다고 보았다.

또한 당내의 관료주의, 종파주의와 주관주의의 경향이 새롭게 자라고 있어서 많은 당원들은 단순한 행정 명령으로 일을 처리하기 좋아하고, 명예로운 특권에만 흥미가 있고 민중 속으로 들어가 군중과 동고동락하려 하지 않았다. 그 결과, 당과 군중과의 연계가 잘 이루어지지 않아 적극적인 힘도 소극적인 힘으로 약화되어 국가의 발전도 기대할 수 없게 되었다.

따라서 사회주의 개조이후에 나타난 새로운 형세를 스스로 자각하도록 하기 위하여 사회주의 내부 모순의 발전 규율을 스스로 인식하고, 당내의 관료주의·종파주의·주관주의의 경향을 극복하여야 하였다. 이를 위하여 중공 당은 8기 2중전회에서 당 전체의 정풍운동을 전개하여 간부의 특권화와 군중들과 이탈되는 것을 방지하고 마르크스주의에 대한 이해의 수준을 높이면서 사회주의 건설의 수요에 적응하도록 하기 위하여 다음해부터 전당의 정풍운동을 전개하기로 결정하였다.7)

## 2) 중국공산당 전국선전공작회의

모택동의 「인민 내부 모순의 정확한 처리에 관하여」란 발표가 있은 다음, 우선 간부와 지식인들에게 이 내용을 전달하고 당 내외에서 이 문제를 토론하게 하였다. 당에서도 당의 정치 교육과 사상 교육을 강화하기 위하여 1957년 3월 6일에 전국선전공작회의를 소집하였다.8)

이 회의에 참석한 사람은 중앙과 성, 시의 양급 당의 선전·문교 분야의 책임자 380여 명이었으며, 과학·교육·문학·예술·신문·출판 등 분야의 당외 인물 100여 명이 참가하였다. 회의 기간 동안 모택동은 교육·문예·신문·출판계와 대학의 당 내외 대표 인물들과 몇 차례 좌담회를 거행하고 3월 12일에 대회석상에서 연설하였는데, 내용은 지식인의 문제와 정풍의 준비문제, 수(收)와 방(放)의 문제, 그리고 당의 사상공작 강화 문제였다.

(1) 지식분자 문제 : 정치 태도로 볼 때 절대 다수의 지식인들은 (총 500만 명의 90%) 각기 다른 정도로 사회주의 제도를 옹호하고 있다. 우리에게 적대감을 갖고 있는 사람은 극히 적어 1%에서 3%로 본다. 마르크스주의에 대하여 찬성하고 잘 알고 있는 사람은 소수이며 반대하는 사람도 소수이다. 다수의 사람이 찬성하나 잘 알지 못하며 찬성하는 정도도 다르다. 지식인은 교육자이고 앞서 가는 사람들이므로 먼저 교육받을 임무가 있다. 지식인들이 자기 머리 속에서 잘못된 인식을 없애지 못하면 다른 사람을 교육시킬 수가 없다. 좋은 선생이 되려면 좋은 학생이 되어야 한다고 하였다.

그러면서 모택동은 지식인들은 반드시 노동자, 농민의 군중과 결합하여야 한다고 지적하면서 지식인들이 먼저 반드시 노동자, 농민의 생활을 잘 알아야 하기 때문에 군중 속으로, 공장으로, 농촌으로 가야한다고 제창하였다.

(2) 정풍에 관한 문제 : 모택동은 금년에 당내의 정풍을 시작하겠다고 선포하였다. 그리고 정풍의 필요성, 내용과 방법을 설명하였다. 우리 당은 위대한 당, 영광의 당, 정확한 당이나 아직도 결점을 갖고 있다는 것을 인정하여야 한다. 그러므로 정풍하여야 한다고 하였다.

(3) 쌍백(雙百) 관철에 관한 문제 : 백화제방(百花齊放), 백가쟁명(百家爭鳴)은 기본적이고 동시에 장기적인 방침이라고 강조하면서, 당 중앙의 의견은 이 방침을 계속 추진할 것이라고 하였다. 방(放)이란 여러 사람이 자기의 의견을 말하는 것으로, 말하게 하고 비평하게 하고, 쟁론하게 하는 것이며, 수(收)란 착오된 의견을 말하지 못하게 하는 것이며, 다른 의견을 말하지 못하게 하는 것인데, 이것은 모순의 해결 방법이 아니라 모순을 확대하는 것이라고 지적하였다.

### 3) 정풍운동의 전개

전국선전공작회의 후인 1956년 3월 중순부터 4월 초까지 모택동은 장강의 남북을 순시하였는데, 천진(天津), 제남(濟南), 남경(南京), 상해(上海) 등지에서 당원 간부회의를 열고 인민 내부 문제를 어떻게 정확하게 처리하는 가와 정풍 문제에 관하여 지시하였다. 이 자리에서 모택동은 당원들에게 과거 혁명 전쟁시기의 팔과 다리, 혁명 정신, 혁명 열정을 가지고 혁명 공작을 끝까지 해내자고 요구하였다.

이 기간 동안에 유소기(劉少奇)도 하남, 하북, 호남, 호북, 광동과 상해지역을 시찰하면서 이들 지역의 노동자 대표와 학생 대표, 민주인사와 좌담회를 열어 모순에 대한 모택동의 정확한 처리 문제를 전달하고 당의 정풍운동을 발동하였다. 그는 자산계급과 무산계급의 모순은 이미 기본적으로 해결되었으며, 현재는 인민 내부의 모순이 주요 모순으로 되었다고 하면서 정확하게 내부 모순을 처리할 방법을 배워 관료주의를 극복하자고 하였다.

이와 동시에 당 중앙에서도 3월 16일에 「전국선전공작회의 전달에 관한 지시」를,[9] 25일에 「파업 · 동맹휴학의 처리에 관한 지시」를,[10] 4월 19일에는 「인민내부 모순의 정확한 처리 문제 검사와 집행 상황에 관한 지시」를 내려 보냈다. 그리고 4월 27일에 당 중앙은 정식으로 「정풍운동에 관한 지시」를 하달하여(『인민일보(人民日報)』 5월 1일에 공개)[11] 5월부터 성, 시 이상의 당정(黨政)기관, 대학과 민주당파, 신문 출판, 과학 기술, 문교 위생, 상공계에서 정풍운동이 시작되었다.

각급 당 조직은 당외 인사와 좌담회를 열어 그들의 비평 의견을 들었다. 5월 8일부터 6월 8일까지 중공 당 중앙통전부와 국무원 사무처는 합동으로 상공계, 신문계, 문예계, 과학 기술 문화교육계 대표가 참가한 좌담회를 38차나 열었고,[12] 『광명일보(光明日報)』 편집부는 5월 4일부터 23일까지 상해(上海), 광주(廣州), 난주(蘭州), 심양(瀋陽) 등 9개 도시에서 각지의 민주당파와 고급 지식인들과 좌담회를 열어 정풍운동에 대하여 이들로부터 도움을 받으려 하였다. 이렇게 당은 당외 인사들의 광범위한 의견을 들었고 능동적으로 이를 받아들이려 하였다.[13]

결과적으로 정풍은 인민내부의 모순을 해결하고 사회주의 건설에 적극적인 힘을 발동하기 위한 것이었다. 왜냐하면 당이 집정당으로서 군중으로부터 이탈되어 단순한 명령으로 문제를 처리하고 관료주의에 빠져 특권사상을 갖고 있었을 뿐만 아니라 군중을 위압하는 방법으로 군중을 대하여 이를 바로 잡아야 하였기 때문이다. 특히 폴란드 사건과 헝가리 사건과 같은 것을 피하기 위하여도 정풍(整風), 정당(整黨)의 필요성을 절감하게 하였던 것이다.[14]

## 3. 반 우파 투쟁

### 1) 반 우파 투쟁의 필요성

당의 정풍운동 과정에서 새로운 사실들이 확인되었다. 즉 1956년에 사회주의 개조가 기본적으로 이루어져 자산계급 내부에도 큰 변화가 일어났고 있었던 것이다. 일부는 중공 당의 교육아래 스스로의 사정을 인식하고 자기의 운명을 국가의 앞길과 결합하여 공산당의 영도를 옹호하고 사회주의의 길로 가기를 원하였다. 그런데 이러한 그룹은 자산계급의 좌익(파)으로서 그 수는 많지 않았다.

대부분은 사회주의와 자본주의 사이에서 방황하고 있어 일부는 자본주의에 대하여 연연하는가 하면, 자산계급의 일부는 대세에 추종하는 형세여서 억지로 자기의 생산 자료를 내놓아 점차 사회주의 쪽으로 기우는 경향을 보였는데, 이들은 자산계급의 중도파라 볼 수 있다.

또 일부는 사회의 변혁에 대하여 불만을 품고 자신들의 생산 자료 내놓기를 달가워하지 않았다. 이들 소수의 사람들은 자산계급의 우익으로 그들의 정치적 성향은 자산계급의 우파였다.

1956년에 일어난 폴란드 사건과 헝가리 사건은 자산계급 우파들에게 희망을 주었으며 전개되고 있던 당의 정풍기회를 이용하여 정풍을 돕는다는 기치를 내걸고 반당, 반사회주의 언론을 펴 자본주의 사회로 회귀하려 하였다. 예를 들면 공산당은 내부 문제가 많다느니, 사회주의 제도는 자본주의 제도만 못하다느니, 사회주의 개조와 그 성과를 모두 부정하고, 당의 결점과 착오를 비난하면서 관료주의는 사회주의의 산물이며, 종파주의는 마르크스주의의 산물이며, 노동자 계급의 영도를 반대하고, 자본가 계급과 노동자 계급의 구분을 부인하였다.

반우파 투쟁 시위

특히 방명(放鳴 즉, 百花齊放, 百家爭鳴) 과정 가운데 일부 우파 지식인들은 당이 전개하고 있는 정풍(整風)운동에서 취하고 있는 온건하고 부드러운 방식과 자아비판의 방침에 대하여 만족하지 않았다. 그들은 온건하고 부드러운 방식을 갖고 인민의 분을 가라앉히기에 부족하며, 그 반대의 방식으로 대대적인 민주의 방식으로 바로 잡아야 한다고 주장하였다. 그러면서 대대적인 방명(放鳴)운동을 전개하여 대학 같은 곳에는 대자보가 가는 곳마다 붙어있어 혼란을 조성하였는데, 당시 당 중앙은 대자보가 문제를 노출시킬 수 있고, 우파를 폭로할 수 있으며 군중을 단련시켜 해보다는 이익이 많다고 보았다.[15)]

우파들은 수가 비록 적었으나 그 능력은 대단히 커서 그들이 선동한 반당, 반사회주의 사상의 영향아래 민주당파, 지식인들, 일부의 상공계 중간 분자들이 동요하였다. 따라서 일부 지방에서는 파업, 동맹휴학, 소요가 발생하였고 점차 확대되어 가는 추세를 보였다.

## 2) 반 우파 투쟁의 시작

1957년에 중앙 통전부가 민주당파와 무당파 책임자들과 좌담회를 시작할 때만 하더라도 모택동은 반 우파 투쟁을 제기하지 않았다. 5월 중순에 제3차 혹은 제4차 회의에서 번갈아 가며 정권을 잡자느니, 마음대로 정견을 발표할 수 있는 런던의 하이드(Hyde) 공원 등에 관한 말이 나오면서 모택동은 이를 정치적으로 민감하게 받아 들였다. 그대로 놓아두면 이들이 머리끝까지 올라갈 것이라 여겼는데 다시 좌담회석상에서 마르크스의 소 지식분자들이 소 자산계급의 대 지식분자를 영도하며 비전문가가 전문가를 영도한다는 말이 나왔다는 말을 듣게 되었다.

이에 모택동은 5월 15일에 「사정은 지금 변하고 있다」는 글을 발표, 당내의 고급 간부들에게 읽히게 하였다.[16] 여기에서 우파의 공격이 위험수위에 올랐다고 인정하고 전당은 반격을 준비하라고 요구하였다. 동시에 중공 당 중앙은 각 당의 영도기관에 대하여 일정한 시기동안 그들의 잘못된 의견에 대하여 반박하지 말고 그들이 하고 싶은 이야기를 마음대로 다하도록 하고 잘못된 의견을 조금도 고치지 말고 그대로 발표하여 군중들로 하여금 그들의 면모를 이해하게 하라고 하였다. 이러한 정책아래 한때 신문에서는 반대 의견이 그대로 보도되었으며 군중들의 사상적인 혼란을 초래케 하였다.

이렇게 되자 6월 8일에 중공 당 중앙은 정식으로 「조직의 힘은 우파 분자의 맹렬한 진공에 반격할 준비」 지시를 하달하였다.[17] 같은 날 『인민일보(人民日報)』에서도 「이것은 무슨 이유에서 인가」라는 사설을 발표하여 계급투쟁의 관점을 갖고, 문제를 관찰하고 결론을 얻어야 한다고 하였다. 계속하여 인민일보는 「정확하게 비평하여야 하고 또한 정확하게 반 비평하여야 한다」와 「노동자들이 말했다」라는 사설을 잇달아 발표하여 그 동안 전개해왔던 당의 정풍운동은 반 우파 투쟁으로 바뀌게 되었다. 그리고 이 운동은 인민 내부의 모순을 처리하는 시각에서 적(敵)과 아(我)의 계급투쟁으로 확대되어 갔다. 그 이유는 모택동과 당 중앙은 우파의 공격을 격퇴시키지 않으면 사회주의 국가는 세울 수 없다고 보았기 때문이었다. 그리고 당시 확실히

사회주의 제도를 반대하고 당의 영도에 반대하는 우파 세력이 존재하고 있었다.18)

그러므로 우파분자에 대한 반격과 사회주의 사상을 반대하는 세력에 대하여 비판하고 사회주의 길로 나가는 교육을 견지하여야 되었다. 그렇지 않으면 문제가 되지도 않을 작은 세력, 우파로 인해 사상상, 정치상의 혼란을 조성할 수 있다고 보았다,

### 3) 반 우파 투쟁의 전개와 확대

반 우파 투쟁은 먼저 대학·신문언론계·문예계·과학기술계·상공계와 민주당파 등 지식인들이 집중되어 있는 곳에서부터 중점적으로 진행 전개되었다. 그리고 이후에 중 고등, 초등학교의 교사와 각급 당·정 기관의 간부로 확산되었다. 노동자와 농민에게는 반 우파 투쟁이 없었다. 그러나 변론과 사회주의 교육운동에 대하여 비판이 전개되었을 때 적지 않은 군중에 대하여도 지나칠 만큼 비판투쟁을 전개하였다.

전국적으로 반 우파 투쟁이 전개되는 시기에 제1기 전국인민대표대회 제4차 회의가 6월 25일부터 7월 15일까지 북경에서 소집되었다. 이 회의는 국가 경제 건설 등 중대한 문제를 결정하는 이외에 반 우파 투쟁을 진행하려는데 그 목적이 있었다. 회의에서 민주당파의 장백균(章伯鈞), 나융기(羅隆基) 등은 불과 한달 반전만 하더라도 중국공산당에 대하여 맹렬히 비난하다가 이때 와서 철저하게 자아비판, 자아반성으로 일관하다가 폐회되었다. 즉 민주정당 정파의 인물에 대한 반 우파 투쟁이었다.

반 우파 투쟁은 8월에 접어들어 문예계로 비화되었다. 비판의 대상에는 혁명적 작품 활동으로 스탈린상까지 받은 여류작가이며 『문예보(文藝報)』의 편집장인 정령(丁玲), 시인인 애청(艾靑), 작가협회 부주석인 풍설봉(馮雪峰)을 비롯하여 경극배우 섭성장(葉盛長), 심지어 만

화가인 요빙형(廖氷兄)까지 포함되어 있었다.

그런데 이 반우파 투쟁은 갈수록 확대되었다. 그 이유는 우파의 수가 얼마나 될 것인가에 대한 잘못된 계산에서 비롯되었다. 적어도 모택동이 1957년 5월이전에 파악하고 있었던 숫자는 비교적 정확하였다. 그런데 그 이후 6월부터 반동분자는 100분의 몇 %가 활약하는데 가장 극열한 분자는 1%에 불과하며, 90 몇 %는 중간파이거나 좌파라고 하더니[19] 그 수가 갈수록 확대되었다. 예를 들면 모택동은 6월 29일에 북경에서 비판받아야 할 우파가 대략 400명, 전국에서 약 4,000명이라 하였는데, 10일후에 그 수가 배로 늘어나 북경에 800명, 상해에 700명, 전국에 8,000명이라 하였다. 그리고 9월에 소집된 중공당 8기 3중전회 때에는 우파분자로 확정된 수가 62,000명, 대략 전국적으로 15만 명으로 추산하였다.[20] 이처럼 우파분자 숫자에 대한 잘못된 파악은 결국 반우파 투쟁을 확대시켰다. 당시 우파로 지목된 예를 들어 보면 다음과 같다.

① 선의로 본부나 소속 기관의 인사 관리, 영도 간부의 태도, 생활의 특수한 면 등에 대하여 비판하거나, 당의 업무를 고쳐나가도록 하는 등 비판이 유익하고 정확한 것이었음에도 불구하고 우파로 지목되었다. ② 문교, 학술기관에서는 학술상의 쟁론, 국제 문제에 대한 다른 의견은 얼마든지 발표할 수 있는 것이 쌍백(雙百) 방침에도 부합되는 것이었다. 그런데 다른 의견을 제시하였다 하여 독초, 이단이라 지목하고 심지어 반 마르크스주의 자, 반 모택동주의 자라고 하여 우파로 지목되었다. ③ 일부는 당의 영도와 사회주의 제도 등 중대한 문제와 연관되어 그 잘못된 점을 의견으로 제시하였다. 이들의 의견은 사상 방법에서나 감정이 격하여 비롯된 것인데도 사상 인식을 정치 문제로 보아 우파로 지목되었다. ④ 확실히 반당 반사회주의 언행을 하는 사람이 소수 있었다. 어떤 부분은 자산계급 우파에 동조한 사람도 있었다. 그러나 그 정도나 사정을 각각 구별하여야 하였는데 이를 구별하지 않고 모두 우파로 보았다.

훗날 당 중앙은 우파로 구별되는 숫자가 많다고 느껴져 이를 감소시키기 위하여 10월 15일에 「우파 분자로 구분되는 표준에 관한 통지」를 하달하였다.21) 이 지시에서 일부 기관 단위에서 지나치게 우파로 많이 판정하고 있다고 지적하였다. 그런데 이 지시는 그 실시가 철저하지 못하여 전국적으로 552,877 명이나 우파로 판정되었다.22)

우파로 판정되면 그 처리 과정에서 과중한 조치를 받았다. 즉 일단 우파로 지목되면 당, 단의 구성원은 모두 세직되었다. 간부는 월급이 감봉되었을 뿐만 아니라 심하면 공직에서 물러나야 하고 고향으로 돌려보내져 당의 감독아래 노동하였다. 학생들의 경우는 학교에 남겨두고 관찰하거나 제적하거나 노동으로 교육하거나 하였다.

## 4) 반 우파 투쟁의 영향

1957년의 반 우파 투쟁은 당의 영도력이나 사회주의 제도를 새롭게 건립하는데 있어서 중요한 작용을 하였다. 그러나 반 우파 투쟁의 확대로 결과는 생각보다 훨씬 복잡하게 나타났고 심각한 교훈을 안겨주었다. 이것은 신중국이 사회주의 혁명과 사회주의를 건설하는 과정에서 처음으로 범한 착오이기도 하였다.

반 우파 투쟁의 좋지 못한 영향은 첫째, 많은 동지들, 좋은 간부와 중공 당과 오랜 동안 합작하여 온 사람들이 오해를 받아 우파로 지목되어 장기간 위압과 굴욕의 압제를 받았으며 사회주의 건설과정에서 그들이 하여야 할 역할을 제대로 하지 못하게 하였다. 이 점은 그 개인의 손실과 불행이 되었을 뿐만 아니라 전체 국가사회의 손실과 불행이기도 하였다.

둘째, 우파 분자로 지목되어진 사람은 대부분이 지식인들이었기 때문에 당은 사상적으로 지식인에 대한 평가에 변화를 가져와 지식인은 모두 자산계급에 속하는 것으로 보고 그들을 신임하지 않고 중용하지 않았다. 따라서 이후 20년 동안 지식인들은 정치적으로 억압

받고 정신적으로 고통 받았고 생활의 어려움을 당하였다. 따라서 이들 지식인들 즉 전문가들은 그들의 지식을 더욱 발전시키지 못하였기 때문에 중국의 과학, 기술과 문화 교육사업의 발전에도 나쁜 영향을 끼쳐 사회주의 건설이 늦어질 수밖에 없었다.

셋째, 사회주의 민주 법제를 손상시켰다. 반 우파 투쟁은 민주적인 분위기를 파괴하고 이들의 올바른 건의와 비판이 반당, 반사회주의 언론으로 지목되어 사회주의 민주화를 단절시키게 되었다.

넷째, 반 우파 투쟁을 확대하여 실행에 옮긴 것은 계급투쟁 이론의 확대화를 상승시키는 결과를 가져왔다.

결과적으로 반 우파 투쟁은 인민의 정상적 민주권리 행사를 방해하고 긴장된 정치 분위기를 조성하여 안정된 단결 국면을 파괴하였다. 이밖에도 반우파 투쟁은 정풍 세 단계의 하나였는데 갈수록 확대되어 정풍운동의 실효를 가져오지 못하였으며, 모택동으로 하여금 계급투쟁과 모순의 인식에서 좌적인 착오를 낳게 하였다.23)

## 4. 전민의 정풍운동

### 1) 중공 당 8기 3중전회

정풍운동의 목적은 본래 관료주의, 종파주의, 주관주의를 반대하여 사회주의 건설 신시기의 수요에 적응하기 위함이었다. 자산계급 우파는 제1단계 대명대방(大鳴大放)시기에 대대적으로 방자하게 당에 대하여 공격을 가해 마침 시작한 정풍운동을 반 우파 투쟁으로 전환하지 않으면 안 되는 제2단계를 맞게 되었다. 그리고 우파의 공격을 물리친 후 정풍운동은 제3단계로 들어갔다.

여기에서 제2단계와 제3단계는 성질과 임무가 다르다. 제2단계는 우파에 대한 타격 위주로 적(敵)과 아(我)의 모순을 해결하는 것이고, 제3단계는 작풍을 정돈하고 공작을 개선하여 인민 내부의 모순을 해결하는 것이었다. 따라서 정풍운동의 목적은 바로 인민 내부의 모순을 해결하는 것이었다.

반 우파 투쟁을 종결하고 제3단계의 정풍운동을 전개하기 위하여 1957년 9월 20일부터 10월 9일까지 중공 당 중앙은 북경에서 8기 3중전회를 소집하였다. 회의에 참가한 수는 중앙위원 91명, 후보중앙위원 62명, 중앙 각 단위의 책임자와 각 성, 시, 자치구의 책임자, 각 지와 시 직할구의 위원회의 제1서기 등 416명이 참가하였다. 이 회의는 8기 중앙위원회 전체회의 가운데 회의기간이 가장 길었던 회의이기도 하다. 이로 보아 회의에서 토론하여야 할 문제가 중요하였음을 간접직으로 설명해 주고 있다.

모택동은 개막식에서 이 회의의 의제를 정풍문제와 농촌문제라고 하면서 중요한 것은 정풍문제라 하였다. 여기에서 등소평(鄧小平)은 「정풍운동에 관한 보고」를 하고, 진운(陳雲)은 「국가 행정 관리 체제 개진에 관한 문제와 농업 증산에 관한 문제」를 보고하고, 주은래는 「노동 임금과 노동자 보험, 복리 후생에 관한 문제」를 보고하였다.

회의는 국내 모순 문제를 토론할 때 의견이 분분하였다. 하나의 의견은 반우파의 투쟁으로 보아 이후 15년부터 20년 안에 계급 모순이 앞으로 국내의 주요 모순이 될 것이라 하였다. 또 다른 의견은 한 시기의 주요 모순을 전체 과도시기의 주요 모순이라고 할 수 없으며 이번의 반우파 투쟁 때문에 정확하게 중공 당 8전대회에서 이미 결의한 분석을 고칠 수는 없다고 하였다.

중공 당 8기 3중전회는 모택동의 관점에 따라 지식인들과 자산계급을 같은 부류로 파악하였으며 유명한 피모이론을 제출하였다. 즉 지식인들은 모(毛)이고 자산계급은 피(皮)로, 피부가 없으면 털이 어떻게 붙어있겠는가 라면서 지식인들을 철저히 개조하여 이들에게 새로운 무산계급의 피부를 이식시켜야 한다고 하였다.

대회에서는 대명, 대방, 대변론, 대자보의 작용을 긍정하고24) 또한 정풍운동의 구체적인 공작을 배치하였다.

### 2) 전당, 전민의 정풍운동 전개

중공 당의 8기 3중전회 후에 전당, 전민의 정풍운동이 전국적으로 한 걸음 더 나아가 전개되었다. 공장에서는 노동자 계급이 어떻게 영도 책임을 질 수 있는 것인가를 둘러싸고 개인과 집체, 개인과 국가와의 관계, 생활 개선과 생산 발전의 관계, 자유와 기율, 민중과 집중의 관계, 노동자와 농민 관계 등의 문제에 관하여 명방, 변론을 진행하였다. 그 목적은 노동자들의 각오를 높이고 조직성과 기율성을 강화하기 위한 것이며 어렵게 쌓아 온 좋은 전통을 높이고 좋은 기업을 만들도록 노력하여 생산과 건설을 촉진시키는데 있었다.

농촌에서는 합작사의 우월성 문제를 둘러싸고 식량과 기타 농산품의 일괄구매와 일괄 판매 문제, 노동자와 농민 관계의 문제, 숙반(肅反)과 법제의 준수 문제 등에 관하여 대변론을 전개하였다. 이 변론을 통하여 농민과 합작사의 간부들은 국가와 농촌의 큰 시비를 분명히 파악하게 되었고 사회주의의 길로 가는 믿음과 결심은 더욱 굳어졌다.

상공계에서는 사회주의 제도의 우월성을 가지고 자산계급의 양면성, 계속하여 사회주의 개조의 접수, 노동자와의 관계 문제 등에 관하여 대명(大鳴) 대방(大放)을 전개하였다. 그리고 자본주의 우파에 대하여 더욱 비판하고 자본가의 위법에 대하여 철저한 투쟁을 전개하고 소형의 상공업자들에게는 사회주의 교육을 시키도록 하였다.

대학에서는 당의 교육방침에 관한 문제를 토론의 주제로 삼아 대학에서의 당의 영도 문제, 지식인들의 사상 개조 문제, 정치와 업무와의 관계 문제, 민주와 집중, 자유와 기율, 개인과 집체 관계 문제 등을 주제로 선정하여 변론을 벌렸다. 그리고 변론을 통하여 교수와

모택동이 산동에서 대자보를 보고 있는 모습

학생들이 사회주의 방향으로 나가도록 배우게 하고 자산계급의 교육 사상을 비판하였다.

각 민주당파에 대하여는 각기 정풍공작회의를 소집하도록 하여 사회주의로 갈 것인가 말아야 할 것인가, 어떻게 자산계급의 이익을 대표하는가, 공산당의 영도를 받아들여야 할 것인가 말 것인가 등을 둘러싸고 명방(鳴放(즉, 百家爭鳴 百花齊放), 마음껏 말하게)을 전개하여 민주당파의 정치 입장을 진정한 사회주의 방향으로 전환시키는 것이었다.

소수 민족지구에 대하여 사회주의의 길로 가는 문제, 조국 통일을 공고히 하는 것이 중요하다는 문제, 각 민족간의 단결 호조 문제, 무산계급의 민족관과 자산계급 민족주의 문제 등에 관하여 명방을 전개하고, 지방 민족주의의 경향을 비판하였다.

이밖에도 군대, 도시의 주민, 중소 학교의 교원과 종교계에서도 체계적으로 정풍운동과 사회주의 교육 운동이 전개되었다.

정풍운동의 발전과 더불어 1958년 초에 이르러 공업, 농업, 교통 운수, 상업, 문교 위생과 정법 부문, 국가 기관과 당 기관, 군대 등에서 반낭비를 중심으로 명방하도록 하여 정풍운동과 생산 발전을 결합시켰다. 1958년 3월에 당 중앙은 「반낭비, 반보수 운동의 전개에 관한 지시」를 하달하여25) 2, 3개월 안에 반낭비, 반보수의 쌍반운동을 전개하였다.

### 3) 정풍운동의 종료

중공 당 중앙은 1958년 4월 2일에 「정풍문제에 관한 지시」를 하달하여26) 각 지구, 각 부문이 현재 전개하고 있는 쌍반운동을 일단락 시킨 후에 정풍의 제4단계로 들어가야 한다고 요구하였다. 4단계의 정풍 방법이란 중앙은 2-30명의 소형 정풍회의를 소집하여 엄숙하고 신중하게 온건하고 부드러운 태도로 비판할 것과 자아비평을 전개하여 개개인이 검토하고 개개인이 관문을 통과하는 방법을 채택하지 말 것을 요구하였다.

4단계의 정풍 내용이란 중앙은 관료주의 종파주의 주관주의를 반대하는 것을 중점으로 삼도록 하였다. 주관주의를 반대할 때에는 반드시 당의 노선을 집행할 것과 당의 정책에 나타난 우경 보수 사상과 교조주의, 경험주의를 비판하여야 한다고 하였다.

종파주의를 반대할 때에는 개인주의, 본위주의, 지방주의, 대국주의, 대민족주의, 지방 민족주의 등의 잘못된 사상을 비판함으로써 공산주의 사상의 수준을 높여야 한다고 하였다. 6월 18일에는 당 중앙에서 「정풍 제4단계에 관한 통지」를 하달하여27) 문건의 학습과 학습목적을 규정하고 전국의 당, 정, 군 기관의 공작원들은 7월말이전에 이 운동을 끝내라고 하였다.

그리하여 당 중앙의 영도아래 각 지구, 각 부문, 각 단위에서 전개되었던 제4단계의 정풍운동은 한편으로 중앙에서 규정한 문건을 학습하고, 한편으로는 3개주의(관료, 주관, 종파주의)를 검사 비판하였다. 결국 1958년 6-7월에 이르러 1년 여 동안 전개된 정풍운동과 반우파운동은 종결을 선고하게 되었다.

### 4) 모택동 사상의 격하 움직임

소련공산당 20차 대회에서 스탈린(Stalin, Joshep)에 대한 개인숭배의 비판은 국제 공산수의 운동 내부에서 개인숭배 반대운동을 전개하도록 이끌었다. 이것은 간접적으로 중국공산당의 모택동에게도 영향을 미치게 되었다.

사실 중국공산당 8전 대회에서 모택동은 간단한 개막사만 하였을 뿐 중요한 정치보고는 유소기에게 넘겨 이미 모택동은 주연이 아닌 조연으로 물러났다. 그렇다고 모택동의 당내 지위가 약화되었다고 보는 사람은 아무도 없었다. 그것은 마치 1952년의 소련공산당 19차 대회에서 스탈린이 중요한 정치보고를 말렌코프(Malenkov, G)에게 하도록 한 것과 마찬가지로 그때 스탈린의 지위가 약화되었다고 보는 사람은 아무도 없었던 것과 같다.

그런데 실제로 중요한 문제가 있었다. 유소기의 정치 보고에서 그동안 빠지지 않고 들어가던 모택동 사상이란 용어가 빠져있었다. 모택동 저작의 중요성에 대하여도 언급하지 않았다. 그리고 새로운 당장 가운데에도 두 곳에서 모택동의 사상 부분이 빠져있었다. 그러나 등소평은 그의 보고 가운데 국제 공산주의 운동에서 개인숭배 투쟁을 언급할 때 오히려 모택동의 지위를 보호하려 하였다.

이처럼 새로운 당장 가운데서 모택동 사상을 삭제한 것은 팽덕회(彭德懷)에서 비롯되었다. 그리고 그것도 기초 과정에서 아주 늦게 삭제하게 되었다고 하는 것으로 보아 이 문제를 둘러싸고 상당한 갈등이 보였던 것이다. 물론 이때 유소기도 모택동 사상을 삭제하는 것에 대하여 적극적이고 중요한 역할을 하였다.

사실, 모택동은 스스로 제2선으로 물러날 의사가 있었다. 그리고 정식으로, 공개적으로 유소기(劉少奇)에게 권력을 이양하고자 하였다. 물러난 다음 모택동은 당 안의 위치를 고려하여 1956년의 신당장 가운데 중앙위원회는 필요하다고 인정될 때 중앙위원회 명예주석 1명을 둘 수 있다고 하는 조항을 넣었다. 결국 1959년 4월에 모택동은 국가 주석의 자리를 유소기에게 넘겨주었다.

## 5. 대약진 운동과 삼면홍기

### 1) 대약진의 구호-빠르고 좋게 많이 경제적으로 사회주의 건설

사회주의 개조가 완성단계에 들어가고 제1차 5개년 경제 계획도 성공적으로 진행되고 한해 앞서서 그 목표를 달성할 기미가 보였다. 이처럼 고속성장을 이룩하게 되자 이를 사회주의 건설이었기 때문에 이루어진 것으로 인식하고 정상적인 생산력을 무시하는 결과를 초래하였다. 모택동은 1955년 12월 6일에 반우파에게 한 담화(談話)가운데 모든 공작은 우쾌(又快), 우호(又好), 경다(更多), 경쾌(更快)하게 사회주의로 진입하자고 하였다. 따라서 1956년 초에 들어와 무조건 앞으로 무모하게 돌진하자는 모진(冒進)사상이 나타나기 시작하였다.

그러나 이에 대한 반대의견도 있었다. 건설규모의 확대와 재정수입을 무시한 투자, 생산재의 부족으로 공급에 문제가 나타나 공사를 중단하는 일이 벌어졌다. 즉 객관적인 조건을 갖추지 못하고 급진적 증산만을 추진하면 더욱 어려워진다는 반모진이 대두되었다. 주은래도 처음에는 빠르게 발전하자는 전략에 찬성하였으나 갈수록 지표를 높이고 재정과 물자 등에서 어려움이 일어나자 그 위험성을 제기하였다.[28] 결국, 유소기가 5월에 주재한 중앙회의에서 모진과 반모진의 균형을 잡아 안정적 발전방침을 확정하기에 이르렀다.

그런데 모택동의 생각은 달랐다. 그는 사회주의 제도를 공고히 하려면 경제와 생산력을 발전시켜야 되므로 반모진 사상을 착오라고 인식하였다. 그는 당 8기 3중전회의가 소집되고 있었던 1957년 10월 9일에 중공 당 8전대회에서 결정한 경제건설 방침을 위반하고, 처음으로 공개적으로 반모진에 대하여 비판하였다.29) 그리고 각 성, 시, 자치구에서 당의 간부회의를 소집하여 3중전회의 정신을 전달하고 이를 관철시키도록 하였다. 즉 우경 보수사상을 반대하고 빠르고 또한 좋게 더욱 많이 더욱 빠르게 경제적으로 사회주의를 건설을 추진하자는 것으로 대약진은 모택동이 중심이 되어 전국적으로 추진되었다.30)

대약진이란 구호는 1956년 신년호의 『인민일보(人民日報)』에서 「5년 계획을 보다 빨리, 그리고 초과 달성하기 위하여 분투하자」란 사론에서 우다(又多), 우쾌(又快), 우호(又好), 우성(又省)의 사회주의 건설 방침을 제출한 것에서 비롯되었다.

대약진은 농업분야로부터 발동되었다. 9월 24일에 중공 당 중앙과 국무원은 「금년 겨울과 명년 봄에 대규모의 농전수리의 보수와 퇴비 모으기 운동을 전개하는 것에 관한 결정」을 하달하였다.31) 그리고 중공 당 8기 3중전회에서 통과된 「1956년부터 1967년까지 전국 농업발전 강요(40조, 수정초안)」 전문을 『인민일보』에 발표하고 즉시 군중을 조직하여 토론하도록 하였다. 토론의 주제는 강요에 제시된 대로 과연 12년 후에 목표지수를 달성할 수 있는가, 정말로 몇 년 안에 부유한 중농의 수입을 초과할 것인가, 그리고 토론하는 과정에서 각종 보수사상을 극복하고 이를 농업 생산에 동원하는 과정으로 전환시키도록 하였다.

그리고 다음에 공업을 어떻게 대약진 할 것인가를 고려하였다. 모택동이 1957년 11월에 모스크바에서 열렸던 세계 공산당과 노동당 대표회의에 중국대표단을 이끌고 참석하였을 때 흐루시초프는 15년 안에 소련은 미국을 따라잡을 수 있다고 모택동 등에게 말하여 모택동을 자극시켰다. 사회주의 진영의 두 번째 대국인 중국으로서 이에 대한 반응을 보여야 하였다. 이에 모택동은 대답하기를 철강과 그 밖의 공업 생산품의 생산량을 15년 안에 영국을 따라잡거나 능가하겠다고 선언한 일이 있었다.32) 이를 근거로 12월 2일부터 12일까지 계속된 중화전국총공회(中華全國總工會) 제8차 전국대표대회에서 유소기는 15년 안에 영국을 따라잡겠다는 모택동의 구호를 정식으로 선포하고 이를 실현시키기 위하여 전국 노동자들은 새로운 생산열기에 맞추어 제2차 5개년 경제 계획을 받아들이고 새롭게 정한 국가 계획을 초과 달성할 수 있도록 분투하자고 하였다.

이로부터 국민 경제 발전의 대약진 운동을 추진하게 되었다. 따라서 중공 당 8기 3중전회 후 농업에서 공업에 이르는 대약진 운동이 발동되었다. 즉 농업 생산의 대약진을 발동하여 공업 생산의 대약진을 추진하였다. 그러나 당 안에는 이와 같은 무모한 발전 계획을 반대하는(反冒進) 분위기가 있었기 때문에 우선 이를 극복하는 것이 선결 과제였다.

### 2) 남녕(南寧), 성도(成都)회의와 대약진의 제기

중공 당 중앙은 1958년 1월 11일부터 22일까지 광서 남녕에서 일부의 중앙과 지방의 당직자가 참가하는 회의(남녕회의)를 소집하였다. 이 회의는 1차 5개년 경제계획의 경험을 종합하고 제2차 5개년 경제계획을 토론하기 위한 것이었으며, 생산 건설의 대약진을 한 걸음 더 추진하기 위한 것이었다. 이 회의에서는 대약진을 반대하는 이들을 우파와 별 차이가 없다고 인식하였다. 그런데 이보다 앞서 1월 3일에 항주회의(杭州會議)가 소집되어 경제 건설의 영도 문제를 논의한 일이 있었다.

모택동은 항주회의와 남녕회의의 기초 위에 「공작방법 60조(초안)」를 제출33), 1958년부터 당의 공작중점을 기술 혁명에, 전당의 주의력을 기술 혁명에 두자고 하였다. 그리고 금후 5년이나 8년 안에 원래 12년에 완성하기로 한 농업발전강요의 규정을 앞당겨 완성할 것이며, 5년에서 10년 안에 각 지방의 공업 생산은 그 지역의 농업 생산을 초과하도록 한다고 하였다.

중공 당 중앙은 1958년 3월 9일부터 26일까지 성도에서 중앙정치국 확대회의를 소집하였다. 여기에는 중앙당 각 부의 책임자와 성, 시, 자치구의 제1서기들이 참석하였다. 이 회의에서는 과거 몇 년 동안 전개한 공작을 종합 토론하고, 「소형 농업합작사를 적당하게 합병하여 대합작사로 확대하는 것에 관한 의견」, 「지방공업의 발전에 관한 의견」 등 37건을 통과시켰다.

이 회의에서 모택동은 여러 차례 발언하여, 빠르게 발전하자는 것은 마르크스주의 것이고, 이를 반대하는 것은 마르크스주의 것이 아니라고 하면서 마땅히 모진(冒進)의 방법으로 건설하여야 한다고 하였다. 그리고 모택동은 반모진(反冒進)을 비판하면서 개인숭배를 제창하였다. 특히 일부 개인숭배를 반대하는 사람들을 비판하면서 개인숭배에는 두 가지 종류가 있는데 하나는 정확한 것으로 마르크스, 엥겔스, 레닌, 스탈린은 정확하여 진리는 그들의 손안에 있기 때문에 우리는 마땅히 영원히 숭배하여야 하며, 또 다른 하나는 부정확한 숭배로서 분석하지 않고 맹목적인 복종은 안 된다고 하였다.

결국, 성도회의에서는 1958년의 경제지표를 남녕회의 보다 더 높이 잡아, 공업은 33%, 농업 16.2%, 철강 35.5%, 석탄 30.1%, 식량 16.6%, 면화 24.8%의 증가율을 계획하였다. 따라서 남녕회의와 성도회의는 대약진을 발동하는데 관건이 되는 회의로 후자가 전자보다 대약진을 강하게 표방한 것이다.

### 3) 중공 당 8전 대회 2차 회의와 사회주의 건설 총노선의 제정[34]

대약진의 구호아래 성도회의를 통하여 그 분위기를 잡은 다음 중공은 1958년 5월 5일부터 23일까지 북경에서 당 8전 대회 2차 회의를 소집하였다. 이 대회에는 정식대표 977명, 열석대표 389명이 참가하였는데, 그 중에는 각 성, 시, 자치구 등 지방 당에서 파견된 서기 등이 포함되었다.

회의는 유소기(劉少奇)의 중앙위원회 공작보고와 모스크바에서 개최된 각 국 공산당과 노동당대표회의에 관한 등소평(鄧小平)의 보고, 담진림(譚震林)의 1956년부터 1967년까지 전국농업발전강요의 설명을 듣고 토론하였다. 그러나 이들 안건은 의례적인 것으로 중요한 것은 다음에 있었다.

중공 당 중앙은 이 회의에서 모택동이 제창한 「큰 기개를 갖고 높은 목표를 향하여 보다 많이, 보다 빨리, 더욱 좋게, 그리고 더욱 많이 경제적으로 사회주의를 건설하자는 총노선」을 제출하였는데, 이 안건은 정식으로 통과되었다. 그런데 이 안건에 대한 설명에서 유소기(劉少奇)는 많이, 빠르게, 좋게, 그리고 경제적으로 사회주의 건설을 하자는 방침은 주은래(周恩來)가 1956년 1월에 중공 중앙이 소집한 지식분자회의에서 제출한 것이며, 이해 4월에 모택동이 「10대 관계론」에서 기본사상을 천명하였고, 다시 성도회의에 사회주의 건설의 총노

중공 당 8기 전국대표대회 제2차 회의

삼면홍기

선을 정리하였다고 그 경과를 설명하였다.

사회주의 총건설의 내용은 농업을 기초로 하여 공업을 선도케 함으로서 중앙과 지방의 두 곳에서 적극성을 발휘하도록 하고, 연해지방의 공업을 충분히 이용하는 동시에 내지 지방의 공업건설을 촉진시키며, 공업과 농업을 함께 발전시키며, 경공업과 중공업을 동시에 발전시키고, 재래적인 것과 근대적인 것을 결합시켜 대형의 것, 중형의 것, 소형의 것을 동시에 건설하여 최대한 빠르게 현대의 공업, 현대의 농업, 현대의 과학 문화의 위대한 사회주의 국가를 이룩하자는 것이다.

결국, 당 8전 대회 2차 대회는 당 중앙이 제출한 사회주의 총노선을 통과시키기 위하여 소집되었던 것인데, 이 회의에서 이에 동의하고 이 노선을 철저히 수행하기 위하여 분투할 것을 전 당원과 전 국민에게 호소하는 결의를 하였던 것이다. 그리고 이에 반대한 사람들을 '관조파(觀照派)'니 '추수 후에 계산하자는 파'니 하면서 그들이 갖고 있는 것은 홍기(紅旗)가 아닌 백기(白旗)라 하면서 각 지구와 분야에서 백기를 뽑아내고 홍기를 꽂아야 한다고 호소하였다. 결국 이러한 압력 아래 또 한 차례의 계급투쟁이 일어나고 좌적인 사상만 더욱 팽창된 셈이 되었다.

### 4) 대약진(大躍進) 운동

대약진이란 말은 『인민일보(人民日報)』의 1957년 11월 13일자 사론인 「전민을 발동하여 40조 강요를 토론하고 농업생산의 새로운 고조를 일으키자」에서 처음으로 사용된 용어였다.[35] 중공 당 중앙과 모택동이 제출한 「농업발전 강요 40조」에 따르면 '15년 안에 영국을 따라 잡는다'와 '고전 3년 만 하면 면모를 바꿀 수 있다'고 하였다.[36]

이와 같은 구호아래 전국의 공, 농업에서는 선진 기술을 배워 선진을 따라잡자는 노동 경쟁, 시합을 전개하였다. 왜냐 하면 이미 긴축된 경제를 계속 발전시킬 수 있는 관건은 중국의 잉여 노동력이고, 또 하나는 노동자들의 각성과 창조력밖에 없었기 때문이다. 그러나 이러한 것은 그 밖의 중국의 사정을 고려하지 않았으며 또한 경제발전의 규율을 완전히 무시한 것이었다.

이 운동은 중공 당 8전 대회 2차 대회이후 급속도로 전면적으로 확대되어갔다. 그리하여 내부적으로 7년에 영국을, 다시 8년 혹은 10년 안에 미국을 따라 잡는다는 전제아래 성장지표를 중공 8전 1차 회의에서 결정하였던 것보다 높였다. 즉 공업은 한배 이상으로 농업은 20%에서 50%까지 높였고, 철의 생산량을 1,200만 톤에서 3,000만 톤으로 높였고, 양식은 5,000억 근에서 7,000억 근으로 높였다. 이렇게 함으로써 당 8전대회 1차 회의에서 결정한 제2차 5개년계획의 지표를 첫해에 포기한 셈이 되었다.

특히 시간에 연연하여 중국은 하루가 20년과 같다고 하며 철의 경우 15년 계획을 7년이나 5년, 심지어 더 빠르게 2-3년에 완성하자고 하였고, 12년에 이룩하기로 한 목표를 5년이나 3년, 빠르면 1-2년 안에 달성하자고 하였다. 이러한 분위기아래 1958년 여름 수확 때에

전통식 용광로

는 각 지역에서 단위 면적당 양식이 천문학적으로 증산되었다는 보고가 들어왔는데, 1958년의 하곡수매 생산 공보에 따르면 전년도의 같은 기간보다 423억 근이 증산되어 69%의 성장했다며 언론은 '사람도 대단하지만 땅도 대단할 만큼 많이 생산할 수 있다' 하였으며, 양식 증산에는 한계가 있다는 주장을 비판하였다.

철의 생산은 1958년 8월에 소집된 북대하(北戴河)회의에서 1958년에 1,070만 톤을 생산하자고 결의하였는데(원래 계획은 610만 톤으로 정해 1957년의 14% 증산을 목표로 삼았는데 이를 높여 잡은 것이다.), 이때 전국적으로 400여 만 톤 밖에 생산되지 않았다. 이에 결의대로 하려면 남은 몇 달 안에 700만 톤을 생산하지 않으면 안 되었다. 결국 군중운동을 동원하여 공장, 기관, 학교, 민중단체, 인민공사, 거리 곳곳마다 심지어 중공 당 중앙이 있는 중남해와 송경령의 집에도 크고 작은 용광로를 만들어[37] 쇠붙이면 무엇이든지 녹여 생산량에 포함시켰다. 그리고 12월 19일에 1,073만 톤을 생산하였다고 선포하였고, 연말에 1,100만 톤을 초과달성하기에 이르렀다. 하지만 그 가운데 400만 톤은 쓸모없는 것이었다.

福建英湖社再夺高产冠軍
花生亩产13241斤

人民日報
RENMIN RIBAO

麻城建国一社出现天下第一田

福建海星社創花生亩产一万零五百多斤紀录

人民日報
RENMIN RIBAO

衛星农业社發出第二顆'衛星'
二亩九分小麦亩产3530斤
湖北辛福社十一亩亩产3215斤

人有多大胆 地有多大产

谷子跃过万斤

뻥튀기로 생산량을 늘려 보도하는 신문기사

### 5) 농촌인민공사화 운동

농업의 합작화를 해결한 다음 그 규모를 더욱 확대하려는 대사(大社)운동이 제기되었다. 이는 모택동이 1956년 12월에 인민출판사에서 펴낸 『중국농업사회주의의 고조』안의 「대사의 우월성」에서 합작사의 규모로는 기계화 농업도 어렵고 자금부족으로 대규모 경영도 어려우므로 이 단계에서 머무를 수 없다며, 한 향(鄕)에 몇 개의 대사를 둘 수 있지만 한 향을 대사로 하거나 몇 개의 향을 합쳐 대사로 전환시켜야 한다는 데서 비롯되었다. 그리하여 이해에만 몇몇 지역에서 규모가 큰 대사가 출현하였다. 안휘성의 경우 3,500호이상의 대사가 16개, 하남성의 경우 1,000호이상의 대사가 495개나 되었다.[38]

1957년 겨울과 다음해 봄에 전국의 농촌에서는 수리건설을 대대적으로 벌였다. 이때 합작사의 사람 부족과 자금 부족의 현상이 나타났고, 또한 수리사업은 합작사뿐만 아니라 향(鄕), 현(縣)의 경계선도 넘어야 될 경우가 있었다. 따라서 합작사의 규모가 작다고 인식되고 그것이 생산력의 발전을 막는다고 보아 합작사의 규모를 확대하여야 되겠다는 인식이 확산되었다.

따라서 3월에 소집된 성도회의에서 당 중앙은 작은 합작사를 합병하여 대사로 만들기로 결정하였다. 그리고 중앙의 지시에 따라 대사운동(大社運動)이 전개되었는데 제일 먼저 진행된 곳은 4월에 하남성 신향(新鄕)지구로 그 중의 하나는 27개의 합작사가 합병하여 그 규모는 전체가 9,369호 43,263명이나 되었다. 대사운동은 7월에 이르러 전국적으로 전개되어 요녕성의 경우 9,600개 합작사가 1,461개의 대사로 합병되었다. 바로 작은 합작사가 대사로 합병되는 것이 인민공사화의 전주곡이었다.

합작사가 대사로 병합이 시작될 때에 자발적으로 취하여진 명칭은 공산주의 공사, 대사, 집체농장, 사회주의 대원, 사회주의 대가정 등 여러 가지 명칭이 있었다. 그런데 6월에 당 중앙과 모택동은 이 새로운 사회 조직을 '인민공사'라 명명하였다.[39] 처음 인민공사의 구성은 2만 명에서 2만 5천 명으로 되어있어 그 크기는 마치 하나의 진(鎭)과 비슷하였다. 일반적으로 삼면홍기 가운데 대약진을 많이 이야기하고 있으나 인민공사가 그 핵심이었다. 즉 사회주의 총노선이나 대약진은 사회주의를 건설하고 공산주의로 가는 방법이라면 인민공사는 그 길이었기 때문이다.

1958년 8월 상순에 모택동이 하북, 하남, 산동 등지를 시찰하였을 때, 지방의 책임자들이 대사를 어떤 명칭으로 부르는 것이 좋겠느냐에 대하여 모택동은 '역시 인민공사(人民公社)라 하는 것이 좋겠다' 하고, '그 목적은 공, 농, 상, 학, 병을 하나로 묶어 영도하기에 편하다'고 하여 생산 관리, 생활 관리, 정권 관리가 이로 인하여 용이하다고 간주되었다. 그 후 전국적으로 볼 때 하남성이 비교적 빨리 이루어져 8월말에 전성이 공사화되었다.

그리고 인민공사의 조직을 더욱 확산시킬 수 있었던 것은 1958년 8월 28일에 북대하(北戴河)회의에서 「농촌에 인민공사 건립 문제에 관한 결의」를 통과시킨 것[40]에서 비롯되었는데, 한 향(鄕)에 한 사(社), 2,000호 좌우가 비교적 적합하다고 그 규모를 정하였으며 그 이상 큰 것에 대하여 반대하지 말도록 하였다. 이에 따라 9월에 인민공사화 운동은 열기를 띠게 되었으며 10월말에 전국적으로 공사화가 실현되었다. 즉, 1958년 4월부터 8월말사이에 8,730개가 9월말에 16,900개, 이해 말에 26,500여 개로 늘어났다. 인민공사에 가입한 농호(農戶) 수는 1억 2,325만 호로 전 농민의 99%이상이 참가하였다.[41] 결국, 인민공사의 설립은 농민을 지도하여 가속적으로 사회주의를 건설하는데 목적이 있었으며 계획보다 먼저 이를 완성시키기 위한 대약진으로 공산주의로 가는 과도기의 가장 좋은 조직의 형식이라 보았다.

인민공사의 특징을 '1대2공(一大二公)이라 부르고 있다. 즉 대란 합작사의 규모를 크게 하여, 경영의 범위를 농업이외에 임업, 어업, 부업 등 까지 확대한 것이다. 공이란 공산주의적 요소를 갖고 있어 경제조건이 다르고 빈부의 수준이 다른 합작사를 합친 다음 모든 재산을 공사에 귀속시켜 통일적으로 정산, 분배하며, 사원의 자류지, 가축사육, 가정부수입도 공사에 귀속시켜 사원과 사원 사이의 평균을 지향한 것이다. 그리고 향 정부가 경영하던 전민소유의 향진 기업, 은행, 상점도 공사에서 관리하였다. 따라서 인민공사는 농촌의 기층 정권조직과 하나로 되었다.

### 6) 북대하(北戴河)회의

대약진을 시작하여 이미 농업과 공업 생산에 높은 생산성이 나타나자 중공 당 중앙은 1958년 8월 17일부터 30일까지 북대하에서 정치국 확대회의를 소집하였다. 여기에는 중앙정치국 위원과 각 성, 시, 자치구의 당위원회 제1서기와 국무원의 각 관련 단위의 당 조직 책임자들이 참가하였다.

이 회의의 의제는 1959년 국민경제 계획과 당시의 공, 농업 생산, 농촌 활동, 상업 활동, 교육 방침과 군민의 관계를 강화하는 문제였다. 그리하여 「1959년 계획과 제2차 5개년 계획의 결정」[42], 「농촌에 인민공사 건립 문제에 관한 결의」43), 「중앙정치국 확대회의가 전당 전민에게 1,070만 톤을 생산하기 위하여 분투하자는 호소」 등 37개의 문건이 통과되었다.

회의에서는 1958년의 국민경제 사정, 특히 농업 생산 사정을 이미 '농업 생산이 비약적으로 발전하는 형세가 나타나 농업 생산량은 배, 또는 몇 배, 몇 10배로 증가한다'고 잘못 판단하고 식량은 1957년보다 60%-90%, 면화는 배 이상 증산될 것이라 보았다. 이러한 맹목적인 낙관적 견해는 이미 식량의 자급이 이루어질 수 있다고 인정하였다.

따라서 당의 활동사업 중심을 농업에서 공업으로 전환시켜야 한다고 보아 전국의 성, 자치구 당위원회의 제1서기는 이제부터 반드시 공업에 주의하여 영도하여야 하며 그렇다고 농업의 영도를 풀어서는 안 된다고 결정하였다. 그리고 당의 활동사업을 공업으로 전환한 다음에 먼저 강철의 생산에 주의를 두어야 한다고 하였다. 이에 따라 나온 것이 1,070만 톤을 생산하자는 호소였다.

이 회의에서는 국가계획위원회가 제출한 제2차 5개년 계획에 관한 의견을 토론하여 결의하였는데, 그 내용은 국가계획위원회가 구상한 것에 따라 짧은 5개년 동안 즉 1962년에 이르면 현대화 된 공업, 현대화 된 농업, 현대화 된 과학 문화를 구비한 사회주의 국가가 되며 공산주의로 향하는 과도기의 조건을 창조하게 된다고 하였다.

결정된 2차 5개년 경제계획에 따르면 공업 생산액은 52.9%, 농부업 총생산액은 28.55-30.7%, 공농업 생산액은 43%-46.4%씩 매년 평균 증가하도록 되었다. 철강은 1962년에 8,000만 톤에서 1억 톤, 석탄은 9억 톤에서 11억 톤으로 증가한다고 하였다.

그리고 이와 같은 무리한 계획을 달성하기 위하여 대약진 운동을 보다 강화시키게 되었으며 이 무리한 정책은 모순을 나타내기 시작하였다. 이처럼 무리한 정책을 무리하게 전개한 운동을 좌경화라 한다.

# 6. 대약진의 착오(좌경화)와 그 시정 노력

## 1) 대약진의 후유증

북대하회의 이후 3개월에 걸친 대약진을 실천한 가운데 중공 당중앙과 모택동은 경제 활동과 농촌인민공사 안에서 많은 혼란이 일어나고 있음을 감지하게 되었다. 인민공사는 규모, 소유제, 분배, 관리 체제, 노동 조직, 생활 방식 등 여러 방면에서 급격한 변화가 일어났다.

인민공사는 전국적으로 28개 반의 농업합작사 혹은 3개 향이 합쳐서 하나의 인민공사를 만들어 놓았기 때문에 인민공사의 경영 범위가 합작사를 훨씬 초과하게 되었고, 소유제 방면에서도 집체화가 더욱 높아 졌다. 그 결과, 집체 소유제가 전민 소유제와 혼재되어 본래 경제 조건이나 빈부의 수준에 차이가 있었던 합작사가 공평하게 되어버린 결과를 가져와 '공산풍(共産風)'이 불게 되었다.

각 인민공사는 배급제를 실시하여, ① 양식을 배급하는 방법, ② 공동으로 식당을 운영하여 배급하는 방법, ③ 생활 필수품을 배급하는 방법의 세 가지 형태가 있었다. 어떤 공사에서는 생활에 필요한 것 70%를 공사가 제공하는 경우도 있었고, 또 어떤 곳에서는 100%, 즉 의식주를 비롯하여 결혼과 장례비용, 이발, 극장 관람까지 모두 공사가 부담하였다. 따라서 노동의 대가로 받는 임금은 생활 보조비의 역할 밖에 안 되었으며 상품을 생산하고 판매할 필요가 없게 되었다.

인민공사의 관리면에서도 이전에 향과 합작사의 분리 관계에서 정(政), 사(社)합일의 관리 제도를 실시하였다. 그 결과, 행정 명령과 행정 수단을 가지고 경제를 관리하려 하여 명령풍(命令風)과 간부의 특권풍(特權風)이 나타나 생산 단위가 누려야 할 자주권을 침범 당하

인민공사의 공용식당

게 되고 결국 생산 단위가 행정 기구의 부속물로 전락하여 각종 신고나 허가도 공사에서 취급하여 조직상에서도 공산풍(共産風)을 가져왔다.

노동 조직과 생활 방식에서도 조직의 군사화, 행동의 전투화, 생활의 집체화를 실시하여 이를 '3화'라고도 부른다. 군사화란 전 사원을 군사 조직으로 편성하고, 전투화란 노동력을 통일적으로 지휘하는 것이며, 집체화란 공용 식당, 탁아소, 유치원, 양로원과 집체적인 후생 복지사업을 말한다. 대체적으로 1959년말 까지 전국 농촌에는 공용 식당 340만 여 개와 각종 탁아소가 340여만 개, 행복(양노)원이 15만 개가 설치되었다.

이와 같은 3화 정책의 실시는 간부의 강압적인 명령만으로 이루어져 대중과의 관계가 파괴되고, 사원들 사이에도 긴장이 조성됨으로 피로 상태가 계속되어 생활의 불편함이 많아졌다. 특히 공산풍의 열풍은 일하지 않아도 똑같은 혜택을 받을 수 있어 작업의 능률을 크게 떨어뜨렸으며 대약진은커녕 퇴보로 위기에 직면하게 되었다

팽덕회의 조사

### 2) 정주회의(鄭州會議)

인민공사의 문제점이 심각하게 들어나자 모택동과 그 밖의 당 중앙 당직자들은 1958년 10월에 각기 농촌으로 가 현지를 시찰하고 대약진의 문제점을 조사 연구하게 되었다. 모택동은 하북 서수현(徐水縣)을 시찰하였는데, 이때 노동력을 많이 제공한 가구나 적게 제공한 가구나 똑 같은 배급을 받는 것을 보고 이렇게 되면 노동력이 있는 사람도 열심히 일하려들지 않을 것이라는 사실을 알게 되었다. 이러한 현상은 경한선(京漢線, 북경-한구)을 따라 남쪽으로 내려오면서 더욱 심하게 나타난 것을 확인하였고, 또한 인민공사 안에도 문제점이 많다는 것을 확인하게 되었다. 유소기와 등소평도 강소, 동북지방을 시찰하였는데 이 같은 문제점들이 있는 것을 발견하였다.

이와 같은 문제점을 해결하기 위하여 일부 중앙당 지도부와 지방당 간부들이 1958년 11월 2일부터 10일까지 정주에서 회의를 소집하였다. 물론 회의의 주제는 인민공사 문제와 상품 생산 문제였다. 이 회의에서 모택동은 여러 차례 총노선, 대약진과 인민공사 운동을 긍정적으로 보고 사회주의와 공산주의가 혼재되고 집체 소유제와 전민

소유제가 혼재된 당시의 상황을 지적하여 두 단계의 명확한 구분과 현재는 사회주의 단계이고 인민공사는 집체 소유제임을 확실히 하였다.

또한 모택동은 상품 생산의 중요성과 그 가치, 화폐의 효용성을 강조하고 당시 상품 생산과 상품 교환 화폐를 폐지하자는 진백달(陳伯達)의 의견을 비판하였다. 그리고 그는 「독서 건의에 관한 편지」를 써44) 중앙, 성, 자치구, 현 등의 4급 당위원회 간부들은 스탈린의 「소련사회주의 경제문제」와 「마르크스 엥겔스 레닌 스탈린의 공산주의를 논함」이란 책을 반드시 읽도록 하였다. 그리고 이것을 실제에 응용하여 혼란된 사상을 정리하고 이론과 정책의 수준을 높이라고 요구하였다.

### 3) 무창회의(武昌會議)와 중공 당 8기 6중전회의 소집

정주회의의 정신을 관철시키기 위하여 중국공산당은 8기 6중전회를 소집하기로 하였다. 이를 준비하기 위하여 중앙 당 각부와 성, 시, 자치구 당위원회 제1서기들이 참가한 정치국 확대회의인 무창회의를 1958년 11월 21일부터 27일까지 소집하였다. 이 회의에서 모택동은 달성하기도 어려운 높은 경제지표를 조정하여야 하며, 허황된 숫자를 늘려 잡을 필요도 없으며, 거짓말을 믿지 말고 미신을 타파하고, 과학을 중시해야 한다는 점을 지적하였다.

특히 이 회의에서는 인민공사에 관련된 문제와 1959년의 국민경제 계획에 관한 문제를 토론하여 「인민공사의 일부 문제에 관한 결의」(초안)45), 「공업건설에 관한 중앙의 몇 가지 규정」 등을 통과시켰다.

정주회의와 무창회의를 기초로 1958년 11월 28일부터 12월 10일까지 중공 당 8기 6중전회를 무창에서 소집하였다. 이 회의에 참가한 사람은 중앙위원 84명과 후보위원 82명이었으며, 그밖에 당 중앙의 각부 책임자와 성, 시, 자치구 당위원회 제1서기가 열석하였다. 이 회의에서 정주, 무창회의에서 거론되었던 인민공사 문제와 1959년 국민경제 계획문제를 인정하고 당의 지나친 좌경노선을 바로 잡았다.

그리고 북대하회의에서 지나치게 높여 잡았던 경제 지표를 크게 낮추어 철강 생산 3,000만 톤을 1,800-2,000만 톤으로, 기본 건설 투자도 500억 원을 360억 원으로 조정하였다. 그 밖의 각종 공업 생산도 그 목표를 줄였다. 그리고 100%지표에 120%달성을 내세워 1959년 국민 경제 계획을 조정하게 되었다. 그러나 농업 지표는 내려 잡지 않았기 때문에 전체 국민 경제 계획은 좌적인 궤도를 벗어나지 못하였다.

한편, 인민공사에 관하여 집체 소유제와 전민 소유제의 혼재함을 비판하고 사회주의와 공산주의의 한계를 명시하여 인민공사가 사회주의에서 공산주의로 바뀌는 것이 아님을 분명히 하였다. 사원 개인이 소유한 생활자료(집, 의복, 가구 등)와 은행이나 신용합작사에 저금한 돈은 공사화이후에도 영원히 그 개인의 소유임을 분명히 하였다. 그리하여 공사 안에 팽배하고 있는 공산풍이 확대되고 만연되는 것을 막을 수 있었다.

그리고 모택동은 그 자신이 다음 차례의 중화인민공화국 주석 후보가 되지 않겠다는 건의안을 제출하였는데 중전회는 이에 동의하였다.

### 4) 제2차 정주회의

중공 당 8기 6중전회가 폐막된 다음, 각지에서는 중전회의 결의에 따라 1958년 12월부터 인민공사에 대한 정리에 들어갔다. 1959년 2월 하순에 모택동은 다시 하북, 산동, 하남 3성을 시찰하고 인민공사문제에 관하여 계속 조사 연구하였다. 그런데 그는 아직도 공사 안의 공산풍이 식지 않고 있음을 발견하고 공사내부의 소유제 문제에 대하여 대 수술을 가하지 않으면 안 되겠다는 생각을 갖게 되었다.

중공 당 중앙은 정치국 확대회의를 1959년 2월 27일부터 3월 5일까지 정주에서 소집하였다.(제2차 정주회의라 칭함) 이 회의에는 중앙위원 20명과 성, 시, 자치구 당위원회의 제1서기 27명이 참가하였다. 회의의 중심은 인민공사 안의 내부 소유문제였다. 모택동은 공사 안의 빈부를 억지로 균등하게 하고 평균 분배를 실시하는 것, 생산대의 재산에 대하여 아무런 대가없이 징발하는 것, 농촌에 빌려준 돈을 일률적으로 회수하는 것은 농민들에게 당혹감과 두려움을 주고 있다고 지적하였다.

따라서 이러한 모순을 해결하기 위하여 회의에서는 모택동의 의견에 동의하여 평균주의와 권력의 과도한 집중 경향을 바로 잡기로 하였다. 즉 평균주의는 각 생산대와 가 개인간의 수입의 차별을 부정하는 것이며, 권력의 과도한 집중은 생산대가 가져야 할 권리를 부정하는 것이 되어 임의로 생산대의 재산을 공사의 것으로 만들기 때문에 모순이 많아 이를 바로 잡으려 하였다.

그 방법으로 생산대를 기초로 한 통일적 지휘, 권력을 아래 사람에게 이양하여 급을 나누어 관리, 이익의 남음을 3급(공사, 생산대대, 생산대)으로 나누어 계산, 합리적인 조정으로 적당한 축적을 하도록 하고, 사의 결정으로 수입의 분배, 차별을 승인하여 일 많이 하는 사람이 얻는 것도 많게, 가격법칙에 따라 등가 교환하여야 한다고 하였다. 또한 모택동은 농민들의 생산성을 능동적으로 높이기 위하여 정부와 농민과의 관계를 개선하여야 하며 소유제의 개정부터 착수하여야 한다고 하였다.

이 회의에서는 「인민공사 관리 체제에 관한 약간의 규정」을 기초하여[46] 공사, 관리구, 생산대대(당시에는 생산대라고도 칭함)의 3급 직권 범위를 구체적으로 구별하고, 생산대대가 인민공사의 기본 회계단위가 되도록 하였다. 이렇게 하여 인민공사의 좌경 착오를 바로잡을 수 있게 되었다.

제2차 정주회의가 끝난 다음 모택동은 각성, 시, 구당위 제1서기에게 편지를 보내 각성, 시, 자치구에서 6급 간부회의를 소집하여 정주회의의 정신과 이 회의에서 정한 방침과 정책을 전달하게 하였다. 그리고 모택동은 직접 이를 지도하기 위하여 『당내통신(黨內通訊)』의 방법으로 의견을 제시하도록 하였으며, 3월 15일에 다시 각성, 시, 자치구 당위원회 제1서기에게 「인민공사 기본 계산 단위 문제에 관하여」란 편지를 보내[47] 이 문제는 3천여 만 생산대장, 소대장 등 기층 간부와 수억 농민의 이익과 직접 관계가 있으므로 반드시 기층 간부의 진정한 동의를 받아야 당이 군중으로부터 이탈되지 않는다고 하였다.

### 5) 중공 당 8기 7중전회와 인민공사에 관한 18개 문제

제2차 정주회의의 정신을 관철시키는 과정에서 공사의 관리체제 문제에 관한 구체적인 사항을 해결하기 위하여 당 중앙은 1959년 4월 2일부터 5일까지 상해에서 8기 7중전회를 개최하게 되었다. 그런데 이 회의를 준비하기 위하여 당 중앙은 3월 25일부터 4월 1일까지 정치국 확대회의(즉 상해회의)를 소집하여 7중전회를 준비하게 되었다. 여기에서 인민공사 관리체제 문제에 관한 약간의 원칙을 규정하고 「상해회의 기요-인민공사에 관한 18개 문제」를 작성하여 7중전회에서 통과시키기로 하였다.[48]

18개 문제란 두 차례 정주회의이래 인민공사의 문제를 해결한 성과를 종합하고 인민공사의 체제와 정책에 대하여 구체적 규정을 정한 것이다. 특히 여기에서는 3급 소유제를 원칙으로 대(隊)를 기초로 하는 관리 체제와 수익 분배와 농업 생산 등에 관한 문제를 명확하게 규정하였다. 그 가운데도 생산소대의 부분적인 소유제를 실시하도록 규정하고 2차 정주회의에서 결정된 옛 장부는 청산하지 않아도 된다는 규정을 바꾸어 옛날 것도 계산하여 계산할 것은 계산하고 배상할 것은 배상하도록 하였다.

이 안건은 7중전회(중앙위원 81명과 후보위원 80명 이외에 중앙 각부의 책임자와 성, 시, 자치구 당위원의 제1서기가 열석)에서 토론하여 통과되었다. 이로 인하여 제2차 정주회의이래 해결되지 못했던 일부 문제가 해결되고 인민공사의 정리를 촉진하게 되었다. 그러나 공동 식사제, 식량의 배급제와 반배급제를 실시하도록 규정하고 있어서 평균주의가 그대로 유지되고 있는 실정이었다.

### 6) 제2기 전국인민대표대회의 소집

중화인민공화국 헌법의 규정에는 한 기의 전국인민대표 임기는 4년이어서 이 규정에 따라 1958년 하반기부터 각성, 시, 자치구, 직할시, 군대와 화교 등 각 단위에서 제2기 전국인민대회 대표를 선출하였다. 1959년 3월 31일에 전국인민대표대회 상무위원회와 중국인민정치협상회의 전국위원회는 연합으로 제2기 전국인민대표대회 제1차 회의, 제3기 정치협상회의 전국위원회 제1차 회의를 4월 17일에 북경에서 동시에 소집하기로 결정하고 이를 각 대표들에게 통지하였다.

그리고 4월 15일에 모택동은 제16차 최고국무회의를 소집하여 인민대표대회와 정치협상회의의 의사일정과 주석단의 명단에 관하여 의견을 교환하였다. 다시 4월 17일에는 전국인민대표대회의 예비회의를 소집하고 대회의 의사일정을 통과시켜 회의 준비를 순조롭게 끝냈다.

전국인민대표대회는 4월 18일부터 28일까지 북경에서 소집되었는데, 1,222명 가운데 1,148명의 대표가 참석하였다. 대회는 모택동이 개막식을 주재하였으며, 당시 북경에 와있던 중국인민정치협상회의 제3기 전국위원과 정부의 각부 책임자와 인민해방군의 고급 장성들이 열석하였다.

첫날 주은래(周恩來)는 「정부 공작보고」로 제1차 5개년 계획시기와 제2차 5개년 계획의 첫해인 1958년의 성과 등을 보고하였으며, 이부춘(李富春)은 1959년 국민경제계획 초안의 보고를, 이선념(李先念)은 1958년 국가 결산과 1959년 국가 예산 초안의 보고를, 팽진(彭眞)은 제1기 인민대표대회 상무위원회 활동을 보고하였다.

대회에서는 유소기(劉少奇)를 중화인민공화국 주석으로, 송경령(宋慶齡)·동필무(董必武)를 부주석으로 선출하고, 주덕(朱德)을 전국인민대표대회 상무위원회 위원장으로 선출하고, 임백거(林伯渠)·이제침(李濟琛)·나영환(羅榮桓)·심균유(沈鈞儒)·곽말약(郭沫若) 등 16명을 부위원장으로 선출하였으며, 주은래를 국무원 총리, 진운(陳雲)·등소평(鄧小平)·등자회(鄧子恢)·진의(陳毅) 등 15명을 부총리로 임명하였다.

대회에서는 1959년 국민 경제 계획과 1959년의 국가 예산안을 통과시켰다. 그 내용은 비록 당의 8기 6중전회에서 정한 지표보다 낮춰 잡았지만 여전히 대약진의 대회로서 어떤 부문은 생산 지표가 1958년보다도 높아 전연 실현할 수 없는 실정이었다.

또한 이 대회에서 티베트문제에 관한 결의안을 통과시켰다. 그 내용은 국무원에서 티베트의 반란을 평정한 제반 조치에 대하여 동의하였다. 그리고 이를 평정하고 티베트에 주둔하고 있는 중국인민해방군에 대하여 격려를 보내기로 동의하였다.

제2기 전국인민대표대회 1차 회의와 함께 4월 17일부터 29일까지 정협 제3기 전국위원회 제1차 회의를 북경에서 소집하였다. 위원은 1,071명으로 앞서보다 342명이 증원되었는데, 이는 인민민주주의 통일전선이 더욱 확대되고 공고하였음을 나타내고 있다.

이 회의에서도 각종 보고를 청취하고 정치 결의와 그 밖의 결의안을 통과시켰으며 모택동을 정협 제3기 전국위원회 명예주석으로 추대하고 주은래(周恩來)를 주석, 팽진(彭眞)·이제침(李濟琛)·곽말약(郭沫若)·심균유(沈鈞儒)·황염배(黃炎培) 등을 부주석으로 선출하였다. 그리고 왕종오(王從吾) 등 143명을 상무위원으로 선출하였다.

대체로 1958년 11월 제1차 정주회의이래 1959년 4월의 중공 당 8

기 7중전회까지 약 반년 동안에 중공 당 중앙은 집중적으로 인민공사의 체제 가운데 나타난 좌적 착오를 바로잡는데 노력하여왔다. 그러나 이것은 어디까지나 삼면홍기(三面紅旗)를 전제로 한 사업 추진상에 나타난 문제를 바로잡는 것이었다. 때문에 경제 건설은 여전히 높은 지표를 내세워 새로운 대약진을 모색하고 있었다.

## 7. 여산회의(廬山會議) - 좌경화에서 반우경화로 전환

### 1) 여산 회의

대약진을 시작하면서 나타난 여러 문제점들을 시정하기 위하여 여러 차례의 회의를 소집하였었다. 그리고 좌경화되는 방향을 시정하려고 노력하였으나 여전히 문제점은 해결되지 않았기 때문에 오히려 대약진에 대한 회의가 끊이지 않았다. 따라서 당 안에서는 당 중앙과 모택동에게 대약진과 인민공사는 좌경 모험주의의 착오라고 호소하고, 또 어떤 사람들은 당의 8전 대회에서 확정된 경제 건설 방침이 회복하기를 희망하였다.

이에 지금까지의 경험과 교훈을 종합 정리하여 좌경 착오를 바로잡고 사회주의 건설이 건강한 궤도로 들어가 발전할 수 있도록 하기 위하여 회의를 소집하였는데, 이것이 여산회의(廬山會議)이다. 여산회의는 1959년 7월 2일부터 8월 16일까지 1개월 반 동안이나 열렸다. 대체로 7월에 소집된 중앙정치국 확대회의와 8월에 열렸던, 당 8기 8중전회를 함께 불러 여산회의라 칭하고 있다.

회의는 처음에 모택동이 제시한 18개 문제(후에 19개 문제로 발전49))를 가지고 6개조(동북, 화북, 서북, 화동, 중남, 서남)로 나누어 3일부터 10일까지 토론하며 의견을 나누었다. 특히 낮에는 회의하고 책을 보고 당의 문건을 읽었으며, 저녁에는 연극을 보거나 휴식을 가졌으며, 여산의 자연풍광에 아침과 저녁으로 등산하거나 일출을 보는 등 상당히 여유가 있는 모습이어서 이른바 '신선회(神仙會)'를 열었다고 할 정도였으나 7월 23일에 모택동이 팽덕회를 비판하면서 반우경 투쟁으로 변질되어 회의를 전, 후기 두 단계로 나누고 있다.50)

그런데 여산회의는 두 회의를 합칭한 것이기 때문에 개회기간이 길어서 회의의 진행에 따라 전기, 중기, 후기의 3단계로 나누어 설명하기도 한다. 전기는 7월 2일부터 15일까지 소집된 중앙정치국 확대회의로서 정치국위원과 각성 위원회 제1서기, 중앙과 지방의 국가기관 책임자들이 참석하였다. 이 회의에서는 1958년 제1차 정주회의의 정신을 관철하면서 대약진과 인민공사화 운동 가운데 나타난 좌경 착오를 바로 잡고 국민경제 지표를 조정하여 1959년 하반기와 이후 4년의 경제 활동과 임무를 확정짓는 일이었다. 중기는 7월 16일부터 8월 1일까지 즉 팽덕회의 편지를 인쇄 공개하면서 좌경을 바로 잡으려는 것과 반우가 대립하는 모습을 보였으며, 후기는 8월 2일부터 16일까지의 중공 당 8기 8중전회의로 팽덕회를 비판하고 우경기회주의에 대한 반대투쟁을 위해 총노선을 지키고 반당집단(팽덕회, 장문천, 황극성 등)의 착오를 결의한 것이다.

### 2) 좌경화 착오의 인정

여산회의가 시작되면서 6개조의 소조활동 가운데 유소기(劉少奇)는 서남소조에 참가하여 국민경제의 발전은 균형을 이루어야 한다고 하였고, 비율에 따라 계획대로 조직적으로 생산하여야 한다고 하였다. 화동소조에 참가한 주덕(朱德)도 농민들에게는 사유제가 어느 정도 인정되어야 하며 농민의 재산은 공유할 수 없다고 하였다. 농민들에게도 부를 얻을 수 있도록 하여야 하며 가정 부업을 갖도록 하여야 한다고 하였다. 팽덕회는 서북소조에 참가하여 여러 차례 발언하면서 대약진의 좌적인 착오를 바로 잡아야 한다고 하였다.

이들의 의견은 그동안 좌경 착오를 시정하려고 노력하였음에도 불구하고 아직도 좌적인 착오를 범하고 있어 이를 계속 바로 잡아야 한다는 것이 지배적이었다. 따라서 이들의 의견은 그동안 어느 정도 좌경착오를 수정하였다고 생각하는 사람들과 의견을 달리할 수밖에 없었다.

이 때 모택동은 7월 10일에 소집된 소조장 회의에서 각조의 보고를 들은 다음 당내의 단결을 강화하고 문제를 분명하게 처리하여야 하며 사상을 통일하여야 한다고 지적하였다. 그리고 대약진과 인민공사화 문제는 이미 해결되었다고 판단하고 있었다. 또한 인민공사는 무너지지 않는다고 하였으며, 농촌의 공동 식당과 사원에 대한 배급제는 그대로 견지하여야 한다고 하였다. 그리고 모택동은 5-6일의 시간을 잡아 「여산회의 제 문제 의정기록」과 기타 문건을 정리하고 15일에 회의를 마치겠다고 선포하였다. 그리고 당일에 담진림(譚震林)·호교목(胡喬木) 등 7인에게 기록을 기초하게 하였다. 이렇게 정리된 기록은 내용상으로 볼 때 기본적으로 좌경 착오를 바로 잡은 것이었다.

여산회의

그런데 15일에 이 기록초고를 조를 나누어 토론할 때 기본적으로 다른 의견을 제시하는 사람들이 있었다. 이들은 과(過, 잘못)에 대한 평가를 근본적으로 낮게 보고 결점을 많이 지적하였던 것이다.

### 3) 좌경화 시정 중단과 우파 기회주의의 등장 - 팽덕회(彭德懷)의 편지비판

여산회의의 두 번째 단계로 중기인 7월 16일부터 8월 1일까지 즉 중앙정치국 확대회의이후 반달동안 모택동은 팽덕회에 대한 비판을 시작하였다. 그리하여 좌경화를 바로잡는 것에서 반우경으로 180도 방향을 바꿨다. 당시 팽덕회는 좌경 착오를 철저하게 바로잡지 못하고 있는 실정에 대하여 대단히 우려를 가졌다. 그는 좌경화를 바로잡지 못하면 국민 경제발전의 속도에 영향을 끼친다고 보았다.

팽덕회는 자신의 의견을 회의석상에서 제기하면 참석자들의 사상에 혼란을 가져올 가 보아 7월 15일에 회의가 끝난다는 사실을 알고 13일 아침에 모택동의 숙소로 가 그에게 자신의 의견을 말하려고 하였다. 그런데 모택동이 아직 일어나지 않아 저녁에 편지 방식으로 자신의 의견을 써서 다음날 아침 이를 모택동에게 전달하였다.[51)]

편지 내용은 크게 두 가지로 하나는 1958년의 대약진의 성과는 의심할 바 없다하고, 또 하나는 사업 진행상의 경험과 교훈을 어떻게 종합하여야 하는 것이냐 이었다. 특히 종합에서 잘못 된 점을 지적하였는데, 그 내용은 여러 사람의 의견을 반영한 것으로 이미 회의석상에서 나온 것들이며, 모택동도 이를 여러 차례 이야기 한 것들이기도 하였다. 그러나 그 이면에는 책임이 모택동에게 있다는 점을 암시하고 있어서 모택동으로서는 받아들이기 어려운 것이었다.

그런데 7월 16일에 모택동은 이 편지에다 '팽덕회 동지의 의견서'란 제목을 달고 인쇄 배포하여 동지들이 참고하라고 하면서 정치국 몇몇 상무위원들에게 이 편지의 성질을 평하라고 하였다. 그리고 다시 몇 개의 조를 나누어 기록의 초고를 수정하게 하고, 또한 팽덕회의 편지를 토론하게 하였다.

7월 17일에 여산에 올라온 임표는 격렬한 어조로 팽덕회는 야심을 갖고 있었다고 말하고 또한 이 편지는 계획된 것이고 조직적인 목적이 있는 활동이라 하면서 당 중앙을 반대하고, 총노선을 반대하고 모택동을 반대하는 활동으로 강령성의 것이라고 지적하였다. 임표의 이 발언은 이후 중요한 기조를 이루게 되었다.[52]

사실 팽덕회의 편지는 이미 발언의 중심 의제가 되어왔기 때문에 많은 사람들이 그 의견에 동의하고 실제와 부합한다고 보았으나 방법상에 결점이 있다고 하였다. 특히 동북지구의 동지들은 대부분이 팽덕회의 의견을 찬성하였다. 내심 팽덕회의 의견에 동의하였던 유소기, 주은래, 주덕, 진운 등은 하나같이 입을 다물었으나 7월 21일에 외교부 부부장이었던 장문천(張聞天)은 소조회의 상에서 3시간에 걸친 발언을 통하여 팽덕회의 기본 관점을 지지하고 팽덕회의 편지를 비난하는 것에 대하여 동의하지 않았다. 특히 그는 대약진의 좌경화 잘못을 바로 잡았다는 의견에 반대하였다.[53]

이에 모택동은 7월 23일에 전체회의 석상에서 자신의 태도를 밝히고, 팽덕회의 편지에 대하여 비판하였다. 그리고 이들의 의견은 당에 대한 공격이며 자기들 스스로가 우파로 가고 있다고 비판하였다. 이 비판 후에 좌경화의 관점을 갖고 있던 이들은 모택동의 지지를 받게 되자 더욱 흥분하게 되었으며 집중적으로 팽덕회 등을 가리켜 우파 기회주의라고 비판하여 반우파 투쟁을 당 안으로 끌어들이는 결과를 가져왔다.

### 4) 우파 기회주의 반대운동-중공 당 8기 8중전회

여산회의의 세 번째 단계인 후기는 모택동의 건의에 따라 8월 2일부터 16일까지 계속되었다. 여산회의에 참가한 중앙위원이 이미 과

반수를 넘고 있었으나 우파로 지목되고 있는 팽덕회 등이 중앙위원과 정치국 국원이기도 하여 그들을 비판하고 처리하기 위해 중앙위원 전체회의를 소집하기로 하였기 때문에 중공 당 8기 8중전회의가 열리게 되었다.

이 회의는 중앙위원 75명과 후보 74명, 그리고 당 중앙과 성, 시, 자치구 당위의 당직자 14명이 열석하였다. 회의의 안건은 1959년의 국민경제 계획의 집행 상황을 검토하고 절약 증산운동의 전개와 제2차 5개년 계획의 주요 지표를 조기 달성하는 임무를 제출하고, 팽덕회 동지를 우두머리로 하는 우경기회주의 반당집단을 반당, 반인민, 반사회주의성질의 우경기회주의 노선이라 비판하는 것이었다.

모택동은 개막식에서 9개월 동안 좌경을 반대하여 왔는데, 이제는 우경을 반대하는 문제라고 하였다. 그리고 조를 나누어 팽덕회(彭德懷)와 장문천(張聞天) 등에 대하여 비판을 전개하였다. 모택동은 팽덕회 등을 가리켜 무산계급 혁명가가 아니며 자산계급 민주주의자라 하고 그들은 혁명적인 군중운동을 정확하게 이끌지 못하였다고 지적하여, 총노선을 지키고 우경기회주의를 격퇴하는 것이 중요 전투임무라고 하였다.

회의기간 중공 당 중앙은 「우경사상 반대에 관한 지시」를 하달하여54) 우경사상이 위험수준에 달하였다고 지적하고, 그들은 자기들도 모르는 사이에 자본주의 입장에 섰다고 하면서 전체 당원은 반우파 운동을 전개하자고 하였다. 그리고 8월 16일에 중전회에서는 「팽덕회를 우두머리로 하는 반당 집단의 착오에 관한 결의」와 「당의 총노선을 보위하고 우파 기회주의를 반대하기 위한 투쟁의 결의」를 통과시켰다.

이 운동은 먼저 반우경, 반낭비로 시작하여 증산 절약을 전개하는 것으로 돌파구를 삼아 위에서 아래까지 층층에서 발동하여 대자보(大字報)의 형식을 빌려 반우경 사상을 폭로하게 하였다. 동시에 각 조직의 각급 간부들에게 여산회의의 결의를 학습하게 하여 삼면홍기에 대한 인식을 높이고 중심적인 대상자를 찾아 내외로 조사하고 대소의 회의를 통하여 죄상을 나열, 우파 기회주의 분자란 고깔모자를 씌우게 하였다.

한편, 당 중앙은 팽덕회가 겸임하고 있던 국방부 부장의 직을 임표(林彪)가 겸임토록 하고, 또한 그가 중앙군사위원회를 주재하게 되었다. 이밖에 팽덕회를 지지하였던 외교부 부부장 장문천, 해방군총참모장 황극성(黃克誠), 호남성 제1서기 주소주(朱小舟)는 반당소집단으로 몰려 숙청당했다.

여산회의는 본래 대약진의 좌경화를 바로잡기 위하여 소집된 것이었는데, 그 결과 당 안에는 제2의 대약진이라는 좌경화가 나타나고, 또한 공산풍(共産風)이 다시 나타나게 되었을 뿐만 아니라 반우파 투쟁으로 바뀌었다. 이는 3면홍기에 대한 이해와 인식이 달랐기 때문이다. 모택동은 이를 중국의 실정에 적합한 정확한 노선이고, 마르크스 이론의 창조성을 발전시킨 것으로 이에 대하여 회의와 반대가 있을 수 없다는 확고한 신념을 갖고 있었으며, 단지 결점과 착오가 나타난 것은 실천 방법에 문제가 있다는 생각이었다. 그리고 이미 독선에 빠져 반대의견을 수용하지 않은 그에게 더 이상 이의를 제기할 수 없는 상황으로 발전되었다. 예를 들어 중국인민해방군총정치부 주임이며 중앙정치국 위원인 나영환 원수도 오랜 동안 같이 일한 임표를 잘 알기 때문에 그의 국방부 부장 임명에 대하여 다른 의견을 제시하지 못하고 단지 건강이 좋지 않은 사람이므로 하룡(賀龍)으로 했으면 좋겠다는 의견을 제시하였으나 받아들여지지 않았다.55)

# 8. 중·소 관계의 변화

## 1) 중·소공산당의 협조관계

소련공산당 20차 대회는 스탈린 사후에 처음으로 소집된 대표회의이며 또한 흐루시초프((Khrushchev, Nikita)가 당 제1서기 되어 당권을 장악하고 자신의 사상으로 소집한 회의였다. 바로 이 대회에서 흐루시초프는 소련공산당의 전통과는 다르게 새로운 평화공존(동서냉전시기)과 스탈린에 대한 비판을 제기하였다.56) 그리하여 국제공산주의 운동에 혼란을 가져왔다. 이에 중국공산당은 스탈린 비판에 대하여 그의 공(功)과 과(過)를 전면적으로 평가하는 글을 발표하고, 또한 소련공산당에 대하여 단결 정신을 강화하라는 입장아래 소련공산당의 착오에 대하여 크게 비판하지 않고 동지적 입장에서, 그리고 국제공산주의 운동의 분열을 막고 사회주의 진영의 단결을 꾀하고자 노력하였다.

즉, 20차 대회가 끝난 지 얼마 안 된 1956년 4월 5일에 중공 당은 「무산계급 전정(독재)에 관한 역사 경험」을 발표하여57) 스탈린이 후기에는 잘못을 범하였다 하더라도 그의 일생은 여전히 마르크스 레닌주의의 혁명가 일생을 지냈다고 하면서 과(過)보다는 공(功)이 더 많다고 지적하였다. 이 글은 12월 29일에 다시 부연하여 발표되었는데, 국제공산주의의 사상 혼란을 막는 데 중요한 역할을 하였다. 중공은 이와 동시에 양당은 내부적으로 스랄린 문제에 관한 의견을 교환하여 통일된 인식을 갖도록 노력하였다.

1956년 4월 6일에 소련공산당 중앙정치국위원이며 최고소비에트 부장회의의 주석단의 한 사람인 미코얀(Mikoyan, A)이 소련의 내부사정을 설명하기 위하여 중국에 왔다. 모택동은 그와 주중국소련대사와 회견하는 자리에서도 스탈린은 과보다는 공이 더 많다는 점을 지적하였다. 특히 스탈린의 집정시기에 취한 근본 방침과 노선은 정확하였으며 적들이 보는 입장에서 자기 동지를 비판할 수 없다고 하였다. 유소기와 주은래도 10월에 소련지도자들과 만났을 때 그들의 의견을 전달하고 소련지도자들이 스탈린에 대하여 전면적인 분석도 없이 평가하고 있다고 지적하였다.

폴란드의 포즈난(Poznan)사건 이후 흐루시초프(Khrushchev, N)는 폴란드사태에 간섭하기 위하여 폴란드를 제외한 동구권의 당 지도자들을 모스크바로 불러들여 회의를 열고 공동성명의 형식으로 폴란드에 압력을 가할 생각이었다. 동시에 미코얀을 중국에 보내 중국공산당도 대표를 모스크바 회의에 파견하도록 요구하였다. 모택동도 압력이 해결의 방법은 아니라며 대표단을 파견하기로 결정하고 소련에 동의하였다.

따라서 10월 23일에 유소기와 등소평을 중심으로 한 중공대표단이 모스크바에 도착하였다. 그런데 이때 또 헝가리 사건이 일어났다. 이에 유소기는 10월 30일에 소련 중앙에 대하여 폴란드 문제와 헝가리 문제를 함께 처리할 수 없다며 폴란드 사건은 시비 문제이나 헝가리 사건은 반혁명의 문제라 하였다. 다음 날 소련은 헝가리에 군대 출동 사실을 중국에 알리고 11월 4일에 소련군이 헝가리로 진입하였다. 그리고 소련군은 헝가리 공농혁명정부를 성립시켜 사태를 수습하였다.

폴란드, 헝가리 사건이후 소련은 10월 30일에 「소련과 기타 사회주의 국가의 우의 친선 합작의 기초를 발전시키고 더 나아가 이를 강화하기 위한 선언」을 발표하였다. 그 내용은 사회주의 국가사이에 상호 관계는 완전 평등, 영토의 완정과 국가의 독립과 주권을 존중하며 서로 내정을 간섭하지 않는 것이 원칙이라 하여 중공의 대외 정책인 평화 5원칙을 그대로 수용하였다. 이 성명이 나오자 중공은 즉시 이를 지지한다는 성명을 발표하였다.

### 2) 주은래(周恩來) 중공대표단의 소련방문

폴란드, 헝가리 사건이후 유고슬라비아의 티도(Tito, C)도 소련을 비난하게 되자 흐루시초프는 주은래를 초청하여 중국의 도움을 받아 사회주의 국가의 모순을 완화하고 단결을 도모하고자 하였다.58) 이에 주은래는 1957년 1월 7일에 중국대표단을 이끌고 소련을 방문하여 소련지도자들과 회담하였다. 이 자리에서 주은래는 모택동의 세계전략을 설명하였는데, 즉 자본주의와 사회주의 진영의 대립만이 아니라 아시아와 아프리카, 라틴아메리카의 민족주의 국가와 중립국으로 가고자 하는 제3세계가 있음을 강조하고 많은 국가들의 지지를 얻으려면 반식민지 투쟁을 펴나가야 한다고 하였다. 주은래는 이때 마침 모스크바에 와있었던 그로티올(Grotewohl, Otto) 총리를 대표로 하는 동독정부 대표단과 회담을 갖고 소련과 동독 양국정부가 서명한 연합성명을 지지하였다. 그리고 중국은 1월 10일에 소련, 헝가리와 모스크바에서 회담하여 서로의 우의 친선을 다지고 합작 문제를 협의하였다.

주은래는 소련과 1차 회담을 끝내고 11일에 바르샤바를 방문하였다. 목적은 소련과 폴란드의 관계를 도와주기 위함이었다. 그는 폴란드 사태와 헝가리의 사건은 성격이 다르다고 인식하고 중국은 소련이 헝가리에 취한 태도를 지지한다고 하면서 사회주의 국가의 단결을 촉구하였다. 주은래는 폴란드 지도자들과 회담한 다음 모택동에게 지도자들의 생각은 정확하며 당과 군중은 연계되어있으나 문제의 중심을 확실하게 장악하지 못하고 있음을 보고하였다.59)

주은래는 폴란드 방문을 마치고 16일에 헝가리 부다페스트를 방문하였다. 이는 흐루시초프가 주은래에게 함께 항거리를 방문하자는 제의를 받았기 때문에 당시 부다페스트의 질서가 아직 잡히지 않고 있어 답을 못하고 있었는데, 헝가리가 이 사실을 알고 사람을 모스크바로 보내 주은래를 초청하여 응했던 것이다. 주은래는 사건이 일어난 이래 처음으로 열린 군중집회에서 헝가리는 반혁명 음모세력과 싸워 승리할 것이며 중요한 의의를 갖고 있다며 6억의 중국 사람은 헝가리 인민의 투쟁을 지지한다고 하였다.

그리고 주은래는 17일에 모스크바로 돌아와 제2단계의 회담을 가졌다. 여기에서 양국관계는 사회주의 각국의 상호관계에서 일어나는 모든 문제를 우호 협상의 방법으로 해결할 것이라는 뜻을 분명히 하였다.

### 3) 모택동의 소련 방문과 모스크바 선언

1957년 11월 2일부터 21일까지 모택동(毛澤東)은 송경령(宋慶齡)·등소평(鄧小平)·이선념(李先念)·팽덕회(彭德懷)·곽말약(郭沫若)·호교목(胡喬木) 등으로 조직된 대표단을 이끌고 모스크바를 방문하여 러시아 10월혁명 40주년 기념 활동에 참가하였다. 그는 소련을 방문하는 기간에 각 국 공산당과 노동당 대표대회에도 참석하고 대회선언에도 서명하였다. 특히 모택동은 11월 6일에 거행된 10월 혁명 40주년 경축대회에서 10월 혁명의 길은 근본적으로 전 인류 발전의 공통적인 광명의 대로라고 하면서 사회주의 제도는 결국 자본주의 제도를 내체할 것이라고 하였다.

10월 혁명의 기념식에 참가한 각 국의 공산당과 노동당 대표들은 각 국의 대표가 모스크바에 모인 기회에 11월 14일부터 16일까지 12개 사회주의 국가 공산당과 노동당 대표회의를 소집하여 국제공산주의 운동 가운데 공통적인 관심사를 논의하였다. 그리고 모택동은 16일부터 19일까지 64개 공산당과 노동당 대표회의에 참석하였는데, 이때 그는 소련과 충분한 협상을 전개하면서 모두가 수용할 수 있는 공동선언이 채택되도록 노력하였다.

당시 중국과 소련은 자본주의에서 사회주의로 넘어가는 과도기의 문제에 관하여 쟁론을 벌렸다. 소련은 평화적인 방식만이 있다하고 그 밖의 다른 방식은 없다고 하였으나 중국은 이를 착오라 지적하였다. 결국 쌍방은 여러 차례의 담판 끝에 「소공과 중공이 공동으로 기초한 선언 초안」을 작성하게 되고, 각 국의 의견을 듣기로 하였다. 그 결과, 당시 국제 정세아래 절박한 문제들에 관하여 의견을 교환하고 마지막으로 평화선언을 통과시켜 전 세계 노동자 계급과 평화를 사랑하는 모든 인민은 행동으로 제국주의의 침략전쟁을 반대하고 세계 평화를 위하여 투쟁하자고 하였다.

그리하여 소련공산당 20차 대회에서 제출된 제국주의, 전쟁과 평화문제에 관한 착오를 바로 잡았다. 특히 미국을 반동 세력의 중심이라 하였으며 노동자 계급이 정권을 장악한 것은 혁명의 시작이지 끝나는 것은 아니라 하였다. 결국 사회주의 국가들이 동지적 협상과 노력으로 모스크바 선언을 통과시켰다.

모스크바 선언은 국제공산주의 운동의 경험을 종합하여 결론을 내린 것이며 각국 공산주의가 공동으로 투쟁하여야 할 임무를 제기하고, 또한 10월 혁명의 보편적 의의를 긍정하고, 사회주의 국가로서 공산당의 형제당, 형제 국가 관계의 기본적인 규칙을 정한 것이다.

### 4) 소련의 군사적 통제기도

사회주의 국가 간에 영토, 주권과 독립을 존중한다고 하면서도 소련은 중국에 대하여 대국주의를 폈다. 그리고 소련은 중국에 대하여 간섭을 기도하여 그들의 세력권 안에 잡아두려 하였다. 따라서 소

모택동과 흐루시초프

련공산당과 중국공산당 사이에 내분이 나타나기 시작하여 국가와 국가 사이의 관계도 틈이 벌어지기 시작하였다.

1958년 4월에 소련 국방부 장관 마리노프스키(Malinovsky, Rodion)는 중국에 대하여 장거리 무선전신국을 중국에 공동으로 세우자고 하면서 총액 1억 루불 가운데 소련 측이 7천 만 루불을 제공한다고 하였다. 그리고 공동 건설과 그 사용에 관한 협정초안을 제출하였다. 중국 측은 공동 건설에 반대하고 중국 측의 부담아래 독자석으로 선설하며 공동으로 사용하자고 하였다. 이에 소련에서는 다시 공동 건설에 공동 사용방안을 제출하였다. 그런데 중국 측은 중국이 건설하여 공동 사용할 것을 고집하였다.

또한 소련은 7월 21일에 중국에 대하여 공동으로 잠수함대를 창설하자고 제의하였다. 왜냐하면 소련의 흑해함대(黑海艦隊)가 봉쇄당하면 안전을 보장할 수 없어 중국은 해안선이 길기 때문에 조건이 좋다는 것이었다. 이에 대하여 모택동은 군사적으로 중국을 지배할 우려가 있다고 보아 거절하였다.

그런데 흐루시초프가 미국을 방문하기전인 1959년 6월 20일에 1957년 10월에 체결한 「중·소 국방 신기술 협정」을 위반하고 중국에 대하여 핵무기의 견본과 그 제조 기술을 중국에 제공할 수 없다고 하였다. 이는 핵무기로 소련이 중국을 통제하려는 의도에서 나온 것이었으며 중국도 소련의 의도를 알게 되어 양국 사이의 틈은 더욱 벌어지기 시작하였는데, 1960년에 들어와 더욱 구체화되었다.

### 5) 레닌주의 만세와 부쿠레슈티 회의 소집

1960년 2월 4일에 바르샤바조약 정치협상위원회 최고회의가 모스크바에서 소집되었는데, 조약국이외에 중국, 북한, 월맹, 몽고 등이 옵서버로 참가하였다. 회의가 끝난 후 흐루시초프는 마지막 만찬에서 중국대표에게 중국은 소련을 사회주의 진영의 우두머리라 하면서 실제로는 소련을 깎아 내리고 있다고 중국을 비난하였다. 그리고 다음날 그로미코(Gromyko, Andrei)가 중국대표를 회견하는 자리에서 소련 당 중앙이 중공 당 중앙에 보내는 구두 통지라고 하면서 다시 중국의 국내, 국외의 정책에 대하여 비판하였다. 이에 대하여 중공대표단은 필요한 반박을 하게 되어 양국사이의 관계가 더욱 악화되어갔다.

1960년 4월에 레닌 탄생 90주년을 맞이하여 중공은 「레닌주의 만세」, 「위대한 레닌주의의 길을 따라 전진하자」, 「레닌의 혁명기치아래 단결하자」 등 3편의 글을 발표하였다. 이들 글 속에서 중공은 소련의 비판에 대하여 하나하나 답하고 또한 소련을 비판하였다. 사태가 악화되어 가자 소련은 사회주의국가 각 국의 당 대표회의를 소집하자고 하였는데 중공은 동의하지 않았다. 그 후 협상에 의하여 6월에 개최되는 루마니아 노동당 제3차 대표대회를 소집할 때에 각 국 대표가 부쿠레슈티에 갈 것임으로 이때를 이용하여 회의를 소집하기로 하였다. 그리고 회의 내용은 의견 교환만 할뿐 어떤 문건도 결정하거나 발표하지 않기로 하였다.

따라서 중국은 팽진(彭眞)을 단장으로, 소련은 흐루시초프를 단장으로 부쿠레슈티에서 만났는데 이때 흐루시초프는 루마니아 당 대회의 축사를 하면서 소련공산당이 중공에게 보내는 「통지서」를 배포하고 이를 낭독하였다. 이 내용은 아무런 근거도 없이 중공을 비방하고 공격하는 일종의 반중국 강령과 같았다.

그리고 6월 24일부터 26일까지 12개 사회주의 국가 공산당 대표회의와 51개국의 공산당 대표단회의(부쿠레슈티(Bucuresti) 회의)를 소집하였다. 이 회의에서 흐루시초프는 중공이 발표한 「레닌주의 만세」 등 3편의 글을 중심으로 맹렬하게 중공을 비난하였다. 심지어 전쟁을 발동하는 미치광이, 중공이 하고 있는 혁명은 가짜 혁명이며 트로츠키(Trotsky) 방식과 민족주의라고 비난하였다.

중공대표단은 이를 중공 당 중앙에 보고하여 중공 당 중앙도 이에 대한 반박문을 발표하였다. 즉 흐루시초프는 형제당이 협상하여 해결하여야 할 문제에 원칙을 파괴하고, 또한 회담전의 협의도 파괴하였다고 비난하면서 소련이 가부장적 방식, 무단적, 전횡적 태도로 국제공산주의 운동의 나쁜 선례를 만들고 있다고 비난하였다.

소련은 이 회의이후에 일방적으로 중공에 대한 압력을 가하기 시작하였다. 1960년 7월 16일에 소련은 중국정부와 상의도 없이 일방적으로 중국에서 활동하고 있는 소련 전문가 1,390명 모두를 소환하기로 하고 257개 항목에 달하는 과학기술합작을 취소하며 중요한 설비와 물자도 공급 중단을 결정하고, 중국의 답도 기다리지 않은 채 7월 25일에 중국정부에 1개월 이내에 철수한다고 통지하였다. 또한 이후 파견하기로 되었던 909명도 파견을 중지한다고 하였다.

이에 대하여 중국은 소련이 중·소 호조우호동맹조약을 위반하고 사회주의 국가간의 관계 준칙, 무산계급 국제주의 원칙을 위반한다고 항의하였다. 그리고 소련정부가 전문가들의 소환을 재고해주도록 희망하였으나 소련은 그대로 실천에 옮겼다.

결국, 이로 인하여 양국사이에 체결된 12개 협정과 양국 과학원이 체결한 하나의 협정서와 그 밖의 협의가 깨지게 되었으며 각종 기술합작도 중단되었다. 따라서 소련의 도움으로 시작된 중국의 각종 건설사업이 큰 타격을 받아 원래의 계획대로 추진될 수 없었기 때문에 양국의 관계는 더욱 악화되었다.

### 7) 모스크바 회의와 모스크바 성명

양국의 대립이 악화되어가는 가운데 부쿠레슈티회의에서 소련이 중공 당 중앙에 보낸 통지서에 대하여 중공 당 중앙은 하나하나 답하면서 소련 지도부가 갖고 있는 중국에 대한 잘못된 관점을 비판하였다. 그리고 소련 중앙에 대하여 중·소 사이의 분열을 해결하고 단결을 도모하기 위하여 쌍방이 회담을 열자고 제안하여 소련공산당도 이에 동의하였다.

이에 따라 9월 17일부터 22일까지 등소평을 단장으로 한 중국대표단과 소련 당국사이에 담판이 진행되었다. 쌍방은 자기들의 입장만 고수할 뿐이었고 소련도 태도를 바꾸지 않았다. 그 결과, 쌍방 회담은 아무런 합의점을 찾지 못하였고 단지 26개국 당 조직으로 구성된 문건기초위원회에서 토론하기로 하였다.

10월에 모스크바에서 26개국 형제당 대표회의를 소집하여 11월에 세계 각국 형제당 회의를 소집하고 문건을 기초하기로 하였다. 이때 중공대표는 여전히 등소평으로 회의에서 소련이 제출한 성명초안에 대하여 상당한 수정을 가하였다. 그러나 소련은 이미 달성한 협의마저 무시하였기 때문에 중·소 양국의 대립은 81개국 당 대표회의로 넘어갔다.

11월 상순부터 12월 1일까지 81개국 공산당, 노동당대표회의가 모스크바에서 소집되었다. 중국은 유소기(劉少奇)와 등소평(鄧小平)이 대표로 참가하였다. 소련은 여전히 중국을 비난하는 6만 자에 달하는 편지를 각 국 대표들에게 뿌렸다. 다행이 참가국 대표들은 중·소 양국이 양보하기를 종용하여「각 국 공산당과 노동당대표회의 성명」(모스크바 성명)을 통과시켰다. 그 내용에는 중공의 뜻이 반영되어 예를 들면 제국주의 본성은 고쳐지지 않았으며, 미 제국주의는 세계인민의 주요 적이고, 민족 해방 운동은 세계전쟁을 방지하는 중요한 힘이라는 내용 등이 포함될 수 있었다.

## 9. 국민당의 반공복국(反攻復國)과 일당 독재의 강화

### 1) 금문포전(金門砲戰)과 대만의 안정

신중국은 대만을 신성한 중국의 영토로 여기고 해방하여야 한다는 일념을 갖고 있었기 때문에 대만과의 무력충돌은 피할 수 없었다. 또한 대만에서는 반공을 내세웠기 때문에 선전을 위해 도발과 해방군의 도전을 과대포장하여 확실한 무력 충돌을 파악하기도 힘든 실정이다. 신화사(新華社)의 보도에 따르면 1950년 1월부터 1954년 8월까지 국민정부 군의 중국 대륙연해와 연해 도서에 대하여 42차의 습격이 있었다. 1952년 9월에 국민정부 군은 남붕도(南硼島)를 점령하여 1954년 10월에 중국인민해방군이 다시 수복한 일이 있었다.

그리고 인민해방군은 국민정부를 위협하고 대만문제로 두 개의 중국을 고정화시키려는 미국의 정책을 반대하기 위하여 1954년말부터 1955년초에 금문도(金門島)에 대한 포격을 가하고 도해작전(渡海作戰)을 펼친 일이 있다. 그러나 비교적 규모가 컸던 무력충돌 가운데 대표적인 것은 1958년의 금문포진이었다.[60] 이는 대만을 중국의 국내문제로 국한시키려는 의도와 또한 당시 미국은 비록 국민정부와 공동방어협정을 체결하여 군대를 대만에 주둔시키고 국민정부의 반대에도 불구하고 금문과 마조를 중공에 넘기고 대만과 팽호(澎湖) 섬만을 확실하게 보존하려는 의도를 갖고 있었기 때문에 이에 대응하기 위한 것이었다.[61]

특히 1957년 11월에 소집된 제19차 국제적십자회의에서 대만정부가 중화민국의 이름으로 출석하게 되어 중국과 인도, 소련 등이 탈퇴하는 일이 일어났지만 두 개의 중국이 기정사실화 되었다. 이에 중국은 1958년 6월 30일에 중단된 대사급 회담을 15일 이내에 재개하자고 요구하였다. 그러나 미국은 8월 10일에 오히려 강경자세를 보이는 성명을 발표였다.

금문도는 크고 작은 12개의 섬, 넓이는 178㎢로 본래 복건성의 한 현(縣)이다. 소금문도와 하문(厦門)의 거리는 불과 2km로 대륙연해 홍콩과 상해 항로의 중심에 있다. 마조도(馬祖島)는 19개의 작은 섬으로 이루어져 복주로부터 10여 마일(英里) 떨어져 있다. 중국역사상 두 차례의 대만 원정도 금문과 하문을 기지로 삼았던 일이 있었다. 따라서 금문도는 대만을 지키는 전초였고, 반공대륙의 발판이 되었기 때문에 대소의 충돌이 있었다.

금문포전은 1958년 8월 23일부터 10월 25일까지 있었던 크고 작은 규모의 해전 18차, 대규모의 공중전 10차, 대규모의 포전이 3차에 걸쳐 있었다. 대체로 중국 당이 금문포격을 하게 된 배경은 8월 17일부터 30일까지 소집된 북대하(北戴河)회의와 밀접한 관계를 갖고 있다. 당시 이 회의에서는 금문포격 이외에 인민공사의 건립을 결정한 회의였는데, 금문포격을 하게 된 의도는 국민정부 군대의 반공기염을 꺾어 장기적인 안정을 도모하려는 것과 이를 계기로 중공 당은 미국과 대사급 회담을 회복시키려는 의도가 있었다.62)

따라서 이전에 있었던 중국 당의 무력 공격이 국민정부에 위협을 주기 위한 것이었다면 금문포격은 미국을 그 대상으로 두었던 것이다. 9월 6일에 주은래는 미국과 중국이 대만에서 일으킨 국제 문제와 중국인민해방군이 자기의 영토를 해방하려는 내정 문제는 완전히 별개의 문제로서 미국은 중국의 내정 문제에 간섭할 권리가 없다고 성명하고, 또한 평화를 유지하기 위하여 중국은 양국 대사급 회담을 회복할 준비가 되었다고 표시하였다.

미국도 즉시 이에 대한 반응을 보여 당일로 대사급 회담의 회복에 찬성한다고 하였으며, 한편으로는 대규모의 병력을 대만해협(臺灣海峽)에 집중시켰다. 중국 당과 미국은 9월 15일에 바르샤바에서 회담을 시작하였으나 쌍방의 주장은 달랐다. 한편 대만은 미국과 중국 당 사이에 담판이 시작된 것에 대하여 반발하고 중화민국의 권익을 해치는 어떠한 담판도 결코 승인할 수 없다고 성명하였다.

결국, 적극적인 전투는 중지되었으나 중국 당의 의례적인 포격은 홀수 날에 만 계속되었으며, 이것은 1979년 1월 1일 중국과 미국이 정식 외교를 갖게 되는 날에 비로소 중지되었다. 그리고 대만과 중국 당의 대치 관계가 지속되었으나 이는 대치라기보다는 오히려 쌍방의 안정을 가져왔다.

## 2) 헌법개정 운동의 실패와 장개석 총통의 재연임

1958년 겨울부터 국민당과 반국민당 사이에 호헌(護憲)과 수헌(修憲)의 논쟁이 일어났다. 즉 「중화민국 헌법」 제47조에 따르면 총통과 부총통의 임기는 6년으로 되어있으며 한 번에 한하여 연임할 수 있었다. 그런데 장개석의 2대 총통임기는 1960년 5월 20일로 끝나게 되었으며 다시는 3대 총통이 될 수 없는 입장이었다.

또한 헌법 제29조에 따르면 국민대회는 총통 임기만료 전 90일에 소집하도록 되어있어 1960년 2월 20일에 소집하여 제3대 총통을 선거하지 않으면 안 될 형편이었다. 그러므로 국민당은 그 이전에 총통 후보자를 지명하지 않으면 안 되었다.

만일 장개석이 헌법에 따라 물러난다면 당시 국민당의 낭내 순서로 보아 진성(陳誠)이 제3대 총통후보자가 될 수밖에 없었다. 그런데 이것은 장개석 총통도, 장경국계도, 또 CC계도 원하는 바가 아니었다. 따라서 이들 세력이 연합하여 헌법개정 운동을 전개하게 되었다. 물론 헌법개정 내용은 헌법 제47조 규정의 총통연임 제한을 없애 장개석으로 하여금 제3대 총통으로 중임될 수 있도록 하는데 있었다.

『자유중국(自由中國)』 잡지를 대표로 하는 반대파들은 장개석과 진성 두 사람사이에서 진성을 택하거나 호적(胡適)을 내세워 제3대 총통후보로 추대하려는 희망을 갖고 있었기 때문에 헌법의 수정에 대하여 반대하였다. 특히 12월 17일에 호적의 생일을 축하하기 위하여 중앙연구원 안에 연회를 마련하고 뇌진(雷震)은 축사에서 모택동이 국가 주석을 스스로 물러난 일과 아이젠하워(Eisenhower, D)가 70세가 넘게 되면 공직에서 물러나야 한다는 말을 인용하여 장개석 스스로가 물러나기를 비유하였다.

이러한 움직임에 대하여 장개석은 12월 23일에 광복대륙설계연구위원회 회의석상에서 중국국민당과 정부를 대표하여 헌법을 수정할 의사가 없으며, 또한 헌법의 수정을 반대한다고 하였다.63) 그리고 헌법은 반공구국(反共救國)의 유력한 무기이므로 우리는 반드시 헌법을 존중할 것이며, 또한 이를 유지하여 반공구국의 목적을 달성할 것이라 하였다.

이 말은 자유주의자들을 크게 자극하여 흥분시키고 미국마저도 장개석은 다음에 물러날 것이라 판단하고, 또한 진성을 그의 계승자로서 그의 정책을 계속할 것이라고 보았다. 그리고 호적은 12월 24일에 광복대륙설계위원회에서 위원회 주임인 진성을 추켜세웠다. 이에 따라 자유주의자들이 호적을 추켜세우고 호적이 진성을 추켜세우는 것은 반드시 장개석을 물러나게 하려는 것으로 추측을 낳게 하였다.

한편, 헌법 개정파들은 비록 장개석이 헌법 개정은 하지 않겠다고 하였으나 명확하게 중임하지 않겠다는 말을 하지 않았으므로 대법관회의에 넘겨 법 해석을 하거나, 혹은 임시 규정으로 헌법의 제한 규정을 없애 장개석으로 중임하도록 할 속셈이었다. 그렇게 하여 이미 발표한 그의 개헌반대에 관한 약속도 위배하지 않는 것처럼 보일 수 있도록 획책하였다.

이처럼 개헌과 호헌파의 대립 가운데 개헌파는 국민대회대표연의회(國民大會代表聯誼會)를 조직하여 개헌하거나 임시규정을 수정하여 장개석을 중임시키자는 전단을 뿌렸다. 호헌파에서도 「반공은 반드시 호헌」, 「자유중국은 워싱턴을 필요로 한다」와 호적을 칭찬하는 글을 모은 세 권의 작은 책자를 만들어 뿌렸다.

호헌과 개헌의 논쟁이 무르익자 장개석의 태도도 바뀌기 시작하여 중임의 의사를 은근히 비치기 시작하였다. 이에 임시 규정을 고쳐 연임할 수 있는 방법을 모색하여 개헌파와 호헌파의 논쟁은 임시 규정을 개정하는 것이 헌법을 개정하는 것이냐 아니냐로 대립하게 되었다. 결국 1960년 2월 17일에 중국국민당 중앙상무위원회에서는 「동원감란시기 임시조관을 수정하여 국가의 영도 중심을 공고히 하자는 안건」을 통과시키고, 2월 20일에 제1기 3차 국민대회를 기일에 맞추

제1기 국민대회 제3차회의

어 소집하였다. 그리고 3월 11일에 임시조관 가운데 동원감란시기 총통, 부총통은 연임할 수 있으며 헌법 제47조의 1차에 한하여 연임할 수 있다는 제한을 받지 않는다는 내용을 통과시켰다.64)

그리고 다음 날 중국국민당 8기 중앙위원회는 임시 전체회의를 소집하여 장개석과 진성을 총통과 부총통의 후보자로 지명하였다. 이때 중국청년당과 민사당은 더 이상 들러리가 되지 않는다고 후보자를 내지 않아 결국 제1기 국민대회 제3차회의에서 국민당의 단독 출마로 3월 21일에 선거가 진행되었다. 그 결과 전국대표 1,509명이 출석한 가운데 장개석은 1,481표로 제3대 총통에 당선되고, 1,505명 출석에 1,381표로 진성이 부총통에 당선되었다.

장개석은 3월 25일 국민대회의 폐막식에서 차기 재임 6년 안에 반공대업을 완수할 것이며 삼민주의 신중국(三民主義 新中國)을 건립하겠다고 하였다. 그리고 대륙 동포의 합법적인 권익을 보장하며 대륙의 풍족한 경제생활을 보장한다고 하였다.

### 3) 중국국민당 8기 3, 5중전회의 소집과 「광복대륙지도강령」의 제정

금문포격 전후 국민정부는 계속 반공적 입장을 취하여 대규모 군사적 대항에서 국부적인 범위의 군사대치 상태로 들어갔다. 이때 국민정부의 대륙정책은 70%는 정치, 30%는 군사; 70%는 적 후방에서 30%는 적 전방이라는 구호아래 대륙에 대하여 각종 정치작전을 폈다. 그리고 각종 회의를 이용하여 반공대륙을 외쳤다.

1960년 9월에 소집된 중국국민당 8기 3중전회에서 반공을 더욱 굳건히 하기 위하여 「반공건국강령(反共建國綱領)」과 「반공애국인사 단결합작 촉진결의」를 통과시켰다.65) 특히 정치보고에서는 민주가 반드시 승리하며 자유가 반드시 노예를 이길 것이라 하였다. 10월 2일의 폐막식에서 장개석은 스스로 믿음을 높이고 서로 믿도록 하여 당덕(黨德)을 발전시키고 당의 기강을 다시 바로잡고 함께 살고 죽으며 어려움을 함께 하자고 역설하면서 반공구국의 시기가 곧 올 것이므로 각자는 여러 가지 준비를 더욱 가속화시켜 승리를 맞이하자고 하였다.

반공대륙의 총력전을 실현하기 위하여 국민당은 1962년 11월 12일부터 15일까지 8기 5중전회를 소집하였다. 여기에서 장개석은 「복국건국의 방향과 실천」이란 보고를 하였으며 이후 국민당의 임무를 통과시켰다. 그 임무란 반공복국(反共復國)의 동원과 준비, 국민당 9전대회의 준비, 반공 복국과 대만 건설을 위한 인재의 집중이었다.

특히 이 대회에서는 「광복대륙 지도강령」을 통과시켰다. 이 강령은 기본 방침, 실시 요강, 지도와 집행의 3부 16조로 구성되었다. 그 요점은 광복대륙으로 국가통일의 완성을 확정하는 것이며 인민의 자유를 회복하여 공산당의 폭정을 근절시키고 삼민주의의 신중국을 건설하는 것을 목표로 삼고 있었다.

장개석의 지방시찰(왼쪽 첫 번째는 장경국)

# 10. 경제발전의 기초 확립과 대만사회의 변화

## 1) 제2차 4개년 경제 건설계획

1956년에 제1차 4개년 경제 건설계획이 성공적으로 끝나자 1957년부터 제2차 4개년 경제 건설계획에 들어갔다. 그런데 당시 경제 사정을 살펴보면 다음과 같은 문제점들이 있었다.

국민소득이 크게 향상되었다고 하나 일본에 비하면 상당히 뒤떨어진 상태였다. 인구 증가의 가속으로 취업 문제가 가중되었다. 공업의 발전은 본래의 공업 범위를 초월하여 새로운 공업 분야를 건설하지 않으면 안 되었다. 수입 대체를 위하여 생산된 것이 수요를 초과하게 되어 이제는 이를 소화시키기 위하여 수출하지 않으면 안 되었다. 따라서 노동 집약형의 수출 산업 육성만이 대만 경제를 발전시킬 수 있는 유일한 길이 되었다.

따라서 제2차 4개년 건설 계획(1957-1960)은 그 목표를 자원의 계속 개발과 농업 생산의 증가로 공, 광업, 상업의 가속적인 발전을 가져오며, 수출 증대를 기하여 국민 소득을 높이고 취업을 늘려 국제수지의 평형을 이루는데 두었다. 이러한 계획을 추진하여 나가는데 중요한 몫을 차지하는 것은 미국의 경제원조였다.

1956년부터 1958년 사이에 미국국제개발처(AID)의 대만주재대표단의 건의와 경제 정책 결정 관리들이 수출 확대 정책을 펴 수출의 증가로 공업화를 자극하게 되었다. 정부는 수출 보험을 제공하여 잠재력이 있는 수출 산업에 대하여 장려금을 주고 또한 수출시장을 연구하였다. 1957년에 대만은행(臺灣銀行)은 수출산업에 대하여 저리 융자를 제공하여 이를 장려하였다. 다음해 4월에는 정부가 새로운 경제계획을 입안하여 복잡한 외환제도를 간소화시키고 수입 제한을 축소하여 물자의 공급을 합리화시켰다.

제2차 4개년 경제건설은 1960년에 완성되었는데, 그 결과 농업은 실질 성장률이 계획지표인 4.5%보다 높은 5.3%, 공업은 계획목표 12.2%보다 못한 12%, 국민총생산은 목표와 같은 7.5%를 달성하였다. 이에 따라 대만경제는 이미 1958년부터 변화가 나타나 발전의 날개를 펴기 시작하였다. 따라서 당면한 어려움을 해결해주고 잘 날수 있도록 활주로를 만들어주는 일이 필요하였다.

이를 위하여 1961년부터 제3차 4개년 계획이 시작되었다. 계획의 목표는 투자환경의 개선과 생산성을 높이고, 대외무역을 확대 발전시키며 미국 원조에 의존하던 것을 감소시키기 위하여 대만경제 구조를 새롭게 짜는 것이었다. 따라서 계획에서부터 국민소득, 외화수입, 취업을 고려하여 경공업과 중공업을 발전시키며, 장기, 단기적인 균형발전의 경제효과를 고려하여 교통, 전력과 서비스 산업의 발전에 우선을 두었다. 특히 국제시장의 충격을 피하기 위하여 천연자원의 개발과 어업의 발전, 신형기술 산업의 발전에 우선을 두었다. 그 결과 경제는 연평균 9.5%, 농업은 연평균 6.3%, 공업은 14.9%의 성장을 가져와 계획된 지표보다 초과달성하였다. 이 기간에 대외무역도 수출은 138.4%, 수입은 111.2%를 초과달성하였다. 특히 1964년의 대외무역은 처음으로 적자에서 흑자로 전환되어 그 액수는 5,270만 달러에 달하였다. 이는 농산물 수출위주에서 공산품 수출의 비중이 늘어났던 것과도 관련 있으며, 산업구조가 바뀌고 있음을 증명하고 있다.

산업구조의 변화

| 연　　도 | 농산품 | 공산품 |
|---|---|---|
| 1952 | 92.2 | 7.8% |
| 1960 | 67.7 | 32.3 |
| 1963 | 56.9 | 41.1 |

## 2) 대만 사회의 변화

1948년부터 1950년 사이에 중국공산당의 지배를 피해 국민정부를 따라 대만으로 옮겨 온 숫자는 대만인구의 12% 또는 14.3%로 잡고 있으며 이들은 외성인(外省人)이라 불러 하나의 족군(族群)을 형성하고 있었다. 물론 대만에는 국민정부가 옮겨오기 전, 일본의 식민지가 되기 이전에 복건성에서 이주해 와 민남(閩南, 복건 남부)말을 하는 족군이 있는가 하면 광동성에서 이주해 와 객가어(客家語)를 말하는 객가인 족군이 있다. 그리고 본래부터 대만에서 살고 있다가 이주민에게 쫓겨 산속으로 숨어 살고 있는 산지족(고산족이라고도 함)이 또 하나의 족군을 형성하고 있어 대만사회는 크게 네 개의 족군으로 구성되어 있다. 이 가운데 민남인은 대만인구의 절대 다수로서 3/4, 객가인의 6배에 달하고 있으며 산지족은 20만 명에 불과하다.

외성인들은 대만으로 옮겨와 건국신촌(建國新村), 중흥신촌(中興新村) 등 집단적인 거주지를 만들어 본성인들과의 교류가 많지 않았다.

여기에 언어도 중국어(한어)만을 사용하여 본성인들과의 언어소통이 원활하지 않았으며, 정부의 특권을 이용하여 유, 무형의 혜택을 입고 있어서 본성인들과의 관계가 좋지 않았다.

당시 외성인들은 영구적으로 대만에 정착할 생각이 아니라 임시적인 것으로 정부가 내세우고 있는 반공대륙하면 고향으로 돌아갈 생각을 떨치지 못하고 있는 실정이었다. 1960년대에 들어와 경제발전이 시작되면서 정치권력을 장악하고 있던 외성인들은 경제적으로도 세력을 확장하고 재산을 증식시켜 나갔다. 그러나 정치적인 맥을 찾지 못한 많은 본성출신 즉 대만인 기업가들은 날로 소외감을 갖게 되어 외성인과 본성인의 갈등은 지속되고 있었다.

1970년에 스위스선교사가 중화민국정부의 협조아래 조사한 통계에 따르면 1,812개 가정 가운데 방문을 받아들인 97%이상의 대만인 가정은 가장 좋은 친구 세 사람을 모두 대만인으로, 대륙에서 온 87%가 역시 세 사람 모두를 대륙에서 온 사람으로 들고 있는 것을 보아도66) 양측의 갈등을 미루어 짐작할 수 있다.

그러나 이러한 갈등은 국어(國語, 즉 漢語-보통화를 가리킴)의 보급으로 특히 젊은이들 사이에 동일한 가치관과 문화의 규범으로 점차 갈등을 해소시켜 가는 국면을 형성하였다. 여기에 농촌과 도시의 인구비율이 대륙인과 본성인 사이에 점차 축소되어 편협한 지방 감정도 점차 누그러지게 되었다. 특히 경제발전으로 그 대립은 갈수록 희석되어가고 있다. 다음 쪽의 표는 대만인의 취업 상황을 살펴본 것이다.

대만의 토지개혁은 비록 농민들의 생활 조건을 개선시키고 그들이 정치에 참여할 수 있는 길이 확대되었으며, 또한 농촌의 교육수준을 높였으나 농촌에 많은 문제를 가져다주었다. 즉 농촌 인구의 도시유입을 가속화 시켰다. 그 결과 농촌의 노동력이 부족하게 되고 농민들도 높은 임금을 주고 사람을 고용하지 않으면 안 되었다.

1953년과 1963년의 대만인구 취업형태 비교[67]

(단위 : 천명)

| 직 업 | 1953 | 1963 |
|---|---|---|
| 전문 기술인 | 79(2.67%) | 149(4.15) |
| 행정 관리 | 8(0.27 | 13(0.36) |
| 기술 감독직 | 176(5.94) | 276(7.57) |
| 핀매원 | 295(9.96) | 324(9.02) |
| 서비스 업 | 180(6.08) | 232(6.46) |
| 농, 임업 | 1,628(54.96) | 1,755(48.4) |
| 생산직 | 596(20.12 | 848(23.60) |
| 합 계 | 2,962(100.00) | 3,593(100.00) |

한편, 교육·과학·문화의 예산은 중앙정부 총예산의 15%이상을, 현, 시 지방정부는 35%이상을 편성하도록 되었고 교육문화기금의 설립을 법적으로 보장하여주어 교육은 크게 발전할 수 있는 기틀을 마련하였다.

1944년, 1967년과 1970년의 학교와 학생 수의 비교.[68]

| 각급 학교와 학생수 | 1944 | 1967 | 1970 | 증가율(1970) |
|---|---|---|---|---|
| 대학 및 전문학교 | 5 | 74 | 75 | 15배 |
| 학생 수 | 2,174 | 116,063 | 138,577 | 64 |
| 중·고등학교 | 75 | 555 | 778 | 10.4 |
| 학생 수 | 46,521 | 677,143 | 960,956 | 23 |
| 초등학교 | 1,097 | 2,115 | 2,176 | 1.98 |
| 학생 수 | 897,424 | 2,133,275 | 2,165,645 | 2.42 |
| 수학 율 | 71.3% | 97.4% | 97.9% | ...... |

대학-1, 전문학교-4->종합대학-8, 단과대학-11, 전문학교-55

1) 몇 십 개의 현에서 탈퇴운동이 일어났다(吳本祥主編, 『中華人民共和國史』, 高等教育出版社, 1999, p.113).
2) 趙少荃主編, 『新編中國現代史』, 下冊, 江西人民出版社, 1988, p.171
3) 「論十大關係」『毛澤東選集』, 第5卷, 人民出版社, 1977, p.278
4) 당원 1,073만 명을 대표하여 1,026명의 대표가 참석하였으며, 50여 개국의 공산당과 노동당 대표와 국내의 민주당파와 무당파 인사들이 초청받고 참석하였다.
5) 『建國以來毛澤東文稿』, 第6冊, 中央文獻出版社, 1992, p.329
6) 『建國以來重要文獻選編』, 第10冊, 中央文獻出版社, 1994, pp.101-104
7) 中共上海市委宣傳部編, 『中國共產黨80年』, 上海人民出版社, 2001, p.311
8) 『中華人民共和國實錄』, 第2卷上, 吉林人民出版社, 1994, pp.25-26
9) 『建國以來重要文獻選編』, 第10冊, 中央文獻出版社, 1994, pp.131-134
10) 『建國以來重要文獻選編』, 第10冊, 中央文獻出版社, 1994, pp.154-163
11) 『建國以來重要文獻選編』, 第10冊, 中央文獻出版社, 1994, pp.222-226
12) 민주당 파의 중앙 책임자와 무당파 민주인사와 13차, 상공계 인사와 25차의 좌담회를 가짐.
13) 李維漢, 『回憶與硏究』, 中共黨史資料出版社, 1986, p.831
14) 何沁主編, 『中華人民共和國史』, 高等教育出版社, 1997, p.183 참조
15) 龐松主編, 『簡明中華人民共和國史』, 廣東教育出版社, 2001, p.186
16) 「事情正在起變化」『毛澤東選集』, 第5卷, 人民出版社, 1977, p.423
17) 『建國以來重要文獻選編』, 第10冊, 中央文獻出版社, 1994, pp.284-286
18) 何沁主編, 『中華人民共和國史』, 高等教育出版社, 1998, p.185
19) 『建國以來毛澤東文稿』, 第6冊, 中央文獻出版社, 1992, p.492
20) 何沁主編, 『中華人民共和國史』, 高等教育出版社, 1997, p.187
21) 『建國以來重要文獻選編』, 第10冊, 中央文獻出版社, 1994, pp.613-617
22) 1980년에 우파에 대한 재심사를 실시하여 99%가 우파에서 삭제되고 단 1%만(5천여 명)이 우파로 남았다.
23) 史略・許卿卿, 「毛澤東與1957年整風反右」『中國共產黨八十年重大事件實錄』, 下, 張樹軍・史言主編, 湖南人民出版社, 2001, p.565
24) 이를 四大라고도 하며 소수 격렬 분자의 소리 가지고는 부족하다고 보아 이를 채택하였다. 이것은 문화대혁명기간동안 주요 무기가 되었다.
25) 『建國以來重要文獻選編』, 第11冊, 中央文獻出版社, 1995, pp.201-204
26) 『建國以來重要文獻選編』, 第11冊, 中央文獻出版社, 1995, pp.231-232
27) 『中華人民共和國實錄』, 第2卷上, 吉林人民出版社, 1994, p.202
28) 『周恩來選集』, 下卷, 人民出版社, 1984, p.191
29) 吳本祥主編, 『中華人民共和國史』, 高等教育出版社, 1999, pp.128-129 참조

30) 이때부터 중공 당 중앙과 모택동의 사회주의건설 지도사상의 좌경적 착오의 시작이라고 말한다.

31) 『中華人民共和國實錄』, 第2卷上, 吉林人民出版社, 1994, pp.105-106

32) 毛澤東在莫斯科64國際共産黨和工人黨代表會議上的談話記錄, 1955.11.18 (『周恩來傳』, 3, 中央文獻出版社, 1998, p.1359 참조)

33) 『中華人民共和國實錄』, 第2卷上, 吉林人民出版社, 1994, p.147

34) 사회주의건설 총노선을 대약진 운동, 인민공사화 운동과 함께 삼면홍기(三面紅旗)라 부른다.

35) 모택동은 대약진이란 구호를 발명한 기관이나 과학자에게는 박사라는 명예를 주어야 되겠다고 할 만큼 용어에 만족하였다(謝忱編著, 『中華人民共和國50年-回顧和思考』, 新華出版社, 1999, p.208).

36) 1956년 1월에 제출된 농업발전강요 40조는 토론과 수정을 거쳐 중공 당 8기 3중전회에서 수정 통과되었다.

37) 1958년 1월부터 8월까지 전국의 용광로는 24만개, 9월말에 60만개에 참가인원은 5,000만 명, 10월말에 100만개에 6,000만 명, 12월말에는 통계를 잡을 수 없을 만큼의 수로 늘어나고 9,000만 명이 동원되었다(虞和平主編, 『中國現代化歷程』, 第3卷, 江蘇人民出版社, 2001, p.1048)

38) 安貞元, 『人民公社化運動』, 中央文獻出版社, 2003, p.162

39) 모택동이 1958년 8월 6일 하남 新鄕현을 방문하고 그곳에 걸려있던 공사란 간판을 보고 인민공사가 좋다고 하여 인민공사라 하였다.

40) 『建國以來重要文獻選編』, 第11冊, 中央文獻出版社, 1995, pp.446-450

41) 『偉大的10年』, 人民出版社, 1959, p.43

42) 『建國以來重要文獻選編』, 第11冊, 中央文獻出版社, 1995, pp.426-430

43) 『建國以來重要文獻選編』, 第11冊, 中央文獻出版社, 1995, pp.446-450

44) 『毛澤東書信選集』, 人民出版社, 1983, p.552(龐松主編, 전게서, p.201재인용): 『建國以來重要文獻選編』, 第11冊, 中央文獻出版社, 1995, pp.564-565

45) 중공 당 8기 6중전회에서 통과된 결의문은 『建國以來重要文獻選編』, 中央文獻出版社, 1995, p.595

46) 『建國以來重要文獻選編』, 第12冊, 中央文獻出版社, 1995, pp.134-138

47) 『毛澤東文集』, 第8卷, 人民出版社, 1999, p.29

48) 18개 문제란 讀書, 形勢, 任務, 體制, 食堂, 세상 보내는 것을 배우자, 3定(定産, 定購, 定銷, 생산량을 정하고, 생산비와 자체 식량을 제외한 전량 구매, 비 생산지와 경제작물생산지에 식량공급의 보장)의 회복, 농촌 초급시장의 회복, 종합 균형, 생산소대의 단위로 결산, 농촌 黨團의 역할, 선전 문제, 질량 문제, 작년에 대한 평가, 군중노선, 전국 協作 관계, 단결 문제, 국제 문제 등을 가리킨다.

49) 임무 문제 등 금년과 명년의 임무 및 4년의 임무로 나뉘어 19개 문제가 되었다.

50) 진정한 신선회는 7월 2일부터 7월 16일까지였다(李鋭, 『廬山會議實錄』(增訂本), 河南人民出版社, 1995. pp.14).

51) 『彭德懷自述』, 人民出版社, 1981, p.283

52) 『黃克誠自述』, 人民出版社, 1994, p.256

53) 『張文天文集』(4), 中共黨史出版社, 1995, p.319

54) 『建國以來重要文獻選編』, 第12冊, 中央文獻出版社, 1995, pp.496-498

55) 金春明, 『文化大革命史稿』, 四川人民出版社, 1996, p.66

56) 浦國良, 『中蘇大論戰的起源』, 當代世界出版社, 2003, p.215

57) 『建國以來重要文獻選編』, 第8冊, 中央文獻出版社, 1994, pp.224-240

58) 中共中央文獻硏究室編, 『周恩來傳』, 3, 中央文獻出版社, 1998, p.1276

59) 동상, p.1282

60) 8월 23일에 일어나 823포전이라 부른다. 이때 한국일보 최병우 종군기자가 순직했다.

61) 蕭元愷, 『百年之結-美國與中國臺灣地區關係的歷史透視』, 人民出版社, 2001, 제6장 참조

62) 제네바회의에서 중·미 양측은 대사급 회담에 동의하고 바르샤바에서 대사급 회담을 열었었으나 약 6개월 동안 회담이 중단된 상태였다.

63) 李雲漢, 『中國國民黨史述』, 第4篇, 中國國民黨黨史委員會, 民國 83, p.321

64) 宋春主編, 『中國國民黨臺灣四十年史』, 吉林文史出版社, 1990, p.143

65) 『中國國民黨七至九屆歷次中全會重要決議案彙編』, 上, pp.337-343

66) 田弘茂著,李晴暉譯, 『大轉型-中華民國的政治和社會變遷』, 時報社, 民國 78, pp.58-59

67) 동상, p.49 표 2-4에서 작성

68) 『臺灣省施政概況圖表』(1968, 1970), 臺灣省政資料館발행

## 제5장
# 대약진의 좌절과 국민경제의 전면조정(1960-1965)

## 1. 국민경제의 어려움과 조정의 불가피

### 1) 국민경제의 어려움

1956년부터 시작한 3년 동안의 대약진 운동은 중국을 발전시키기는커녕 오히려 중국 경제를 어렵게 만들었다. 우선 농업 생산량에 있어 1960년의 식량 생산은 겨우 14,350만 톤으로 1차 5개년계획의 마지막 해인 1957년보다 5,155만 톤이 감소되었고 심지어 1952년 수준보다 밑돌았다. 그러나 정부에서 거두어들인 양은 계속 늘어나서 1960년에 1,021억 근으로 1959년보다 60억 근이나 증가하였다.

따라서 생산량은 감소되고 정부에서 거두어들인 양은 늘어나 농민들에게 식량부족 현상이 나타났다. 심지어 일부 지역에서는 기아상태에 빠져 사망률이 높아졌다. 1960년의 안휘(安徽)성 경우 출생률이 11%인데 오히려 6%, 200여만 명이 줄었다. 이해에만 중국의 전체 인구가 1,000만 명이 감소되었다.1) 대체로 1959년부터 1961년까지 비정상적으로 사망하거나 출생 감소 수는 4,000만 명 정도이다.2) 식량부족은 가축의 사육 수도 크게 감소시켜 돼지의 경우 1960년에 8,227만 두로 1957년의 14,590만 두와 비교하여 약 반에 가까운 감소율을 보였다. 노동력을 제공하는 소의 경우 1957년의 5,368만 두에서 1960년에는 3,818만 두 밖에 되지 않았다. 이밖에 경제 작물도 생산량이

대약진의 결과 경제는 극도로 악화되었다.
총노선 만세라는 선전아래 농부의 가난함을 보여주고 있다.

크게 감소되었다.

이처럼 감소된 원인의 하나는 1959년부터 자연재해가 계속되어 영향을 끼친 것은 사실이지만[3] 자연재해 때문이라고 하기에는 그 폭이 너무 컸다. 오히려 중요한 원인은 제도상에 문제점이 있었기 때문이다. 대약진을 추진하면서 농업 일선의 노동력이 부족하게 되었고, 공산풍(共産風)이 일어나 노동의 적극성도 없었기 때문이다. 그러므로 대약진의 실패를 자아비판한 자리인 7천인 대회에서 유소기는 그 원인을 '30% 천재, 70% 인재'라고 하여 당의 착오를 인정하였다.[4]

경공업부문은 1958년을 기준으로 1960년에 9.8%, 1961년에 21.6%가 하락하였으며, 그 결과 생활 필수품도 부족현상이 나타났다. 이에 반하여 중공업부문은 크게 증가하여 연평균 49.4%가 증가하였다. 그러나 앞에서 지적한 것처럼 농업과 경공업이 발전하면서 중공업이 발전된 것이 아니기 때문에 중공업의 발전은 기형적일 수밖에 없었다. 참고로 농업, 경공업, 중공업의 생산치 비율을 비교하면 그 구조가 얼마나 기형적인 것인가를 쉽게 이해할 수 있다.

산업구조의 비교(%)5)

| 분 야 | 1957 | 1960 |
|---|---|---|
| 농 업(%) | 43.3 | 20.1 |
| 경공업 | 30.1 | 26.6 |
| 중공업 | 26.6 | 53.3 |

또한 공업생산 기업의 관리가 혼란에 빠져 더 큰 손해를 가져왔다. 즉 대약진 3년 동안에 기업내부 각종 규정과 제도가 파괴되었고, 책임생산제의 폐지와 생산관리의 혼란으로 경제효율이 크게 낮아져 생산성도 큰 폭으로 떨어졌다. 생철의 합격률은 1957년의 99.4%에서 1960년에 74.9%로, 노동 생산율은 12%가 떨어져 원가상승의 요인이 되었다. 예를 들면 전력의 경우 1억원의 생산치를 위해 1957년에 2,501만 와트가 필요하였는데, 1960년에 3,444만 와트로 늘어났고, 유류도 10만 톤에서 21만 톤으로 한배나 늘어나 그만큼 손실이 발생하였다.

이러한 기형적인 발전으로 도시의 인구는 증가하고 노동자 수도 급격히 늘어났다. 반면에 농업과 경공업의 퇴보로 이들 수요를 충족시킬 수 없게 됨에 따라 필요한 상품의 공급부족이 일어났다.

따라서 전반적인 인민생활의 수준은 낮아졌다. 1957년부터 1960년까지 1인당 식량소비는 406근에서 327근으로 19.4%가 감소되었는데, 이 가운데 도시는 1.7%, 농촌은 23.7%가 감소되었다. 북경, 천진, 상해, 요녕 등지의 식량창고는 거의 비어있는 위험한 상태였다. 돼지고기의 공급량도 10.2근에서 3.1근으로 낮아져 69.9%가 감소되었는데, 이 가운데 도시가 69.8%, 농촌이 72% 감소되었다. 면포의 소비량도 전국적으로 1인당 58.6%가 감소되었는데, 도시는 55.3%, 농촌은 61.5% 감소되었다.

그리고 임금의 경우도 1961년 전민소유제 단위의 평균 임금은 537원으로 1957년의 637원과 비교하여 15.7%가 감소되었다. 따라서 물가상승과 상품의 부족현상으로 공직자와 근로자의 생활수준도 평균 30%가 낮아졌다.[6)]

이에 1959년부터 1961년까지 3년 기간을 일반적으로 '3년 곤란시기(困難時期)'라고 부른다. 그리고 이렇게 된 원인을 『건국이래 당의 약간 역사문제에 관한 결의』에서 '대약진과 반우경의 착오에 자연재해와 소련정부가 합작하기로 한 계약을 파기한 배신 때문에 중국의 국민경제는 심각한 곤란이 발생하였고, 나라와 인민은 중대한 손실을 입었다'고 지적하였다.[7)] 그러나 자연재해도, 소련의 배신도 중요하지만 더욱 중요한 것은 경제건설상에 나타난 좌경착오였다. 따라서 곤란을 극복하기 위하여 우선적으로 해결하여야 할 것이 좌경착오를 바로잡고 이를 위해 '8자 방침'을 관철시키는 것이었다.

## 2) 제2차 좌경 착오의 수정-8자 방침의 제출

대약진에도 불구하고 경제사정은 앞에서 언급한 것처럼 좋지 않아 이를 수정하지 않으면 안 되었다. 특히 국민경제의 균형이 맞지 않아 전국적으로 경제가 대단히 어려워졌기 때문에 당과 정부는 대약진을 중지하지 않을 수 없었다. 그리고 이 곤경을 벗어나 국민경제가 정상적인 발전 궤도로 들어가기 위하여 국민경제에 대한 전면적인 조정을 하여야 하였다. 중공 당 중앙은 이를 조정(調整)하고 공고(鞏固)히 하며 충실(充實)히 하고 수준을 높이기(提高)로 하였다. 이를 위해 중공 당 중앙은 1960년 6월 중순에 상해(上海)에서 정치국확대회의를 소집하고 1961년의 국민경제계획을 토론하였으며, 다시 7월 상순부터 8월 10일까지 북대하(北戴河)에서 공작회의를 소집하여 국제문제와 국내 경제 조정문제를 주요 의제로 토론하였다.

그 결과, 8월말에 국가계획위원회 이부춘(李富春)은 국무원에 대하여 1961년 경제계획을 보고할 때 경제의 조정, 공고, 제고의 실행문제를 제출하여 주은래(周恩來)의 찬성을 얻고 여기에 '충실'이란 두 글자를 추가하여 이른바 '조정, 공고, 충실, 제고'의 8자 방침이 확정되었다. 즉 조정이란 농업을 제1위에 두고, 농업과 경·중공업의 비율, 기본 건설규모 등을 조정하고, 공고란 국민경제 발전과정 가운데 이미 얻은 성과를 긍정하고 이를 더욱 발전시킬 수 있도록 공고히 하며, 충실이란 석은 두사로 어느 한 부문의 생산능력에 집중히여 더 큰 경제효과를 거두자는 것이며, 제고란 상품의 품질을 높이고 관리수준, 노동생산성을 높이자는 것이다. 그리고 이 방침은 당 중앙의 긍정적인 동의를 받아내어 당 중앙은 9월 30일에 국가계획위원회가 내놓은 「1961년 국민경제계획 통제숫자에 관한 보고」를 결재하여, 8자 방침은 국민경제를 조정하는 지도사상이 되었다.8)

당시 국민경제 가운데 가장 문제가 된 것은 농업이었다. 따라서 먼저 농업분야부터 조정하기로 하였다. 그 내용은 첫째, 농업생산의 회복과 발전에 대한 정신적 결심을 갖게 하는 것이며, 둘째, 공산풍을 바로잡아 인민공사의 소유제를 해결하는 것이었다. 중공 당 중앙은 이를 위하여 전당 전민이 일치 노력하여 대대적으로 농업에 치중하여 식량생산을 하도록 지시하였다.

중공 당 중앙은 주은래가 주재하여 1960년 11월 3일에 제정한 「농촌인민공사의 당면 정책에 관한 문제의 긴급지시」(즉 12조)를 하달하였다.9) 그 내용은 사원들에게 소규모의 자류지(自留地) 경영과 가정부업을 경영하게 하고, 인민공사의 수입을 분배할 때에도 사원들에게 많이 돌아가도록 할 것이며, 각 방면의 노동력을 절약하여 농업생산에 우선순위를 두도록 하였다.

또한 당 중앙은 1960년 11월 15일에 「5풍을 철저하게 바로 잡는 문제에 관한 지시」를 하달하였다.10) 5풍이란 공산풍, 자만허풍, 명령풍, 간부 특권풍, 생산방해 지시풍을 가리키는데, 공산풍을 바로 잡는 것에 중점을 두고 이에 따라 다른 4풍도 바로 잡는다는 것이다. 이에 각지에서는 겨울부터 다음해 봄까지 정풍(整風), 정사(整社)운동을 실시하였다. 특히 정풍운동의 중심은 공산풍을 바로 잡아 좌경의 착오를 바로 잡는 것에 두었다.

### 3) 중앙공작회의와 중공 당 8기 9중전회

중공 당은 이른바 8자(調整·鞏固·充實·提高)방침을 정식으로 확정짓기 위하여 1960년 12월부터 다음해 1월에 중앙공작회의와 당 8기 9중전회의를 소집하여 1961년의 국민경제 계획을 토론하였다. 즉 중앙공작회의는 1960년 12월 24일부터 다음해 1월 13일까지 북경에서 소집하여 2개월 동안 실시한 정풍, 정사운동의 경험을 종합 정리하였다. 그리고 「농촌 정풍, 정사와 약간의 정책문제에 관한 토론기요」를 통과시켰다.[11] 그 내용은 당에서 지시하는 긴급지시 편지를 철저하게 이행하고, 또한 12개조이외의 보충규정을 제출하였다. 즉 국가준비금 가운데 25억원을 환불보조금(인민공사에서 과도하게 소유, 농민에게 적게 분배한 것에 대한)으로 책정하고 그 가운데 15억 원은 정풍, 정사운동을 위해 현금으로 지급하고, 나머지 10억 원은 은행에서 수표로 지급하게 하였다. 그리고 1962년 1월 1일부터 사원의 자류지도 점유한 토지의 평균 5%에서 7%로 늘릴 수 있도록 하였으며, 이는 조정이후 적어도 20년은 바뀌지 않는다고 하였다.

회의의 마지막 날 모택동은 조사, 연구의 문제를 처음으로 제기하였다. 그는 일을 함에 있어 세 가지 요건을 갖추어야 하는데, 첫째는 상황을 분명히 파악하고, 둘째는 결심이 필요하며, 셋째는 방법이 맞아야 한다고 하면서 상황파악을 하기 위하여 조사 연구하여야 한다고 하였다. 그러면서 간부들에게 각자 돌아가 상황파악을 위하여 조사 연구하라고 지시하였다.[12]

뒤이어 당 중앙은 1961년 1월 14일부터 18일까지 북경에서 중공 당 8기 9중전회를 소집하였다. 회의에 참가한 사람은 중앙위원 83명과 후보 87명이고 중앙의 관련부서와 각 성, 시, 자치구의 당위원회 책임자 등 23명이 열석하였다. 이 회의에서는 이부춘의 「1960년 국민경제 집행 상황과 1961년 국민경제 주요 지표에 관한 보고」와13) 등소평의 「1960년 11월 모스크바에서 소집된 각국 공산당, 노동당 대표 대회 회의에 관한 보고」를 듣고 이를 토론하였다.

그 결과, 당 중앙은 정식으로 국민경제의 '조정, 공고, 충실, 제고'의 8자 방침을 승인하고, 1961년부터 국민경제의 조정을 진행하도록 확정하였다. 국민경제의 조정 내용은 농업, 경·중공업간의 균형을 가져오고, 생산 원료의 생산과 소비재 생산의 균형을 가져오고, 국가 건설과 인민 경제생활을 함께 고려하여 전면적으로 조정하는 것이다. 또한 중앙에서 하달한 긴급지시 편지를 관철하도록 결정하였다. 한편, 실시구시(實事求是)로서 조사 연구하자는 지도 사상을 새로이 제출하여 당의 작풍을 바꾸는데 큰 역할을 하였다. 따라서 국민경제의 지도 방침이었던 전면적인 대약진에서 조정의 궤도로 전환되었다.

이밖에 중전회에서는 중앙정치국이 1960년 9월에 6개의 중앙국을 설치하도록 한 결정을 승인하였다. 6개의 중앙국은 동북국, 화북국, 화동국, 중남국, 서북국, 서남국으로 이들이 중앙을 대표하여 각 성, 시, 자치구의 당위원회를 지휘하도록 하였다.

### 4) 전당적 연구조사의 진행과 공작초안의 제정

중공 당 8기 9중전회 후 유소기(劉少奇), 주은래(周恩來), 주덕(朱德), 진운(陳雲), 등소평(鄧小平) 등 당 간부들은 모택동의 조사 연구의 요구에 따라 농촌, 공장, 상점, 문교, 과학 기술 등 각 분야에 대하여 대대적인 조사와 연구를 하게 되었다. 따라서 조사, 연구 풍조가 일어났다. 그리고 이 조사 연구에 따라 몇 년 동안의 경험과 교훈을 종합하고 공작조례와 규정을 제정하였다.

모택동은 중공 당 8기 9중전회 후 직접 3개 조사조를 이끌고 절강, 호남, 광동성의 농촌에 들어가 조사를 진행하였다. 이를 통해 12개조 하달 후에 농촌의 사정이 호전되고 있으나 아직도 문제가 있음을 파악하였는데, 그것은 인민공사의 체제 문제, 규모 문제, 분배 문제, 식당 문제 등이었다.

당 중앙은 과거 3년간의 경험을 바탕으로 인민공사 조례를 제정할 필요가 있다고 보았다. 이를 위하여 모택동은 1961년 2월에 광주(廣州)에서 조사조를 소집하여 이 지역의 책임자와 함께 기초위원회를 성립시켜 인민공사 공작조례를 기초하는 일에 착수하였다. 그리고 3월 10일부터 13일까지 다시 광주에서 중남, 서남, 화동의 3개 지구가 참가한 회의(즉 3南 회의)를 소집하였다. 이와 동시에 유소기, 주은래는 북경에서 동북, 화북, 서북의 3개 지구(즉 3北 회의)회의를 소집하여 농촌인민공사 공작조례를 만들고 토론하였다.

당 중앙은 3남 회의와 3북 회의를 합쳐 3월 14일에 광주에서 회의를 소집하기로 결정하여 당 중앙 광주공작회의를 열어 3월 23일에 끝냈다. 이 회의에서 여전히 농촌인민공사의 문제로 모택동이 주가 되어 기초한 「농촌인민공사 공작조례(초안, 농업 60조로 약칭)」를 통과시켰다.[14] 그리고 3월 22일에 당 중앙은 「농촌인민공사 공작조례 초안의 토론에 관한 전 당 동지에게 보내는 편지」를 보내 인민공사의 사원들에게 이를 토론하게 하고 시험적으로 시행하도록 하였다.[15]

그리고 당 지도부는 각지로 가 조사 연구하여 이를 기초로 1961년 5월 26일부터 6월 12일까지 북경에서 중앙공작회의를 소집하였다. 이 회의에서 농업 60조에 대한 일부 문제를 수정하고, 반복 토론을 거쳐 마침내 「농촌인민공사 공작조례(수정초안)」를 통과시켰다.[16] 그리하여 인민공사안의 사원과 사원간의 평균주의 문제를 해결하였다.

그 후 다시 문제점을 조사 연구하여 1962년 8월에 당 중앙에서 북대하회의를 소집하여 이를 수정한 다음 정식으로 수정초안이 통과되었다. 그 주요 내용은 공사의 기본 정산단위를 생산대대에서 생산대로 고쳤다. 그리고 생산대의 소유권과 경영권이 외부의 간섭을 받

유소기와 왕광미의 대용식 찾기

지 않고 독자적으로 유지 확보되기 위하여 생산대의 범위 안 토지는 모두 생산대의 소유로 하고, 생산대의 노동력은 모두 생산대가 통제하도록 하였다. 따라서 인민공사 성립 이래 발생하였던 각종 문제를 해결하게 되고 소유와 경영의 혼란, 모순 상태도 고치게 되었다.

한편, 1958년이래 국영기업도 좌적인 착오 사상의 영향을 받아 경영 관리, 생산 지휘, 생산 책임제와 제도 등에 관하여 많은 문제가 있었다. 중공 당 중앙은 1961년 8월 하순에 여산(廬山)에서 공작회의를 소집하여 등소평(鄧小平) 주재아래 「국영공업기업 공작조례」(초안-공업 70조)를 토론하고 이를 제정하였다.[17] 이밖에 「앞으로의 공업 문제에 관한 지시」를 정하여 철저하게 8자의 방침을 관철하기로 하였다. 그리고 앞으로 3년 안에 이 방침을 집행함에 있어 발전이 아닌 반드시 조정이 중심이 되어야 한다는 점을 강조하였다.

위에 설명한 농업과 공업이외에 「상업을 개진하는 공작에 관한 규정」(초안-상업 40조)과[18] 「도시농촌 수공업 정책에 관한 약간 문제의 규정」(초안-수공업 35조)등을 제정하여[19] 좌경 착오를 바로잡고 8자 방침을 관철시켜 국민경제의 회복과 발전에 중요한 작용을 하게 되었다.

### 5) 7천인 대회

1961년에 국민경제의 조정을 시작한 이래 당의 좌경 착오를 바로잡고 8자 방침을 관철하는데 노력을 경주하여 효과를 보게 되었다. 그러나 총체적으로 볼 때 특히 공업생산과 기본 건설면에서는 조정의 조치가 미흡하고 사업의 진척도 완만하여 성과가 별로 나타나지 않았다. 그 원인은 당 간부들의 8자 방침에 대한 인식이 부족하고, 또 어떤 간부들은 조정을 하고 싶어도 정책이 자주 바뀌기 때문에 과감하게 집행하려 하지 않았고, 또 어떤 간부들은 당시 경제사정의 어려움에 대한 인식이 부족하여 적극성을 보이지 않았기 때문이다.

이를 바로잡기 위하여 중공 당 중앙은 1962년 1월 11일부터 2월 7일까지 북경에서 확대공작회의를 소집하였다. 여기에 참가한 사람은 중공 당 중앙과 각 중앙국, 성, 시, 자치구 당위원회 책임자 이외에 현급과 중요 공업, 광업 기업과 부대의 책임간부 등 모두 7천 명이었다. 따라서 건국이래 최대 규모의 인원이 참석하게 되었는데, 이 대회를 '7천인 대회'라 부른다. 이 대회는 모택동이 주재하면서 18일 동

7천인 대회의 당 지도자들

안 유소기(劉少奇)가 당 중앙을 대표하여 작성한 「서면보고」를 토론하여,[20] 1월 27일에 전체회의를 소집하고 유소기는 제출한 서면보고의 수정 원고를 가지고 상세하게 설명하였다.

유소기는 보고에서 건국 12년 이래 특히 1958년이래의 경험과 12항목의 성과를 제출하고 몇 년 동안 결점과 착오를 가져온 원인은 공업생산 계획 지표가 너무 높고, 국민경제의 각 부문의 비율이 조화를 이루지 못하였던 것에 있다고 하였다. 그리고 수공업과 상업에서도 집체 소유제가 전민 소유제의 착오를 범하였다고 지적하였다.

그리고 유소기는 대약진이래 당의 공작 가운데 결점과 착오에 대하여 '당 중앙이 제일 먼저 책임을 져야한다', 그리고 이러한 것의 일부분은 중앙정치국을 거쳤기 때문에 중앙정치국이 책임을 져야 한다고 하였다.

당이 군중을 이탈하여 당의 민주작풍을 파괴하고 민주집중제를 약화시킨 경향, 실사구시와 군중노선, 당안의 생활에 결점이 존재하고 있다고 지적, 일일이 엄숙한 비평과 자아비판 하여야 한다고 하였다. 또한 당의 모든 영도간부는 실질적인 말을 들을 줄 알아야 한다고 강조하였다.

모택동은 1월 29일에 참가자들의 요구를 받아들여 민주화를 발전시키겠다고 하였다. 그리고 30일 오후에 참가자에게 모두가 북경(北京)에서 구정을 보내도록 하겠다고 하면서 전체회의석상에서 「민주집중제 문제에 관하여」란 긴 연설을 하면서 결점과 착오를 제일 먼저 자아비판 하였다. 즉 '몇 년 동안 공작 가운데 발생된 결점, 착오의 책임을 인정하고 당 중앙이 범한 모든 착오는 간접적으로 나의 책임으로 돌아오므로 직접적으로 나에게도 책임이 있다. 왜냐 하면 나는 당 중앙의 주석이기 때문이다. 나는 그 책임을 돌리지 않겠지만 다른 동지들도 책임은 있다. 그러나 제일 첫 번째 책임져야 할 사람은 마땅히 나다'라 하였다.[21]

이에 따라 등소평은 2월 6일에 중앙 서기처를 대표하여 자아비판을 하였다. 그는 당의 좋은 전통을 지키려면 건전한 당의 생활을 하여야 한다며, 몇 년 동안 당의 민주 집중제는 크게 약화되었으며 '많은 일들이 형식상으로는 과거보다 민주적인 것처럼 보이지만 실제로는 명령주의, 소수인, 혹은 개인 독단 전횡의 현상이 오히려 심각하게 드러났다'고 지적하였다.22) 그리고 2월 7일에 주은래가 몇 년 동안의 정부사업 보고를 하면서 그 동안의 행정에 결점과 착오에 대한 책임을 지겠다며 자아비판하였다.23)

결국, 이 회의를 통하여 당시 시급히 해결하여야 할 문제들을 해결하고 당 안의 민주화를 높여 삼불주의(약점을 잡지 말고, 모자를 씌우지 않고, 끈으로 묶지 않음)를 관철하고, 하고 싶은 이야기를 하고 비평과 자아비판을 광범위하게 전개하였다. 또한 분산주의를 반대하고 당내의 집중 통일을 강화하여 전면적으로 8자 방침을 철저하게 관철하여 곤란을 극복하고 경제 회복을 위하여 분투하게 되었으므로 경제적 곤란국면을 전환시키는데 중요한 역할을 하였다.

그러나 이 대회의 한계도 있었다. 즉, 대약진 이래 당 지도사상의 근본적인 착오에 대하여 인식을 제대로 하지 못하였으며, 국민경제가 심각하게 어렵게 된 점에 대하여 일치된 인식을 하지 못하였으며, 계급투쟁의 확대가 가져온 착오도 제대로 정리되지 않아 여산회의에서의 팽덕회 투쟁은 완전히 필요한 것이었다고 하면서도 팽덕회를 복권시키지 않았다.

## 2. 국민경제의 대폭적 조정방침과 그 내용

### 1) 서루회의(西樓會議)와 8자 방침의 전면관철

7천인 대회 후에 당 중앙은 대회의 결정에 따라 필요한 조치를 취하여 조정에 들어갔다. 이때 재정부(財政部)는 당 중앙에 대하여 이해 재정 적자가 10억 원에 달하여 상품의 공급에 큰 차질이 발생하였음을 보고하였다. 이에 유소기(劉少奇)는 중앙상무위원 확대회의(즉 서루회의)를 2월 21일부터 23일까지 중남해(中南海)의 서루에서 소집하여 1962년의 국가 예산을 비롯하여 적자 해결 문제와 금융, 시장과 전체 경제 형세를 토론하였다.[24)]

이 회의에서 진운(陳雲)은 「재성경제의 당면 상황과 곤란 극복의 방법」을 설명하였다.[25)] 그가 분석한 곤란은 농업의 대대적인 감산, 기본건설 규모가 커 국가재정이 힘에 부치며 공, 농업의 불균형, 통화 팽창과 도시 통화의 농촌유입과 투기 발전, 도시민의 생활수준의 하락이라고 지적하였다. 그는 적어도 5년 정도의 조정을 거친 다음 다시 발진할 수 있다고 하였다.

그리고 곤란을 극복하는 6조의 구체적 방법을 제출하였다. 그 내용은 ① 이후 경제계획을 두 단계로 나누어 전 단계는 회복단계, 후 단계는 발전단계로 하며, ② 도시인구의 감소와 군대의 정예화와 행정의 간소화, ③ 통화 팽창의 억제에 역점, ④ 도시민의 최저 생활을 보장, ⑤ 모든 힘을 농업 증산에 두며, ⑥ 계획기관의 주의력을 공업, 교통부문으로부터 농업 증산과 통화 팽창의 저지에 두어야 한다고 하였다. 이 회의에서 진운의 의견은 긍정적으로 받아들여져 과감한 조치를 취하고 대대적인 사업조정을 하기로 결정하였다.[26)]

회의 후에 당 중앙은 진운을 중심으로 한 중앙재경소조를 회복하기로 결정하였다. 진운은 3월 7일에 중앙재경소조에서 1962년도의 계획은 대단히 큰 폭으로 조정되어야 한다고 하면서 중공업과 기본건설의 지표를 낮추고 인민생활을 향상시켜야 한다고 하였다.

당 중앙은 5월 7일부터 11일까지 북경에서 중앙공작회의를 소집하여 중앙재경소조가 제출한 「1962년 조정계획 토론에 관한 보고」를 토론하여 통과시켰다.[27)] 이 보고에서 당시 경제의 어려움을 분석하고 전체 국민경제의 대폭적인 조정을 하도록 요구한 것이다. 또한 조정사업의 정책과 조치를 계통적으로 확정하였다.

뒤이어 당 중앙도 전당은 최대의 결심아래 보고 안에 나타난 조정조치를 실시하라고 지시하여 국민경제의 조정사업은 전국적으로 신속하게 전개되었다.

## 2) 국민경제의 조정내용

전면 조정기에 들어가 실시한 조정 내용을 살펴보면 다음과 같다.

① 관리자 및 노동자와 도시 인구를 감소시켰다. 대약진 이래 도시 인구는 1957년보다 1960년에 3,124만 명이 증가하여 도시의 식량 압박을 가져다주었다. 이에 도시인구의 감소정책을 펴 1961년과 1962년 동안에 직공 2천만 명이 감소되고, 전국의 도시 인구도 2,800만 명이 감소되었다. 이는 결과적으로 농업 노동력을 증가시켜 농업을 회복시키는데 중요한 역할을 하였으며, 1962년 1월부터 8월까지 국가가 지급한 임금도 전년도 같은 기간에 비하여 26억 원을 적게 지출하여 국가 재정 상황이 호전되는 데도 크게 역할 하였다.

② 기본건설 규모를 축소하고 건설종목도 폐지하거나 조업정지, 병합하거나 전업의 방법을 썼다. 그리고 생산지표도 낮추어 철강 생산량을 1960년의 1,860만 톤에서 1962년에는 667만 톤으로 조정하고, 석탄 생산량도 1960년의 실제생산량 3.97억 톤을 1962년에는 2.2억 톤으로 조정하였다. 기본건설에 대한 투자는 1961년 123억 3천만 원에서 1962년에 67억 6천만 원으로 감소되었다. 적자 기업에 대하여는 폐쇄, 휴업, 병합, 전업의 방법을 써서 필요한 것만으로 한정시켰다. 전민소유제의 기업은 1961년에 2.5만 개가 감소되고 1962년 10월에 다시 1.9만 개가 감소되어 2년 동안에 무려 4.4만 개가 감소되었으며 1960년 전체 9.6만 개의 45%를 차지하고 있다.[28]

그리고 경공업분야는 적당하게 발전하였으며, 중공업 생산액은 1962년과 1960년을 비교하여 58.6%가 감소되었다. 공업은 농업과 비교하여 그 비율이 53.3%에서 35.5%로 낮아졌다.

1960, 1965년도 농·경공· 중공업 총생산치의 비중(%)[29]

| 구 분 | 농 업 | 경공업 | 중공업 |
|---|---|---|---|
| 1960 | 21.8 | 26.1 | 52.1 |
| 1965 | 37.3 | 32.1 | 30.4 |

③ 농업을 강화하여 농업생산을 발전시켰다. 관리직과 노동자를 정선하여 감소시키고 도시인구 또한 감소시켜 많은 노동력을 농촌으로 보내 농업에 투입하였다. 그리하여 1962년 농촌 노동력은 2억 1천여만 명으로 1957년의 수준을 초과하게 되었다. 국가는 농촌 지원정책을 펴니기 농민의 농부산품 생산을 장려하여 이의 수매가격을 높였으며 식량의 강제 구매를 줄이고, 또한 손해 보는 농촌에 대하여 보상을 실시하였다.

④ 시장의 안정과 통화의 회수, 재정 적자를 소멸시켰다. 이를 위하여 국가는 긴축 재정을 실시하고 인민의 기본 생필품의 가격을 안정시킨다는 전제아래 일부 상품에 대하여 고가 정책을 폈다. 이러한 조치로 1962년 초의 5개월 동안에 전년도 증발한 통화를 기본상 회수하게 되었으며, 통화 팽창을 막을 수 있었다.

따라서 국민경제의 조정은 상황을 명확하게 파악하고, 또한 결심이 확고하였기 때문에 1962년에 이르러 경제사정이 호전되어 갔다. 식량 생산은 1962년에 1961년보다 250억 근이 증산되었으며, 공업 생산도 필요한 중공업 생산품이외에 농업을 지원하는 생산이나 경공업과 수공업을 지원하기 위하여 필요한 생산에 치중하여 그 생산량은 1961년보다 증가하였다. 그 가운데 화학비료의 경우 1-7월의 생산량은 전년도의 같은 기간보다 38%, 석유는 37%증가하였다. 또한 국가재정지출은 같은 기간에 53억 원이 감소되었다. 그 결과, 1961년부터 1965년까지 5년 동안의 노력 끝에 조정임무를 순조롭게 완성하고 각

경제부문이 새로운 기초위에 비교적 협조적으로 발전할 수 있게 되었다.30)

### 3) 농업 생산의 책임제 시행

농업의 조정 가운데 공동 생산이 아닌 개인에게 토지를 나누어 주고 일정량의 생산을 책임지게 한 것이다. 이는 1961년 3월에 안휘성 위원회가 농민의 요구를 받아들여 농민들로부터 환영받은 것으로 한달도 못되어 전성의 39.2%가 실행하게 되었으며, 이해 가을에 전성의 85.4%가 참여하였다.

이 방법은 농촌의 생산력 수준에 부합된 것이어서 전국적으로 정도의 차이는 있었지만 많은 곳에서 실시하게 되었다. 즉 광동, 광서, 하남, 호남 등 재해가 비교적 심하여 생산할 수 없거나 양식이 부족한 지방에서는 안휘성과 유사한 방법을 실시하여 좋은 성과를 거두었다. 중공 당 중앙 농촌공작부도 안휘성의 책임 생산제를 조사한 보고에서 80%의 책임생산제가 생산계획, 주요 생산자료, 노동력, 분배와 납부임무를 집체(즉 인민공사의 생산대) 통일한다면 경제가 곤란한 지역의 양식문제를 해결하는 가장 좋은 방법이 될 것이라고 하였다. 그리고 책임생산을 생산대에서 생산조로, 다시 농가 가가호호로 확대하였다.

이러한 현상은 당시 농촌은 아직도 개체경제와 합작경제가 장기간 공존되어야 함을 당 중앙 지도자들에게 인식시켰고 당면한 문제해결은 개체경제의 생산이 적극성을 발휘하여야 곤란을 극복할 수 있다고 보았다. 집체화에 매진했던 모택동도 안휘성의 보고를 받고 할 수 없이 시험적으로 해보라 하였던 것도 당시 분위기를 반영하고 있는데, 그러나 이 의견에 반대하는 사람도 반 정도나 되었다.

당시 당 중앙 농촌공작부 부장이었던 등자회(鄧子恢)도 당 중앙에 농민에게 작은 자유와 적은 소유를 주어야 한다면서 책임생산이 집체생산을 더욱 굳히는 것이라는 의견을 제시하였고, 각 기관의 보고에서도 집체경제의 우월성을 인정하면서 엄격한 책임생산제가 필요하다고 하였다. 등소평은 '검은 고양이던 흰 고양이던 쥐를 잘 잡는 고양이가 좋은 고양이'라는 말을 하면서 생산책임제를 합법화하자는 주장까지 폈다. 이에 따라 호조사에 들어가지 않고 개인 경영을 하는 풍조, 이른바 '단간풍(單幹風)'이 나타났다.31)

당시 유소기와 등소평의 노선은 삼자일포(三自一包, 자류지, 자유시장, 손익의 자기부담과 생산책임 도급 청부제)로 농산물의 구매가격을 인상하여 농민의 생산의욕을 고취하고 보너스의 지급 등으로 농민의 생산과 생활의 향상을 도모하자는 것이었다. 이러한 주장에 대하여 일부에서는 책임 생산제는 집체경제를 반대하고 자본주의로 가는 길이라고 심하게 비판하였다. 즉 1962년 9월에 소집된 중공 당 8기 10중전회에서 심한 비판을 받고, 등자회는 이름까지 거명되며 비판받았으며, 중앙농촌공작부도 폐지되었다.

하지만 농업의 전면적인 조정과 개인 책임 생산제를 실시한 결과 농민들은 생산에 적극성을 보여 농업생산치는 430억 원에 달해 1961년보다 5.3%증가하여 앞서 3년 동안 연속적으로 나타났던 하강국면을 역전시켰으며, 식량생산량도 3,200억 근에 달하여 전년보다 250억 근이 증산되어 8.5%의 증가를 가져왔으며 10.7% 잡았던 국가계획을 초과달성하였다.32) 또한 공업과의 비율에서도 1960년의 4:1에서 2:1로 바뀌었다. 대체적으로 전국의 1/4개 현의 농업생산은 1957년의 수준을 회복하였거나 혹은 그 이상을 넘었다.33)

## 3. 정치, 사상, 문화, 과학정책의 조정

### 1) 정치조정-대대적인 사면 복권작업과 통일전선

좌경착오를 바로잡기 위하여 몇 년 동안 억울하게 처벌받았던 당원들에게 사면 복권작업을 단행하였다. 특히 1958년후에 몇 차례 있었던 정치운동 가운데 실사구시를 갖고 감히 진실된 말을 하던 많은 당원과 간부들이 각각 정도는 다르지만 공격을 받고, 당의 기율에 따라 처분과 정치적 처벌을 받았을 뿐만 아니라 당 내의 생활이 정상적인 상태가 아니었다.

따라서 많은 당원과 간부들의 적극성을 동원하고, 전당 전민을 단결시켜 공업과 농업의 생산을 증산하고, 당면한 곤란을 극복하기 위하여 중공 당 중앙은 1961년에 선별하여 재심사, 그들의 처벌을 바로잡는 사면 복권작업에 착수하였다. 즉 1961년 5월 21일부터 6월 12일까지 북경에서 중앙공작회의를 소집하였는데, 이때 모택동은 1959년에 반우파 투쟁을 군중운동으로 끌고 가지 말아야 하였다며, 몇 년 이래 잘못 비판받고 처분받은 당원과 간부들의 사면복권을 제출하였다.[34] 이에 사면복권을 결정하게 되었는데, 이 회의에서 유소기는 당내 일부 그룹이 진실된 말을 하지 않으려는 풍조가 있다고 지적하였다. 이는 몇 년 동안 모택동에게 잘못된 처분을 받은 간부와 당원들에 대하여 그들이 진실된 말을 하지 않아 사면 작업을 진행하지 못하는 당시 사정을 지적한 것이었다.

그리하여 중공 당 중앙은 6월 15일에 「농촌인민공사 공작조례 토론과 시행 수정초안에 관한 지시」를 하달하였다. 여기에서 민주를 발양하기 위하여 최근 몇 년 동안 비판과 처분을 받은 간부와 당원들을 실사구시적으로 선별하여 과거의 비판과 처리가 잘못되었다면 바로잡아 명예를 회복하고 직무를 회복시키는 것이 필요하다고 지적하였다. 그리고 일부 문제의 비판과 처분이 잘못되었다면 잘못된 결정을 바로잡는 일이 필요하다고 지적하였다. 그러나 일부 지방에서는 작업이 여전히 잘 이루어지지 않았다.

이에 중공 당 중앙은 1962년 4월에 「당원 간부의 선별 가속 진행 공작에 관한 통지」를 하달하여[35] 백기를 뽑자, 반우경, 정풍정사, 민주혁명운동, 보충학습운동에서 비판받고 처분 받은 것은 완전히 잘못된 것이므로, 그리고 경미한 착오를 범한 당원과 간부들에 대하여 간편한 방법으로 신속하게 사면 복권시키도록 하였다. 이에 따라 작업은 신속하게 진행되었다.

그 결과, 1962년 8월 말까지 전국 23개 각 성, 시, 구와 중앙 직속 기관에서 몇 년 동안 처벌받은 당원과 간부 및 일반 군중 807만 명 가운데 86%인 695만 명이 선별, 사면복권 되었다. 그 가운데 당원과 간부는 365만 명, 일반 군중은 330만 명이었다. 이는 건국이래 처음으로 철저하게 대규모로 전개한 사면복권이었으며 이로 인해 더욱 많은 인력을 국민경제건설에 투입할 수 있게 되었다.

한편, 유소기는 1962년 3월 21일에 제18차 최고국무회의를 소집하여 민주당파와 무당파 인사들에게 최근 몇 년 동안 국내 정책의 착오와 결점에 관하여 그 책임은 중공 당 중앙에 있다며 민주당파나 무당파의 책임은 대단히 작은 것이라고 설명하였다. 그리고 3월 27일부터 4월 16일까지 소집된 제2차 전국인민대표대회 제3차 회의와 3월 23일부터 4월 18일까지 소집된 제3기 전국정협 제3차회의에서 주은래는 정부공작보고를 하면서 그동안의 통일전선 공작경험과 교훈을 종합하여 정치사상적으로 지식인들, 민족자산계급이 크게 진보되었음을 긍정적으로 보고 인민민주통일전선의 계속적인 강화와 정치적 진보를 설명하면서 국무원을 대표하여 그동안의 착오와 결점을 자아비판하였다.

이와 같은 일은 회의에 참석하였던 민주당파와 무당파 인사들에게 깊은 감동을 주었다. 최고국무회의에서 장치중(張治中)은 즉석 발언을 통하여 중공 당 중앙의 지도자들이 주동적으로 착오와 결점을 스스로 인정하고 나온 것은 중국공산당이 인민과 국가에 대하여 충성을 다하고 있다는 태도와 책임정신을 표시한 것이라며, 자신이 10여 년 동안 국민당의 중앙상무위원을 지냈지만 한번도 장개석은 자신의 착오와 결점에 관하여 이야기하는 것을 들어본 적이 없다고 하였다.[36] 그 결과, 민주당파와 무당파 인사들은 중국공산당과 함께 일치단결하여 곤란시대를 극복하는데 동참하기로 하였다.

### 2) 지식인에 대한 정책 조정과 집행

국민경제를 전면적으로 조정함과 동시에 당과 정부는 지식인들에 대한 정책과 사상 문화 사업의 정책도 조정하지 않으면 안 되었다. 1961년 초에 교육부는 거당적 연구 조사에 따라 교육사업의 발전을 모색하기 위하여, 이제까지 공작상의 결점과 착오를 바로잡기 위하여 두 차례에 걸쳐 좌담회를 개최하고 일부 고등교육의 책임자와 교수들의 의견을 들었다.

여기에서 과거 대학교육은 1958년 9월에 중공 당 중앙과 국무원이 「교육공작에 관한 지시」를 내린 이후[37] 발전도 하였지만 적지 않은 착오와 결점도 있었다고 지적되었다. 그 결점은 숫 적으로 발전이 빨랐으나 질적인 면에서 떨어졌으며, 대학 안에서 당과 교수사이, 교수와 교수사이의 단결 합작을 홀시하였고, 노동 동원과 사회활동이 너무 많아 정상적인 교학의 질서를 문란 시켰고, 특히 기초과정의 교육 수준이 떨어졌다는 점을 지적하였다.

그리고 이를 바탕으로 「교육부직속 대학교 공작조례(초안)」를 제정하였다.[38] 이 초안은 1961년 9월에 정식으로 확정 공표되어 시행되었다. 이 조례초안(고교 60조)은 건국 이래 대학교육의 교훈과 경험을 체계적으로 종합하고, 대학의 방침과 임무 및 관련 정책을 규정하였다. 과거 지식분자의 적극성을 상하게 하였던 결점을 지목하여 고교 60조는 지식분자들을 단결시켜 교수와 부교수의 역할을 충분히 발휘하게 하며 백화제방, 백가쟁명(百花齊放 百家爭鳴)의 방침을 정확하게 집행한다고 강조하였다.

자연 과학 분야에서는 서로 다른 학파나 또한 다른 학술적 주장을 자유롭게 토론하게 하고 자유롭게 발전하도록 하였다. 철학과 사회과학분야에서는 반드시 비판하면서 역사문화 유산을 계승하여 가치 있는 것은 받아들이도록 하였다.

고교 60조 이외에 당 중앙은 1963년에 「전일제 중학 임시공작조례(초안)」와 「전일제 소학 임시공작조례(초안)」를 승인하여 중, 고등학교와 초등학교의 교육방침과 임무, 교학, 사상정치, 생산노동, 체육위생과 생활관리 교육 등의 규정을 구체적으로 정하였다.

그리고 이 초안을 시행하면서 과거 몇 년 동안 정치 운동 가운데 잘못을 저질렀거나 비판을 받았던 교사와 교수들을 재심하여 복권시키고 민주를 내세워 많은 지식인들을 적극적으로 국민경제 조정에 참여하도록 하였다.

### 3) 과학 기술공작조례의 제정과 실시

1958년 이래 과학 연구의 성과는 발전이 있었지만 문제도 있었다. 그 대표적인 것은 당의 과학정책이 치밀하지 못하였을 뿐만 아니라 정책의 한계가 불분명하여 일부 인물들만 적극적으로 주동적으로 참여하였다. 또한 연구하여도 보장이 없었고 연구 임무도 자주 바뀌어 성과를 거두기 힘들었다.

이에 국가과학위원회와 중국과학원은 1961년 상반기에 국민경제 조정의 8자 방침에 의거하여 조사 연구하고 과학 기술계의 의견을 청취한 다음, 「자연과학 연구기구의 당면 공작(업무)에 관한 14개조 의견(초안)」(과연 14조라 약칭)을 제정하였다. 또한 6월에 과연 14개조를 당 중앙에 올렸을 때 섭영진(聶榮臻)은 「자연과학 공작 가운데 약간의 정책 문제」를 당 중앙에 보고하였다. 이 조례는 7월에 중공 당 중앙의 결재를 받아 전국적으로 시행되었다.39)

그 내용은 첫째, 당의 일관된 정책을 설명하고 과학자들을 마르크스주의 사상에 물들게 하고, 또한 자기 분야의 전문가가 되도록 하기 위하여 백화제방, 백가쟁명의 방침아래 자유로운 토론, 자유 경쟁을 격려하였다. 특히 정치사상 문제와 학술 문제의 경계를 분명히 하며 불분명한 문제는 학술 문제로 처리하게 하였다.

둘째, 새로운 과학, 기술, 연구 성과를 끊임없이 제공하며 연구 인재를 배양하여 사회주의 건설을 위하여 복무하도록 하였다. 과학 연구기구를 조정하여 5정(방향, 임무, 인원, 설비, 제도를 정함)을 실행하도록 하여 과학 기술의 연구가 임의로 중단되는 일이 없도록 하였다.

셋째, 과학 연구기구 안의 당 조직이 하여야 할 임무를 정하여 당의 방침과 정책을 집행하는데 있어 당 조직이 행정, 업무상으로만 관리하며 전체를 다 관리하지 못하도록 하였다.

그 결과, 과학 기술 인재들이 적극성과 창조성을 보여주어 과학 기술 공작이 실질적으로 그리고 신속하게 발전하였다.

### 4) 문예공작 조례의 제정

문화부는 1961년 6월 중순에 북경에서 문예공작좌담회와 영화제작자회의를 소집하여 몇 년 동안 전개하여 왔던 문예 공작 가운데 존재하였던 문제를 종합하고 문예 정책을 연구 조정하고자 하였다. 주은래도 이 회의에 참가하여 몇 년 동안 민주적인 기풍이 부족하여 사람들의 사상을 속박하였다고 지적하면서 기풍을 바꿔 민주화를 높이고 쌍백(雙百, 백화제방과 백가쟁명)방침을 관철하자고 발언하였다.

북경회의를 바탕으로 당 중앙의 지시와 주은래의 의견을 종합하여 중공 당 중앙선전부, 문화부와 전국문연은 광범위하게 조사 연구 활동을 벌여 중앙선전부가 「당면 예술공작에 관한 의견(초안)」(문예 10조라 약칭)을 작성하였다. 그리고 이를 1961년 8월 1일에 전국 각지로 보내 이에 대한 의견을 제시하도록 하였다.

주은래는 1962년 3월에 광주(廣州)에서 과학공작회의와 희극창작회의에 참가하여 지식인에 관한 문제에 관하여 보고하고, 그의 독촉 아래 반복 토론을 거쳐 「문예 10조」를 「문예 8조」로 수정 완성하였다. 그리고 당 중앙이 이를 승인하여 전국적으로 시행하게 되었다.

문예 8조의 내용은 ① 문예가 정치를 위해 복무하여야 한다는 구호아래 나타난 폐단을 지적하고 쌍백방침을 관철하여야 하며, ② 창작의 수준을 높여 작품의 사상성과 예술성을 높여야 하며, ③ 비판적으로 민족 문화 유산을 계승하고 외국 문화를 흡수하여야 하며, ④ 정확한 문예 비평을 전개하며, ⑤ 창작시간을 보증하고, ⑥ 우수 인재를 배양하고, ⑦ 우수 창작을 장려하여야 하며, ⑧ 문예 영도의 기풍과 방법을 고쳐나가야 한다고 하였다.40)

문예 8조를 집행한 결과 문예 활동 가운데 장기간동안 나타난 좌적 착오를 바로잡을 수 있었다. 그리고 많은 작가와 예술가들에게 창작성과 예술성을 갖도록 하여 문학 예술방면에 새바람이 불기 시작하였다.

## 4. 정치사상 · 문화상의 좌경 착오노선의 발전

### 1) 중앙공작회의의 소집

중국의 국민경제가 어려운 때 국내외적으로 어려운 문제가 계속 등장하였다. 국제적으로는 1961년부터 인도가 중국의 변경에 대하여 여러 차례 도발하여 왔고 급기야 1962년 10월에 중 · 인(中 · 印)국경 무력충돌이 일어났다. 또한 1962년부터 소련이 신강(新疆)자치구에서 혼란을 조성하여 양국 관계가 악화되어 가고 있었다. 이때 대만의 장개석도 반공대륙을 외치며 대륙 안에서 정보활동을 강화하고 있었다. 국내적으로는 국민경제를 조정하여 8자 방침을 관철하여 나가고 있었으나, 경제는 근본적으로 불안한 요소가 아직 남아있었으며 또 제한적이긴 하나 어느 범위 안에서 사상적으로 계급투쟁이 격화되어

가고 있었다.

중공 당 중앙은 1962년 8월 6일부터 24일까지 북대하에서 농업, 재정과 무역, 도시와 기타 문제의 네 주제를 가지고 중앙공작회의를 소집하였다. 회의 시작부터 10일 동안은 대구별로 6개조로 나누어 「인민공사 집체경제의 진일보 공고화와 농업생산 발전에 관한 결정」, 「농촌인민공사 공작조례(초안)」, 「상업체제의 개진에 관한 중공 당 중앙과 국무원의 결정(초고)」 등 문건을 갖고 토론을 전개하기로 하였다.

그런데 첫날 개막식에서 모택동은 「계급, 형세, 모순」의 강화(講話)를 통하여 사회주의 국가에 계급이 존재하는가, 국내의 형세는 2년이 지난 다음 광명이 보이는가 아니면 암흑인가, 사회주의 사회의 모순이 존재하는 가를 제기하였다.41) 이러한 모의 발언은 경제문제를 토론하기 위하여 소집되었던 회의 분위기를 계급투쟁에 관한 토론으로 바꾸어 놓았다

모택동은 계급이 없다면 마르크스주의도 없다면서 우리는 1만년 계급투쟁을 벌여야 한다. 그렇지 않으면 우리는 국민당이거나 수정주의 분자로 변해버린다고 하였다. 무산계급과 자산계급 사이와 사회주의와 자본주의 사이에는 모순과 투쟁이 장기간 존재한다면서 계급투쟁론을 다시 제기하였다.

그리고 당 중앙은 8월 26일부터 9월 23일까지 북경에서 중앙공작회의를 계속 열어 모택동의 강화(講話)내용을 갖고 토론하여 많은 사람이 모택동의 계급투쟁론을 지지하면서 대약진의 착오를 지적하였던 팽덕회 등을 비판하였다. 그 결과, 이로부터 좌경착오의 바람은 다시 고개를 들기 시작하였다.

### 2) 중공 당 8기 10중전회의 소집

북대하와 북경의 두 차례 회의가 지난 다음 2개월 후인 9월 24일

부터 27일까지 북경 회인당(懷仁堂)에서 중공 당 8기 10중전회를 소집하였다. 모택동의 주재아래 참가자는 중앙위원 82명과 후보 88명, 중앙과 각성, 시, 자치구의 책임자 등 33명이 열석하였다. 그리고 당시 심사를 받고 있던 팽덕회(彭德懷), 습중훈(習仲勛), 장문천(張聞天), 황극성(黃克誠), 가척부(賈拓夫) 등 5명은 중앙정치국 상무위원회 결정에 따라 참석시키지 않았다.

이 회의에서 국민경제의 사정은 호전되어 가고 있지만 국내 정세가 아직도 곤란하다고 분석하고 전당이 일치단결하여 한걸음 더 8자방침을 관철하고 계속 국민경제를 조정하여야 한다고 지적하였다. 그리고 「인민공사의 집체경제를 진일보 공고히 하고 농업 생산 발전에 관한 결정」, 「농촌 인민공사 공작조례(초안)」, 「상공업 공작문제에 관한 결정」 등을 통과시켰다.42)

이번 회의의 주제는 계급투쟁에 관한 토론이었다. 중앙공작회의 기간과 10중전회가 개회되고 있는 동안 모택동은 여러 차례 발언을 통하여 계급투쟁이 필요하다고 제기하였다. 특히 그가 1957년 중공 당 8기 3중전회에서 말한 두개의 계급, 두 길의 모순을 발전시켜 이 모순은 중국이 당면한 사회주의 주요 모순이라고 설명하였으며, 또한 1958년 중공 당 8전 대회 2차 대회에서 유소기(劉少奇)가 정치보고에서 지적한 사회주의 건립이전에 계급 모순이 중국 사회의 주요 모순이라는 설명을 모택동은 발전시켰다.

이 회의석상에서 모택동은 한걸음 더 나아가 전체 사회주의 역사단계에서 처음부터 끝까지 두개의 계급, 두개의 길 사이에 투쟁은 있기 마련이며 이것이 중국사회의 주요 모순이라고 단언하였다. 계급투쟁의 장기성과 복잡성을 인식하여야 하고 경계심을 높여야 한다고 하였다. 또한 사회주의 교육을 진행하여 계급투쟁 문제를 정확하게 이해하고 처리하여야 한다고 하였다. 그리고 지금부터 해마다 달마다 날마다 이 문제를 말하고 분명하게 하나의 길 마르크스주의 노선이 있음을 이해하여야 한다고 하였다.

결국, 중공 당 8기 10중전회는 국민경제 조정의 8자 방침을 관철하도록 결의하였지만, 또한 모택동의 계급투쟁에 대한 관점이 체계화되고 이론화되어 이를 받아들이는 결과를 가져왔다. 그러나 1959년 여산회의 이후 전국적으로 반우경 운동이 일어났던 교훈을 감안하고, 또한 국민경제의 조정이 당면한 주요 문제였던 만큼 유소기의 의견을 받아들여 대회 폐막식에서 계급투쟁을 강조하지 않고 경제조정을 우선순위에 놓았다. 때문에 경제조정은 중공 당 8기 10중전회 후에 계획대로 진행되게 되었다. 물론 모택동의 계급투쟁론은 좌경 착오된 관점이기 때문에 당의 활동이 점차 분열되어 갔으며 이 계급투쟁론은 문화대혁명의 이론적 근거를 마련해 주었다.

### 3) 사회주의 교육운동

중공 당 8기 10중전회가 끝난 후 전국 각성, 시에서는 공작회의를 소집하고 모택동이 중전회에서 발언한 내용과 그 결의 사항을 전달하였다. 그리고 모택동의 발언과 그 정신을 관철시키기 위하여 계급투쟁 상황을 분석하고 농촌에서 사회주의 교육운동(사교운동(社敎運動)이라 약칭)을 전개하는 문제를 연구하였다.

그런데 사회주의 교육을 전개하기 전, 당시 도시와 농촌의 기층단위에는 관리면에서 장부, 재물, 창고재고, 임금이 불분명하였으며(4不淸), 간부들의 태도도 특권화 되어 많이 먹고 많이 차지하며 심지어 탐오 부패하였고, 조직상에서도 심사가 엄정하지 못하여 좋지 못한 사람도 당원으로 들어와 있었다. 따라서 이와 같은 상황을 적당한 방법으로 정리할 필요가 있었다. 이를 계급투쟁의 관점으로 군중 운동을 동원하여 해결하려는 이른바 '4청 운동'을 전개하였다.

그리고 중공 당 중앙은 1963년 2월 22일부터 28일까지 북경에서 공작회의를 소집하였는데, 모택동(毛澤東)은 호남(湖南), 하북(河北)에서 계급투쟁으로 진행되고 있는 4청 운동의 경험을 소개하면서 각지에서 사회주의 교육운동을 전개하도록 요구하여 이를 확정하였다. 즉 중공 당 중앙은 3월 1일에 「증산 절약의 이행과 탐오, 투기, 낭비, 분산주의, 관료주의 반대(5反)운동에 관한 지시」를 하달하여43) 국민경제 계획을 원만히 달성하고, 사회주의 건설사업이 순리적으로 발전할 수 있도록 보증하기 위하여 증산 절약운동과 5반운동(五反運動)을 전개하라고 하였다. 이 운동은 현(단)급 이상의 당, 정, 군, 민 기관과 국영과 합작사영업기업단위, 물자관리부분, 문교부분에서만 진행하도록 규정하였다.44) 이리하여 도시에서는 5반운동이 보편적으로 일어났다.

그리고 모택동은 1963년 5월 2일부터 12일까지 항주(杭州)에서 일부의 중앙정치국 위원과 대구의 서기들을 소집하여 소형의 회의를 열어 농촌에서의 사회주의 교육문제를 논의하였다. 모택동은 거듭 사회주의 사회는 여전히 계급사회라 하고 계급과 계급투쟁은 존재한다고 하면서 사회주의 교육운동은 다섯 문제, 즉 계급투쟁, 사회주의 교육, 빈농과 하, 중농에 의지하여 4청 운동과 간부참가 아래의 집체생산운동을 하여야 한다면서 계급투쟁이 가장 기본적이라고 하였다.

항주회의(杭州會議)는 모택동의 계급투쟁 이론을 가지고 「당면한 농촌 공작 중 약간 문제에 관한 결정(초안)」(전 10조라 약칭)을 제정하였다.45) 이것은 사교운동의 기본강령으로 그 지도 사상은 모택동이 북대하와 중공 당 8기 10중전회에서 제출한 계급투쟁의 관점을 반영하고 있었다.

한편, 당 중앙정치국도 1963년 5월 20일에 「당면한 농촌공작의 약간 문제에 관한 결정(초안)」을 인쇄하여 이를 각 지방으로 발송하였다. 이 문건은 좌경사상의 지도아래 형성된 첫 번째 사교운동 강령으로서 2-3년 안에 모두 완성하라고 하면서도 5반운동이 끝나지 않은 기관에 대하여는 잠시 이를 하달하지 말도록 하였다.

그리고 전 10조를 관철하고 운동 중에 나타난 문제를 연구 토론하기 위하여 중공 당 중앙은 9월 6일부터 27일까지 북경에서 공작회의를 소집하여 「농촌사회주의 교육운동 가운데 일부 구체적 정책에 관한 규정(초안)」(후 10조라 약칭)을 제정하였다.46) 이 후10조는 사교운동의 기본 방침과 주요 내용, 사교운동 지도방법 등 구체적 정책을 규정한 것이다.

그러나 전10조와 후10조는 공통점을 갖고 있는데, 그것은 모두 중공 8기 10중전회에서 제출된 계급투쟁 확대화의 이론을 지도사상으로 삼고 있었으며 좌경 착오사상을 기초로 하고 있었다. 그리고 전10조는 좌경 착오가 비교적 돌출된 반면 후 10조는 좌경에 대하여 어떤 부분은 제한적이었던 차이점이 있다.

사교운동이 대대적으로 전개된 다음에 일부 지방에서는 계급투쟁이 깊게 존재하고 있음을 중앙에 보고하였다. 당 중앙은 1964년 5월 15일부터 6월 17일까지 북경에서 공작회의를 소집하여 모든 사회주의 국가에서는 수정주의가 나올 수 있다하고 중국에도 수정주의가 출현하였다며 특히 흐루시초프(Khrushchev, N)와 같은 야심가를 경계하고 이와 같은 사람이 당과 국가의 영도권을 탈취하는 것을 방지하여야 한다고 하였다.

그리고 후 10조에 대한 수정과 보충을 가하여 후 10조의 수정초안을 작성, 1964년 8월에 중공 당 중앙은 각 대구의 서기가 참석한 회의에서 이를 통과시켰다. 그 요점은 군중운동의 발동을 최우선 순위에 두고, 모든 운동을 공작대에서 영도하도록 하여 원래 기층 조직과 기층 간부에 의지하여 전개하려던 방법을 바꾸게 되었다.

### 4) 주자파(走資派) 용어의 제출과 그 확산

사회주의교육운동(社會主義教育運動)을 전개한지 1년여가 지난 1964년말에 이 운동 가운데 나타난 착오와 편중을 바로잡고자 당 중앙정치국은 12월 15일부터 다음해 1월 14일까지 북경에서 전국공작회의를 소집하였다.47) 이때 처음으로 모택동이 자본주의로 가는 당권파란 용어를 제출하였다.48) 즉 사교운동의 성질과 농촌의 주요 모순 문제를 토론할 때 중앙의 지도자들 사이에 분열이 나타났다.

유소기는 4청과 4불청의 모순, 당 내외 모순의 교차 혹은 적아(敵我)의 모순과 인민내부 모순의 교차를 제기하였다. 그런데 모택동은 유소기가 제시한 두 가지 모순은 사회주의 교육운동의 근본 성질이 아니며 마르크스주의가 아니라는 것이다. 이 운동의 성질은 마땅히 자본주의와 사회주의의 모순으로 보아야 한다는 것이다. 이는 지도층의 의견이 분열되었음을 의미하여 모택동의 유소기에 대한 불신임을 드러낸 것이다. 그리고 회의의 마지막 날 「농촌사회주의 교육운동 중 제출된 당면한 일부 문제」(즉 23조)를 제정하였다.49)

이 23조의 제정으로 1964년 하반기에 나타난 좌적인 편향을 부분적으로 수정할 수 있게 되었다. 그 내용은 간부들이 1분위2(一分爲二, 하나를 나누어 둘이 된다)의 관점으로 간부의 대다수를 좋거나 비교적 좋다고 보고 경미한 착오를 범한 간부를 해방시켜 기층 간부들에게 지나친 타격을 준 착오를 바로 잡아야 하며, 공작(업무) 방법과 공작 태도와 사고 방식, 잘 전개되고 있는 운동의 표준 등을 제시하였다. 그리하여 농촌을 안정시키는데 중요한 역할을 하였다.

그러나 23조는 계급투쟁의 확대화와 절대화 이론의 지도아래 전개한 운동이어서 여전히 좌적 편향을 그대로 갖고 있었기 때문에 이 운동의 중점을 당 내부에서 '자본주의의 길로 가는 당권파', 즉 '주자파(走資派)'를 정리하여야 한다고 지적하였다. 이들 주자파들이 무대의 앞이나 무대의 뒤편에서 당권파를 지지하고 있고, 어떤 사람은 위에서 또 어떤 사람은 아래에서 사회주의 건설을 반대하고 있다고 지적하여 당 문건에서 공식적으로 주자파란 용어를 썼다.

이 23조는 1965년 초에 큰 글자로 인쇄되어 벽에 붙여졌으며 간부들과 군중들에게 읽히게 하고 이를 풀이함으로서 주자파란 용어는 널리 사용되었다. 각지의 당위원회는 이 문건의 정신에 입각하여 이 운동에 대한 새로운 준비를 펴나갔다. 그리하여 약 3년 동안 전개된 사회주의 교육운동은 일부 단위의 간부 공작 태도를 바로잡고 경영 관리의 혼란을 해결하는데 어느 정도의 작용을 하였다.

그러나 사회주의 교육운동은 사회주의와 자본주의의 관계에서 필연인 계급투쟁을 구체화시켜 사회에서 당에 이르기까지, 지방에서 중앙에 이르기까지 더욱 한 걸음 앞선 계급투쟁의 이론을 발전시켰다. 그러므로 23조는 중공 당 8기 10중전회에서 제기된 계급투쟁 확대화 이론을 더욱 계통적으로 그리고 구체적으로 발전시킨 것이 되었으며, 이후 문화대혁명의 사상적, 이론적 준비를 한 셈이며, 문화대혁명의 예행연습인 셈이기도 하였다.[50] 즉 문화대혁명이 일어나면서 사회주의 교육운동은 더 이상 계속할 수 없게 되었다. 이에 이를 문화대혁명에 집어넣어 결국 문화대혁명이 이를 대신하게 되었다.

### 5) 모택동 개인숭배 현상의 발전

중국에서의 개인숭배 사상이 나타난 것은 1957년 이후 당에서 나타난 좌경사상과 서로 보조적인 관계를 갖고 있다. 1956년의 중공 당 8전 대회에서는 소련공산당의 교훈에 따라 개인숭배에 대하여 비판적인 태도를 취하고 있었다. 그리고 얼마 후 흐루시초프가 개인숭배 반대를 이용해 전반적으로 스탈린을 부정하여 국제적으로 반공, 반사회주의 바람이 일어나게 되자 1957년 3월에 중공의 강생(康生)은 처음으로 우리 당은 개인숭배란 이 단어는 올리지 않는다고 선포하였다.

그런데 1959년의 여산회의(廬山會議) 후에 강생은 개인숭배 문제에 대하여 이른바 개인숭배를 반대하는 구호는 타당한 것이 아니며, 과학적이 아니며 심지어 착오라고까지 말하였다. 왜냐 하면 이 구호는 마르크스 레닌주의의 관점을 이용한 것도 아니며, 계급적 관점을 가지고 계급, 정당, 영수관계와 개인과 군중의 관계를 분석한 것도 아니기 때문이라는 것이다. 그러면서 개인숭배를 반대하는 것은 당에게 불리함을 가져온다고까지 하였다.

특히 모택동은 그동안 이루어 논 경제회복과 항미원조와 사회주의 개조에서의 성공 등을 보고 스탈린과 다르게 착오를 범하지 않았다. 때문에 개인숭배에 대하여 염증을 느끼지 않을 뿐만 아니라 대단히 습관적으로 받아들일 것으로 판단하고 이 분위기를 강생과 임표(林彪)가 이용하여 모택동 숭배가 나타나게 되었다.

임표(林彪)는 신중국이 수립된 다음 오랜 동안 병 치료로 많은 일을 하지 못하였다. 1954년에 국무원 부총리가 되었으며, 1958년 5월에 중공 당 8기 5중전회에서 중앙위원회 부주석, 중앙정치국 상무위원으로 선출되었다. 1959년의 여산회의 이후 팽덕회(彭德懷)가 비판받고 모든 공직에서 물러나게 되자 임표는 그가 겸임하고 있던 국방부 부장에 임명되었다. 그리고 얼마 후 중앙군사위원회 부주석으로 임명되어 군사위원회 일을 주재하였다.

임표는 정치적 지위가 높아 가면 갈수록 개인적인 정치적 야심도 갈수록 커졌다. 그리고 모택동에게 의탁하는 것이 좋다고 판단하고 모택동 개인숭배 사상을 펴나갔다. 임표는 1959년 9월에 군사위원회 확대회의를 주재하는 자리에서 팽덕회의 자산계급 군사노선을 비판하고, 전군에게 모택동 사상을 선전하자고 제창하였다. 그리고 다음해 4월에 각 부대를 시찰하면서 부대는 정치사상교육을 할 때마다 반드시 모택동 주석의 저작을 지도사상으로 삼아야 하며 군인들에게 더 좋은 학습을 위하여 모택동의 저작에 들어가 있는 문장을 선택하여 인쇄, 책으로 만들어 군인들이 학습할 수 있도록 하여야 한다고 하였다. 이때부터 『해방군보(解放軍報)』에 모주석의 관련 어록(語錄)이 게재되기 시작하였으며, 이후 전국의 크고 작은 신문과 잡지에서 모주석의 어록이 게재되었다.

이와 같은 모택동 개인사상을 학습하는 움직임에 대하여 당 안에서는 많은 사람들이 이를 반대, 저지하려고 하였으나 이들은 모두 비판받았다. 오히려 1962년에 당의 8기 10중전회 후 당 안의 좌적 계급투쟁 이론이 발전되어가면서 임표는 더더욱 모택동 사상을 학습하고 활용하자고 강조하였으며, 모택동 사상을 학습하는 것이 마르크스 레닌주의 사상을 학습하는 첩경이라고 까지 하였다.51)

이러한 배경아래 1964년에 진백달(陳伯達)을 중심으로 『모주석어록(毛主席語錄)』을 편찬하여 이를 배포하는 융숭한 의식을 치렀으며, 이는 마치 새로운 무기를 개발하여 처음 시험 발사하는 모습과 같았다. 어록은 25개 항목으로 267개 조목을 담고 있다.52) 이후 모주석의 어록을 담은 작고 붉은 보물책(즉, 홍보서(紅寶書))을 전국적으로 발행하였으며, 임표는 이를 손에서 떼어놓지 않고 들고 다니면서 전 국민에게 이를 읽고 외우게 하였으며, 또한 각종의 모주석저작학습 적극분자대회를 열어 모주석에 대한 개인숭배열을 돋우었다.

### 6) 의식형태(사상문예)착오에 대한 정치비판

모택동은 중공 당 8기 10중전회에서 의식 형태 안에서의 계급투쟁을 제출하였다. 그리고 1963년부터 1966년에 사회주의 교육운동과 동시에 의식 형태 안에서 문예작품, 학술관점과 문예·학술계의 일부 대표적 인물에 대하여 지나친 정치비판을 전개하였다.

1961년에 원로작가인 맹초(孟超)가 명대(明代) 소설인 「홍매각(紅梅閣)」을 곤곡(昆曲) 「이혜랑(李慧娘)」으로 고쳐 발표하였다. 극본은 남송(南宋)의 재상 가사도(賈似道)와 맹렬여성 이혜랑 사이의 고사로 가사도의 황음무도함과 이에 맞서는 이혜랑의 투쟁 정신을 칭송하는 내용이다. 이 작품에 대하여 요말사(廖沫沙)는 9월에 「유귀무해론(有鬼無害論)」을 발표하여 긍정적으로 평가하였다. 그러나 1963년 5월에 강청(江青)을 중심으로 이혜랑을 비판하고 책임을 맹초와 요말사에게 돌려 이들이 공산당을 빗대어 공산당에 복수한 것이라 둘러댔다.

또한 저명한 희곡작가 전한(田漢)이 당의 지시에 따라 섬서 지방극 「여순안(女巡按)」을 경극인 「사요환(謝瑤環)」으로 개편하였다. 고사는 사요환이 무측천(武則天)의 명을 받고 백성을 위하여 부정한 것을 제거하려다 결국 간적에게 살해되었다는 내용이다. 이 내용은 인민들이 일어나 무산계급 전정을 무너뜨리려는 것이라 비유되었다.[53]

1963년에 들어와 모택동은 여러 차례 문예계 특히 희극계를 비판하였다. 9월에 「문예공작에 관한 약간의 지시」에서 희극무대는 제왕장상(帝王將相)과 재주 있는 사람들만 노래한다고 비판하였다. 그리고 12월에 모택동은 봉건주의와 사본주의의 예술만 열심히 제창하고 사회주의 예술은 열심히 제창하지 않는다고 문예계의 많은 공산당 당원들을 질책하였다.

1964년에도 모택동은 문예계가 당의 정책을 집행하지 않고 공농병(工農兵)과 가까이 하지 않으며 사회주의 혁명과 건설을 반영하지 않는다고 혹독하게 비판하였다. 이에 팽진(彭眞)·육정일(陸定一)·강생(康生)·주양(周揚)·오냉서(吳冷西)로 중앙문화혁명 5인 소조를 구성하여 문화부와 문연 산하 각 협회에 대한 제2차 정풍운동을 전개하였다. 7월부터 다음해 4월까지 문화부 부부장 제연명(齊燕銘)·하연(夏衍)·서광소(徐光霄)·서평우(徐平羽)·진황매(陳荒煤), 작가협회 당 조직 서기인 소전린(邵荃麟), 전국문연 부주석 양한생(陽翰笙) 등 문예계의 저명 인사들이 비판받고 문화부의 당 조직과 각 협회의 간부들을 바꿨다.

이와 동시에 철학, 역사학, 경제학, 교육학 등 학술분야에서도 비판운동은 신속하게 확산되어갔다. 우선 신문에 양헌진(楊獻珍)의 합이이일론(合二而一論)[54], 전백찬(翦伯贊)의 양보정책론(讓步政策論)과 비역사관점(非歷史觀點)[55], 손야방(孫冶方)의 물질이익 중시원칙과 이윤의 경제이론[56]이 지명되어 비판받았다. 이들 이론들은 모두 당의 백화제방, 백가쟁명의 방침과 지도아래 연구된 결과를 제기한 것 들이다. 이들 주장의 정확한 여부는 학술적 토론에 의하여 혹은 비판에 의하여 해결될 수 있는 것이었으나 이를 두개의 계급, 두개 노선의 대 논전으로 보았다. 즉 학술적 문제와 정치적 문제를 혼동하여 그들에게 수정주의 분자, 반당 분자라는 고깔모자를 잘못 씌워놓고 잔혹한 투쟁을 전개하였다.

결국, 이와 같은 착오는 근본적으로 백화제방, 백가쟁명의 방침을 파괴하였다. 뿐만 아니라 과학과 문교 정책의 건전한 발전을 방해하고 지식인들을 크게 해쳤다.

## 5. 조정기의 중국 외교와 중·소 분쟁의 악화

### 1) 티베트의 반란과 중국외교

1951년에 티베트가 중공에 의하여 점령당한 이래 중앙 인민정부와 티베트지방정부는「평화적으로 티베트 해방 방법에 관한 협의」를 체결하여 티베트군의 개편, 사회제도의 개혁을 도모하게 되었다. 그러나 소수의 반대자들 때문에 그동안 이 협의를 실천에 옮기지 못하였다. 중공 중앙은 이를 고려하여 1956년에 앞으로 6년 안에 즉 제2차 5개년 경제계획 기간 안에 개혁도 하지 않고 군대개편도 하지 않겠다고 약속하였다.

그리고 이 해에 티베트자치구주비위원회를 성립시켜 본래 갖고 있었던 정치제도, 달라이라마의 지위와 직권, 사원의 수입 유지, 각급 승려와 관리의 직을 보장하기로 하였다. 그러나 티베트 지방정부가 중공 중앙정부의 설득에도 불구하고 반대 세력을 규합하여 독립을 기도하게 되었다. 그리하여 티베트 지방정부는 1957년부터 저항세력과 함께 중공에서 파견한 기관을 습격하는 등 조직적인 무장 저항운동을 전개하였다. 중공 당 중앙은 민족의 단결정신에 입각하여 티베트 지방정부가 저항세력을 징계하고 사회 질서를 바로 잡아 주기를 바랐다. 그러나 저항세력은 날로 확대되어가 티베트의 독립을 부르짖으며 중앙에서 이탈하려 하였다.

1959년 3월 10일에 라사에서 달라이라마가 주티베트 인민해방군 부대 안의 강당에서 공연하는 연극을 보러갔는데, 저항세력은 이를 달라이라마가 중공군에게 붙들려 북경으로 압송되어간다고 소문을 퍼뜨렸다. 그리고 이것을 구실로 무장활동을 공개적으로 전개하고 티베트독립국 인민확대회의의 이름으로 '한(漢)인을 축출하자', '티베트의 독립'이란 표어를 내걸었다.

이에 티베트주재 중앙의 대표이며 티베트군구 정치위원 담관삼(譚冠三)은 세 번에 걸쳐 달라이라마에게 저항세력의 반동활동을 더 이상 용인할 수 없으며 티베트 지방정부는 책임을 지고 반란을 평정하고 주모자를 처벌하라고 요구하면서 그렇지 않으면 중공이 나서겠다고 통고하였다. 그런데도 저항세력은 조금도 약화되지 않았고 주티베트 중공 기관의 건물마저 불태웠다.

그리고 달라이라마는 비밀리에 라사에서 산남 융자종(山南 隆子宗)현(縣)으로 와 티베트독립을 선포하고, 융자종을 임시 수도로 정하였다. 이들은 중공 당 중앙의 경고에도 불구하고 3월 19일 야간에 중국인민해방군에 대한 기습을 감행하여 평화적으로 해결할 수 없게 만들었다.

이에 중공 당 중앙은 3월 20일에 인민해방군에게 티베트의 저항세력을 평정하도록 명령하였다. 그리고 국무원은 3월 28일에 바로 지방정부를 해산하고 그동안 중공의 앞장을 섰던 티베트자치구 주비위원회가 티베트의 지방정부직권을 대행하며 판첸라마가 주임위원대리 직무를 수행한다고 선포하였다. 이로서 티베트의 독립은 실패로 끝났다.

티베트 무장독립운동이 일어났을 때 인도는 티베트의 독립을 지지하고 중공의 무장진압에 대하여 무장 간섭의 비극이라 하였다. 심지어는 지원군을 파견하자는 주장도 있었다. 그리고 달라이라마는 3월 19일에 인도로 망명하여 망명정부를 세웠다.

미국과 영국 등도 티베트의 독립을 지지하여 3월 10일에 라사에서 무장 저항운동이 일어나자 티베트의 독립은 기정사실로 받아들여져 이들을 지지하였다. 그리고 중공군이 출동하여 이를 진압하자 중국을 대대적으로 공격하여 그해 10월 하순, 국제연합 제14차 총회에서 이른바 「티베트문제 결의안」을 통과시켰다. 물론 중공은 이에 대하여 내정간섭이라며 티베트는 중국 영토의 일부이며 어떠한 국가나 국제기구가 간섭할 수 없다고 성명하였다.

티베트는 1961년에 사회주의로 개조를 끝내고, 1965년 9월 9일에 티베트자치구가 성립되었다.

## 2) 중국과 인도 국경에서 무력충돌

### (1) 중국과 인도의 국경문제

중국과 인도의 국경선은 약 2,000km로서 비록 정식으로 국경을 확정한 일은 없었지만 영국의 진출이 있기 전까지 두 나라와의 관계는 국경문제로 충돌한 일이 없었다. 그런데 영국이 인도를 통치한 다음 중국과 인도사이에 국경문제가 대두되었는데, 1913년 10월부터 14년 7월까지 영국의 획책아래 인도북부에서 심라(Simla)회의를 열어 영국, 티베트, 중국 사이에 국경에 관하여 협의하였다. 이때 영국대표는 티베트대표와 비밀리에 맥마흔(MacMahon) 선을 경계로 국경선을 정해버렸으며, 중국의 영토 약 9만 ㎢가 인도의 판도에 귀속되었다.

1947년에 인도가 독립하고 49년에 중화인민공화국이 성립되자 인도는 영국의 탈을 쓰고 티베트를 자기들의 세력범위로 하거나 적어도 중국과 인도사이의 완충국 역할로 간주하였다. 그러므로 인도는 중공에 의한 티베트의 해방을 저지하려 하였다. 그리고 계속하여 이 지역에 대한 영토확장을 전개하여 1954년 이후에도 파리자스를 점거하였다.

중국은 평화적인 방법으로 해결되기를 바랐고 국경선의 현상유지를 희망하면서도 이른바 맥마흔 선을 인정하지 않았다. 그러나 국경

문제의 평화적 담판을 얻어내기 위하여 중국도 맥마흔 선을 넘어서지 않았다. 그러므로 1950년부터 1958년까지 중국과 인도와의 국경문제는 충돌 없이 지냈다.

그런데 티베트의 독립운동이 일어나면서 인도는 이들을 지지하여 중국 정부에 대하여 그들이 이미 점거한 중·인 변경의 동쪽영토가 인도의 것임을 합법적으로 인정하여 줄 것과 또한 중·인 변경의 서쪽으로 인도가 점거하지도 않은 지방을 인도의 영토로 승인하도록 요구하였다. 이때 인도가 중국에게 요구한 땅은 복건성의 면적과 비슷한 12.5만㎢에 해당하였다.

이렇게 되자 주은래는 무력 충돌을 피하기 위하여 1959년 11월에 인도 네루(Nehru, J.)총리에게 중국정부를 대신하여 중 · 인 무장부대가 현재의 위치에서 각기 20km씩 물러날 것과 이후 이 지역에 군대를 파견하거나 순찰하지 않는다는 것을 쌍방이 보증하며, 또한 주민과 비무장 경찰은 그대로 이 지역에 머물게 하여 치안을 유지하도록 하며, 가까운 시일 안에 양국 총리가 만나 국경문제를 협의하자는 편지를 보냈다. 그러나 인도는 중국의 제의를 거부하면서 신강의 이크사이친 지역의 모든 중국인은 인도가 주장하는 국경선 밖으로 철수하도록 요구하였다. 한편, 중국은 이와 같은 인도의 요구에도 불구하고 무력충돌을 피하기 위하여 중국군을 20km철수하였으며 자기 지역의 순찰마저도 중지하였다.

국경문제가 해결되지 않자 주은래는 1960년 4월에 뉴델리를 방문하여 네루와 회담, 해결의 실마리를 찾고자 하였다. 그러나 네루는 무조건 인도의 영토요구를 받아들이라고 주장하여 강압적인 태도로 나왔다.

### (2) 중 · 인의 무력충돌

중국정부가 평화적으로 국경문제를 해결하려는 연약한 모습을 보이자 인도군은 통제선을 넘어 무장도발을 일으켰다. 1961년 이래

1962년 10월까지 인도는 43곳에서 무력 도발을 일으켜 침략 거점을 확보하였다.

그러나 중국은 계속 평화적 해결을 원하여 인도군대의 철수를 요구하고 담판을 하자고 제안하였는데 인도는 이를 거절하였다. 결국, 쌍방은 1962년 10월 20일부터 격렬한 전투를 시작하여 28일까지 지속되었다. 중국은 인도의 무력도발에 자위적 반격을 가하면서 인도의 공격을 저지하였다. 그리고 10월 24일에 중국정부는 중·인 변경의 군사적 충돌을 중지하고 평화적 담판에 의하여 변경문제를 해결하자고 성명하였다. 그러나 인도는 이를 거부하고 11월 16일에 다시 공격을 감행하였다.

중국군도 자위권을 발동 이들의 공격을 저지하고 무력해결보다 평화적 해결을 바라 11월 21일에 양국관계를 완화시키기 위하여 11월 22일 영시부터 중국군대는 전투를 중지하고, 1962년 12월 1일부터 변방부대를 1959년 11월의 방어선에서 20km철수할 것이며, 인도 군으로부터 노획한 무기와 탄약을 반환하고, 3,900여 명의 포로를 돌려보내며, 일정한 수의 민경 검문소만 설치하며 순찰은 중지하지만 자위적 반격권을 행사할 것이라고 통보하였다.

중국 측의 이와 같은 행동으로 중국과 인도와의 국경분쟁은 긴장국면에서 점차 완화되었다. 그러나 인도정부는 중국의 성명을 가리켜 속이는 술책이라 보고 적극적으로 이에 상응하는 조치 없이 군대를 국경선으로 증파하였다. 중국은 인도의 태도가 어떠하든 1963년 2월 28일에 철군을 계획대로 이행하였다.

1962년 12월 10일부터 12일까지 아시아·아프리카 비동맹 6개국(스리랑카, 캄보디아, 미얀마, 가나, 인도네시아, 아랍연방)이 스리랑카의 콜롬보에 모여 중국과 인도의 분쟁완화 문제를 거론하고 전투 중지와 중국과 인도의 직접 담판 등 6개항의 건의를 중국과 인도에 하였다. 주은래는 이를 받아들인다고 통보하였으나 양국의 국경분쟁은 여전히 존재하고 있다.

## 3) 중·소 논쟁과 관계의 악화

(1) 중·소의 이념 갈등

1960년에 소집된 세계 81개의 공산당·노동당대표회의 이후에 소련공산당은 모스크바선언과 모스크바성명을 어기고 국제공산주의 운동의 단결을 파괴하였다. 당시 알바니아 노동당은 공개적으로 중국공산당을 지지하였다. 그런데 소련공산당 제22차 대표대회가 1961년 10월에 소집되어 소련공산당은 공개적으로 알바니아공산당을 공격하여 국제공산주의 운동에 좋지 못한 선례를 남겼다. 물론 이것은 중국공산당을 비판하기 위한 방법이기도 하였다.

주은래는 중공당의 대표단을 이끌고 참가하여 회의장에서 모택동이 서명한 축사를 읽고 소련공산당의 착오에 대하여 지적하고 공개적인 비판은 단결에 도움이 되지 않으며 문제해결에 도움이 되지 않는다고 하였다. 주은래는 이때 흐루시초프와도 만나 소련공산당의 착오를 지적하였으나 흐루시초프는 이를 받아들이지 않고 분열주의로 나갔다.

이 대회 후 소련공산당은 1962년 2월 22일에 중공 당 중앙에 마르크스 레닌주의와 무산계급 국제주의를 버리고 소련공산당이 취하고 있는 노선을 받아들이는 것을 전제로 중·소 관계의 개선이 가능하다는 편지를 보내왔다. 소련공산당은 5월에 알바니아 노동당에게 그들의 입장을 버리도록 요구하여 이것이 관계 회복의 선결 요건임을 거듭 천명하였다.

이렇게 중·소 사이가 대립하고 있을 때, 소련은 신강(新疆)성의 주민들이 외부로 빠져나오도록 방조하여 반혁명 폭동을 일으켜 중국의 변방에 위험을 초래하게 하였다. 1962년 이전에 소련정부는 주우루무치(烏魯木齊) 소련영사관, 신강성 각지의 소련교민협회를 통하여 중국의 내정에 간섭하고 신강성을 분열시키려고 하였다. 또한 중국인들에게도 불법적으로 소련교포의 여권을 주었고 다수의 소련간부들을 신강성의 당, 정, 군의 간부로 들여보내 여러 가지 간섭을 자행하였다. 이에 중국정부는 신강성의 소련교민협회를 조사하여 이를 폐쇄하고 소련영사관도 철수시켰다. 그리고 외교경로를 통하여 소련정부에게 신강성에서 소련이 저지르고 있는 일에 대하여 항의하였다.

한편, 인도가 중국을 공격할 때에 소련은 인도에 대하여 경제와 군사원조를 제공하였다. 또한 1962년 11월부터 1963년 1월 사이에 소련은 불가리아, 헝가리, 체코, 이탈리아, 동독 등의 공산당 전국대표대회에서 중공 당을 비난, 공격하는 성명과 문장을 발표하였다. 그러므로 중공 당은 이에 대하여 공개적이고 적극적인 답변을 하지 않으면 안 될 처지에 놓였다.

(2) 논전의 전개

소련공산당대회이후 소련의 지도자, 신문과 잡지들은 중공 당을 비판하였다. 이에 중공 당은 1962년 11월 15일부터 1963년 3월 8일까지 『인민일보』에 「모스크바 선언과 모스크바 성명의 혁명정신을 발양하자」는 글을 비롯하여[57] 7편의 글을 발표하여 소련의 행위에 대하여 예리한 비판을 가하고 중요문제에 관하여 중공의 입장을 천명하고 소련공산당에 대하여 반격하였다.

이처럼 상황이 악화되자 소련공산당 중앙은 1963년 2월 21일에 중공 당 중앙에게 논전을 중지하고 양당의 고위 당직자가 회담하자는 내용의 편지를 보내왔다.[58] 그리고 다시 중공 당 중앙에 대하여 3월 30일에 현단계 세계공산주의 운동의 총노선을 제출하였다.[59]

중공 당은 이에 대한 답신의 형식으로 6월 14일에 「국제공산주의 총노선에 관한 건의」를 제출하여[60] 각국 공산주의 운동에 대한 중공 당의 입장과 명확한 관점을 밝히고 양당 회담에 동의하였다. 그런데 소련공산당 중앙은 6월 18일에 성명을 발표하고 이를 가리켜 소련공산당에 대한 중공 당의 공격이라고 하였다. 그리고 21일에 소련공산당 중앙은 중공 당의 건의를 거절하는 결의를 하였다.

이처럼 관계가 대립국면에 빠지자 소련정부는 6월 27일에 중국에게 주소대사관 직원과 연구원 5명을 철수하도록 하였다. 이러한 대립 가운데 7월 6일부터 20일까지 중·소 양당의 대표가 모스크바에서 회담을 열었으나 소련대표는 여전히 중공 당을 비난하고 공격하면서 자기의 입장만을 변명하였다. 중공 당은 등소평(鄧小平)·팽진(彭眞)이 정, 부단장으로서 중공 당의 입장을 견지하여 결국 아무런 성과 없이 회담은 끝났으며, 소련공산당은 「전 소련 각급 당 조직과 전체 당원에게 보내는 공개편지」를 발표하여 중국공산당에 대한 공격을 퍼부어 중·소 양당의 관계는 전면적으로 논전을 전개하는 단계로 접어 들어갔다.

소련공산당의 공격에 대한 중공 당의 반격은 1963년 9월 6일부터 1964년 7월 14일까지 『홍기』·『인민일보』 편집부 명의로 「소련공산당 지도부와 우리가 분열하게 된 원인과 발전」 등 9편의 글을 연속적으로 발표하여 소련공산당의 공개편지를 전면적으로, 그리고 계통적으로 비판하였다. 소련공산당 정치국위원인 수스로프(Suslov, M. A)는 1964년 2월에 반중공 당 보고를 하면서 각국 공산당의 국제회의를 소집하여 중공 당에 대한 집체적인 조치를 취하자고 제의하였다. 4월초에 소련 『진리보(眞理報, 프라우다)』도 1963년 11월 이래 중국공산당과 소련공산당이 왕래한 편지를 왜곡하여 세계여론을 돌리려고 하였다. 중공 당 중앙은 5월 7일에 소련 측에게 사실의 진상을 알리기 위하여 1963년 이래 중·소 양당이 교환한 편지 전문을 공개하겠다고 통지하고, 또한 각국 당의 국제회의를 늦추어 열자고 제의하였다.

소련공산당 중앙은 답신에서 7월 28일에 국제회의를 소집하자고 하고, 중공 당에서는 이에 대하여 국제회의를 소집할 필요가 없다고 회신하였다. 그런데 소련공산당에서 일방적으로 각국 공산당에게 통지를 보내고 이해 12월 25일에 26개국 당의 준비회의를 열었다.

그런데 1964년에 흐루시초프가 당 내외 직에서 쫓겨나고 브레즈네프(Brezhnev, Leonid)가 소련공산당 제1서기에 취임하게 되었다. 중공 당은 이를 기화로 양당관계 개선에 성의를 보였다. 특히 11월에 10월 혁명 경축 47주년을 맞이하여 주은래(周恩來)를 단장으로 하는 대표단을 모스크바로 파견하여 소련지도층과 솔직한 회담을 열었다. 그런데 새로이 구성된 소련공산당 지도층도 국제회의를 소집하겠다는 태도를 견지하여 중공 당은 이에 불참하겠다는 뜻을 분명히 밝혔다.

1965년 3월 1일에 소련공산당의 획책아래 북한, 루마니아 등 7개국이 불참한 가운데 모스크바에서 국제회의를 소집하였다. 이에 중공당에서는 「모스크바 3월 회의를 평함」이란 글을 발표하여 국제공산주의 운동에 분열을 가져오는 좋지 못한 회의라고 지적하였다. 그리고 다음 해에 소집된 소련공산당 제23차 전국대표대회에 중국은 대표를 보내지 않아 중·소 양당의 관계는 이때부터 중단되어 23년이나 계속되었다.

### 4) 베트남 전쟁 지원

1954년의 제네바 협정에 의하여 인도차이나 전쟁은 끝났다. 그리고 북위 17도선을 경계로 북쪽은 베트남민주공화국(월맹)이 관할하게 되었다. 그런데 프랑스가 베트남을 떠나자 이를 대신하여 미국이 들어와 군사원조를 통해 고딘디엠을 중심으로 친미세력을 키워 월남공화국을 수립하였다. 한편, 월맹정부는 미국과 월남이 제네바 협정을 위반함에 1959년 7월에 제네바 회의 두 의장국에게 그 위반 사실과 전쟁준비 상황의 비망록을 제출하여 이 문제를 국제적으로 해결해달라고 요구하였다. 이때 중국공산당은 기관보인 『인민일보(人民日報)』를 통해 이를 지지한다는 사설을 실었다.61) 그리고 전세가 날로 확대되어가자 중국 외교부는 1961년 5월에 월맹을 지지하고 제네바 회의 의장국과 참가국은 책임을 회피할 수 없다고 하면서 효과적인 조치를 취하기를 바라고 미국의 베트남에 대한 간섭을 저지하려 하였다. 그리고 12월에 중국군사우호대표단이 월맹을 방문하였는데, 섭검영(葉劍

英) 단장은 중국은 월맹을 지원할 것이라고 공개적으로 확언하였다.

월남과 미국의 작전에도 불구하고 베트남민족전선(베트콩)의 저항은 갈수록 확대되고 그 세력이 날로 커갔다. 이처럼 베트콩의 저항이 커지자 1961년에 미국은 특수부대를 파견하고, 다음 해 미군월남군사지원사령부를 설치하였다. 그리고 1964년 8월에 미군의 북폭이 시작되자 중국정부는 미국의 월맹에 대한 공격은 바로 중국에 대한 침략이며 중국인민은 절대 좌시하지 않을 것이라고 경고하였다. 그리고 월맹을 지원하여 대체로 1962년부터 1965년까지 베트콩 무장의 무기와 장비, 탄약은 거의 중국정부가 제공한 것이다. 또한 중국정부 당국자들 주은래(周恩來)나 유소기(劉少奇)는 군대의 파병문제를 시사하였다. 예를 들어 주은래는 1965년 3월에 알바니아 수도 티라나(Tirana)의 군중대회에서 베트남이 필요할 때 중국인을 파견하여 월맹인과 공동으로 적과 싸울 준비가 되어있다고 하였고, 4월초에 유소기는 월맹의 노동당 제1서기 여윤(黎笋)과 부총리 겸 국방부장 무원갑(武元甲)이 중국을 방문하였을 때 회견하는 자리에서 월맹이 필요한 것으로 우리에게 있는 것은 어떠한 것이든지 원조할 것이며 청하지 않으면 가지 않지만 청하면 어디든지 갈 것이라는 의사를 표시하였다.62)

결국, 미군의 북폭이 있은 다음 미 공군기가 운남, 해남도, 광서상공을 침범하자 중국은 월맹의 요구에 따라 지대공 미사일, 고사포, 공병 등 지원부대를 파견하였다. 대체로 1968년 3월까지 32만 명의 병력을 보냈고, 사망자가 5,000명에 달하였으며, 전쟁이 끝난 다음 1978년의 통계에 따르면 중국이 월맹에 제공한 원조액은 약 200억 달러에 달하는데, 그중 무상원조가 188.4억 달러, 차관이 13.5억 달러에 달하며, 장비는 대략 육해공군 200여만 명이 충분히 사용할 만큼 되었다.

### 5) 대외관계의 발전

1950년대 말부터 아시아, 아프리카, 라틴아메리카 지역에서는 민족해방운동이 빠른 속도로 확산되어 갔다. 이에 중국도 그동안 소련과 동구권 중심으로 펴왔던 외교정책을 다변화하여 이들 지역에 대하여 적극적인 외교정책을 취하게 되어 대외관계에 새로운 발전이 이루어졌다.

우선 중국은 평화공존과 우의를 돈독히 한다는 원칙아래 1960년 1월부터 1963년 3월까지 미얀마, 네팔, 몽골인민공화국, 파키스탄, 아프가니스탄 등 5개국과 협정과 조약을 체결하여 중국과의 국경문제를 해결하였다. 그리고 1963년 4월부터 5월 사이에 유소기 주석을 단장으로 대표단이 인도네시아, 미얀마, 캄보디아와 베트남을 방문하여 이들 국가들과의 우호 협력관계를 강화하였다. 그리고 9월에 유소기 주석은 북한을 방문하여 중·조 관계를 강화시켰다.

중국은 아프리카 국가들과의 관계를 개선하고 강화시키기 위하여 우선 이들의 독립을 지지하고 나섰다. 그리고 1963년 12월부터 다음해 2월까지 주은래는 아프리카의 10개 국을 방문하였다. 즉 알제리, 아랍연합국(이집트와 시리아), 모로코, 튀니지, 가나, 마리, 기니, 수단, 에티오피아, 소말리아 등을 방문하여 각국 지도자들과 제국주의와 식민주의, 종족주의와 이스라엘의 확장정책을 반대하고, 세계 평화와 아프리카 국가들의 단결을 내세웠다. 주은래는 귀국 길에 알바니아와 미얀마, 파키스탄, 스리랑카를 방문하여 이들 국가들과도 관계를 긴밀히 하였다.

주은래는 이들 국가들을 방문하면서 아시아, 아프리카 국가들이 경제적으로 서로 지원할 것을 강조하였다. 그는 마리를 방문할 때 중국의 대외원조 8항 원칙을 제시하였다. 즉 평등과 서로 이익의 원칙아래 대외원조를 제공하며, 수혜국의 주권을 존중하고, 부대조건을 달지 않을 것과 어떠한 특권도 요구하지 않을 것이며, 무이자 또는 저리 차관 방식으로 원조를 제공하여 수혜국의 부담을 최대한 경감할 것이라고 하였다. 그리고 수혜국가가 점차적으로 자력갱생하여 독립적으로 발전하도록 하며, 원조항목도 투자는 적게 효과는 비교적 빨리 볼 수 있도록 하여 수혜국이 수입을 늘리고 자금을 축적할 수 있도록 한다고 하였다. 이밖에도 중국의 물자제공과 기술 원조를 위한 전문가의 파견 등의 내용으로 되어 소련이 중국에 취했던 태도와는 선명한 차이가 있었다.

한편, 서방 세계와도 관계 개선을 도모하여 민간 교류를 확대시켰다. 1964년 1월에 프랑스 의회대표단이 중국을 방문하였을 때 모택동은 그들에게 자본주의 국가이건 사회주의 국가이건 어떤 국가도 우리를 지배하려거나 반대하면 받아들이지 않을 것이며, 경제 문화상의 교류는 강화하여야 한다는 입장을 표시하였다. 이에 따라 민간 교류가 활발해져 이미 외교관계를 맺고 있는 스위스, 스웨덴, 덴마크, 노르웨이, 핀란드 등과 우의를 증진시키는 한편, 프랑스 대표단과 회담하여 1964년 1월에 공동성명을 발표하여 외교관계 수립을 선포하였다. 이에 프랑스는 서방국가 가운데 처음으로 중국과 외교관계를 수립하였으며 중화인민공화국이 유일한 중국인민을 대표하는 정부로 인정하였고 두개의 중국을 반대하는 입장을 표명한 것이다. 이후 오스트리아, 이탈리아와 상무대표처를 두기로 하였다.

한편, 일본과는 정부간의 교섭을 성립시킬 수 없는 형편이었으므로 민간의 왕래를 확대하였다. 그리고 중·일 양국의 무역을 회복하고 발전시키기 위하여 관계 개선을 위한 정치 3원칙(일본의 중국 적대시정책의 집행중지, 두개 중국의 음모에 대한 일본의 불참, 양국관계 정상화 추세를 저지하지 않을 것, 1959. 3))과 무역 3원칙(정부 협정, 민간합작, 개별처리, 1960. 8)을 발표하여 경제와 정치는 분리시킬 수 없음을 강조하였다.[63] 뒤이어 1962년 11월에 중국의 요승지(廖承志)와 일본의 고기달지조(高崎達之助, 다카자키 다츠노스케)가 정부를 대표하여 교섭을 진행하여 비망록과 관련문건에 서명하였다. 그리고 1964년 4월에 중·일 쌍방의 무역대표 기구를 설립하는 문제를 협의하여 일본에는 요승지판사처주동경연락사무소를, 중국에는 고기판사처주북경연락사무소를 두었다.

대체로 1956년부터 1965년까지 10년 동안 신중국 성립 이래 활발한 외교활동을 벌여 중국은 모두 27개국과 외교관계를 수립하였다.

## 6. 제3기 전국인민대표대회와 국민경제 조정의 완성

### 1) 1963년부터 1965년까지 경제조정의 특징

경제정책의 조정은 계속되었다. 그런데 1963년부터는 국민경제가 이미 전면적으로 회복 상승세를 타고 있었기 때문에 비교적 유리한 조건아래 진행되고 또한 순리적으로 진행되었다. 이 기간동안 조정공작의 몇 가지 특징을 살펴보면 다음과 같다.

첫째, 경제활동의 중심을 공고, 충실, 제고에 두었다. 1961년과 1962년에는 국민경제의 균형이 이루어지지 않아 기본 건설과 공업생산 규모를 대폭 축소하고 농업전선에 모든 힘을 집중하지 않으면 안 되었다. 그런데 1963년 이후에는 대폭적인 조정이 필요 없어 사업중심을 공고, 충실, 제고로 바꾸었다. 이를 위하여 공업 수준을 높이고자 외국으로부터 새로운 기술을 도입, 특히 자본주의 국가들로부터 새로운 석유화공 기술을 도입하였다.

그러나 기술도입은 활발하게 이루어지지 않았다. 그 이유는 1960년에 소련이 일방적으로 철수한 경험이 있어 외국으로부터 기술도입에 대한 의심이 컸고, 중국 자체의 경제력이 부족한데다 서방국가들이 중국에 대하여 수출금지 정책을 썼기 때문이었다.

둘째, 경제체제에 대한 개혁을 진행하여 나갔다. 특히 기업관리 체제와 가격체계의 개혁이었다. 즉 행정 방법을 피하고 경제방법으로 문제된 각종 폐단을 해결하였다. 그리고 불합리한 상품가격은 조정을 단행하여 기업경영 관리에도 좋은 작용을 하였다.

셋째, 적자기업의 흑자전환과 이익의 증가를 꾀하였다. 적자의 흑자전환은 바로 경영관리의 개선을 종합적으로 반영한 것이다. 1962년 말에 중공 당 중앙과 국무원은 「흑사전환과 이익의 증가에 관한 통지」를 통하여 1963년에 1962년을 기준으로 전국 상공업의 결손 90억 원을 30억원에서 40억원으로 감소시키도록 하였다. 그 결과 1963년은 1962년보다 25%가 감소되어 그 액수도 대폭적으로 낮아졌다.

넷째, 좌적인 지도사상이 경제공작에 영향을 끼쳤다. 사회주의 기업이 이윤을 챙기고 자본주의 경영관리를 한다고 하여 비판받았다. 이것은 뒷날 국민경제가 장기적인 정체에 빠지고 활력을 잃게 되는 원인이 되었다.

다섯째, 경제공작을 전쟁대비의 궤도로 바꾸었다. 미국이 베트남 전쟁을 확대하고 베트남의 북부까지 폭격하게 되자 중공 당 중앙은 국제정세가 위험하다고 보아 공장을 연해지역과 큰 도시에서 내지로 옮기도록 하는 제3선 건설이 제기되었다.

1963-1965년 농·공업생산상황의 비교64)

| 구 분 | 1963 | 1964 | 1965 |
|---|---|---|---|
| 농업총생산액(억원) | 480 | 545 | 590 |
| 전년도 비교 증가율 | 11.6 | 13.5 | 8.3 |
| 식량 생산량(억근) | 3,400 | 3,750 | 3,890.5 |
| 전년도 비교 증가율 | 6.1 | 10.3. | 3.7 |
| 면화 생산량(만담) | 2,400 | 3,325.4 | 4,419.5 |
| 전년도 비교 증가율 | 60 | 38.6 | 26.2 |
| 공업총생산액(억원) | 922 | 1103.2 | 1,393.9 |
| 전년도 비교 증가율 | 8.5 | 19.5 | 26.4 |

### 2) 제3기 전국인민대표대회 제1차 회의와 정협 제4기 1차 회의의 소집

1964년 12월 20일부터 1965년 1월 4일까지 제3기 전국인민대표대회 제1차 회의를 북경에서 소집하였다. 회의에 출석한 대표는 3,040명으로 1기보다 배가 늘어났다. 그 가운데 여성대표는 542명으로 17.8%, 소수민족 대표는 372명으로 12.1%였다. 이들은 전국의 각 지구, 각 민족, 각 사업단위 등에서 선출되었기 때문에 광범위한 대표성을 띠고 있었다.

주은래(周恩來) 총리는 국무원을 대표하여 「정부 공작보고」를 하였다. 여기에서 주은래는 국민경제가 1958년부터 1960년의 대 발전을 거쳐 1961년부터 조정, 공고, 충실, 제고의 단계로 진입하여 국민경제의 조정임무는 기본적으로 완성되었으며, 공·농업의 생산이 전면적으로 상승되어 전체 국민경제가 이미 호전되어 가고 있고, 또한 장차 새로운 발전시기로 진입하였다고 하였다.

주은래는 이 시기에 중국은 외채를 1전도 빌리지 않았고, 또한 과거의 외채는 거의 다 상환하였다고 강조하였다. 당시 중국은 소련에게 이자 포함 차관 액이 14.040억 루블 이었는데 이미 13.890억 루블을 상환하고 나머지 1,700만 루블은 이해의 무역 차액 가운데 일부를 가지고 상환하기로 하였다. 그리고 상환하여야 할 외채보다 더 많은 자금과 물자를 사회주의 국가와 민족주의 국가를 지원하기로 하였다.

또한 주은래는 앞으로 너무 길지 않은 시간 안에 중국의 건설은 농업 현대화, 공업 현대화, 국방 현대화, 과학기술이 현대화된 사회주의 강국의 위대한 목표를 이루어야 한다고 제안하였다. 그리고 이를 위하여 농, 경, 중공업의 순서대로 사회주의 건설 총노선을 집행하고, 자력갱생으로 국제 합작관계를 정확히 처리하고, 외국으로부터 좋은 기술, 경험을 배워 기술혁명을 실행하여야 하며, 간부·전문가·군중 셋이 결합하여야 하는 문제가 있다고 하였다.

제3기 전국인민대표대회 제1차 회의에서는 「정부 공작보고, 1965년 국민경제계획 주요 지표와 1965년 국가예산의 초보적인 배정에 관한 결의」를 통과시켰다. 대회는 끝으로 무기명 투표방식으로 유소기(劉少奇)를 중화인민공화국 주석으로, 송경령(宋慶齡)·동필무(董必武)를 부주석으로 선출하였다. 그리고 주덕(朱德)을 전국인민대표대회 상무위원회 위원장으로, 팽진(彭眞)·유백승(劉伯承)·이정천(李井泉)·강생(康生)·곽말약(郭沫若)·황염배(黃炎培) 등 18명을 부위원장으로, 양수봉(楊秀峰)을 최고인민법원 원장으로, 장정승(張鼎丞)을 최고인민검찰원 검찰장으로 선출하였다.

대회는 중화인민공화국 주석 유소기(劉少奇)의 지명으로 주은래(周恩來)를 국무원 총리로 선출하고 다시 국무원 총리 주은래의 지명에 따라 국무원의 구성원을 통과시켰다. 또한 유소기가 지명한 국방위원회 부주석(임표·유백승·하룡·진의·등소평·서향전 등)위원을 선출하였다.

제3기 전국인민대표대회 1차 회의를 소집하는 기간에 정협 제4기 전국위원회 제1차 회의를 북경에서 동시에 소집하였다. 정협 부주석인 곽말약은 정협 제3기 전국위원회 상무위원회의 공작보고를 하고, 또한 전국인민대표대회에 열석하여 주은래의 정부 공작보고를 청취하였다.

대회에서는 정협 제4기 전국위원회 제1차 회의 결의를 통과시켰다. 결의 내용은 중국공산당과 모주석의 영도아래 결점과 착오를 극복하고 제3기 전국위원회 상무위원회 공작보고 가운데 제출된 방침과 임무를 열심히 관철하기로 하였다. 그리고 전체위원은 모택동을 정협 제4기 전국위원회 명예주석으로 추대하고 주은래를 정협 제4기 전국위원회 주석으로, 팽진(彭眞)·진의(陳毅)·섭검영(葉劍英)·황염배(黃炎培)·고숭민(高崇民) 등을 부주석으로 선출하였다.

### 3) 국민경제의 조정 완성-10년 사회주의 건설의 성과

대약진의 좌절이후 국민경제 계획을 계속 조정하면서 공, 농업생산의 발전에 노력하여 대단한 성과를 올려 1965년말에 이르러 마침내 조정의 임무를 성공적으로 마치게 되었다. 대체로 제1차 5개년 계획(1953-1957)은 순조롭게, 그리고 비교적 평온하게 그 목적을 계획보다 앞당겨 달성할 수 있었다. 그리고 제2차 5개년(1958-1962)의 앞 3년은 고속 성장을 실현시키기 위한 대약진 운동을 발동하였다. 그 결과, 사회총생산은 1957년의 6.1%에서 1958년에 32.7%의 성장을 보였는데, 이는 실제를 벗어난 것이었다. 그러므로 바로 1959년에 18%, 1960년에 다시 4.7%하락하고, 1961년과 1962년에는 마이너스 성장이었다.[65] 따라서 당과 정부는 제2차 5개년계획 기간의 후반 2년은 국민경제의 조정을 하지 않으면 안 되었고 다시 3년(1963-1965)을 연장하지 않으면 안 되어 이 시기를 제3차 5개년계획(1966-1970)의 과도단계로 삼았다.

대체로 과도 단계의 국민경제 조정 성과를 살펴보면 다음과 같다.

첫째, 공, 농업의 생산이 역사상 최고의 수준에 올랐다. 1965년 전국 공·농업 총생산액은 1,984억원으로 그 가운데 농업 총생산액은 590억원, 공업 총생산액은 1,394억원이었다. 이것을 1962년과 비교하여 보면 공·농업 총생산액은 년 17.9%증가하였고, 그 가운데 농업 생산액은 연평균 11.2%, 공업 생산액은 17% 성장하였다. 또한 1957년과 비교하면 총생산액은 59.9%로 증가하였는데, 그 가운데 농업은 9.9%, 공업은 98%증가하였다. 3년 동안의 대약진이 좌절된 후 이러한 회복과 발전의 속도는 대단히 빠른 것으로 이미 1957년도의 수준을 초과하고 있었다.

1965년도 철강 생산량은 1,223만 톤으로 1957년보다 1배 이상 증가하였으며 원유도 1,131만 톤을 생산하여 1957년보다 6배 증가하여 자급하게 되었다. 석탄의 경우 2.32억 톤 생산하여 1962년보다 5.5%, 발전량은 676억 와트로 1960년보다 14%증가하였다.

둘째, 농업·경공업·중공업의 비율이 새로운 기초위에 균형을 이루게 되었다. 공, 농업 총생산액으로 1957년을 기준으로 볼 때 농업은 1960년에 21.8%, 1965년에 37.7%를 차지하고, 경공업은 1960년에 26.1%, 1965년에 32.3%를 차지하고, 중공업은 1960년에 52.1%, 1965년에 30.4%를 차지하였다. 즉 중공업 중심에서 농, 경공업의 비중이 높아졌음을 쉽게 알 수 있어 중공업에 편중되었던 착오가 균형을 이루게 되었다.

공업내부의 구조에도 변화가 일어났다. 경, 중공업생산액의 비율은 1960년에 33:67이 1965년에 52:48로 조정되었으며, 농업을 지원하기 위한 공업(비료, 농약, 농업기계)의 생산액 비율도 1957년의 0.6%에서 1965년에는 2.9%로 증가되었다.

또한 공업의 배치에도 변화가 나타나 연해지역의 공업을 발전시키는 이외에 공업시설이 결핍하였던 내지와 변방 지역에도 크고 작은 현대 공장을 건설하였다. 따라서 내지공업의 생산액은 전국 공업생산액 가운데 1957년의 32.1%가 1965년에 35%로 증가하였다.

농업내부의 구조도 과거에는 식량 생산만을 강조하여 경제작물을 홀시하였는데 1965년에 이르러 변화가 나타났다. 식량 생산량은 1965년에 19,453만 톤으로 1957년의 19,504만 톤에 접근되었고, 면화와 담배 등의 경제작물도 대폭적으로 증산되었다. 면화의 경우 1965년에 4,195만 담(중량으로 100근)을 생산하여 1957년의 3,280만 담보다 27.9%를 증산하였다.

셋째, 소비와 생산의 관계가 정상을 회복하였다. 국민경제의 회복과 발전으로 국민수입이 1965년에 1,387억 원으로 1962년의 924억 원보다 463억 원이 증가하고 1957년의 908억 원보다 479억 원이 증가하였다. 따라서 인민의 생활수준도 향상되어 국민 1인당 소비수준은

1965년에 평균 125원으로 1962년보다 8원이 늘었다. 따라서 상품의 재고량이 감소되어 정상을 회복하게 되었다.

넷째, 재정수지가 균형을 이루어 물가가 안정되고 시장공급도 현저하게 개선되었다. 제2차 5개년 계획기간 국가재정은 172억 원의 적자규모였으나 1963년부터 65년까지 적자가 해소되었을 뿐만 아니라 10억 원의 흑자가 났다. 각종 부식품과 생필품의 공급이 비교적 충족하여 물가가 안정되고 고가상품의 가격은 내리게 되었으며 시장가격이나 정부에서 고시한 가격이 균형을 이루었다. 무역도 1965년의 무역총액은 118.4억 원으로 수출이 63.1억 원,수입이 55.3억 원이어서 외화의 수지균형을 맞출 수 있게 되었다.

이밖에 교통 운수방면에서도 이에 상응하는 발전이 있었으며 농전수리방면의 건설도 비교적 크게 발전하였다. 이러한 10년 건설의 성과는 사회주의 현대화 건설에 물질적 기초를 제공해주었다.

### 4) 교육, 문화사업 발전

경제건설의 성과는 문화 교육사업의 발전을 촉진시켰다. 물론 경제와 마찬가지로 문교방면에서도 그동안 조정과 정돈을 통하여 회복되고 발전되었다. 이 기간 동안 새로이 설립되고 또한 확장된 대학으로 중국과기대학(中國科技大學), 중국의학대학(中國醫學大學), 길림대학(吉林大學), 복단대학(復旦大學), 산동대학(山東大學), 광서대학(廣西大學)이외에 북경, 남경, 심양 등지에 공과대학 등 30여 개가 있었다.

1965년 전국대학 재학생은 67.4만 명으로 1957년과 비교하여 23.3만 명이 증가하였으며 중고등학교 재학생은 1431.8만 명으로 1957년과 비교하여 723.7만 명이 증가하고, 초등학교 재학생은 1.1621억 명으로 1957년과 비교하여 5192.6만 명이 증가하였다.

당의 교육방침아래 중등교육이상을 받은 학생들은 신중국의 마르크스주의에 투철한(紅), 전문적인(專) 기술 노동계급과 지식인의 대오를 이루었다. 그리고 이들은 농업의 과학화와 현대화된 공업 건설 및 국방 건설과 과학기술방면에서 중요한 역할을 하였다.

정부는 소수 민족의 교육을 중시하여 대학의 신입생 모집 때에는 소수 민족의 학생에 대하여 우대정책을 써 같은 성적일 경우에는 이들을 우선적으로 합격시켰다. 그리고 소수 민족지역에 대학과 중, 고등학교를 세워 소수 민족의 간부와 지식인들을 양성하였다.

이 기간 직업교육과 성인교육도 크게 발전하였다. 1957년에 유소기(劉少奇)는 직업야학교를 설치하자고 제안하였고, 다음해에 그는 다시 두 가지 종류의 교육제도, 두 가지 종류의 노동제도를 제안하였다.66)

이에 따라 직업교육이 크게 발전하였다. 따라서 1965년에 이르러 전국 농업중학과 그 밖의 직업중학의 재학생은 443.3만 명이나 되었다.(이들 학교는 문화혁명기간 폐지되었음)

당시 설립한 학교들은 모두 옛 해방구의 전통을 그대로 계승하여 마르크스 레닌주의와 모택동사상, 공산주의 도덕과 이상에 따른 '신시대인'을 배양하는데 목적을 두었다. 또한 교육을 발전시키고 인재를 배양하기 위하여 1965년 이전에 외국으로 유학생을 파견하였는데, 특히 소련으로 유학한 사람의 수는 9,106명에 달하였다.

문화 분야에서 10년 동안 신문 출판사업과 문물정리, 박물관 등이 빠른 속도로 발전되었으며 영화도 도시에서 농촌까지 보급되었다. 신문사업은 전체 사회주의 사업과 함께 발전된 것으로 『인민일보(人民日報)』는 중공 당 중앙의 지지아래 1956년 7월 1일에 판을 바꿔 지면을 확대하고 군중과의 관계를 강화시켜 독자들의 소리를 반영하였다.

중공 당 중앙은 인민일보 편집위원회가 당 중앙에 보고한 내용을 결재하면서 인민일보는 당 중앙의 기관지이며 인민의 신문이라는 점을 강조하였다. 또한 당의 각종 신문 잡지는 모두 인민의 신문이라며 반드시 당의 지시를 발표하여야 하고 동시에 인민 군중의 의견을 반

인민해방군 공병대 운전병 뇌진은 해방군의 정신을 설명하고 애국심을 강조했다(좌). 이에 그의 정신을 배우자는 바람이 일어났다(우).

영하여야 한다고 하였다.

이러한 방침에 따라 신문과 잡지는 생동감을 갖게 되었다. 특히 학술 논쟁이 신문을 통하여 전국적으로 확산되었는데 그 대표적인 것은 마인초(馬寅初)가 제기한 신인구론, 중국고대사와 근대사의 시기 구분론 등이다.

1957년에 들어와 사회주의 신문사업이 어려움을 당하게 되었으나 1961년에 당 중앙이 조사 연구하자는 바람을 제기하여 신문계도 자기 경험과 교훈을 종합하고 점차 제 모습을 회복하여 전형적인 보도와 앞서가는 인물을 찾아 선전하는 일에 역점을 두었다. 그 대표적인 사례가 뇌봉(雷鋒)과 같은 당시 시대정신을 상징할만한 전형인물을 발굴하여 당의 사상건설에 깊은 영향을 끼쳤다.67)

이 시기의 출판사업은 당과 정부가 공동으로 노력하여 『레닌전집』 39권이 전부 출판되고, 『마르크스 엥겔스전집』도 19권까지 출판되었으며, 이와 동시에 『모택동선집』 4권, 『레닌선집』과 『마르크스 엥겔스선집』이 출판되기 시작하였다. 이밖에 『노신전집』 10권본과 『노신역문집』 10권본이 계속 출판되었다.

1965년 전국에서 출판된 도서는 20,143종에 217,148만 책을 발행하여 1963년과 비교하면 종류 수에서 113%, 발행 부수에서 112%증가하였다.

이 시기에 문화관과 박물관의 건설이 활발하게 전개되어 중국역사박물관, 중국혁명박물관, 중국인민혁명군사박물관 등이 당과 국가와 군사위원회의 지지아래 1959년에 건립되고 이를 전후하여 북경자연박물관, 북경지질박물관과 특히 서안반파유적박물관, 천주해외교통사박물관, 자공염업역사박물관이 설립되었다.

청해성과 티베트 자치구를 제외하고 각성, 시, 자치구에는 모두 박물관이 있거나 준비되고 있었다. 또한 역사적 기념이 될만한 것을 정리하여 예를 들면 북경(北京)에 노신(魯迅)이 살던 곳, 상해(上海)에 중공 당 1전대회기념관, 노신기념관이, 그리고 연안(延安)에 혁명기념관, 준의(遵義)에 준의회의 기념관과 같은 것들이 세워졌다.

## 5) 위생과 과학기술의 발전

중공 당과 인민정부는 위생과 의료사업을 통해 인민을 위하여 봉사하고 사회주의 건설을 위하여 봉사한다는 방향에 따라 예방 위주로 중국과 서양의 의학을 접목시키고 위생공작과 군중운동을 결합한다는 4대 방침을 정하였다. 그리고 이 방침에 따라 도시와 농촌에 의료기관을 설치하였다.

대체로 1950년대 후기에 현(縣)과 구(區, (사, 社)에 의료위생기구를 설치하였는데, 60년대에는 인민공사의 생산대대에도 보편적으로 의료기구가 설치되어 계획적으로 의료사업을 펼 수 있었다. 따라서 천연두, 콜레라와 같은 전염병을 예방하여 거의 없어졌으며 발병률도 크게 낮아져 인구사망의 원인이 바뀌게 되었다.

또한 의학교육에도 관심을 가져 전문 의약 위생기술을 가진 인재를 양성하고 전통 의, 약학을 중시하여 서양의학을 전공한 사람에게도 반드시 중의학을 학습하도록 하여 중서의학을 결합시켰다.

과학연구기관은 1955년도 말에 전국적으로 800여 곳이 있었는데,

1965년 말에는 1,714개로 증가하였다. 또한 과학기술에 종사하는 사람의 수도 1957년에 120만 명이 1963년에는 230만 명으로 증가하였다.

국민경제 조정기에 들어와 과학 분야도 착오를 바로 잡고, 또한 규정과 제도를 개혁하여 정상적인 활동을 할 수 있게 되자 과학 기술영역에서도 뛰어난 성과를 거두게 되었다. 자원의 탐색과 지질조사로 새로운 광맥을 찾아내고 공업 생산과 배합하여 연구, 설계와 제조가 계통화 되어 비교적 수준 높은 설비를 갖추게 되었다. 1964년 10월에 중국은 원자탄의 시험발사에 성공하였다. 이것은 바로 중국의 과학기술을 집체적으로 반영한 것으로 또한 중국의 과학이 새로운 수준에 도달하였음을 증명해 준 것이다.

과학기술은 농업에도 응용되어 농지의 토질을 조사하고 이를 개량하였으며 신품종을 개발하였다. 또한 병충해를 막는데도 과학기술이 응용되어 많은 성과를 거두었다.

원폭실험 성공

人民日报 号外

加强国防建设的重大成就，对保卫世界和平的重大贡献

我国第一颗原子弹爆炸成功

我国政府发表声明，郑重建议召开世界各国首脑会议，讨论全面禁止和彻底销毁核武器问题

원폭실험 성공을 보도한 신문호외

---

1) *Cambridge History of China:The People's Republic,* Cambridge Univ. Press. pp.371, 377 소련이 농업을 집체화 할 당시(1932-1934) 기근으로 사망한 사람은 500만 명으로 보는데 이는 25명중 한 사람이 죽은 셈이다. 이와 비교하면 중국은 소련의 3 5배에 달한다.(동상, p.372)

2) 叢進,『曲折發展的歲月』(1949-1989年的中國②), 河南人民出版社, 1989, p.272

3) 자연재해는 1959년에 재해면적은 약 133만 공경(헥타르), 100-150억 근 감산, 1960년에 재해면적은 2,467공경(헥타르)에 150억-200억 근으로 보고 있다(吳本祥主編,『中華人民共和國史』, 高等教育出版社, 1999, p.153).

4) 조사연구의 바람이 일어나자 유소기는 1960년 3월 하순부터 5월 하순까지 두 달 동안 7개 성시를 시찰할 때 고향 농촌에서 고향사람들의 말을 듣던 중 나온 말로 7천인 대회에서 이를 인용하면서 비롯되었다(張湛彬主編,『大躍進和三年困難時期的中國』, 中國商業出版社, 2001, pp.369).

5) 薛暮橋,『中國社會主義經濟問題研究』, 人民出版社, 1982, p.100

6) 趙少荃主編,『新編中國現代史』, 下, 江西人民出版社, 1988, pp.211-12 참조

7) 中共中央文獻研究室編,『關于建國以來黨的若干歷史問題的決議注釋本』, 人民出版社, 1985, p.24

8) 龐松主編,『簡明中華人民共和國史』, 廣東教育出版社, 2001, p.221

9)『建國以來重要文獻選編』, 第13冊, 中央文獻出版社, 1996, pp.660-676

10)『中華人民共和國實錄』, 第2卷下, 吉林人民出版社, 1994, p.539

11)『建國以來重要文獻選編』, 第14冊, 中央文獻出版社, 1997, pp.89-101

12) 張樹軍·齊生主編,『中國共産黨八十年重大會議實錄』, 下, 湖南人民出版社, 2001, p.632

13)『建國以來重要文獻選編』, 第13冊, 中央文獻出版社, 1996, pp.19-46

14)『建國以來重要文獻選編』, 第14冊, 中央文獻出版社, 1997, pp.385-411 공사조례는 모두 10장 60조로 되어있어 습관상「농업 60조」로 부른다.

15)『建國以來重要文獻選編』, 第14冊, 中央文獻出版社, 1997, pp.221-224

16) 수정초안은 중공 8기 10중전회에서 1962년 9월 27일에 통과되었다. 내용은『建國以來重要文獻選編』, 第15冊, 中央文獻出版社, 1997, pp.615-647)

17)『建國以來重要文獻選編』, 第14冊, 中央文獻出版社, 1997, pp.645-681

18)『建國以來重要文獻選編』, 第14冊, 中央文獻出版社, 1997, pp.450-461

19)『建國以來重要文獻選編』, 第14冊, 中央文獻出版社, 1997, pp.430-449

20) 시간과 내용으로 두 단계로 나눈다. 전 단계는 1962년 1월 11일부터 1월 29일까지, 당 중앙을 대표하여 유소기가 작성한 서면보고의 수정, 후 단계는 1월 29일 오후부터 2월 7일 회의 폐막까지 여러 해 동안 하고 싶었던 말을 말하였던 비판과 자아비판이었다(楊樹標·梁敬明·楊菁,『當代中國史事略述』, 浙江人民出版社, 2003, p.300).

21) 毛澤東,「在擴大的中央工作會議上的講話」『建國以來重要文獻選編』, 第15冊, 中央文獻出版社, 1997, p.121

22) 中共中央文獻硏究室編, 『關于建國以來黨的若干歷史問題的決議注釋本』, 人民出版社, 1985. p.137
23) 張樹軍·史言主編, 『中國共産黨八十年重大會議實錄』, 下, 湖南人民出版社, 2001, p.657
24) 『中華人民共和國實錄』, 第2卷下, 吉林人民出版社, 1994, pp.653-654
25) 『建國以來重要文獻選編』, 第15冊, 中央文獻出版社, 1997, pp.205-222
26) 「目前財政經濟的情況和克服困難的若干辦法」『建國以來重要文獻選編』, 第15冊, 中央文獻出版社, 1997, pp.214-221
27) 『建國以來重要文獻選編』, 第15冊, 中央文獻出版社, 1997, pp.408-461
28) 何沁主編, 『中華人民共和國史』, 高等敎育出版社, 1997, p.231 참조
29) 虞和平主編, 『中國現代化歷程』, 第3卷, 江蘇人民出版社, 2001, p.1086
30) 陳明顯主編, 『新中國四十五年硏究』, 北京理工大學出版社, 1994, p.284
31) 책임생산제를 단간풍(單幹風, 합작사에 들어가지 않고 개인이 생산하는 풍조)이라 하여 집체경제를 파괴하고 자본주의로 가는 길을 주장하는 것이라 하여 비판받았다.(吳本祥主編, 『中華人民共和國史』, 高等敎育出版社, 1999, p.167 참조)
32) 『中國統計年鑑』(1983), 中國統計出版社, 1983, p.162
33) 孫健, 『中華人民共和國經濟史』(1949-90年代初), 中國人民大學出版社, 1992, p.301
34) 吳本祥主編, 『中華人民共和國史』, 高等敎育出版社, 1999, p.168
35) 『建國以來重要文獻選編』, 第15冊, 中央文獻出版社, 1997, pp.361-362
36) 何沁主編, 『中華人民共和國史』, 高等敎育出版社, 1998, p.232
37) 『中華人民共和國實錄』, 第2卷上, 吉林人民出版社, 1994, pp.241-243
38) 『中華人民共和國實錄』, 第2卷上, 吉林人民出版社, 1994, pp.607
39) 中共中央同意聶榮臻<關于當前自然科學工作中若干政策問題的請示報告>和國家科委黨組·中國科學院黨組<關于自然科學硏究機構當前工作的十四條意見(草案)>的報告」『建國以來重要文獻選編』, 第14冊, 中央文獻出版社, 1997, pp. 514-570
40) 叢進, 『曲折發展的歲月』(1949-1989年的中國②, 河南人民出版社, 1989, p.391
41) 『中華人民共和國實錄』, 第2卷下, 吉林人民出版社, 1994, pp.734-744
42) 『中華人民共和國實錄』, 第2卷下, 吉林人民出版社, 1994, p.747
43) 『中華人民共和國實錄』, 第2卷下, 吉林人民出版社, 1994, pp.801-802
44) 何沁主編, 『中華人民共和國史』, 高等敎育出版社, 1998, p.253
45) 『中華人民共和國實錄』, 第2卷下, 吉林人民出版社, 1994, pp.823-824
46) 『中華人民共和國實錄』, 第2卷下, 吉林人民出版社, 1994, pp.841-843
47) 사회주의 교육운동은 1963년 5월 항주회의부터 1966년 문화대혁명이 폭발하기 전까지 약 3년 동안 지속되었는데, 1963년 5월부터 1964년 5월까지, 1964년 5월부터 연말까지, 1965년 1월부터 1966년 상반년까지 3단계로 나누고 있다(陳明顯主編, 『新中國四十年硏究』, 北京理工大學出版社, 1989, pp.

273-280).

48) 이는 모택동의 계급투쟁 확대화의 착오된 관점으로 평하고 있다.(中共中央文獻研究室編, 『「關于建國以來黨的若干歷史問題的決議注釋本』, 人民出版社, 1985. p.25)

49) 『中華人民共和國實錄』, 第2卷下, 吉林人民出版社, 1994, pp.1095-1096

50) 謝忱編著, 『中華人民共和國50年-回顧與思考』, 上, 新華出版社, 1999, p.365

51) 『中華人民共和國國史通鑒』, 第2卷(1956-1966), 紅旗出版社, 1994, pp.203-204 참조

52) 어록은, 재판 때에 증감되어 33개 항목, 366개 조, 다시 427개 조로 늘어나 모두 8800자로 되었다. 처음에는 군대 내부 독서물로 군인 한사람이 한부씩 갖고 있었으나 당 중앙의 영도자, 간부들도 이를 요구하여 인민출판사에서 출판, 신화서점에서 전국적으로 발행하였다. 문혁기간에만 국내외 50여 문자로 500여 종의 판본이 나왔으며, 전 세계적으로 50여 억 책을 인쇄하였다.

53) 이 작품 이외에도 『劉志丹』, 『怒潮』, 『北國江南』, 『早春二月』, 『苦鬪』, 『革命家庭』, 『不夜城』 등의 영화, 소설, 희곡작품이 자본주의 인성론, 자산계급을 미화, 사회주의 혁명을 멸시하고 자본주의 복벽을 기도하려는 의도라고 비판받았다.

54) 1963-1964년 사이에 중공 中央高級黨校에서 강의할 때 대립, 통일의 개념을 제시한 것이다. 이를 一分爲二의 수정주의로 보고, 또한 계급투쟁이 아닌 계급의 조화로 보아 비판하였다.

55) 역사연구가 마르크스 계급투쟁의 이론을 갖고 간단화, 절대화, 공식화되는 경향을 지적하고 계급관점과 역사주의를 결합, 이론과 사료의 관계, 농민전쟁, 역사인물의 평가 등 유물사관을 어떻게 견지하여야 할 것인가를 제출하였는데, 이를 가리켜 계급의 조화, 유심사관을 선양하고 반 마르크스주의와 반사회주의의 대 합창에 적극 참가하였다고 비판하였다.

56) 경제적 효과를 높이는 것이 사회주의 건설에 관건이 된다 하고 계획경제 가운데 가치규율의 작용을 중시하고 경제관리상 이윤을 높여야 한다고 하였는데, 이를 가리켜 이윤을 선전하고 자본주의를 제창한다며 자산계급, 수정주의자라는 고깔모자를 씌워 비판하였다.

57) 『中華人民共和國實錄』, 第2卷下, 吉林人民出版社, 1992, pp.766

58) 『中華人民共和國實錄』, 第2卷下, 吉林人民出版社, 1992, pp.799

59) 중공 당 중앙은 이 편지를 4월 4일에 공개하였다.

60) 『中華人民共和國實錄』, 第2卷下, 吉林人民出版社, 1992, pp.829:『中蘇論戰文獻』, 文化資料供應社, 1977, pp.3-58

61) 『人民日報』, 1959, 7, 17

62) 王賢根, 『援越抗美實錄』, 國際文化出版公司, 1990, p.44

63) 謝顯益, 『中國當代外交史』, 中國青年出版社, 1997, pp.128-129

64) 趙德馨主編, 『中華人民共和國經濟史』(1957-1966), 河南人民出版社, 1989, p.383

65) 國家統計局編, 『中國統計年鑑』(1983), 中國統計出版社, 1983, p.14
66) 『劉少奇選集』, 下, 人民出版社, 1985, pp.323-327
67) 국민경제조정기인 1963년 3월 5일에 모택동은 뇌봉동지를 따라 배우자고 하여 전국적으로 뇌봉학습활동이 전개되었다. 뇌봉은 1940년생으로 호남 장사현 평촌에서 태어나 일곱 살 때 고아가 되어 당과 인민정부의 보살핌 아래 초등학교를 졸업하고 해방군 운전병이 되어 모범적인 행동을 보이다가 1962년에 공무로 순직하였다.

제6장

# 문화대혁명과 중국문화부흥운동(1966-1970)

## 1. 문화대혁명의 배경과 그 조짐

### 1) 문화대혁명의 발생 배경

모택동이 주도하였던 대약진은 오히려 중국을 어렵게 만들어 비록 이를 수정하면서 새로운 대약진을 전개하였으나 그 결과 국민경제는 곤란에 빠졌다. 그런데 이를 조정하고 바로잡아 경제를 회생시킨 것은 유소기(劉少奇), 등소평(鄧小平)으로 대표되는 주자파(走資派)였다. 따라서 모택동의 권위는 크게 실추되고 상대적으로 주자파인 유소기 등의 인기가 높아졌다. 이는 자본주의의 타도와 무산계급의 전정(독재)과 계급투쟁을 내세워 오직 군중혁명노선과 중단 없는 혁명을 주장하고 실천해왔던 모택동에게는 하나의 위협으로 받아들여졌다. 따라서 문화대혁명은 그 동안 전개하여 왔던 반 우파투쟁(反 右派鬪爭), 좌경착오의 연장으로 계급투쟁의 확대에 따른 노선투쟁, 정치권력투쟁의 산물이기도 하다.

모택동은 1964년 12월 5일에 중공 당 중앙위원이며 공안부장인 사부치(謝富治)의 「심양야련창(瀋陽冶煉廠(공장))자본주의 경영관리 방법의 정신보고」에 대한 답에서 공장관리는 얼마나 자본주의화 되었나 라면서 그 정도가 1/3이냐, 1/2이냐 아니면 그 이상이냐 라고 묻고 하나하나 철저하게 찾아내 개조하도록 지시 하였다.[1]

당시 모택동은 농촌정권의 1/3이상이 공산당의 손 안에 있지 않고, 학교는 자산계급 지식인들이 패권을 독차지 하고 있으며, 문학과 예술계도 대부분이 수정주의에 빠져있다고 보았다. 그리고 중국 안에는 노동자의 피를 빨아먹는 관료자본주의가 계속 존재하며, 당 안에는 자본주의 길로 가는 당권파가 있다고 분석하였다. 때문에 반혁명 수정주의자들에 대하여 어떻게 할 것인가의 문제를 여러 장소에서 거론했다.

모택동의 이러한 분석은 그의 독단에서 비롯된 것인데, 이는 여산회의(廬山會議)를 비롯하여 7천인 대회이후에 나타난 그의 심리적 독단이었다. 이에 따라 집단지도 체제였던 당의 민주적인 운영은 파괴되었고 개인숭배를 바라지 않는 다고 하였던 모택동은 당내 분위기를 이용하여 이를 묵인하는 태도를 보였을 뿐만 아니라 당은 모택동의 의도대로 중요정책을 결정하는 것으로 굳어졌다.

여기에 국제적으로 소련과의 이념대립은 모택동으로 하여금 더욱 극좌적인 경향으로 기울게 하였다. 즉 소련의 흐루시초프(Khrushchev, N.)가 내세운 자본주의 세계와 평화공존은 진정한 마르크스 레닌주의가 아니라고 보았다. 그리고 사회주의 국가의 종주국이라 할 수 있는 소련이 색깔을 바꿨기 때문에 이에 대한 대응을 모색해야 한다고 생각하였다. 즉 당시 소련을 중심으로 한 수정주의를 반대하여야 하고 또 국내에 대두되고 있는 수정주의를 방지하여야 하였다. 그렇지 않으면 중국도 색깔이 변할 수 있다고 보았다. 당시 도시에서의 5반운동, 농촌에서의 4청운동을 전개하였던 것도 바로 수정주의자의 뿌리를 파헤치려는 목적이 있었다. 이밖에 미국의 월남 참전은 간접적으로 모택동에게 위기로 받아들여졌다.

특히 모택동은 스탈린(Stalin, J.)이 자신의 후계자를 잘못 선택하였기 때문에 흐루시초프와 같은 인물이 등장하였다고 보았다. 즉 스탈린은 말렌코프(Malenkov, G.)를 선택해 당권을 넘겨주었으나 말렌코프가 이를 지켜내지 못했기 때문에 흐루시초프가 등장했다고 하여 자신의 후계자를 제대로 올바르게 선택할 필요를 절감하게 되었다.[2] 사실 모택동은 1956년 9월의 중공 당 8전대회 이전까지 권력을 유소기와 그 밖의 동료들에게 넘길 생각이었고, 1959년 4월에 정치국상임위원회에서 제2선으로 물러나려 유소기에게 국가주석의 자리를 넘겨주었다.[3] 그런데 1962년이후 모택동은 유소기를 믿을만한 선택이 아니라 보고, 이를 다시 고려하여야 되겠다고 마음을 굳혔다.[4]

따라서 '문화대혁명에 대한 관방(官方)의 공식적인 해석은 장기간 동안의 두 노선 투쟁의 결전으로, 모택동의 정확한 노선과 중국적인 흐루시초프·당내 자본주의 길로 가는 당권파·국가주석의 후계자인 유소기가 견지하고 있는 수정주의 노선의 결전이라고 하였다.[5]

## 2) 문화대혁명의 도화선-역사극『해서파관(海瑞罷官)』비판

대약진의 좌절이후 국민경제의 조정기에 들어가 다시 좌경노선이 등장하면서 정치적으로 지식인의 의식을 비판하기 시작하였다. 이때 강청(江靑)·강생(康生) 등은 다른 속셈을 갖고 조직적으로 오함(吳晗)의 신편 역사극『해서파관』을 비판하여 문화대혁명의 서막을 올렸다.

당 중앙이 1959년 4월에 상해(上海)에서 회의를 열고 있는 기간에 모택동은 상극(湘劇, 호남지방의 극)「생사패(生死牌)」를 관람한 일이 있었다. 그런데 그 끝나가는 부분에 해서(海瑞)란 인물이 등장하는데, 모택동은 비서에게『명사(明史)』해서전(海瑞傳)을 가져오게 하여 이를 열독하였다. 그리고 어느 회의석상에서 해서에 관한 고사를 이야기하고, 해서는 황제를 심하게 공격하였으나 황제에 대한 충성심은 대단한 것이라 평가하면서 역사학자들에게 해서를 연구하여 그의 굳고 곧은 정신과 황제에게 직간하는 정신을 높이 보자고 하였다.

회의 후 당 선전관계 일을 맡고 있던 호교목(胡喬木)은 모택동의 의사를 명사(明史) 연구자인 오함에게 전달하고 그에게 해서에 관한 문장을 쓰도록 요청하였다. 오함은 즉시「해서가 황제를 욕하다(海瑞

罵皇帝)」라는 글을 써서 1959년 6월 16일자 『인민일보(人民日報)』에 발표하였다. 이해 8월에 모택동은 다시 여산회의에서 팽덕회(彭德懷)를 비판할 때 좌파 해서와 우파 해서의 문제를 제기하였다.

이에 9월에 오함은「해서를 논함」이란 글을 썼는데, 그는 공적으로나 사적으로 팽덕회와는 아무런 관계가 없었고, 정치변화에 소심한 지식인으로 문장의 말미에 우경 기회주의 분자를 비판하는 말 한 마디를 첨가시켜 모택동의 해서에 대한 좌우의 구별을 표현하고, 또한 자기의 해서에 대한 관점을 제출하였다.

1959년 후반기에 정치협상회의 상에서 북경경극의 대표격인 마연량(馬連良)이 오함에게 해서를 다시 쓰도록 요청하였는데 오함은 이를 거절하지 못하고 1960년 말에 「해서」를 썼다. 당시 오함은 체희도(蔡希陶)의 건의를 받아들여 그 제목을 『해서파관』으로 고쳤다. 이 극본은 1961년에 발표되어 공연되었으며 각계의 환영을 받았다.

그런데 1962년에 당 안의 좌경착오를 바로잡으면서 인식상의 분열이 보이게 되자 강청(江靑) 등은 여러 차례 모택동에게 「해서파관」의 반응에 문제가 있다고 하면서 비판할 것을 요구하였다. 처음에 모택동은 동의하지 않았으며 오히려 이들을 설득하였었다.

하지만 강생(康生)이 1964년에 모택동에게 「해서파관」에 반영된 것은 여산회의와 관계가 있으며 팽덕회와도 관계가 있다고 설명하였다. 그리고 강청은 모택동의 동의아래 중앙선전부, 문화부 부장과 부부장에게 해서파관을 비판하는 문장을 조직적으로 제출하게 하였으나 오히려 거절당하였다. 이해 후반기에 들어와 그녀는 다시 『인민일보』사 문예부 이희범(李希凡)에게 비판의 글을 쓰도록 하였으나 이 역시 거절당하였다.

강청은 1965년 초에 상해로 가 장춘교(張春橋)와 비밀리 모의하고, 요문원(姚文元)에게 비판의 글을 쓰게 하였다. 이러한 과정을 모택동 이외에 중앙정치국에서는 아무도 알지 못 하였다. 요문원은 이해 8월 말에 「신편역사극 해서파관을 평함(초고)」을 완성하여 소수인의 의견을 들은 다음 수정을 끝냈다. 그리고 이를 북경의 강청에게 보내 다시 모택동의 지지를 얻어낸 다음 1965년 11월 10일에 상해의 『문회보(文滙報)』에 발표하였다. 그런데 10여일이 지나도록 이를 전재하는 신문이 없었다.

이에 모택동은 이 글을 소책자의 단행본으로 만들어 신화서점(新華書店)을 통하여 보급시키도록 하였다. 그 후 『인민일보』도 압력을 받고 11월 30일에 이 글을 전재하기에 이르렀다. 그러나 편집사의 말을 빌려 쌍백(백화제방, 백가쟁명)방침을 관철하여야 하며 마땅히 토론을 거쳐 실사구시(實事求是)로서 조리 있게 설명하여야 한다고 첨가하였다. 이후 북경, 상해 등지에서 해서파관에 대한 토론과 비판이 일어났다.

그런데 모택동은 진백달(陳伯達) 등과 12월 2일에 항주(杭州)에서 대화하면서 요문원(姚文元)의 글을 긍정하여 지적하기를 해서파관이 해가 되는 것은 황제가 그를 파면한 것이라 하고, 1959년에 우리가 팽덕회(彭德懷)를 파면하였으니 팽덕회는 바로 해서(海瑞)라 하였다. 이 말은 해서비판의 자극제가 되었다.

1966년 4월 2일에 『인민일보』는 강청이 조직한 척본우(戚本禹)의 글 「해서마황제(海瑞罵皇帝, 해서가 황제를 욕하다)와 해서파관의 반동실질」을 발표하고, 『홍기(紅旗)』잡지에 관봉(關鋒)·임걸(林杰)의 「해서마황제」와 「해서파관」을 발표하였는데, 여기에서 이를 가리켜 반당, 반사회주의의 두 그루 독초라 지적하였다.

이로부터 오함이 쓴 해서의 문장은 여산회의(廬山會議)에서 파직당한 팽덕회와 연결시켜졌다. 당시 오함은 북경부시장으로서 『전선(戰線)』과 『북경일보(北京日報)』에 요말사(廖沫沙), 등척(鄧拓)과 함께 「삼가촌찰기(三家村札記)」를 써 삼가촌 그룹을 형성하고 있었다. 이들은 북경당위원회의 팽진(彭眞), 중공 당 선전부의 육정일(陸定一)·주양(周揚)과 관계가 있었고, 또한 유소기와도 연결되어 있었다.

따라서 오함에 대한 비판은 바로 이들 삼가촌 그룹에도 영향을 미쳐 이들을 비판하는 「전선, 북경일보의 자산계급 입장을 평함」이란 글도 나왔다. 결국, 오함의 비판은 오함 한사람으로 끝나는 것이 아니라 팽진, 육정일, 유소기를 비판하는 것으로 확대되었던 것이다.

### 3) 삼가촌 비판

오함에 대한 비판은 그와 밀접한 관계를 맺고 있는 삼가촌 비판으로 비화되었다. 삼가촌이란 『전선(戰線)』(삼가촌찰기(三家村札記)), 『북경일보(北京日報)』, 『북경만보(北京晩報)』(연산야화(燕山夜話))에 수필을 연재하던 칼럼 란에서 비롯된 것으로 요말사(廖沫沙)·등척(鄧拓)·오함(吳晗)이 필진이었다. 이들이 연재한 전선이나 북경만보는 중국공산당 북경시위원회의 기관지였다는 것과 팽진, 육정일, 주양과 유소기와도 깊은 관련이 있다는 점이 문제가 되었다.

삼가촌에 대한 비판의 포문을 연 것은 군기관지 『해방군보(解放軍報)』였다. 해방군보는 1966년 5월 8일에 고거(高炬)의 「반당 반사회주의의 흑선(黑線, 검은 세력)을 공격하자」라는 글을 게재함으로서 삼가촌 그룹을 통렬하게 비판하였다. 그리고 곧이어 요문원(姚文元)은 5월 10일에 상해의 『해방일보(解放日報)』와 『문회보(文滙報)』에 「삼가촌을 평한다-연산야화와 삼가촌찰기의 반동적 본질」이란 글을 발표하였다.

요문원은 전선의 편집장을 담당하고 있던 등척(鄧拓)을 가리켜 북경의 사상문화 활동의 지도적 자리를 독점하였다고 비판하였다. 또한 그가 삼가촌의 무리들과 더불어 전선, 북경일보, 북경만보를 반당, 반사회주의의 도구로 삼고 반당, 반사회주의적인 우파 기회주의 즉 수정주의 노선을 추진하여 당을 공격하는 우파 기회주의 분자의 대변자 역할을 하였다고 지적하였다.

사실 「삼가촌찰기」 가운데 등척은 1961년 11월 10일에 「위대한 공언(허튼 소리)」를 발표하여 모택동이 1957년 11월에 모스크바를 방문하여 행한 연설 「동풍은 서풍을 제압한다」를 들어, 동풍은 우리의 은인이며, 서풍은 우리의 적이라는 것은 허튼소리이며 자만이라고 하여 반 모택동적인 냄새를 풍겼다. 요말사도 1961년 11월 25일에 「공자의 훌륭한 점이 어디에 있는 가」에서 공자(孔子)는 매우 민주적인 사상을 가진 자로서 사람들이 자기의 학설을 비판하는 것을 좋아하였다고 하였다. 이는 독단적인 모택동을 공자와 비유하였던 것이다. 특히 연산야화(燕山夜話)에 발표된 등척의 「왕도(王道)와 패도(覇道)」는 더욱 노골적으로 모택동을 풍자한 것이어서 요문원 등은 이를 갖고 공격의 빌미로 삼았다.

결과적으로 요문원의 글을 발표한 상해 일간지인 『해방일보』와 『문회보』가 북경의 권위 있는 지식인들을 비판하고 나선 것은 장차 문화대혁명의 중심지가 북경으로 비화되는 것을 의미하게 되었다. 그리고 삼가촌 그룹을 지칭하여 계획적이며 조직화된 반모(反毛)집단의 대변자들이라고 폭로한 것은 당시 전개되고 있던 정풍운동이 문화예술인이나 학자에게 국한되지 않고 중공 당 북경시위원회을 비롯한 당내의 당권 파들에게까지 파급될 가능성을 예견케 해주었다.

### 4) 「2월 제강(提綱)」

요문원의 글과 「해서파관」에 관한 비판은 문예계와 역사학계를 비롯하여 학술계에 큰 파문을 몰고 왔다. 적지 않은 사람들이 요문원의 글을 지지하거나 반박하는 글을 발표하였다. 해서파관을 둘러싸고 당 중앙의 내부의견도 달라 토론과 비판을 진행하는 가운데 혼란이 일어났다.

이때 모택동은 해서파관은 '파관'에 문제가 있다며 그 비판에 대하여 지지를 보냈다. 그리고 이를 비판한 요문원의 글은 그의 의도에 부합되었던 것이다. 즉 이는 단순한 문예문제가 아니라 삼면홍기를 계속 지켜나갈 것이냐 라는 정치문제가 있었던 것으로 보았기 때문이다.

해서파관의 비판은 1966년 초에 이르러 해서를 소재로 한 모든 연극이나 문학작품을 비롯하여 사학계, 문예계, 철학계 등 사회과학의 각 영역으로 확대되었다. 그리고 오함과 그 밖의 교수나 전문가들을 비판하여 전국적으로 정치비판의 파도가 일어나게 되었다.

이에 문화혁명 5인소조의 팽진은 1966년 2월 3일에 문화혁명 5인소조 확대회의를 소집하여[6] 오함에 대한 비판상황과 계속적으로 비판하여야 할 것인가의 방침을 토론하였다. 회의에서 팽진은 오함을 가리켜 반사회주의 문제가 없고 팽덕회와도 아무런 관계가 없다고 하면서 비판은 사실에 주의하여야 하고 해서파관의 문제는 학술적인 문제로서 정상적으로 토론하여야 한다고 하였다.

그리고 이 회의의 의견을 종합하여 2월 4일에 「당면 학술토론에 관한 보고제강」(2월 제강)을 기초하였다.[7] 제강에서 이번 토론과 비판은 의식형태 안에서 일어난 한차례 대투쟁으로 학술영역 가운데 자산계급과 그 밖의 반동 착오사상의 투쟁이며 사회주의와 자본주의의라는 두 노선 투쟁으로 보여 지는 것은 그 일부분이며 학술투쟁일 뿐 정치투쟁으로 확대해서는 안 된다고 하였다. 그리고 실사구시 태도로 진리 앞에 모든 사람은 평등하다는 원칙아래 이론을 가지고 다른 사람을 설득시켜야지 군벌과 같이 무단과 힘의 압력으로 누를 일이 아니라고 하였다. 또한 정치비판으로 변질되는 것에 찬성하지 않았다.

이 제강은 기본적으로 모택동의 문예 정풍운동에 동의하나 그것을 실행하는 과정에서 온건하고 점진적인 방법을 택한 것이었다. 그리고 2월 5일에 유소기가 주재한 중앙정치국 상무위원회에서 이 제강의 보고를 듣고 이를 모택동에게 보고하기로 결정한 다음, 팽진, 육정일, 강생, 호승(胡繩) 등이 무한(武漢)으로 가 모택동에게 보고하였다. 당시 모택동은 이 보고에 대하여 중앙정치국상무위원회에서 이미 결정된 일이기 때문에 분명하게 반대할 수가 없었다. 그러므로 중공당 중앙은 이 제강을 현단(縣團)급 이상의 간부들에게 학습하라고 지시하였다.

그러나 모택동은 학술상 문제와 정치문제를 구별하고, 당 지도자들이 학술문제로 국한하려는 「2월 제강」에 대하여 만족하지 않았을 뿐만 아니라 다음달에 반대의 뜻을 분명히 표시하였다. 그리고 그는 해서파관을 비판하게 하여 중앙 지도자들이 서로 다른 의견을 제시하도록 하게 함으로써 정치운동화 시키는 하나의 돌파구로 삼으려 하였다.

즉, 모택동은 3월 30일 어느 회의석상에서 5인소조의 제강보고에 대하여 비평하면서 중앙선전부가 좌파를 지지하지 않고 좌파의 문건을 억압하는 것에 대하여 질책하고 좌파를 지지하지 않으면 5인소조, 중앙선전부, 북경시위원회를 해산할 것이라고 말했다. 강생은 북경으로 와 이와 같은 사실과 이를 모택동의 뜻이라 전달하고 왕력(王力)에게 「2월 제강의 폐지를 선포하는 통지」를 기초하게 하였다.

그런데 모택동은 이 통지를 심사하면서 너무 간단하다고 여겨 다시 진백달(陳伯達)에게 기초하게 하였다. 그리고 4월 16일에 모택동은 항주(杭州)에서 중앙정치국 확대회의를 주재하면서 팽진의 이른바 반당죄행과 문화혁명 5인소조, 「2월 제강」을 비판하고 또한 이의 취소를 선포하여 「2월 제강」은 폐지되었으며 이로부터 좌경적 경향으로 치우치게 되었다.

### 5) 「부대문예공작 좌담회기요(部隊文藝工作座談會紀要)」

모택동은 일찍이 1963년에 연극계를 가리켜 제왕장상이나 재주있는 가인들만 노래한다고 비판한 일이 있다. 이후 연극계는 격렬한 계급투쟁이 일어났고. 그로 인해 많은 연극 종사자들이 무대에서 쫓겨나 시골이나 공장에 가서 실제 생활을 체험하고 현대 생활을 소재로 한 신극본을 창작하는 바람이 일어났다. 이를 본 모택동의 부인이자 배우출신인 강청은 이해 12월에 경극의 혁명을 구호로 북경의 어느 경극단에 가 「노탕화종(蘆蕩火種)」이란 상해의 현대극본을 공연하게 하고, 또한 경극 「사가빈(沙家濱)」 등을 현대극으로 개편하여 공연하였다. 이때부터 강청은 정치활동에 참여 야심이 갈수록 커지기 시작하였으나 유소기나 주은래 등으로 인해 뜻을 이룰 수 없었다.

그러다 삼면홍기로 인해 모택동과 유소기 사이에 갈등이 보이자 이 기회를 잡아 오함의 해서파관을 비판하게 되었다. 그런데 해서파관을 비판하는 글이 확산되는 것을 저지하고 있는 당 중앙의 태도를 보고 강청은 1966년 1월 21일에 상해에서 소주(蘇州)로 임표(林彪)를 찾아가 문예혁명을 주제로 임표와 밀담을 나누었다.8)

임표도 정치적 야심이 만만치 않아 강청을 이용할 생각이었기 때문에 두 사람은 손을 잡게 되었다. 우선 임표는 다음날 해방군 총정치부에 '강청은 문예 공작방면에서 뿐만이 아니라 사상, 조직상 중요하다. 이후 문예방면의 문건을 그녀에게 보내 보도록 하고, 어떠한 일이 있으면 그녀와 수시로 연락, 부대문예 공작 정황을 이해하도록 하고, 그녀의 의견을 구해 부대문예공작이 개선되도록 하라'고 지시하였다.9)

타임지의 표지 강청(중국여성으로는 두 번째, 첫번째는 송미령이었다)

강청은 임표의 지원을 받아 1966년 2월 2일부터 20일까지 상해에서 부대문예 공작좌담회를 열었다. 이 자리에서 강청은 건국이래 17년동안 문예계는 아직도 검은 세력(흑선, 黑線)이 문예계를 독점하고 있다고 하면서 이제는 우리가 그들을 독재할 때라고 언급하였다. 그리고 이 검은 세력을 타도하자고 하였다.

회의가 끝난 후 기요를 정리하였는데, 강청은 이를 불만족스럽게 여기고 진백달(陳伯達), 장춘교(張春橋)를 찾아가 마침내 「임표가 강청에게 위탁하여 소집한 부대문예공작좌담회 기요」를 작성하였다.[10] 모택동도 이를 세 차례에 걸쳐 수정한 다음 결재하였으며, 다시 임표가 군사위원회에 편지를 보내 이를 통과시켰다. 이 통지는 중공 당중앙을 통하여 정식으로 비준 발송되었다.

이 좌담회 기요는 바로 2월 제강을 반대한 것으로 1963년과 1964년에 모택동이 결재한 문학예술에 관한 지시의 착오를 계승시킨 것이다. 그 내용은 그동안 중국공산당 영도아래 전개되었던 1930년대 진보문예의 역할을 완전히 부정하고, 또한 건국이래의 문예공작의 성과를 완전히 말살하였다. 기요에서는 16년 동안 문화전선에는 첨예한 계급투쟁이 진행되었는데 문예계는 모주석과 서로 대립되는 반당, 반사회주의 흑색전선이 독재하여 왔다고 하면서, 이들의 흑색전선은 자산계급의 문예사상, 현대수정주의의 문예사상과 이른바 1930년대 진보 문예사상과 결합한 것이라 하였다.

기요가 하달된 후 전국의 신문과 잡지는 문예 흑색전선에 대하여 공격과 비판을 전개하여 각 영역으로 신속하게 파급되었다. 또한 이를 계기로 군직과 아무런 관계도 없던 강청은 중앙군사위원회 문화혁명소조 고문, 해방군 문화공작 고문에 임명되고 임표와의 관계가 긴밀해져 문화대혁명을 발동하게 되었다.

## 2. 문화대혁명의 시작

### 1) 팽(彭)·나(羅)·육(陸)·양(楊)에 대한 비판

1965년 11월 이후 「해서파관」의 비판과 함께 당과 군 기관에서 팽진, 나서경, 육정일, 양상곤에 대한 비판이 일어나고 있었다. 이들 당과 군의 고급간부들은 1960년이래 서로 다른 장소에서 임표의 개인숭배론에 대하여 다른 의견을 제시해왔다. 그런데 이들이 다시 오함에 대한 비판을 어느 정도 막고 있다고 보였기 때문에 이들은 문화대혁명의 장애가 된다고 보아 임표와 강청의 모함을 받기에 이르렀다.

당시 팽진(彭眞)은 정치국위원이며 서기처 상무서기, 북경시위 제1서기였는데, 오함을 보호하고 해서파관의 비판을 막았으며, 오함과 팽덕회의 무관함을 말해왔다는 점과 2월 제강을 제정하여 문화대혁명 발동에 방해가 되었다고 평가되었다. 나서경(羅瑞卿)은 중앙서기처 서기이며 군사위원회 비서장, 중국인민해방군 총참모장으로 1959년에 참모장에 취임한 이래 임표의 개인숭배에 대하여 이를 강력하게 막았을 뿐만 아니라 『해방군보』에 「모택동어록」을 게재하는 것조차 동의하지 않았다고 평가되었다. 즉 나서경은 임표의 입장에서 정치적 야심을 펴는데 최대의 장애 인물로 보여 12월 8일에 모택동의 지시에 따라 당 중앙은 상해에서 긴급회의를 소집하고 나서경에 대한 비판이 시작되었다.11)

육정일(陸定一)은 중앙정치국 후보위원으로 중앙서기처 서기, 중앙선전부 부장, 국무원 부총리로 해서파관의 비판에 적극적이지 않았다고 평가되었다. 즉 척본우의 글 등을 압류하여 중앙선전부의 염라대왕으로 불렸고, 임표의 개인숭배에 대하여 비판하였다. 특히 그의 부인(嚴慰冰)이 익명의 편지로 임표와 그 부인 섭군(葉群)의 좋지 않았던 행위를 들추어내 모함을 받았다.12)

양상곤(楊尙昆)은 중앙서기처 후보위원이며 중앙판공청 주임으로 1965년 5월에 도청과 국가기밀문서를 다른 사람에게 베끼도록 누설하였다는 강생의 모함을 받고 그것이 빌미가 되어 그 해 11월에 그 직을 떠나게 되었는데, 이는 강청과 강생 등이 그들의 정치적 필요에 의하여 모함을 가한 것이다. 그러나 분명한 것은 모택동의 작용이 절대적인 것이었다. 즉 위의 네 사람에 대한 처벌은 문화대혁명을 발동하기 위한 조직상의 장애물을 제거한 것으로 정치적 사건이었다.

그리고 반당집단으로 몰린 것은 이 네 사람만이 아니라 그 가족은 물론 조금이라도 관련이 있으면 같은 집단으로 몰렸다. 예를 들어 화가인 한미림(韓美林)은 등척(鄧拓)이 그를 위해 그림에 글을 써준 일이 있고, 가극 「두아원」의 레코드판 디자인을 해주었다는 이유로 삼가촌의 무리로 지목되었으며, 거리에서 폴란드 옛 친구를 만나 커피를 마셨다고 해서 정보원이라는 구실을 붙여 1967년에 감옥에 들어가 4년 반을 지내야 하였고, 부인도 딸을 데리고 이혼하여야 하였는데 이와 비슷한 일은 수도 없이 많았다.13)

## 2) 중공 당 중앙 정치국확대회의

중공 당 중앙은 정치국확대회의를 1966년 5월 4일부터 26일까지 북경에서 유소기의 주재로 소집하였다. 당시 모택동은 외지에 있었으나 회의의 의제는 모택동의 의견에 따라 회의 전에 결정된 것이었으며 회의기간도 강생(康生)이 모택동에게 보고하여 사전에 결정된 것이다.

회의에 참가한 사람은 모두 76명으로 문화혁명문건기초소조의 강청(江靑), 장춘교(張春橋), 관봉(關鋒), 척본우(戚本禹) 등 8명이 포함되어 있었다. 회의에서 임표와 강생일당들은 팽진(彭眞)·육정일(陸定一)·나서경(羅瑞卿)·양상곤(楊尙昆) 등을 이른바 반당집단이라고 무고하고, 또한 그들에 대하여 비판투쟁을 전개하였다.

회의 기간인 5월 18일에 임표는 회의장에서 긴 발언을 통하여[14] 모택동의 개인 천재성을 칭송하면서 당 중앙 안에 정변을 기도하려는 사람이 있고, 또한 전복하려고 한다는 유언비어를 만들어 공포분위기를 조성하고 있다고 주장하였다. 사실 임표의 목적은 파시스트 독재의 수단으로 잔혹하게 당과 국가의 영도자와 여러 기관의 간부 그리고 군중을 압박하여 반혁명의 여론을 조성하고 실제로 그 자신이 당의 권력을 탈취하려는 의도가 숨겨져 있었다.

결국, 23일의 회의에서 팽진, 나서경, 육정일의 중앙서기처 서기 직무를 정지시키고 양상곤의 후보서기직도 정지시켰다. 뿐만 아니라 팽진의 북경시위 제1서기 직과 시장직을 면직시키고, 육정일의 중앙선전부 부장직도 취소되었다. 다음 날 중앙정치국 상임위원회에서는 이들 반당음모집단의 문제를 다루기 위하여 전문심사위원회를 두기로 결정하였다. 이에 따라 이들은 문화대혁명 발동시기에 첫 번째로 타도된 당과 국가 지도자들이 되었다.

그리고 중앙정치국확대회의를 통해 좌경방침을 내세우는 사람들이 당 중앙의 자리를 차지하였다. 우선 이 회의가 끝난 다음 5월 28일에 중앙 문화혁명소조가 성립되고 고문에 강생, 조장에 진백달, 부

팽진비판
그를 가리켜 반혁명 수정주의 분자라 비판하였다.

조장에 강청·장춘교, 조원에는 왕력·관봉·척본우·요문원 등 이었는데, 바로 이 소조는 문화대혁명의 지휘기구가 되었다. 왜냐하면 소조는 규정에 따르면 중앙정치국 상임위원회에 소속되어 있었으나 실제로는 모택동에 예속된 특수기관으로 상임위원회에서 관여할 수 없는 중앙의 일반 기관보다 우위에 있었다. 따라서 시작부터 중공 당 중앙정치국과 중앙서기처를 벗어난 문화대혁명의 실제 지휘기구가 되었다. 특히 진백날은 건강이 좋지 않다거나 북경을 떠나 있을 때에 제1부조장인 강청이 대리한다는 통지를 보내(당시 진백달은 한번도 아프거나 외출한 일이 없음) 강청이 중앙문혁소조의 실질적인 책임자가 되었다.15)

### 3) 5.16 통지

중공 당 중앙은 5월 16일에 소집된 정치국확대회의에서 진백달이 기초하고 모택동이 일곱 차례나 수정한 「중국공산당 중앙위원회 통지」, 즉 5.16 지시를 통과시켰다.16) 이 5.16 통지는 중공 당 중앙이 1966년 2월 12일에 승인한 바 있었던 문화혁명 5인소조가 작성한 「당면 학술토론에 관한 보고와 제강」(약칭 2월 제강)이 당 중앙과 모택동이 제출한 사회주의 문화혁명 노선을 위반하고 1962년 당의 8기 10중전회에서 결의한 사회주의 사회계급과 계급투쟁 문제의 지도방침을 위반하였다고 하였다. 그리고 5인 소조를 주도한 팽진은 같은 소조안의 강생과 그밖에 조원을 무시하고 스스로 이를 작성하여 5인 소조위원회의 토론이나 지방 당위원회의 의견도 묻지 않고 더욱이 중앙주석인 모택동의 동의도 받지 않은 상태에서 결정된 것이라고 하여 실제 사실과는 다르게 무고하였다. 그러면서 2월 제강의 이른바 10 가지 죄상을 나열하였다.

특히 2월 제강은 자산계급의 입장에서 자산계급의 세계관을 갖고 학술을 비판하여 적아의 관계를 무너뜨리고 문화사상 전선의 첨예한

계급투쟁을 모호하게 만들었다고 하였다. 그리고 이에 참여한 사람은 마르크스 레닌주의를 반대하는 자들이며 계급투쟁을 반대하는 반혁명분자라고 모함하였다.

통지에서는 각급 당위원회에 대하여 모택동의 지시에 따라 당과 사회주의를 반대하는 이른바 학술 권위자들의 반동적인 자산계급 입장을 철저히 분석하여 학술계, 교육계, 언론계, 문예계 그리고 출판계의 자산계급 반동사상을 철저히 폭로하고 비판하여야 한다고 하였다.

그리고 끝으로 당, 정부, 군대안과 문화계의 각 방면에서 잠재하고 있는 자산계급의 대표자는 반혁명 수정주의분자이며 일단 기회가 오면 권력을 탈취하여 무산계급 전정(독재)을 자산계급 전정으로 바꾸어 놓으려고 하는 분자라 하였다. 이들 인물 가운데 일부는 이미 우리에게 간파되고 있으나 일부는 아직도 간파되지 못하고 있으며, 그 가운데 일부는 우리들로부터 신뢰를 받고 우리의 후계자로 양성되고 있다. 예를 들면 우리의 주변에서 잠자고 있는 흐루시초프식의 인물이 그것이다. 각급 당위원회에서는 이 점을 잘 주의하지 않으면 안 된다고 하였다.17) 여기서 후계자니 신뢰받는 자니 하는 것은 조정정책을 추진하였던 유소기(劉少奇)나 등소평(鄧小平)을 지목하고 있

문화대혁명을 고취하는 대자보

는 것이다.

통지는 이론적으로 마르크스 레닌주의의 기본원칙을 위반하고 진리 앞에 사람들은 평등하다는 마르크스의 관점을 자산계급의 구호라 하면서 진리의 객관성과 진리를 점검하는 객관적 표준을 부인하고, 결국 정치문제와 학술문제를 동등하게 보아 백화제방과 백가쟁명의 쌍백(雙百)방침을 전반적으로 부인하였다. 그리하여 이 통지는 문화대혁명을 이끌어 가는 강령성의 문서가 된 셈이다.

### 4) 군중성의 정치운동 전개

5.16통지가 하달된 다음 문화대혁명의 군중성적인 정치운동이 전국적으로 전개되기 시작하였다. 그 가운데 북경시 당위원회가 첫 대상이 되었다. 5월 25일에 강생이 직접 획책하여 북경대학의 철학과 전임강사 섭원재(聶元梓) 등 7명이 북경대학 당위원회와 북경시 위원회를 무고, 공격하는 대자보를 북경대학에 붙였다.18)

이 대자보는 즉시 북경대학의 교수와 학생들의 불만을 가져와 반나절 만에 철거되고 이를 공격하는 대자보가 나붙었다. 이날 밤 주은래는 사람을 보내 대자보는 엄격하게 규칙을 준수하여 줄 것을 요구하고 또한 섭원재 등을 비판하였다. 강생은 주은래의 태도를 알고 난 다음 대자보의 원고를 항주에 있는 모택동에게 보냈다.

모택동은 이 원고를 신화사(新華社)에 보내어 전문을 발표하게 하고, 전국의 각 신문에 이를 발표해도 좋다고 인정하였다. 이에 중앙인민방송국은 6월 1일에 이 대자보를 방송하고, 2일에 전국의 각 신문에 이를 게재하였다. 『인민일보』에서도 「북대(北大)의 한 장 대자보를 환호한다」라는 한 평론원의 문장을 게재하여 북경대학 당위원회를 반당 반사회주의의 완고한 보루, 가짜 공산당, 수정주의 당이라 하였다. 그러면서 군중이 일어나 이들을 타도하자고 선동하였다. 6월 4일에 『인민일보』는 중공 당 중앙이 북경시위원회를 개조하여 신북경시위원회를 다시 조직하고, 북경대학 당위원회를 개조하며, 공작조를 파견하여 북경대학의 문화대혁명을 영도하기로 결정하였다고 공포하였다.

이보다 앞서 5월 31일에 모택동의 비준을 얻어 진백달이 이끄는 공작조가 인민일보사의 권력을 장악하여 오냉서(吳冷西)를 면직하고 조직을 개조하여 중앙문혁소조가 지배하게 되었다. 이에 따라 『인민일보』는 6월 1일에 사설을 통하여 5.16통지의 정신을 전국에 알리고 청소년과 노동자 농민 군대를 선동하고 조반(造反)을 종용하였다. 그리고 철저한 혁명의 방법으로 대자보를 통한 변론 비판으로 이른바 자산계급 대표 인물, 자본주의의 길로 가는 당권파, 반혁명 수정주의자들을 타도하자고 선동하였다. 이 선동에 따라 전국에서 조반이 일어나 동란의 파도가 몰려오기 시작하였다. 북경시 이외에도, 학생으로부터 사회 각 계층과 각 기관으로까지 확대되었다.

이때 북경에서 정무를 맡고 있던 유소기, 주은래, 등소평 등은 전국의 대학과 고등학교에서의 당 영도기구가 제구실을 할 수 없다고 판단하고 전통적인 방법과 모택동이 허락하여 인민일보 및 북경대학에 공작대를 파견한 선례를 따라 전국의 대학과 고등학교에 공작조를 파견하여 당의 영도기구를 도와 각 단위가 전개하고 있는 문화대혁명을 당 중심으로 전개하도록 하였다. 동시에 밖과 학교를 구별하여 학교 안에서만 하도록 요구하여 대자보가 거리에 붙여지지 못하게 하고, 시위나 대규모의 토론회를 열지 못하게 하였으며 또한 이른바 수정주의자 집을 포위하지 말도록 하여 당시의 혼란국면을 완화시키려 하였다.

공작조가 학교로 들어간 후에 처리 미숙으로 이미 5.16 통지를 받은 일부 조반파 사이에 모순이 일어났다. 군중들 가운데는 공작조를 지키자는 쪽과 쫓아내자는 쪽의 격렬한 투쟁이 있었고, 일부 공작대는 부당한 방법으로 다른 파를 제거하려고 하여 서로 치열한 싸움이 벌어졌다. 남경대학의 경우 교수와 학생들이 조반을 일으키자 총장 겸 당위 서기인 광아명(匡亞明)은 교내 질서를 안정시키기 위하여 각종 토론회를 조직하고 본인도 참가하여 일부 잘못된 관점을 비판하였다. 그 결과, 광아명은 혁명군중을 진압하고 무산계급 문화대혁명을 파괴하는 죄명으로 반당분자가 되었다. 『인민일보』는 6월 16일자에 이와 같은 사실을 보도하고 또한 군중운동을 그대로 지속하도록 하여 반혁명 흑방(黑幇)을 철저하게 타도하자는 사설을 실었다. 그리고 공산주의청년단 북경시위원회가 개소되어 관리를 파면하고 권력을 탈취한 소식을 보도하면서 재차 자산계급의 완고한 보루를 타도하자는 사설을 발표하여 혼란을 더욱 부추겼다.

### 5) 북경대학의 6.18 사건

북경대학에 대자보를 붙였던 섭원재 등은 6월 18일 오전에 북경대 공작조가 회의를 하는 기회에 당정 간부, 교수, 전문가 등 이른바 흑방분자로 불리는 사람들 60여명에 대한 투쟁을 시작했다. 이들에게 고깔모자를 씌우고, 얼굴에 검은 칠을 했으며 머리를 풀거나 옷을 찢거나 무릎을 꿇게 하거나 행진을 시키는 등 법을 어기고 기율이 문란한 모습을 보였다.

이때 북경대 공작조가 바로 현장에 도착하여 이들의 행동을 막고 또 지나친 행동을 비판하여 소란을 피우는 행위는 바로 문화대혁명의 해가 됨을 분명히 취하였다. 또한 현장에서 행위가 비교적 좋지 않았던 몇 사람을 붙잡기도 하였다. 그리고 바로 『북대문화대혁명간보』 제9호를 써서[19] 북경시위원회와 당 중앙에 보고하였다.

유소기는 이 보고를 받고 당 중앙은 6월 20일에 북대 공작조가 혼란을 수습한 방법이 정확하고 시기에 맞추어 처리하였다고 평하면서 만일 다른 곳에서도 이와 같은 일이 일어나면 북경대학에서 처리한 방법을 참고할 수 있다고 하였다. 이에 당 중앙은 북대에서 올린 간보를 전국에 발송하여 사회의 안정을 도모하였다. 그러나 공작조의 이러한 방법은 모택동이 기도하고 있었던 천하에 혼란을 일으켜 천하를 다스리려는 그의 구상을 위반한 것이었기에 모택동의 반대에 직면하게 되었다.

모택동은 7월 18일 무한(武漢)에서 북경으로 돌아와 중앙문혁소조의 보고를 받고 당 중앙에서 공작조를 보내 일을 처리하려는 것에 대하여 비평을 시작하였다. 특히 모택동은 7월 25일에 중앙서기국과 중앙문혁소조의 구성원들과 만난 자리에서 공작조는 방법을 파괴하고 운동의 방해가 된다고 하면서 모두 쫓아내 혁명적인 교수와 학생들이 스스로 혁명을 하도록 하여야 한다고 하였다. 그리고 당일 저녁에 강청이 북경대로 가 전교 교수학생대회를 소집하고 일부 교수와 학생들의 공작조에 대한 비판을 지지하였다. 진백달도 7월 26일 저녁에 북경대학으로 가 전교대회 자리에서 6.18 사건은 혁명사건이며 공작조의 폐지를 선포하고 교수와 학생들은 스스로 자신을 교육하고 자신을 해방하라는 연설을 하였다.

한편, 북경시당위원회는 7월 28일에 모택동의 의견에 따라 인민대회당에서 북경의 대학교, 대학과 고등학교 문화대혁명 적극분자 대회를 소집하고 「북경시위원회의 대학 전문대학의 공작조 취소에 관한 결정」을 선포하였다.[20] 여기에는 모택동도 참석하여 군중들을 만났고, 유소기, 주은래, 등소평도 참석하여 연설하였는데, 유소기는 어떻게 무산계급 문화대혁명을 진행할 것이냐? 솔직히 나도 잘 모르겠다. 아마도 당 중앙과 그 밖의 많은 동지들, 공작조의 구성원들도 모두 모른다고 하였는데[21] 이는 바로 군중들 앞에서 당 지도자들 사이에 문화대혁명을 어떻게 진행할 것이냐의 문제를 놓고 이견이 있음을 공개적으로 보여준 것이다.

### 6) 중공 당 8기 11중전회

모택동은 1966년 7월 18일에 무한에서 북경으로 돌아와 25일에 중앙문혁소조를 회견하는 자리에서 공작조의 활동이 운동을 늦추게 한다고 평하면서 혁명적인 교수와 학생 스스로 혁명하도록 하라고 지시하였다. 따라서 북경시 위원회는 7월 28일에 「각 대학교 공작대 폐쇄에 관한 결정」을 하달하여22) 공작조는 방향과 노선의 착오를 범하였다하고, 또한 공작대를 파견한 쪽을 가리켜 실질적으로 자산계급의 입장에서 무산계급 혁명을 반대하였다고 질책하였다. 이처럼 중공 당 안에서 공작조의 파견문제를 가지고 논쟁을 전개한 것은 실질적으로 문화대혁명의 목적과 방법에 관한 논쟁이었을 뿐이지만 당시 혼란에 대하여 인식이 달랐다는 것을 나타내고 있었던 것이다.

사실 문화대혁명을 전개하는 과정에서 모택동은 두 가지 문제를 발견했다. 하나는 저지세력이 크며 이는 당 중앙과 각급 당부의 지도자들에서 비롯되었다는 것과, 또 다른 하나는 운동의 방침이 명확하지 않아 보다 구체화 할 필요가 있었다. 그러므로 이 문제를 해결하기 위하여 모택동의 주도아래 중공 당 중앙은 8월 1일부터 12일까지 북경에서 중공 당 8기 11중전회를 소집하였다. 참가자는 중앙위원 74명과 후보 67명, 중앙 각부와 지방의 각성, 시, 자치구 당위, 그리고 중앙문혁소조와 북경에 있는 대학의 교수·학생대표 등 열석한 사람이 모두 47명이었다. 첫날에 유소기는 당 8기 10중전회이래 당 중앙이 국제, 국내문제에 취한 조치들을 보고하고 또한 공작소조를 파견한 문제의 책임을 인정하였다. 이때 모택동은 공작조가 군중을 진압하여 군중의 작용을 저해하였다고 공작조를 질책하였다.

이후 이틀 동안 문화대혁명을 어떻게 전개하여야 할 것인가에 대하여 토론을 하였으나 누구도 체계적인 의견이나 건의를 하지 못하고 방향이 잘못되었다니 노선이 착오였다느니 하는 의견이 있어서 회의 분위기는 긴장된 상태의 연속이었다. 그런데 8월 5일의 중앙상무위원 확대회의에서 모택동은 공작조에 대하여 더욱 심한 질책을 가했다. 그리고 같은 날 모택동은 「사령부를 포격하라-나의 대자보」를 써서 공격방향을 서서히 유소기와 등소평에 대한 비판으로 돌려

'유소기자산계급사령부'라는 말도 나왔다. 강청도 드러내놓고 북경에는 두개의 사령부가 있는데 하나는 자산계급을 대표하는 사령부이고, 다른 하나는 무산계급을 대표하는 사령부라 하였다. 그리고 강청과 진백달 등의 선동아래 많은 사람들이 자산계급 사령부라는 용어를 사용하면서 유소기, 등소평을 비판하였다.

결국, 중전회는 8월 8일에 중앙문혁소조가 기초하고 모택동이 심사한 「무산계급대혁명에 관한 결의(즉 16조)」를 통과시켰다.23) 이것은 5.16 통지와 함께 좌적인 경향이 더욱 강하게 나타난 문화대혁명의 강령적 성격을 갖는 것으로 문화대혁명의 성질, 정세, 임무에 관한 분석과 문화대혁명을 수행하기 위한 구체적 방침과 정책을 규정한 것이었다.

문화대혁명의 대상에 관하여 16조에서는 이 운동의 중점은 당내의 자본주의 길로 가는 당권파를 정리하는 것이라 하였다. 또한 좌파를 발견하고 좌파대오를 발전시켜 혁명은 좌파에 의지하여 철저하게 반동우파를 고립시키며 중간파를 끌어들인다고 하였다. 그리고 그 방법은 대자보를 충분히 운용하고 대변론의 형식을 가져야 한다고 하였다.

따라서 회의는 8일 이후에 유소기, 등소평에 대한 비판이 진행되면서 더욱 긴장되게 되었다. 그리고 12일에 중공 당 중앙의 영도기구를 개조하기로 하여 정치국 상무위원 7명을 11명으로 확대하고, 당 서열도 임표가 모택동 다음으로 두 번째, 원래 두 번째였던 유소기는 여덟 번째 서열로 밀려났다. 그리고 중앙문혁소조와 관련 있는 진백달, 강생 등이 새로운 위원으로 들어갔다. 중전회에서는 주석과 부주석을 선출하지 않았기 때문에 부주석이었던 유소기, 주은래, 주덕의 부주석직은 취소되었고 오직 임표 만을 중앙 부주석이라 불렀다. 그러므로 당의 문건이나 신문잡지에 유소기, 주은래, 주덕, 진운의 부주석 이름도 보이지 않았으며 이로부터 문화대혁명이 전면적으로 발동되어 유소기, 등소평과 그 밖의 중앙 지도급 인물들이 심사, 비판받게 되었다.

문화대혁명은 중공 당 8기 11기중전회 후에 급격한 변화가 나타났는데 하나는 모택동의 지지아래 홍위병 운동과 또 다른 하나는 자산계급 반동노선을 비판하는 바람이 일어났다.

## 3. 홍위병과 전국 대동란

### 1) 홍위병(紅衛兵) 운동

문화대혁명 초기에 청년학생들을 가리켜 용감한 장군이라 불렀다. 「16조」에서도 그들의 혁명방향은 처음부터 끝까지 옳았다고 하여 과분한 평가를 내렸으며 이들 청년들을 격려하여 조반(造反)하도록 선전하였다. 홍위병은 바로 이러한 상황을 집중적으로 반영하고 있다.[24]

1966년 6월에 북경의 일부 고등학교 학생들은 자신들이 당 중앙을 지키고, 위대한 모주석(毛主席)을 지키며, 홍색(紅色)정권을 보위하는 위병(衛兵)이라 하며 홍위병을 조직하였다. 그러나 이러한 청소년들의 조직을 발전시켜야 할 것인지 아니면 적당한 것인지에 관하여 학교와 사회에서 쟁론이 있었기 때문에 홍위병은 더 이상 확대되지 않고 있었다.

그런데 7월 24일에 중공 당 중앙과 국무원은 「대학입학 모집공작에 관한 통지」에서 대학생의 입학사무를 성, 시, 자치구로 가 처리하도록 하였다. 따라서 입학시험은 자동적으로 폐지되고 추천에 의하여 신입생을 선발할 수밖에 없었다.[25] 이와 같은 변화는 간접적으로 학생들을 용이하게 하여 홍위병의 활동이 더욱 확대될 수 있는 분위기를 만들어 주었다.

홍위병을 접견하고 있는 모택동

한편, 모택동은 8월 1일에 청화대학(淸華大學) 부속고등학교의 홍위병에게 편지를 보내 그들을 지지하고, 그들의 반동, 반동파에 대한 조반(造反)은 이유 있는 것으로 설명하고 그들의 대자보를 칭찬하였다. 그러면서 북경뿐만 아니라 전국적으로 문화대혁명운동 가운데 이들이 취하는 혁명적 태도에 대하여 열렬한 지지를 보낼 것이라 하였다. 결국, 이 편지는 중공 당 8기 11중전회의 문건과 함께 인쇄되어 전국으로 전달되었다.

따라서 전국적으로 홍위병의 조직이 신속하게 확대되었다. 8월 18일에 모택동은 스스로 군대복장을 입고 홍위병의 휘장을 달고 천안문 광장에서 직접 전국으로부터 올라온 백 만 명의 홍위병을 접견하고 홍위병 운동을 확실히 지지할 것이라 표시하였다. 임표는 접견대회에서 선동적인 연설을 통하여 자본주의 길로 가는 당권파를 타도하자, 자산계급 반동권위를 타도하자, 모든 자산계급의 보황파(保皇派)를 타도하자는 구호를 외쳤다.

### 2) 홍위병의 역할

홍위병 운동의 내용은 처음에 4구(구사상, 구문화, 구풍속, 구습관)의 타파였다. 이것은 『인민일보』가 처음으로 제출한 구호로서 후에 「16조」에서 받아들인 것이다.

당시 교육계, 학술계, 신문계, 문예계, 출판계의 지도적인 모든 간부는 거의 흑방, 주자파, 반혁명 수정주의 분자로 지목되어 비판받고 집들이 털렸다. 또한 자연과학자, 의학자, 사회과학자, 문학가, 예술가와 저명한 교수, 편집기자 등도 반동학술 권위, 반혁명 수정주의 분자로 지목되어 같은 운명이 되었다. 심지어 많은 공산당 당원, 공산주의청년단 단원과 간부, 교사, 모범적인 노동자들도 보황파로 몰려 비판받았다.

홍위병은 이들의 사택을 습격하여 가재도구를 모두 몰수하거나 파괴하고, 그들의 죄상을 적은 판을 가슴에 달거나 고깔모자를 씌워 시내를 끌고 다녔다. 이러한 행위는 6월부터 학원 안에서만 진행되다가 학교 밖으로 확대되었다.

일부의 홍위병은 4구를 타파한다는 명분으로 그들이 털어온 중국과 외국의 고전서적, 진귀한 그림과 글씨들을 불태우거나 파괴하였으며 전국의 사원과 교회당, 고분, 조각 등 역사적 유물에 대하여도 몇 개의 특수한 것을 제외하고 파괴하였다.[26] 심지어 이들은 각지의 중공 기관마저 공격하여 지방 당의 지휘계통이 마비되고 당원의 조직 활동도 정지되었다.

홍위병 운동의 또 다른 면은 혁명을 선동하고 혁명의 불을 붙인 것이다. 처음에는 청년 학생, 청년 노동자, 청년 간부들이 당시 상황을 고발하기 위하여, 또는 모주석을 보위한다는 이름으로 강제로 열차를 타고 북경으로 올라왔다. 그리고 모택동이 8월 18일에 천안문에서 이들을 회견한 후 이러한 바람이 더욱 거세게 불었다. 이후 임표와 강청의 선동아래 북경과 전국의 홍위병들은 사회로 향하여, 거리로 나가 가는 곳마다 대자보를 붙이고 전단을 뿌렸으며 선동적인 연설 활동을 벌였다. 또 일부의 홍위병들은 그들이 인정한 계급의 적에 대하여 비판과 투쟁을 전개하여 체벌과 집을 수색하는 일을 자행하였다. 결국 그들이 봉건적, 자본주의적, 수정주의적이라 인정한 것은 모두 파괴하였다.

특히 중공 당 중앙과 국무원은 9월 5일에 「외지의 대학교 혁명학생, 고등학교 혁명학생 대표와 혁명교직원 대표를 조직하여 북경으로 올라와 문화대혁명운동을 참관하는 것에 관한 통지」를 보내[27] 9월 6일부터 이들이 분기별로 조를 나누어 북경으로 올라와 혁명경험을 교환하고 서로 지원하고 학습 참관하게 하였다. 물론 이들이 북경으로 올라올 때 열차는 무료로 탑승하게 하였으며 생활비와 교통비는 국가 재정에서 지출하였다.[28]

임표는 1966년 10월 1일의 건국 17주년 기념식에서 모주석을 대표로 한 무산계급 혁명노선과 자산계급 반혁명노선의 투쟁은 아직도 계속 존재한다고 하였다. 『홍기(紅旗)』잡지도 이해 10월 2일자 발행에서 자산계급 반동노선에 대하여 반드시 철저하게 비판하자고 요구하여 홍위병의 활동을 더욱 부추겼는데, 당시 기층조직과 간부들은 자산계급 반동노선을 추진하여 나가는 것으로 지목되었다.

홍위병 운동이 일어나면서 모택동에 대한 개인숭배 사상도 정점에 달하였다. 홍위병들은 죽음으로 모주석을 보위하자는 구호아래 그의 어록을 적은 붉은 소책자를 몸에 지니고 다니면서 모주석의 지시에 따라 처리하며 그의 손짓으로 전진한다고까지 하였다. 신문과 잡지는 「모주석어록(毛主席語錄)」을 게재해야 하였으며, 모택동사상을 칭송하는 문장을 게재해야 하였다.

이때 대량으로 『모택동선집(毛澤東選集)』이 인쇄되어 1967년 한 해 동안 9,100여 만부(문혁이전 15년 동안 출판된 총수 1,100여 만부보다 8배에 달함), 『모주석어록』을 39,600 만 책 발행하였다. 그리고 모택동 휘장을 달고 다니는 바람이 크게 불었다. 1969년 3월까지 모택동의 사진을 휘장으로 만든 뱃지가 22억 개였으므로 인구 7억으로 볼 때 1인당 3개씩 돌아가는 셈이다.

결국, 홍위병 운동은 문화대혁명의 특수한 산물로서 문화대혁명의 파괴성을 더욱 부채질하였으며 대동란을 부추겨 국가와 인민에게 큰 상처를 주었다.

### 3) 전국 대동란

홍위병 운동 가운데 나타난 각종 사회질서의 파괴와 민주적 방법을 무시한 행동은 많은 간부들과 인민들의 불만을 가져왔다. 또한 홍위병의 조직 안에서도 분열과 개조가 일어나 서로에 대해서 내부적으로 자기파로 끌어들이기 위하여 자기들끼리 싸움도 일어났다.29)

그런데 간부들이 문화대혁명에 대한 불만과 이를 저지하려는 것, 홍위병의 분열과 내분은 주자파들이 군중을 동원하여 도전하려는 자산계급 반동노선의 죄과 때문이라 인식하였다.

중공 당 중앙군사위원회와 해방군 총정치부는 10월 5일에 임표의

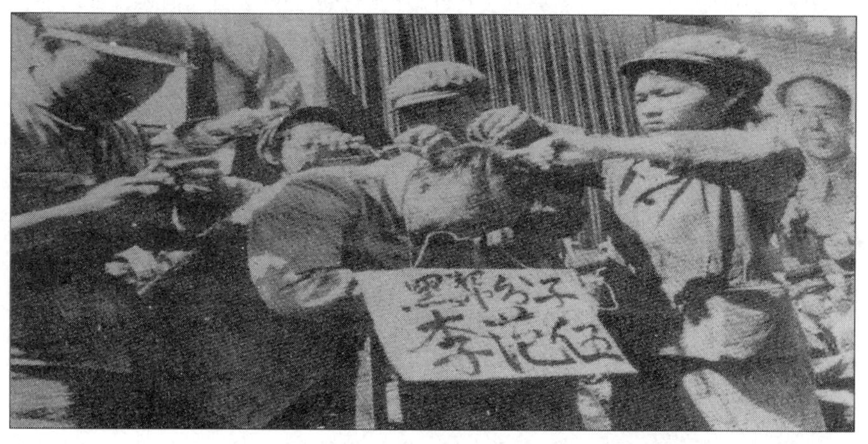


홍위병에게 삭발당하는 흑룡강성 성장 이범오

제의에 따라 긴급지시를 내려 「군대 학교안의 대혁명운동은 공작조 폐쇄이후 해당 학교 당위원회에서 영도하는 규정」을 취소하고, 10월 6일에 북경공인운동장에서 북경시와 전국 각지에서 상경한 10만 명이 모여 자산계급 반동노선을 공격하는 서약 다짐대회를 소집하였다. 이 자리에서 장춘교는 군사위원회와 총정치부의 긴급지시를 낭독하였다. 중공 당 중앙도 이 긴급지시를 전당에 전달하고 전국의 현 이상의 대학 고등학교에서 이를 모두 적용하고, 북경대회에서와 마찬가지로 학생들 앞에서 낭독하도록 지시하였다. 이로써 당의 지도자들은 문화대혁명에서 배제되었다.

중공 당 중앙은 1966년 10월 9일부터 28일까지 북경에서 공작회의를 소집하였다. 여기에서 모택동은 경험을 종합하고 정치사상공작을 통하여 사상이 통하지 않는 문제를 해결하라고 지시하였다. 진백달도 「무산계급 문화대혁명 가운데의 두 노선」에 관하여 보고하면서 선진된 것은 낙후되게, 낙후된 것은 선진되게 하자고 하였다. 그는 유소기와 등소평을 지명하여 그들이 군중을 탄압하고 혁명노선을 반대하고 있다고 공격하여 화살을 이 두 사람에게 돌렸다. 그리고 11월 15일에 유소기와 등소평을 지명하여 부르주아라 비난하는 대자보가 나타났으며, 12월 하순에는 장춘교의 지휘아래 청화대학 조반파의 우두머리인 부대부(蒯大富)가 5,000명을 이끌고 북경시내 거리로 나와 유소기와 등소평을 타도하자는 표어를 붙이고 전단을 뿌려 공개적으로 선동하였다. 또한 팽덕회를 가리켜 반혁명수정주의 분자, 대군벌이라 모함하였다.

이후 홍위병들은 전국적으로 가는 곳마다 혼란을 조성하였으며 비판운동의 범위를 확대시켜 전국의 공업, 교통, 기업, 농촌까지 문화대혁명의 광풍에 휩싸이게 되었다. 이에 전체 농공업생산은 혼란에 빠지게 되었다. 따라서 문교중심의 문화대혁명에 공업, 기업이 문화대혁명에 어떻게 대응하여야 하는가 하는 문제를 논의하기 위하여 곡목(谷牧), 여추리(余秋里)의 주재아래 11월 16일에 5부(部) 7시(市)의 관계자가 모였다. 여기에서 문화대혁명은 당 위원회가 영도하여야 하며 시기를 나누어 단계적으로 진행하여야지 전면적으로 실시할 수 없다고 하였다.

이에 임표의 주재아래 12월 4일부터 6일까지 중공 당 중앙정치국 확대회의를 소집하여 곡목이 주재하였던 회의 상황을 보고하고 「혁명으로써 생산을 촉진하는 것에 관한 10조 규정」(공업 10조)을 통과시켰다.[30] 강정은 공업교통선선의 지도자들이 아무런 계급감정 없이 노동자들 머리위에 몇 백만 근의 무거운 돌을 올려놓고 있다고 하면서 이것은 완전히 반혁명이라 질책하였다. 강생도 공장의 문제는 반드시 학교문제보다 적은 것이 아니다 라고 지적하였다. 결국 이 회의에서 중앙문혁소조가 수정한 「공업 10조」가 통과되어 문화대혁명이 기업에서도 일어나게 되었다.

중공 당 중앙은 12월 15일에 「농촌문화대혁명에 관한 지시(초안)」(농촌 10조)를 하달하여[31] 4청운동을 문화대혁명 안으로 끌어들이도록 하였다. 또한 홍위병들도 농촌에서 활동을 확산시키기 위하여 일부의 혁명학생들이 농촌으로 들어가 문화대혁명은 농촌으로까지 확산되었다.

따라서 「공업 10조」와 「농업 10조」의 하달은 전국적인 대혼란을 조성하게 되고 문화대혁명이래 겨우 유지되어 왔던 일부 간부들도 하나하나 타도되었다. 그리고 유소기, 등소평은 물러가라고 공개적으로 외쳐대기 시작하였다. 또한 그들은 1967년 1월 4일에 중공 당 8기 11중전회에서 정치국 상임위원에 선출되어 주은래를 도와 당과 국무를 보좌하고 있는 도주(陶鑄)를 중국 최대의 자산계급 보황파라 무고하고 제3호 최대의 주자파로 몰아 타도하자고 외쳤다. 1월 7일과 8일에는 당 중앙, 국무원이 있는 중남해(中南海)를 수천 명의 홍위병 조반파들이 포위하고 당과 정부의 부장들을 비판하고 공개심판을 요구하였다.

### 4) 상해(上海)의 1월 혁명(1월 탈권)

문화대혁명으로 인하여 전면적인 권력쟁탈이 전국적으로 일어났다. 즉 「5.16 통지」가 바로 문화 영역 안에서의 영도권을 탈취하는 것이었고, 「16조」는 자본주의로 가는 당권파의 영도권을 무산계급 혁명파가 장악하도록 하는 것이었다. 그런데 이를 처음으로 해낸 곳이 상해였다.

상해는 일직이 1966년 11월에 임표와 강청의 뜻을 받아 장춘교, 요문원이 상해의 조반파(造反派)를 선동하여 상해시 당위원회를 집중적으로 공격하기 시작하였다. 11월 9일에 상해 국면(國綿) 제17공장의 보위간사인 왕홍문(王洪文)을 우두머리로 상해공인혁명조반총사령부(총공사라 약칭)를 조직하고 조직 선포대회를 열었다.32) 이들은 이 대회에서 자기들이 권력을 빼앗아야겠다고 선언하였다. 그리고 상해시 당위원회(상해시위라 약칭)로 가 그들의 조직이 혁명 군중조직임을 승인하라고 요구하였다.

상해시 당위원회에서는 중공 당 중앙의 규정에 따라 이를 승인하지 않았다. 왕홍문 등은 이를 북경에 가 알려야 하겠다며 북상하는 열차를 타려다 저지당하였다. 이에 화가 난 왕홍문은 상해-영파선의 안형(安亨)역에서 철로 위에 누어 열차가 약 30시간 불통되는 이른바 '안형(安亨)사건"을 일으켰다. 이에 상해시위는 바로 중앙에 그 사정을 보고하였고 중앙 문혁소조도 주은래의 지시에 따라 화동국(華東局)과 상해시위에 총공사를 합법적인 군중조직으로 승인하지 않아 노동자들이 공장으로 돌아가 일할 것을 촉구하여 곧 문제가 잘 타결될 것으로 보였다. 한편, 이 사건을 조사하기 위하여 중앙에서 상해로 파견된 장춘교는 처음에 중앙의 지시를 따를 것같이 보였으나 상해에 도착하자마자 태도를 바꿔 중앙의 지시를 따르지 않고 오히려 사건의 원인이 왕홍문의 혁명행동 때문이라며 상해시장을 나무랐다. 그리고 상해시위를 비판하고 왕홍문 등이 제시한 다섯 가지 요구에 동의하고 총공사가 일으킨 사건을 혁명적 행동이라 하였다. 그리고 공개적으로 상해시장의 과오를 조사하도록 요구하였다.

당시 장춘교가 노린 것은 일석 3조로 중공 당 상해시위에게 자본주의 반동노선을 추진하여 인민군중을 진압하였다는 죄명을 씌우고, 상해시위의 반대세력으로 총공사를 삼아 상해를 혼란시키는 주력으로 삼으며, 왕홍문과 같은 세력을 끌어들여 이용하기 위하여서였다. 이때 모택동도 장춘교를 지지하여 상해시위는 어쩔 수 없이 총공사의 요구를 받아들여 조반파의 세력이 득세하게 되었다.33)

12월 상순에 다시 8일 동안 계속된 『해방일보(解放日報)』포위사건이 일어났다. 상해시위는 할 수 없이 해방일보에 총공사의 홍위병전보를 끼워 빌행하도록 허락하였다. 또 12월 30일에 장춘교의 지시에 따라 왕홍문 등은 10만 명을 동원하여 유혈사태의 '강평로(康平路)사건'을 일으켰다.(강평로는 상해시 당위원회가 있는 곳이다) 즉 상해시위가 지지하는 또 다른 파의 노동자 조직-적위대를 무너뜨리고 상해시를 총공사의 천하로 만들고자 하였고, 이로 인해 상해시위의 위신은 타격을 크게 받았다. 이 강평로 사건은 전국적인 무장 유혈사태를 일으키는 시발점이 되었으며 이로 인해 상해시는 완전히 혼란에 빠져들기 시작하였다.

결국, 1967년 1월 3일에 상해 『문회보』가 조반파에게 빼앗겼고, 다음 날에 『해방일보』도 조반파에게 빼앗겼다. 이것은 바로 상해 1월 폭풍의 전주곡이었다. 1월 4일에 장춘교, 요문원은 중앙문혁소조 조사원의 이름으로 북경에서 상해로 와 상해시 당권을 빼앗는 일을 획책하였다. 그들은 우선 총공사 등 조반파 조직을 모아 6일에 상해시 32개의 조반파 조직의 이름으로 상해시당위원회 타도대회를 열어 중공 중앙 당 화동국, 중공 당 상해시위원회, 상해시 인민위원회의 책임자 등을 비판하였다. 이 대회이후 상해시위원회, 시 인민위원회의 모든 기관은 업무를 볼 수 없게 되었다.

그리고 시 전체의 영도권이 장춘교・요문원・왕홍문의 수중으로 들어가는 1월 혁명이 일어나 2월 5일에 상해인민공사가 정식으로 성립되어 마침내 20세기에 들어와 새로운 파리인민공사가 상해에서 탄생하였다. 그러나 인민공사(人民公社)라는 이름이 좋지 않다는 모택동의 의견에 따라 이를 상해시혁명위원회(上海市革命委員會)로 고쳤다.

이 상해의 1월 혁명은 모택동의 승인을 받았다. 1월 26일에 상해 주둔 인민해방군은 시가행진을 하고 비행기로 전단을 뿌리면서 좌파의 권력탈취를 보위하겠다고 표명하였다. 결국, 상해시는 장춘교 등 좌파에 의하여 완전히 장악되었으며 이로부터 조반파들에 의하여 전국적으로 권력쟁탈전이 일어났는데 여기에서 한 몫을 한 것이 홍위병이다.34)

## 5) 원로들의 2월 항쟁

전국이 혼란에 빠지자 1월 13일에 당 중앙과 국무원은 「무산계급 문화대혁명 중 공안공작 강화에 관한 약간의 규정」(공안 6조)을 발표하여 좌경 착오의 언론에 동의하지 않고 반혁명 행위에 대하여 법에 의하여 처벌하겠다고 하였다.35) 그러나 이 6조는 강청, 강생, 진백달 등과 무산계급 사령부의 불만을 사게 되어 원한에 싸인 보복이 더욱 확대되는 원인의 하나가 되었다. 그리고 전국의 혼란은 더욱 가중되어 지방 당 조직은 지탱하기 어려워지고36) 공안국, 검찰원, 법원이 제구실을 하지 못하게 되었을 뿐만 아니라 무장충돌까지 빈번하게 일어났다.

### (1) 경서빈관(京西賓館) 소란

이처럼 당과 국가, 온 사회가 심한 피해를 입고 있는 동안 군도 예외는 아니어서 군 지휘관을 비판하고 모욕하는 사건이 일어났다. 해방군 총정치부 부주임이며 군사위 문화혁명소조 조장인 유지견(劉志堅)도 갑작스레 반역자의 누명을 쓰고 비판받았으며, 인민해방군 총사령관인 주덕도 대군벌이라고 모함을 받아 공개적으로 비판하여야 한다는 대자보가 붙었다. 이러한 일이 빈번하게 발생하자 원로 혁명가들의 분노를 샀다.

사실 인민해방군은 문화대혁명 초기에 중공 군사위의 조치로 지방 대부분의 단위(單位, 기관)에서는 문화대혁명의 바람이 군대 안에 만연되는 것을 어느 정도 막아내고 있었다. 그러므로 해방군의 조직과 지휘계통은 안정되어 있었고, 사단이하 작전부대도 기본적으로 안정되어 있었다.

그런데 임표 제의에 따라 1966년 10월 5일에 중공 당 중앙군사위 총정치부에 「군학원 무산계급문화혁명에 관한 긴급지시」를 하달하여 북경과 지방 군사학교의 교수와 학생들도 일반 학교와 함께 조반활동에 참여였다. 그리하여 홍위병처럼 군사학교 학생들이 지방에서 북경으로 올라와 그 수가 10만 명을 넘었다. 뿐만 아니라 그 가운데 소수의 극렬분자는 국방부와 중공 당 중앙, 국무원이 있는 중남해(中南海)까지 진입하려 하였다. 지방은 지방대로 곤명(昆明), 귀양(貴陽), 장사(長沙), 광주(廣州), 항주(杭州), 남경(南京), 심양(瀋陽) 등)에서 군 기관과 지휘관들이 공격받고 비판받는 사건들이 일어나 사태가 악화되는 모습을 보였다. 이들의 맹목적인 행동이 더 큰 화를 불러 모을 수 있다 염려하고 군사위와 총정치부는 11월 13일과 29일 두 차례 공인체육장에서 지방 군사학교의 상경학생 대회를 소집하였다. 13일 대회에는 주은래, 도주, 하룡, 진의, 서향전, 소화(蕭華), 양성무(楊成武) 등이 함께 출석하였는데, 진의와 섭검영 등은 문화대혁명에 나타난 비정상적인 현상과 잘못된 방법을 비판하고 객관적으로 냉정하게 자신의 행동을 평가하고 맹목적인 충동에 빠져 이성적인 것을 잃어서는 안 된다고 하였다. 특히 진의는 군대가 혼란에 빠질 수 없다고 하여 조반파들의 반혁명 음모활동을 어느 정도 막아냈으며 이들의 발언은 임표와 강청의 반감을 샀다. 29일 대회는 13일 대회와 비교하여 더욱 긴장되었는데 우선 진의와 섭검영 등의 13일 발언은 「16조」와 「긴급

지시」를 위반한 것이라며 비판하는 소리가 높았다. 그러나 진의와 섭검영은 여전히 뜻을 굽히지 않고 지휘관을 적으로, 국방부를 적으로 몰아가면 해방군도 적이 되는 것이 아니냐며, 그렇게 되면 이것보다 더 큰 착오가 어디 있는가라고 하여 문화대혁명의 착오를 공개적으로 비판한 셈이 되었다.37)

그러나 대동란은 계속되었다. 1967년 1월 11일에 중공 군사위원회는 전군문화혁명소조를 개조하여 강청이 소조의 고문이 되어(조장은 서향전(徐向前), 부조장은 소화(蕭華)와 양성무(楊成武)) 직접 군대안의 문화대혁명을 간섭할 수 있게 되었고, 총정치부에 예속되지 않고 군사위원회와 중앙문화혁명소조의 지휘를 받으며 더욱 문화대혁명을 부추길 수 있게 되었다.

이에 군사위원회는 모택동의 허락아래 1967년 1월 19일에 각 대군구 책임자를 경서빈관(京西賓館)에 소집하여(군사위 병두회(碰頭會-비공식 약식회의)라 부름) 부대 안의 문화대혁명 문제를 연구하였다. 물론 초청된 진백달, 강청도 참석하였는데, 임표는 군대 안에서도 전면적인 운동을 전개하여야겠다고 하였다. 이때 섭검영·진의 등은 당 기관이 혼란에 빠졌는데 군대를 혼란에 빠뜨릴 수 없다하고 강력히 반대하였다. 토론의 결과 군사학교 안에서는 문화대혁명을 전개할 수 있으나 야전부대 안에서는 할 수 없다고 결정하였는데, 이 회의에서 강청은 갑자기 총정치부 주임 소화(蕭華)를 가리켜 중앙문혁을 무시하고, 존중하지 않는다며 부대를 자본주의 길로 끌어가고 있다고 비판하면서 그에게 자본주의 정객이란 고깔모자를 씌웠다. 회의가 끝난 다음 소화는 귀가하였는데 바로 그때 집안을 뒤지는 조반파들이 문을 두드리고 있었다. 다행이 섭검영이 회의가 끝난 다음에 이 같은 사실을 모택동에게 보고하고 소화도 모택동의 사무실로 가 비판대회에 나가지 말 것을 통보받았으나 가족은 인질로 붙잡혀 갔다.

다음 날 군사위 병두회는 계속 회의를 열었다. 울분을 참지 못하고 있던 원수(元帥)들과 장군들은 모택동이 소화를 비판하지 못하게 하였다는 소식을 듣고 더욱 기세가 올라 중앙문혁소조와 각지의 조반파들이 원로간부들을 박해하는 일에 관하여 강하게 반발하는 발언을 하였다. 약 10일전에 전군문화혁명소조 조장을 맡게 된 서향전은 중앙문혁소조를 향해 유지견이 어떻게 반도-반역자가 될 수 있는가, 소화가 왜 자산계급 정객인가라며 열변을 토했고, 섭검영도 군대를 혼란시키는 자는 어느 누구도 결과가 좋지 않을 것이라 하여 중앙문혁소조를 비난 공격하였다. 이를 '경서빈관(京西賓館)의 소란'이라 한다.38)

결국, 서향전, 섭검영 등 군사위원들은 군위 병두회의 의견을 종합하여 몇 차례 의논 끝에 진의, 섭영진, 유백승도 참석한 가운에 중앙문혁소조의 사단을 방지하고 인민해방군의 안정을 위하여 군사위원회의 명의로 명령 8소목(즉 중앙군위 명령)을 기초하여 모택동에게 보냈다. 모택동은 우선 이를 갖고 온 섭검영, 진의, 서향전, 섭영진 등 군 원로들을 돌아가도록 하고 이를 자세히 연구한 다음 좋다고 보아 허락하고 중공 당 중앙에서도 이를 비준하고 지방으로 하달하게 하였다. 그 내용은 문화대혁명과 무산계급 혁명파를 지지한다는 전제아래 인민해방군에 대해서는 약간의 제한을 두어, 마치 적을 대하는 것처럼 인민내부의 모순을 처리하지 않으며, 허가 없이 마음대로 잡아갈 수 없으며, 마음대로 집을 뒤지거나 문을 봉쇄할 수 없으며, 마음대로 체벌할 수 없으며, 군 기관에 대하여 차별을 두어 공격을 허락하지 않으며, 군은 규정에 따라 시기를 나누어 문화대혁명을 진행 한다 고 하였다.39)

이 명령은 군대의 안정을 가져오는 데 중요한 역할을 하였으며 문화대혁명이 폭발적으로 진행되고 있을 때 나온 것이었기 때문에 제한적이긴 하였으나 임표와 강청, 조반파들에게 타격을 주었다. 그러나 모택동은 군사위 병두회 참가자들을 접견하는 자리에서 군이 문화대혁명을 공개적으로 지지해주기를 바랐고, 시기가 성숙되지 않았다면 반공개적으로 지지해주기를 바랐다. 즉 문화대혁명에 소극적이고 착오를 지적하는 세력을 막아내고 또한 군 개입의 장애요인을 제거하려고 하였다. 이는 임표와 강청에게 힘이 되었고 이후 해방군이 개입할 것이라 확신하게 되었다.

그리고 중공 당 중앙, 국무원, 중앙군사위, 중앙문혁소조는 1월 23일에 「혁명좌파 군중을 지지하는 인민해방군에 관한 결정」을 하달하여40) 모택동의 의견을 다시 한번 지적하고 개입과 불개입의 문제가 아니라 어느 편에 서 있느냐 즉 혁명파를 지지하느냐 보수파를 지지하느냐의 문제이며, 해방군은 마땅히 혁명좌파를 적극적으로 지지하여야 한다고 강조하면서 이전에 내렸던 8항 지시를 폐지하고 군대는 부대를 출동시켜 무산계급 좌파 군중의 탈권운동을 지지하여야 한다고 하였다. 그리고 더 나아가 3월 19일에 중공 당 군위는 「좌파, 농민, 노동자를 지지하고(3支), 군관 군훈(2 軍, 군의 관리와 훈련)의 임무를 집행하여야 한다」는 결정을 내렸다.41)

(2) 중남해 회인당(中南海 懷仁堂) 회의

중남해는 당 원로들의 주거지일 뿐만 아니라 당 중앙과 국무원이 있는 중국 최고의 권력기관이 있는 곳이기 때문에 경비가 삼엄한 곳이었는데도 홍위병에게 포위당해 있었다. 그러나 국무원의 숙사동은 홍위병에게 비판받는 당 원로와 국무원의 간부들이 보호받을 수 있는 곳이기도 하였다.

전국이 대동란에 빠진 가운데 1월에 상해혁명(탈권)이 성공하였다. 이를 보고 모택동은 2월 5일에 중앙상위확대회의를 소집하여 중앙문혁소조가 회의를 소집하여 결정하지 않고 임의대로 명령을 내리고 보고도 하지 않는 것을 비판하였다. 그리고 6일에도 확대회의를 소집하여 정치와 군사경험도 없는 중앙문혁소조가 운동을 일으킨 것은 공로가 있으나 이제 교만하여 원로 간부를 모두 비판하려 한다며 질책하였다. 이는 원로 혁명동지들에게 2월 항쟁을 할 수 있는 용기를 불어넣었다.42)

이에 당의 정치국 위원과 군사위원회 위원들 가운데 담진림(譚震林), 진의(陳毅), 섭검영(葉劍英), 이부춘(李富春), 이선념(李先念), 서향전(徐向前), 섭영진(聶榮臻) 등은 서로 다른 회의석상에서 문화대혁명에 대한 잘못된 방법을 제기하고, 또한 강력하게 비판하면서 임표와 강청일파와 싸움을 벌이게 되었다. 조반파들은 이를 이른 바 '2월 역류(2月 逆流)'라 불렀으나, 당의 과거사 재평가로 경서빈관의 소란과 함께 '2월 항쟁'이라 부른다.

중공 당 중앙정치국과 서기처가 정상적인 회의를 할 수 없는 상황이어서 주은래는 일을 할 수 있는 정치국 위원과 부총리, 국무원의 부장과 위원 등 책임자와, 중앙문혁소조 구성원이 참가한 중앙병두회(실질적인 최고층 회의)를 소집하게 되었다. 즉 주은래는 1967년 2월 11일과 16일에 중남해(中南海) 회인당(懷仁堂)에서 당과 정부 책임자와 중앙문혁위원들이 참가한 병두회((碰頭會)를 소집하여 격렬한 논쟁을 벌였다. 11일 회의의 의제는 혁명과 생산촉진 문제였는데 실제는 군대문제를 둘러싸고 변론을 전개, 당의 영도문제와 그 밖의 문제를 거론하게 되었다. 토론 가운데 섭검영은 중앙문혁소조를 엄하게 질책하였으며, 16일회의는 회의 시작전부터 이미 격렬하게 토론을 벌였다. 회의에 참가하였던 원로 간부들이 모두 중앙문혁소조와 조반파들의 행위에 대하여 질책하고 비판하고 더 나아가 문화대혁명의 착오와 그 방법을 비판하였다.

결과적으로 이 회의 과정에서 원로 혁명가와 임표, 강청과의 투쟁은 ① 문화대혁명을 당의 지도아래 하여야 하는가, 아닌가, ② 문화대혁명에서 원로 간부들을 모조리 타도하여야 하는가, 아닌가, ③ 문화대혁명을 전개함에 있어 군대의 안정을 어떻게 유지하여야 하는가에 있었다. 적어도 이는 문화대혁명의 극좌 착오노선을 바로잡기 위한 날카롭고 예리한 투쟁의 시험장이었다.[43]

회의가 끝난 다음날 담진림은 분노를 삭이지 못하고 임표에게 편지를 보내 강청 등을 가리켜 '수단이 그렇게 악독하기는 당 안에서 본 일이 없다', '무측천보다도 흉폭하다'라고 비판하였다. 그런데 이 편지는 임표의 손을 거쳐 담진림(譚震林)의 최근 사상이 이처럼 모호해졌고 타락했다며 생각 밖이라는 주를 붙여 모택동에게 보냈다.

한편, 2월 16일 밤에 장춘교와 요문원은 「2월 16일 회인당회의」 기록을 정리하여 강청의 손을 빌려 그 내용을 모택동에게 보고하였다.44) 보고를 받은 모택동은 이를 진실로 받아들여 2월 18일에 일부의 중앙정치국 위원들을 불러 회의를 소집, 회인당회의에서 제기된 원로 당원들의 의견에 대하여 예리하게 비판하였다. 그리고 그는 그들의 비판을 자신과 임표, 중앙문혁소조를 향한 것이고, 유소기와 등소평의 검은 사령부를 위한 복벽이라고 하였다. 물론 주은래도 모택동으로부터 질책 받았다. 그리고 이때부터 주은래가 주재하는 병두회(碰頭會)는 중단되었으며 당 중앙정치국과 서기처의 실질적인 활동은 정지당하고 중앙문혁소조가 완전히 정치국을 대신하게 되었다

그리고 모택동의 지시아래 2월 25일부터 28일까지 회인당에서 일곱 차례의 정치생활회를 소집하여 원로 당원들을 가리켜 정변을 예행연습하고 있으며, 자본주의 복벽을 연습하고 있다고 질책하였다. 이에 고무된 강청과 강생은 학생들을 동원하여 담진림의 타도, 2월 역류의 반대를 구호로 시위운동을 전개하였다. 뒤이어 국무원의 부총리 4명과 군사위원회의 부주석 4명을 타도하자는 구호가 나와 혼란은 더욱 수습하기 어려워졌다.

### 6) 무한(武漢, 7.20)사건

1967년 봄, 여름에 무한지구에 두 파의 군중조직이 있었다. 하나는 공인총부(工人總部)와 또 다른 하나는 무한 군구가 지지하는 백만웅사(百萬雄師)였는데, 두 조직은 대립이 갈수록 격렬해졌다. 이러한 문제를 해결하기 위하여 주은래는 7월 14일에 직접 무한으로 가 군 책임자들과 만난 다음 모택동이 머물고 있던 숙소로 갔다. 한편, 사

부치(謝富治)와 왕력(王力)도 중앙대표의 이름으로 무한으로 와 일을 돕도록 하였다.

주은래는 모택동의 지시에 따라 무한군구(武漢軍區) 책임자를 만나 이야기를 나누고 회의를 소집하여 사상공작을 진행시켜 점차 문제가 해결되어 가는 듯 하였다. 이에 주은래는 7월 18일 저녁 늦게 북경으로 돌아갔다.45) 그런데 왕력과 사부치는 모택동과 주은래의 지시를 어기고 두 파사이의 대립을 격화시켰다. 그들은 공인총부 일파의 거점을 방문하여 그들의 편을 드는 연설을 하였는데, 즉 그들에게 뱃지를 달고 단결하여 함께 전투하라고 격려하였다. 공인총부는 백만웅사를 보수조직이라고 하였으며 조반파는 왕력의 말을 녹음하여 거리에서 방송하였다. 이에 백만웅사의 군중과 무한군구의 일부가 분개하여 무한의 사정은 더욱 악화되었다.

백만웅사의 군중과 호북성의 직속 기관의 간부, 해방군들은 7월 20일 새벽에 왕력, 사부치의 숙소로 가 만나기를 요구하였으나 거절당하였다. 이에 일부 군중들은 왕력을 붙잡아 자동차에 태워 무한군구 광장으로 납치하여 군중들은 왕력에게 질문하고 비판하였다. 북경으로 돌아간 주은래가 이 보고를 듣고 즉시 군 책임자에게 왕력의 신변을 보호하도록 지시하여 왕력은 29사단 사령부로 이송되었다.

당일 무한의 정세가 좋지 않자 모택동은 무한을 떠나 남쪽으로 내려갔다. 이때 무한의 수 십 만 명의 군중 백만웅사가 대대적인 시위를 하면서 왕력의 타도를 부르짖었다. 이것이 전국을 진동시킨 '7. 20 사건'이다.

7. 20사건이후 임표와 강청 등은 즉시 이를 반혁명 사건, 반혁명 정변이라 하고 무한군구의 책임자 뒤에는 서향전이 있다고 공격하였다. 또한 임표와 강청 등은 왕력이 북경공항에 도착하자 대대적인 환영회를 열고 25일에 천안문 광장에서 왕력의 귀환을 기념하는 백만인대회를 소집하였다. 여기에서 공개적으로 무한의 조반파를 지지하였으며, 진재도(陳再道), 종한화(鐘漢華) 등이 무한군구의 군직에서 해

직되었다. 통계에 따르면 이때 호북성 전체에 사상자가 18만 4천 명이나 되었으며 무한 한 사(社)에서만 600여 명 사망에 6만 6천여 명이 부상당했다.46)

## 7) 탈권운동과 홍위병

1967년 1월에 홍위병 지지와 참여아래 조반파가 상해 당위원회와 시정부를 장악하게 된 것을 시작으로 도처에서 이른바 탈권투쟁(奪權鬪爭)이 전개되었다. 이는 '무산계급전정(독재)아래 계속혁명이론'의 일차적인 실천이었다. 대체로 약 20개월 동안 전개되었던 전면적인 탈권투쟁은 1968년 9월 5일에 티베트와 신강 두개의 자치구 혁명위원회의 성립으로 전국 각성, 시, 자치구에 혁명위원회가 성립되어 마침표를 찍었다. 이에 9월 7일에 『인민일보』, 『해방일보』는 「무산계급문화대혁명의 전면적 승리만세」라는 사설을 게재하기에 이르렀다.

전국 29개 성, 시, 자치구에는 조직의 구성상 군대간부, 혁명간부, 군중대표를 중심으로, 연령적으로 젊은층, 장년층, 노년층의 삼결합(三結合)의 원칙으로 혁명위원회가 성립되어 표면상 탈권임무가 기본적으로 완성되고 이른바 '전국의 산하가 하나의 붉은 색으로 도배'되었다.

이 과정에서 홍위병은 군중조직과 연결된 조직으로 규모가 확대되었다. 그런데 조반파의 홍위병에 내분이 일어났다. 즉 탈권 투쟁을 전개하면서 홍위병에게 정권에 참여할 기회가 주어져 자기들이 지지하는 간부들을 혁명위원회에 진입시키려 하였기 때문이다. 결국, 홍위병 내부의 대립은 전국적으로 서로에게 해를 가하는 참극을 불러일으켜 이들의 활동은 점차 군중의 이익과 이탈되어 갔다.

탈권투쟁이 확대되고 있을 때인 1967년 7월부터 9월까지 화북(華北), 중남(中南), 화남(華南) 3대 구역을 시찰한 모택동은 전면적인 내전의 형세가 되어버린 실상을 보고 문화대혁명은 계속 이어나가도록 하되 무정부 상태의 혼란을 잡아야 할 필요를 절감하였다. 이에 혼란을 부추겨 혁명하려던 단계의 막을 내리고 다스리는 단계로 전환하게 되었다.

이에 맞추어 1967년 여름 이후부터 한동안 문화대혁명의 사상도 이론화가 진행되어 조반파의 문인들도 이론적으로 해석하고 논증하는데 전념하였다. 이에 따라 행동투쟁을 주로 해왔던 홍위병은 모택동의 새로운 전략에 장애가 되었다.47) 즉 모택동은 문화대혁명을 발동했을 때 홍위병을 통해 혼란을 부추겼다가 이제 이를 다스리려는 전략으로 바꿔야하는 단계로 넘어갔기 때문에 더 이상 홍위병의 투쟁방식은 필요하지 않았던 것이다.

이에 모택동은 홍위병에게 행동으로 투쟁 할 것이 아니라 글로서 투쟁하라고 당부하였고 홍위병의 활동도 학교 안으로 제한하였다. 그리고 모택동의 지시에 따라 북경의 60여개 공장의 3만여 명의 노동자들로 구성된 '수도공인모택동사상선전대'에게 청화대학에 들어가 질서를 바로잡고 홍위병의 행동투쟁을 제지하도록 하였다. 결국, 이들과 홍위병의 일부와 충돌이 일어나 공선대 5명이 사망하고 731명이 부상당하는 일도 발생하였다. 이때 모택동은 북경의 홍위병 대표들을 만나 노동자, 농민, 군인, 학생의 대다수가 홍위병에서 떨어져나갔다 하고 행동투쟁을 계속한다면 토비, 국민당이며 바로 섬멸될 것이라고 훈계하였다. 모택동의 이 훈계는 즉시 효과를 보아 공선대의 학교 진주를 가능케 하고, 군중과 일반 홍위병의 환영을 받았다.48)

따라서 공선대(노동자모택동사상선전대, 工宣隊)는 학교에 진주하여 홍위병의 투쟁을 저지하였다. 이와 같은 정세의 변화는 정치에 민감하였던 홍위병들에게 이미 풍운의 시대는 지나갔다 보고 일부 학교에서는 스스로 해산하기에 이르러 홍위병 운동은 쇠락하였다.49)

한편, 홍위병 운동이 일어났을 때 참가하였던 학생들이 졸업함에 따라 직장을 분배해 주어 학교를 떠나게 하여야 하였으나 이미 사회의 혼란으로 공장의 문을 닫은 곳도 많아 분배할 곳이 마땅치 않았

상산하향 운동(농촌으로 가는 청년의 환송행진)

는데, 강청과 임표는 이들을 이용하고자 그대로 학교에 머물도록 하였다. 그런데 탈권투쟁이 끝남에 따라 더 이상 이들을 학교에 남아있도록 할 필요가 없었으며 3년 동안 적체가 되다 보니 그 수도 1,000여 만 명에 달하였다. 이에 이들을 농촌이나 공장에 보내 재교육을 시키자는 바람을 일으켜 전국적으로 상산하향(上山下鄕) 운동이 일어났다. 이때 위대한 영수 모주석에 충성하던 감정을 갖고 서로 다투어 농촌 일선에 가겠다고 하는 지원자들이 늘어났으며 농촌도 이들의 농촌 정착을 환영하였다. 그리하여 북경(北京), 천진(天津), 무한(武漢) 등 대도시의 지식청년들이 혁명사상을 갖고 흑룡강(黑龍江), 내몽고(內蒙古), 신강(新疆), 산서(山西) 등지로 갔다. 대체로 1968년 말에 시작되어 처음 2년 동안 500여 만 명의 선배 졸업생들이 농촌과 변경지역으로 보내졌는데, 그 규모와 수는 전에 볼 수 없었던 현상이었다.50)

이 산상하향 운동은 지식청년들을 개조하고, 반수방수(反修防修, 수정주의 반대와 방지)의 정치운동으로 바뀌었는데, 결과적으로 홍위병 운동을 쇠락시키는 또 하나의 원인이 되었다.

## 8) 인민해방군의 삼지양군

탈권운동이 전국적으로 일어나면서 지방의 당 조직과 정부가 제 구실을 하시 못하자 공안, 김칠, 법원 등도 기본적인 기능을 할 수 없었다. 또한 공장은 휴업상태에 빠져 생산이 중단되고, 무장투쟁 바람도 일어났으며 교통은 마비상태에 빠져 사회질서가 극도로 혼란스러워져 통제하기 힘들어졌다. 이에 혼란된 국면을 바로잡고, 문화대혁명을 예정대로 진행하기 위하여 모택동은 인민해방군의 개입을 결정하고, 중공군사위원회로 하여금 3월 19일에 「좌파, 농민, 노동자를 지지하고 군관 군훈(즉, 3지(支) 2군(軍))의 임무집행의 집중에 관한 결정」을 내렸다.51) 이른바 '3지 양군'이라 불리는데, 군 기관의 사정에 따라 1/3, 혹은 1/2, 심지어는 2/3의 인원을 즉시 차출하여 3지 양군에 투입하라 지시하여 많은 병력이 투입되었다.

3지 2군의 첫 번째가 문화대혁명의 좌파노선 즉 조반파를 지지하는 것이어서 군은 각 지역의 탈권운동에 개입하게 되었는데, 중공 군사위는 4월 6일에 임표가 기초하여 모택동이 여러 곳 수정한 「10조 명령」을 하달하여52) 인민해방군을 지지하였던 1월 28일의 「8조 명령」과 상반되게 동원된 군의 임의체포를 허락하지 않은 등 군 임무를 억제하고 오로지 조반파를 지지하도록 하였다. 그 결과 탈권운동이 더욱 순조롭게 진행될 수 있었다.

대체로 좌파지지에 동원된 군은 연인원 40여만 명으로, 현급 이상의 혁명위원회의 위원은 4만 9천여 명이었으며, 29개 성・시・자치구의 혁명위원회 가운데 20개는 군 간부가 혁명위원회의 주임을 맡았다. 그 밖의 주임은 지방간부로서 군대직무를 겸임하고 있는 사람들이었다. 현 이상의 혁명위원회 주임도 군 간부가 맡았는데 북경시는 78%, 광동성 81%, 요녕성 84%, 산서성 95%, 운남성 97%, 호북성 98%를 차지하였다.53)

농업과 공업에 대한 지원은 문혁이 시작되면서 총생산액의 감소가 나타났기 때문에 이를 지원한 것이다. 농번기에 군을 동원하여 농업생산을 지원하고 황무지를 개간하였다. 특히 인민공사에 상주하여 농번기에 인원을 파견함은 물론 차량과 기계를 지원, 파종과 수확을 도왔다. 또한 주둔지 부근의 공장과 광산에 군을 보내 노동지원을 함으로써 부대와 군중의 유대를 깊게 하였을 뿐만 아니라 젊은 병사들이 사회와 접촉, 시야를 넓힐 수 있는 기회도 되었다.

군사관제는 혼란으로부터 벗어나 정상적인 질서를 회복할 때까지 해방군이 관리하였다. 1966년 후반기이후 중공 당 중앙은 질서를 통제하기 어려운 지구는 각종 당안(檔案, 문서)을 모두 군대에서 보관하도록 하였다, 그리고, 해방군을 보내 국제여객열차의 운행질서를 유지시키고, 창고나 교도소 등을 비롯하여 관에서 감시, 보호를 필요로 하였던 기관들을 군사관제 하였다. 그런대 관제대상은 갈수록 더욱 많이 늘어났다.

군사관제는 군사관제위원회를 두는 경우와 군 대표를 보내 군대로 보호하는 경우가 있었다. 지역은 그 지역의 최고 군지휘기관과 기타 군사기관에서 파견한 인물로 군사관제위원회를 구성하고 지역의 최고 영도기구가 되었으며, 그 아래 문화대혁명을 책임 맡는 조와 농공생산을 맡는 조가 있었다.

군사훈련을 통해 해방군의 조직성, 기율성을 학교에 주입시켜 청년학생을 교육시키고, 학교질서를 안정시켜 더 큰 혼란을 예방할 수 있었다. 그리고 파괴되었던 교육이 점차 회복될 수 있었다.

## 4. 중공 당 9전 대회와 문화대혁명 실천의 합법화

### 1) 중공 당 8기 12중전회의 소집

1966년 8월에 소집되었던 중공 당 8기 11중전회의 폐막식에서 모택동은 1967년에 중공 당 9전대회 소집문제를 제기하였는데 탈권운동으로 전국이 큰 혼란에 빠져 소집할 수 없었다.

그리고 탈권투쟁의 결과 권력기구로 혁명위원회가 성립되었으나 내부에 파벌이 복잡하여 분규가 끊이지 않았기 때문에 전국의 정세가 안정되지 못하였다. 또한 당시 중국공산당 당 조직도 기층에서 중앙까지 모두 정상적인 일을 회복하지 못하고 있었다. 따라서 당의 조직을 회복하고 다시 건설하기 위하여 8기 12중전회를 소집하였다.

중국공산당은 8기 12중전회를 1968년 10월 13일부터 21일까지 북경에서 소집하였다. 그런데 많은 중앙위원들과 후보중앙위원들이 숙청당하거나 연금되거나, 심사받고 있었기 때문에 회의 출석대표 권리를 박탈당하였다. 따라서 회의에 참석한 중앙위원과 후보위원은 59명으로 195명 가운데 30%에 불과하여 과반수가 되지 못하였다. 그밖에 중앙문혁관계자, 군사위원회 사무처 각 군구, 성, 시, 자치구의 혁명위원회 책임자 등 74명, 모두 133명이 출석하였다. 그러므로 중앙위원이 아닌 사람들로 회의를 진행하는 꼴이 되었고, 일부 참석한 중앙위원들마저 모함성의 비판을 받고 있는 처지여서 회의는 정상적으로 진행되기 어려웠다.54)

이러한 상황아래 모택동은 회의를 주재하면서 '무산계급의 문화대혁명은 사회주의를 건설하기 위하여 무산계급의 독재를 공고히 하고 자본주의의 복벽을 방지하여야 하기 때문에 꼭 필요한 것이며 시기에 적절한 것이다'라 하여 문화대혁명을 전면적으로 긍정하였다. 임표(林彪)와 강청은 이 기회를 이용하여 조를 나누어 이른바 2월 항쟁의 고참간부 진의(陳毅)·섭검영(葉劍英)·이부춘(李富春)·이선념(李先念)·서향전(徐向前)·섭영진(聶榮臻)과 일관되게 우경화의 길을 가는 주덕(朱德)·진운(陳雲)·등자회(鄧子恢) 등 당의 원로 간부들을 공격하고 비판하였다(담진림(譚震林)은 회의참가 권리를 취소당함).

회의에서 「반도(叛徒), 내간(內奸), 공적(工賊) 유소기(劉少奇)의 죄행

유소기 타도

에 관한 심사보고」를 승인하고,[55] 또한 유소기를 당적에서 영원히 제명 출당시키고 당 내외의 모든 직을 삭탈한다고 선포하는 결의를 통과시켰다. 이에 따라 그와 관련된 많은 당원들이 연루되어 희생당하였다. 그리고 회의 후에 유소기는 1969년 10월에 하남 개봉(開封)으로 압송되었는데, 그는 이해 11월 12일에 한을 품고 병사하였다.

한편, 이 회의에서 중공 당 「9전대회 대표선출에 관한 결정」과 「중국공산당 당장(초안)에 관한 결정」을 통과시켜 중공 당 9전대회 소집을 준비하기 시작하였다.

## 2) 중공 당 9전 대회

1969년 4월 1일부터 24일까지 북경에서 중국공산당 제9기 전국대표대회가 열렸다. 이 대회는 당이 문화대혁명의 파괴로 각성, 성, 시, 자치구 등 어느 곳에서나 조직을 회복하지 못한 채 소집한 회의여서 회의 참가대표 1,512명도 각급 당 조직에서 선거에 의하여 선출한 것이 아니라 이른 바 민주협상에 의하여 군중의 의견을 들은 후 추천되어 선출되거나 혹은 지명되었다.

중공 당 9전 대회의 주 의제는 중공 당 중앙의 정치보고, 중국공산당의 당장수정, 중앙위원회의 위원 선거였다. 임표는 중공 당 중앙을 대표하여 정치보고를 하였다. 그는 무산계급 독재아래 계속 혁명이라는 이론을 가지고 문화대혁명의 준비와 실시과정을 분석하고 문화대혁명의 풍성한 업적을 자랑하였다. 이 보고는 문화대혁명의 이론과 실천을 보다 체계화 시키고 합법화시킨 것이다.

또한 수정한 당장에서 마르크스 레닌주의의 보편적 진리를 혁명의 구체적 실천과 결부시키고 중공 당 8전 대회 당장에서 삭제하였던 모택동 사상을 다시 살려 당을 이끌어 가는 이론적 기초라고 함으로써 모택동의 우상화가 강조되었다. 또한 총강 가운데 '임표를 모택동동지의 친밀한 전우며 계승자'라고 넣어[56] 중국공산당사상, 국제공산주의 운동에 선례를 만들었다. 또한 주석과 부주석을 당, 정, 군의 일상 업무를 통수하는 실질적인 최고의 실권자로 규정하고 있다. 그 대신에 당 중앙기구의 조직과 권한의 분배를 모호하게 만들었으며, 전국대표대회의 직권에 대하여 아무런 언급이 없었다.

대회에서는 당 9기 중앙위원 170명과 후보중앙위원 109명, 합계 279명을 선출하였는데, 그 가운데 당 8기 중앙위원과 후보중앙위원은 53명에 불과하였다. 중앙위원회의 교체가 정상적으로 이루어지지 않아 원로 혁명가들이 대부분 배척된 반면 그 대신에 강청과 임표 일당이 중앙위원회에 들어갔다.

뒤이어 열린 당 9기 1중전회에서 모택동은 중앙위원회 주석, 임표는 부주석으로 선출되었다. 그리고 임표와 강청일당이 중앙정치국에 들어가 당 중앙의 영도권을 장악하였으며 임표는 당 중앙의 유일한 부주석이 되고 진백달, 강생이 정치국상무위원, 강청(江青)・장춘교(張春橋)・요문원(姚文元)・사부치(謝富治)・황영승(黃永勝)・오법헌(吳法憲)・섭군(葉群)・이작붕(李作鵬)・구회작(邱會作) 등이 정치국 위원이 되었다.

따라서 이 대회는 사상적으로, 정치적으로, 조직적으로 문화대혁명을 이론화시키고 합법화를 시킨 회의였으며 문화대혁명을 더욱 확대시키게 되었다. 그리고 당 중앙에서 임표와 강청, 강생 등의 지위를 강화시켰다.57)

### 3) 투쟁, 비판, 개혁의 전개

투쟁, 비판, 개혁은 처음 문화대혁명의 목적으로 제출된 것이다. 중공 당 8기 11중전회에서 통과된 「16조」의 제1조에 '당면한 우리 투쟁의 목적은 자본주의 길로 걸어가는 당권파와 투쟁하여 무너뜨리는 것이며, 자산계급의 반동학술 권위를 비판하는 것이며, 자산계급과 모든 수탈계급의 의식형태를 비판하고 교육, 문예를 개혁하며 사회주의 경제기초에 적응하지 못하는 것을 개혁하여 사회주의 제도가 공고해지고 발전하는데 이롭게 한다고 하였다. 여기에서 비롯된 것을 간단히 투쟁, 비판, 개혁이란 용어로 쓰고 있다.

당은 9전 대회 이후 모택동이 제출한 임무에 따라 그동안 무산계급 사회주의 혁명으로 거의 와해된 당 조직을 재정비 조직하지 않으면 안 되었다. 즉 당은 탈권투쟁으로 약 2년여 동안 정지되었던 당 조직을 재건하여 각 조직의 당 대표대회를 소집하여야 하고 당 위원회를 구성하여야 하였다. 이에 당을 재정비하는 방법으로 투쟁, 비판, 개혁운동을 전국적으로 전개하였다.

당시 투쟁, 비판, 개혁 가운데 비판을 크게 강조하였다. 그리고 비판의 화살을 이른 바 유소기반혁명 수정주의 노선에 두었다. 그런데 이러한 비판은 사상적으로 혼란을 조성하고 무정부주의 사조의 범람을 가져와 오히려 공산당과 공산주의의 신념에 동요를 가져왔다. 1970년에 중공 당 중앙은 연속적으로 「반혁명 파괴활동 타격에 관한 지시」와 「탐오, 절도, 투기 반대에 관한 지시」 등을 하달하여 혁명의 대오 안에서 반도, 특무, 주자파, 지주, 부농, 자본가, 반혁명 분자, 우파 분자 등을 색출하여 계급을 분명히 하도록 하였다. 문화대혁명기간 중앙, 국가기관의 부부장 이상과 지방의 부성장 이상 고급간부들 가운데 75%가 심사를 받았다.58) 그러나 이러한 과정에서 좌경 사상을 더욱 조장하여 무고를 일삼고 개인적인 원한 감정으로 혼란을 부추겨 당과 국가를 어렵게 하였다.

1968년 5월 7일에 흑룡강성은 모택동의 5.7지시 2주년을 기념하기 위하여 다수의 간부들을 시골로 보내 노동하도록 하였는데 이를 5. 7학교라 한다.59) 이 시기에 많은 간부들이 각지에 세워진 5. 7학교에 보내져 학습, 노동하게 하였는데 실질적인 역할은 지식인들을 압박하고 간부를 징계 처벌하는 방법으로 5. 7학교에 보내졌다.

당의 9전 대회 이후 중공 당 중앙은 6월 27일에 「북경대학, 청화대학의 신입생 선발에 관한 건의보고」를 받아들여60) 대학의 입시제도를 폐지하고 실천경험이 많은 노동자, 농민, 군인 가운데 학생을 선발하고, 농・공・병 학생들의 임무를 대학에 다니고 대학을 관리하는 데 두었으며 모택동사상을 갖고 대학을 개조하도록 하였다.

모택동은 1971년 8월 13일에 「전국교육공작회의 기요」를 배부하는 것에 동의하였는데61), 여기에서 두 가지를 지적하고 있었다. 하나는 문화대혁명 전 17년 동안에 모주석의 무산계급 교육노선이 철저하게 관철되지 않았고 오히려 자산계급이 독재하여왔다 하고, 또 하나는 교사들과 이 17년 동안 양성된 학생의 세계관은 기본적으로 자산계급의 것이고 자산계급 지식분자라 하였다.

또한 불합리한 제도와 규칙을 개혁하는 것인데 이는 유소기에 의하여 조정시기에 결정된 「농업 60조」나 「공업 70조」를 수정주의적인 것으로 보고, 또 자본주의를 복벽시키려는 검은 조례로 보아 이를 비판하고 부정하였다. 그러나 개혁한다고 하면서 새로운 제도가 마련되지 않아 정상적인 일을 처리할 수 없었기 때문에 오히려 혼란을 증폭시켰다.

## 5. 중국국민당의 고압통치와 대만독립운동(臺灣獨立運動)

### 1) 정치 냉각시대

뇌진(雷震)사건과 중국민주당의 창당좌절은 중국국민당의 대만통치가 50년대보다 더욱 고압적이었음을 나타내고 있다. 따라서 60년대 대만의 정치를 정치의 '냉각시기',62) '저기압의 시기'라고도 부른다.63)

1961년 6월에 경찰총서는 '어광곡(漁光曲)', '서두가(鋤頭歌)' 등 25곡의 대중가요를 황색가요란 이름으로 금지시키고, 파금(巴金) 등 대륙작가들의 작품을 금서로 정하여 신문 발행의 금지와 함께 사상적 탄압을 강화시켰다. 다음 해 1월에 대만경비총사령부는 무장반란을 도모하였다는 이유로 대만성 출신의 정계인물들을 체포하여 무기징역 등에 처하는 한편 정부비판에 대하여 철저한 탄압을 가하였다.

1962년 2월에 호적(胡適)이 세상을 떠난 후 어느 누구도 정부를 비판하는 말이나 글을 실지 못하였다. 우연하게 정부의 비위를 건드려도 즉시 처벌을 받았기 때문이다. 예를 들면 『시여조(詩與潮)』란 잡지는 뇌진의 옥중시를 게재하였다 하여 1년 동안 정간 당하였다. 따라서 많은 지식인들은 대만을 떠나 홍콩이나 미국으로 거처를 옮겼다.

그런데 이오(李敖)는 1961년부터 『문성(文星)』잡지를 통하여 호적을 비판하고 정부를 비판하는 글을 계속 발표하였다. 그 밖에도 당시 대만의 정계, 학술계 인물들이 그로부터 비판받았다. 예를 들면 장기윤(張其昀), 전목(錢穆), 도희성(陶希聖), 진립부(陳立夫), 호추원(胡秋原), 정학가(鄭學稼), 모종삼(牟宗三), 서복관(徐復觀) 등 40여 명이 공격 대상이 되었다. 결국, 1963년부터 1966년까지 이오(李敖)의 저서는 모두 금지 당하였으며 종합지인 『문성』도 1965년 12월에 대북시정부 신문실에서 다음 해 1월 1일부터 1년 동안 정간시켰다.

이러한 때인 1964년에 뇌진과 함께 신당운동을 전개하던 고옥수(高玉樹)가 대북시장에 당선되었다. 이에 정부는 여러 가지 수단을 동원하여 그의 선거참모들을 그의 곁에서 떠나게 하고 1966년에는 그의 계승자라고 할 수 있는 양옥성(楊玉成)을 탐오하였다는 협의로 체포하였다. 양옥성은 두 차례에 걸쳐 대북시의원에 당신되고 성의원을 역임하였는데, 그에게 부정협의를 씌워 고옥수의 위신을 크게 실추시켰던 것이다.

결국, 도시의 야당성향에 대처하기 위하여 정부는 대북시를 행정원 직할시로 바꾸고 대북시장은 민선에서 임명제로 고쳤다. 따라서 고옥수노 대북시장에서 물리니게 되었는데, 장개석은 오히려 그를 초대 시장으로 지명하였다. 이에 고옥수도 당국에 대한 태도를 바꾸어 70년대에는 교통부 부장과 정무위원이 되었다.

1968년 3월에는 저명한 작가 백양(栢楊)이 원수모욕죄로 체포, 군사법정에 넘겨졌다. 그는 본명이 곽의동(郭衣洞)으로 1960년대부터 『자립만보(自立晩報)』에 「의몽한화(倚夢閑話)」란을 집필하여 왔는데 중국사회의 암흑면, 전통문화의 폐단, 중국국민성의 약점 등을 표현하면서 중국국민당의 비위를 거슬렀다. 그는 1968년 1월에 『중화일보(中華日報)』에 미국잡지에 실려 있는 만화를 옮기면서 한 조그만 섬에 부자 두 사람이 함께 서있으면서 두 사람이 다 총통 후보자가 되려 한다는 표현을 하였다. 결국, 그는 문학의 기교를 이용하여 정부의 부패무능을 비꼬고 중공의 문화 통일전선공작을 따랐다하여 체포되고 내란죄로 사형이 선고되었으나 상소하여 10년형이 확정되었다..

이밖에도 1971년에 대만경찰은 이오를 대만독립운동을 주장하는 팽명민(彭明敏)반란과 연루시켜 체포하여 다음해 2월에 10년형을 언도받았다. 그는 5년 8개월만인 1976년 11월에 가석방이 되었다. 그리고 좌순생(左舜生), 장군매(張君勱) 등 해외에서 활동하던 자유주의자들이 장개석을 비판하는 태도를 견지하였으나 이들 마저 60년대 말 세상을 떠나 반국민당적인 세력은 하나도 남지 않게 되었다.

## 2) 장경국(蔣經國)의 등장

장경국은 장개석의 장남으로 일직이 소련에서 교육을 받고 소련의 혁명경험과 마르크스주의의 관련서적을 연구한바 있어 혁명과정에 청년들이 선봉에 서야하고 교량적인 역할을 하여야 한다는 사실을 잘 알고 있었다. 따라서 소련에서 귀국한 이래 청년들을 규합하여 자신의 세력을 구축하고 있었다.

그는 처음으로 1939년에 강서행정독찰전원(江西行政督察專員)의 신분으로 이곳에 간부학교를 세워 청년들을 양성하여 훗날 감남파(贛南派)를 형성하고, 다음 1944년에 삼민주의청년단 중앙간부학교를 세워 이곳 출신의 간교파(幹校派)를 형성하였다. 그리고 청년군정치부 주임을 겸하면서 간부훈련반을 설치하여 청년간부를 훈련하였는데 이들을 군 정훈반(政訓班)출신이라 하여 자파의 세력으로 삼았다. 대체로 이들 세파를 합하여 태자파(太子派)라고도 부른다.64)

장경국 행정원 원장의 취임선서

국민당 정부가 대만으로 온 다음 중국국민당을 개조하면서 태자파의 세력이 크게 진출하였다. 특히 1952년 10월에 중국국민당 7전대회를 마치고 중국청년반공구국단(中國青年反共救國團, 약칭 구국단)을 정식으로 성립시켜 장경국이 그 주임을 맡게 되었다. 그는 1972년 행정원 원장에 취임할 때까지 구국단의 주임 직을 맡아 그의 정치적 기반으로 삼았다.

구국단은 총단부 아래 대만성 분단(후에 단위원회로 고침)과 각 현, 시총대(총지부로 고침), 현・시 아래에는 대대(분지부로 고침), 각 대학과 중・고등학교에도 총대(총지부)를 설치하여 전국에 그 조직망이 구축되어 있었다. 특히 구국단은 국방부 총정치부에서 관장하도록 하여 교육부에 속하지 않았기 때문에 여기에 속한 간부의 권력은 막강하였다.

그런데 1957년 3월에 대만에 주둔하고 있던 미군 상사가 혁명실천연구원(革命實踐硏究院)에서 교육을 받던 중국군 소령을 총살한 사건이 일어났다. 그리고 그 미군 상사는 치외법권에 의하여 중국법정의 심판을 받지 않게 되었다. 이를 계기로 반미감정이 폭발하여 5월 24일에 미 대사관 앞에서 시위가 일어나고 미국신문처가 시위군중의 습격을 받아 도서관이 파괴되는 사태로 확대되어 대만위술사령부는 19시를 기하여 계엄을 선포하였다.

미국은 이 사건이 일어난 후 이 사건의 배후자로 장경국을 지목하고 그를 반미주의자로 보았다.[65] 따라서 미국으로부터 배척받게 된 장경국은 일단 정부 일선에서 물러나야만 하였다. 단지 제대장병보도위원회 주임의 신분으로 제대군인(영민(榮民)이라 함)을 지휘하여 대만의 중부 동서를 관통하는 횡관공로(橫貫公路)를 건설하는 일에 전념하였다. 그리고 진성(陳誠)의 제2차 조각 때에 정무위원이 되었으나 내각회의 때에도 별로 발언하지 않았으며 기자들과의 접촉도 피하였다.

그런데 1963년 9월에 진성의 건강이 악화되자 미국은 그가 장개석의 후계자가 될 수 없다 판단하고 장경국에게 접근하여 그를 미국으로 초청하여 과거의 오해를 풀었다. 그리고 진성의 사직으로 12월에 엄가감(嚴家淦)이 행정원 원장이 되어 조각할 때 장경국은 국방부 부부장에 임명되어 막후에서 일선으로 나서게 되었으며, 1965년 1월에 국방부 부장에 임명되어 대만의 군권을 장악하였다.

진성이 1965년 9월에 사망하자 장경국은 세 번째 미국을 방문하였다. 이것은 미국에게 그를 장개석의 계승자로 확신시켰다. 그리고 「임시 조치법」에 의하여 장개석의 연임을 보장하였을 뿐만 아니라 총통의 권한을 크게 강화시켜 그가 권력을 계승할 수 있도록 제반 절차를 준비하여 나갔다.

사실 대만의 부총통은 아무런 실권이 없었다. 그렇다고 장개석 부자가 총통과 부총통이 될 수는 없었다. 장개석으로는 자신이 세상을 떠나면 부총통이 승계하도록 되어있으므로 1966년 3월에 1기 4차 국민대회의 제4대 정·부총통선거에서 별로 알려져 있지 않은 엄가감(嚴家淦)을 부총통후보자로 내세워 당선시키고 행정원 원장을 겸임하게 하였다.

그런데 1969년에 행정원 부원장 황소곡(黃少谷)이 사임하자 장경국을 부원장으로 임명하였으며, 1972년의 1기 4차 국민대회에서 장개석과 엄가감을 다시 제5대 정, 부총통으로 선출하였다. 부총통에 재취임한 엄가감은 취임 6일 만에 행정원장을 사임하고 그의 제안으로 장경국을 행정원 원장에 임명하여, 장경국은 국가의 실권을 행사, 이른바 '장원장 시대'를 열었다.

### 3) 대만의 독립운동

대만독립의 주장은 청일전쟁 후부터 나타났다. 즉 당시 청정부가 대만을 일본에게 할양하게 되자 이를 거부하고 독립하려 하였으나 결국은 일본의 식민지가 되었다. 제2차 세계대전이 끝나기 직전 대만

독립문제는 극동정책의 일부분이 되어 영국은 카이로 회담에서 대만의 지위를 정하지 말자하였고, 일부 미국인들은 대만을 국제공동경영으로 하자고 주장하였다. 이러한 각국의 의견은 대만 독립 주장의 근거를 마련해주었다.

1945년에 대만이 대륙으로 귀속되자 전일본의 대만총독을 지낸 안등이길(安藤利吉, 안도 리키치)은 소수의 군국주의자들을 충동질하여 대만독립활동을 전개하는 지하조직을 구성하였다. 이 소식이 선후 대만독립운동의 비조가 되었다. 이밖에도 대만인 요문의(廖文毅)가 1947년에 홍콩에서 대만재해방동맹을 조직하였다가 곧 해산하였다. 그 후 다시 대만민주독립당을 조직하여 일본의 잔여세력의 지지를 받았으며 대만의 신탁통치를 책동하였다. 대체로 이 시기 대만의 독립운동 중심은 일본에 있었다.

그런데 이들 단체들은 국민당의 공작에 의하여 그 조직이 와해되어 요문의 등은 조직으로부터 떨어져 나오고 일본으로부터 귀국하였다. 이에 1960년대 후기부터 대만독립운동의 중심은 일본으로부터 미국으로 옮겨졌고 그 조직은 미국, 캐나다, 유럽지구에 나타났다. 예를 들면 전미국대만독립연맹, 캐나다대만인권위원회, 유럽대만독립연맹 등이 그것이다.

1970년 1월 15일에 미국의 지지아래 일본의 대만독립청년동맹, 전미국대만독립연맹, 유럽대만독립연맹, 캐나다대만인권위원회와 대만에 있는 대만자유연맹의 다섯 단체가 대만독립연맹을 조직하고 미국, 일본, 유럽, 캐나다, 남미, 대만의 여섯 지구에 본부를 설치하였다. 대만독립연맹은 대만독립운동의 가장 큰 세력으로 조직도 잘 되어있어 대만독립운동의 총본부라고 할 수 있었다. 당시 장개석 정권을 타도하고 새로운 정부, 새로운 국가를 건설하자고 주장하여 유명했던 대만대 교수 팽명민(彭明敏)은[66] 미국의 도움으로 이달 23일에 대만을 탈출하여 미국으로 건너와 대만독립연맹 주석에 추대되었다.[67]

대만독립운동 단체는 이밖에도 대만혁명당, 자결회, 대만임시정부, 독립대만회, 대만민주운동해외동맹, 인권회, 민족민주동맹, 세계대만동행회, 협지회 등이 있었다. 이들 여러 단체들은 조직의 성격도 복잡하였고 또 주장도 각각 달랐다. 그러나 대만인은 중국인이 아니며 대만과 대륙은 오래 동안 떨어져 있어 문화와 습속이 다르며, 대만의 앞날은 1,800만 대만인이 결정하여야 한다고 공통된 생각을 갖고 있었다. 따라서 이들의 활동목표는 국민당정권을 넘어뜨리고 중공의 무력해방을 저지하며 대만을 자유민주국가로 건립하는데 있었다. 그리고 이 목표를 달성하기 위하여 미국에서 집회를 갖고 시위를 벌이면서 선전물을 나누어 여론을 불러일으키려 하였다. 이처럼 미국에서 활동하고 있었던 것은 당시 미국이 중국과 대만을 동시에 인정하려는 정책을 썼기 때문이기도 하였다.

그러나 대만독립운동은 국민당의 철저한 탄압을 받았을 뿐만 아니라 대륙 중화인민공화국도 두개의 중국을 반대하고 대만의 독립을 반대하여 그 세력은 대만 안에서 크게 자라지 못하였다. 또한 해외의 독립운동도 국민당의 회유에 따라 크게 발전되지 못하였다.

## 6. 중국국민당 10전 대회와 당무(黨務), 정치(政治)혁신

### 1) 중국국민당 10전 대회의 소집

1950년대 초, 중국국민당은 한차례 개조를 거친 후에 대만은 정치적으로 안정되고 경제적으로도 번영하게 되었다. 그러나 이는 반공을 위한 군사적인 계엄과 강력한 통제아래 이루어진 것으로 상층 권력구조는 갈수록 경직되고 노령화(老齡化)되어 갔다. 그리고 장기간에 걸친 당국의 전제와 독재, 부패에 대하여 점차 불만이 증가하고 당외

(黨外) 세력의 일당전제에 대한 반대와 참정의식이 보편적으로 확대되면서 정치혁신의 소리가 갈수록 높아갔다.

장개석은 이에 대응하기 위하여 행정혁신을 추진하기로 하고 1966년 12월에 혁명실천연구원 행정혁신연토회(行政革新硏討會)에서 행정혁신은 전면 혁신이 되어야 한다고 언급하였다. 그리고 1년 후에 10대 혁신요강을 제출하였다. 그 내용은 당무의 혁신, 기질의 변화, 과학의 발전, 교육의 개진, 경제 발전, 인사 정돈, 행정 혁신, 사무처리의 요령, 발전을 위한 연구, 통계에 대한 주의로 이 가운데 역시 당무의 혁신이 첫 번째 항목으로 설정되었다.

장개석은 1969년 1월에 다시 당이 혁신의 중심이 되는 정치, 경제, 사회, 교육, 당무의 혁신문제를 제출하였다. 이러한 배경 가운데 3월 29일부터 4월 9일까지 중국국민당 제10차 전국대표대회를 대북에서 소집하였다. 참가한 대표는 600명이었으며 회의는 장개석이 주재하였다. 회의의 중심 의제는 ① 국민당을 혁신하고 튼튼하게, ② 부흥기지를 튼튼히 하고 삼민주의 모범성으로 건설을 충실히, ③ 대륙광복의 적극적 추진, ④ 정치의 혁신으로 당의 혁신으로 정치를 혁신하자는 것이었다.[68]

대회에서는 「현단계 당의 건설안」, 「현단계 사회건설 강령안」, 「대륙광복 적극책진안」, 「정치혁신 요강안」을 통과시켰다. 이 가운데 정치혁신 요강안이 국민당안과 사회 각계에서 가장 큰 관심을 끌었다. 그 내용은 정풍의 쇄신, 법제의 이행, 기구의 건전화, 인사의 개선과 연구발전의 강화 등 다섯 항목이었다.

대회는 마지막으로 장개석을 중국국민당 총재로 선출하고 장개석이 지명한 이욱영(李煜瀛), 송미령(宋美齡), 손과(孫科) 등 153명을 중앙평의위원으로, 장경국(蔣經國), 엄가감(嚴家淦), 곡정강(谷正綱) 등 99명을 중앙위원으로 선출하였다. 그리고 4월 10일에 중국국민당 10기 1중전회를 소집하여 엄가감, 장경국, 곡정강, 장기윤(張其昀), 황소곡(黃少谷), 황걸(黃杰) 등 21명을 중앙상무위원으로 선출하였다.

### 2) 당무와 행정혁신

중국국민당의 당무혁신은 중앙 당부의 개조에서부터 시작되었다. 국민당 10기 3중전회에서 「중앙위원회 조직조례」를 통과시켜 중앙위원회 아래 조, 회의 조직을 확대하여 하나의 처, 7개 공작회와 4개 위원회를 두었다. 즉 비서처, 조직공작회, 사회공작회, 대륙공작회, 해외공작회, 문화공작회, 청년공작회, 부녀공작회, 재무위원회, 당사위원회, 감찰기율위원회, 정책위원회 등이 그것이다. 그리고 원래 중앙상무위원회 일부 권력도 중앙 당부로 이관하여 분야별로 책임을 지도록 하였으며 또한 각 공작회는 독자의 결정권을 갖도록 하였다.69)

중앙당부의 개조이후에 국민당의 조직 계통도 이에 따라 조정하였다. 즉 중앙, 지방, 군대, 산업, 직업, 지식청년, 해외, 적후(敵後), 기관에 8개 당부를 설치하였다. 중앙 당부는 중앙위원회에 직속된 것으로 집행기구였다. 지방 당부는 대만성, 대북시, 고웅시 당부와 성 당부에 소속된 각 시, 현, 구 당부로 조직되었다. 군대당부는 군대안의 당조직 기구였다. 산업당부는 각 생산 기업의 당부조직이며, 직업당부는 철도, 도로, 체신, 선원 등 당부로 조직되었으며, 해외당부는 해외화교의 당부이며, 적후당부는 대륙에서 잠복하고 있는 특수 공작원으로 조직되었다. 그리고 기관당부는 국민당 중앙 당·정 직속 기관으로 조직되었다.

한편, 각급 당부의 개조와 조직을 조정하면서 다음과 같은 새로운 조치들을 실시하였다. 즉 ① 이른바 신인신정(新人新政)을 실천하여 새 인물들을 당 조직에 끌어들여 신진대사를 꾀하고, ② 당·정 분리를 하면서 당의 노력방향이 정책에 반영되도록 하였으며, ③ 당무와 학술을 결합하여 학문적 전문가 당원을 당무에 끌어들였으며, ④ 본토화 정책을 시행하여 대만출신 당원을 당무에 끌어들여 실질적으로 대만출신의 당원 수가 크게 늘어났다. ⑤ 임기 제도를 관철하여 정년

이 된 자는 자동적으로 은퇴하게 하고 당 간부가 정치권에 흡수되도록 장려하였다.

이와 같은 당의 혁신으로 당원의 수가 크게 늘어났고, 그 구성원에도 변화가 일어났다. 1969년부터 1976년 사이에 64만 명의 당원이 증가했는데, 그 가운데 35세 이하가 90%, 대만출신 당원이 75%를 점하였다. 그리고 1976년의 당원 총수 150만 명 가운데 대만출신이 55.2%를 차지하였다.[70] 결국 당무혁신은 신구 인사의 교체와 더불어 장경국 태자파의 자리를 굳히는 기초를 마련하였다.[71]

당무의 혁신과 함께 행정계통도 혁신적인 조치를 취하였다. 그 목적은 관료주의를 없애고 행정능률을 향상시킴으로서 민중의 불만을 완화시키고 민중 속에 국민당의 인상을 개선하려는 데 있었다. 이때 취한 조치는 다음과 같다.

① 각급 정부 각 부문의 권한을 규정하여 책임행정을 펴도록 하였다. 공문은 반드시 기간 안에 처리하도록 하였으며 상급기관에 넘기거나 회의를 통하여 시간을 끌지 못하도록 하였다. ② 인사담당의 관리는 임기제를 채택하여 반드시 임기가 끝나면 다른 곳으로 이동시키도록 하였다. ③ 기구를 합병하여 겸직을 감소시켰다. 예를 들면 1969년 5월에 겸직관리는 반년 안에 반드시 이동시켜 한 부문에 전문 관리 한사람이 책임지도록 하였으며, 겸직기관에서는 교통비만을 받도록 하였다. 1969년 2월에 행정원은 소속의 7개 단위를 합병하여 하나의 연구발전심의위원회를 두었다.

### 3) 중앙민의대표의 증원과 보충

대륙에서 선출된 국민대표를 다시 뽑을 수 없는 조건 때문에 1970년대 전후에 만년국민대회에 문제가 발생하였다. 대륙에 있을 때 국민대표는 원래 3,045명이었으며 1945년 제1기 국민대회에 출석한 대표는 2,841명 이었다. 이 가운데 일부는 국민당을 따라 대만으로

민의대표 선거

왔으나 20년이 지난 이때 사망한 사람도 적지 않았다. 1972년에 대만에 있던 국민대표는 1,301명이 남아있을 뿐이었다.

그리고 이들도 거의 대부분이 나이가 들어 죽음을 바라보는 연령들이었다. 그러나 국민대회는 비록 「동원감란시기 임시조관(動員戡亂時期臨時條款)」에 구속을 받아 6년마다 개회하여 정, 부총통을 선거하는 것에 불과하지만 그래도 여전히 국가권력의 상징이기도 하였다. 그런데 이 가운데 대만성 출신은 32석에 불과하여 대만사람들은 당연히 대만출신의 정원을 늘려달라고 요구하기 시작하였다.

이와 같은 사정은 입법원도 마찬가지였다. 헌법의 규정에 입법위원은 3년마다 개선하도록 되었는데 그동안 이를 실시하지 못하였다. 즉 1948년 5월에 입법위원 773명을 선출하여 1951년에 임기가 만료되었으나 개선하지 못하였다. 오히려 사법원 대법관회의에서 제2대 입법원 위원을 선출하기 전까지 제1대 위원이 그 직권을 행사한다고 결정하였기 때문에 선거를 실시할 수 없는 대륙출신은 자동적으로 종신 입법위원이 되었다.

그런데 입법위원도 20년이 지나자 사망자가 늘어나고 또한 사직한 자도 있어서 원래 있었던 759명의 반수밖에 되지 않았다. 그러므로 중앙민의 대표를 개선하자는 소리가 높아졌다. 이에 행정원은 1969년 7월 1일에 「동원감란시기 자유지구 중앙공직인원 증선보선판법」을 공포하고 12월 20일에 대북시와 6개 현, 시에서 동시에 국민대표 15명, 입법위원 11명, 감찰위원 2명을 선출하였다.

그리고 1972년에 「동원감란시기 임시조관」을 수정하여 총통에게 헌법의 제한을 받지 않고 중앙민의대표를 증원 선거하도록 하였다. 이에 따라 12월 23일에 국민대표 53명, 입법위원 52명, 감찰위원 10명을 증원하여 선거로 뽑았다.72) 이들은 대륙에서 선출된 만년 대표, 만년 입법위원과는 달리 국민대표와 감찰위원은 6년마다 개선하도록 되었으며, 입법위원은 3년마다 개선하도록 되었다. 이렇게 함으로서 소수의 신생 세력이 정계에 들어가 정부는 정치적으로 받던 압력을 완화시킬 수 있었다.

특히 1972년에 증원된 중앙 민의대표는 1969년에 증원된 사람과는 달리 약 2/3가 별로 널리 알려지지 않은 인물들로 평균 나이도 낮았고, 문화교육 수준이 높아 약 2/3가 대학 졸업이상의 학력을 갖고 있었다. 이러한 특징은 전후 세력이 성장한 이른바 신생대(新生代)가 정치적, 사회적으로 중요한 자리를 잡아가고 있음을 보여준다.

## 7. 1960년대 중기 이후의 대만 경제와 국제 관계

### 1) 경제 급성장의 시작

1963년부터 대만은 공업생산의 경제구조가 농업부문을 처음으로 초과하게 되었기 때문에 이후부터 공업발전의 급성장 시기로 진입하였다. 이 시기에 실시된 것이 1965년-68년까지의 제4기 경제발전계획이었다. 이 기간 동안 계획의 중점은 투자 환경의 개선과 투자의 증액, 경제구조의 개진, 생산 기술과 관리 기술의 수준 향상을 꾀하는데 두었다. 또한 수출품 가공업을 발전시키고 국제수지 상황을 개선하는데 목표를 두었다. 그 결과 제4차 경제계획기간 공업의 성장률은 17.8%, 그 가운데에서도 1968년은 22.8%라는 놀라운 급성장을 이룩하였다.

대체적으로 이 시기부터 대만은 수출 주도형의 경제가 확립되어 원자재를 수입하여 염가의 노동력을 이용, 이를 가공 조립하여 수출하는 수출 가공업이 발달하였다. 이밖에 이 시기에 나타난 경제구조의 변화를 살펴보면 다음과 같다.

첫째, 경제 구조가 과거의 농업 위주에서 탈피하여 공업 위주로 바뀌었다. 즉 1963년에 공업이 농업을 초과한 다음 발전 속도에 차이를 보여 경제 구조 가운데 공업의 지위가 크게 향상되어 대만 경제가 급성장기로 진입하고 또한 농업과 공업의 불균형 시기가 시작되었다. 다음 표로 산업별 비중을 살펴볼 수 있다.

대만의 산업별 비중73)

| 연 도 | 농 업 | 공 업 | 교통운수 | 상 업 | 기 타 | 합 계 |
|---|---|---|---|---|---|---|
| 1963 | 26.4 | 27.8 | 4.3 | 14.6 | 26.9 | 100.0 |
| 1964 | 27.6 | 28.0 | 4.3 | 14.8 | 25.3 | 100.0 |
| 1965 | 26.8 | 28.1 | 4.7 | 14.8 | 25.6 | 100.0 |
| 1966 | 25.5 | 28.4 | 5.3 | 14.3 | 26.5 | 100.0 |
| 1967 | 23.2 | 30.3 | 5.1 | 14.6 | 26.8 | 100.0 |
| 1968 | 21.5 | 31.9 | 5.6 | 14.3 | 26.7 | 100.0 |
| 1969 | 18.5 | 33.8 | 5.8 | 13.5 | 28.4 | 100.0 |
| 1970 | 17.5 | 34.1 | 5.8 | 13.2 | 29.3 | 100.0 |

둘째, 수입 위주의 공업이 수출 위주의 공업으로 전환되었다. 즉 1950년대만 해도 국내에서 필요로 하는 상품 생산을 위한 공업이 중심을 이루었으나 1960년대 초에 국내 시장이 포화상태로 바뀌자 대만 공업은 국내시장에서 벗어나 국제시장을 개척해 나가야 하였다. 그리하여 외화를 획득하고 선진 기술시설을 들여와야만 하였다. 그 결과, 경제적 급성장을 가져오게 되었을 뿐만 아니라 공업생산이 내수형에서 벗어나 외수형으로 전환되었다.

셋째, 공업내부의 구조 가운데 중공업의 비중이 점차 높아져 갔다. 4기 경제계획에서 기초 공업의 발전에 치중하여 기계공업, 석유화학공업, 전자공업, 운수, 공구 공업에 중점을 두었다. 그 결과, 중화학 공업 분야의 성장이 두드러졌으며 1966년에는 중공업이 경공업을 업을 능가하게 되었다.

대만의 수출 산업 구조(금액의 단위는 백만 달러)74)

| 연 도 | 농 산 품 | | 농산가공품 | | 공 산 품 | | 합 계 | |
|---|---|---|---|---|---|---|---|---|
| | 금 액 | % | 금 액 | % | 금 액 | % | 금 액 | % |
| 1964 | 65.0 | 15.0 | 184.1 | 42.5 | 183.9 | 42.5 | 433.0 | 100 |
| 1965 | 106.2 | 23.5 | 136.6 | 30.4 | 206.9 | 46.0 | 449.7 | 100 |
| 1966 | 106.3 | 19.8 | 134.8 | 25.1 | 295.2 | 55.1 | 526.3 | 100 |
| 1967 | 97.2 | 15.2 | 148.7 | 23.1 | 394.3 | 61.5 | 640.7 | 100 |
| 1968 | 87.8 | 11.1 | 161.7 | 20.5 | 539.7 | 68.4 | 789.2 | 100 |

넷째, 공업내부에서 방직공업, 전자 전기공업이 신속히 발전하여 그 구조에 변화가 일어났다. 즉 1950년대부터 60년대 초에는 식품업과 방직업이 수위를 차지하였으나 60년대 후반으로 들어오면 전기전자공업이 급성장을 보여 대만공업의 새로운 지주로 떠올랐다.

경공업과 중화학 공업의 비율75)

| 연 도 | 경 공 업 | 중화공업 | 연 도 | 경 공 업 | 중화공업 |
|---|---|---|---|---|---|
| 1960 | 7.26 | 27.4 | 1967 | 47.48 | 52.52 |
| 1964 | 60.1 | 39.9 | 1968 | 43.32 | 56.68 |
| 1966 | 47.71 | 52.29 | 1969 | 45.20 | 54.80 |

## 2) 수출가공공단의 설치

대만 경제의 급성장은 수출가공 공단의 설립과 밀접한 관계를 갖고 있다. 대만은 천연자원이 부족하고 본래 공업 기초가 박약하여 유일한 것은 노동력 자원밖에 없었다. 따라서 노동력 집약형의 공업을 발전시키고, 수출능력이 있는 가공업에 집중할 수밖에 없었다.

당시 홍콩의 조건은 대만보다 더욱 열악하였으나 공업발전은 대만보다 앞서 있었다. 그것은 물론 수출가공업 때문이었다. 따라서 대만은 기계설비, 원료, 반제품의 수입을 일률적으로 면세시켜 재무 부담을 줄여 생산 원가를 낮추어주고, 또한 납세와 수출 수속을 간소화시켜 수입과 수출이 편리하도록 함으로서 투자 환경을 좋게 만들었다.

1963년에 경제 분야에서 「투자 장려 조례」를 크게 수정하여 여기에 수출공단 구역에 관한 조문을 삽입하려 하였으나 사안이 중대하여 별도로 「가공 수출구 조례초안」을 작성하여 행정원에서 심의, 다시 입법원으로 넘겨 1965년에야 비로서 입법이 되었다. 그리하여 1965년 2월에 「국제경제합작발전위원회(경합회라 약칭)에 가공수출구건설준비임시공작소조를 구성하고 3월에 고웅구(高雄區) 수출공단준비처를 발족하였다. 다음해 그 준비가 끝나자 경제부는 정식으로 고웅수출공단관리처를 성립시켰다.

고웅수출공단은 고웅이란 항구와 접근되어 있을 뿐만 아니라 지역적으로 외계와 격리가 쉬운 곳이며 공업 환경이 좋고 노동력 자원이 충분한 곳이어서 이상적인 지리적 조건을 갖추고 있었다. 공단은 1965년부터 5기로 나누어 공사를 시작하여 1969년에 완공되었다. 특히 밀수를 방지하기 위하여 수출 공단 주위에는 2.5m의 높이로 담을 쌓았으며 다시 그 위에 철조망을 만들어 외계와 차단시켰다.

고웅수출공단을 건설한 다음 투자 신청자가 많아 남재(楠梓)수출공단(고웅), 대중(臺中) 등지에도 수출공단을 조성하였다.76) 그리고 정부는 수출공단이 충분하게 그 역할을 발휘할 수 있도록 1964년 1월에 「수출공단 설치 관리 조례」를 발표하여 공장시설 신청에 관한 우대, 관리, 신청수속 등에 관한 원칙을 규정하였다. 이밖에도 여러 조례를 정하여 수출공단에 대한 특수 정책을 폈다. 즉 수속의 간소화, 외화와 대외무역의 제한 해소, 면세, 통관 시간의 단축, 수출공단 제한구역 안에서의 물자교류 등이 그것이다.

수출공단의 설립은 대만 경제를 크게 발전시켰다. 내수주도의 공업발전에서 수출주도의 공업으로 전환되었으며, 대만 경제의 급성장을 가능하게 만들었다. 무역 수지도 시설재 등의 수입 증가로 무역적자를 보던 것이 1969년부터 780만 달러의 흑자를 기록하게 되었다.

### 3) 경제발전을 위한 제반 조치

수출공단의 설치로 공업은 비약적인 발전을 가져왔다. 그러나 이와 별도로 여러 가지 경제적인 조치가 뒤따랐기 때문에 급성장이 가능했다.

첫째, 세율의 인하와 투자의 장려정책이다. 1960년 「투자장려 조례」를 공표하여 투자환경을 적극적으로 개선하였다. 즉 조례에는 기업의 이익에 대한 소득세의 최고 세율을 18%로 감소시켜(종전의 세율은 31.4%)투자자들을 끌어들였다. 1965년에는 이 조례를 수정하여 장려책의 표준에 해당하는 기업에 대해서 소득세를 10%로 내렸다. 더욱이 투자를 장려하기 위하여 소득세뿐만 아니라 관세, 상품세 등도 세율을 내렸다. 또한 공장의 시설재에 대하여 투자액이 신대폐 9천만 원 이상인 경우 수입세를 면제하였다.

둘째, 민영 기업에 대한 대출을 늘렸다. 1960년대 대만은 개인의 투자를 장려하여 개인 기업을 도와주면서 은행으로 하여금 개인 기업에 대한 대출을 늘렸다. 다음은 은행의 개인 기업과 공영 기업에 대한 대출의 비교를 나타낸 것이다.

특히 개인 기업에 대한 사채의 부담을 가급적 덜어주기 위하여 은행 대출을 늘렸다. 1964년의 경우 개인 기업의 채무 가운데 은행의 대출이 32.3%에서 1969년에 37.5%로 증가하여 사채는 36.7%에서 22.5%로 낮아졌다. 이렇게 하여 기업의 자금 압박을 해결해 주었다. (사채금리는 은행대출보다 약 2배 높았다.)

대만의 관영과 개인기업의 은행대출 비율(1960-1965, 1970-1975)[77]

| 연 도 | 개인기업 | 공영기업 | 연 도 | 개인기업 | 공영기업 |
|---|---|---|---|---|---|
| 1960 | 47.0 | 53.0 | 1970 | 77.6 | 22.4(%) |
| 1965 | 70.7 | 29.3 | 1975 | 78.0 | 22.0 |

셋째, 수출산업에 대한 저리융자이다. 이 조치는 1957년에 이미 실시하기 시작한 것으로 대만은행은 무역국의 위탁을 받아 수출품에 대한 저리융자를 실시하여 단기 외화인 경우 년 6%, 단기 신대폐인 경우 년 11.3%의 이율을 적용하였다. 그러나 당시 일반 은행은 신용대출인 경우 년 22.33%에 달하였다.

넷째, 1964년 이전에 정부는 기업들 간에 합리적 경쟁을 유도하고 맹목적인 중복투자를 피하기 위하여 관리 방법을 제정하였다. 그러나 경제가 급성장시기로 진입하게 되자 1965년에 「공업 지도 준칙」을 발표하여 각종 공장신설 제한을 풀어 더 좋은 투자 환경을 만들게 하였다. 이밖에도 외환의 결재 방법, 수출품 생산에 대한 수입 관세의 환급 방법 등과 수속의 간소화도 실시하였다.

### 4) 농업 상황과 농업 정책

1950년대 생필품의 수입을 대체하기 위하여 공업을 육성하던 시기에 대만의 농업노동력은 순조롭게 공업부문으로 전이되었다. 농업의 이윤과 노동 생산성의 향상이 기업가의 손으로 넘어가 공업 발전을 촉진시키기도 하였다. 그러나 농업의 발전도 대단히 빠른 속도였다.

그리고 대만의 공업 구조가 내수용에서 수출용으로 전환되어가고 수출공단이 건설되자 노동력의 수요가 크게 늘어나 농업 노동력이 이곳으로 흡수되면서 농업 노동력에 문제가 나타났다. 즉 농업의 임금은 크게 오르고, 공업과 농업의 수입차가 크게 나타나 농민의 수입은 감소되었을 뿐만 아니라 그 차이가 확대되어 갔다. 따라서 농민은 농업에 재투자할 뜻을 잃어버리게 되고 공업 발전의 황금시기에 농업은 상대적으로 떨어져 균형을 잃게 되었다.

대체적으로 1963년부터 공업생산 총액이 농업생산총액을 능가하기 시작하여[78] 농업의 구조는 1965년부터 변화가 일어났다. 공업 성장은 두 자리 수로 급성장하기 시작하였는데 농업 성장은 한 자리 수의 반에도 미치지 못하였다. 여기에 문제가 되었던 것은 농촌 노동력의 부족이었다. 1965년에 모내기와 수확기에 하루 노임은 신대폐 40원 정도였는데, 1969년에는 신대폐 120원으로 올랐다. 1964년 농업 소득이 비농업 소득의 61%에 불과하였으며 1968년에는 58%로 다시 떨어졌다.

따라서 농업은 공업 발전의 동력이 되지 못하고 자체의 발전에도 큰 위협을 당하게 되었다. 따라서 농업을 지원하기 위하여 이전의 농업지원정책을 바꾸지 않으면 안 되었다. 이에 1969년에 「신농업 정책 강령」을 발표하고 또한 중앙기획소조를 성립시켜 농업 신정책을 감독하는 기구로 삼았다. 이 기구는 경제부 부장이 소집책임자이며 재정부 부장, 중앙은행 총재, 행정원 예산국장, 농복회(農復會) 주임위원과 대만성 주석이 위원이 되었으며, 대만성 정부아래에 집행소조를 두어 관련 청장 처장이 위원이 되고, 성정부 비서장이 소집인이 되었다.

신농업 정책 강령의 목표는 농업 생산의 원가를 절감하여 농가 소득을 올리고 농업 생산을 자극하는 것이었다. 그 내용은 다음과 같다.

① 농업 경영 규모를 확대하고 농업 기계화를 추진한다. ② 농업 생산 자재를 충분히 공급하여 농산물의 가격을 안정시킨다. ③ 농민의 조직을 강화하여 봉사 직능을 강화한다. ④ 농산물의 가공을 발전시켜 수출을 개척한다. ⑤ 농산물의 수송과 판매제도를 혁신하여 유통 효율을 높여 수송 판매비용을 줄인다. ⑥ 농업 금융 제도를 혁신하여 장기 저리 자금을 충분하게 대출한다.

이 강령에 맞추어 4개의 집행 방안을 반포하였다. 즉 비료 가격을 내리고, 농업의 기계화를 도모하며, 농업 금융 관리 기구를 설립하여 농업 자금 문제를 해결하게 하였으며, 수송·판매제도와 시설을 개선하였다. 그러나 이러한 조치에도 불구하고 농업 상황은 크게 개선되지 못하여 1972년에 농촌 건설 가속화를 위한 중요 조치를 발표하였다.

## 8. 중국문화부흥운동과 9년 의무교육의 실시

### 1) 중국문화부흥운동의 제창

1966년 11월 12일 손중산(孫中山)탄신 100주년을 맞이하여 대북시 양명산에 중산루중국문화당을 새로이 짓고 낙성식을 갖게 되었다. 이때 장개석은 기념문을 발표하였는데, 여기에서 삼민주의(三民主義)와

양명산의 중산루 낙성식을 기념, 중국문화부흥운동을 시작하였다.

중국문화 관계를 말하고 윤리, 민주, 과학이 삼민주의 사상의 본질이며 중화민족 전통문화의 초석이 된다고 강조하였다.

이 발표가 있은 후에 손과(孫科)·왕운오(王雲五)·장지본(張知本)·진대제(陳大齊)·우빈(于彬) 등 1,500명이 연명으로 행정원에 편지를 보내 중화문화부흥운동을 건의하고, 11월 12일의 손중산 탄생일을 중화문화부흥절로 제정하자고 요구하였다. 행정원에서 이 건의를 받아들여 1967년 7월 28일에 대만의 각계 인물들은 양명산 중산루에 모여 중화문화부흥운동 추행위원회발기대회를 소집하였다. 그리고 장개석을 회장, 손과·왕운오·진립부(陳立夫)를 부회장으로, 곡봉상(谷鳳翔)을 비서장으로 임명하여 중국문화부흥운동을 전개하게 되었다.

이 운동의 배경은 여러 측면에서 찾아 볼 수 있다. 우선 1966년에 대륙에서 문화대혁명으로 전례 없는 대 혼란에 빠지자 국내와 해외에 있는 중국인들은 당혹감을 느끼게 되었다. 중국의 우수한 문화유산이 겁탈당하고 파괴되었다. 그리고 이보다 앞서 중공의 문화 정책, 예를 들면 1956년에 통과된 한자간체화(漢字簡體化)방안, 1958년의 한자병음(漢字拚音)방안, 특히 후자는 중국어의 라틴어 표기방안의 시험으로 한자의 라틴화를 위한 것이어서 중국의 전통문화가 손상될 위기에 처하여 있었다. 따라서 이에 상응하는 것으로 내건 것이 중화문화부흥 운동의 기치로 중공의 정책을 반대하기 위한 것이다.

그리고 대만의 경제 발전으로 사회도덕과 사회의 기풍이 크게 타락되었다. 따라서 정부는 이를 바로잡지 않을 수 없었다. 1960년대 중기이후부터 서양 가치관의 충격아래 사회는 물질주의를 추구하게 되고 사회의 사치 풍조와 청소년의 도덕 수준이 크게 떨어지고 있기 때문에 일부 인사들은 국민정신생활을 충실히 하고 중국의 고유문화를 밝혀 사회의 병폐를 바로 잡으려 하였다.

또 다른 배경은 1960년대 초부터 이오(李敖)가 전반서화론을 제시하고 전통문화를 공격하였다. 그리고 국민당 통치에 대하여 회의를 표하였다. 그의 저서와 문장들은 사상, 문화계를 흔들어 놓았을 뿐만 아니라 국민당의 대만통치에도 위협을 준다고 느꼈다. 이에 중국의 전통문화를 장려하고 이를 내세워 문화의 자신감을 갖게 함으로써 전반서화론에 대처하고자 하였다.

### 2) 운동의 중심내용

중국문화부흥운동은 1967년부터 시작되어 70년대 초에 고조에 달하였다. 이 운동의 중심 내용은 손중산(孫中山)의 말을 인용하여 중국문화, 삼민주의, 중화민국의 삼위일체론을 선전하는데 있었다. 따라서 이 운동의 중심은 삼민주의 실천운동이었다. 그 결과, 1960년대 말부터 1970년대 초에 삼민주의와 중국문화관계를 설명하는 문장이 많이 발표되었다.

이들은 유가사상을 활용하자고 주장하고, 이를 집대성한 것이 바로 삼민주의(三民主義)라 하였다. 그러므로 삼민주의가 바로 중국문화이며 삼민주의를 실천하는 것이 바로 중국문화의 부흥이라 하면서 이를 위하여 대만 전 지역에 기구를 설치하고 또한 각종의 전문위원회를 설치하여 문화부흥운동을 추진하였다. 예를 들면 국민생활보도위원회, 문예연구촉진위원회, 학술연구출판촉진위원회, 교육개혁촉진위원회, 『중국과학과 문명』편역위원회 등이 설치되고 「국민 생활 수지」, 「국민 예의 규범」 등을 펴냈다.

또한 이 운동의 중심은 대륙에서 일어나고 있는 문화대혁명에 대항하기 위한 것으로 반공애국운동이 되며, 국민의 품덕 수양과 인격 존엄, 신앙의 자유를 내세워 인민의 생활을 발전시키고 민족의 생존과 국민의 생계 등을 발전시키는 것이기 때문에 현대화 운동이기도 하였다.

이 운동으로 중국의 전통 문화 이해와 보급을 위하여 1981년까지 대만상무인서관(臺灣商務印書館)에서는 『상서금주금역(尙書今注今譯)』 등 고전을 현대어로 번역 주석을 28종이나 출판하였다. 또한 중국문화부흥과 관련하여 전통 국학의 연구논문을 한곳에 모아 『중국사학사논문선집(中國史學論文選集)』, 『중화문화부흥논총(中華文化復興論叢)』 등을 펴내고, 잡지로 『중국문화부흥월간(中國文化復興月刊)』을 발행하여 중국 문화 부흥에 관련된 논문과 이 운동을 전개하는 사실들을 게재하였다.

그 결과, 1970년대 국제 사회에서 대만은 고립되어갔으나 전통문화를 중시하고 민족 전통을 유지하려는 경향으로 애국 사상이 한층 높아졌다. 특히 1970년 8월에 오키나와 남쪽 조어도(釣魚島)의 해저자원문제를 둘러싸고 일본이 주권을 주장하고 나오자 이를 보위하자는 운동이 일어났다.

### 3) 9년 의무교육의 실시

대만은 1968년부터 9년 의무교육을 실시하였다. 즉 1960년대 중기 경제발전에 힘입어 교육사업도 크게 발전하였다. 1967년에 이르기까지 6년제 초등학교는 22,008개소에 45,000여 반, 학생 수는 234만 8천여 명이었다. 이 숫자는 1944년 일본 식민지아래 가장 번영하였던

9년 의무교육실시(대북시 국민중학 연합개학식)

시기와 비교하여 학교 수는 2배, 학생 수는 2.5배 이상이었다. 취학아동 수를 비교하여도 항전승리직전(1945) 취학률이 71.4%였는데 1959년에 95%이상, 1967년에 97.5%로 상승하였다. 이와 같은 사실은 기본적으로 6년제의 국민교육이 보급되었다는 뜻이다.

대만의 중학교육제도는 6년제로 33(초급중학-3, 고급중학-3)제였다. 1967년 전국의 공사립 중학교는 458개소로 일제시대 가장 많았던 45개소와 비교하여 10배 이상 늘어났다. 학생수도 중학생이 49만 9천여 명, 고등학생이 14만여 명이었다. 이를 일본점령시대와 비교하면 약 22배가 증가한 수이다.

대체로 1950년대 대만의 교육은 중학교는 국민교육의 연속으로 기본교육을 시키는 것이고 고등학교는 인재교육에 중점을 두어 학술 연구와 전문 훈련을 받을 수 있는 기본훈련의 기초를 확립하는데 있었다. 이 서로 다른 교육목표를 달성하기 위하여 1955년에 성에서는 고등학교를, 현과 시에서는 중학교를 설치하도록 규정하였다. 이처럼 중학과 고등학교의 교육을 분리시켜 고등학교는 질적인 발전을, 중학교는 양적인 발전을 이룩하여 중학입시의 경쟁률이 낮아지고 의무교육의 연장을 가능하게 하였다.

또한 중학교의 지역적 안배를 계획화하였다. 1959년에 교육부는 「대만성 중등학교예정분포도 설계요점」을 발표하여 현, 시에서 세우는 중학교는 향진마다 한 학구의 중학을 설립하도록 하였다. 그리고 성립(省立) 고등학교는 지역의 수요와 균형적인 발전에 적응하도록 하는 원칙을 정하였다.

이밖에 사립중학교의 설립을 장려하였다. 즉 정부의 부담을 경감하고 많은 학생을 수용하기 위하여 개인이 학교를 설립하도록 장려하였다. 그리고 성립 중학교를 폐교시켜 사립학교 가운데 학생 수가 부족한 현상을 개선시켰다. 그리하여 1967년에 대만의 사립중학교는 118개소로 일제시대 사립중학교는 6개소에 불과하였던 것과 비교하여 크게 증가하였다.

그런데 1960년대 후반기에 새로운 상황이 나타나 중등교육에 영향을 끼쳤다. 따라서 의무교육을 6년에서 9년으로 연장하게 되었던 것이다. 즉 대만의 경제발전으로 생활수준이 향상됨에 따라 취학과 상급학교 진학률이 크게 높아졌다. 또한 농업사회가 공업사회로 바뀜에 따라 초등학교를 졸업하였다 하더라도 어떤 기술이 없으면 취업을 할 수 없게 되었다. 취업이 어려우므로 청소년 문제가 사회문제로 대두되었다. 그런데 공업이 발전되면서 더 높은 수준의 교육을 받은 노동력이 필요하게 되었기 때문에 의무교육의 기간을 연장하였다.

한편, 대륙에서는 문화대혁명의 대동란으로 교육이 제 궤도를 갈 수 없게 되었으므로 대만은 이에 대응하는 의미에서 9년 의무교육을 실시하였다. 이렇게 하여 대외적으로 평가를 받고자 하는 정치적 의미도 내포하고 있다.

9년 의무교육은 두 단계로 나누어 실시하였다. 전 단계 6년은 초등학교 교육과정으로, 후단계 3년은 중학교 교육으로 9년을 일관되게 교과과정을 마련하였다. 그리고 원래 중학교와 초등학교에서 중복 반복되던 부분은 삭제하였다.

9년제 의무교육을 실시한 후 초등학교(국민소학))의 입학률은 1968년 97.7%에서 1980년에 99.72%로 증가하였으며, 초등학교 졸업생 진학률은 1967년에 62.29%였던 것이 다음해 즉 9년 의무교육실시 당해년에 74.66%로 증가하였으며 1975년에 90%이상 증가하였다.

## 9. 대만의 학술 발전과 문학

### 1) 과학과 인문사회 과학의 발전

1960년대 후기 대만의 경제가 급성장하기 시작하면서 과학기술의 발전이 요구되었다. 또한 경제발전으로 과학·기술연구에 많은 경비를 제공할 수 있게 되었다. 1967년에 국가안전회의를 성립시키고, 그 아래에 과학발전지도위원회를 설치하여 과학·기술발전에 관한 계획을 결정하고 자문하였다.

이 위원회는 중앙연구원 원장, 교육부 부장, 국방부 부장, 교통부 부장, 경제부 부장이 위원으로 되었다. 그리고 국가장기발전과학위원회를 1969년에 행정원 국가과학위원회(국과회로 약칭)로 확대 개편하고, 과학발전을 도모하기 위한 행정기관으로 상설시켰다. 이 기구아래에 자연과학, 공정기술, 생물과학, 인문과 사회과학, 과학교육의 5개 발전처를 두고 각종 연구사업을 지원하였다.

인문 사회과학 분야에서 역사학연구가 비교적 두드러졌다. 중앙연구원(中央研究院)의 역사어언연구소(歷史語言研究所)와 1955년에 신설된 근대사연구소(近代史研究所)를 비롯하여 대만대학의 역사학과, 대만사범대학의 사지학과, 동해대학의 역사학과(1956년에 신설) 등이 중요연구기관이었다.

연구중심은 고대사를 중심으로 사학이론과 사료학파가 주도적 지위에 있으면서 『은허서계(殷墟書契)』, 『명청사료(明淸史料)』 등을 펴냈다. 고대사 이외에 대만사 연구에도 관심을 가져 선사유적지를 발굴하여 상당한 성과를 거두었다. 그리고 1957년부터 『대만문헌총간(臺灣文獻叢刊)』을 출판하기 시작하여 사료를 체계적으로 정리하여 갔다.

역사연구에서도 1960년대부터 사료학파(史料學派)는 쇠퇴하고 해석사학(解釋史學)의 새로운 단계로 들어갔다. 특히 대륙에서 대만으로 피난 온 원로 사학자들이 물러나고 젊은 역사학자들이 미국과 유럽 유학을 마치고 돌아와 신사학의 이론을 받아들였다. 이들의 관점은 1963년에 창간한 『사여언(思與言)』 잡지에 잘 나타나 있다. 이 잡지의 출현은 대만의 역사연구 발전에 전환을 가져오는 새로운 이정표가 되었으며, 신사학의 선언이기도 하였다.

1960년대 후기에는 역사교육도 확대되어 중국문화학원(中國文化學院, 中國文化大學의 전신), 보인대학(輔仁大學), 중흥대학(中興大學), 성공대학(成功大學), 담강문리학원(淡江文理學院, 담강대학의 전신)과 동오대학(東吳大學)에도 역사학과가 설치되었으며 연구소(대학원 과정)도 이에 따라 증설되었다. 그리고 이 시기에 중국역사학회(中國歷史學會)도 창립되어 오늘날까지 해마다 역사학 회원대회를 열고 있다.

### 2) 문 학

1960년대 들어와 반공문학이 쇠퇴하자 당국은 이른바 국군신문예운동을 전개하였다. 즉 제1회 국군신문예대회를 1965년 5월에 소집하여 문예를 사상투쟁의 무기로 삼고, 또한 사상투쟁을 군사투쟁의 선봉으로 삼아 문예가 반공에 앞서야 한다고 하였다. 그리고 1967년에 소집된 중국국민당 9기 5중전회에서 「당면 문예정책」을 통과시켜 문예의 반공적 입장을 견지하고 문예에 대한 통제를 강화하여 각종 경비를 지원하고 또한 문학기금을 마련하였다.

한편, 60년대에 반공문예가 쇠퇴하면서 향토문학(제8장 참조)과 현대문학이 싹텄다. 하제안(夏濟安)이 『문학잡지』를 창간한 이래 대만대학의 외국문학계 학생들을 중심으로 조직한 남북사(南北社)를 바탕으로 『현대문학』을 창간하였다. 현대문학에서는 현대의 저명 작가들 작품을 소개하였는데, 여기에는 실존주의, 허무주의, 초현실주의, 후기상징주의, 미래주의, 표현주의 등 전후의 철학, 문학사상이 모두 포함되고 대만 현대파 문학작품이 게재되었다.

현대문학은 문학잡지보다 전통의 속박을 적게 받아 대만 현대파 문학의 발전에 큰 작용을 하였다. 여기에 속한 작가로는 섭화령(聶華笭), 어리화(於梨華), 왕문흥(王文興) 등이 있었는데, 이들의 작품은 대학생과 청년들에게 인기가 있었다. 특히 어리화는 대만학생의 미국유학 생활을 그린 『우견종려(又見棕櫚)』를 써서 미국유학을 앞둔 사람은 반드시 읽어야 하였다. 왕문흥의 『가변(家變)』도 일대의 기서(奇書)라 할 만큼 인기가 있었다.

이처럼 현대파 문학이 유행하게 된 것은 여러 가지 원인이 있다. 첫째, 1960년대 경제발전으로 대북(臺北)·대중(臺中)·고웅(高雄) 등지의 도시생활이 서구화되어 사람들이 정신적으로 나태에 빠지고 물질문명으로 인한 현대병을 앓고 있었기 때문이다. 둘째, 60년대 대만의 사상계가 전통문화를 반대하고 서양화되어 현대파 문학작품이 이들의 기호에 맞았기 때문이다.

1) 『中國共産黨執政四十年』, 中共黨史資料出版社, 1991, pp.251-252
2) 1966년에 베트남 공산당 주석 호지명이 비밀리 방문하여 문화대혁명을 일으킨 이유를 물었을 때 후계자를 결정하려는 것이 목적의 하나라고 말했다(金春明, 『文化大革命史稿』, 四川人民出版社, 1995, p.112).
3) (영)Roderick MacFarquhar(羅德里克 麥克法夸爾), 魏海生・艾平 等譯, 『文化大革命的起源』, 第1卷, 求實出版社, 1989, p.125
4) 席宣・金春明, 『文化大革命簡史』, 中共黨史出版社, 1996, p.59
5) 魏海生・艾平 等譯, 『文化大革命的起源』, 第1卷, 求實出版社, 1989, p.2
6) 문화혁명 5인 소조는 모택동의 지시에 따라 1964년 7월에 성립되었고, 조장은 彭眞, 부조장은 陸定一, 조원은 康生・周揚・吳冷西였다. 그리고 이때 참가한 사람은 이들 이외에 胡繩, 許立群, 姚臻, 范若愚, 劉仁, 鄭天翔 등 11인이었다(陳明顯等編著, 『新中國四十年研究』, 北京理工大學出版社, 1989, p.350).
7) 『中華人民共和國實錄』, 第3卷上 ,吉林人民出版社, 1994, p.46
8) 그녀는 1965년 군사위원회 비서상 羅瑞卿을 찾아가 부대에서 문예좌담회를 소집하여주도록 요구하였다가 거절당한 일이 있었다.
9) 李可・郝生章, 『「文化大革命」中的人民解放軍』, 中共黨史出版社, 1989, pp.11
10) 『中華人民共和國實錄』, 第3卷上, 吉林人民出版社, 1994, p.39
11) 李雪峰, 「我所知道的文革發動內情」『回首文革』, 下, 中共黨史出版社, 2000, pp.595-598
12) 엄위빙은 이 일로 1966년 4월에 반혁명의 죄목으로 구속되었으며, 이 일은 육정일과 관련 있다고 말한 일이 있었다.
13) 『炎黃子孫』雜誌, 1988년 제10기(金春明, 『文化大革命史稿』, 四川人民出版社, 1996, p.159에서 재인용)
14) 『中華人民共和國國史通鑒』, 第3卷, 紅旗出版社, 1993, pp.447-452(『林彪文選』, 第3卷, pp.10-12)
15) 席宣・金春明, 『文化大革命簡史』, 中共黨史出版社, 1996, p.97 김춘명은 『文化大革命史稿』에서 이를 모택동이 강청을 통하여 직접 문화대혁명을 지휘하려는 의도가 숨겨져 있다고 하였다(동서, 四川人民出版社, 1995, p.169).
16) 『中華人民共和國國史通鑒』, 第3卷, 紅旗出版社, 1993, pp.445-446
17) 『中華人民共和國實錄』, 第3卷上, 吉林人民出版社, 1994, p.114
18) 「天盖地之初-全國第一張大字報貼出」『中華人民共和國50年-回顧與思考』, 上, 謝忱編著, 新華出版社, 1999, pp.445-450 참조
19) 『中華人民共和國國史通鑒』, 第3卷, 紅旗出版社, 1993, pp.469-470
20) 『中華人民共和國實錄』, 第3卷上, 吉林人民出版社, 1994, p.139
21) 席宣・金春明, 『文化大革命簡史』, 中共黨史出版社, 1996, p.104
22) 『中華人民共和國實錄』, 第3卷上, 吉林人民出版社, 1994, p.138

23) 『中華人民共和國國史通鑒』, 第3卷, 紅旗出版社, 1993, pp.493-496

24) 홍위병이란 이름은 5월 29일에 청화대학 부속고등학교에서 처음 조직되었고, 6월 2일에 이들이 본관 문에 홍위병의 이름으로 '무산계급 문화대혁명을 끝까지 전개하자'는 대자보를 붙이면서 비롯되었다.(關海庭, 「紅衛兵運動始末」『中國共産黨八十年重大事件實錄』, 張樹軍·史言主編, 下冊, 湖南人民出版社, 2001, p.696

25) 이후 12년 동안 입학시험제도가 폐지되었다. 1970년 6월에 시험제도 대신에 당해 년 졸업생이외에도 군중추천, 영도의 승인이란 방법으로 신입생을 선발, 학제도 3년으로 단축하였다. 이는 이들의 모택동 사상으로 대학을 개조하는 임무를 부여한 것이다.

26) 북경 한 곳만 하더라도 1966년 8월 하순부터 9월 말까지 40여 일 동안에 맞아 죽은 사람이 1,700여 명, 33,600여 호가 털리고, 오류분자로 쫓겨난 사람은 8만 5천여 명이었다.(「謝富治逃脫不了歷史的審判」『人民日報』, 1980년 12월 23일(『新編中國現代史』, 下冊, 江西人民出版社, 1987, p.280에서 재인용)

27) 『中華人民共和國實錄』, 第3卷上, 吉林人民出版社, 1994, pp.158-159.

28) 이 통지하달 후 지방 학생들이 북경으로 올라오기 시작하여 11월 하순까지 모택동은 북경 천안문 문루에서 아홉 차례에 걸쳐 1,100여만 명의 교사와 홍위병을 접견하였다.

29) 부대부를 중심으로 한 수도대학교홍위병조반총사령부(즉 수도제3사령부, 약칭 수도3사)와 북경 해정구 10여개 고등학교의 홍위병 선배들이 다시 조직한 수도홍위병 연합행동위원회(약칭 연동)이 있었다.

30) 『中華人民共和國實錄』, 第3卷上, 吉林人民出版社, 1994, pp.188-189

31) 『中華人民共和國實錄』, 第3卷上, 吉林人民出版社, 1994, pp.190-191

32) 홍위병이 문화대혁명시기 처음으로 등장하였다면 상해의 공인조반파가 홍위병 운동을 모범으로 삼아 등장, 그 전형적, 대표적인 것이 상해공인혁명조반총사령부 즉 總工司였다.(李遜, 『大崩壞-上海工人造反派興亡史』, 臺北時報文化出版, 1996, pp.4-5)

33) 謝忱編著, 『中華人民共和國50年-回顧與思考』, 上, 新華出版社, 1999, p.465

34) 1967년 1월부터 홍위병운동은 새로운 단계로 들어갔다. 즉 탈권운동에 참여하여 상해의 조반파 32개 조직 가운데 13개가 홍위병의 조직이었으며, 그 가운데 5개는 북경, 서안 등지의 홍위병조직의 주상해연락처였다.(關海庭, 「紅衛兵運動始末」『中國共産黨八十年重大事件實錄』, 下, 張樹軍·史言主編. 湖南人民出版社, 2001, p.699)

35) 『中華人民共和國實錄』, 第3卷上, 吉林人民出版社, 1994, pp.212-213

36) 한 달 안에 성 제1서기 두 사람(운남성위 閻紅彦, 산서성위 韋恒)과 한 사람의 부장(장관, 석탄공업부 張霖之)이 억울하게 모함을 받아 죽었다(中共中央文獻研究室外編, 『中共黨史重大事件述實』, 人民出版社, 1993, p.226).

37) 李可·郝生章, 『「文化大革命」中的人民解放軍』, 中共黨史出版社, 1989, p.42

38) 席宣·金春明, 『文化大革命簡史』, 中共黨史出版社, 1996, p.145

39) 李可·郝生章, 『「文化大革命」中的人民解放軍』, 中共黨史出版社, 1989, p.42

40) 『中華人民共和國國史通鑒』, 第3卷, 紅旗出版社, 1993, p.384
41) 『中華人民共和國實錄』, 第3卷上, 吉林人民出版社, 1994, pp.252
42) 曾濤, 「正義的抗爭」(『中國共産黨八十年重大會議實錄』, 張樹軍・齊生主編, 湖南人民出版社, 2001, pp.804-805 참조
43) 席宣・金春明, 『文化大革命簡史』, 中共黨史出版社, 1996, p.152
44) 『中華人民共和國實錄』, 第3卷上, 吉林人民出版社, 1994, p.234
45) 中共中央文獻研究室編, 『周恩來年譜』(1949-1976), 下卷, 中央文獻出版社, 1997, p.171. 강청 등은 주은래가 북경에 없었던 기회를 이용하여 이날 낮에 유소기, 등소평, 도주와 그 부인을 비판하고 그들의 집을 뒤졌다.
46) 王年一, 『大動亂時代-1949-1989年的中國③』, 河南人民出版社, 1988, pp.265-266
47) 闞海庭, 「紅衛兵運動始末」『中國共産黨八十年重大事件實錄』, 張樹軍・史言主編, 下冊, 湖南人民出版社, 2001, p.721
48) 闞海庭, 「紅衛兵運動始末」『中國共産黨八十年重大事件實錄』, 張樹軍・史言主編, 下冊, 湖南人民出版社, 2001, p.722
49) 처음 홍위병에 참여하였던 학생들이 학교를 졸업하여 공선대가 학교에 들어가 새로운 홍위병을 조직하였으나 학교 밖을 나갈 수 없었기에 활동은 약화되었고, 대학에서는 조직조차 되지 않았다.
50) 산상하향운동은 상급학교에 진학하거나 취업한 졸업생을 제외하고 이미 1956년에 실시된 일이 있다.
51) 『中華人民共和國實錄』, 第3卷上, 吉林人民出版社, 1994, p.252
52) 『中華人民共和國實錄』, 第3卷上, 吉林人民出版社, 1994, pp.258-259
53) 李可・郝生章, 『「文化大革命」中的人民解放軍』, 中共黨史出版社, 1989, p.244
54) 특무(간첩), 반도, 외국과 내통, 반당분자로 모함을 받은 사람은 중공 8기 중앙위원・후보위원 193명 가운데 88명, 요주의자는 36명으로 당의 최고 권력기구 52.7%, 감찰위원 60명 가운데 37명, 제3기 전국인민대표 상임위원 115명 가운데 61명, 전국정협 상무위원 158명 가운데 74명이였다(龐松・陳述, 『中華人民共和國簡史』, 上海人民出版社, 1999, p.356).
55) 『中華人民共和國實錄』, 第3卷上, 吉林人民出版社, 1994, p.436
56) 何沁主編, 『中華人民共和國史』, 高等教育出版社, 1997, p.308
57) 張樹軍・齊生主編, 『中國共産黨八十年 重大會議實錄』, 湖南人民出版社, 2001, p.825
58) 金春明, 『文化大革命史稿』, 四川人民出版社, 1995, p.317
59) 특히 모택동은 5월 7일에 임표에게 편지를 보냈는데, 여기에서 모택동은 그가 동경하고 있는 이상사회의 윤곽을 설명하였다. 즉 노동자, 농민, 학생, 군대, 각 업종에 종사하거나 당정기관에 근무하는 사람은 모두 자기의 업종을 주업으로 삼고 별도의 것도 배워야 한다고 하였다. 그리고 자산계급 비판에 참가하여 전국을 하나의 대학교로 바꾸어야 한다고 하였다. 이를 5.7지시라고도 부른다. 그리고 『인민일보』는 8월 1일에 「전국은 모택동사상의 대학교로 바꿔야 한다」는 사설을 실어 그 내용을 설명, 모든 사람은 다

기능의 소유자가 되어야 한다고 하였다. 즉 누구든지 망치만 들면 노동자가 되고, 호미와 괭이를 들면 농민이 되고, 붓을 들면 글을 쓸 줄 알아 차별이 없어야 한다고 하였다.

60) 『中華人民共和國實錄』, 第3卷上, 吉林人民出版社, 1994, pp.602-603

61) 『中華人民共和國實錄』, 第3卷上, 吉林人民出版社, 1994, pp.736-737

62) 張興定主編, 『國民黨在大陸和臺灣』, 四川人民出版社, 1991, p.184

63) 李筱峯, 『臺灣民主運動40年』, 自立晩報社, 民國80, p.85

64) 蔡省三 · 曺雲霞, 『蔣經國關係史話』, 七十(八十, 九十으로개칭)年代雜誌社, 香港, 1979 참조

65) 江南, 『蔣經國傳』, 美國論壇社, 1984, p.273

66) 그는 1964년 여름에 「대만인민자구선언」을 써서 장개석정권의 합법성을 공개질문하고, 장개석의 반공정책은 대만을 험지에 몰아넣으니 국민정부를 타도하자고 호소하였다. 이 여파로 1960년대에 독립단체들이 다시 나타났다. (Claude Geoffroy, 黃發典역, 『臺灣獨立運動』, 前衛出版社, pp.93-95 참조)

67) 宋春主編, 『中國國民黨臺灣四十年史』, 吉林文史出版社, 1990, p.195

68) 『革命文獻』, 第77輯, 中央文物供應社, 1978 참조

69) 宋春主編, 『中國國民黨臺灣四十年史』, 吉林文史出版社, 1990, p.216

70) 郭傳璽主編, 『中國國民黨臺灣40年史綱』, 中國文史出版社, 1993, p.63

71) 郭傳璽主編, 『中國國民黨臺灣40年史綱』, 中國文史出版社, 1993, p.63

72) 그 결과 국민대표 1,353명 가운데 대만출신은 86명이 되었으며 전체의 약 6%이었고, 대만출신 당외세력은 11명이었다. 입법위원의 경우 419명 가운데 대만출신 40명으로 약 10%이었으며, 대만출신 당외세력은 4명이었다. 감찰위원은 71명 가운데 11명으로 전체의 약 15%이었으며 모두 국민당당원이었다(史明, 『臺灣人400年史』, 下, 蓬島文化公司, 1980, p.900).

73) 張興定主編, 『國民黨在大陸和臺灣』, 四川人民出版社, 1991, p.174

74) 宋春主編, 『中國國民黨臺灣四十年史』, 吉林文史出版社, 1990, p.173

75) 張興定主編, 『國民黨在大陸和臺灣』, 四川人民出版社, 1991, p.175

76) 林鐘雄, 『臺灣經濟發展40年』, 自立晩報社, 1987, p.60

77) 王克敬, 『臺灣民間産業40年』, 自立晩報社, 1988, p.30

78) 林鐘雄, 『臺灣經濟發展40年』, 自立晩報社, 1987, p.66

제 7 장

# 문화대혁명의 실패와 문혁기의 중국(1970-76)

## 1. 임표(林彪)의 반혁명

### 1) 임표 집단의 형성

임표는 중공 당 9전 대회에서 당 중앙의 유일한 부주석으로, 그리고 모택동의 계승자로 확정되었다. 그러나 임표 일당은 강청(江靑), 장춘교(張春橋) 등 이른 바 4인방의 세력이 커져 감을 의식하지 않을 수 없었다. 왜냐 하면 이들의 세력은 공식적인 모택동(毛澤東)의 계승자 자리마저 위태롭게 위협하고 있었기 때문이다.

본래 임표 집단은 문화대혁명이 시작하면서부터 형성되었기 때문에 집단의 응집력이 튼튼하지 못하였으나 임표에 대한 그들의 충성심은 임표가 모택동에게 한 것과 같은 것이었다. 일찍이 1965년에 임표는 나서경(羅瑞卿)을 모함하면서 오법헌(吳法憲)과 이작붕(李作鵬) 등을 자기편으로 끌어 들였고, 문화대혁명이 시작되면서 군중들로부터 비판을 받게 된 황영승(黃永勝), 오법헌, 이작붕, 구회작(邱會作)을 힘껏 보호하였기 때문에 이들이 주축이 되어 임표 집단을 형성하게 되었다.

이 가운데 오법헌, 이작붕, 구회작 등은 3군 무산계급 혁명파의 영수로 임표 휘하의 직계 장군이 되어 그의 지지아래 군사위원회 간부소조를 조직하여 공군과 해군 및 후근부의 간부들을 박해하고 군사위원회의 권력을 대부분 통제하고 있었다. 또한 임표는 황영승을 광주(廣州)에서 북경(北京)으로 불러들여 해방군 총참모장에 임명하여 임표 휘하의 이른바 '4대 금강(金剛)'을 형성하였다.1)

이 4대 금강 이외에도 모택동의 처인 강청과 마찬가지로 임표의 처인 섭군(葉群)이 정치적으로 부상하였다. 이들은 중공 당 9전 대회에서 강청일파의 지지를 받아 중앙정치국 위원으로 선출됨으로써 임표는 명실상부한 당의 제2인자가 되었다.

한편, 섭군은 오법헌을 시켜 그의 아들 임입과(林立科)를 1969년 10월에 공군사령부 판공실 부주임 겸 작전부 부부장에 임명하였고, 또 오법헌은 군사위원회의 동의를 얻어 임입과에게 공군의 지휘권과 이동권을 주어 공군의 막강한 권력을 갖도록 하였다.2)

## 2) 영도권 탈취 음모와 그 좌절

임표는 모택동보다 나이가 10여 살이나 아래이며 중앙의 유일한 부주석으로 모택동의 계승자가 되었으나 가만히 앉아서 자리를 기다릴 형편이 아니었다. 그 이유는 첫째로 당시 임표의 건강 때문이었다. 그는 나이가 모택동보다 아래이고 중앙정치국 상무위원 가운데 제일 젊었다고는 하지만 건강으로 볼 때 그렇게 좋은 편은 아니었다. 그는 항전(抗戰)시기에 폐부에 부상을 입어 해방전쟁 때에는 피를 토한 적이 있어 신중국 건국 후에도 오랜 기간 병 치료를 하여야만 하였다. 국방부 부장을 겸임하고 있을 때에도 항상 북경에 있지 않았다. 그런데 모택동은 1966년 7월에 장강(長江)에서 한 시간 정도 수영할 만큼 노익장을 과시하고 있었다.

두 번째 이유는 강청 등 4인방을 의식하였기 때문이었다. 임표 일당은 이들의 세력이 이미 자신들을 능가하고 있다고 간주하였다. 사실 이들은 처음에 일단 결맹을 맺기는 하였으나 동시에 서로를 경계하는 처지였다. 특히 중공 당 9전 대회 후 강청, 장춘교, 요문원이 당 중앙정치국 위원으로 되었기 때문에 비록 임표가 계승자로서 당의 제2인자가 되었으나 결정권을 갖고 있지 못한 실정이었다. 따라서 성급하게 정권 탈취를 음모하게 되었다.

모택동은 1970년 3월에 제4기 전국인민대표대회의 소집과 헌법 수정, 국가체제의 개혁, 국가 주석제의 폐지를 건의하였다. 이에 중공당 중앙은 공작회의를 소집하고 바로 인민대표대회의 소집과 헌법 수정을 위한 작업에 착수하였다. 그런데 임표 일당은 인민대표대회의 소집을 권력의 재분배로 보고 헌법 수정의 기회를 빌려 먼저 국가 주석의 자리를 얻고 다시 중공 당 중앙의 주석을 차지하여 당과 국가의 최고 권력을 장악하려 하였다.

당시 공작회의의 분위기는 모택동의 의견에 대부분 찬성하였다. 그런데 임표는 직접 주석제의 필요성과 이것을 모택동이 맡아야 한다는 내용을 서면으로 건의하였다. 그러나 모택동 스스로가 이를 사양하고, 또한 이 의론이 타당하지 못하다는 이유로 거절당하였다. 이에 임표는 암암리에 헌법 초안을 토론할 때 이 문제를 거론하고자 계획을 꾸몄다.

1970년 8월 23일부터 9월 6일까지 중공 당 9기 2중전회가 강서(江西) 여산(廬山)에서 소집되었다. 모택동은 전날 회의 기간, 의사일정, 분조, 북경의 당직 등 문제를 의논하기 위하여 소집된 중공 당 중앙정치국 확대회의에서 그가 전에도 말했던 국가 주석제를 설치하지 않으며 국가주석이 되지 않겠다는 의견과 회의가 분열되지 않고 단결해 실패하지 않는 성공할 수 있는 회의가 되기를 희망한다고 피력하였다. 그리고 다음날 모택동이 2중전회의를 주재하였는데, 주은래(周恩來)는 정치국 상무위원회에서 통과된 ① 헌법 수정에 관한 문제, ② 국민 경제 계획 문제, ③ 전쟁 대비 문제 등 3개 의안을 제기하였다.3)

그런데 개막식에서 임표는 표면적으로는 헌법초안에 관한 발언인 것으로 보이지만 갑자기 모택동은 천재라면서 모택동을 가리켜 위대한 영수, 국가 원수, 최고 통수라고 하여 법률형식으로 그의 지위를 확고히 하는 것이 좋다는 등 모택동의 구상과는 다르게 그를 일방적으로 추켜세워 주석제의 설치 필요성을 암시하는 긴 연설을 하였다. 이 연설이 끝나자 임표 일당인 오법헌은 임표의 말이 중요하다며 녹음을 다시 한 번 듣고 조를 나누어 토론하자고 제의하여 회의 분위기를 장악하였다.

분조회의에서 임표 일당은 진백달(陳伯達)이 편한 「엥겔스·레닌·모주석의 천재(天才)에 관한 몇 단락의 어록(語錄)」을 먼저 설명하였고, 특히 임표일당은 감정에다 눈물까지 섞어가며 이를 설명하였기 때문에 중전회의 분위기가 혼란스러워졌다. 그들은 모택동을 가리켜 당대의 가장 위대한 천재라면서 이 천재를 발견한 사람도 천재이고, 천재의 조수도 천재라는 '천재론(天才論)'을 발전시켰다. 심지어 당시 공군에서는 임표의 아들 임입과를 가리켜 전재(全才), 수수(帥秀), 초군지재(超群之才)라 하였으며 제3대 계승자라고까지 추켜세웠다.[4]

모택동은 임표의 뜻을 간파하고 8월 25일에 중앙정치국 확대회의를 소집하여 즉시 임표의 연설에 관한 토론을 중지시키기로 결정하였다. 이때 모택동은 비록 임표의 이름을 들지는 않았으나 진백달을 비판함으로써 임표 일당에게 큰 타격을 주었으며 이들이 평화적으로 권력을 장악하려던 계획은 결국 실패로 끝났다.

### 3) 비진(批陳) 정풍운동(整風運動)

중공 당 9기 2중전회가 끝나갈 무렵인 8월 31일에 모택동은 「나의 작은 한 가지 의견」이란 글을 써서 임표를 지지하고 있는 진백달의 자산계급 유심론을 비판하고 그의 궤변을 공박하였다.[5] 또한 회의 폐막식에서 주은래는 진백달에 대한 심사를 진행한다고 선포하였다.

중전회가 끝난 후 중공 당 중앙은 임표 일당이 제기한 문제에 대하여 중대한 조치들을 취하였다. 그리하여 전개된 것이 비진(批陳) 정풍운동(整風運動)이다. 황영승, 오법헌, 섭군, 이작붕, 구회작에 대한 비판과 정풍 교육을 시키면서 11월 16일에 중공 당 중앙은 「진백달(陳伯達)의 반당(反黨) 문제 전달에 관한 지시」를 하달하고,6) 또한 이와 함께 모택동의 「나의 작은 한 가지 의견」도 내려 보내 진백달의 죄행과 당 9기 2중전회의 상황을 당내에 통보하였다. 지시에서 진백달을 가리켜 가짜 마르크스주의자이고 야심가이며 음모가라고 지적하고 그의 반당 죄악 활동 상황을 공포하였다.

중공 당 중앙은 12월 22일부터 다음해 1월 하순에 이르기까지 주은래(周恩來)의 주재아래 화북회의를 소집하여 진백달을 비판하고, 또한 북경군구를 개조하여 임표 집단이 그동안 공들여 온 기반을 와해시켰다. 그리고 1971년 4월에 당 중앙은 군사위원회 판사조에 책임자들 들여보내 임표 집단이 장악하고 있던 군사위원회 분위기를 다파하였다.

그리고 중공 당 중앙은 4월 15일에 비진정풍 보고회를 소집하여 황영승, 오법헌 등의 서면반성을 검토하고, 또한 각지의 비진정풍의 경험담을 교환하였으며 한걸음 더 나아가 진백달의 죄행에 대한 비판을 전개하였다. 여기에는 각 대군구(大軍區), 각성, 시, 자치구의 당위원회 책임자 99명이 참가하였다. 29일에 주은래는 당 중앙을 대표하여 종합 결론의 연설을 하였는데, 그 내용은 황영승·오법헌 등을 가리켜 정치적으로 노선 방향의 착오와 종파주의의 착오를 범하였다고 하면서 그들 스스로가 자신들의 잘못을 스스로 고치고 착오를 성실히 고쳐나가기를 희망한다고 하였다.

## 2. 임표 사건

### 1) 무장정변의 음모와 실패

임표는 중공 당 9기 2중전회에서 획책하였던 권력 탈취가 실패할 것으로 보이자 오법헌(吳法憲)에게 평화적으로 안 되면 무력으로 하면 된다는 말을 하여 무력으로 권력을 장악할 생각을 갖고 있었다. 비진정풍운동이 전개되자 그는 음모가 곧 발각될 것을 예감하고 황영승, 오법헌 등에게 일단 표면적으로 자아비판을 하고 당 중앙에 대응하면서 새로운 반혁명 음모를 신속하게 획책하자고 했다.

이를 위해 임표 집단은 1970년 10월에 임표, 섭군의 계획과 사주 아래 임입과를 우두머리로 하는 비밀 군사조직을 구성하고 이를 '연합함대'라 불렀다. 임입과는 1971년 2월에 상해로 가 3월 21일부터 24일까지 연합함대의 주요 구성원 주우치(周宇馳)·우신야(于新野)·이위신(李偉信) 등과 회의를 소집하여 반혁명 무장혁명 계획을 수립하였다. 그리고 이 계획을 무장기의라는 말의 음을 취하여 「571공정(프로젝트)개요」라 이름 붙였다.

임입과는 3월 31일에 남경부대 공군정치위원 강등교(江騰蛟), 7431부대 정치위원 왕유국(王維國), 7350부대 정치위원 진매운(陳勵耘), 남경공군부사령관 주건평(周建平) 등과 비밀회의를 소집하여 작전계획을 수립하였다. 이들은 북대하에 비밀리 헬리콥터 비행장을 수륙양용자동차 운전 훈련장으로 위장하여 만들었다. 그리고 왕유국으로 하여금 교도대(즉, 무장혁명을 주도하기 위한 결사대)를 조직하게 하여 특별훈련을 시작하고 무기와 기재들을 대량으로 확보하기 시작하였다. 이밖에 반혁명 특무 조직을 두고 정보활동을 전개하였다.

한편, 중공 당 중앙은 2중전회 이래 상황의 변화에 따라 1971년 국경절을 전후로 당 9기 3중전회와 제4기 전국인민대표대회를 소집하기로 하였고 주은래가 그 준비를 담당하고 있었다. 임표는 당 9기 3중전회에서 자기가 축출될 것이라 예측하고 전국인민대표대회에서 부총리, 국방부 부장마저도 되기 어렵다고 판단하였다. 따라서 임표와 섭군은 속히 무장정변을 일으켜 모택동을 살해하기로 결정하였다.

바로 이러한 와중에 있을 때 모택동은 8월 14일에 남쪽을 순시하게 되었다. 그는 무한(武漢)·장사(長沙)·남창(南昌)·항주(杭州) 등지에서 당(黨), 정(政), 군(軍)의 책임자들을 만나 여러 차례 담화하면서 임표 일당을 비판하고 고급간부들에게 맹목적으로 임표를 따르지 말도록 당부하였다. 임표 일당은 모택동의 남부순방에 대하여 의구심을 갖고 있었는데, 이러한 내용이 전해졌기 때문에 더욱 조급해졌다.

당시 임표 일당의 계획은 ① 모택동이 남부를 순방하고 있을 때 상해에서 살해하고 임표가 계승사로서 당과 국가권력을 장악하는 방안, ② 광주에서 별도로 당 중앙을 건립하고 소련과 연합하여 남북이 협격하는 방안,[7] ③ 출국 탈출하는 방안 등 세 가지였다. 임입과는 9월 7일에 연합함대에게 준비명령을 하달하고 다음날에 임표가 직접 명령대로 행동하라는 지시를 하여 모택동의 암살계획을 실천하는 행동에 들어갔다. 그러나 이를 사전에 파악하고 있었던 모택동은 이미 11일에 상해를 떠나 북상하고 있었기 때문에 첫째 방안은 실패로 끝났다.

### 2) 9.13 사건

1971년 9월 11일 저녁에 모택동이 상해를 출발하였다는 비밀소식을 접한 임입과는 12일에 북경에서 연합함대를 지휘하여 비행기를 준비하게 하고 핵심 요원만을 선발하여 광주로 가 새로운 당 중앙을 건립하려는 제2방안을 채택하였다. 임입과는 12일 밤 8시쯤 북경에서 비행기를 동원하여 산해관(山海關) 비행장으로 간 후 다시 자동차 편으로 북대하로 가서 그곳에 있던 임표와 섭군을 만났다.

한편, 주은래는 9월 12일 밤에 인민대회당에서 제4기 인민대표대회에서 보고할 정부공작보고 초고를 토론하고 있던 중에 이 사실을 보고받게 되자, 즉시 산해관(山海關)으로 간 비행기를 어떠한 사람도 태우지 말고 바로 북경으로 불러오게 하였다. 임표와 섭군, 임입과는 남쪽으로 가는 두 번째 방안도 틀렸다보고, 9월 13일 새벽에 비행기

추락한 비행기(임표 사망)

를 타고 해외로 도망하기로 하였다.

그런데 비행기가 몽고인민공화국의 온도이한(溫都爾汗) 부근을 지나다 추락하여 임표, 섭군, 임입과 등은 모두 사망하였다. 연합함대의 중요 책임자들도 자살하거나 또 어떤 자는 체포되어 임표가 계획하였던 무장정변의 음모도 실패로 끝났다. 이를 '9.13 사건'이라고도 부른다.8)

임표의 반변(叛變)은 객관적으로 문화대혁명의 이론과 실천이 실패하였음을 선고하는 것이다. 그러나 모택동은 이때까지 문화대혁명의 착오를 인식하지 못하고 있었기 때문에 이후에도 강청집단이 여전히 세력을 장악하고, 중요한 작용을 하게 되였다.

## 3. 중공 당 10전 대회

### 1) 주은래(周恩來)의 중앙 집무

9.13 사건 후 주은래는 모택동을 도와 긴급한 상황아래에서 정국을 안정시켰다. 주은래는 13일 새벽 3시 경 북경에서 중앙정치국위원회의를 소집하고 밤에 일어났던 사건의 내용을 설명하였다. 그리고 각 대군구와 전국의 29개 성, 자치구와 직할시의 중요 책임자들에게 자신들의 임무를 다해 줄 것을 당부하였다.

중공 당 중앙은 9월 18일에 「임표가 반란 출국 도망한 것에 관한 통지」를 하달하여[9] 전당의 고급 간부들에게 임표가 황급히 도망하다 추락 사망한 사실을 통보하고 10월 1일 이후에 전당원에게 이 사실을 다 알렸다. 또한 주은래는 당시 전국적으로 일어나고 있었던 비림(批林) 정풍(整風)운동을 이용하여 원로 간부들을 보호하고, 문화대혁명의 극단적 방법을 바로 잡으려 하였다.

먼저 그는 원한에 의하여 추방당하거나 쫓겨난 원로 간부들을 복권시키고 재임용하여 일부 기관의 책임자들을 조정하였다. 우선 이른바 2월 항쟁에 의하여 쫓겨난 원로 간부들을 복권시켜 섭검영(葉劍英)에게 군사위원회의 일상 업무를 관장하게 하고, 반도(叛徒)로 무고되어 당 8기 12중전회와 당 9전 대회의 참가가 허락되지 않았던 담진림(譚震林)을 원상회복시켰다.

중공 당 중앙은 10월 3일에 「군사위원회 판사조(辦事組)의 폐지와 군사위원회 판공회의(辦公會議)의 성립에 관한 통지」를 하달하고 섭검영에게 중앙군사위원회 판공회의를 주재하도록 하였다. 그리고 1972년 1월에 거행된 진의(陳毅)의 추도회에 모택동은 직접 참가하여 진의의 가족을 위문하고, 주은래는 추도사를 통하여 진의의 공적에 대하여 높게 평가하였다.

또한 국민경제를 회복시키고 발전시키려 노력하였다. 주은래는 1971년 12월 5일에 국가계획위원회의 보고를 듣고 공업 관리의 혼란상황을 정돈하기 위해 「1972년 전국 계획 회의 기요」를 기초하여 기업 정돈에 관한 약간의 조치들을 취하였다. 뒤이어 국가계획위원회는 「통일 계획의 견지와 경제 관리 강화 규정」을 기초하여 생산 건설상

팽배하였던 극좌사조와 무정부주의적인 풍조를 바로 잡았다.[10)]

농업에 있어서도 1971년 12월 26일에 중공 당 중앙은 「농촌인민공사의 분배 문제에 관한 지시」를 하달하여[11)] 각지에서는 편리한 방법으로 노동 관리를 할 것과 집체(集體)의 증산, 개인의 수입 증가, 농민의 부담 경감에 유리한 조치를 취하도록 할 것 등을 규정하였다.

이와 같은 노력에 의하여 1973년의 전민 소유제 기업의 노동 생산성은 전년도보다 3.3%가 증가하였으며 농업도 8.4%가 성장하였다.

## 2) 비림의 좌경과 우경논쟁

9.13 사건이후 일어난 비림 정풍 운동에 대하여 강청 일파의 태도는 이중적인 태도를 취하였다. 즉 한편으로는 자기 집단이 임표 집단과 투철한 투쟁을 하여 왔고 자기들이 임표 세력을 반대하는데 있어서 중요한 역할을 했다고 내세우면서, 또 다른 한편으로 이 운동이 자기들에게 영향을 끼칠까 염려하였다. 그리하여 문제를 일으켜 당 중앙의 주은래를 공격하고 그의 주장이 실현될 수 없도록 하였다.

예를 들면 주은래는 당시 대학의 교육이 정상적이지 못한 상항에 대하여 기초 이론의 학습과 연구를 중시하여야 한다고 강조하면서 북경대학 부총장인 주배원(周培源)을 접견하는 자리에서 이를 실천하도록 지시하였다. 주배원은 이 문제를 부각시키고자 「사회주의 대학을 어떻게 운영하여야 하는가」라는 글을 『인민일보(人民日報)』에 투고하였으나 요문원(姚文元)의 반대로 『광명일보(光明日報)』에 발표할 수밖에 없었다.

이 글이 발표되자 장춘교와 요문원은 상해의 신문들을 통해 일부 교수와 학생의 이름을 도용하여 주(周)의 글을 비판하였다. 그러나 이 비판은 주배원에 대한 비판이기 보다는 실제로 주은래에 대한 비판으로 보였다.

더욱 의견이 대립된 것은 비림 정풍 운동의 방향 문제였다. 주은래는 극좌사상에 대하여 명확한 비판을 제출하였다. 『인민일보』는 주은래가 여러 차례 한 말을 근거로 1972년 10월에 극좌사조와 무정부주의를 비판하는 글을 실었다. 이때 상해에 있던 장춘교와 요문원은 즉시 『문회보(文滙報)』로 하여금 노동자좌담회를 소집하여 노동자의 입을 빌어 인민일보의 글을 비판하도록 하여 인민일보가 문화대혁명을 부정하고 있다고 비판하였다.

1972년 11월 28일에 중련부(中聯部), 외교부(外交部)는 「외사회의(外事會議) 소집에 관한 지시보고」에서12) 임표반당 집단이 선동한 극좌사조와 무정부주의를 철저하게 비판하자고 제출하였다. 주은래가 여기에 동의하자 강청, 장춘교 등은 이것에 강력히 반대하였다. 그러면서 장춘교는 비림(批林)은 극좌와 무정부주의에 대한 비판이 아니라고 하여 임표 집단을 극좌로 보지 않는다는 의견을 제시하였다. 강청도 임표 집단을 매국적 극우라며 이를 비판하여야 한다고 하여 임표 집단은 극좌가 아니라 실제는 우파라고 강조하였다.

1973년 원단에 『인민일보(人民日報)』와 『홍기(紅旗)』·『해방군보(解放軍報)』에서는 각각 신년사를 발표하였는데, 비림 정풍의 중점은 실질적으로 임표의 반혁명 수정주의 노선의 극우를 비판하여야 한다고 강조하였다. 이로부터 비림은 극우만을 지칭하는 것으로 되었으며, 극좌에 대한 비판은 금기로 되었다. 따라서 비림 정풍 운동은 예상하였던 효과를 거두지 못하였다.

### 3) 중공 당 10전 대회

1973년에 전국의 여러 분야에서 변화가 일어나 사회질서와 생산상황이 호전되어갔다. 비림 정풍 운동과 임표 반혁명 집단에 대한 처리도 일단락되었다. 이러한 상황아래 중공 당 중앙은 제10차 전국대표대회를 소집하기로 하였다.

중공 당 중앙은 이를 위해 1973년 5월 20일부터 31일까지 북경에

중공 당 10전대회

서 중앙공작회의를 소집하고 10전 대회의 소집 준비와 비림 정풍 문제, 1973년 국민경제 계획을 회의 주제로 삼았다. 회의에서는 중공당 10전 대회 대표의 선출 방법과 당장의 수정 원칙과 방법을 결정하였으며, 모택동의 지시에 의하여 담진림(譚震林), 오란부(烏蘭夫) 등 13명의 간부들을 복권시키고 왕홍문(王洪文), 화국봉(華國鋒), 오덕(吳德)을 정치국회의에 열석시켜 정치국 일에 참여하도록 하였다.

중국공산당 제10차 전국대표대회가 1973년 8월 24일부터 28일까지 북경에서 소집되었다. 모택동의 주재아래 1,249명의 대표가 전국 2,800만 명의 당원을 대표하여 참가한 회의에서 주은래는 정치보고를, 왕홍문은 당장의 수정에 관한 보고를 하였다. 이후 토론을 거쳐서 8월 28일에 「중국공산당 당장」을 통과시키고, 195명의 중앙위원과 124명의 후보중앙위원을 선출하여 새로운 중앙위원회를 구성하였다.

또한 임표반혁명집단의 죄행을 성토하고 임표, 섭군과 임표 집단인 진백달·황영승·오법헌·이작붕·구회작의 당적을 제명하였다. 동시에 당 중앙도 임표집단에 취한 조치에 대하여 지지를 표명하였다. 그러나 대회는 무산계급 전정(독재)아래 계속 혁명론을 견지하여 문화대혁명을 긍정적으로 받아들이고 당 9전 대회의 정치노선과 조직노선이 정확하였음을 인정하였기 때문에 9전 대회의 좌적 착오는 계속 이어 나가게 되었다.

중공 당 중앙은 8월 30일에 북경에서 당 10기 1중전회를 소집하여 중앙의 기구를 개편하였는데, 중앙위원회 주석에 모택동을 선출하고, 주은래・왕홍문・강생・섭검영・이덕생이 부주석으로 선출되었다. 그리고 모택동・왕홍문・섭검영・주덕・이덕생・장춘교・주은래・동필무가 중앙정치국 상무위원회 위원이 되고, 강청과 요문원도 정치국위원이 되었다. 대회 이후 강청・장춘교・요문원・왕홍문 등은 중앙정치국 안에서 소집단 사인방(四人幇)을 결성하여 자기들의 세력을 강화시켜 나갔고, 당과 국가 최고 권력까지 찬탈하려는 야심을 더욱 굳혀나갔다.13)

이를 위하여 4인방은 키신저(Kissinger, Henry)의 중국방문을 계기로 모택동의 불만을 이용, 중앙 정치국회의에서 우경투항주의를 들먹여 주은래와 섭검영을 비판하게 되었다. 주은래도 이에 대항하였으나 결국 모택동의 의견에 따라 중앙 정치국회의는 11월 21일부터 주은래와 섭검영의 착오를 비판하는 회의를 12월 초까지 지속하였다.14)

## 4. 비림비공(批林批孔)운동과 제4기 전국인민대표대회

### 1) 비림 비공 운동

임표 반혁명집단이 붕괴된 다음 임표의 집안에서 공자(孔子)와 맹자(孟子)의 말을 골라 그를 숭배하는 쪽지가 발견되어 이를 모택동에게 보냈다. 이것이 모택동의 주의를 끌었다. 1973년 5월에 소집한 당 중앙공작회의 때 모택동은 비림문제를 거론하며 비공문제를 말하였다. 그리고 같은 달에 모택동은 곽말약(郭沫若)이 쓴 『십비판서(十批判書)』를 강청에게 보내고 이를 보내는 목적은 비판용이라고 말하였다. 그리고 모택동은 7월에 왕홍문과 장춘교와 이야기 하던 중 다시 임표는 국민당과 같이 '존공(자)반법(가)(尊孔(子)反法(家)'이라고 하였다. 그리고 주은래가 주관하고 있는 외교부는 큰일은 토론도 하지 않고 작은 일만 매일 보내오고 있다면서 이를 반드시 고칠 필요가 있다고 언급하였다.

한 달이 지난 8월 5일에 모택동은 다시 강청을 찾아가 중국 역사상 유법투쟁(儒法鬪爭) 문제를 상세히 설명하고 역대 정치가라 할 만한 인물은 모두 법가라고 하였다. 법가는 중앙집권제와 군현제를 주장하여 일반적으로 진보적이라 후금박고(厚今薄古)인 반면 유가는 입으로 인의도덕을 떠들면서도 뱃속은 남자는 도둑이고 여자는 창부와 같다고 하면서 후고박금(厚古薄今)으로 상황을 후퇴시키고 있다고 말하였다.

그리고 그는 진시황은 중국봉건사회에서 제일 유명한 황제이며 자신도 진시황인데 임표가 나를 진시황이라 욕하였다고 하였다. 그리고 12월에 소집된 중앙 정치국회의에서도 정치국이 정치를 의논하지 않고 군사위원회가 군사를 의논하지 않는다고 하면서 중국의 수정주의 문제를 주의하라고 지적하였다. 이는 간접적으로 정무를 맡고 있는 주은래와 군사위원회를 맡고 있는 섭검영에 대한 불만을 토로한 것이며, 극좌사상의 비판이 문화대혁명을 부정하는 것으로 확대되는 것을 막으려 하였던 것이다. 결과적으로 중공 10전 대회 전후 모택동은 여러 차례에 걸쳐 임표를 비판하고 중국역사에서 공자와 유가를 비판하고 법가를 앞세워 임표집단의 사상 근원을 파헤치려 하였다.

그런데 모택동의 비림 비공은 바로 강청 집단에 의하여 이용되었다. 즉 권력 탈취를 위한 하나의 돌파구로 삼았다. 강청 등은 1973년 말에 일부 기관으로 하여금 우경으로 되돌아가는 것을 반격하는 운동을 일으켜 그 화살을 주은래 등에게 겨냥하는 한편, 지군(遲群)·사정의(謝靜宜)에게 북경대와 청화대에 글 쓰기조를 조직하여 『임표여공맹지도(林彪與孔孟之道)』의 자료를 편집하게 하였다. 그리고 1974년 1월 1일에 『인민일보』, 『홍기』, 『해방군보』에서는 원단헌사(元旦獻辭)를 발표하여 공자를 존중하고 법가를 반대하는 사상에 대하여 비판을 계속 전개하자고 하면서 비림 비공은 바로 그 중의 하나라고 강조하였다.

따라서 비림 비공 운동의 실질적인 시작은 이때부터이며 상청과 왕홍문은 1월 12일에 모택동에게 편지를 보내 강청이 이끌고 있는 북경대학과 청화대학의 대비판조가 편집한 「임표와 공맹의 도」에 관한 자료를 전국에 배부하자고 요청하였다. 모택동도 이에 동의하여 1월 18일에 당 중앙이 이 자료를 전국으로 발송함으로써 임표는 정통 공자의 신도이며 공맹의 도를 갖고 권력을 찬탈하고 자본주의의 반동사상을 복벽하려 하였다 하여 임표에 대한 비판을 요구하였다. 그리고 강청은 국무원 문화조에게 비림비공운동을 일으켜 꽃을 피워야 한다는 편지를 보내고, 강청 개인의 명의로 중앙 국가기관, 군대지휘관, 하향 지식청년 등에게도 주은래를 공격하는 언사의 글을 보냈다. 한편, 강청은 지군・사정의에게 '나의 포대(砲隊)'라고 충동하여[15], 이에 비림 비공 운동은 전국에서 일어나게 되었다.

강청은 1월 24일에 북경에서 군사위원회 직속 기관과 부대 단위의 간부들을 모아 비림 비공 동원 대회를 소집하기로 하여 그녀의 책동아래 다음 날인 25일에 중앙 당 직속 기관과 국가 기관의 비림 비공 동원 대회가 1만 여명이 참가한 가운데 열렸다(1.25대회). 바로 이날은 구정 다음날로 중국인들이 중요하게 여기는 명절이었는데, 지군은 강청의 뜻에 따라 '지금의 위험은 여전히 수정주의'이며, 수정주의로 가려는데 있다'는 선동적인 연설을 하고, 강청과 요문원은 비림 비공의 깃발을 들고 간접적으로 주은래와 원로 간부들을 비난하였다. 당일 주은래와 섭검영도 참석하였으나 이들은 한마디도 하지 않았다.[16]

강청과 요문원은 연설녹음을 수정한 뒤 이를 전국으로 보내 제2차 문화대혁명을 획책하였다. 신문과 잡지는 이들의 글로 전부 메워져 있었으며 그 내용은 역사를 왜곡하고 사실을 바꾸는 비열한 방법으로 비림 비공을 내세웠다. 특히 주공(周公)과 재상(宰相)을 크게 비판하였는데, 물론 여기에서 말하는 재상은 주은래를 가리키고 있다.[17] 그리고 무측천(武則天)을 내세워 그의 역사적 공을 높게 평가하면서 은연중 강청(江靑)을 무측천에 비유하여[18] 여성도 최고의 통치자가 될 수 있어 즉 모택동의 자리를 승계할 수 있음을 내비쳤다.

강청 일파의 이러한 운동은 모택동의 비판을 받았다. 모택동은 2월 15일에 그들이 만든 녹음테이프를 지적하고 그들을 가리켜 형이상학의 창궐이라 하면서, 의견이 있으면 정치국에서 토론하여야 하며, 문건을 하달하는 것도 개인의 명의가 아닌 당 중앙의 명의로 하여야 한다고 강조하였다. 그리고 강청에게 표면에 너무 나서지 말고, 문건에 서명도 하지 말라고 경고하였다.

사실 당시 모택동이 비림 비공 운동을 전개한 것은 문화대혁명의 이론과 실천을 진일보 긍정한 것이며, 또한 문화대혁명에 대한 회의와 반대를 억제하고 좌경 착오 방침을 계속 유지하고 실시하려는 데 목적이 있었다. 그러나 4인방은 또 다른 책략 즉, 정권 탈취를 도모하고 적대 세력을 제거하기 위하여 비림 비공 운동을 전개하였던 것이다.

이에 중공 당 중앙은 4월 10일에 모택동의 결재를 받아 「비림 비공 문제에 관한 몇 가지 문제의 통지」를 하달하였는데,[19] 비림 비공 운동은 반드시 당위원회가 통일적인 지휘아래 진행하며, 전투대와 같은 군중조직을 해서도, 다른 지역에까지 걸쳐서, 서로 다른 직종에 있는 사람을 끌어들여서는 안 된다고 규정하였다. 그리고 7월 17일에 소집된 중앙 정치국확대회의에서 모택동은 '강청은 상해방(上海幇)'이라 선포하고, 그녀는 나의 대표가 아니며 그녀 자신을 대표할 뿐이라고 명확하게 밝히면서, 강청・장춘교・요문원・왕홍문에게 파벌활동을 한다고 비판, 4인은 파벌활동을 하지 말라고 경고하였다.20) 모택동의 이러한 경고로 강청 등은 잠시 그들의 음모를 움츠리게 되었다.

결과적으로 비림 비공 운동은 문화대혁명이래 좌경 착오노선의 계속으로 중국 역사를 왜곡하였을 뿐만 아니라 중국인의 전통적인 윤리와 도덕을 부정하였다. 그리고 반조류(反潮流) 아래 학교의 정상적인 교학(敎學) 질서는 파괴되고 교육 제도도 파괴되었다. 또한 사회적으로도 일부 간부가 비판받거나 쫓겨나 불안을 조성하고 국민 경제의 성장 속도도 다시 떨어졌다.

## 2) 등소평의 업무복귀와 4인방의 권력 장악 실패

중공 당 중앙은 1974년 10월 11일에 정식으로 가까운 장래에 제4기 전국인민대표대회를 소집하기로 결정하였다는 통지문을 하달하였다. 그리고 무산계급 문화대혁명이 시작된 지 이미 8년으로 현재는 안정이 가장 좋은 때이며 전당과 전군이 단결하여야 한다는 모택동의 의견도 통지하였다. 이에 맞추기 위하여 중공 당은 제10기 2중전회를 소집하여 당과 정부의 인사를 결정하기로 하였다. 강청일파는 바로 이때를 자신들이 집권할 수 있는 가장 좋은 기회로 간주하였다.

한편, 강청의 공격 대상이었던 주은래는 오래전부터 와병중이었으나 계속 일을 맡아보다가 1974년 6월에 이르러서는 병원에 입원하게 되었다. 바로 수술에 들어가도 될까 말까한데 모택동을 중심으로 한 당 중앙은 수술 날짜를 정해주지 않아 하루 이틀씩 늦추어져 치료시기를 놓치게 되었다.21) 주은래가 입원한 다음 모택동은 10월 4일에 등소평을 국무원 제1부총리로 제의하여 총리를 대행하게 하였는데, 이 제의는 국무원의 권력을 장악하려던 강청일파에게 큰 타격이 아닐 수 없었다. 따라서 강청 일파는 우선 이를 저지하려는데 주력하였다.

이를 위해 10월 17일 밤, 중앙 정치국회의에서 강청일파는 '풍경

륜(風慶輪) 사건'을 만들어 입원 중인 주은래와 등소평을 공격하였다. 즉 풍경륜은 중국에서 설계하여 건조한 1만 톤급 화물선으로 1974년에 유럽을 항해하고 돌아왔다. 이처럼 중국에서 건조한 화물선이 바다를 누비고 항해할 수 있음에도 그동안 이를 하지 못하도록 하였던 것은 외국선박에 대한 특별 우대조치였다는 것으로 이를 가리켜 자본주의 우경화라며 이를 뒤에서 주은래와 등소평이 적극적으로 후원해 주었다는 것이다.22) 그러면서 교통부는 모주석·당 중앙이 이끄는 한 부서가 아니냐며 비판하였다. 이로 인하여 쟁론이 일어나 중앙정치국회의는 더 이상 계속 회의를 진행할 수 없게 되었다. 4인방은 이날 밤에 조어대(釣魚臺)에서 긴급히 모여 왕홍문을 다음날 장사(長沙)로 보내 그곳에서 양병중인 모택동에게 주은래와 등소평을 무고하기로 하였다. 그리고 그것은 등소평이 외국 손님과 함께 모택동을 만나기전에 하도록 하였다.23)

왕홍문은 장사로 가 모택동 앞에서 주은래와 등소평이 당 9기 2중전회에서 임표가 반혁명정변 활동과 같은 행동을 하고 있다고 무고하였다. 그리고 장춘교와 요문원에 대하여 극구 칭찬하는 말을 늘어놓았다. 이때 모택동은 오히려 왕홍문에게 강청을 주의할 것과 강청과 함께 일을 벌이지 말라 경고하고 직접 주은래와 섭검영을 만나 이야기 할 것이며, 만일 의견이 있으면 그들 앞에서 하여야지 이렇게 하면 좋지 않다고 나무랐다.

이틀 후 강청과 장춘교는 다시 다른 사람을 통하여 주은래와 등소평을 무고하였다. 그 내용은 재정 수지의 무역 적자는 국무원이 외국을 숭배하고 그들에게 잘 보이려 하였기 때문에 발생된 것이라 하였으며, 정치국회의에서 강청의 발언에 대한 등소평의 반격을 또 하나의 '2월 역류'라 하였다. 이때 모택동은 분명하게 총리는 역시 총리이며, 제4기 전국인민대표대회의 소집준비를 총리와 왕홍문에게 공동으로 맡기고, 등소평을 당의 부주석, 제1부총리, 군사위원회부주석 겸 총참모장에 다시 추천하였다.

특히 모택동이 등소평을 추천되게 된 이유는 모가 이미 등에 대한 각별한 관심을 평소에 갖고 있었기 때문이다. 모는 문화대혁명이 시작될 때부터 등소평을 만나 임표와 좋은 관계를 갖도록 권한 일이 있었다. 그러나 등소평은 임표와 다른 길을 택하였다. 하지만 유소기와 등소평을 함께 비판하는 문제가 나왔을 때도 모택동은 여러 차례 등소평은 당 내부문제라며 등과 유소기를 분리할 것을 원해 등소평을 보호하려는 생각을 버리지 않았다. 1967년 7월 16일에도 주석이 여러 차례 등소평과 유소기를 구별하여야 한다고 하는데 지금의 구호는 '유소기·등소평·도주를 타도하자는 구호뿐이다'라고 하였으며, 임표에 대하여도 모는 즉시 '임표는 건강이 안 된다. 나는 등소평이 다시 나와야 하며 적어도 상임위원이 되어야 한다'고 말하여 등소평을 좋게 보고 있었다.[24]

뿐만 아니라 모택동은 진백달과 강청이 편한 『유소기언론집(劉少奇言論集)』의 「출판설명」을 결재할 때도 '당내 또 다른 자본주의 길로 가는 당권파 등소평이란 문구와 또 유소기와 등소평을 함께 거론한 문구에서도 등소평을 삭제하였다.[25] 그리고 모택동은 중공 당 8기 12중전회 폐막식에서도 등소평을 변호하여 당적에서 축출하자는 의견에 보류를, 그리고 좀더 신중하기를 바랐으며, 유소기와 구별하기를 요구하여 결국 임표와 강청도 그의 당적 제적을 하지 못하였던 일이 있었다.

임표 사건이후에 정치가로 특유의 민감함을 갖고 있는 등소평은 1972년 8월 3일에 주석과 당 중앙의 임표사건에 대한 결정을 옹호한다며 하방당한 이래 강서에서의 생활 사정과 아직도 건강하기 때문에 몇 년 동안 일 할 수 있다며 당을 위해 무엇인가 일을 하고 싶다는 편지를 보냈다. 이 편지는 모택동의 허락아래 인쇄하여 정치국에 보내도록 하고 특히 편지 가운데 자신의 자식들 장래를 도와달라는 도움을 청했는데, 이 또한 받아들여 돌보아주도록 조치하였다. 뿐만 아니라 모택동은 이 편지에 대한 답에서 등소평은 유소기와 다르다

모택동과 등소평

는 점을 다시 한번 강조하였다.26)

모택동의 등소평에 대한 태도가 확실하다는 것을 감지한 주은래는 바로 중공 당 중앙의 명의로 강서성위원회와 등소평에게 당 조직생활을 회복한다는 통지를 보내고, 등소평에게 조사활동을 할 수 있도록 하였다. 이에 등소평은 즉시 강서 서금(瑞金, 국내 혁명 때 소비에트임시중앙정부의 소재지)과 호남의 소산(韶山, 모택동의 고향)을 방문하고 조사 연구하였다. 그런데 당내에 극좌와 극우의 비판의 논쟁이 격렬하여 등소평에 대한 모의 지시가 3, 4개월 동안 내려오지 않았다. 뿐만 아니라 이 쟁론에서 주은래는 심적 타격이 컸었는데, 마침내 등소평을 부총리에 임명하여 적당한 일을 맡도록 하라는 모의 건의를 받게 되었던 것이다. 그리고 1973년 2월 하순에서 3월초까지 주은래가 주도한 정치국회의에서 등소평의 업무복귀를 논의하고 당 중앙이 「등소평동지의 당 조직생활과 국무원부총리 직무 회복에 관한 결정」을 현, 단급 당위와 전당 전국 인민에 통보하여야 한다는 제의를 모택동에게 보내 마침내 모의 허락을 받아 3월 10일에 전국적으로 하달하였다.27) 그러나 그가 본격적으로 업무를 시작한 것은 12월로 모택동이 주재한 정치국회의에서 모가 등소평을 군사위원회 위원으로 임명하고 참모장이 된 다음이었으며, 1974년 1월에 군사위원회 섭검영과 함께 5인 소조에 참가하여 바로 다음날 섭검영과 베트남과의 서사(西沙)반격작전을 지휘하여 승리로 이끌었다. 그리고 4월에 국제연합 제6차 특별회의에 중국대표단 단장으로 결정되었는데 이 또한 강청은 반대하였으나 모택동은 이를 자신의 의견이라 하고 자신의 제의에 반대하지 말라고 경고하였다.

한편, 등소평은 유엔 특별회의에 참석하여 모택동의 제3세계론을 설명하였다. 제3세계론이란 세계를 제1세계 즉 패권국가에 대항하고 있는 아시아, 아프리카 중남미의 제3세계와 그 중간에 있는 서구, 일본, 동구 각국은 제2세계로 구분하고 중국을 사회주의이자 발전도상에 있는 대국이면서 제3세계의 일원이라 한 것으로 이는 제3세계 국가들로부터 동감을 얻어냈다. 동시에 국내사정을 고려하여 3주간 회기 가운데 한 주만 참석하고 각국의 요인들과 많은 접촉을 나눈 다음 귀국할 때 공항에서 주은래 등으로부터 환영을 받아 국내와 국제무대에서 등소평의 위치가 널리 알려지게 되었다.

이처럼 등소평의 업무복귀와 제일 부총리, 총참모장으로 내정된

국제연합 6차 대회에서의 등소평, 그는 모택동의 제3세계론을 설파하였다.

인사문제는 권력을 장악하려던 4인방에게 큰 장애가 되었으며 결국 그들의 목적을 달성할 수 없게 만들었다. 이에 강청은 11월에도 여러 차례 모택동에게 자신이 정한 인사 배치를 편지로 보내 그 뜻을 굽히지 않으려 하였으나 모택동은 오히려 강청에게 표면에 나서지 말라고 경고하였다. 그리고 강청은 야심이 있고 왕홍문을 위원장으로 내세우며, 그녀 자신이 당의 주석이 되려한다고 강청을 크게 비난하였다.28)

주은래와 왕홍문은 모택동에게 전국인민대표대회에서 선출할 국가인사문제를 보고하기 위하여 12월 23일에 모택동이 머무르고 있는 장사로 갔다. 이때 모택동은 왕홍문에게 4인방에게 국가권력을 잡으려 하지 말라고 경고하고 다시 등소평을 추천하였다. 따라서 4인방의 조각(組閣) 꿈은 완전히 무산된 채 제4기 인민대표대회가 순조롭게 소집될 수 있었다.

중공 당 중앙은 1975년 1월 5일에 등소평을 중공 당 중앙군사위원회 부주석 겸 중국인민해방군 총참모장으로, 장춘교를 인민해방군 총정치부 주임으로 임명하였다. 그리고 1월 8일부터 10일까지 주은래의 주재 아래 중공 당 10기 2중전회가 북경에서 소집되었다. 여기에서 등소평을 중공 당 중앙 부주석, 중앙정치국 상무위원으로 선출하고 제4기 인민대표대회의 준비에 관하여 토론하였다.

### 3) 제4기 전국인민대표대회의 소집

전국인민대표대회는 원칙적으로 4년마다 소집되도록 되었으나 문화대혁명기간 규정대로 소집될 수 없었다. 즉 1970년에 이미 제3기 전국인민대표대회를 소집한지 5년이 지났기 때문에 모택동은 주석제의 폐지를 포함한 국가체제를 바꾸자고 제안하여 제4기 전국인민대표대회를 소집하려고 하였으나 중공 당 내의 권력싸움으로 소집되지 않다가 1975년 1월 13일부터 17일까지 북경에서 비로소 소집되었다.29)

출석 대표는 선거에 의하여 선출된 대표가 아니라 이른바 민주협상 방식으로 각성, 시 자치구의 혁명위원회와 군대에서 추천된 인물로 대표는 모두 2,885명이었다. 그 가운데는 특별히 지명된, 또는 초청된 인물도 포함되었는데, 중공 당원이 76.3%, 민주당파와 무당파가 8.3%였으며, 직업별로 노동자 28.2%, 농민 22.9%, 간부 11.2%, 해방군 16.85, 지식인 11.99%, 화교 1.03%였고, 소수민족 9.4%, 부녀 22.63%로 중공 당원과 노동자, 농민대표가 앞서의 인민대표보다 훨씬 많았다.30) 이 가운데 54개의 소수 민족대표, 심지어 대만성 출신도 12명이 포함되었다.

주덕(朱德) 위원장의 개회선언으로 시작된 회의는 장춘교가 중공 당 중앙을 대표하여 「헌법 수정에 관한 보고」를, 주은래가 국무원을 대표하여 「성부공작 보고」를 하였다. 주은래는 1964년 12월의 제3기 전국인민대표대회에서 제시하였던 국민경제발전 두 단계의 구상, 즉 15년의 기간 안인 1980년 이전에 비교적 독립되고 완벽한 공업체계와 국민경제체계를 이룩하며, 본 세기 안에 농업, 공업, 국방과 과학기술의 현대화를 실현하여 국민경제를 세계의 선두 대열에 올려놓는다고 하였다.31)

그리고 1월 14일부터 앞의 두 보고와 중공 당 10기 2중전회에서 제의한 「중화인민공화국 헌법개정 초안」과 「헌법 수정에 관한 보고」를 토론하였다. 여기에서 수정 통과된 「중화인민공화국 헌법」은 신중국 수립 이후 두 번째의 헌법이다. 이것은 1954년 제1기 전국인민대표대회에서 첫 번째의 헌법이 통과된 이후 기본적으로 문제가 될 것이 없었으나 그 이후에 발생한 정치, 경제, 문화와 국제 관계의 변화에 적응하여 개정한 것이다. 수정된 헌법에는 모택동의 뜻에 따라 국가 주석제를 폐지하였기 때문에 이에 상응하는 국가 기구 규정을 정하여야 하였다.

그러나 이 회의는 계속적으로 비림 비공 운동을 전개하고 있는 상황 아래 소집된 것이어서 회의상의 보고나 발언, 통과된 결의들이 모두 좌적 성향의 영향을 받았다. 예를 들면 무산계급 전정(독재)아래의 계속 혁명이론이 헌법 안에 그대로 받아들여졌으며, 사회주의 사회에서는 어느 범위 안에서 계급투쟁의 확대화와 절대화의 논쟁이 존재하므로 전체 사회주의 역사 단계의 기본노선이 헌법에 첨가되었고, 대방(大放), 대명(大鳴), 대자보(大字報), 대변론(大辯論)을 가리켜 인민군중이 사회주의 혁명을 창조하는 새로운 형식이라 하였다. 혁명위원회는 지방인민대표대회의 상설기관을 대신하며 인민공사의 정사합일(政社合一)의 체제를 긍정하고, 1954년의 헌법에 규정된 인민법원의 독립적인 심판진행을 취소하였으며, 인민검찰원을 취소하여 행정기관 계통의 공안기관이 대신하였을 뿐만 아니라 인민은 법률상 일률적으로 평등하다는 등의 규정도 취소되었다.

제4기 전국인민대표대회는 중공 당 중앙의 지명을 받아들여 주덕(朱德)을 계속 전국인민대표대회 상무위원회 위원장으로, 동필무(董必武)·송경령(宋慶齡) 등 22명을 부위원장으로 선출하였다. 그리고 주은래(周恩來)를 국무원 총리로 임명하고, 등소평(鄧小平)·장춘교(張春橋)·이선념(李先念)·화국봉(華國鋒) 등 12명을 국무원 부총리로 임명하였다. 이로서 주은래와 등소평을 핵심으로 하는 국무원의 지도체제가 확립되고, 원로 간부들이 국가의 요직을 맡게 되었다.

따라서 4인방은 바라던 조각의 꿈이 완전히 실패로 돌아갔으나 여전히 문화대혁명과 비림 비공을 긍정하였기 때문에 4인방의 영향력은 여전히 계속되었다. 특히 4인방의 중추적인 세력과 그 일파들이 전국인민대표대회 상무위원회 및 국무원과 그 소속의 각부 위원회에 들어갔기 때문에 아직도 4인방의 세력은 그대로 건재하였다.

# 5. 천안문(天安門) 사건-4.5 운동과 4인방의 몰락

## 1) 등소평의 정돈-국내정세의 호전

1975년 1월에 제4기 전국인민대표대회 제1차 회의가 끝난 다음 2월에 주은래는 국무원 전체회의를 소집하여 각기 분담한 업무를 통해 이해에 제4차 5개년 계획이 순조롭게 초과 달성되어야 한다고 강조하고, 부총리들이 더 많이 일 하기를 바랐으며 이후 이 회의는 등소평이 주재할 것이라고 하여 등소평은 주은래를 대신하여 국무원의 일을 처리하게 되었다. 그리고 입원중임에도 불구하고 주은래는 5월 3일에 아픈 몸을 이끌고 모택동이 소집한 중공 당 중앙 정치국회의에 참석하였다. 이때 모택동은 또 한 번 4인방을 비판하였다. 회의 후에 모택동과 주은래는 등소평으로 하여금 4인방에 대처하도록 하고, 또한 일상적인 당·정·군의 업무를 처리하게 하였다.

등소평은 모택동이 제시한 안정, 단결과 국민경제의 정확한 방침을 채택하여32) 과감하게 여러 가지 조치를 취하여 문화대혁명으로 인하여 조성된 혼란 국면을 해결하고, 또한 이를 위하여 정리 정돈을 추진하게 되었는데, 우선 시급한 철도의 정돈에서 시작되었다. 강청 일당과 그 일파들의 파괴로 인하여(비림비공 운동) 그동안 서주(徐州), 남경(南京), 정주(鄭州), 태원(太原) 등의 철도국과 분국이 문을 닫게 되어 진포선(津浦線)·경한선(京漢線)·농해선(隴海線)·절감선(浙贛線)의 간선들이 운행에 지장을 받았다. 이처럼 교통 운수가 원활하지 못함에 따라 공업 생산과 도시 생활에도 큰 위협을 주었다.

이에 중공 당 중앙은 2월 25일부터 3월 8일까지 전국 각성, 시, 자치구의 당위원회 공업담당서기회의를 소집하였는데 여기서 등소평은 철도 정돈에 관한 중요한 문제를 연설하였다. 그리고 이를 근거로

산책하고 있는 주은래와 등소평

중공 당 중앙은 전국의 철도는 철도부가 통일 관리하여 철도 회복에 필요한 각종의 제도를 규정하도록 조치한다는 「철도 공작의 강화에 관한 결정」을 하달하여 실천하게 하였다.33) 특히 어떠한 사람도 철도원들의 정상적인 임무수행을 방해하지 말도록 하였으며 열차와 철로의 시설파괴는 위법으로 단정, 엄벌에 처하기로 하였다.

당시 철도수송에 가장 문제가 되었던 곳이 서주분국이었다. 문화대혁명이래 그 소속은 제남과 남경국의 대립으로 혼란이 심하였던 곳이다. 이를 12일 만에 정리하여 서주분국은 면모를 일신하여 3월 중순이후 통과열차가 매일 38차에서 72차로 증가되고 서주역에서 처리한 수도 3,800량에서 7,700량으로 늘어나 석탄과 중요 물자수송이 보장되었다. 그 결과, 철도 수송은 신속히 회복되어 4월에 이르러 그 동안 두절되었던 주요 간선철도가 개통, 20개 철도국 가운데 남창국(南昌局)을 제외한 19개의 운송량은 계획보다 초과달성하는 성과를 거두었다. 이처럼 철도의 정돈은 문화대혁명과 비림 비공 운동으로 조성된 국내의 혼란을 불과 한달도 안 되어 가장 어려운 문제를 해결하는 기적을 낳게 하였으며, 바로 각 분야의 정돈을 추진하는데 모범적인 사례가 되었다. 그리고 제4차 5개년계획을 달성하는데 크게 공헌하였다.

다음에 철강공업의 정리였다. 중공 당은 5월에 철강공업좌담회를 소집하여 철강공업의 정리에 관한 임무를 정리하자 6월부터 하루 생산량은 전년계획의 하루 생산량을 초과하게 되었다. 그리고 전체 공업 생산을 정돈하기 위하여 7월 중순에 국가계획위원회가 국무원의 위탁을 받아 「공업발전을 가속화하기 위한 몇 가지 문제」(공업 20조라 약칭)를 기초하였는데, 이는 1961년의 「공업 70조」를 기본으로 삼았다. 이를 실천하면서 정체와 하강 국면에 있던 공업을 신속하게 회복시켜 1973년의 공업 성장률은 0.3%밖에 성장하지 못하였는데, 정돈 후 1975년에는 15.1%의 성장률을 가져왔다.

이와 같은 정돈은 군대 안에서도 이루어졌다. 등소평은 1975년 1월 5일에 중앙군사위원회 부주석 겸 중국인민해방군 총참모장에 임명된 다음 각 군의 책임간부들과 군대의 감축과 원로간부의 처리문제를 토론하였다. 이 자리에서 모택동의 군대정리 지시를 제출하고 군사위원회는 군대정리를 위한 군사위원회 확대회의의 소집과 전쟁준비, 장비 등 문제에 관한 일만 맡는다고 하였다. 그리고 중공 당중앙은 1975년 2월 5일에 군사위원회 판공회의를 취소하고, 섭검영을 중심으로 한 군사위원회 상무위원회를 설치하였다. 그리고 6월 24일부터 7월 15일까지 등소평과 섭검영은 중앙군사위원회 확대회의를 소집하였다.[34] 이 회의에서 군대의 사상과 조직의 건설문제를 논의하여 「군대정원의 감축과 편제체제의 조정, 간부의 배치문제에 관한 보고」를 통과시켰다. 이 회의에서 등소평은 좋은 전통을 갖고 있던 군대가 임표집단의 파괴로 군대내의 파벌(腫), 조직의 산만(散), 좌파 지지(문혁시기의 支左(좌파지지))로 권력을 장악 교만(驕)과 사치(奢), 타(惰)성에 빠졌음을 지적하였다. 이에 군대의 조직과 기율을 강조하고 군정 단결, 군민 단결, 군대 자신의 단결을 강조하였다. 그리고 중공 당중앙과 모택동의 비준아래 각 군의 병종, 각 대군구, 북경위수구, 국방과학위원회 등 20개 대단위에 대한 조정에 들어갔다.

군대의 정리에서 문제가 되었던 것은 남아있을 사람과 떠날 사람의 문제였다. 그리고 탈권운동 때 지좌(支左)에 참여하였다가 돌아온 간부들의 자리도 문제가 되었다. 이에 고문을 두는 것으로 하고 떠나는 고급간부들에게 조직의 안배에 복종하라고 하였다. 그리고 대대적인 감축을 단행하였으며, 혹시나 4인방에게 이용당하지 않을 까 염려하여 섭검영은 개인적인 담화방식으로 고급간부들의 주의를 환기시켰다. 이에 따라 군대가 안정되고, 4인방의 음모는 더욱 어렵게 되었다.

농업분야에서는 9월 15일에 소집된 전국농업학대채회의(全國農業學大寨會議)에서 등소평은 농업의 중요성을 강조하여 4개 현대화 실현의 관건은 농업의 현대화에 있다고 하면서 농민의 가정 부업으로 얻은 수입을 자본주의라고 비판할 수 없다고 강조하였다.35) 회의 후에 백만 명이상의 간부를 농촌으로 보내 사대(社隊)를 정돈하였는데, 그 중점은 좌적 착오를 바로잡아 농촌형세를 호전시키는데 있었다.

과학기술사업도 문화대혁명이래 심각하게 파괴되었다. 중국과학원이나 국방과학위원회 산하의 연구기관들이 모두 치매 상태에 놓였거나 반 치매상태에 놓였다. 이에 중공 당 중앙은 국방과학위원회 임시당위에서 일곱 기관의 문제해결에 관한 보고를 비준하여 9년 넘게 해결하지 못했던 문제를 해결하고 정상적인 과학 연구, 생산 작업의 질서를 바로잡게 되었다. 그리고 중공 당 중앙은 다시 국무원의 중국과학원 정돈에 관한 보고를 비준하고 또한 호요방(胡耀邦)을 파견하여 중국과학원의 일을 맡도록 하였다. 이들은 9월에 「과학원공작 회보제강」을 기초하여 과학분야에서 좌적인 착오의견을 바로잡았다.36) 특히 홍(紅, 사상)과 전(專, 전문지식 기술)의 관계를 강조하여 그 어느 쪽에도 치우칠 수 없음을 지적하였으며 과학기술이 바로 생산력이며, 과학기술이 앞에 나서야 하고 생산이 발전할 수 있도록 하여야 한다는 입장이었는데, 모택동은 이에 불만, 이 문건을 비준하지 않아 하달되지 않았다. 그러나 이는 실질적으로 과학기술공작에 비교적 큰 영향을 끼쳤다.

교육은 문화대혁명 기간에 제일 많은 피해를 입은 분야였다. 등소평은 과학기술사업은 계승되어야 하는데 그 중심은 좋은 교육환경으로 훌륭한 교사의 적극성, 우수한 인재들이 과학기술대학에 입학하여야 한다는 생각이었다. 바로 이를 정리한 것이 주영흠(周榮鑫)이 기초한 「교육공작 회보제강」이다.37) 그러나 이는 4인방의 방해로 완성되지 못했으며 교육의 정돈도 중단되었다.

이러한 정돈은 당이 핵심이 되었기 때문에 아울러 당의 정돈도 강조되었다. 중공 당 중앙은 7월 17일에 전당의 범위 안에서 당 조직은 사상, 조직적으로 정돈하여야 할 필요가 있다고 지적하고, 위에서 설명한 교통, 공업, 농업, 군사뿐만 아니라 문화 교육, 과학과 학술 예술과 문학 등 각 방면에 걸쳐 정돈이 이루어져야 한다고 하였다. 이러한 등소평의 정돈은 문화대혁명의 좌경 착오를 계통적으로 바로 잡는 역할을 하였다.

등소평은 각 분야의 정돈이 시작되면서 정돈 정책의 연구를 강화하기 위하여, 그리고 사상적, 이론적으로 4인방을 비판하기 위하여 1975년 6월에 국무원에 정치연구실을 설치하고, 직접 호교목(胡喬木), 오냉서(吳冷西), 호승(胡繩), 웅복(熊復), 우광원(于光遠), 이흠(李鑫), 등력군(鄧力群) 등을 지명하였다. 이들은 이흠을 제외하고 모두 문화대혁명 기간 피해를 당했던 인물이었는데, 여러 차례에 걸쳐 등소평의 말과 그 정신을 근거로 문건을 작성하였다. 그리고 국무원의 참모로서 이론을 선전하여 1975년의 정리정돈에 중요한 역할을 담당하였다.38) 특히 10월에 「전국 전당 각항 공작의 총강을 논함」을 완성하였다. 그 요지는 모택동이 제시한 3항, 즉 무산계급전정(독재) 이론과 반수(反修) 방수(防修)를 학습하고, 안정단결을 촉진하며 국민경제를 상승시켜 이를 갖고 4개 현대화 실현을 위한 총강으로 삼았다.

## 2) 사인방의 반격과 실패

모택동은 비록 등소평을 지지하였으나 여전히 좌경적 착오 사상을 갖고 있었다. 그는 1974년 10월 20일에 덴마크 수상 바오로 하터린(Hatherin, Paul)을 만났을 때, '중국은 사회주의 국가에 속하지만 해방 전 자본주의와 별 차이가 없다. 현재에도 여전히 8급의 노동 임금제를 실시하여39) 노동에 따라 분배하며 화폐 교환 등도 옛날 구 사회와 별 차이가 없다. 다른 것이 있다면 소유제가 바뀐 것이다'라고 말하였던 것으로 보아 알 수 있다.

모택동은 또한 12월 26일에 무산계급의 전정이론을 학습하자는 의견을 제출하였다. 그는 주은래와 만난 자리에서 무산계급 전정의 이론에 관한 이야기를 할 때 '레닌은 왜 자산계급 전정에 대한 전정을 말하였는가? 이 문제를 분명하게 하여야 한다. 그렇지 못하면 수정주의가 나올 수 있다'고 하면서 '우리가 현재 실행하고 있는 것은 상품 제도이고 임금은 불평등하여 8급의 임금제를 갖고 있는 것 등이라는 것이다. 그리고 이러한 것은 무산계급의 전정 조건 아래에서만 제한이 가능하다'고 하였다.

『인민일보(人民日報)』는 모택동의 뜻에 따라 1975년 2월 9일에는 「무산계급 전정(독재)의 이론을 잘 배우자」라는 사설을 실었다. 그리고 중공 당 중앙은 18일에 모택동의 이론 문제를 학습하라는 지시의 통지를 하달하여 전국적으로 무산계급 전정이론을 학습하는 운동이 일어났다.

이와 같은 분위기를 이용하여 4인방은 등소평 일파에게 새로운 도전을 시작하였다. 2월 22일에 인민일보는 장춘교·요문원이 편한 「마르크스, 엥겔스, 레닌의 무산계급 전정을 논함」(33조라 약칭)을 발표하였는데, 그 내용은 이들의 말 가운데 무산계급 전정에 관한 것만 발췌한 것이었다. 이를 펴낸 이유는 모택동의 좌경적 관점을 더욱 명확하게 할 수 있는 이론적 근거를 마련하고, 문화대혁명을 변호하기 위한 것이었다.

4인방의 한사람인 장춘교는 3월 1일에 해방군 각 단위의 정치부 주임 좌담회상에서 학습이론의 중요성을 말하면서 경험주의가 당면한 중요 위험이라고 하였다. 요문원도 『홍기(紅旗)』잡지(1975년 제3기)에 「임표 반당 집단의 사회적 기초」란 글을 발표하여 모택동의 말을 인용하면서 현재 중요한 위험은 경험주의라고 지적하였다. 이후 4인방의 지도 아래 전국의 신문과 잡지는 반경험주의와 자산계급의 권리를 파괴하자는 내용의 글들을 많이 발표하였다.

4인방이 반경험주의를 강조한 것은 당시 등소평에 의하여 이루어지고 있는 각 방면에서의 정돈을 경험주의로 모함하려는 의도였다. 이것은 문화대혁명기간 중 추방당하였다가 주은래에 의하여 복권되어 당 요직을 맡고 있는 고위층을 다시 주자파(走資派)로 몰아 버리려는 의도이기도 하였다. 그리고 4월 초에 장춘교는 「자산계급의 전면 전정에 대하여 논함」이란 글을 발표하여40), 마르크스 레닌의 무산계급 전정에 관한 학설을 왜곡하고 전면 전정의 허황된 이론을 제기하였다.

한편, 모택동은 4인방의 반경험주의나 전면 전정의 주장에 대하여 반대하였다. 그는 4월 23일 요문원이 심사를 받기 위하여 보낸 신화사의 보고를 결재하면서 4인방의 반경험 주의는 반수정 주의라 하고 그 안에 경험주의와 교조주의의 반대가 포함되어야 한다고 하였다. 모택동은 5월 3일에도 정치국회의에서 반 경험주의에 대하여 비판하면서 마르크스 레닌주의를 하여야지 수정주의를 하여서는 안 되며 단결해야지 분열해서는 안 되며, 광명정대 하여야지 음모를 꾸며서는 안 된다고 하였다. 그리고 재차 강청을 비판하였다.

중공 당 중앙은 모택동의 의견에 따라 등소평의 주재아래 중앙정치국회의를 소집하고 4인방을 비판함으로써 4인방의 활동은 주춤하게 되었다. 그리하여 일정 기간 동안 정돈 공작은 유리하게 진행될 수 있었으나 그럼에도 불구하고 4인방의 야심은 수그러들지 않아서 기회만 있으면 주은래와 등소평을 공격하였다.

모택동은 1975년 8월 14일에 북경대학 어느 여교수의 요청에 의하여 중국의 고전소설 수호지(水滸志)에 관한 그의 의견을 말하였다. 그는 수호지의 좋은 점은 (송강(宋江)이 투항하여 수정주의를 폈으므로) 반면교재로서 사용하여 인민들에게 투항파를 이해시킬 수 있으며(투항에 있고), 수호지에 나오는 인물들은 반탐관(反貪官)만 있었지 반황제(反皇帝)는 아니었다고 하였다.41)

이 말이 요문원에게 들어갔다. 요문원은 즉시 모택동에게 편지를 써 수호전의 평론은 대단히 중요하다며 이를 반면교재로서 충분히 작용할 수 있도록 하여야 한다고 하면서 모택동의 말과 자신의 편지를 인쇄하여 널리 알리자고 건의하였다. 모택동은 요문원의 편지를 읽고 이에 동의하여 중공 당 중앙에서는 즉시 모택동의 수호지에 대한 평론 담화와 요문원의 편지를 인쇄하여 발송하였다. 이로 인하여 '수호전 평론운동'이 시작되었다.

이 운동의 요점은 수호전에 나오는 주인공 조개(晁蓋)라는 인물을 송강이 조직적으로 배척하고 허수아비로 만들었는가 하면서 주은래, 등소평 등이 마치 송강(宋江)처럼 모택동을 허수아비로 만들고 수정주의를 펴고 있음을 비유하려는데 있었다. 그러나 이와 같은 4인방의 행동에 대하여 모택동은 절대 동의하지 않았다. 특히 강청이 대대적으로 선동성의 녹음테이프와 인쇄물을 발송하려고 하였을 때 모택동은 이를 중지하도록 지시하여 4인방의 또 한 차례 도전은 실패로 돌아갔다.

### 3) 등소평 비판과 우경 번안풍(飜案風)의 반격운동

등소평의 정돈 정책은 문화대혁명 기간에 집행되었던 많은 착오와 충돌될 수밖에 없었다. 그러므로 등소평의 정책은 4인방의 반대를 받을 수밖에 없었다. 그 가운데 어떤 것은 모택동도 용인하기 어려운 점도 있었기 때문에 등소평에 대한 비판과 우경번안풍(우경이라 뒤집어 씌움)에 대한 반격운동이 일어났다.

사실 모택동은 1971년 겨울부터 와병 중이었는데 병세가 때로는 좋았다가 또 때로는 악화되었다. 그러나 그가 병중이라 하더라도 혹은 휴양 기간이라 하더라도 국가의 중요한 일은 대부분 그가 다 결정하였다. 그런데 1975년 하반 년부터 그의 병은 더욱 악화되어 말하는 것, 행동하는 것조차도 어려웠다. 이에 그의 의견에 따라 9월부터 그의 조카인 모원신(毛遠新)이 그와 중앙정치국 사이를 연락하고 있었다.

이러한 상황이라 모택동은 완전히 현실과 떨어져 있고 군중과도 떨어져 있었으며 중공 당 중앙과도 떨어져 있는 상태여서 정확한 판단이나 이해가 부족한 상태였다. 여기에 4인방이나 모원신이 사실을 왜곡하여 보고하는 사례가 있어 더욱 어렵게 만들었다. 특히 9월부터 11월 초까지 모원신은 특수 신분을 이용하여 모택동에게 '1972년에 극좌란 비판으로 문화대혁명을 부정한 것보다 더 심하게 보이며', 자신은 등소평의 말을 주의 깊게 살폈는데 '문화대혁명의 성과를 적게

등소평 비판

말하고 유소기의 수정주의 노선을 아주 적게 비판한다'는 등을 여러 차례 모택동에게 보고하였다.42) 그리고 모원신은 청화대학의 지군(遲群)이 주석의 교육혁명노선을 비교적 잘 집행해 가고 있음도 이야기하였다. 모택동은 이 말을 믿고 등소평을 대표로 하는 원로 간부들에 대한 신임에 동요가 일어났다. 이때를 이용하여 중앙 정치국의 일부 위원들은 모택동의 의견이라며 등소평의 착오를 비평하고 그가 담당하고 있는 대부분 일을 정지시키고 외교만 맡도록 하였다.

그런데 청화대학 당위 부서기인 유빙(劉氷) 등은 8월과 10월 두 차례에 걸쳐 청화대학의 책임자 지군(遲群)과 부서기 사정의(謝靜宜)의 활동이 군중관계와 문제가 있다고 하면서 중앙에서 사람을 보내 이를 조사하여 달라고 편지를 보낸 일이 있었다. 등소평은 이 편지를 받아 모택동에게 전달하였다. 이에 대하여 11월 3일에 청화대학은 당 상무위원회 확대회의를 소집하고 중공 당 중앙정치국 위원이며 북경시 위원회 제1서기인 오덕(吳德)이 지군과 사정의를 지지한다고 결재한 모택동의 편지를 전달하였다.

일부 공산당원들은 정당한 조직을 통하여 그들 단위의 책임자가 잘못하였을 경우 당 중앙의 주석에게 반영하는 것은 정상적인 현상임에도 불구하고 모택동은 그 동기가 불순하다고 보았다. 지군과 사정의에 대한 공격은 바로 자기를 두고 하는 것이라 여겼다. 그리고 이 편지는 어느 사람(등소평)의 비호를 받는 것이라고도 여겼다. 이와 같은 모택동의 말이 떨어지자 이를 계기로 '등소평의 비판, 우경 번안풍 반격운동'이 일어났다. 즉 11월 8일에 장춘교는 교육정돈에 대하여 자산계급 문화약탈자, 정신귀족을 배양하며, 문화가 없는 노동자를 배양하는 것이라 비난하였다.

이에 중공 당 중앙은 11월 하순에 모택동의 의견에 따라 북경에서 「타초호회의(打招呼會議)」를 소집하여 모택동이 심사한 「타초호의 강화(講話)요점」을 읽었는데43) 그 내용은 청화대학에서 나타난 문제는 절대 하나의 문제가 아니며 당면한 양 계급, 두 가지의 길, 두개의 노선 투쟁의 대립을 반영한 것이라고 하였다. 이것은 우경 번안풍이며 문화대혁명에 대하여 불만을 갖고 있는 것은 그들의 사상이 아직도 자산계급 민주혁명의 단계에서 멈추었기 때문이며, 사회주의 혁명에서 자산계급이 어디에 있는지를 모른다는 것이다. 즉 공산당 안에 자본주의 길로 가는 당권파, 주자파가 아직도 존재한다는 것이다. 모택동은 문화대혁명의 착오에 대하여 하나는 모든 것을 타도하자는 것과, 또 다른 하나는 전면 내전(즉 전국적인 탈권운동의 혼란)이었다고 인정하였으나 그 이상 이하도 아니었다.

이에 따라 곧 등소평 비판과 우경번안풍에 대한 반격운동이 전국적으로 확대되었다. 4인방은 복직된 원로간부를 지칭해 '환향단(還鄕團)'이라 비웃고, 원로간부는 민주파이며 민주파는 바로 주자파라는 엉터리 공식을 갖고 비판하였다. 그러나 많은 간부와 군중은 이 운동이 문화대혁명 초기와 크게 다름을 인식하고 있었다. 비록 모택동이 문화대혁명을 긍정적으로 보았어도 이들을 설복시킬 수 없었으며, 혼란한 국면을 정돈한 등소평의 탁월한 성과를 목도하였기 때문에 이 운동은 인심을 얻지 못했으며, 사리에 어긋나는 것이기도 하여 등소평에 대한 비판과 우경번안풍에 대한 반격운동은 많은 저지를 받았다.

특히 비판용으로 내려 보낸 자료들, 예를 들면 「공업 12조」, 「과학기술 공작에 관한 몇 가지 문제」, 「전당 전국 각항 공작의 총강을 논함」(4인방은 이를 이른바 세 그루의 독초라 함)을 읽어 본 많은 간부와 군중들은 오히려 등소평의 정확한 방침과 정책을 더욱 많이 이해하고 신임하게 되었다. 이는 4인방도 미처 생각하지 못했던 것이다.

사실 모택동이 이처럼 등소평을 다시 비판하게 된 주요 원인은 문화대혁명에 대한 태도 때문이었다. 모택동은 문화대혁명을 마르크스 레닌주의의 창조성과 발전에 중요한 공헌을 하였다고 보고 있었다. 물론 후기에 결점이 발견되기는 하였지만 성과가 중요하다고 믿고 조금도 그 태도를 바꾸려 하지 않았다. 이로 보면 모택동은 문화대혁명의 성과가 나쁘다는 것을 절대 인정하려하지 않으려 하였던 것이다.

결국, 등소평은 자리에서 물러나지 않을 수 없었다. 1976년 2월 15일에 당 중앙은 각성, 시, 자치구와 대군구의 책임자회의를 소집하였다. 이 회의에서 화국봉(華國鋒)이 당 중앙을 대표하여 연설하였는데, 그 내용은 역시 등소평의 수정주의노선 비판이 당면 문제라고 지적하였다. 그리고 당 중앙은 3월에 「모주석의 중요 지시」를 하달하였는데, 여기에서도 등소평을 지명하여 비판하였다.

이처럼 등소평이 비판을 받게 되자 4인방은 각종 선전 도구를 동원하여 교육혁명의 대변론을 비판하고 이른바 3주(株, 세 그루) 대독초(大毒草) 비판을 전개하였다.44) 그리하여 마침내 비등(批鄧)·우경번안풍(右傾飜案風) 반격이 전국적으로 확대되었던 것이다.

이 운동은 결과적으로 호전되어 가던 중국의 사정을 다시 혼란에 빠뜨리는  결과를 가져왔다. 이 운동은 확실히 인심을 위반하고 있어 많은 간부들과 군중들로부터 여러 가지 형식으로 저지 받았으나 4인방이 분쇄될 때까지 계속되었다. 그러나 등소평이 다시 등장하게 되면서 등소평 비판운동은 자동적으로 소멸되었다.

### 4) 주은래(周恩來)의 사망과 천안문(天安門) 사건

1976년 1월 8일에 주은래가 세상을 떠났다. 그는 마르크스주의자로서 신중국을 세우는데 혁혁한 공을 세웠다. 때문에 그의 사망은 중국공산당은 물론 많은 인민들로부터 무한한 슬픔을 갖게 하였다.

한편, 4인방은 이때를 당과 국가의 권력을 장악할 수 있는 좋은 기회라 간주하였다. 그들은 주은래의 장례에 대하여 여러 가지로 제한하여 주은래에 대한 인민의 존경과 애도 감정을 가급적이면 약화시키려 하였으며 중국인들의 마음속에 있는 그의 형상을 지워버리려 하였다. 검은색 리본이나 흰 꽃도 달지 못하게 하였고, 추도회도 갖지 못하게 하였으며 애도의 글도 쓰지 못하게 하였다.

또한, 4인방은 그들이 지배하고 있는 언론을 이용하여 주은래와 등소평을 비판하고 주은래를 애도하는 사람을 여상주(女喪主)라 하여 비꼬았다. 이러한 논조는 중국인들의 분노를 가져오게 하였다. 그리하여 3월에 남경을 시작으로 4인방을 비판하는 대자보가 붙기 시작하였다. 전국에서는 각종의 형식으로 주은래의 추도 활동을 벌였으며 북경시민들은 천안문 광장에 와 인민영웅비(人民英雄碑)에 헌화하고 애도하였다.

한편, 4인방은 시간을 끌지 않고 바로 당, 정, 군의 대권을 장악하고자 상해에 있는 그의 세력에게 장춘교(張春橋)를 총리로 추대하자는 표어를 붙이게 하고, 왕홍문(王洪文)은 연설 원고를 준비하고 있었다. 그러나 모택동은 왕홍문에게 중앙 당의 일상 업무를 맡기지 않았으며, 장춘교를 총리로도 삼지 않았다. 모택동은 1976년 1월 21일과 28일 두 차례에 걸쳐 중앙 정치국회의를 소집하고 그의 제의로 화국봉(華國鋒)을 국무원 대리총리로 임명하여 중앙의 일상 업무를 관장하게 하고, 진석련(陳錫聯)에게 군사위원회의 일상 업무를 맡게 하였다. 이것은 중앙 정치국회의에서 통과된 것이기도 하다. 이에 중공당 중앙은 2월 3일에 화국봉이 국무원 대리총리에 임명되었음을 선포하였다.

그런데 주은래의 추도활동은 전국적으로 계속되었는데, 자발적으로 조직된 군중들이 4인방에 대한 반격을 공개적으로 그리고 제일 먼저 일어난 곳이 남경(南京)이었다. 3월 24일에 남경 강소신의학원(江蘇新醫學院) 교수, 학생과 교직원들이 조화를 갖고 우화대(雨花臺)에서 주은래 추도활동을 벌여 시민들을 자극하였다. 이에 28일에 당시 남경의 번화가인 신가구(新街口)에 '주은래를 죽음을 걸고 보위하자'는 대자보를 붙이고 항의하는 일이 일어났다. 그런데도 장춘교의 지원을 받고 있는 『문회보』는 주은래에 대한 비난을 계속하였는데 4인방을 반대하는 정서를 막을 수 없는 상황이 되었다.[45] 대체로 3월 말부터

4월초까지 남경시 1,600여 단위, 667,000여 명이 우화대에서 주총리를 추도하고 헌화가 6천여 개에 달했다.

이처럼 남경사건이 일어나자 4월 1일에 중공 당은 중앙 정치국회의를 소집하여 남경사건을 모주석과 당 중앙을 분열시키고 등소평에 대한 비판을 돌리려는 정치사건으로 간주하였다. 따라서 북경시위원회는 정치국의 의견에 따라 4월 2일에 민병대와 경찰을 파견하여 주은래에 대한 애도 활동을 제재하였다. 그러나 이러한 제재에도 불구하고 많은 사람들이 모여들었다.

4월 4일은 청명절이었는데, 이날은 또한 일요일이어서 많은 사람들이 천안문 광장에 모였다. 그때 천안문 광장에는 애도하는 시와 조화들로 가득 차 있었다. 이날은 북경뿐만 아니라 남경, 서안, 중경, 정주, 항주 등지에서도 사람들이 주은래에 대한 추모활동을 벌리고 4인방의 활동을 성토하였다.

그런데 다음날 새벽 천안문 광장에 있었던 모든 조화와 만장들이 없어졌다. 그리고 이를 지키고 있던 사람들도 체포되었다는 소문이 퍼졌으며, 인민영웅기념비 주위에는 삼엄한 경비를 펴 일반인이 접근하지 못하도록 하여 분위기가 삼엄하였다. 이에 분노한 북경시민들이 인민대회당 동문 앞에 모여들기 시작하여 '우리의 꽃을 돌려 달라', '우리의 동지를 돌려 보내 달라'고 요구하고, '주(周)총리를 반대하는 사람은 누구라도 타도하자'는 구호를 외치다가 일부의 민병, 경찰과 충돌하는 사태가 발생하였다. 4인방은 이를 반혁명 사건으로 간주하고 잔혹하게 진압하도록 하였지만, 이 사건으로 북경시민들의 4인방에 대한 분노는 더욱 커졌다.46)

천안문 사건이 일어나고 있는 기간 중앙 정치국은 모원신(毛遠新)을 통하여 여러 차례 사태를 모택동에게 보고하였다. 모택동도 당 중앙이 결의한 두개의 안건에 동의하였는데, 하나는 모(毛)주석의 제의에 따라 중공 당 중앙정치국이 화국봉을 중국공산당 중앙위원회 제1부주석, 중화인민공화국 국무원 총리로 임명한다는 것이고, 또 하

천안문 사건

나는 등소평 문제에 관한 것으로 그의 활동을 당에 대한 대항으로 보고 등소평의 당내외의 모든 직을 취소하고 당적만 보류한다는 것이다.

결국, 천안문 사건은 전국 인민의 항의가 집중적으로 표현된 것이었다. 이 항의의 형식은 주은래에 대한 애도를 표시하면서 4인방을 반대한 것이나 실질적으로 문화대혁명에 대한 좌경 착오에 대한 반대이며 또한 주은래, 등소평을 대표로 하는 중국공산당의 지도자에 대하여 지지와 옹호를 표현한 것이었다.

### 5) 모택동의 사망과 4인방의 몰락

천안문 사건이후 모택동의 건강은 계속 악화되었다. 그는 외교상 5월 27일에 파키스탄 총리 부토(Bhutto, Zulfiqar Ali)를 마지막으로 회견하였다. 정부는 이후 대외적으로 모주석이 외교 장소에 나타나지 않을 것이라고 선포하였다. 4인방은 모택동의 지시라는 이름 아래 더욱 당・정권을 탈취할 음모를 획책하였다.

우선 4인방은 등소평에 대한 비판을 대규모적으로 그리고 전국적으로 전개하였다. 그들은 자기 수중에 있는 언론을 통하여 당 안에 한 그룹의 자산계급이 있다며, 등소평 한사람뿐만이 아니라 하나의 층을 이루고 있기 때문에 중앙에서 지방의 당·정·군의 간부들을 정리하여야 한다고 하였다. 당 중앙은 7월에 북경에서 전국계획좌담회를 소집하였다. 여기에서 4인방은 계획적으로 그리고 조직적으로 미리 그 일파인 상해, 요녕의 참가자들과 짜고 이들로 하여금 1975년의 경제 활동 가운데 우경적인 것이 있었다는 이유로 화국봉과 그 밖의 인물들에 대하여 공격을 개시하였다.

그런데 당 원로인 주덕(朱德)이 7월 6일에 죽었다. 그리고 28일에 하북성 당산(唐山)에서 지진이 일어나 그 여파가 천진과 북경에 까지 파급되었다. 사망이 24만 2천여 명, 중상이 16만 4천여 명으로 전국이 이 재난을 구제하게 되었다. 그러나 4인방은 당산이 없어졌다고 대수냐는 태도로 재난 구호 공작으로 정신없는 정부를 공격하였다. 『인민일보』는 8월 11일에 요문원의 말을 빌려 당 안의 기회주의 노선의 우두머리가 자연 재해로 조성된 잠시의 곤란한 상황을 이용하여 혁명 방향을 바꾸어 자본주의를 복벽하려 한다는 사론을 발표하였다. 한편, 4인방은 모택동이 병세가 악화되어 있는 기간인 8월 15일부터 25일까지 상해에서 상해 민병을 무장화시켜 장차 무력에 의한 권력 탈취도 생각하고 있었다.

마침내 반세기 동안 중국공산당을 이끌어 온 모택동도 9월 9일에 세상을 떠났다. 나라 전체가 슬픔에 잠겨있을 때, 4인방은 본격적인 권력쟁탈에 나섰다. 왕홍문은 9월 11일에 중공 중앙 당 판공청 당직실을 폐쇄하고 중남해에 별도로 당직실을 설치하여 당 중앙과 지방의 통신을 두절시켜 전국을 장악하였다. 4인방은 청화대학, 북경대학, 신화사 등에 재직하는 일부 사람들에게 충성을 서약하는 편지를 강청에게 보내게 하였다. 어떤 편지에서는 강청이 중공 당 중앙 주석과 군사위원회 주석을 맡아야 한다고 까지 하는 등 강청을 위하여 여론을 조성하였다. 뿐만 아니라 강청 등은 사방을 돌아다니며 유세하고

모택동 추도식

선동하였다.

그런데 4인방의 제거 문제는 원로 혁명가들에 의하여 이미 일찍부터 고려되고 있었다. 주덕은 세상을 뜨기 전에 중앙군사위원회 일을 맡고 있는 섭검영(葉劍英)에게 사람을 보내 강청일파에 대하여 경각심을 갖도록 한 일이 있었고, 섭영진(聶榮臻)·서향전(徐向前)·왕진(王震) 등도 섭검영에게 4인방 문제를 해결하기 위해 건의한 일이 있었다. 섭검영도 이선념, 진운 등과 이 문제를 여러 차례 의논하여 4인방 문제는 중국공산당안의 문제만이 아니므로 반드시 처리하여야 한다는데 인식을 같이하였다. 이를 해결하기 위하여 중앙 정치국 대다수의 동의를 얻어야 하는데, 여기에서 관건이 될 인물은 화국봉(華國鋒)이었다.

그런데 화국봉도 4인방에 대하여 감정이 좋지 않았다. 그는 비록 좌적이고 문화대혁명에도 찬성하는 입장이었으나 강청일파와는 모순과 충돌이 있었다. 특히 모택동의 사망 이후 간접적으로 강청일파의 공격을 받고 있는 입장이었기 때문에 섭검영 등과 쉽게 의사가 소통되어 의견 일치를 볼 수 있었다.

화국봉과 섭검영은 10월 6일 저녁 8시에 중남해(中南海) 회인당(懷仁堂)에서 중앙정치국 상무위원회 확대회의를 소집하였다. 그리고 여기에 참석하기 위해 들어오는 장춘교, 왕홍문, 요문원을 차례로 격리시켜 이들을 심사한다고 선포하고 중남해의 강청처소에도 사람을 보내 강청에게 이 결정을 알려 4인방을 완전히 분쇄하였다.

4인방의 체포 소식이 상해에 전해지자 상해의 친 4인방세력은 긴급회의를 소집하여 무력도발을 기도하였다. 그러나 중공 당 중앙은 상해문제에 대하여 일찍부터 주의하여 왔기 때문에 먼저 이들의 중요 인물들을 북경으로 불러들이고 새로운 인물을 상해로 보냈다. 여기에다 인민해방군이 있을 수 있는 사변에 대응하기 위하여 준비하고 있었기 때문에 피 한 방울 흘리지 않고 4인방 세력을 일망타진하게 되었다.47) 이처럼 4인방의 분쇄로 문화대혁명의 10년 동란은 종말을 고하게 되었다.

그리고 중공 당 중앙 정치국은 10월 7일에 화국봉을 중공 당 중앙 주석, 중앙군사위원회 주석으로 임명하여 화국봉시대가 열렸다.

## 6. 문화대혁명 기간의 경제

### 1) **문화대혁명 초기의 경제 파괴**(1967-68)

문혁이 시작되기 직전은 대약진 운동의 좌절이후 조정시기로서 경제가 막 회복 발전단계로 들어가는 때였다. 그리하여 1966년의 중국 경제는 건국이래 최고의 수준을 이루고 있었으나 문화대혁명이 시작되면서 계속 상승세의 경제발전은 큰 곤경에 처하게 되었다.

우선 1966년 8월부터 11월까지 홍위병의 북상으로 교통이 마비되다 시피하고 따라서 화물수송이 제대로 되지 않았다. 또한 홍위병 운동의 충격을 받아 생산 활동이 정상적으로 이루어지지 않았을 뿐만 아니라 원래의 생산 질서도 파괴되고 공업생산과 기본 건설도 이에 영향을 받았다.

그러나 1966년의 경제는 문화대혁명의 영향을 아직 크게 받지 않을 때여서 계획대로 여전히 대폭적인 성장을 할 수 있었으므로 국가가 계획한 대로 목표를 달성하였거나 또는 초과 달성하였다. 중공 당중앙은 1966년 12월 9일에 「혁명으로 생산을 촉신하는 것에 관한 10조 규정」을 하달하여48) 당위원회의 지휘아래 운동을 전개하는 것을 부정하고 노동자 군중이 혁명조직을 건립하여 권리를 찾아가며 하도록 되어있었다. 따라서 비록 8시간 노동에 나머지 시간을 혁명에 매진하도록 규정하고 있었으나 문화대혁명이 생산 활동에 막대한 영향을 끼치게 되었다. 특히 1967년과 68년에는 전국적으로 각 분야에서 권력 탈취(탈권)운동이 일어나 이 두해 동안은 문화대혁명 10년 대란 가운데 가장 혼란스러운 때였으며 경제관리 기구도 마비되어 있었다.

따라서 1968년의 공업생산 총액은 1966년의 86.6%에 불과하였으며, 식량생산은 99억 근이 감산되었으며 강철 생산량은 41%, 석탄 생산량은 12.7%, 발전량은 13.2%, 면사는 12%, 면포는 12%가 감산되었다. 국민소득도 해마다 감소되고 국가의 재정 수입도 줄어들어 1967년에 22.5억원의 재정적자가 났다. 재정지출은 1968년에 66년보다 1/3이 감소되었다. 이처럼 문혁 초기의 경제는 급전직하로 나빠져 전면적인 경제 파탄을 가져오게 되었다.

### 2) 곤경 중의 회복(1969-73)

1969년에 들어와 국내의 정치 형세가 표면적으로 안정을 찾아가자 상대적으로 사회 질서, 생산 질서가 회복되면서 경제 회복 가능성이 보였다. 주은래는 유리한 기회를 잡자 이에 따르는 필요한 조치를 취하여 기본적으로 앞서 2년 동안의 생산 하강국세를 상쇄시켰다.

1968년은 중국에서 유일하게 경제계획이 없었던 한 해였다. 그런데 1968년 말에 주은래는 1969년도 국민경제 계획을 수립하여 경제를 계획적인 궤도로 진입시켰다. 그리하여 1969년에는 경제가 회복되어 기본적으로 1966년의 수준을 유지하게 되었다. 그러나 공농업의 총생산액의 증가는 많지 못하여 중요 농공산품은 1966년의 수준에 이르지 못하고, 국가의 재정수지나 기본건설 투자도 1966년의 규모에 도달하지 못하였다. 하지만 이것은 1969년의 경제가 회복의 전망을 보이고 있음을 의미하는 것이었다.

1969년의 기초아래 1970년에는 경제가 비교적 크게 발전하였다. 즉 문화대혁명의 초기에 인민공사의 사원들이 자류지(自留地)에서 생산과 가정부업을 영위하는 것에 대하여 이를 자본주의의 꼬리로 보아 하지 못하게 하였으므로 농민들은 생산의 적극성을 잃고 있었다. 그런데 1970년 8월에 주은래는 북방지구농업회의를 주재하면서 「농업 60조」를 하달하여 이를 관철하도록 하였고, 각 업종별 생산 회복 발전을 위한 회의를 통하여 시정과 조치를 취하였다. 그 결과, 1970년의 경제는 1966년의 수준을 초과하게 되었다.

1970년은 제3차 5개년 계획의 마지막 해였다. 이 해의 실제 경제 발전의 수준과 3차 5개년 계획의 중요 지표와 비교해 볼 때 대부분 달성하였거나 초과 달성하였다. 그 가운데서도 공업과 농업 총생산액이 지표보다 14.1-16.2% 초과 달성되었다.

1971년은 국민경제 제4차 5개년 계획의 첫 해이다. 그러나 좌적인 지도사상의 영향으로 특히 임표 일당의 간섭과 파괴 등으로 경제에도 새로운 문제가 나타났다. 즉 건설규모가 너무 컸고, 관리직과 노동자 수의 급증, 임금총액과 식량소비량을 통제하기 어려웠다. 그 결과, 1971년에 이른바 '3개 돌파 현상', 즉 관리직과 생산직 근로자 수가 5,000만 명, 임금지출이 300억 원, 식량소비가 800억 근을 돌파하게 되었다.

그런데 1971년 9월에 임표 일당이 무너진 이후 주은래가 중앙의 일상 업무를 맡게 되자 기본 건설규모를 통제하고 임금 관리를 강화하는 등 4차 5개년 경제계획요강을 조정하였다. 2년 동안의 노력 끝에 3개 돌파를 잡는데 성과를 거두었고, 1972년과 73년의 공업 생산도 상승되어 국민 경제가 호전 국면을 맞게 되었다.

따라서 1973년의 국민경제발전지표는 달성되었거나 초과 달성되었다. 공농업의 총생산량은 전년도보다 9.2%상승하였는데, 농업은 8.4%, 공업은 9.5%였다. 특히 양식, 면화, 마, 설탕, 담배 등의 농산물이 역사상 가장 많이 증가한 해였다. 상품매출액도 전년도보다 8.1% 증가 하였으며 재정수입도 5.6%증가하여 수지균형이 맞추게 되었다.

### 3) 국민경제의 동요(1974-76)

1974년부터 1976년 10월까지는 문화대혁명의 마지막 단계이며 경제 동요의 3년이었다. 즉 1974년 1월에 비림 비공 운동이 시작되면서 경제기관과 기업의 책임자들이 비판 대상이 되었다. 따라서 노동하지 않고 출근하지 않은 채 투쟁만을 일삼는 혼란이 계속되어 안정되고 발전되어 가던 국민경제는 다시 파괴되었다.

1974년 1월부터 5월까지 전국 중요 탄광에서 채굴한 석탄은 835만 톤이나 부족하였고, 강철은 188만 톤, 비료는 185만 톤이 부족하였고, 철도의 수송 체화량은 2,100만 톤, 재정적자가 5억 원에 달하였다. 그 결과, 전국 공업생산액은 전년계획의 35.7%밖에 달성하지 못하였다. 따라서 1969년부터 1973년까지 회복되어 발전되던 경제가 다시 뒤떨어지기 시작하였다.

이처럼 1974년의 경제악화는 전국적으로 불만을 불러일으켰다. 11월에 모택동도 이를 주의하게 되어 국민경제를 향상시켜야 한다고 요구하였다. 이때 등장한 것이 등소평으로 그는 모택동과 주은래의 지지아래 철도수송을 정돈하고 공업생산 등 각 분야를 정돈하여 상황을 호전시켰다. 그 결과, 1975년 3월 이후부터 한달 한달이 좋아져 이해에는 전년도보다 공농업 총생산액이 11.9%증가하였다.

그런데 1975년 11월부터 등소평에 대한 4인방의 비판이 전개되었다. 등소평이 그동안 취하였던 각종 정책은 모두 우경번안풍(右傾飜案風)이 되었고, 그동안 이루어 놓은 정돈도 자본주의의 복벽이라 하여 많은 법령과 제도들이 폐지되었다. 그 결과, 정상적인 경제 질서가 다시 파괴되어 1976년 1월부터 5월까지 철강은 123만 톤이나 감산되었고, 화학비료와 면사 등등 공업 생산품의 생산량도 크게 감소되었다.

종합적으로 1974년부터 1976년까지 3년 동안 국민경제가 정상적으로 발전되었다는 전제아래 비교하여 보면 공업 총생산액은 1천억 원의 손실을 입었고, 재정수입은 400억 원 감소되었다.

### 4) 제3선의 건설

1960년대 중반에 중국은 미국의 월남전 개입, 중국변경지역에 소련의 군사배치 강화, 인도와의 국경분쟁 등 국제정세의 변화에 위협을 느끼게 되었다. 여기에 대만도 반공대륙을 표방하여 대만해협에 긴장이 높아갔다. 그런데 중국의 중요 산업시설은 대부분 연해지역에 집중되어 있어 국방전략상 대비하지 않으면 안 되었다.

이에 전국을 장차 제1, 제2, 제3선 지구로 나눠 제1선은 연해와 변경의 성(省), 구(區) 지역, 제3선은 전략적으로 후방에 있는 성, 구 지역, 그리고 제1선과 제3선 사이를 제2선으로 삼았다. 이를 '대3선' 지구라도 부르며, 지구마다 지역에 따라 제3선을 설정하여 이를 '소3선'지구라 부른다. 대3선 지구는 사천, 귀주, 운남과 서북의 섬서, 청해, 감숙의 대부분 지역을 포함하고, 중원의 하북 서쪽, 호북의 서쪽, 화남의 호남 서쪽, 광동·광서의 북쪽, 화북의 산서와 하북의 서쪽 지역도 포함하고 있다.[49]

1964년 8월 중순에 중공 당 중앙서기처는 모든 역량을 제3선 건설에 집중하여 인력, 재력, 물력을 지원하여 새로 건설되는 프로젝트는 제3선에, 그리고 제1선의 프로젝트 가운데 옮길 수 있는 것은 옮길 뿐만 아니라 대도시와 연해에 집중되어 있는 공장들은 둘로 나누어 옮기라고 하였다. 그리고 제3선의 건설은 우선 성도와 곤명을 연결하는 철도, 사천과 귀주성을 연결하는 철도, 귀주와 운남성을 연결하는 철도 부설에 중점을 두고 이미 계획된 성곤선(成昆線)의 건설팀은 9월 말까지 공지에 도착, 1968년말까지 개통하도록 지시하였으며 공장의 건설은 반드시 신기술을 채용하도록 지시하였다.50)

제3선 건설을 위하여 제3차 5개년 국민경제계획도 크게 조정되었다. 즉 국방건설에 두고 제3선의 건설에 중점을 두어 투자규모는 총투자금액의 42.4%인 360억원, 계획된 대중형 건설항목 1,475개 가운데 55.8%,를 점하고 있다. 그리고 건설내용으로 볼 때 제3선지구의 국방공업, 원료공업, 기계제조업과 철도운수업이 투자된 총액의 72%를 차지하였으며 중공업의 비중이 컸다. 대체로 7년 또는 10년 안에 공업의 분포를 크게 바꾸도록 하였다.

제3선 건설은 1964년부터 1968년까지 첫 단계로 서남지역을 중심으로 철도의 연결과 국방을 위해 철강공업을 옮겨 건설하고, 사천·감숙·귀주 등지에 석유, 기계, 전력사업을 건설한 것이다. 두 번째 단계인 1969년부터 1973년까지 문화대혁명의 영향을 받고, 특히 임표집단의 맹목적인 건설사업의 확장으로 성과는 있었으나 손실이 많았고, 문제점도 많이 등장하였다. 특히 소련과의 국경충돌로 사업을 가속화시켰는데, 군부대가 국방공업을 관리하였다. 군 기상국이 중앙기상국을 합병하여 명칭은 중앙기상국이라 하였으나 관리는 총참모부가 맡았다. 그러나 1971년 9월에 임표일당이 제거된 다음 국방공업의 조정을 가져와 농업과 경공업에도 주의를 하게 되었다.

1974년부터 연해지구에 대한 투자가 증가되어 대규모의 건설사업은 정리하게 되었다. 그러나 약 10년 동안 추진된 제3선의 건설로 이 지역의 문화, 교육 등 사업의 발전을 가져와 차후 경제발전에도 기여하였다. 그러나 전쟁에 대비하여 많은 기업이 깊은 산속에 소재하여 운영의 어려움을 겪었으며, 제3선 건설사업에 집중 투자로 연해지역 기업, 나아가 경제발전에도 영향을 끼쳤다.

## 7. 문화대혁명기간의 과학 기술과 교육 문화

### 1) 과학 기술

문화대혁명기간 중국의 경제는 발전되지 못하였다고 하지만 기본 건설이외 과학 기술 분야에서는 크게 발전되었다. 소련 기술진에 의하여 설계되고 건설되다가 중·소 관계의 악화로 이들이 철수하였다. 그 가운데 건설이 중단된 남경 장강대교(長江大橋)를 중국은 새로이 순수 중국 기술진과 시공에 의하여 1968년에 완성하였다. 또한 자체 기술로 선진기법을 응용하여 대경유전(大慶油田)의 증산이 이루어지고 승리(勝利), 대항유전(大港油田)도 규모가 잡혀 1976년에는 산유량이 8,700여만 톤으로 자급하고도 남게 되었다.

중국 기술진에 의해 완공된 장강대교(아래층은 철도, 윗층은 차량 통행로)

농업기술에서 1972년에 다수확 품종의 볍씨를 개발하여 20%이상의 증산이 가능하여 졌다. 과학 기술로서 1967년 6월에 수소폭탄 실험에 성공하였다. 그리고 1969년 9월에는 처음으로 지하 핵실험에 성공하였으며, 1970년 4월에 동방홍(東方紅) 1호 인공위성을 성공적으로 발사하였다. 다음해에는 과학위성을 발사하여 각종 과학실험을 할 수 있게 되었으며, 1975년에 인공위성을 발사하여 정상적으로 운행 후 지구로 돌아와 중국은 미국, 소련에 이어 세 번째로 인공위싱을 회수한 나라가 되었다.

### 2) 문화와 교육

문화대혁명기간 중 문화와 교육 분야가 가장 큰 재난을 겪었는데 이는 무산계급 문화대혁명의 기치를 내걸며 학술계, 교육계, 신분계, 문예계, 출판계가 공격받았기 때문이다. 1966년 2월에 강청이 임표의 지지를 얻어 상해에서 부대문예공작좌담회를 소집하고 '문예흑선전정론(文藝黑線專政論)', 문예대오의 새로운 조직, 30년대 문예에 대한 미신의 제거, 중국과 서양 고전문학에 대한 미신의 제거 등을 포함한 10개조로 된 기요(紀要)를 발표하고 문예작품을 들어 비판하면서 비롯되었다. 그 가운데 문예흑선전정(독재)론은 건국이래 모택동사상과 대립하는 반동사회주의 흑선이 정치를 지배하였다 하여 자산계급의 문예사상을 가리키고 있다.51)

그리고 문예대오의 새로운 조직을 위해 전국 5계(학술, 교육, 신문, 문예, 출판계)의 소속 각 협회들과 각지의 분회들이 강제적으로 해산되거나 활동이 정지되었으며 전국의 342종 신문과 790여종의 잡지 가운데 중앙과 지방의 당 신문과 『홍기』, 『해방군문예』 등 소수의 간행물만 제외하고 모두 정간되었다. 이로 인하여 강청은 문예계를 확실히 지배하게 되었다.

교육방면에서 문혁의 성과는 농민과 노동자들에게 초등학교에서 대학교 교육에 이르기까지 교육의 기회를 확대시켰다. 그리고 문혁시기에 실시한 조치들은 교육과 생산을 결합하여 학생들은 인민공사나 공장에 가 일하며 학습하도록 하였다. 연구의 방향과 목적을 다시 정하여 농촌을 위한 연구를 진행하였으며, 다수의 지식인들과 간부, 전문가들을 지방의 도시와 농촌에 보내 생산을 맡도록 하였으며, 각종 방식을 동원하여 지식인들과 교육가들을 비판하였다.

이름이 널리 알려진 학자와 작가들이 총두목, 학술권위의 반동이란 고깔모자를 쓰고 홍위병에게 끌려 다니며 모욕당하고 비판받았는데, 저명한 작가 노사(老舍)도 다른 북경 문예계의 인사와 함께 성현가(成賢街) 공묘(孔廟)에서 비판받고 학대당하다가 다음 날 북성(北城)의 태평호(太平湖)에서 자살하였다. 또 어떤 이들은 5.7간교로 보내지거나 감옥에 투옥되었다. 대체로 문혁기간 중 부상당하거나 장애자가 되거나 죽음에 이른 저명한 교수, 작가, 역사가, 예술가 등은 대략 수백 명에 이른다. 전국 각지의 역사 유적, 문화유산, 중국과 외국의 명저, 진귀한 보물들은 4구를 타파하자는 구호아래 파괴되었다.

대체로 문화대혁명기간 교육부 소속의 기관과 17개 성, 시, 자치구의 교육계가 무고를 받아 박해받은 간부로 교수와 교사, 학생은 14만 2천여 명에 달하고, 위생부 직속의 14개 대학 674명의 교수 가운데 500여 명이 타격을 받았다. 그리하여 1965년 전국 대학의 교수와 부교수 7,800명 가운데에 1977년에는 겨우 5,800명밖에 남지 않았다.52)

문예계에서는 강청 등의 권력탈취를 실천에 옮길 선전도구로서 음모문예가 크게 유행하였다. 특히 주자파(走資派)에 대한 공격을 위하여 주자파의 부패상을 폭로하고 비림 비공의 기치아래 문예를 통하여 주은래 등을 공격하는 정치투쟁의 도구로 이용당했다. 이 시기에는 이른바 8종의 '혁명견본극'만 있었기 때문에53) 문화생활은 극도로 빈곤하였다. 때문에 중국문화사상 암흑의 시대를 낳게 하였다.

1971년 9월에 임표가 죽은 다음 1974년 말 까지 문혁의 제2단계가 되는데, 대체로 정치 지도자의 변동으로 문예 정책에도 변화가 있었다. 우선 1971년에 『북경문예』, 『북경신문예』가 먼저 복간되고 지방의 문예지도 뒤따라 복간되었다. 『인민문학』, 『시간』 등 전국적으로 발행되었다가 정간당한 6종의 문학잡지도 1976년에 복간되었다. 이에 따라 지식청년들의 작품이 이들 잡지에 게재되면서 다음에 등장하는 이른바 '지청문학(知青文學)'의 단초를 열었다. 그리고 박해를 받으면서도 일부 원로작가들은 비밀리 작품을 써왔고[54], 젊은 층들도 독립된 사고와 의식을 갖고 1970년대부터 '지하사롱'과 '지하시사' 활동을 통해 신시대를 예고하였다. 그 가운데 대표적 인물이 황상(黃翔)·식지(食指)와 필명이 북도(北島)로 널리 알려진 조진개(趙振開), 장양(張揚) 등의 소설이 있다. 그리고 1973년에 『노신전집(魯迅全集)』[55], 1975년에 『삼국연의(三國演義)』, 『유림외사(儒林外史)』, 『수호전(水滸傳)』과 같은 고전소설도 출판되었다.

# 8. 문화대혁명 기간의 외교

## 1) 문화혁명기간 중화인민공화국의 외교정책

문혁기간 중국의 대외정책은 크게 세단계로 나누어 설명할 수 있다. 즉 조반(造反) 외교시기(1966-69), 반미반소(反美反蘇) 외교시기(1969-71), 반소(反蘇)제일주의와 친서방(親西方, 특히 미국과 일본) 외교시기(1971-76)이다.

대체로 첫 번째 시기는 대외정책에 일관된 입장을 견지하지 못하였다. 또한 중국이 세계적으로 고립된 시기이기도 하였다. 미국의 베트남 북폭(北爆)개시로 중국지도부에서는 나서경(羅瑞卿)과 임표(林彪) 사이에 대립이 일어났다. 즉 반미국제통일전선에 소련을 가입시켜야 할 것인가 아니면 제외하여야 할 것인가의 문제를 갖고 의견의 일치를 보지 못하였다.

여기에 문혁이 수정주의를 반대하는 것이었고 홍위병이 무정부주의적, 배외주의적인 폭력으로 외교기관을 파괴하는 행동을 하였기 때문에 조반외교라 특징짓고 있다. 특히 이들은 외교부에 난입하여 외교부 부장 진의(陳毅)를 비판하고 달아맬 것을 요구하며 난동을 부렸다. 따라서 대외 관계가 극도로 악화되어 각국은 중국주재 외교관을 본국으로 소환하기에 이르러 그동안 주은래에 의하여 제시된 평화 5원칙에 의한 일관된 외교 정책은 하루아침에 와해되고 말았다.

두 번째 시기는 고립된 외교를 타파하기 위하여 혁명외교노선을 택하였다. 그러나 소련과의 국경 무력충돌로 인하여 반소적 경향을 보였다. 비록 호지명(胡志明)의 장례에 참가하였던 코시킨(Kosygin, Aleksey Nikolayevich)이 북경을 경유하였을 때, 주은래가 그를 만나 전쟁보다는 평화적 담판에 의하여 분쟁을 해결하려 하였으나 소련에 대한 경계심, 증오는 더욱 심하였다. 한편, 미국과도 대결국면에서 벗어나 전쟁보다는 국내의 혁명이 더 중요하다는 입장을 보였다.

세 번째 시기는 중·미 관계의 호전과 중·일 국교의 회복으로 소련에 대한 적대감을 더욱 노골화하였다. 중·미 상해공동선언에서 패권주의에 반대한다는 말을 사용하였는데, 이는 명백히 중·미 협력으로 소련에 대항하려는 것을 의미하였다.

### 2) 중·소의 국경분쟁과 관계의 계속 악화

1964년 이후 소련은 중·소 변경에 군대를 대량으로 증파하였다. 그리고 중국에 대하여 무력도발과 유혈사건을 일으켰다. 대체로 1964년 10월부터 1969년 3월까지 소련은 4,189건의 도발사건을 일으켰다. 이 숫자를 1960년-1964년까지와 비교하면 약 1.5배가 증가한 것이다.

1968년 1월에 소련군은 칠리심도(七里沁島)에 침입하여 중국 어민

10여 명을 살상했다. 중국정부는 즉시 소련에게 강력한 항의를 하였으나 소련은 아무런 반응을 보이지 않았을 뿐만 아니라 국경에서 더 큰 규모의 도발을 해 왔다. 심지어 소련극동군은 1969년 2월에 전쟁 준비상태로 들어가 3월 2일에 진보도(珍寶島)로 침입하여 국경을 순찰 중인 중국군 몇 명을 죽이고 부상시켰다. 중국 변방군도 반격에 나섰는데, 소련군은 3월 15일에 공군기와 탱크 및 장거리포의 원호 아래 재차 진보도를 공격하여 새로운 유혈사태가 일어났다. 중국도 자위적인 입장에서 반격에 나서 소련군의 공격을 물리쳤다.

중국정부는 다시 소련정부에게 이 두 가지 사건을 갖고 엄중하게 항의하였다. 그리고 5월 24일에 중국정부는 성명을 발표하여 진보도는 역사적으로 오래전부터 중국의 영토라 하였다. 즉 우수리강의 중국측 연안의 일부분이었는데 강물이 흐름에 따라 하나의 섬이 된 것이며 갈수기에는 중국의 연안과 접해 있어 중국 영토라고 주장하였다. 또한 중국정부는 평화적 담판에 의하여 중・소 국경 문제를 해결하기 희망한다고 성명하였다.

그런데 진보도 사건이후에도 중・소간의 국경분쟁은 계속되었다. 1969년 8월에 소련군은 헬리콥터, 탱크, 장갑차를 동원하여 신강(新疆) 유민현(裕民縣) 철열극제(鐵列克提)지구에 침입하여 중국군을 공격하는 유혈사건을 일으켰다. 그러나 중국은 중・소 사이의 군사적 긴장관계를 완화시키고자 소련측의 요구를 받아들여 주은래는 1969년 9월에 북경을 경유하여 귀국하는 코시킨과 북경공항에서 만나 국경문제, 무역과 양국관계의 기타 문제에 관하여 협의하였다. 여기에서 쌍방은 국경의 현상유지와 무력충돌의 방지 등에 대한 양해를 성사시켰다. 이를 계기로 10월에 북경에서 중・소 국경담판이 시작되었다.

당시 중국정부는 국경문제에 관하여 ① 지금의 국경은 19세기말 20세기 초의 불평등조약에 의하여(1958년의 아이훈조약, 1860년의 북경조약 등)결정되었다는 점, ② 이들 조약을 기초로 현재상황을 고려하여 국경문제를 정하여야 하나 중국은 러시아와 체결하여 빼앗긴 영토는

중·소 국경 충돌

중·소 국경 분쟁지점 약도

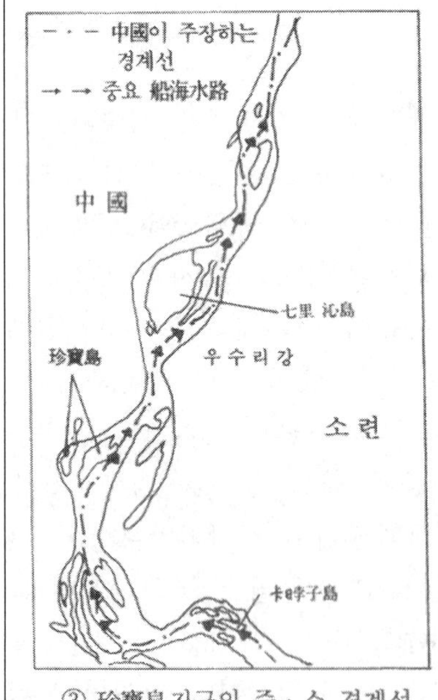


③ 珍寶島지구의 중·소 경계선

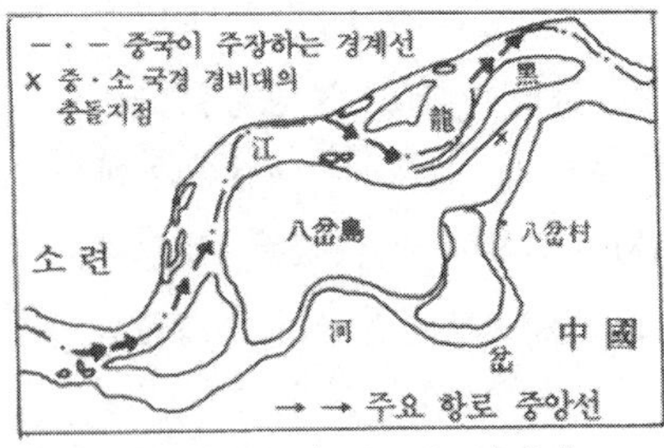


② 八岔島지구의 중·소 경계선

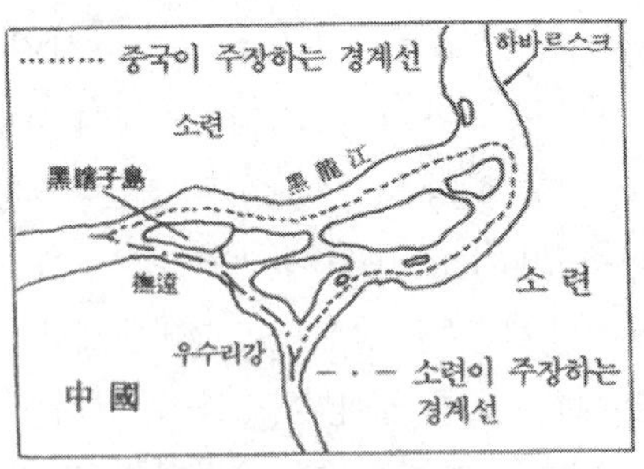


① 黑瞎子島지구의 중·소 경계선

요구하지 않음, ③ 이 조약을 위반하고 침략 점거한 영토는 원칙상 상대방에게 귀환시켜야 하나 쌍방은 평등협상(平等協商)에 의하여 서로 양보한다는 원칙아래 당지 거주민의 이익을 고려하여 필요한 조정을 함, ④ 중소 평등신약(中・蘇平等新約)을 체결하여 중・러 불평등 구약을 대체하고, 국경을 정함, ⑤ 중・소 국경문제는 평화적 담판에 의하여 전면적 해결을 하며 현상유지를 통하여 무력충돌을 피하고, 국경 분쟁지역에서는 스스로 철군하거나 들어가지 않는다는 다섯 가지 주장을 발표하였다.

그러나 소련은 담판 가운데 중・소 국경에 분쟁지역이 있다는 것을 인정하지 않고 오히려 중국이 제시한 쟁의지구의 개념은 소련에 대하여 영토를 요구하는 것이라 하였다. 또한 쟁의지역의 영토는 소련의 영토로 승인할 것을 요구하였다. 따라서 쌍방의 국경담판은 아무런 진전이 없게 되었으며 중・소 관계는 더욱 악화된 상태가 계속되었다.

### 3) 중국의 국제 연합 가입

중국은 국제연합의 창설회원국이며 또한 상임 이사국이었다. 그런데 이 자리는 중화민국이 차지하여 실질적인 대표권을 행사하고 중화인민공화국은 미국 등의 저지로 국제연합에 들어가지도 못하게 되었다. 특히 1961년부터 중국의 대표권문제는 실질문제와 중요문제로 되어 회원국 2/3이상의 다수 찬성을 얻어야 되도록 되었다. 때문에 중화인민공화국은 미국의 저지로 한동안 국제연합의 가입이 저지되었던 것이다.

1960년대 말부터 신중국의 대외관계가 확대되어 가고 또한 자본주의 국가들도 중국을 필요로 하게 되었다. 따라서 1970년대부터 중국과의 관계를 개선하려고 하는 나라가 늘어났다. 이러한 상황아래 1970년 11월 제25차 국제연합총회에서 알바니아, 알제리 등 18개 국

중국의 국제연합 가입 - 중국대표 교관화의 발언

가가 신중국의 가입 안건을 제출하였는데 미국의 거부로 가입이 저지되었다. 그러나 이때는 신중국을 지지하는 회원국이 상당수 늘어났으므로 미국은 중화민국과 중화인민공화국 두 나라가 다 중국을 대표할 수 있다는 제안을 하게 되었다.

이에 주은래는 1971년 7월에 키신저(Kissinger, Henry)와 만나 신중국은 두개의 중국이 연합국의 자리를 함께 차지하는 것에 반대한다는 입장을 명백히 밝혔다. 이에 미국도 신중국의 가입을 양해하게 되었다. 9월 21일에 국제연합 제26차 대회가 개막되고 10월 25일에 중국문제를 토론하여 마침내 중화인민공화국이 중국의 대표권을 획득하게 되고, 중화민국은 자동적으로 연합국에서 탈퇴하였다.

중화인민공화국이 국제연합에서 중국을 대표하게 되자 자동적으로 안전보장상임이사국이 되었으며 중화인민공화국의 국제적 지위도 크게 향상되었다. 그리고 그동안 미수교국이었던 나라들도 다투어 중국과 국교를 수교하게 되어 1971년 1월부터 1972년말까지 23개 국과 국교관계를 수립하였다.

유엔에서의 중국 대표권 승인안 표결현황

| 총 회 | 년 | 찬 성 | 반 대 | 기 권 | 찬성률 | 중공승인국/<br>유엔가맹국 |
|---|---|---|---|---|---|---|
| 5 | 1950 | 16 | 23 | 10 | 29 | 21/60 |
| 16 | 1961 | 36 | 48 | 20 | 35 | 35/104 |
| 17 | 1962 | 42 | 56 | 12 | 38 | 38/110 |
| 18 | 1963 | 41 | 47 | 20 | 37 | 46/112 |
| 20 | 1965 | 46 | 47 | 20 | 41 | 46/117 |
| 21 | 1966 | 46 | 57 | 17 | 38 | 46/112 |
| 22 | 1967 | 45 | 58 | 17 | 38 | 46/122 |
| 23 | 1968 | 44 | 58 | 23 | 35 | 49/126 |
| 24 | 1969 | 47 | 56 | 21 | 28 | 49/126 |
| 25 | 1970 | 51 | 49 | 25 | 40 | 53/127 |
| 26 | 1971 | 76 | 35 | 17 | 59 | 67/131 |

### 3) 중·미 관계의 완화

미국은 1969년에 닉슨(Nixon, Richard)행정부가 들어서면서부터 중국에 대한 정책의 변화를 가져왔다. 그중의 하나로 닉슨과 키신저는 중국과의 관계를 개선하였다. 즉 국제정세의 변화로 중국과 적대관계는 미국의 전략에 불리하다고 인식하였으며, 중·소 관계가 악화되자 이를 이용하여 공동으로 소련에 대응하기 위하여 중국과의 관계를 개선하려 하였다. 이에 2월초에 닉슨은 키신저에게 중국과의 관계개선을 모색하게 하고, 3월에 드골(De Gaulle, Charles) 프랑스 대통령을 통하여 대화의 방법을 전해주도록 요청하였다.

닉슨은 1970년 10월 25일에 다시 파키스탄 대통령인 아유브(Ayub Khan)에게 부탁하여 미국이 고위관리를 북경에 파견하기 원한다는 뜻을 중국 당국에 전해달라고 청하였다. 중국측에서도 미국이 중국에 대한 정책을 개선하겠다는 의사표시가 있은 다음부터 이에 응하고자 억류하였던 미국인들을 석방하였으며, 1970년 10월 1일에 모택동도 천안문(天安門) 문루(門樓)에서 미국인 기자출신 에드가 스노(Snow, Edgar)를 회견하고, 또한 12월에 장시간동안 그와 이야기하면서 닉슨과 직접 만나 회담하겠다는 뜻을 표시하였다.

이러한 분위기아래 우선 민간왕래의 형식을 빌려 1971년 4월에 미국의 탁구팀이 중국을 방문하였다. 주은래는 이들을 회견한 자리에서 양국 인민이 왕래할 수 있는 대문을 열게 되었다고 하였다. 뒤이어 닉슨도 중공에 대한 금수(禁輸)조치를 완화한다고 성명하였다. 이것을 이른바 '핑퐁(탁구)외교'라 부른다. 이를 기회로 삼아 중국은 4월 하순에 파키스탄을 통하여 중국은 미국 대통령 특사나 또는 그 본인을 중국에서 접대할 뜻이 있다고 전하였다.

이에 따라 7월 9일부터 11일까지 키신저가 북경을 방문하게 되었다. 그리고 7월 15일에 중국과 미국은 세계를 놀라게 한 공동성명을 발표하였다. 그 내용은 닉슨이 1972년 5월이전 적당한 때에 중국을 방문한다는 것이었다. 10월에 키신저는 두 번째로 중국을 방문하여 닉슨의 중국방문에 관하여 준비하였다.

그리고 닉슨은 1972년 2월 21일에 미국대통령으로는 처음으로 중국을 방문하였다. 이는 외교관계를 맺고 있지 않은 국가를 대통령으로서 처음 중국을 방문하였던 것이다. 이들은 북경에서 모택동과 만나 회담하고 항주(杭州)와 상해(上海)를 경유하여 귀국하였다. 그리고 쌍방은 2월 28일에 상해에서 공동성명을 발표하였다. 그 내용은 대만문제에 관하여 미국은 하나의 중국을 인정하며 대만은 중국의 일부분이라 하였으며, 중·미 어느 일방이 아시아와 태평양의 패권을 도모할 수 없으며, 또한 쌍방은 군사충돌 등 위험을 감소시켜야 한다고 하였다.

닉슨의 중국방문과 상해공동선언의 발표는 중국과 미국의 관계에 새로운 이정표가 되었다. 쌍방은 1973년 2월에 각기 수도에 연락사무

모택동과 닉슨

소를 설치하기로 합의하고 미국은 브루스(Bruce, K. E.), 중국은 황진(黃鎭)을 각각 파견하였다. 그 후 워터게이트 사건으로 닉슨이 사임하고, 후임 포드(Ford, Gerald R.)대통령도 1975년에 중국을 방문하여 모택동·등소평과 회담하였다. 포드는 상해공동선언의 기초위에 중국과 미국의 관계를 정상화 하겠다고 보증하였다.

그러나 중국은 여러 차례 미국에게 관계정상화를 실현시키기 위하여 대만과의 외교 단절을 요구하고 대만과 대만해협에서 미국 군대가 철수하여야 하며 또한 미국은 대만과의 공동방어조약을 철폐하여야 한다고 주장하였다. 그러나 미국은 대만에 대한 의무를 강조하고 대만의 안전을 위하여 군대를 여전히 주둔시키고 있었고, 차관형식으로 미국에서 무기를 계속 공급하고 있었다. 더욱이 미국은 새로이 미국 안의 다섯 곳에 대만 영사관을 설치하는 것에 동의하였다. 이것은 중국과 미국 쌍방의 정상화에 장애요인이 되었다.

심지어 1975년 3월에 미국 국무성에서는 중국예술단의 미국공연 프로그램에 대만동포-우리의 골육 형제란 공연을 빼주도록 요구하여 예술단의 미국 공연을 위한 방문마저 중지되는 일까지 일어나 쌍방의 정상화 관계는 생각보다 빠르게 진행되지 않았다.

### 4) 중·일 국교수립

신중국이 수립된 초기에 일본의 역대 내각은 미국의 정책을 따라 중국을 적대시하였다. 그러나 민간에서는 그렇지 않았다. 일본 각계는 중화인민공화국건국 1주년을 맞이하여 일중우호협회(日中友好協會) 등을 비롯하여 각 지역에서 단체를 조직하고, 경제와 문화방면에서 민간 교류를 도모하였다.[56] 그리고 신중국 수립 후 첫 번째로 1952년 4월에 일본 국회의원 범족계(帆足計, 호아시 게이), 고량부(高良富, 다카라 도미), 궁요희조(宮腰喜助, 미야고시 키스케) 등 세 명이 수행원과 함께 중국을 방문하였다. 이들은 냉전시기 모스크바에서 중국측과 접촉하여 중국을 방문할 수 있게 되었으며[57] 목적은 중국의 현황을 이해하고 무역문제를 협의하기 위하여서였는데 그 결과 양측은 1952년 6월에 제1차 중일무역협의를 체결하였다.

이 협의는 양국 관계에서 민간이 왕래할 수 있는 길을 열어 놓았다. 중국정부도 중·일 양국 인민은 모두 일본 군국주의자들이 발동한 침략전쟁의 피해자이며 일본 인민은 책임이 없다는 입장에서 일본 민간인과의 교류를 발전시키려고 하였다.

1953년부터 중·일 양국은 민간교류를 통하여 중국에 있는 일본인들을 귀국시키고 또한 일본에 있는 중국 혁명열사의 유해를 귀환시켰다. 이후 양국은 문화, 과학, 농업, 학술 등의 민간단체 대표단의 방문 교류가 잦아졌다. 1957년에 중국을 방문한 각종 대표단은 90여 개 이었으며, 일본을 방문한 중국단체는 17개였다. 그리고 양국 사이에는 민간어업협정, 문화협정 등을 계속하여 체결하였다.

그러나 1957년 6월에 안신개(岸信介, 기시) 수상은 공개적으로 장개석의 반공대륙을 지지하고 일본의 보수정당은 절대 용공정책을 쓰거나 중립을 취하지 않을 것이며, 일본에 대한 공산주의의 침투는 소련보다도 중국이 더 무서운 존재라고 하였다.58) 이에 대하여 주은래는 다음 달 일본 민간대표단을 접견하는 자리에서 기시의 말은 바로 중국인민을 공개적으로 적대시한 것이라 비난하여59) 양국 관계는 더 악화되었다. 1958년 3월에 1년 반 동안이나 담판하여 달성된 제4차 민간무역협의를 안신개(岸信介, 기시 노부스케)내각의 반대로 실시할 수 없게 되었다. 그런데 이해 5월에 나가사키에서 중국우표전람회를 열었는데 이때 전람회장 밖의 중국국기를 훼손한 사건이 일어나 중국정부는 강력하게 항의하였다. 이에 대하여 기시내각은 외교관계가 없는 국가의 국기에 대한 모욕은 형사사건이 되지 않는다는 입장을 취해 양국의 민간교류도 거의 중단되기에 이르렀다. 이에 중국정부는 6월에 일본에 대하여 3개 조건과 3개의 조치를 제출하였다. 3개의 조건은 ① 중국에 대하여 적대시하지 말 것, ② 두개의 중국론을 제기하지 말 것, ③ 양국 관계의 정상화를 방해하지 말 것이며, 3개의 조치는 ① 일본정부는 사고지점에 정식대표를 보내 중국국기를 계양할 것, ② 중국국기를 훼손한 범인을 체포하여 국기모욕죄로 처벌할 것, ③ 정식으로 중국에 사과할 것으로 되었다. 그러나 기시 내각은 중국의 요구를 거절하고 중국을 반대하는 담화를 발표하였다. 다음의 좌등영작(佐藤榮作, 사토 에이사쿠) 내각도 중국에 대한 적대시 정책을 계속 취하였다.

그런데 일본의 중소기업의 중국에 대한 민간무역은 완전히 중단되지 않았다. 중국도 1959년에 주은래가 정부협정과 민간합작은 별개라는 무역 3원칙을 제출하여 정경분리 아래 민간 교류관계를 점차 회복시켰다. 일본정부 입장은 미국의 정책을 그대로 따랐으나 집권당 안의 일부 인사들이 중국을 방문하여 중·일 관계정립에 노력하여 양국의 정치·경제 관계가 발전되게 되었다. 1964년 4월에 쌍방은 무역대표와 연락사무소를 설치하고 기자의 상호방문을 인정함으로써 양국관계는 반관반민(半官半民)의 새로운 단계로 접어 들어갔다.

특히 중일 양국은 상품전시회를 일본과 중국의 대도시에서 열었는데, 중국은 이 전람회를 통하여 일본과 서방세계의 기술발전 수준을 파악할 수 있었으며 중국의 장, 단기 경제발전 계획을 수립하고 경제 발전의 실상을 이해시킬 수 있었다.

1970년 12월에 일본은 각 당파, 무소속의 국회의원들이 일·중국교회복촉진연맹과 일·중 국교정상화국민협의회를 조직하였다. 그리고 다음해 2월에 일본 각계는 중·일 국교회복국민회의를 조직하고 많은 우호단체들이 중국을 방문하였다. 이러한 분위기를 이용하여 주은래는 국교정상화 3원칙을 제시하였다. 즉 첫째 중화인민공화국정부가 중국을 대표하는 유일 합법정부이며, 둘째 대만은 중화인민공화국 영토에서 뗄 수 없는 일부분이며, 셋째 일본과 대만(중화민국)과 체결한 조약은 불법이며 무효이므로 폐지되어야 한다고 하였다.

그리고 1972년에 중화인민공화국이 국제연합에 가입하고 또한 닉슨이 중국을 방문하여 상해공동선언을 발표하자, 새로 집권한 전중(田中, 타나가) 내각은 중국이 제시한 3원칙을 충분히 이해하고 이 전제아래 중·일 국교정상화를 이룩하고자 하였다. 9월 25일에 전중각영(田中角榮, 타나가 가구에이)일행은 북경에 도착하여 모택동을 만나고 쌍방의 공동관심사에 관하여 협의하였다. 그리고 9월 29일에 양국의 총리(주은래)와 외상(大平正芳, 오히라 마사요시)이 중·일 공동성명에 서명함으로써 양국의 관계가 정상화 되어 1973년 3월에 양국은 대사를 각각 부임시켰으며, 협의과정에서 관심이 되었던 배상을 요구하지 않았다.[60]

# 9. 대만의 경제 위기극복과 국제적 고립

## 1) 석유파동과 대만

1973년 10월에 제4차 중동전쟁이 일어나자 아랍 산유국들은 미국과 친이스라엘국가에 대하여 석유판매를 금지시켰다. 그리고 그 밖의 국가들에게는 석유의 공급량을 대폭 줄이고 또한 석유가격을 대폭 인상하였다. 10월초 1바렐에 3.011달러였던 것이 3개월 만에 4배가 인상되어 11.651달러나 되었다. 그러나 장경국은 처음부터 물가를 조정하려 하지 않았다가 일년 후에 비로소 국내 유가, 전기료, 그 밖의 민생물가를 조정하였는데 그 폭이 47%에 달하였다.[61]

대만은 에너지 자원이 결핍하여 이를 수입하여 그 기초위에 경제건설을 하여왔다. 특히 공업발전과 더불어 그 의존도는 더욱 높아졌다. 1970년에 수입에너지는 전체의 58%, 1972년에 65%, 1974년에 69%, 1976년에 76%, 1978년에 81%로 세계에서 흔히 볼 수 없는 일이있다. 그리고 그 수입액은 전체의 6.8%를 차지하였으며 품목으로는 다섯 번째였다. 그런데 1977년에는 그 순위가 단연 선두가 되었으며 1979년에 14.7%를 차지하고 있었다.

국제 기름 값의 폭등은 외화의 지출을 늘리게 하였을 뿐만 아니라 대만공업제품의 원가를 상승시켜 수출에 타격을 주고 국내물가를 큰 폭으로 올려놨다. 즉 1973년에 도매물가는 22.86%, 소비자물가는 8.17% 올랐고, 1974년에 도매물가는 40.58%, 소비자물가는 47,47%가 상승하였다.[62] 그런데 1960년부터 1972년까지 12년 동안 도매물가는 연평균 2%좌우, 소비자 물가는 3%를 초과하지 않았는데, 이때의 상승률은 12년의 것을 합한 것보다도 많았다.

또한 무역 수지면에서도 1973년에는 전년도보다 50%가 증가하여 약 7억 달러의 흑자를 냈다. 그러나 미국의 구매력이 약화되고 또한 상품가격의 인상으로 수출이 1974년에 전년도보다 금액으로는 26%가 증가하였으나 이는 상품가격의 인상 때문이고 실질적으로 물가상승요인을 제외하면 9.6%의 감소를 가져온 것이었다. 결국, 1975년부터 대만의 대외무역은 쇠퇴하여 수출은 마이너스 5.8%, 수입은 마이너스 14.56%였다. 그 결과, 1974년의 무역흑자 13억 달러가 6억 4천

287만 9천 달러로 줄어들었다.

경제성장률에도 영향을 끼쳤다. 대만경제는 1964년부터 1973년까지 10년 동안 공업의 평균성장률은 19.68%, 1973년은 32.82%에 달하였으나 1974년은 석유파동의 영향으로 1.12%로 떨어졌다.

따라서 석유파동은 대만경제를 흔들어 놓게 되었다. 이를 해결하기 위하여 긴축조치를 취하고 통화팽창을 억제하지 않으면 안 되었다.

### 2) 경제긴축조치와 경제안정조치 방안

석유파동으로 경제가 크게 위축되자 정부는 1973년말부터 경제조치들을 취하였는데, 우선 조정을 통해 경제쇠퇴와 통화팽창을 억제하였다. 위기가 처음 폭발한 1973년말에 세제개혁을 단행하고, 재정 금융, 수출입 무역과 물자공급의 조절, 물가통제에서 경제긴축조치를 실시하였다.

즉 1974년 1월 26일에 「물가안정조치 방안」을 발표하여 경제, 재정금융, 기본건설 세 방면에서 대만경제발전에 관한 조치를 취했다. 그 내용은 ① 물가의 안정과 균형으로 안정 속에 발전을 꾀하고 소비절약에 중점을 두었다.[63] 이를 위해 절전과 유가인상, 에너지절약 정책, 전기료를 인상하고, 교통사업의 효율을 조정, 학생할인은 그대로 유지한 채 고급 교통수단은 인상률을 높이고 보통 교통수단은 요금인상을 낮추었다. 그리고 물가안정을 위해 민생필수품의 가격을 안정시키고 국내에서 필요한 물품은 수출을 제한하였다.

② 경제안정에 재정금융이 역할을 하도록 하였다. 통화발행을 억제하고 담배와 술(전매품)의 가격을 조정하였으며, 토지가격의 상승분을 국가에 귀속시키는 세수의 증대, 기본건설과 대출은 일정규모 이하인 것에 한하고 일체 중지시켰으며, 은행저축이자율을 인상(정기예금 3.5%), 군과 공무원, 교원의 임금을 1974년 1월부터 6월까지 매월

10%씩 증액하였다.

③ 불필요한 건축을 억제하였다. 토지투기와 농지에 무차별 건축을 금지시키고, 농업 무능력자의 농지구매를 금지하여 양질의 농지가 황폐화되는 것을 막았다. 또한 5층 이상의 건물도 제한하였다.64)

이와 같은 조치를 취하여 실시 몇 달 만에 효과를 보아 물가는 안정적으로 돌아섰고, 경제성장률은 떨어졌지만 다른 서방국가들의 하락폭보다 낮았다. 그리고 이 조치로 그 동안 응고된 폐난을 해결할 수 있었으나 정치적 여건과 국제정세 등은 경제정책을 추진하는데 불리하여 새로운 방법을 찾아야 하였다.

### 3) 10대 건설 사업의 전개

석유위기로 인하여 경제가 침체에 빠져들자 이를 해결하기 위하여 정부는 1973년 11월 12일에 앞으로 5년 안에 9대 건설 사업을 완성하겠다고 선포하였다. 그 후 여기에 원자력 발전소의 건설을 추가하여 10대 건설 사업이 되었으며, 이 사업은 1974년부터 시작되었다.

다시 말하면 유가인상으로 서방경제가 침체에 빠지자 이곳을 시장으로 수출에 의존하던 대만경제도 크게 타격받게 되었다. 특히 기업인들도 투자에 신중하게 되어 산업이 크게 위축되었다. 따라서 정부는 공공 건설부문에 투자를 하여 경제성장을 지속시키려 하였다. 그렇게 함으로써 취업의 기회를 많이 제공하고 대만의 공업체질도 개선하려 하였다.

10대 건설은 크게 두 항목으로 나뉘어 하나는 사회 기본건설이고, 또 다른 하나는 중화학 공업이었다. 전자는 원자력 발전소의 건설을 포함하여 교통건설 즉 중산고속도로, 서해안선 철도의 전철화, 북쪽 순환철도, 대중(臺中)·소오항(蘇澳港)의 건설, 도원(장개석)국제공항(桃園(蔣介石)國際空港)의 건설을 가리키며, 후자는 철강업, 석유화학공업, 조선소의 건설을 포함하고 있다. 이 가운데 사회 기본건설 내

새로 건설된 대중항

용을 살펴보면 아래와 같다.

① 중산고속도로는 대만의 가장 부유한 서부평원을 관통하는 것으로 북쪽의 기륭(基隆)에서 남쪽의 고웅(高雄)까지 373.3km, 건설비용은 신대폐 492억 원이 소요되었다. 1971년 7월에 공사가 시작되어 1978년 10월에 완공 개통되었다.

② 서해안선의 철도전철화는 1974년 7월에 기공하여 1979년 7월에 완공, 개통되었는데, 길이는 495.4km로 152억 원이 투자되었다(최종집계는 231억 원).

③ 북쪽 순환철도는 대만의 동쪽 해안선에 없었던 철도를 부설하여(소오-화련(蘇澳-花蓮)) 마침내 대만의 순환철도가 완성되게 되었는데, 신설 철도는 88.1km로 762억 원이 투입된 가장 어려운 공사의 하나였다.

④ 대중항(臺中港)은 대만 서해안의 중부지역에 항만시설을 함으로써 네 번째의 국제항구가 되어 중부지역의 대외무역 창구가 되었다. 1969년에 공사가 시작되어 3기로 나누어 1983년에 완성된 인공항구이다.

⑤ 도원(桃園)국제공항은 장개석국제공항(蔣介石國際空港)이라 명명되었으며 본래 공군기지를 확장하여 매일 2만 명의 여객이 이용할 수 있고 화물은 연 20만 톤을 수송할 수 있다. 1978년에만 이곳을 통과한 여행객으로부터 관광수입이 6억 달러였다.

⑥ 소오항은 동북지역의 어항이었으나 기륭항의 자매항으로의 기능을 할 수 있도록 하였는데, 1979년 6월에 준공되었다.

⑦ 중국철강공사의 일관작업시설을 완성하여 대형제철소의 기능을 할 수 있게 되었는데, 1980년 6월에 준공되었다.

⑧ 중국조선소의 건설로 고웅에 대형조선소를 새로이 건설, 1980년 6월에 준공되었다.

⑨ 원자력발전소의 건설로 공업용 전력을 공급하기 위하여서였다. 이 역시 1980년 6월에 준공하였다.

⑩ 합섬원료를 공급하기 위하여 석유화학공장을 건설하였다.

1970년대는 대만경제구조의 조정시기로서 또한 전환기라고도 할 수 있다. 따라서 이 10대 건설은 대만의 경제구조를 바꿔놓는데 중요한 역할을 맡게 되었다. 이 사업은 1973년부터 이미 부문별로 시작되어 1979년 말에 완성하도록 계획되었다. 여기에 투자한 자금은 신대폐 2,400여 억 원으로 우수한 기계설비와 기자재가 대량으로 수입되었으며, 또한 많은 기술자들을 양성하게 되었다.

### 3) 중·미(中·美) 관계의 변화와 국제연합 탈퇴

미국과 중화인민공화국 사이에 교섭이 진행되자 대만으로서는 우려를 표명하지 않을 수 없었다. 이에 행정원 부원장으로 승진된 장경국(蔣經國)은 미국을 방문하여 미국 조야와 현안문제를 교환할 필요가 있었다. 따라서 외교 경로를 통하여 방미의사를 전달하였다. 미국 또한 중화인민공화국과의 문제를 해결하기 위하여 다음 지도자로 예정된 그를 초청할 필요가 있었다. 그리하여 1970년 초에 닉슨은 국무장관인 로저스(Rogers, William)에게 장경국을 미국에 초청하도록 하였다.

장경국은 4월에 미국을 방문하였는데 실질적으로 아무런 결과를 얻지 못하였다. 그 결과, 관례에 있는 공동성명도 발표되지 않았고 미국의 언론에서도 별다른 보도가 없었다. 오히려 때마침 중화인민공화국에서 처음으로 쏘아올린 인공위성에 관한 보도만이 경쟁적으로 있었을 뿐이었다. 그런데 장경국이 뉴욕에서 대만독립운동파인 황문웅(黃文雄)·정자재(鄭自才)의 피격을 받았으나 미수로 끝나자 비로소 언론에서 보도되었다.

따라서 장경국이 미국을 방문하도록 한 조치는 미국이 중화인민공화국과의 관계개선을 앞두고 우방이었던 중화민국에게 일종의 고별 방식에 불과한 것이었다. 그러므로 장경국의 방미성과는 아무것도 얻지 못한 셈이다.

1970년 10월에 캐나다가 중화인민공화국과 외교관계를 맺고 대만과 단교하였다. 중화인민공화국과 프랑스가 외교관계를 맺고자 하였을 때 미국은 이를 저지하려 하였으나 이번에는 오히려 이를 격려하는 입장을 취하였다. 그리고 닉슨은 공개적으로 중화인민공화국을 방문하겠다는 의사를 표명하여 중·미 관계가 보다 신속하게 발전될 전망이었다. 결국, 닉슨은 중화인민공화국으로부터 초청을 받게 되었다. 닉슨은 이를 수락하면서 대만을 의식하여 중화인민공화국과 새로운 관계를 맺기 희망하나 우리의 친한 친구의 이익을 희생하는 대가는 치루지 않겠다고 성명하였다.

중국과 미국관계가 급진전되자 장개석은 6월 15일에 국가안전회의를 소집하여 의연하게 대처해 나가도록 지시하였다. 한편, 닉슨은 1971년 4월에 장개석에게 이중대표권에 대하여 의견을 물었다. 즉 캐나다와 중화인민공화국이 외교관계를 수립하여 많은 나라들이 뒤따를 것이라 하면서 미국은 국제연합에 중화인민공화국이 들어오도록 하여야 하며 동시에 중화민국의 자리는 그대로 유지되도록 하겠다는 뜻을 전하였다. 이에 대하여 장개석은 미국의 계획에 동의하고, ①

미국이 중화인민공화국의 가입을 다시 한번 배제하여 주기를 희망하고, ② 미국이 이중대표권의 제안서명국이 되지 말아 줄 것과, ③ 대만이 안보리회의에서 그 자리를 유지할 수 있도록 미국이 필요하면 거부권을 행사해주기를 희망하였다.

이에 대하여 미국은 첫 번째 희망은 억지로 동의하였으나 그 밖의 것에 대하여는 명확한 답을 하지 않았다. 그러나 결과적으로 미국의 연합국외교는 미국의 뜻대로 되어지지 않았으며 1971년 10월 25일에 중화민국은 연합국에서 탈퇴하게 되었고, 이후 국제관계에서 고립되어 갔다.

특히, 미국마저 중공과 관계가 개선되자 대만당국은 1971년 11월에 소련의 KGB와 깊은 관계를 맺고 있는 루이스(Victor Louis)에게 대만 방문을 허용하였다. 외교부 부장 주서해(周書楷)는 그를 만나 요담하여 국제정세의 변화에 새로운 모색을 꾀하려는 모습을 보여주었으나 별다른 변화는 나타나지 않았다.

### 4) 미국·일본과의 관계 재정립

닉슨의 중공방문으로 상해공동성명이 발표되어 미국과 중화인민공화국사이에 새로운 관계가 이루어지게 되었다. 닉슨은 중국에서 돌아오자마자 3월 3일에 태평양담당 국무차관 그린(Green, Marshall)을 대만으로 파견하여 북경방문 과정을 설명하게 하였다. 그린은 엄가감, 장경국, 주서해(외교부장) 등을 만나 미국은 공동방어조약의 의무를 다할 것이라 하였으며 대만과 계속 외교관계와 기타관계를 유지하기 원한다고 하였다. 그러나 장개석은 그린을 만나주지 않아 그의 심기를 나타냈고 닉슨은 이에 대해 유감을 표시하였다.

그런데 일본은 1972년 7월에 전중(田中, 다나카)내각이 들어서자마자 다나카는 주은래가 제시한 정상화 3개 원칙을 받아들이는 조건으로 중국과 외교관계를 수립하고자 하였다. 이에 중화민국 주일본대사

팽맹집(彭孟緝)은 외상 오히라(大平)를 방문하여 일본의 그러한 움직임에 반대하였다. 미국도 닉슨이 8월말에 하와이에서 다나카를 만나 미국과 행동을 같이해주도록 요구하고 외교관계를 늦추도록 요청하였다.

그러나 일본은 조금도 이를 개의하지 않고 예정대로 9월에 다나카가 북경을 방문하여 주은래와 국교수립 공동성명에 서명하였다. 그 가운데 일본은 중화인민공화국을 중국의 유일 합법정부로 승인하였다. 그리고 중화민국과 국교를 단절한다고 선언하였다.

당시 일본이 중화인민공화국과 체결한 국교정상화 방식을 일본모델이라고 부르는데 그 요점은 다음과 같다. ① 중화인민공화국이 유일 합법정부임을 승인한다. ② 대만 당국과는 단교하며 조약을 폐기하고 모든 관방관계는 중지한다. ③ 중국은 일본과 대만 당국과 민관기구를 설치하며 쌍방의 상업, 문화관계의 유지를 묵인한다고 하였다.

한편, 미국도 1973년에 중화인민공화국과 연락사무처를 설치하기로 합의하였다. 이 소식을 접한 중화민국은 즉시 미국에 항의하고 연락사무처의 지위와 역할에 대하여 질문하였다. 미국은 이에 대하여 외교적 지위가 없으며 문밖에 국기를 게양할 수도 없고 외교관의 대우도 받을 수 없으며 무역과 문화, 과학교류의 일을 맡는다고 회답하였다. 그러나 미국에 도착한 중화인민공화국 대표는 국기를 계양하고 외교관 신분의 지위를 갖고 있어 대만은 완전히 미국에게 속임을 당한 꼴이 되었으며 중화인민공화국의 대표 황진(黃鎭)이 중화민국의 심조홍(沈釗虹) 대사보다 워싱턴에서 더욱 주목받았다.

### 5) 중화민국의 외교적 고립

1960년대 중화민국의 외교는 제3세계 국가들과 밀접한 관계를 맺고 있었다. 이것은 미국의 영향도 있었지만 이들 국가들도 반공입장을 취하고 있었기 때문에 가능한 것이었다. 그리고 중남미 국가나 신생 국가들에게 경제와 기술 원조를 해줌으로 써 외교적 승인을 받아왔다. 대체로 처음 나이지리아에 경제 원조를 주기 시작하여 1971년까지 모두 31개 국가가 대만의 원조를 받았다.

대만은 농경대(農耕隊)와 전문 기술자를 이들 국가에 파견하여 그 지역의 농민들과 함께 일하며 우의를 돈독히 할 수 있었다. 또한 1954년부터 1975년까지 50개 국가로부터 7,500명의 기술자들을 대만으로 불러와 훈련시켰다. 그러나 이들 국가들은 대만이 외교적으로 튼튼하지 못한 사정을 이해하고 이를 수용하였던 것이다.

1971년에 중화민국은 국제연합에서 축출되어 외교는 위기에 봉착하였다. 이 해에 무려 12개 국가가 중화민국과 외교를 단절하였다. 여기에 닉슨의 중국방문으로 사정은 더욱 악화되어 14개국이 중화인민공화국을 승인하고 중화민국과 단교하는 일이 일어났다. 그리고 다시 2년도 안되어 대만과 외교관계를 맺고 있던 나라의 약 45%가 대만과 단교하고 중화인민공화국과 수교하였다. 그런데 그 수는 갈수록 더욱 늘어나 1988년까지 80%인 55개 국가가 중국을 승인하고 대만과 단교하였다.65) 1971년이래 중화민국과 외교 관계를 맺거나 단교한 국가들은 다음 표와 같다.66)

또한 대만과 외교관계를 맺고 있다 하더라도 일종의 형식적인 외교사절만 두고 대부분이 주일본 대사가 주중화민국대사를 겸임하는 실정이어서 대만에 상주 공관을 두고 있는 나라는 몇 나라 되지 않았을 뿐만 아니라 이들 국가는 국제적으로 영향력을 행사할 수 없는 나라들이었다. 무역 관계도 몇 나라를 제외하고 무역총액이 1백만 달러 미만이었다.

이처럼 외교적으로 고립되었다고 하지만 경제적으로 대만정부가 차지하는 비중은 상당히 높아서 비공식적인 관계를 맺고 있는 나라는 많이 있었다.

중화민국과 외교관계의 수립과 단교 국가(1971-1988)

| 연 도 | 단교 국가 | 합 계 | 수교 국가 | 합 계 |
|---|---|---|---|---|
| 1971 | 오스트리아, 벨기에, 캄보디아, 칠레, 에콰도르, 쿠웨이트, 이란, 레바논, 멕시코, 페루, 스리랑카, 터키, 시레라레오넨 | 12 | | |
| 1972 | 아르헨티나, 오스트레일리아, 차드, 룩셈부르크, 말라카시, 몰디브, 몰타, 뉴질랜드, 루안다, 세네칼, 토고, 일본, 그리스, 자메이카 | 14 | 통가 | 1 |
| 1973 | 바레인, 스페인, 상 볼타, 시에라리온 | 4 | | |
| 1974 | 보시나, 브라질, 가봉, 감비아, 말레이시아, 니제르, 베네주엘라, 필리핀, 포르투갈, 사모아, 타이, 베트남 | 12 | | |
| 1976 | 중앙아프리카 | 1 | 남아프리카 | 1 |
| 1977 | 요르단, 라이베리아, 바베이도스 | 3 | | |
| 1978 | 리비아 | 1 | | |
| 1979 | 미국 | 1 | 투바루 | 1 |
| 1980 | 콜롬비아 | 1 | 나우루 | 1 |
| 1981 | | | 세인트 빈센트, 그레나딘 | 2 |
| 1983 | 레소토, 아이보리코스트 | 2 | 도미니카, 솔로몬군도, 세인트 크리스토퍼네비스 | 3 |
| 1984 | | | 세인트루시아 | 1 |
| 1985 | 볼리비아, 니카라콰 | 2 | | |
| 1988 | 우루과이 | 1 | | |
| 총 계 | | 54 | | 10 |

---

1) 李可・郝生章,『「文化大革命」中的人民解放軍』, 中共黨史出版社, 1989, p.109

2) 임입과는 문화대혁명이 시작될 때 21세로 대학생이었다. 1967년 3월에 공군 당위원회 판공실 비서가 되었으며, 4개월 후에 중국공산당에 입당, 1969년 10월에 임표의 뜻을 받아 오법헌이 그를 공군사령부 판공실(즉 당위 판공실)의 부주임 겸 작전부 부부장에 임명하여 공군의 지휘권을 장악하였다. 1970년 7월의 공군간부회의에서 하루 종일 보고를 하여 오법헌 등으로부터 天才, 全才, 奇才, 帥才의 소리를 들었다(李可・郝生章,『「文化大革命」中的人民解放軍』, 中共黨史出版社, 1989, pp.113-114).

3) 中共上海市委宣傳部編,『中國共產黨80年史』, 上海人民出版社, 2001, p.403

4) 王年一,『大動亂的年代』(1949-1989的中國③), 河南人民出版社, 1988, p.391

5)『中華人民共和國實錄』, 第3卷上, 吉林人民出版社, 1994, pp.624-625

6)『中華人民共和國實錄』, 第3卷上, 吉林人民出版社, 1994, pp.650-651

7) ①항과 함께 兩謀라 한다(「粉碎林彪集團的鬪爭」『中國共產黨80年重大事件實錄』, 張樹軍主編, 湖南人民出版社, 2001, p.804).

8) 임표와 그의 사망에 관하여 1983년에 런던과 뉴욕에서 동시에 출판된 영문 Yao Ming-Le의 *The Conspiracy and Death of Lin Bao*(대만과 홍콩에서는『林彪之死』로 번역출판)에는 여러 곳에 사실을 왜곡하고 있다고 지적하였다(于南, 「歷史豈容歪曲」『中共黨史風雲錄』, 中共中央文獻硏究室・中央檔案館編, 人民出版社, 1990 참조).

9)『中華人民共和國實錄』, 第3卷上, 吉林人民出版社, 1994, pp.751-752

10)『中華人民共和國實錄』, 第3卷上, 吉林人民出版社, 1994, pp.776 두 문건은 너무 길어 하달하기 나쁘다며 장춘교가 강력하게 저지하여 정식 문건으로 하달되지 못했다. 그러나 실무적 차원에서 적극적인 작용을 하였다.

11)『中華人民共和國實錄』, 第3卷上, 吉林人民出版社, 1994, p.778

12)『中華人民共和國實錄』, 第3卷下, 吉林人民出版社, 1994, p.872

13) 中共上海市委宣傳部,『中國共產黨80年』, 上海人民出版社, 2001, p.416

14) 程中原・夏杏珍, 『歷史轉折的前奏-鄧小平在1975』, 中國靑年出版社, 2003, pp.4-5 참조

15) 中共中央文獻硏究室編,『周恩來傳』(4), 中央文獻出版社, 1998, p.2086

16) 中共中央文獻硏究室編,『周恩來傳』(4), 中央文獻出版社, 1998, pp.2086-2087 당시 4인방은 군권 장악을 기도하여 주후문(走後門)을 구실로 들어 군 원로들을 비판하였다. 주후문이란 대학의 뒷문 입학으로 일부 간부의 자제들이 군에 입대, 그 추천으로 대학에 들어간 경우를 말하는데, 모택동은 앞문(정문)으로 입학한 사람이 반드시 좋은 사람은 아니다 라고 답하여 그 책임을 물으려 하지 않아 4인방은 뜻을 이룰 수 없었다.

17) 항일전쟁시기 통일전선에 따라 국민당을 비롯한 각 당파와의 접촉을 주도한 주은래는 그들로부터 서주시대 성왕을 보좌하였던 주공에 비유하여 '주공'이란 존칭을 받고 있었다.(程中原・夏杏珍, 『歷史轉折的前奏-鄧小平在

1975』, 中國青年出版社, 2003, p.12 참조)

18) 이와 같은 역사연구를 影射史學이라 부른다.

19) 『中華人民共和國實錄』, 第3卷下, 吉林人民出版社, 1994, pp.1066-1067

20) 毛澤東在中央政治局會議上的講話, 1974년 7월 17일(龐松主編, 『簡明中華人民共和國史』, 廣東教育出版社, 2001, p.390).

21) 高文謙, 『晩年周恩來』, 明鏡出版社, 2003, pp.511-512 사실 주은래는 1972년 5월에 방광암이 재발되었을 때 모택동은 왕동흥을 조종하여 주은래의 상태를 비밀에 붙이도록 하였으며 의료진의 수술건의에 대하여도 무시하고 비밀을 지키도록 하였다.

22) 高皐・嚴家其, 『文化大革命十年史』, 天津人民出版社, 1986. pp.517-522 참조: 程中原・夏杏珍, 『歷史轉折的前奏-鄧小平在1975』, 中國青年出版社, 2003, pp.26-28

23) 『歷史在這里沉思』(2), 華夏出版社, 1986, p.201

24) 毛毛, 『我的父親鄧小平-文革歲月』, 中央文獻出版社, 2000, p.37, 46 참조

25) 『建國以來毛澤東文稿』, 第12冊, 中央文獻出版社, 1998, p.422

26) 程中原・夏杏珍, 『歷史轉折的前奏-鄧小平在1975』, 中國青年出版社, 2003, pp.19-20 참조

27) 『中華人民共和國實錄』, 第3卷下, 吉林人民出版社, 1994, p.898

28) 『建國以來毛澤東文稿』, 第13冊, 中央文獻出版社, 1997, p.395

29) 이 회의는 1966년 7월 7일에 소집된 제3기 전국인민대표대회 상무위원회 제33차 회의이래 8년 6개월 만에 소집되었으며, 회의는 비밀리 소집되었으며, 가장 짧은 기간(5일)의 회의로 회의가 끝난 다음 공포된 신문자료를 보고 비로소 소집과 그 내용을 알게 되었다.

30) 全國人大常務委員會辦公廳硏究室編, 『中華人民共和國人民代表大會文獻資料滙編』(1949-1989), p.857(尹世洪・朱開楊主編, 『人民代表大會制度發展史』, 江西人民出版社, 2002, p.188에서 재인용)

31) 『周恩來選集』, 下卷, 人民出版社, 1984, p.479

32) 10월 11일에 중공 당 중앙은 빠른 시일 안에 제4기 인민대표대회 소집한다고 통지를 보내면서 모택동의 지시를 전달하였는데, 그 내용은 '무산계급 문화대혁명을 일으킨 지 이미 8년이 되었다. 현재는 안정하는 것이 가장 좋으며, 전당 전군은 단결하여야 한다고 하였다.

33) 『中華人民共和國實錄』, 第3卷下, 吉林人民出版社, 1994, pp.1194-1195

34) 『中華人民共和國實錄』, 第3卷下, 吉林人民出版社, 1994, pp.1231-1232

35) 농업은 大寨를 배우자에서 나온 것으로 산서 昔陽현 大寨公社, 大寨大隊는 빈첩한 산지에서 농업생산을 발전시켜 그 생산방법을 배우자고 하였고(羅平漢, 「農業學大寨運動述論」『當代歷史問題札記』, 廣西師範大學出版社, 2003, pp.296-311 참조), 공업은 大慶油田의 생산방법을 배우자고 하여 '工業學大慶'이란 말이 나왔다. 대채를 배우자는 운동은 좌경정책의 정치운동이었다.

36) 『中華人民共和國實錄』, 第3卷下, 吉林人民出版社, 1994, pp.1271-1272

37) 『中華人民共和國實錄』, 第3卷下, 吉林人民出版社, 1994, pp.1272-1273

38) 程中原・夏杏珍, 『歷史的轉折的前奏-鄧小平在1975』, 中國靑年出版社, 2003, pp.210-211

39) 공장의 노동자를 여덟 개의 기술등급으로 나누어 임금의 차별을 두었다. 공장노동자는 8급의 임금제를, 관리직과 기술직은 2-5급 임금제를 실시하였다.

| | 1 | 2 | 3 | 4 | 5 | 6 | 7 | 8 |
|---|---|---|---|---|---|---|---|---|
| A식 | 1.00 | 1.18 | 1.39 | 1.64 | 1.94 | 2.29 | 2.71 | 3.20 |
| B식 | 1.00 | 1.20 | 1.45 | 1.75 | 2.10 | 2.50 | 3.00 | 3.60 |

8급 工資制(漢口長江日報, 1952년 8월 17일, 예 30원의 경우 8급은 96원임)

40) 『中華人民共和國實錄』, 第3卷下, 吉林人民出版社, 1994, pp.1201-1202

41) 『中華人民共和國實錄』, 第3卷下, 吉林人民出版社, 1994, p.1252

42) 高皐・嚴家其, 『文化大革命十年史』, 天津人民出版社, 1986. p.565

43) 『中華人民共和國實錄』, 第3卷下, 吉林人民出版社, 1994, p.1294

44) 1975년에 등소평의 지도로 작성한 「기초한 공업발전을 더욱 빠르게 하는 것에 관한 약간 문제」, 「과학기술공작에 관한 몇 가지 문제」, 「전당 전국 각항 공작의 총강」을 가리킨다.

45) 『中華人民共和國實錄』, 第3卷下, 吉林人民出版社, 1994, p.1349

46) 謝東兵, 『淸明祭-四五運動紀實』, 河南人民出版社, 1996 참조

47) 4년 후에 강청반혁명집단은 역사적 심판대에 올라 강청과 장춘교는 사형이 언도되고 2년 후에 집행하기로 하였으며, 왕홍문은 무기징역, 요문원은 20년 징역이 언도되었는데, 강청은 1991년에 자기 집에서 자살, 왕홍문은 1992년에 병원에서 죽었다.

48) 『中華人民共和國實錄』, 第3卷上, 吉林人民出版社, 1994, pp.188-189

49) 『中華人民共和國國史通鑑』, 第2卷, 紅旗出版社, 1993, p.193

50) 동상

51) 陳思和主編, 『中國當代文學史敎程』, 復旦大學出版社, 1999, p.163

52) 1980년 11월 5일 중화인민공화국 최고인민검찰원 특별검찰청이 발표한 임표, 강청반혁명집단의 기소장 통계

53) 경극 『紅燈記』, 『沙家濱』, 『智取威虎山』, 『奇襲白虎團』, 『龍江頌』, 『海港』, 『杜鵑山』, 『紅色娘子軍』을 가리키는데, 1975년 문혁이 끝날 때에는 18개 작품으로 늘어났고, 경극이 11편이었다.

54) 대표적으로 豊子愷의 『緣緣堂續筆』이 있다.

55) 노신작품 단행본 24권이 1973년에 완간되었고, 1938년에 간행한 20권의 『노신전집』도 1974년에 발행하였다.

56) 李恩民, 『中日民間經濟外交(1945-1972)』, 人民出版社, 1997, pp.122-133 참조

57) 1952년 2월 모스크바에서 소집되었던 국제경제회의에서 중일간에 접촉이 있었다.

58) 『昭和宰相列傳』, 現代評論社, 1980, p.239

59) 馮昭奎等, 『戰後日本外交 1945-1995』, 中國社會科學出版社, 1996, p.280
60) 李恩民, 『中日民間經濟外交(1945-1972)』, 人民出版社, 1997, pp.455-459
61) 游啓亨, 『臺灣現代史通覽』, 人光出版社, 2001, p.97
62) 秦孝儀主編, 『中華民國經濟發展史』, 第3分冊, 近代中國出版社, 1985, pp.1436-1437
63) 秦孝儀主編, 『中華民國經濟發展史』, 第3分冊, 近代中國出版社, 1985, pp.1436-1437
64) 宋春主編, 『中國國民黨臺灣四十年史』, 吉林文史出版社, 1990, pp.265-266
65) 우리나라와는 1992년 8월에 단교하였다.
66) 田弘茂저, 李晴暉역, 『大轉型-中華民國的政治和社會變遷』, 時報社, 民國78, p.275

제8장

# 중국의 현대화, 개혁개방과 대만의 본토화(1976-82)

## 1. 역사적 전환기-중국 혁명 2대 체제의 등장

### 1) 사인방에 대한 비판

문화대혁명 10년 동안에 조성되었던 대동란을 정리하기 위하여 강청반혁명집단(江靑反革命集團)의 죄행을 조사하여 이를 밝히지 않으면 안 되었다. 그리고 그들에 의하여 빼앗겨진 권력의 일부를 회수하여야 대동란을 수습할 수 있었다. 따라서 중공 당 중앙은 1976년 10월 18일에 왕홍문(王洪文)·장춘교(張春橋)·강청(江靑)·요문원(姚文元)의 반당사건(反黨事件)을 전당에 통지하고,[1] 뒤이어 이들이 잘못한 근거 자료들을 세 차례에 걸쳐 하달하였다.[2]

즉, 이해 12월 10일에 첫 번째 자료로 사인방이 수정주의와 분열, 권모위계, 당권의 찬탈 음모를 꾀하여 나라에 해를 끼치고 인민에게 화를 가져 온 자료를 발표하고, 두 번째 자료로 1977년 3월 6일에 사인방의 죄행(罪行) 역사와 반혁명의 진면목을 정확한 증거를 갖고 발표하였으며, 세 번째 자료로 9월 23일에 사인방의 실질과 각 분야에서의 활동을 철학, 정치, 경제학, 과학사회주의 이론을 갖고 비판한 것을 발표하였다.

따라서 이를 통하여 사인방의 반혁명 본질과 그 해로움을 더욱 잘 인식하게 하였으며, 그들의 반혁명 파벌 체계를 파악하는데도 중

4인방 비판 시위 행진

요한 작용을 하였다. 그리고 이러한 과정에서 당 내외에 문화대혁명 자체가 좌경의 착오에서 나온 것이라는 것을 인식하도록 하였다. 그리하여 갈수록 많은 사람들이 문화대혁명의 좌적 착오를 바로잡아야 한다는 요구를 하도록 만들었다. 그러나 이러한 요구는 그대로 받아들여질 수 없었다.

왜냐하면 문화대혁명은 모택동 스스로 일으킨 것이어서 이를 바로 잡는다는 것은 바로 모택동의 착오를 바로 잡아야 되는 것이기 때문이다. 또한 문화대혁명으로 조성된 정치사상의 혼란은 너무나 깊은 상처를 주었기 때문에 단기간 안에 씻어내기가 쉽지 않았다. 여기에 당시 당 중앙 주석을 맡고 있는 화국봉(華國鋒)의 지도사상은 여전히 좌적 성향을 띄고 있었다. 화국봉은 1976년의 등소평(鄧小平) 비판운동 때 모택동의 제의로 중공 당 중앙 제1부주석 겸 국무원총리가 된 인물이어서 모택동 만년의 착오이론을 그대로 견지하고 있었고 문화대혁명의 정책과 구호를 그대로 지키려 하였으며, 등소평을 복직시켜야 한다는 섭검영(葉劍英)과 이선념(李先念)의 의견에 반대하고 있었다. 때문에 10월 26일에도 현재 4인방을 비판하는 것도 중요하지만 등소평도 비판하여야 한다고 하였으며 모택동이 비준한 것과 이야기 한 것은 절대 비판할 수 없다고 하였다.3) 이러한 입장이어서 12월에 당 중앙은 4인방을 반대하던 사건을 모두 복권시켰으나 문화대혁명에 반대하거나 혹은 그 밖의 반혁명 죄인의 복권을 허락하지 않았다.

대체로 모택동 사후에 중공 당 내의 계파는 문화대혁명으로 이익을 본 당 간부로 구성된 화국봉(華國鋒), 왕동홍(汪東興)이 중심이 된 이른바 신모파(新毛派)가 있었고, 문화대혁명을 거쳤으나 계속 자신의 영향력과 지위를 갖고 있는 원로들로서 당과 군 간부로 구성된 섭검영, 이선념 등의 원로(元老) 간부파(幹部派)가 있었고, 문화대혁명기간에 행정, 기술 관료로 숙청되었던 인물로 구성된 등소평(鄧小平), 호요방(胡耀邦) 등이 중심이 된 실천 개혁파(改革派)가 있었다

이 가운데 신모파는 문혁후기에 상당한 권력을 갖고 있었으며, 모택동의 지명아래 화국봉을 후계자로 정하였기 때문에 당 안의 정통을 이어받았다.4) 이들은 선전, 공안, 농업부문에서 탄탄한 기반을 갖고 있었다. 그리고 모택동 사후에 원로 간부파의 협조아래 문혁의 급진적 모파(毛派)인 4인방을 체포하는데 성공하였을 뿐만 아니라 당시 당(黨)·정(政)가운데 권력의 우세를 점하고 있었다.

## 2) 중공 당 10기 3중전회의 소집과 등소평의 복권복직

화국봉은 근본적으로 문화대혁명을 부정하는 입장이 아니었다. 더욱이 문혁의 좌적인 착오를 바로 잡으려는 결심도 없었다. 그의 지도 사상은 여전히 모택동 만년의 좌적인 착오를 그대로 갖고 있었다. 때문에 화국봉은 명확하게 모택동의 노선을 지켜야 한다는 「양개범시(兩個凡是)-두개의 무릇」의 구호를 표방하였다.5)

화국봉은 1977년 3월 10일부터 22일까지 소집되었던 중공 당 중앙공작회의에서 4인방 제거이후 당면한 공작 임무를 종합하여 결론을 내리는 자리에 '양개범시' 이론을 재천명하였다. 즉 두개는 모두

모택동이 결정한 것으로 우리는 이를 옹호하여야 하고 모든 것은 모택동의 지시이므로 우리는 이를 준수하여야 한다고 하였다. 등소평(鄧小平)에 대한 비판도, 우경번안풍(右傾飜案)에 대한 반격도 위대한 영수 모(毛)주석이 결정한 것이고 그러한 비판은 필요하다고 하였다.[6] 그는 여전히 천안문 사건(4.5 운동)을 반혁명 사건이라고 정의하였다.

이에 대하여 당 원로인 진운(陳雲)은 서면으로 천안문 사건은 절대 다수의 군중이 주은래(周恩來)총리를 애도하고 주은래 서거 이후 당 계승자에 관심을 갖고 있었기 때문이며 군중 가운데 나쁜 사람은 소수이며 등소평과 천안문 사건과는 무관하다고 하였다. 그리고 등소평이 다시 당 중앙의 영도에 참여하여야 한다는 당내의 의견은 정확하고 필요한 것이라 하면서 완전히 이를 옹호한다고 하였다.[7]

한편, 등소평은 4월 10일에 당 중앙에 대하여 정확하고 온전한 모택동사상을 갖고 우리 전당, 전군과 전 인민을 지도하여야 한다며 당과 사회주의 사업, 국제공산주의 사업을 앞으로 추진하여 나가야 한다는 내용의 편지를 보냈다.[8] 이 편지는 섭검영, 이선념의 지지를 받았으며 5월에 당 중앙은 등소평에게 당 중앙으로 복귀하도록 준비시켰다.

그러나 등소평은 '양개범시'는 마르크스주의에 부합하지 않으며 모택동 자신도 스스로 자기의 말이 틀렸다는 것을 여러 차례 이야기한 일이 있다고 지적하였다. 그리고 마르크스도 레닌도 스탈린도 모택동도 양개범시와 같은 말을 한 일이 없다고 하여 화국봉의 의견에 이의를 달았다.

그런데 1977년 7월 16일부터 21일까지 중국공산당 10기 3중전회가 북경에서 소집되었다. 이 회의에서 화국봉을 중국공산당 중앙위원회 주석, 중국공산당 중앙군사위원회 주석으로 임명하는 것을 추인하였다. 또한 「등소평동지의 직무회복에 관한 결의」를 통과시켜 등소평은 중공 당 중앙위원, 중앙정치국 위원과 상무위원, 중공 당 중앙 부

주석, 중공 당 중앙군사위원회 부주석, 국무원 부총리, 중국인민해방군 총참모장의 직을 회복하게 되었다.9)

한편, 중전회는 「왕홍문·장춘교·강청·요문원의 반당집단에 관한 결의」를 통과시켜 그들의 당적을 영원히 없애고 그들의 모든 직을 취소하는 결의를 통과시켰다.10) 그리고 중공 11전 대회를 앞당겨 소집하는 것에 동의하였다.

### 3) 중공 당 11전 대회의 소집과 4개 현대화의 제기

중공 당은 10기 6중전회의 결정에 따라 당 11차 전국대표대회를 앞당겨 1977년 8월 12일부터 18일까지 북경에서 소집하였다. 출석한 대표는 당원 3,500여만 명을 대표하여 1,511명이 참석하였다. 대회에서 화국봉은 중앙위원회를 대표하여 정치보고를, 섭검영은 당장(黨章) 수정에 관한 보고를 하여 이를 통과시켰다. 그리고 새로이 중앙위원회를 선거하여 201명의 중앙위원과 132명의 후보위원을 당선시켰다. 이 가운데 중앙위원은 46%, 79명이 교체되었는데, 소수의 사망자를 제외하고 대부분은 강청 반혁명 집단과 관계가 있는 인물들이 제외되고 또한 각성, 시, 자치구에서 복직된 인물들이 새로이 당선되어 잘못을 바로 잡을 수 있는 조건을 당 조직으로 충족시키게 되었다.11)

대표대회는 예정보다 1년을 앞당겨 소집한 것으로 그 목적은 강청 집단의 영향을 철저하게 제거하기 위하여서였다. 그러나 역사적 조건의 제한과 화국봉이 제시한 착오 이론의 영향을 받아 문화대혁명의 이론과 정책을 바로 잡지 못하고 오히려 문화대혁명의 공적에 대하여 긍정적으로 보는 면도 있었으며, 당내에 주자파가 있다고 언급하기도 하였다. 또한 4인방이 극우적 반혁명 수정주의 노선을 걸었다고 하면서 반우(反右)는 좌를 바로 잡는 것이 아니라고 강조하였다. 따라서 이 대회는 문화대혁명이래 좌적 착오를 바로 잡는 목적을 달성하지 못하였다.

또한 이 대회에서 통과된 당장은 비록 10전 대회의 당장을 많이 수정하였으나 여전히 '무산계급 전정(독재)아래 계속 혁명 이론'을 그대로 보류하고 있었다. 정치보고 가운데 사회주의시기 모주석은 마르크스주의에 대하여 위대한 공헌을 하였다면 무산계급 전정(독재)아래 계속 혁명이론을 완벽하게 창조하였으며 당대 사회주의의 가장 중요한 성과라 하였다.12) 그리고 원로 간부들을 민주파와 같이, 민주파를 주자파와 같이 보았던 4인방의 잘못된 오류에 대하여 비판을 시도하기도 하였으나 문화대혁명을 높이 찬양하는 태도를 보였다.

그래도 이 대회는 이후 당내의 정상적인 정치 생활을 회복하는데 중요한 성과를 거둔 면도 있었다. 그리고 중공수립을 위한 모(毛)주석의 군중 노선, 실사구시(實事求是), 비판과 자아비판, 겸허 근신, 민주집중제의 훌륭한 전통과 기풍을 반드시 회복하여야 한다고 강조하였다. 뿐만 아니라 본세기 안에 현대적 농업, 현대적 공업, 현대적 국방, 현대적 과학 기술의 위대한 사회주의 강국을 달성하자고 하였다.13)

또한 좌적 착오사상의 조류를 바로 잡으라는 요구를 막을 수 없는 입장이어서 중공 당 11전 대회에서 통과시킨 정치보고 가운데 양개범시의 구호 사용을 정지시켰다. 그리고 등소평이 제출한 모택동사상을 정확히 이해하여야 한다는 입장이 받아들여져 이후 사상이론에 새바람이 불었다.

뒤이어 8월 19일에 중공 당 11기 중앙위원회에서는 제1차 회의를 소집하고 21명의 정치국 위원과 3명의 정치국 후보위원을 선출하였다. 그리고 화국봉을 중앙위원회 주석, 섭검영(葉劍英)·등소평(鄧小平)·이선념(李先念)·왕동흥(汪東興)을 부주석으로 선출하였다.

대회이후에 섭검영·등소평·진운·섭영진(聶榮臻)·서향전(徐向前) 등은 당의 실사구시의 작풍을 강조하고 이를 선전하는 글을 발표하였다. 특히 진운은 9월 28일의 『인민일보』에 「실사구시의 혁명작풍을 견지하자」는 글을 발표하여 실사구시란 보통의 작풍 문제가 아니라 마르크스주의의 근본 사상 노선의 문제라고 하면서 실사구시의 혁명 작풍을 유지하여 이것을 가지고 진짜와 가짜의 마르크스주의자를 구별할 수 있고, 모택동 사상의 근본 뜻을 알게 된다고 지적하였다.

## 2. 제5기 전국인민대표대회의 소집과 경제건설, 사상의 문제점

### 1) 제5기 전국인민대표대회의 소집

중공 당 11전대회에서 주석인 화국봉(華國鋒)은 당 중앙을 대표하여 무려 네 시간에 걸친 정치보고에서 적당한 시기에 제5기 전국인민대표대회와 중국인민정치협상회의 제5기 전국위원회를 소집한다고 선포하였다. 이에 따라 1978년 2월 26일부터 3월 5일까지 북경에서 제5기 전국인민대표대회를 소집하였다. 출석대표는 3,497명이었다.[14] 여기에서 화국봉은 국무원을 대표하여 「단결하여 사회주의 건설의 현대화 강국을 위하여 분투하자」는 정부공작 보고를 하면서 신시기(新時期)의 총임무는 당의 11전 대회 노선을 계속 관철하여 무산계급 전정(독재)아래 계속 혁명을 견지하여야 하며 계급투쟁, 생산 투쟁과 과학 실험의 3대 혁명운동을 전개하여 본세기 안에 농업, 공업, 국방과 과학기술 현대화의 위대한 사회주의 강국을 만들자고 하였다.[15]

보고의 중점은 사회주의 경제의 가속화를 위한 계획과 지표를 제시하였는데, 1978년부터 1985년까지 8년 동안에 농업 총생산은 연평균 4-5%, 공업총생산은 연평균 10%이상으로 잡고, 공업 생산품은 과거 28년 동안의 생산량보다 초과하도록 하였다. 그리고 국가 재정 수입과 기본 건설 투자는 과거 28년 동안의 총액과 같게 한다고 하

중공 당 11전대회 주석단(의장단)석

였다. 즉 경제 건설의 목표를 과거 28년에 이루어 놓은 것보다 더 이룩하겠다는 것이다.

섭검영은 중공 당 중앙위원회를 대표하여 「헌법 개정에 관한 보고」를 하면서 헌법 조문에 관하여 설명하였다. 그의 보고내용은 ① 인민들에게 사회주의에 대하여 적극성을 일으켜 사회주의 민주를 발양하고, ② 국가 기관의 공작원은 군중과 연계하고, ③ 인민민주 독재를 강화하고, ④ 사회 생산을 고속 성장하게 하며, ⑤ 문화 건설에 대하여 충분한 주의를 하자는 것이었다.

대회에서 정부 공작의 보고에 대한 결의와 「중화인민공화국 헌법 수정안」을 통과시켰다. 그리고 섭검영(葉劍英)을 인민대회 상무위원회 위원장, 송경령(宋慶齡)·섭영진(聶榮臻)·유백승(劉伯承)·오란부(烏蘭夫)·진운(陳雲)·곽말약(郭沫若)·요승지(廖承志) 등 21명을 부위원장으로 선출하였다. 또한 대회는 중공 당 중앙의 제의를 받아들여 화국봉(華國鋒)을 국무원 총리, 등소평(鄧小平)·서향전(徐向前)·기등규(紀登奎)·여추리(余秋里)·진석련(陳錫聯)·진영귀(陳永貴) 등을 부총리로 선출하였다. 그리고 화국봉의 제의에 따라 곽말약(郭沫若)을 중국과학원 원장, 호교목(胡喬木)을 중국사회과학원 원장으로 선출하였다.

제5기 전국인민대표대회와 함께 제5기 정치협상회의 전국위원회 제1차 회의를 2월 24일부터 3월 8일까지 북경에서 소집하였다. 이 회의의 전체위원은 제5기 전국인민대표대회 제1차 회의에도 열석하였다. 정협회의에서는 수정된 「중국인민정치협상회의 장정」을 통과시켰다. 그리고 등소평을 제5기 전국정협 주석으로, 조자양(趙紫陽)·곽말약(郭沫若)·심안빙(沈雁氷)·사량(史良)·계방(季方) 등을 부주석으로 선출하였다. 이 회의의 소집으로 중공은 통일전선 공작의 전통을 회복하게 되었다.

제5기 전국인민대표대회 제1차 회의는 전국의 각 민족 인민을 사회주의 현대화 강국을 건설하는데 끌어들일 수 있는 적극적인 역할과 의미가 있는 회의였다. 그러나 당의 11전 대회 후에 소집되었기 때문에 아직도 좌경 사상의 영향을 받고 있어서 무산계급 전정(독재) 아래 '계속 혁명의 이론'과 극좌 사상을 그대로 견지하고 있었다. 그런데 성급하게 경제 건설의 성과를 바라고 있어서 오히려 좋지 못한 결과를 초래하였다.

### 2) 신약진(新躍進)의 허구

문화대혁명이 끝난 다음 이에 대한 자극으로 1977년의 1.4분기에 경제는 안정적인 발전을 보여 경제발전에 대하여 낙관적인 정서가 나타났다. 그러나 실제는 그렇지 못하였는데 화국봉 등은[16]새로 약진할 형세가 형성되었다고 인식하였다. 즉 '신약진'을 통해 모택동의 혁명노선을 순리적으로 관철시킬 수 있다고 보았다.

그리고 화국봉은 1978년 2월에 소집된 제5기 전국인민대표대회에서 국가가 계속 신약진하여야 한다고 제창하기에 이르렀다. 이에 국무원은 현대화의 속도를 더욱 빠르게 이룩하기 위하여 집중적으로 연구하고자 회의를 소집하였다. 즉, 9월 5일부터 10월 22일까지 국무원에서 전국계획회의를 소집하여 1979, 1980년의 두해동안에 양식 300억 근, 면화 500만 담, 철강 300만 톤, 석탄 4,000만 톤, 원유 600-1,000만 톤이 필요하다고 제기하였다.[17]

이와 같은 계획은 1950년대의 대약진과 유사한 부분이 많았다. 즉 첫째, 객관적인 조건을 전연 고려하지 않고 고속 성장만을 추구하였다. 그리하여 목적을 달성하기가 어려웠다. 둘째, 목표를 달성하기 위하여 많은 투자를 필요로 하였다. 예를 들면 1978년 한해의 건설 투자액이 501억 원에 달하여 그 앞선 해와 비교하여 118.6억 원이 증가, 그 증가율이 31%에 달하여 대약진 20년 후 투자액이 최고에 달하였던 한 해였다. 셋째, 투자에 비하여 경제적 효과는 대단히 차이가 있었다. 예를 들면 1978년에 최고의 투자액을 퍼부었으나 그 효과는 10여년 이래 가장 뒤떨어진 해를 기록하였다.

물론 이 때의 신약진과 대약진은 다른 점도 있었다. 즉 1950년대의 대약진은 소농민 군중을 동원한 인해전술에 의지하였는데 이번의 신약진은 외국의 기술과 설비, 외채를 가지고 하였다는 점이다. 화공(化工)부문에만 1978년에 석유를 원료로 하는 여덟 곳의 화공플랜트 설비와 석탄을 원료로 하는 한 곳의 비료공장 합작 건설을 비롯하여 모두 22개 항목에 130억 달러가 필요하였다.

그런데 이러한 신약진은 여전히 좌경사상을 바탕으로 이전에 취하였던 초고속의 대약진의 길을 걸어갔다. 그리고 강철, 석유, 화공 등 중공업분야에 집중되어 문화대혁명이래 산업의 구성 비율을 더욱 불균형하게 만들었다. 경제효과는 더욱 차이가 나 국민경제의 발전에 대단히 불리한 영향을 조성하였다.

불리한 면을 살펴보면 대체로 다음과 같다. 첫째, 농업과 공업의 비율이 균형을 잃어 1976년부터 1978년까지의 3년 동안에 농업은 식량을 265만 근이나 수입하여야 하였으며, 보관된 식량 10억 근을 소모하였는데도 많은 지방에서 식량이 부족하였다.

둘째, 경공업과 중공업의 균형이 이루어지지 않았다. 1976년부터

1978년의 3년 가운데 중공업 분야에만 집중적으로 투자되어 1978년에 55.7%, 경공업은 낮아져 5.7%에 불과하였다. 따라서 경공업 상품의 시장 공급이 부족하여 인민 생활에 불만을 가져왔다.

셋째, 에너지, 교통 운수와 가공업에서 균형을 잃었다. 1978년에 전국의 발전량은 1,000만 킬로와트가 부족하여 20% 정도의 공업 생산력밖에 발휘하지 못하였다. 철도 수송 능력도 50-70%정도밖에 만족시키지 못하였으며 항만시설도 부족하여 화물체류시간이 길어져 경제적 손실이 8천 7백여만 달러에 달하였다.

넷째, 국가 기본건설에만 집중 투자하여 생활과 관련 있는 주택, 문교, 위생 등에는 상대적으로 투자가 적어 그 사정은 형편없었다.

다섯째, 노동 취업의 문제이다. 전국에 2천만 명이 취업을 희망하나 1979년에 취업된 사람은 8백여만 명에 불과하였다. 따라서 이러한 문제를 잘 수습하지 못하면 사회 안정에도 문제가 발생할 수밖에 없는 실정이었다.

이와 같은 현실에 직면하여 오랜 동안 지속하여 왔던 좌적인 방법을 바꾸지 않으면 안 된다는 사실을 인식하게 되었으며 실사구시로 새로운 경제건설 방법을 찾지 않으면 안 되었다.

### 3) 진리표준의 문제 토론과 양개범시(兩個凡是)의 착오를 비판

화국봉이 내세운 양개범시 구호아래 좌적 지도사상의 사상적 속박에서 사회주의 현대화 건설은 순조롭게 진행될 수 없었다. 따라서 이 잘못된 방침을 비판하게 되었다. 1977년 말에 중공 당 중앙 당교(黨校)는 호요방(胡耀邦)의 의견에 따라 당의 역사를 연구하고 두 가지 지켜야 할 원칙을 규정하였다.

하나는 완전하고 그리고 정확하게 모택동의 관련 지시를 이해하는 것이고, 또 하나는 노선의 시비를 평가하기 위하여 실천을 표준으로 삼아야 한다고 하였다. 이 문제는 당시 정치상황의 변화로 노선의 시비, 사상의 시비, 이론의 시비의 객관적 표준은 무엇인가가 계속 제기되어왔던 것에서 비롯된 것이다.

이 문제는 이미 등소평이 1977년 4월에 중공 당 중앙에 보낸 편지에서, 섭검영·진운·이선념·섭영진·서향전 등 당, 군 원로들에 의하여 실사구시(實事求是)의 원칙을 강조한 것에서 나타났었다. 그리고 호요방이 중공 당 중앙 조직부 부장이 되면서 실사구시에 따라 잘못이 있으면 반드시 바로 잡아야 한다는 원칙을 관철하려 하였다. 이러한 배경아래 진리 표준 문제에 관한 토론이 전개 되었다.

1978년 5월 10일에 중공 당 중앙 당교는 내부간행물로 『이론동태(理論動態)』에 남경대학 철학과 호복명(胡福明)이 짓고, 호요방의 검열을 거친 「실천은 진리를 평가하는 유일한 표준」이란 글을 발표하였다.[18] 그리고 이 글은 11일에 평론원의 이름으로 『광명일보(光明日報)』에, 다시 12일에 『인민일보(人民日報)』와 『해방군보(解放軍報)』 및 전국의 신문에 전재되었다.

이 글이 발표된 다음 즉시 '양개범시(兩個凡是)' 방침을 견지하는 사람들로부터 비난과 반대를 받았다. 당시 중공 당 중앙 선전공작을 관장하고 있는 그룹은 여러 곳에서 이 글을 반박하였다. 이들은 이 글이 모(毛)주석의 사상에 칼을 들이대는 것이라 하고 이 문장을 발표한 신문사의 책임자들을 가리켜 당성(黨性)이 없다며 심지어 이것은 어느 중앙의 의견이냐고 까지 물었다. 화국봉도 중공 당 중앙에 지시하여 이에 관한 토론을 막으려 하였다.

이 진리 표준의 쟁론은 실제로 당의 사상 노선에 관한 논쟁이었다. 등소평은 1978년 6월 2일에 전군정치공작회의(全軍政治工作會議)에서 '실사구시는 모택동 사상의 출발점, 근본점'이라는 중요한 발표를 하였다.[19] 그리고 모택동도 마르크스 레닌주의의 입장, 관점, 방법을 갖고 문제를 분석하고 이를 해결하는 것이 중요하다고 말한 일이 있다고 전제하고 만일 실제 상황이 다른데도 똑같은 것으로 본다면 이는 생명력이 없다고 하였다. 즉 실제와 부합하여야 한다는 것이다. 모든 것은 실제 상황에서 출발하여 이론과 결합하여 문제를 해결하는 것이 모택동사상의 근본점이 아니겠느냐고 하였다. 이처럼 실천은 진리를 평가하는 유일한 표준이라는 관점을 다시 한번 강조하고 양개범시의 착오를 비판하였다.

이로서 사상적으로 양개범시의 착오에서 벗어나 사상계와 이론계에 사상 해방운동이 전개되있다. 그리고 이는 중공 당 11기 3중전회의 소집을 위하여 사상적 준비를 한 셈이 되었다.

## 3. 중공 당 11기 3중전회 소집과 역사의 전환

### 1) 중앙공작회의와 당노선 문제의 대두

중공 당 중앙은 11기 3중전회를 소집하기 전에 1978년 11월 9일부터 12월 13일까지 중앙공작회의를 소집하였다. 이 회의에는 화국봉(華國鋒)・섭검영(葉劍英)・이선념(李先念)・왕동흥(汪東興) 등과 각성, 시, 자치구 및 각 대군구의 중요 책임자 등 중앙 당, 정, 군의 각 분야와 군중 단체의 책임자 모두 210여 명이 출석하였다.

회의의 본래 의제는 ① 농업을 기초로 삼아 어떻게 농업을 신속하게 발전시킬 수 있도록 진일보 관철하느냐, ② 1979, 1980년의 국민경제를 어떻게 배분하느냐를 확정하고, ③ 이선념이 국무원 무허회(務虛會)에서 한 이야기를 학습하고 토론하는 것이었다. 그리고 이 문제를 토론하기에 앞서 먼저 1979년부터 당 전체의 공작을 사회주의 현대화 건설 문제로 옮기는 것이었다.[20]

그러나 당시 당과 국가의 당면한 문제는 당의 지도사상을 바로잡는 것이 더 중요한 문제였다. 즉 4인방 제거이후 11기 3중전회의에서 당의 노선이 확립될 때까지 비록 4인방을 비판하고 전당, 전국 인민을 사회주의 현대화 강국을 건설하도록 선도하였으나 아직도 당 중앙은 '양개범시' 방침을 조금도 고치지 않으려 하여 문화대혁명이래의 좌적인 착오가 그대로 유지되어 오고 있었다. 그러므로 당의 지도사상을 철저하게 정리하지 않으면 다시 혼란에 빠질 우려가 있어 당으로서는 중요한 선택을 하지 않으면 안 되었다.

따라서 중공 당 중앙정치국 상무위원회의에서 등소평의 제의에 따라 위 세 의안보다 먼저 4개 현대화 건설 문제를 의논하기로 하였다. 그리고 참석자들은 이 의안을 의논하기 위하여 중요한 시비 문제와 역사상 남겨놓은 문제를 해결하여야 한다는 데 공통적인 의견을 갖게 되었다.

이 회의에서 진운은 먼저 6개 문제를 제출하였다. 즉 박일파(薄一波)·팽덕회(彭德懷)·도주(陶鑄)·왕학수(王鶴壽) 등의 복권 문제, 천안문 사건에 대한 당 중앙의 긍정 문제, 강생(康生)의 착오가 컸다는 점에 대하여 당 중앙은 응분한 비평을 하여야 한다는 점 등이다. 그의 발언은 문화대혁명과 그 이전의 좌경 착오 문제를 지적하여 강렬한 반응을 받았다. 참석자들은 중공 당 11전대회의 정치보고 가운데 문화대혁명의 부분에 찬성하지 않고 중공 당 중앙 이외에 유소기 자산계급 사령부는 존재하지 않았다고 하였다.

그리고 중앙정치국 상무위원회의 신중한 검토를 거친 후, 11월 25일에 화국봉은 중앙정치국을 대표하여 9개 문제 즉 천안문 사건, 등소평 비판에 관한 문제, 2월 역류에 관하여, 박일파(薄一波) 등 61명 반도(叛徒)사건, 팽덕회(彭德懷)·도주(陶鑄)·양상곤(楊尚昆)에 관한 문제, 강생(康生)과 사부치(謝富治)에 관한 문제, 지방의 일부 중대사에 관한 문제 등에 있어서 기본적으로 여러 사람의 의견을 받아들인다고 하여 과거의 잘못을 인정하였다.[21)]

회의를 시작할 때 등소평은 말레이시아, 싱가포르 등을 방문하여 회의에 불참하였으나 12월 13일의 폐막식에서 등소평은 「사상을 해방하여 실사구시로 일치단결하여 앞을 보고 나가야 한다」는 사상 노선에 관한 중요한 강화(講話)를 발표하였다.22) 이 강화는 중공 당 11기 3중전회의 주제와 기본 방향을 확정짓는 것이기도 하다.

## 2) 중공 당 11기 3중전회의 소집

중공 당 11기 3중전회는 중공 당 중앙공작회의가 끝난 3일후인 1978년 12월 18일부터 22일까지 북경에서 소집되었다. 회의에 참석한 사람은 중앙위원 169명, 후보위원 112명이었다. 회의는 화국봉이 주재하였으며 회의시간은 길지 않았다. 그러나 준비가 충분하였기 때문에 주요한 문제들을 해결할 수 있었다.

대체로 회의의 성과는 다음과 같은 다섯 방향에서 살펴볼 수 있다.

1) 마르크스주의 사상노선을 다시 새롭게 할 수 있었다. 중전회에서 '양개범시'방침을 비판하고 반드시 모택동사상의 과학적 체계를 완전하고 정확하게 파악하고 진리 표준에 관한 문제의 토론을 높게 평가하여야 한다고 하였다. 그리고 중앙공작회의 폐막식에서 행한 등소평의 사상해방, 실사구시의 방침을 확정하였다.

중공 당 11기 3중전회

2) 중공 당의 정치노선을 결정하였다. 그동안 공산당의 기본 임무는 사회주의 건설이 중심이냐, 역시 계급투쟁을 강(綱)으로 삼아야 하느냐가 공산당 정치 노선 상 쟁론의 핵심 문제였다. 이에 대하여 중전회는 국제, 국내정세를 분석하고 계급투쟁을 강(綱, 중심)으로 한다는 구호를 사용하지 않기로 결정하였다. 그리고 1979년부터는 전당의 사업 중심을 사회주의 현대화 건설로 옮겨 정책을 결정하기로 하였다. 이렇게 함으로서 4인방 제거이후 2년 동안 계속 배회하던 당은 문화대혁명과 그 이전의 좌경착오 뿐만 아니라 화국봉의 좌경착오도 바로 잡을 수 있었다.

3) 건국이래 경제 건설의 경험과 교훈을 반성하고 당의 공작 중심을 사회주의 현대화 건설에 두었다. 중전회는 필요한 정치 사회의 안정 유지와 객관적 경제 규율에 따라 일을 처리하여야 한다고 인정하고 이 두 가지 조건이 국민경제를 발전시키는 기본 전제라고 보았다. 또한 특별히 농업을 중시하여 사대(社隊)의 자주권을 회복하고 확대시켜 여러 경영 방법을 강구하도록 하였으며, 각종 형식의 연합생산을 허락하고, 자류지·가정 부업을 회복하며 시장을 통한 개체(개인)경제를 도와주며 농·공산품의 교환가격의 차이를 축소시키고 농업용 공업제품의 가격을 낮추어 농민이 적극성을 발휘할 수 있도록 자극을 주어 농업 생산의 발전을 꾀하였다.

4) 사회주의 민주와 법제를 강화하여 법적 원한과 잘못을 바로 잡게 하고 중요한 당 간부의 공적과 과오, 시비를 바로 잡도록 하였다. 여기에서 모택동의 위임을 받아 당 중앙에서 일을 하던 기간동안 등소평이 세운 성과를 긍정적으로 보고, 등소평과 우경 번안풍 비판을 부정하였다. 또한 천안문 사건은 완전히 혁명행동이라 하였으며, 당 중앙이 과거에 발송한 착오 문건을 취소하기로 하였다. 과거에 내린 팽덕회·도주·박일파·양상곤 등에 관한 비판도 바로 잡기로 하였다.

5) 정확한 조직 노선의 확립과 회복으로 중전회의는 당 중공의

민주 집중제와 집체 영도 원칙을 결정하고 당규와 당법을 건전하게, 당의 기율을 엄하게, 개인 선전을 적게 하고 민주 집중제의 원칙에 부합되지 않는 모든 것을 바로 잡기로 하였다.

그리고 당 조직을 조정하기로 하였는데 그 중요 내용은 다음과 같다. 중앙위원을 증원 선출하여 진운(陳雲)을 중앙정치국 위원, 정치국 상무위원, 중앙위원회 부주석으로 선출하고, 등영초(鄧穎超)·호요방(胡耀邦)·왕진(王震)을 중앙정치국 위원으로 선출하고, 황극성(黃克誠)·송임궁(宋任窮)·호교목(胡喬木)·습중훈(習仲勛)·왕임중(王任重)·황화청(黃火青)·진재도(陳再道)·한광(韓光)·주혜구(周惠九) 등을 중앙위원으로 증원하기로 하였으며 이는 장차 당 12전 대회에서 추인받기로 하였다. 그리고 100명으로 구성된 중앙기율검사위원회에 진운을 제1서기, 등영추를 제2서기, 호요방을 제3서기로 선출하였다.

당 11기 3중전회가 끝난 후 중앙정치국은 회의를 소집하여 중공당 중앙공작기구의 인사 문제를 매듭지었다. 즉 호요방(胡耀邦)을 중앙비서장 겸 선전부장, 호교목(胡喬木)을 부비서장 겸 모택동저작편집위원회사무실 주임, 요의림(姚依林)을 부비서장 겸 중공 당 중앙사무처 주임, 송임궁(宋任窮)을 중공 당 중앙조직부 부장으로 임명하고 동시에 왕동흥(汪東興)이 겸임하던 직을 해제하였다.

중공 당 11기 3중전회는 섭검영·등소평·이선념·진운 등 원로 간부들이 실질적으로 주재한 회의였으며 등소평 중심의 새로운 중앙 영도체제가 형성되었고, 중국사회주의 현대화 건설의 새로운 길-개혁 개방의 길을 열어놓았다. 그리고 장기간 동안 지속된 좌적 착오를 바로잡아 이를 근본적으로 끝맺음함으로써 당의 지도사상을 바로잡아 당의 역사뿐만 아니라 중화인민공화국의 역사를 전환시키는 이정표를 긋는 의의를 갖고 있다.23)

### 3) 복권과 평반(平反, 원한 씻어주기)

중공 당 11기 3중전회 폐막 후에 그동안 원한에 의하여 희생되거나 권리를 상실당한 당의 간부들에 대하여 실사구시에 입각하여 이를 바로잡아 복권시키고, 또한 그들의 원한을 씻어주는 일에 착수하였다. 즉 당 중앙과 지방의 각급 당부는 기율검사위원회와 관련부문이 회의를 소집하여 복권문제와 원한사건을 대대적으로 조사하기 시작하였다.

그 결과, 건국이래 최대의 억울한 사건으로 전 국가 주석 유소기(劉少奇)를 반도(叛徒), 내간(內奸), 공적(工敵)이라 하여 박해하고 마침내 그를 죽음으로 몰아넣었던 일도 모두 부정되었다. 유소기는 복권되고 1980년 5월 17일에 추도회가 북경에서 엄숙하게 거행되었다.24) 이를 비롯하여 이미 세상을 떠난 당 원로에 대하여는 추도회를 열고, 살아있는 사람들은 모두 복권시켰다. 대체로 1982년까지 이 작업은 끝을 맺게 되었는데, 당 중앙과 전국 각지에서 복권되고 원한을 풀게 된 간부가 300여만 명이었으며 공산당 당원의 당적을 회복한 사람이 47만여 명이나 되었다. 또한 인민법원은 문화대혁명기간 반혁명, 혹은 기타의 죄목으로 처형당한 23,921명 가운데 억울하게 잘못된 사건을 바로잡거나 다시 재판하여 복권, 사면하였다.25)

4인방 재판

이와 동시에 우경 기회주의 분자로 지목되어 탄압받은 사람들에 대하여도 1979년 7월 13일에 복권조치를 단행하였고, 1980년 6월 19일에 문화대혁명기간 신문과 잡지에서 비판을 받은 사람들을 일률적으로 복권시켰다.26) 그리고 이 기간 안에 사형에 처하여진 사건에 대하여도 전면적으로 재조사시켜 착오된 것은 실사구시에 의하여 바로 잡도록 하였다.

이밖에도 중공 당 중앙은 사회주의 개소가 고소에 날하었을 때 공사합영 기업에 참가하여 자산계급 상공업자로 판정받았다 하여도 고용 노동자를 수탈하거나 소상인, 소수공업자와 그 밖의 노동자를 수탈한 일이 없으면 모두 복권시켰다. 동시에 본래 자산계급의 범주에 속한 자본가, 자본가 대리인을 구별하여 확실히 그들이 노동자라면 이들도 모두 복권시켰다.

이렇게 함으로서 그동안 쌓여왔던 인민의 내부 모순을 해결할 수 있었고, 이른바 4개 현대화에 많은 간부들을 동원할 수 있었으며, 군중들이 4개 현대화에 적극성을 띄도록 이끌었다. 그 결과, 문화대혁명기간 조성된 상처를 치유할 수 있게 되었으며 전 사회의 안정과 단결을 촉진시켜 사회주의 건설에 중요한 기여를 할 수 있었다.

한편, 4인방과 그 일당에 대한 재판은 1980년 11월부터 최고인민법원 특별법정에서 시작되어 1981년 1월에 결심, 강청과 장춘교는 사형이 언도되었으나 1983년에 무기징역으로 감형되고, 요문원과 왕홍문은 20년 징역을 언도받았다.27) 강청은 1991년에 자살하고, 장춘교 등도 후에 사망하였다.

## 4. 화국봉의 실각과「역사문제에 관한 결의」

### 1) 등소평(鄧小平)의 실권 장악

4인방이 제거된 이후 화국봉(華國鋒)이 권력을 장악하였으나 화국봉은 4인방과 마찬가지로 모택동과 밀접한 관계를 갖고 있었다. 즉 화국봉은 모택동의 권위를 계승한 것으로 정통성을 갖고 있는 반면 4인방은 모택동의 개인과 밀접한 관계를 맺고 있었다. 때문에 모택동에 대한 비판은 모의 권위를 떨어뜨렸을 뿐만 아니라 화국봉의 권력기초를 흔들어 놓는 결과를 가져왔다.

특히 4인방이 체포된 이후 모의 사상으로 갇혀있었던 것에서 해방되려는 욕구가 분출되었는데, 화국봉은 이러한 기대에 부응할 수 없었다. 게다가 화국봉은 정치적 지지 기반을 확대하기 위하여 권력의 일부분을 양보하면서 정책의 다양성을 내세워 각파의 이익에 부합되도록 하는 타협정책을 폈다. 그런데 이러한 정책은 성공적이지 못하였고 오히려 본래 그를 지지하였던 사람들에게도 불만을 가져왔다.

이러한 분위기에 등소평은 모택동의 권위를 낮추고 또한 모택동의 사상을 수정하여야 하였다. 우선 등소평은 화국봉의 양개범시(兩個凡是)라는 주장을 비판하고 실천은 진리를 평가하는 유일한 표준이라는 개념을 내세워 화국봉의 권력과 지위를 약화시켰다. 그리고 화국봉이 4개 현대화란 정책변화만으로 정국을 이끌어 나가려는 것에 대하여 등소평은 인사개혁을 통한 지지세력 확장에 치중하였다.

당의 영도기구에 대하여 등소평은 개인 집권 영도체제를 반대하고 집단 영도체제를 주장하였다. 그리하여 11기 3중전회부터 4중전회에 이르기까지 당의 영도조직 기구를 개편하여 당의 총서기처와 중앙서기처를 성립시켜 당의 지도체제를 개혁하였다. 또한 일인집권을 반대하여 겸직문제를 해결하였다. 즉 중공 당 중앙 주석, 중앙군사위원회 주석, 국무원 총리를 한사람이 겸임하지 못하도록 하였으며, 중앙 주석과 부주석으로 구성된 중앙정치국 상무위원회를 강화시켜 당의 집단지도체제를 확립하였다. 따라서 개인의 집권체제, 개인이 권력을 승계하는 구습을 없앴다. 또한 당의 감찰기관으로 문혁기간 폐지되었다가 회복되지 않았던 중앙기율검사위원회를 회복하고, 또 혁명 원로들을 대우하기 위하여 새로이 국가고문위원회를 두기로 하였다.

그리고 등소평은 당권보다는 국가권력을 장악하고자 하였다. 그는 1977년에 복권되자, 국가기구의 중요성을 인식하게 되고 당의 상층부 자리는 수가 아주 적다고 보아 계획적으로 정부기구의 부부장 자리에 자기파의 인물들을 집어넣기 시작하였다. 또한 새로운 관리들은 젊어야 하며 지식이 있어야 하며, 전문가들이어야 한다는 주장을 폈다. 이 주장을 합리화 하고 제도화 한다는 이유로 그 자신이 국가기구의 임명권을 장악하여 후에 당의 영도권마저 장악할 수 있는 기초를 다졌다.

이밖에도 등소평은 비교적 민중의 심리를 파악하여 정치안정과 경제성장이 다수 민중의 요구라 보고 공개적으로 계급투쟁의 구호를 반대하고 4화(4개 현대화) 정책을 내세웠다. 이것은 농민을 포함하여 지식인, 기술전문가 등 많은 계층의 지지를 얻을 수 있었다.

## 2) 민주화 바람(북경의 봄 운동)과 등소평의 4항 견지

당권을 둘러싸고 진리표준의 문제를 제기한 개혁파(改革派) 등소평과 반대로 양개범시를 고집하는 범시파(凡是派) 화국봉 사이에 일어난 사상이론 논쟁은 사상의 해방을 가져왔다. 사실 이 논쟁은 착오이론을 갖고 있는 좌경사상을 바로잡기 위한 것이었으나 오히려 지나친 우경화의 경향이 나타나 중국사회에서 자발적으로 민주화 운동이 일어났다. 즉 1978년 11월 25일에 북경(北京)시 서단(西單, 동단에 있는 왕부정 거리보다는 사람이 많지 않지만 공지가 넓어 사람이 모일 수 있는 곳이었다)의 민주벽에 대자보를 붙이기 시작한 것이 계기가 되어 이른바 '북경의 봄' 운동이 일어났다.[28] 이 운동은 정치적 억압을 받아왔던 군중과 시골로 보내진(하향(下鄕)) 지식청년, 소수의 대학생과 지식인이 참여하여 공공장소(민주의 벽)에 대자보를 붙이거나 민간 간행물을 발간하면서 시작되었다.

북경의 봄이 추구하는 민주화는 현실적 측면에서 1949년이래 정치적으로 억울하게 피해를 본 사람들의 원한을 바로잡아 주도록 요구하여 많은 지식인과 청년 대중들로부터 지지를 받았다. 사상 언론면에서도 중공 당에 대하여 공개적으로 언론, 출판, 파업의 자유와 헌법상의 권리를 실현하라고 요구하였고, 정치적으로는 등소평의 재등장을 지지하였다.

그 가운데 대표적인 것으로 위경생(魏京生)의 『탐색(探索)』, 왕희철(王希哲)의 『학우통신(學友通訊)』, 왕군도(王軍濤)의 『북경지춘(北京之春)』, 임완정(任畹町)의 『중국인권(中國人權)』 등을 들 수 있다. 이 가운데 왕군도는 관의 압력으로 이 운동에서 빠져나와 화를 면하고 나머지는 모두 체포되어 형을 언도받았다. 위경생은 탐색의 주편자로 창간호에 「제5개의 현대화-민주와 기타」란 글을 발표하여 대담하게 새로이 등장한 개혁파와 민주운동의 차이를 밝혔다. 그는 경제로 한정된 현대화를 바랄 것이 아니라 중국사회의 전면적 현대화를 주장하였다.[29] 그는 한걸음 나아가 모택동이 당권을 장악하여 독재를 한 것이나 등소평이 등장하여 독재하는 것이나 다를 것이 없다고 보았다. 이 글로 인하여 위경생은 등소평에게 잘못 보이게 되고, 1979년 3월 29일에 체포되어 15년형을 언도받았다. 따라서 등소평의 정권도 모택동시대보다는 개방되었지만 공산당의 정권이라는 사실은 분명했다.

한편, 중공 당은 당의 사상노선에 당 11기 3중전회의 노선을 반대하는 사람들로부터 우경, 복벽, 후퇴라는 비판을 받게 되면서, 당내 인식을 통일하여야 할 필요성을 느끼게 되었다. 이에 1979년 1월 18일부터 4월 3일까지 북경에서 이론공작무허회(理論工作務虛會)를 소집하게 되었다. 즉 이론선전의 경험을 종합하고 마르크스 레닌주의와 모택동 사상을 분명히 하며 선전공작을 전환시킬 목적으로 소집하였다. 첫 단계는 우선 당 중앙 선전부와 중국사회과학원에서 중앙과 북경의 이론공작을 담당하고 있는 기관의 100여 명이 참가하였고, 두번째 단계는 중공 당 중앙의 명의로 소집하여 각성, 시, 구에서 400

여 명이 참가하였다.

여기에서 호교목은 '무산계급전정(독재)아래 계속혁명론'은 마르크스주의 관점에 따라서 바로잡아야 한다고 하였다. 이에 대하여 회의 참가자들은 이처럼 중대한 이론 문제가 중앙의 결정을 거치지 않고 한 사람의 부정으로 신문이나 잡지에 선전을 하지 못하게 되는 일이 있는데 이는 신중하지 못한 것이라며 중앙의 의견을 들어야 한다고 하였고, 중앙에서 이를 받아들였다.

이에 등소평은 당 중앙의 위탁을 받아들여 1979년 3월 30일에 당의 이론공작무허회(理論工作務虛會)에서 「4항 기본원칙의 견지」라는 제목으로 중요 강화(講話)를 하였다.30) 즉 중국의 현대화는 사회주의의 길로, 무산계급의 전정(독재)으로, 공산당의 영도아래, 마르크스 레닌주의와 모택동 사상을 갖고 하여야 한다고 하는 이른바 4항 기본원칙을 제시하였다. 이 4항 기본원칙은 결코 새로운 것이 아니며 당이 일관되게 견지하여 왔고, 4인방 제거이후 당 11기 3중전회이래 당 중앙이 실행해왔던 방침이자 정책이라고 하였다. 그는 사회주의만이 중국을 구할 수 있는데 이는 5.4 운동이래 현재까지 60년 동안의 경험으로 내린 역사적 결론이며, 이는 반드시 중국공산당이 이끌어야 하며 당의 영도를 벗어나면 무정부주의로 사회주의 사업은 와해될 것이며, 무산계급의 전정(독재)이 아니면 사회주의를 지킬 수도 건설할 수 없으며, 모택동 사상은 과거 중국혁명의 기치이며 반세기 동안 중국인민혁명투쟁 경험의 결정이라는 것이다.31)

결국, 등소평의 4항 기본 원칙은 좌적 착오이론과 우경화의 이론을 막아 내고자 한 것으로, 이를 갖고 4개 현대화를 한다고 하여 북경의 봄 운동에서 제기되는 전면적 현대화를 포함한 5개 현대화 주장에 쐐기를 박았다.

북경의 봄 운동이 진압된 후에도 중국의 민주화 운동은 사라지지 않았다. 거리에서 학교 안으로 들어가 운동의 주체도 사회군중에서 대학생으로 바뀌게 되었다. 그 현상으로 나타난 것이 1980년에 일어난 대학생의 경선운동(競選運動)이다. 즉 1979년 가을에 국무원은 「중화인민공화국 지방각급인민대표대회 및 지방각급인민정부 조직법」과 「인민대표 선거법」을 공포하였다. 그리고 이에 따라 1980년 1월부터 전국 각지에서 직접 선거운동에 들어갔다. 이에 학생들은 전국 대학 안에서 스스로 후보자를 천거하여 선거에 참여하는 운동을 전개하였다.32)

이 가운데 호남사범학원(湖南師範學院)에서는 자칭 마르크스주의자가 아니라고 칭하는 학생이 나타나 이를 학교 측에서 제명함으로써 학생들의 분노를 샀고 이에 항의하는 대대적인 시위운동이 발생했다. 북경대학에서는 비교적 평화적인 방법으로 높은 수준의 문장과 연설로 경선활동을 전개하였다. 이밖에도 상해의 복단대학, 상해의 공장 노동자가 학교와 공장에서 경선활동을 폈다.

물론 이 경선운동도 당국에 의하여 탄압받았지만 학생들은 합법적인 권리(선거권과 피선거권)를 갖고 합법적인 방법으로 법률의 범위 안에서 선거운동을 전개한 것이다. 그러나 북경의 봄 운동처럼 하층사회에 까지 영향을 끼치지 못하였다. 그리고 북경의 봄 운동 때에는 10여명의 주동자들이 체포되고 처벌받았는데 비하여 이때에는 학생들이 체포되지 않았다.

그리고 일부 지역과 기관에서는 중공 당 11기 3중전회의 노선과 이론공작무허회 정신을 전달하는 과정에서 진리표준의 문제에 관하여 보충 토론이 요구되었다. 따라서 1979년 6-7월 사이에 각성, 시, 자치구는 이 문제를 토론하였다. 이때 비로소 좌적 착오를 범하였던 『홍기』 잡지도 자신들의 착오를 공개적으로 승인하면서, 반년동안 진리표준의 문장을 게재하지 않아 좋지 못한 영향을 끼쳤다고 인정하였다. 결국, 이러한 과정을 통해 사상을 해방하고 진리표준의 문제를 명확히 인식하도록 했다.

### 3) 당의 조직조정과 화국봉의 실각

중공 당 11기 3중전회 후 중공 당 중앙과 중앙기율검사위원회는 당풍의 정돈문제를 중요한 의사일정으로 올리게 되었다. 1979년 1월에 중앙기율검사위원회는 처음으로 전체회의를 소집하여 「중공중앙기율검사위원회의 공작임무, 직권범위, 기구설치에 관한 규정」·「중앙기율검사위원회 통고」를 결의하였다.33)

그러나 당풍(黨風)을 바로 잡고 당기(黨紀)를 바로 잡기 위하여 반드시 먼저 상층부터 이를 시작하지 않으면 안 되었다. 따라서 중앙기율검사위원회는 11월에 「고급 간부생활대우에 관한 약간의 규정」을 기초하여34) 문화대혁명이전에 유효하였던 일부 장정(章程)과 함께 중공 당 중앙과 국무원의 명의로 이를 하달하였다.

중앙검사기율위원회는 1980년 1월에 제2차 전체회의를 소집하고 「당내 정치생활에 관한 약간의 준칙」을 토론 수정하여35), 2월에 소집된 당 11기 5중전회에서 이를 통과시키고 3월 15일에 전당에 공포하였다. 준칙은 모두 12조로 되었는데, 그 내용을 요약하면 당의 정치, 사상노선을 견지하고, 개인의 독재를 반대하고 집단지도체제로 하며, 당성(黨性)을 견지하고 파성(派性)을 근절하며, 당내의 민주를 발양하고 다른 의견에 대하여도 정확하게 대하며, 특권행세를 하지 않으며, 학습에 노력하여 전문분야의 전문가가 되어야 한다고 하였다.

이와 동시에 당의 조직을 정돈하게 되었다. 즉 중공 당 11기 5중전회에서 중앙서기처를 회복하고 중앙정치국과 그 상무위원회아래에서 일상적인 업무를 처리하도록 하였다. 중전회에서는 호요방(胡耀邦)을 중앙위원회 총서기로 선출하고,36) 만리(萬里)·왕임중(王任重)·방의(方毅)·곡목(谷牧)·송임궁(宋任窮)·여추리(余秋里)·양득지(楊得志)·호교목(胡喬木)·호요방(胡耀邦)·요의림(姚依林)·팽충(彭沖) 등으로 중앙서기처를 조직하였다.

그리고 중전회에서 중앙의 인사이동을 승인하였는데, 등소평계의 개혁파인 호요방과 조자양(趙紫陽)을 중앙정치국 상무위원으로, 그리고 왕동흥(汪東興)의 사직을 승인하여 그가 맡고 있었던 중앙정치국 위원, 정치국 상무위원, 중앙위원회 부주석의 직을 해직하였다. 이밖에 기등규(紀登奎)·오덕(吳德)·진석련(陳錫聯)의 사직을 승인하였다.

뒤이어 8월에 소집된 제5기 전국인민대표대회 3차 회의에서 중공당 중앙의 건의에 따라 화국봉의 국무원 총리 겸임을 해제하고 조자양을 총리로 임명하였다. 그리고 이 회의에서 혁명 원로들이 겸임하는 국무원 부총리와 인민대표대회 부위원장의 직을 사임하게 하였다.

또한 1980년 11월부터 12월까지 소집된 중공 당 중앙 정치국회의에서 화국봉이 맡고 있던 중공 당 중앙주석, 중앙군사위원회 주석직을 물러나게 하고, 앞으로 있을 당 11기 6중전회에 호요방을 중공당 중앙 주석으로, 등소평을 중앙군사위원회 주석으로 선거하기로 건의하였다. 그리고 이 정치국 회의에서 화국봉의 중요 착오를 인정하였다.

여기에서 지적된 화국봉의 착오는 다음과 같다. ① 그는 오랜 기간 '양개범시'의 착오관념을 갖고 있었으며, ② 그가 제출한 정치구호는 기본적으로 문화대혁명의 구호였으며, ③ 개인숭배사상을 계속 내세워 당과 인민의 관계를 잘못 이끌었으며, ④ 경제적으로 좌적인 구호를 여전히 내세워 신약진(新躍進) 정책을 펴 착오를 범하였다는 것이다. 동시에 그는 중공 당 중앙의 주석으로 필요한 정치능력과 조직능력을 갖추지 못하였으며 중앙군사위원회 주석직도 제대로 수행하지 못하였다고 지적하였다.37)

### 4) 「건국이래 당의 역사문제에 관한 결의」-과거사의 정리

4인방을 제거한 이후 이를 극복하기 위한 여러 조치들을 취하였으나 새로운 당 지도노선을 확정시키기 위하여 중공 당의 착오에 대하여, 특히 모택동 사상의 착오에 관하여 용기있는 자아비판을 하지 못하였다. 그리고 신중국 수립 이래 30년이 되었지만 중국의 낙후성은 분명한 것이고, 그 책임은 중국공산당에 있다는 점도 부인될 수 없는 문제였다. 따라서 우선적으로 극복하여야 할 문제는 당의 착오에 대하여 이를 적극적으로 받아들이지 않으면 안 되었다.

1980년 3월부터 중공 당 중앙정치국 상무위원회, 중앙서기처의 직접 지도아래 기초소조를 조직하고 「건국이래 당의 역사문제에 관한 결의」를 기초하게 되었다. 특히 등소평은 3월 19일에 기초소조(小組)의 구상을 보고 여기에 포함시켜야 할 세 가지 사항을 제기하였다. 첫째, 모택동의 역사적 지위를 확립하고 모택동 사상을 견지하고 발전시켜야 하고, 둘째, 건국 30년이래 역사적 중대한 일에 대하여 어떤 것은 정확하였고 어떠한 것은 착오였다는 것을 실사구시의 입장에서 분석하여야 하며, 셋째, 이 결의를 통하여 과거사에 대한 종합적인 결론을 얻어야 한다고 하였다.38)

결의의 초고는 1980년 7월에 완성되어 중공 당 중앙서기처로 보내 토론하게 되었다. 여기에서 많은 의견이 제시되어 대대적인 수정 작업이 이루어졌다. 10월에 다시 전당의 조직 안에 4,000여 명의 당(黨), 정(政) 책임자와 이론공작에 종사하는 사람들에게 결의의 초고에 관하여 연구 토론하게 하였다.

그 결과, 초고의 내용 가운데 역사의 위대한 전환부분에 관한 내용을 추가하여야 하며, 화국봉의 착오도 써넣어야 한다고 하였다. 이처럼 많은 사람이 토론한 기초위에 수정된 원고를 작성하여 1981년 3월에 중공 당 중앙정치국, 서기처와 일부의 혁명원로 50여 명에게 보내 여러 방면의 의견을 청취하였다. 이후에 두 차례 중공 당 중앙정치국확대회의를 소집하여 다시 수정을 가하였다. 그리고 1981년 6월 27일부터 29일까지 소집된 중공 당 11기 6중전회 기간에 회의에 참가한 사람들에게 의견을 제시하도록 하여 두 차례 수정을 가하는 등 모두 8차에 걸쳐 비교적 많은 부분을 고쳐 마침내 「건국이래 당의 약간 역사문제에 관한 결의」를 통과시켰다.

「결의」는 당의 60년 투쟁과정을 회고하고 건국이래 32년 동안의 기본 경험을 종합하여 실사구시의 입장에서 중대한 역사사건을 평가하였으며, 사건의 지도사상이 정확하였는지, 착오를 범하였는지를 분석하고(일종의 과거 청산, 역사 바로잡기), 모택동의 역사적 지위와 모택동 사상이 중국공산당 지도사상이 됨을 체계적으로 설명하였다.

「결의」는 모두 8개 부문, 38개 조목으로 되었는데, 그 내용은 다음과 같다. ① 건국이전 28년의 역사회고(5개 조), ② 건국 32년의 역사평가(3개 조), ③ 사회주의 개조의 기본 완성 7년(7개 조), ④ 사회주의 전면건설 10년(3개 조), ⑤ 문화대혁명 10년(6개 조), ⑥ 역사의 위대한 전환(2개 조), ⑦ 모택동의 역사지위와 모택동사상(5개 조), ⑧ 단결하여 사회주의 현대화 강국을 건설하기 위한 분투(7개 조)이다.[39]

이 가운데 특히 '총노선' 제출 다음에 경솔하게 대약진 운동과 농촌인민공사 운동의 좌적 착오를 가져왔던 점, 여산회의의 전기 회의에서 착오를 발견하였음에도 후기 회의에서 팽덕회를 비판하고 반우파 투쟁을 전개하였던 착오를 지적하였다. 그리고 모택동의 발동과 영도로 전개된 문화대혁명은 건국이래 당과 국가와 인민에게 심각한 좌절과 손실을 끼쳤다고 지적하였다. 또한 강청반혁명집단의 분쇄로 당을 위험으로부터 구하게 되었고, 화국봉은 강청 반혁명집단을 제거하는데 공을 세웠지만 사상적으로 계속 좌적 착오를 범하였다고 지적하였다.

또한 중공 당 11기 6중전회에서는 중앙영도기구를 개조하여 화국봉의 중공 당 중앙의 주석직과 군사위원화 주석직의 사임을 받아들이고 무기명 투표로 호요방을 당 중앙주석으로 선출하고, 부주석을 증원하여 조자양과 화국봉을 선출하였으며, 등소평을 중앙군사위원회 주석으로 선출하였다. 그리고 중앙정치국 상무위원회는 중앙 주석과 부주석인 호요방, 섭겸영, 등소평, 조자양, 이선념, 진운, 화국봉으로 구성하고, 습중훈을 중앙서기처 서기로 추가 선출하여 새로운 당 지도체제를 갖추었다.

## 5. 국민경제의 조정

### 1) 조정의 필요성

1978년이래 화국봉(華國鋒)의 신약진 경제 정책은 국민 경제의 중요한 균형을 잃게 하고 경제 관리상에서 문제점을 노출시켰다. 즉 신약진(新躍進)을 실현하기 위하여 외국으로부터 22개 항목의 대형 기술설비를 들여왔는데, 여기에 소요된 외화가 130여억 달러였으며 이에 따르는 국내의 건설공사만 약 600여억 원이 투자되어야 하였다. 게다가 화국봉시기 경제는 어려웠던 것이 사실이었다. 여기에다 선부터 하던 공사를 마무리 지으려면 더욱 많은 자금이 투자되어야 할 실정이었다.

중공 당 11기 3중전회 이후 등소평(鄧小平)과 진운(陳雲) 등은 바로 경제 문제를 해결하는데 주의를 기울였다. 이들의 의견은 대체로 경제목표의 지표를 낮추고 건설 공사도 사업에 따라 축소해 나가자고 하였으며 경제 계획을 조정하자는 것이었다. 진운과 이선념은 1979년 3월 14일에 중공 당 중앙에 편지를 보내 재정과 경제 계획에 관하여 중요한 건의를 제기하였다.40)

이에 따르면 국무원에 재정경제위원회를 설치하고 진운이 주임, 이선념(李先念)이 부주임, 요의림(姚依林)이 비서장이 되도록 하고 또한 12명의 위원 명단을 제시하였다. 동시에 여섯 가지의 건의를 하였는데, ① 안정적 발전, ② 장기적으로 볼 때 국민경제의 균형 발전이 고도 성장을 가져올 수 있으며, ③ 현재의 불균형은 상당히 위험 상태이며, ④ 적어도 2, 3년의 조정 기간이 필요하며, ⑤ 철강의 지표는 믿을 만한 것이며, ⑥ 외채의 도입은 상환 능력과 국내 투자 능력을 고려하여야 한다고 하였다.

진운은 3월 21일에 소집된 중공 당 중앙 정치국회의에서 중국의 국내 사정과 조정하여야 할 항목을 구체적, 체계적으로 분석하였다.41) 즉 실사구시를 말하고 있지만 먼저 실사를 분명하게 하여야 한다. 만일 이를 철저하게 하지 못하면 무슨 일이던 제대로 할 수 없다. 9억의 인구에 그것도 80%가 농촌에 있는데 혁명승리 후 30년이 지났는데 아직도 밥을 달라하고 생활의 개선을 요구하고 있다. 이러한 상황아래 4개 현대화를 하려 한다고 비판하면서 그는 1961, 1962년보다도 현재의 사태가 심각하다고 지적하고 적어도 2, 3년, 좋기는 3년의 조정이 필요하다고 주장하였다.

이에 중공 당 중앙 정치국은 국가계획위원회가 수정한 1979년의 국민 경제 계획을 통과시키면서 또한 3년 동안 국민 경제를 조정하기로 결정하였다.

### 2) 신8자 방침의 제출

중공 당 중앙은 이 방침을 관철시키기 위하여 1979년 4월 5일부터 28일까지 중앙공작회의를 소집하였다. 이 회의에서 이선념은 국민 경제 조정문제에 관하여 보고하고, 또한 조정(調整), 개혁(改革), 정돈(整頓), 제고(提高)의 방침, 이른바 '신8자' 방침을 제기하여 3년이란 시간 안에 국민 경제의 조정 공작을 펴기로 하였다.42) 이 신8자 방침은 6월에 소집된 제5기 전국인민대표대회 2차 회의에서 통과되어 전국적으로 국민 경제 제2차 대조정을 시작하게 되었다.

당시의 조정은 60년대 초의 조정과 같은 부분도 있었지만 다른 부분이 더 많았다. 60년대 초에는 어려운 상황아래 공업 생산과 기본 건설 규모가 퇴보한 가운데 취하여 졌었던 것이라면, 이번의 조정은 비교적 형편이 좋은 상황에서 하는 조정이었다. 중공 당 중앙 공작회의는 다음과 같은 12개 항의 주요 조정원칙과 조치들을 제출

제5기 전국인민대표대회 제2차회의에서 경제조정 신8자 방침을 통과시켰다.

하였다.43)

① 농업에 집중하여 농업과 공업 관계를 조정한다. ② 경공업의 발전을 가속화하여 중공업과의 비례를 조정하며 국내의 구매력과 수출량에 맞추어 상품을 공급한다. ③ 석탄·전기·운수와 건설 재료공업의 생산 건설을 강화하여 기타 공업이 발전할 수 있도록 한다. ④ 에너지와 원료 공급의 가능성에 따라 공업을 조정한다. ⑤ 기본 건설에 긴축을 실시하여 설비와 자금 공급 가능성에 맞춘다. ⑥ 안정적 성장을 기한다. ⑦ 국제시장의 수요에 적응하여 상품의 품종을 늘리고, 품질을 개량, 수출을 늘린다. ⑧ 가격 안정의 원칙아래 불합리한 가격을 조정한다. ⑨ 노동력의 안배 문제를 해결한다. ⑩ 인구 증가율을 억제한다. ⑪ 인민의 생활개선. ⑫) 각종 계획을 서로 연결하여 구멍이 뚫리지 않도록 한다.

그리고 이 방침에 따라 중공 당 중앙은 ① 1979년도의 국민 경제 계획을 조정하여 기본투자 26%을 삭감하고 주요 생산 목표도 낮게 설정하였다. ② 공업 성장률도 연평균 6%로 설정하고 7-8%를 달성하도록 노력하자고 하였다. ③ 1980년의 농업 기계화의 실현을 취소하고 이로 인하여 팽창되었던 농업 기계 공업을 대폭적으로 조정하였다. ④ 1980년 5월부터 일부 국영기업에 대하여 경영 자주권을 부여하였다. 시험적으로 약 6,000여 기업에 부여하였는데, 이 숫자는 전체의 약 16%에 달하고 있었으며 생산품은 60%, 이윤은 약 70%를 점하고 있었다.

그러나 1979년부터 1980년 10월까지 약 2년 동안 좌적 사상이 아직 존재하고 있었고, 당(黨)안의 사상이 일치되지 못하여 문제의 심각성을 제대로 인식하지 못하고 있었다. 따라서 조정을 집행함에 있어서 철저하게 그리고 강력하게 밀지 못하여 근본적으로 경제의 전환이 이루어 질수 없었다. 예를 들면 1979년에 건설하기로 한 대형 계획은 1978년말의 1,723건이 1,125건으로 감소되었지만 줄어든 것은 비교적 작은 것이고 새로이 등장한 것은 큰 규모의 것들이었다. 1980년말에도 대, 중형 건설 항목이 912건 감소되었지만 22건은 중지하여야 할 것을 중지하지 못해 39억 원의 투자액밖에 감소시키지 못했던 것에 비하여 신설된 건설은 160억 원이나 필요로 하였다. 이밖에도 이해에 북경(北京), 상해(上海), 12개 성(省), 시(市), 자치구(自治區)에 2,700건에 달하는 소형 항목이 늘어났다.

따라서 국가의 재정 지출은 수입을 초과하여 1979년에 170억 원이라는, 신중국 성립 이래 최대의 적자를 기록하였다. 그리고 1980년에는 여전히 127.5억 원의 적자를 나타내 2년 동안의 화폐 발행은 132억 원에 달하여 소비자 물가는 1980년에 약 6%의 상승률을 가져왔다. 또한 대외무역도 수입이 수출보다 20.1억 달러 많았다. 이러한 실정이었으므로 1981년의 재정 경제를 대폭적으로 조정하지 않으면 더욱 중대한 문제가 발생할 우려가 있었다.

국민 경제의 위기를 해결하기 위하여 국무원은 1980년 11월에 전국 성장, 시장, 자치구 주석회의를 소집하였으며, 12월에 중공 당 중앙은 중앙공작회의를 소집하여 경제 정세를 분석하고 1981년부터 국민 경제에 대한 재조정을 취하기로 하였으며, 그 기간도 연장하여 6

차 5개년의 전 기간 즉 1981년부터 85년까지 조정하기로 결정하였다.

중공 당 중앙공작회에서는 1981년도의 조정 계획에 관하여 다음과 같은 세 가지 요구를 제기하였다. 첫째, 기본적으로 재정의 수지균형을 맞추어 적자가 되지 말게 할 것, 둘째, 여신의 수지균형을 가져와 재정 구제용의 화폐를 증발하지 말 것, 셋째, 물가를 기본적으로 안정시켜 특히 70%이상의 지출을 차지하는 생필품의 가격 안정을 꾀하도록 할 것 등이 그것이다.

중공 당 중앙과 국무원의 요구에 따라 국가계획위원회가 조정하여 제5기 전국인민대표대회 3차 회의에서 통과된 1981년도의 계획을 보면 다음 표와 같다.

1981년도 경제계획44)

| 공농업 총생산 | 6,955억원-->6,800억원 | 5.5%-->3.7% |
|---|---|---|
| 농 업 | 4%---->5.6% | |
| 공 업 | 6%---->3% | |
| 경공업 | 2,390억원-->2,473억원 | ----->8% |
| 중공업 | 2,860억원-->2,637억원 | ----->-1.2% |
| 재정수입 | 1,154.5억원->1,056.6억원 | |
| 기본건설 | 242억원-->170억원 | ------>-30% |
| 국방비 | 193억원-->160억원 | ------>-12% |
| 행정관리비 | 62억원-->57억원 | ------>-3% |
| 무 역 | 373억달러-->356억달러 | |

### 3) 조정의 성과와 문제점

국민 경제에 대한 조정은 현저한 성과를 가져왔다. 우선 첫째, 1981년도의 재정 적자가 25.5억 원으로 감소되었다. 그리고 이 해 화폐의 발행도 재정적 성격의 발행이 감소되었다. 둘째, 시장 물가가 완만하게 상승되었다. 1981년도 소비자 물가는 2.4%증가에 그쳐 1980년도의 6%수준에 훨씬 못 미쳤다.

셋째, 농업분야에서 좋은 현상이 나타났다. 즉 농업이 생산 도급제를 채택하여 농민의 생산 의욕을 자극, 농촌 경제의 번영을 가져와 공업과 상업을 촉진시킬 수 있게 되었다. 넷째, 기업의 독립 채산제가 이루어져 기업에 활력을 불어넣었으며 소비재 상품의 생산이 늘어났고 중공업은 과거의 모습에서 벗어났다. 1981년 경공업 생산은 1980년과 비교하여 14.1%가 증가하였다. 뿐만 아니라 상품의 질이 높아졌고 품종도 다양하여 졌으며, 중공업은 농업을 위한 것으로, 경공업은 원료 재료의 제공에서 기술 개조로 전환되었으며 특히 중공업 기업은 내구성 소비품을 생산하게 되었다.

다섯째, 기본적으로 농업, 경·중공업의 균형이 이루어져 상호 협조 관계를 구축하였다. 경공업은 공, 농업 총 생산비에서 1980년의 30.8%가 1981년에 32.5%를 점하게 되었다. 여섯째, 국민수입의 분배에서 소비는 1980년의 68.4%에서 1981년에 71.5%로 증가하였다. 그리고 축적률은 1980년의 31.6%에서 1981년에 28.5%로 떨어져 비교적 조정의 성과가 양호하게 나타났다.

그 결과, 농민의 생활이 크게 개선되고 도시인들의 생활에도 변화가 나타났다. 조정기간의 3년 동안에 2,600여만 명이 취업하게 되었으며, 일부 임금도 조정되고 주택, 부식 등 방면에도 지원하여 인민의 수입이 신속하게 증가하였다.

그러나 위기의 잠재성을 완전히 제거한 것은 아니었다. 국가의 재정 수입은 3년 동안 연속적으로 떨어졌으며 지방과 기업의 자금 수요가 증가하여 자금이 지나치게 분산, 배정되었기 때문에 국가는 충분한 재력을 확보할 수 없었고, 필요한 건설에 나설 수 없었다. 1981년의 재정 적자 감소는 지출의 감소에서 얻어진 결과이었기 때문에 안정적이지 못하였다. 특히 경제적 생산성의 효율이 떨어져 생산, 건설, 유통 영역에서 낭비 현상이 크게 나타났다.

## 6. 교육 과학 학술 문화사업의 회복

### 1) 교 육

문화대혁명은 문화의 명맥을 꺾어 놓아 지식을 부정하고 교육의 발전을 저해하여 교육사업에 파괴적 영향을 남겼다. 또한 교육에 종사하는 사람들이 심하게 박해를 받아 한 세대 청소년의 성장을 그르치게 하고 국가 건설 사업의 발전에 좋지 못한 결과를 초래하였다.

사인방을 제거한 이후 교육을 파괴한 4인방의 죄행이 폭로되었으나 그 해로움을 정확하게 지적하지 못하였다. 이에 등소평은 1977년 5월 24일에 지식을 존중하여야 하고 인재를 존중하여야 한다고 하였다. 그리고 4개 현대화를 실현하려면 과학 기술이 발전에 관건이 있다고 하면서 과학 기술을 발전시키려면 교육이 아니면 안 된다고 하였다.45)

중공 당 중앙 10기 3중전회에서 등소평은 그의 직무가 회복된 다음, 스스로 과학과 교육방면의 공작을 맡겠다고 요구하였다. 등소평은 세계 선진국가의 수준을 따라잡기 위하여 과학과 교육부터 시작하여야 한다고 하였다. 그리고 등소평은 8월 4일부터 8일까지 30여 명의 과학자와 교육자들을 모아 좌담회를 개최하고 교육 현장에 나타난 혼란을 바로 잡아야 한다고 지적했다. 그는 건국이후 17년 동안 교육을 주도한 것은 홍선(紅線)이었다며 지식분자 세계관의 중요한 표현이 누구를 위하여 봉사하여야 하는 것이라는 문제에서 대부분의 지식인들은 사회주의를 위하여 봉사하기를 원한다고 보았다.

그는 교사를 존중하여야 하며 인재를 존중하여야 한다고 하였다. 과학 연구공작도, 교육 공작도 정신노동으로, 정신노동도 노동이며 힘을 많이 소비하는 것이며 한점의 착오도 있을 수 없이 노동은 존중되어야 한다고 하였다. 그리고 다음해에 전국교육대회를 소집하자고 건의하였다.

등소평은 9월 9일에 교육부 부장 유서요(劉西堯)를 만나 교육 노선의 혼란을 바로잡아야 한다고 하였다. 그리고 그는 「1971년의 전국교육공작회의 기요」에 대하여 비판하고 시비의 한계를 분명히 하였다. 그 결과, 이 기요는 1978년 3월 19일에 중공 당 중앙이 정식으로 폐지하였다.

한편, 교육부는 1977년 10월에 북경에서 전국 고등학교 신입생모집 공작회의를 소집하여 학생 모집제도를 결정하였다. 즉 문화대혁명때 실행하였던 추천제가 많은 병폐를 낳게 되어 사회의 기풍, 당과 군중과의 관계를 파괴하고 우수한 인재를 매몰시켜 교육사업이 훼손되었다고 인식하였다.46) 그리하여 자기가 원하는 곳에 등록하고 연합고사를 실시하여 지역과 시에서 제1차 선발 한 다음에 다시 학교에서 선발하여 성, 시, 자치구가 비준하는 방법을 채택하였다가 다음해에 대학은 전국연합시험을 보도록 하여 환영받았다. 처음으로 실시된 대학연합고사에서는 전국에서 570만 명이 응시하여 20.5대 1의 경쟁률을 나타냈다.

1977년 이래 교육정책을 바로잡아 교육은 회복되고 발전되었다. 1978년에 문혁기간 중 폐쇄되었던 13개 대학이 복교되고, 새로이 42개 대학과 전문대학이 신설되었다. 1981년에 전국에는 대학이 704개교였는데 그 가운데 312개 교가 5년 안에 복교되거나 증설된 것이다. 재학생 수도 127.9만 명으로 문화대혁명전의 1965년보다 70%가 증가하였다. 대학원생의 수도 18,848명으로 1965년보다 4배나 증가하였다.

### 2) 과 학

1977년 9월18일에 중공 당 중앙은 전국과학대회소집에 관한 통지문을 통해 과학 기술면에서의 4인방의 폐해를 일곱 차례에 걸쳐 언급하였다. 이것은 바로 4인방이 제거된 다음 중공의 영도층이 과학 기술 발전을 위한 개혁을 단행하겠다는 결심을 표시한 것이다.

1978년 3월 18일부터 31일까지 건국이래 처음으로 전국과학대회를 북경에서 소집하여 6,000명에 가까운 각계의 대표들이 참석하였다.[47] 대회에서는 공동으로 사인방을 비판하고 경험을 교류하고 또한 계획을 토론하였다. 이때 중공 당 중앙 주석 화국봉은 「전체 중화민족의 과학 문화수준의 제고」라는 보고를 통하여 과학 문화의 수준을 높여야 하며 이 전략을 해결하지 않으면 신시기의 임무를 완성할 수 없다고 하였다. 부주석 등소평은 개막식에서 4개 현대화는 과학 기술의 현대화가 관건이며 현대 과학 기술이 없으면 현대 농업, 현대 공업, 현대 국방을 건설할 수 없다고 하였다.

이 과학대회에서 「1978-1985년 전국 과학기술 발전 계획 강요」를 제정하여 과학 기술 공작의 8년 목표를 제시하였다. 계획에 따르면 과학 기술자 80만 명의 양성, 27개 분야 108개 항목을 중점적으로 연구하여 1985년까지 70년대의 세계 수준에 까지 오르며 금세기안에 이를 추월한다고 하였다. 또한 대회에서는 826개의 선진 단체를 표창하고 1,192명의 과학 기술 공작자와 7,657항목의 우수한 성과를 올린 단위와 개인에 대하여 표창하였다.

결국, 이 대회는 과학 기술 공작자의 자긍심을 불러일으켜 주고 과학 기술 공작자로 하여금 사회주의 길로 그리고 전문가의 길로 가도록 장려하였다. 이렇게 함으로서 과학을 중시하게 하고 과학을 배우게 하여 과학 기술 사업이 크게 발전하도록 자극을 줄 수 있었다.

예를 들면 4인방이 권력을 장악하려고 하던 기간(1973-76) 중국이 수출하고 있던 과학 기술 잡지는 27종이었는데 4인방이 제거된 후(1978-80)에는 87종으로 늘어났다. 그리고 1977년부터 1980년까지 중국에서 출판하고 있던 과학 기술 잡지는 1977년에 4종, 1978년에 8종, 1979년에 42종, 80년 8월까지 33종인 것으로 보아도 과학 연구의 성과가 상당히 활발하였음을 알 수 있다.

### 3) 문 학

4인방제거이후 문예계는 그들이 내세웠던 '문예흑선전정론(文藝黑線專政論)'을 철저하게 비판하고 이를 청산하였다. 이와 동시에 문예계는 광범위하게 임표와 4인방이 파시스트 문화 전정(독재)의 죄행을 실행하였다고 비판하였다. 특히 1978년 5월 11일에 『광명일보』에 「실천은 진리를 검증하는 유일한 표준」이란 글이 발표되면서 사상, 문화 영역에서도 대변론이 일어났다. 즉 5월 27일부터 6월 5일까지 북경에서 전국문연(文聯) 제3기 전국위원회 제3차(확대)회의를 소집하였는데[48], 이 회의는 4인방제거 이후에 전국 문예계의 혼란을 바로잡는 하나의 성대한 회의였다. 회의는 전국문연, 작가협회, 음악협회, 연극협회 등 문예단체가 활동을 재개한다고 선포하고 『문예보(文藝報)』를 복간하였다. 그리고 제4차 문학예술공작자대표대회를 준비하기로 결정하고 4인방을 철저하게 비판하자고 호소하였다.

1979년 2월에 『문예보(文藝報)』는 문예이론 좌담회를 소집하고, 이후에 다시 『문예평론(文藝評論)』잡지와 연합으로 「임표가 강청에게 위탁하여 소집한 부대문예공작좌담회 기요」에 관한 비판 좌담회를 소집하였다. 그리고 실각되었던 문인과 예술가, 그리고 그들의 작품이 복권되거나 재 발행되었다. 복권된 작가로는 파금(巴金), 노사(老舍), 주양(周揚), 오함(吳晗), 전한(田漢), 요설은(姚雪垠) 등으로 그들의 작품도 복권되었다. 한편, 외국문학작품도 판금 당하였던 『섹스피어전집』, 『천일야화』를 비롯하여 『톰 소오어의 모험』, 『레미제라블』 등이 풀렸으며, 중국작품으로 『당시선(唐詩選)』이 복간되어 독자들은 이를 구하기 위하여 서점에 장사진을 폈다.

대체로 4인방제거이후 신시기의 문학은 크게 네 단계로 나누어 설명하고 있다.[49] 즉 첫 단계는 4인방을 비판하고 노인세대(원로작가)

를 칭송하였으며, 두 번째 단계는 문학으로 임표와 4인방이 인민에게 준 상처를 고발하는 상흔문학(傷痕文學)의 단계이며50), 세 번째 단계는 과거를 회고하고 역사 경험을 종합하는 반사(反思)단계이며, 네 번째 단계는 자기 창작의 단계로 나누고 있다.

## 7. 전환기의 중국 외교

### 1) 중·미 관계의 발전

1972년에 닉슨(Nixon, R.)의 중국방문과 상해공동성명을 발표한 다음 중·미 양국은 각각 북경과 워싱턴에 연락사무소를 설치하여 빈번한 왕래와 무역의 신속한 발전, 활발한 문화교류가 이루어졌다. 그러나 양국관계는 얼마 못가 정체상태에 빠졌다. 이유는 첫째, 양국의 국내사정(닉슨의 워터게이트 사건과 4인방의 비림비공, 우파번안풍의 타격, 미국과의 관계를 투항매국으로 보는 4인방), 둘째, 미국의 대소정책의 완화로 미국은 중·미 관계의 발전이 대소외교에 영향을 미치지 않을까 하는 우려에서 관계정상화에 열심이지 않았던 점, 셋째, 미국은 미국내 친대만 세력의 반대로 인해 중국의 국교수립 3원칙인 대만에서의 철군, 단교, 공동방어조약의 폐기를 받아들일 수 없었기 때문이다.51)

그런데 1978년에 이르러 미국은 중국과의 관계개선에 적극적인 태도를 보였다. 왜냐하면 소련과의 핵무기 감축 담판에서 결과를 얻지 못하여 강경정책으로 바꿔야 하였고, 전략적으로 중국과의 외교관계 수립이 필요하다고 보았으며, 개혁개방으로 중국이 일본, 프랑스와 무역협정을 체결하자 미국은 방대한 중국시장을 일본과 서유럽에게 빼앗기지 않을 가 하는 염려를 하게 되었기 때문이다. 이에 카터(Carter J.) 행정부는 중국과의 관계정상화를 위해 중국의 외교수립 3

원칙을 받아들인다고 하여 외교관계의 수립을 위한 담판을 시작, 12월 15일에 외교수립 성명에 서명하고 1979년 1월 1일에 양국은 정식 외교관계를 수립하였다.

그런데 미국에 있는 친대만 세력의 활동으로 중·미 관계의 방해 요인이 된 「대만 관계법」을 국회 상하원에서 1979년 3월 26일에 통과시켰다. 이 법에 대하여 중국은 반대 입장을 표명, 대만을 하나의 국가로 본 것이라며 엄중 항의하였다. 그러나 미국은 대만 관계법이 정부의 입장과 완전히 부합되는 것이라 회답하여 또다시 갈등이 표출되었다.

다음에 레이건(Reagan, Ronald W.) 행정부가 들어서면서 미국의 대만에 대한 무기 판매가 문제가 되었다. 이에 중국은 카터정부시기의 수준을 넘지 않을 것과 무기 판매를 점차 축소하며, 최종적으로 언제까지인지 시간을 정하라고 요구하였다. 그렇지 않으면 중국은 대사관을 철수하거나 연락사무소로 격을 낮추겠다고 하였다.[52] 이에 레이건은 문제의 심각성을 인식하고 1982년 4월에 무기판매 문제를 갖고 중국과 담판하기를 원한다고 하여 중·미 쌍방은 8월 17일에 「공동성명」을 발표하였다.

이 「8.17 공동성명」에서 미국은 두개의 중국 혹은 하나의 중국과 또 다른 하나의 대만 정책을 펴지 않을 것이며, 장기간 무기판매도 하지 않을 것이며, 무기의 성능과 수량 면에서 국교수립이래 공급 수준을 초과하지 않을 것이라 하였다. 이에 중·미의 긴장 관계가 풀리게 되어 중·미 관계의 발전에 새로운 장이 열렸다.

양국의 국교를 정식으로 맺은 다음 정치적으로 1979년 1월에 중국의 지도자로는 처음으로 등소평(鄧小平) 부총리가 미국을 방문하였고, 1984년 1월에 조자양(趙紫陽) 총리가 방문하였으며, 4월에 레이건 대통령이, 1989년 2월에는 조지 부시(Bush, G.) 대통령이 중국을 방문하는 등 교류가 빈번해졌다.

또한 경제적으로 1980년 1월에 미 의회가 중국에게 최혜국대우의

등소평의 미국방문

안건을 통과시켜 양국의 무역이 대폭적으로 늘어났다. 예를 들면 1979년에 24.5억 달러가 1988년에 144.1억 달러로 증가했다. 경제기술 합작에서도 미국은 기술이전의 제한을 해제하여 중국을 비동맹우호 국가로 분류하였다. 전자 상품도 7종류에서 1985년에 27종류로 확대하였다. 심지어 미국은 사회주의 국가와는 처음으로 핵에너지 합작협정도 체결하여 중국은 미국 과학자들의 협조를 얻을 수 있었다.

교육과 문화교류도 활발하여 1978년부터 1991년까지 중국의 유학생은 7만여 명에 달하였으며(국비유학생은 4만 여명), 미국도 1979년부터 1988년까지 7,000여 명의 학생이 중국 유학길에 올랐다.53)

## 2) 중·일 평화우호조약의 체결과 양국관계의 발전

중·일 양국은 1972년에 전중(田中, 다나카) 수상의 중국방문으로 발표된 「공동성명」의 규정에 따라 1974년부터 평화우호조약을 체결하기 위한 담판에 들어갔다. 그러나 일본 자민당안의 계파투쟁과 중국과 일본의 국내정치 문제 등으로 진행이 순조롭지 않아 거의 4년을 끌었다. 그러나 무역(1974), 항공·해운(1974), 어업협정(1975)을 체결하여 양국간의 관계가 더욱 긴밀해졌다.

항공협정의 경우 일본항공은 황금노선인 일본-대만항로를 계속 유지하려 하였고 중국은 대만 중화항공의 일본 취항에 항공사 명칭과 항공기의 대만 국기 표시는 중·일 연합성명의 원칙에 부합되지 않는다하여 협정체결의 장애요인이 되었다. 여기에 한 몫을 더한 것이 일본 의회안의 친대만파들이 정부가 민간왕래형식으로 대만항로를 해결하려는 정책에 반대하였는데, 결국 일본정부의 방침대로 강력하게 추진하여 협정을 체결하게 되었다.54)

그런데 1978년에 국제정세, 특히 아시아 태평양지역에 중대한 변화가 일어났다. 우선 중국이 명확하게 개혁, 개방노선을 취하여 대외관계상 새로운 단계로 들어가고, 중국과 일본의 무역협정 체결로 양국의 무역 잠재력을 확인하게 되었다. 둘째로 미·소 간의 대립이 더욱 심하여 소련이 남진전략을 강력히 취하면서 그들의 태평양함대가 빈번하게 일본 근해에서 활동하고 베트남의 캄란(Quang Nam)만에 대규모 해, 공군기지를 확대하고 있어 미국도 이를 고려하여 중·일 우호조약의 체결을 지지하였으며, 서구 국가들도 소련의 패권주의 전략에 대응하기 위하여 일본과 중국과의 관계를 강화하기 바랐다. 셋째로 일본 국내에서도 우호조약의 체결을 촉구하자는 소리가 높아져 자민당 안에 우호조약체결촉진위원회가 성립되었으며 경제계도 조속히 조약이 체결되기를 복전(福田, 후쿠다) 수상에게 요구하였다.55)

이에 따라 1978년 7월 21일에 8월 12일까지 15차의 정식회담을 거쳐 「중·일 평화우호조약」을 체결하게 되었다. 이는 전후문제를 처리하는 일반 조약이 아니고 차후 양국의 우호관계를 돈독히 하는 조약이어서 전쟁책임, 배상문제, 영토문제는 중·일 공동성명으로 해결된 것으로 보아 의제로 올리지 않았다. 조약은 법률형식으로 공동성명의 각 항의 원칙을 고정시키고 양국 우호관계의 준칙으로 삼았다.

그런데 조어도(釣魚島)의 귀속 문제가 돌출되었다. 일본이름으로 센가쿠 열도(첨각열도, 尖閣列島)라 불리는 이 섬은 본래 대만 동북 10

해리에 떨어져 있으며 황미여(黃尾嶼)·적미여(赤尾嶼)·남소도·북소도와 일부 바위로 이루어져 있다. 그 가운데 조어도가 제일 큰 섬으로 면적은 5㎢이며 대만 어민들의 어로영역이었다.[56] 그런데 청일전쟁의 결과 대만을 식민지화하면서 일본의 영유로 되었다. 일본이 패망하면서 대만의 부속도서인 조어도를 임의로 미국에 넘기고 미국은 이 도서에 대한 통치권을 갖게 되었다. 그리고 1971년 1월에 미국이 오키나와를 일본에 반환하면서 이를 반환구역에 포함시켰다.

중국은 1950년 6월에 미7함대가 대만해협에 나타났을 때 대만과 그 부근의 도서는 중국의 영토라고 선언한 일이 있으며, 미국이 오키나와를 반환할 때도 조어도는 중국의 영토라고 외교부 성명을 발표하여 그 영유권을 확실히 하였는데 결국 양국간은 영유권 문제로 대립하게 되었다. 그런데 중·일 양국은 조어도 문제와 우호조약체결 문제에서 후자가 더욱 중요하다고 보아 담판과정에서 이 문제를 의제로 삼지 않고 차후 문제로 남겨두기로 하였기 때문에 양국의 양해가 이루어져 우호조약을 체결하기에 이르렀다.[57]

그리고 등소평 부총리가 조약비준 교환의식에 참가하기 위하여 1978년 10월 22일부터 29일까지 중국 정부 최고위관리로는 처음으로 일본을 방문하였는데, 수행원은 인민대표대회 상무위원회 부위원장이며 중·일 우호협회 회장인 요승지(廖承志), 외교부장 황화(黃華) 등이었고, 비준서 교환의식은 10월 23일에 일본수상 관저에서 가졌다.

이 조약의 체결로 중·일 관계는 진일보 발전하여 경제, 무역, 문화 등 각 방면에서 우호협력이 강화되었다. 특히 중국의 전면 개혁개방정책은 중·일 관계에 새로운 활력소가 되었는데 일본도 중국의 정책을 지지하여 1979년에 해외협력기금(ODA로 약칭) 차관으로 일화 3,309억 원을, 두 번째의 차관은 1984년에 일화 4,740억 원, 세 번째의 차관은 1989년부터 1990까지 일화 7,700억 원을 30년 상환에 2.5%-3%의 저리로 주었다. 그리고 이 해에 일본 수출입은행도 에너지 개발을 위한 차관을 제공하였는데, 이를 계기로 중국은행은 동경에 대표부를 두기 시작하여 1986년 10월에 63개소에 사무소를 두었으며, 일본은 중국에 38개의 은행이 77개소에 사무소를 두어 중국에 금융기관을 제일 많이 둔 나라가 되었다.

경제 합작도 활발하게 이루어져 1980년대 이후 일본은 중국에서 3자기업(三資企業, 합자경영, 합작생산, 단독투자)을 일으켰다. 대체로 1979년부터 1987년까지 일본 민간이 중국에 투자한 3자기업은 모두 420개로 그 가운데 합자경영 기업이 326개, 합작생산 기업이 89개, 단독투자기업이 5개로 외자투자 총액의 4.16%를 점하고 있었다.[58)]

또한 과학 기술 문화방면에서의 교류도 활발해졌다. 특히 1979년 12월에 문화교류협정과 1980년 5월에 과학기술합작협정을 체결하여 쌍방의 교류는 더욱 활발해지게 되었다. 이에 따라 학술계와 예술계의 왕래, 교류가 활발해졌다. 즉 중・일 과학기술교류협회, 중・일 건축기술교류협회 등이 조직되어 1972년부터 1987년까지 중국은 일본으로부터 808항목의 기술설비, 79억 달러를 들여왔다. 그러나 일본은 선진기술을 이전해주려 하지 않으려하였고, 사회주의 국가에 대한 금수 규정을 지키려고 하여 양국관계에 문제가 되었다.

이에 1982년에 호요방 총서기가 일본을 방문하였을 때 중・일 관계를 발전시키기 위한 3원칙(평화우호, 평등상호이익, 장기안정)을 제시하자 중증근(中曾根康弘, 나카소네 야스히로)수상이 상호신뢰를 추가하여 4원칙을 확정하였다. 그리고 중・일 우호 21세기위원회를 성립시켰다.

### 3) 중・베트남의 무력 충돌

1950년 1월 18일에 중국은 처음으로 베트남사회민주공화국을 승인하여 외교 관계를 맺었다. 이에 호지명(胡志明)은 이날을 베트남 외교 승리일로 정하였다. 중국도 베트남의 프랑스・미국에 대한 저항운동을 아무런 조건 없이 지원하였다. 여기에는 군사고문을 포함하여 군수품과 기술 방면 등 근 30년 동안에 200억 달러가까이 베트남을 지원하였다.

결과적으로 베트남은 1975년에 통일되어 역사의 새로운 장을 펼치게 되었다. 그런데 1978년 8월부터 소련 군사고문을 비롯하여 소련의 무기를 대량으로 계속 반입하였다. 그리고 이해 11월에 베트남과 소련사이에 군사동맹 성질의 「우호합작조약」을 체결하였다. 이것은 소련의 전 세계 패권주의와 베트남의 지역 패권주의가 결합된 패권신성동맹이었다. 즉 베트남은 소련의 시시를 받아 라오스와 캄보디아를 지배하려 하여 1979년 1월에 캄보디아를 공격하고 수도인 프놈펜(Pnompenh)을 점령하여 인도차이나 연방의 맹주가 되려하였다. 따라서 중국은 베트남을 기지로 삼으려는 소련에 대항하고, 또한 캄보디아를 지원하였기 때문에 중·베트남 관계가 악화되었다.

한편, 베트남은 중국과의 관계가 악화되자 그들이 추진하는 지역패권주의에 방해가 된다고 보아 반 중국, 중국 배척정책을 펴 전통적인 우의 관계가 무너졌다. 뿐만 아니라 베트남은 화교 배척운동을 전개하여 중국의 노력에도 불구하고 화교들은 귀국하는 숫자가 날로 늘어났다. 이에 따라 중국도 베트남에 대한 경제 원조를 중단하고 기술자들을 철수시켰다.

중국과 베트남은 1,347km의 국경선을 맞대고 있다. 이 국경은 1957년과 1958년에 양국이 교환한 문건에서 19세기 청조와 프랑스가 체결한 경계선을 근거로 국경선을 확정하였던 것이다. 그런데 미국과의 전쟁이 종식된 후 베트남은 중국의 국경선을 잠식해 들어갔다. 따라서 중국과 베트남사이에 국경분쟁이 일어났는데, 1974년에 12차, 1975년에 439차, 1976년에 986차, 1977년에 752차에 달하여 해마다 늘어났다.

본격적인 중국과 베트남의 국경분쟁은 1974년에 중국군이 서사군도(西沙群島)와 남사군도(南沙群島)에 침입한 베트남군을 쫓아내면서 베트남은 이들 섬이 베트남의 것이라고 대대적인 선전을 하면서 중국과 대립했다. 쌍방은 외무 차관급 회담을 통하여 해결하려 하였으나 결국 청조와 프랑스가 체결한 국경을 존중하기로 하였다. 그러나 이후에도 국경 충돌이 빈번하게 일어났기 때문에 1979년 2월 17일부터 중국은 대규모의 반격에 나서게 되었다. 중국군은 베트남의 동등(同登)·양산(諒山)·고평(高平)·칠계(七溪)·노가(老街) 등을 점령하였다가 3월 5일부터 철수하였다. 동시에 베트남군 포로 1,629명을 석방하고 담판을 진행하자고 베트남에 건의하였다.

그 결과, 1979년 4월과 12월에 양국은 외무 차관급 회담을 하노이와 북경에서 열었다. 그러나 베트남은 담판에 성의가 없었으며 그들의 입장을 완강하게 주장하여 아무런 성과가 없었다.

### 4) 중·소 관계의 개선과 정상화

중·소 사이의 관계는 이념과 영토분쟁이래 소련의 패권정책으로 인하여 더욱 악화되었다. 결국, 중국은 1979년에 중·소 우호동맹조약의 기간이 만료되는 1980년 후에 다시 연장하지 않는다고 소련에 조회함으로서 이미 이름만 남아있던 중·소 동맹관계는 완전히 무덤속에 묻히고 말았다.

그런데 1982년 3월에 소련의 지도자인 브레즈네프(Brezhnev, Lenoid)는 타시캔트에서 중국에 대한 정책을 설명하였는데, 중국에서 행하고 있는 정책이 사회주의 원칙에 부합되지 않는 것이 많으나 소련은 사회주의 안에서 중국을 부정하지 않는다고 하였으며, 어떠한 형식이던지 두개의 중국은 인정하지 않으며, 과거에도 그러하였지만 현재도 중화인민공화국의 대만에 대한 주권을 승인하며, 국경문제에 관하여 어느 때던지 담판할 준비가 되어있고, 어떤 선결조건을 내세우지 않고 제3국에게 손해를 끼치지 않는 상황아래 관계개선을 원하고 있다고 하였다.

이 내용은 양국의 대립이래 찾아 볼 수 없었던 부드러운 태도였으며 내용도 이전에 없던 것들이었다. 그 후 브레즈네프는 이와 비슷한 내용을 모스크바에서도 발표하여 소련은 확실히 중국과의 관계개선을 희망하고 있음을 표시하였다. 이에 중국도 소련의 태도가 변하였음을 보고 관계개선을 하더라도 반드시 원칙을 갖고 소련이 할 수 있는 조건을 파악하여 관계개선의 뜻을 전하기로 하였다. 그리하여 9월에 소집된 중공 당 12차 전국대표대회에서 호요방 총서기는 당을 대표하여 전면적으로 사회주의 현대화 건설의 신국면을 열자라는 보고를 통하여 소련지도자늘의 관계개선 희망에 동의하나 중요한 것은 말이 아니라 행동이라며 소련이 관계개선에 성의가 있고 실제적으로 중국의 안전을 위협하는 조치를 풀어나가면 양국의 관계는 정상화의 가능성도 있다는 입장을 표명하기에 이르렀다.[59] 그리하여 쌍방은 관계 정상화를 위하여 차관급 담판을 갖기로 하고 10월에 담판이 시작되었다.

소련이 이처럼 중국에 대한 정책을 바꾸게 된 것은 1970년대에 중국과 미국이 공동으로 소련에 대응하는 형세가 되어 불리한 위치에 섰기 때문이다. 특히 미국의 레이건 정부가 들어선 다음 서유럽에 중거리 미사일을 배치하고 실력으로 평화를 지키겠다고 하여 소련의 변화를 유발시켰다. 즉 소련은 중국과의 관계개선을 통해 미국과의 패권싸움을 유리하게 이끌고자하였고, 마침 대만의 무기판매 문제로 중・미 관계가 긴장됨에 따라 이를 이용 중국과의 관계개선을 도모하려고 하였던 것이다.

특히 소련은 아프가니스탄 침공으로 제3세계로부터도 비난받고 고립된 상태에 들어가 있었다. 그런데 중국은 제3세계 국가로 상당한 입지를 갖고 있어서 중국과의 관계를 개선하면 제3세계와의 관계에서도 이익이 된다고 보았다. 또한 경제적으로 소련이 의도하고 있던 시베리아 개발에도 중국과의 관계개선이 유리하다고 판단하였다.

한편, 중국도 중공 당 11기 3중전회이래 개혁 개방정책을 취하여 사회주의 현대화 건설을 전당의 중심에 두고 있었기 때문에 건설을 하려면 평화적인 환경이 필요하여, 중・소의 긴장관계는 불리하다고 판단하였다. 이에 등소평은 소련이 패권주의정책을 포기하는 것이 관계개선의 기초가 된다고 지적하였다. 따라서 관계 정상화의 담판이 시작되자 중국은 세 가지의 장애요인을 해소하여야 한다고 하여 시작부터 난관에 부닥쳤다.60)

그런데 1982년부터 1985년 사이에 소련의 지도자들이 차례로 세상을 떠났다. 이들의 장례식에 중국은 국무위원·외교부장인 황화(黃華), 부총리 만리(萬里), 이붕(李鵬)을 파견하여 소련지도자들과 접촉, 양국 관계개선에 좋은 분위기를 만들었다. 이를 기회로 쌍방의 무역관계도 크게 발전되었으며, 1984년 12월에 소련부장회의 제1부주석 코르시포프(Korsypov)가 정식으로 중국을 방문하고, 다음해 7월에 중국 부총리 요의림(姚依林)이 소련을 방문하여 경제기술합작협정과 무역협정을 체결하였다.

특히 1985년 3월에 소련공산당 총서기에 고르바초프(Gorbachov, N.)가 취임하여 중·소 관계개선에 적극적인 태도를 보였다. 이에 10월에 등소평은 베트남이 캄보디아에서 철군하도록 중·소 사이에 양해가 이루어진다면 모스크바에 가서 고르바초프를 만날 뜻이 있다고 구두 전달하여 중국의 뜻을 표명하였다. 이러한 진전아래 1986년 7월 28일에 고르바초프는 블라디보스토크에서 소련은 아프가니스탄에서 6개 군단의 철수, 몽고에 있는 일부 소련군의 철수, 그리고 항로에 따라 양국의 국경선을 정할 수 있다고 말하여 등소평도 소련이 확실히 베트남의 캄보디아 침략중지와 캄보디아에서 철군문제가 실현되면 고르바초프를 만나겠다고 표명하였다. 이에 1987년 2월부터 양국은 국경문제 담판이 시작되고, 1988년 4월에 소련은 9월부터 아프가니스탄에서 철군하기로 동의하였으며 캄보디아 문제도 해결하기를 원한다고 발표하였다. 그리고 소련은 동유럽과 몽고에서 철군하기로 하였으며, 1989년 1월에 베트남도 9월이전에 캄보디아에서 철군한다고 발표하여 중·소 관계의 장애요인이 해소된 셈이다.

그리고 1989년 5월 15일에 고르바초프가 중국을 방문하여 중·소

쌍방은 과거를 끝내고 미래를 열자며 관계정상화가 이루어지게 되었다.

## 8. 장경국(蔣經國)시대의 본토화(本土化) 정책

### 1) 장개석(蔣介石)의 사망과 권력의 승계

1972년에 장경국이 행정원 원장이 되었을 때 장개석의 건강은 갈수록 좋지 않았다. 결국, 1975년 4월 5일에 제2차 세계대전의 지도자로서는 마지막으로 세상을 떠났다. 그는 이미 자신의 운명을 예측하고 3월 29일에 유촉을 중국국민당 중앙위원회 부비서장 진효의(秦孝儀)에게 적도록 하고 후에 송미령(宋美齡)・엄가감(嚴家淦)・장경국(蔣經國)・예문아(倪文亞)・양량공(楊亮功)・여준현(余俊賢) 등에게 서명하게 하였다. 그 내용은 삼민주의를 실천하고 광복대륙(光復大陸)하여야 한다는 것이었다.

물론 장개석은 죽기 전에 이미 권력을 그의 아들 장경국에게 승계하도록 결정하여 제반 조치를 취하여 놓았기 때문에 장경국은 행정원 원장으로 모든 권력을 행사하고 있었다. 따라서 권력의 승계는 아무런 파란 없이 이루어졌으며 '장경국 시대'를 열게 되었다.

그러나 형식상이나마 4월 6일에 중국국민당 중앙상무위원회 임시회의를 소집하여 부총통인 엄가감이 총통직을 승계하도록 하고, 사임을 표시한 장경국의 뜻을 철회하도록 결의하여 그를 유임시켰다. 그러나 전자는 헌법 49조에 부총통이 계임하도록 되어있어 실질적으로 중앙상무위원회의 결의가 필요 없는 것이었으며, 후자는 의례적인 것에 불과하였다. 그리하여 당일에 엄가감은 총통에 취임하였다.

4월 26일에 중국국민당 중앙위원회는 임시 전체회의를 소집하여 당장을 개정, 당의 '총재'란 칭호는 장개석에게만 쓰도록 하고, 이를 주석으로 고치기로 하였으며 장경국을 중국국민당 중앙위원회 주석으로 추대하였다. 그리고 장경국은 당내의 지위를 확고히 하기 위하여 1976년 11월 12일부터 18일까지 중국국민당 제11기 전국대표대회를 소집하고 「중국국민당 당장 수정안」, 「중국국민당 정강안」, 「당건설 강화방안」, 「반공복국 행동강령」 「삼민주의 사상교육 강화방안」, 「총재유촉 봉행 결의안」을 통과시켰다.61) 따라서 장경국은 행정원 원장으로 당권마저 확고하게 장악하게 되었으며 엄가감 총통은 총통이란 이름만 갖게 되었을 뿐 실질적인 권력은 없었다.

### 2) 장원장시대의 신인신정(新人新政)과 대만(臺灣) 출신의 등용

장경국은 행정원 원장이 된 다음에 행정원에 대하여 대폭적인 인사 개편을 단행하였다. 즉 종전에는 연로한 관리들이 돌려가며 자리를 바꾸어 앉았던 실정이었던데 비하여 그는 대대적인 개편을 단행하면서 새로운 인물, 신인들을 적지 않게 등용하였다. 그리하여 신내각은 진용도 새로웠을 뿐만 아니라 새로운 기상에 활력이 넘쳤다. 내각의 평균 나이도 61.8세로 낮아졌다. 특히 대북시장에 임명된 장풍서(張豊緖), 기륭시장에 임명된 진정웅(陳政雄), 도원시장에 임명된 오백웅(吳伯雄) 등은 모두 40여 세밖에 안된 이들이었다. 그리고 장풍서의 경우는 현장(縣長)에서 일약 특별시의 시장(市長)으로, 이등휘(李登輝)는 농업전문가에서 행정원 정무위원으로 발탁되었다. 또한 이렇게 새로이 발탁된 사람들은 모두 대만성 출신이었기 때문에 정치적으로 대만출신의 새바람이 불게 되었다.

이밖에도 장경국은 제2세대의 정치인을 양성하는데 주의를 기울였다. 물론 이것은 당내의 원로파들을 견제하기 위하여서도 필요한 조치였다. 따라서 내각의 장관들에게만 신인신정(新人新政)과 정치 혁신을 도모한 것이 아니라 이러한 정책을 국민당의 당무에도 적용하였다. 그 결과, 국민당 정권의 사회적 기반을 확대하여 오랜 동안 쌓인 대만성(本省) 출신과 대륙에서 온 외성(外省) 출신사이의 갈등을 해소하면서 장경국을 핵심으로 한 권력기반을 굳건히 다지고 신선한 바람을 불어넣어 대만의 사회와 경제 발전에 유리한 국면을 조성하였다.

또한 행정의 혁신을 도모하여 정부의 기능을 효율적으로 운용하도록 하였다. 이를 위하여 부적합한 법령, 규칙에 대하여 가능한 한 신속하게 개정하거나 폐기하였으며, 행정능률을 높이기 위하여 평범(平凡), 평담(平淡), 평실(平實)의 6자 행정공작방침을 제시하였다. 그리고 공무원들에게 10가지 혁신적인 지시를 했다.

그 내용은 ① 시찰의 질약, ② 공공 공사의 기공식과 준공식의 생략, ③ 공무원의 외국 시찰의 계획화와 외국어 능력있는 자에 한함, ④ 지방 출장의 간소화, ⑤ 특수 규정이외 공무원의 연회 사례 사절, ⑥ 공무원의 결혼 청첩과 부고 남발 금지, ⑦ 공무원의 요정, 카바레 출입금지 등이다. 이것은 절약을 이행하고 근무 기강을 일신하기 위한 조치였다.

장경국은 청렴정치를 표방하였다. 장씨 집안과 관련이 있으며 행정원 인사행정국 국장 겸 중앙공무원 주택구입보조위원회 주임위원인 왕정선(王正誼)이 사림(士林)의 중앙사구(中央社區) 공사에서 부정으로 13만 달러를 횡령하자 이를 조사하여 재판에 회부 무기형을 언도하였다. 이는 장개석시대에는 누구도 죄를 물을 수 없는 일이었다. 이후에도 관세청 부청장 겸 심사주임 백경국(白慶國)이 부정을 저질러 사형에 처하여지고, 고웅시 시장 양금호(楊金虎)도 부정으로 5년형을 언도받았다.

### 3) 본토화(本土化) 정책의 전면실시

중국국민당이 대만을 통치하여온 이래 대만출신의 정치참여는 제한되어 온 것이 사실이었다. 때문에 일부 대만인들은 대만을 통치하는 것은 대륙인이라고 생각하였다. 대만성 주석만 하더라도 1949년부터 1972년까지 23년 동안 대륙 출신이 맡아왔다. 그러나 장원장시대에 대만인이 등용되면서 처음으로 대만출신 사동민(謝東閔)이 대만성 주석에 임명되었던 것이다.

1975년에 장경국이 중국국민당 주석이 된 다음 정책상에도 새로운 변화가 일어났다. 즉 장개석시대는 반공을 위한 군사 준비와 대륙광복 문제에 집중되어 있었는데, 장경국은 비교적 실질적으로 대만통치에 관심을 두었다. 그는 행정원 원장이 된 이래 전국 곳곳을 누비며 그 지역 주민들과 대화를 나누고 문제점을 직접 들으면서 이를 해결하는데 주력하여 왔었다.

그는 대만통치를 보다 튼튼히 하기 위하여 정치적으로 대만성 출신을 중용하여 대만인이 대만을 다스린다는 구호아래 참정의 기회를 대만인들에게 개방하고, 또 이렇게 함으로써 정권의 기초를 확대하고 대만인(본성인)과 대륙에서 온 사람(외성인)들과의 감정적 대립을 완화시키고자 하였다. 물론 이와 같은 정책의 변화는 국제 정세의 변화에 대응하고 또한 대만 독립운동에 쐐기를 박는 의미도 담겨져 있었다.

중국국민당의 최고 정책결정 기구인 중앙상무위원회의 경우 1960년대 초까지만 하여도 대만성 출신은 전체의 10%에도 미치지 못하였으나 1981년의 중국국민당 12기 1중전회에서 선출한 중앙상무위원은 대만 출신이 1/3이나 되었다. 대만성 정부의 경우에도 대만성 출신이 50년대에 1/3밖에 되지 않았는데 70년대 말에는 4/5로 증가하였다.

물론 대만인의 입장에서 볼 때 장경국의 이러한 정책은 자리만

높을 뿐 실질적인 권한이 없는 자리, 즉 집행권만 있고 정책의 결정권이 없는 자리에만 한정되어 있다고 불만을 가져왔으나 그가 세상을 떠나기 직전에 대만 출신들은 이미 상당 수 요직을 점하고 있었다. 즉 부총통, 감찰워 워장, 사법원 원장, 행정·입법·감찰·사법 4원의 부원장, 장관 3명, 정무위원 4명, 대만성 주석. 대북·고웅직할시의 시장, 성정부의 고위 관리의 78%, 현·시장의 100%를 대만 출신이 점하고 있었다.

### 4) 장경국 총통의 취임과 강인정부(强人政府)

1975년 4월에 장개석이 세상을 떠나자 엄가감이 부총통으로서 총통직을 승계하였고 그 잔여임기는 1978년 3월 20일에 만료되었다. 엄가감은 국민당중앙위원회 상무위원회 위원의 신분으로 1977년 12월 14일에 중국국민당 전체 중앙상무위원들에게 장경국을 중화민국 제6대 총통 후보자로 추천하였다. 이에 다음해인 1978년 1월 7일에 중앙상무위원회 제1차 임시회의에서 이를 접수하였다. 그리고 뒤이어 소집된 중국국민당 11기 2차 회의에서 장경국을 제6대 총통후보로, 대만성 주석 사동민을 부총통 후보자로 지명하였다.

한편, 엄가감 총통은 총통의 명의로 제1기 국민대표대회 제6차회의를 2월 19일에 소집한다고 공고하였다. 그리하여 1,220명의 대표가 참석한 국민대표대회는 모두 12차에 걸친 회의를 열었다. 여기에서 장경국의 시정보고, 황소곡(黃少谷)의 국가안전회의 보고, 곡정강(谷正綱)의 헌정연구 보고, 심창환(沈昌煥)의 외교 보고를 들었다. 그리고 3월 21일에 총통선거회를 열었다. 그런데 중국청년당과 중국민주사회당은 국민당이 지명한 입후보자를 지지하여 별도로 후보자를 내지 않았고, 결국 국민당의 단독 출마가 되어 22일에 장경국과 사동민은 정, 부총통으로 당선되었다.

그리고 5월 20일에 장경국과 사동민은 제6대 중화민국 정, 부총

장경국 중화민국 제6대 총통 취임선서(1977. 5)

통으로 취임하였으며, 장경국 총통은 장언사(蔣彦士)를 총통부 비서장, 풍계총(馮啓聰)을 참군장, 손운준(孫運濬)을 행정원 원장으로 지명하여 새로운 행정부를 구성하였다. 따라서 장경국은 주석으로서 국민당을, 총통으로서 정부를 영도하여 당정(黨政)이 일원화되었으며, 강력한 영도력을 확보하여 장경국시대를 열게 되었다. 그리고 이처럼 당권과 정권을 함께 장악하였기 때문에 이를 가리켜 '강인정부(强人政府)'라고도 불러 장원장시대와 구별하고 있다.

## 9. 당외(黨外)세력의 확대와 반 국민당사건

### 1) 당외의 비판과 개혁 주장-『대학잡지(大學雜誌)』와 『대만정론(臺灣政論)』

1960년 9월의 뇌진(雷震) 사건이후 반대파를 중심으로 당을 조직하자는 소리는 자취를 감췄다. 그러나 무당파(무소속) 인사들은 그동안 지방 선거에서 상당한 실력을 유지하고 있었다. 1970년대에 들어와 국제 사회가 변하자 지식인들은 각성하고 국가와 향토에 대하여 관심을 갖게 되었다. 그리고 장경국이 등장하면서 어느 정도 완화정책을 표방하게 되자 더욱 정부에 대한 비판과 함께 개혁하자는 소리가 높아졌다.

1970년대 대만 개혁 운동의 주류를 이룬 것은 1968년 1월에 창간된 『대학잡지(大學雜誌)』였다. 이 잡지는 『자유중국(自由中國)』이 대륙 출신 지식인들이 대만 출신의 정치인과 손잡고 발간하던 것과는 달리 국민당의 새로운 영도층이 주도하여 당시 학계, 교육계, 정치계, 경제계의 신세대(대만에서는 이들을 신생대(新生代)라 칭함) 일류 인재들이 대륙과 대만출신을 가리지 않고 참여하였다. 예를 들면 관숭(關中), 위용(魏鏞), 시계양(施啓揚), 이종계(李鐘桂), 손진(孫震), 심군산(沈君山), 구굉달(丘宏達), 허신량(許信良), 장준굉(張俊宏), 진소정(陳少廷) 등으로, 이들은 뒷날 각계의 중요 인물이 되었다.

대학잡지는 창간 때 문예와 교육문제를 많이 다루었으나 1970년 하반기부터 정치 개혁운동을 제시하였다. 이러한 움직임은 대만이 국제연합에서 탈퇴할 수밖에 없었던 외교적 고립과 조어도(釣魚島) 사건, 그리고 뒤이어 등장하는 장경국과 밀접한 관계를 갖고 있었다.[62] 이에 1971년에 대학잡지를 개조하여 현실 정치 문제를 다루게 되었다. 그러나 1973년에 들어와 대학잡지 관계자 일부는 정부로 들어가 국민당 안의 신생 정치세력을 이루고, 또 해외에서 유학하고 돌아온 이들이 떨어져 나가 『인여사회(人與社會)』란 잡지를 창간하는 등 분열이 일어나 그 영향력을 점차 상실하였다.

대학잡지에 이어 영향을 끼친 잡지는 『대만정론(臺灣政論)』이었다. 대학잡지의 실질적 발행의 책임을 지고 있던 장준굉(張俊宏)이 국민당의 중앙당부 제4조 일을 맡게 되었으나 1973년 말에 실시되는 지방선거에 출마하기 위하여 당원증을 반납하고 대북시의회 시의원에 당외 정치 인물임을 내세워 왕곤화(王昆和)·강의웅(康義雄)·진이영(陳怡榮)과 함께 당외 4인연합진선(黨外4人聯合陣線)을 이루어 출마하였다. 그리고 이들은 입법위원 후보자인 강녕상(康寧祥)·황신개(黃信介)를 적극 지지하였다. 당외 4인연합진선은 모두 낙선하였으나 선거기간 동안 대북시민들은 이들의 정견을 들을 수 있었다. 이후에도 선거가 4년마다(입법위원은 3년마다, 국민대표선거는 6년) 있게 되어 적어도 이때만큼은 속 시원하게 국민당에 대한 비판의 소리를 들을 수 있게 되었다.

1975년 8월에 황신개가 발행인이 되고 강녕상이 사장, 장준굉이 총편집을 맡아 『대만정론(臺灣政論)』이 창간되었다. 창간호는 정치, 경제, 외교, 제3세계, 사회 문제, 대만 역사 등에 관한 내용을 다 포함하고 있었다. 특히 강녕상은 창간호에 「어떻게 대만의 진보와 화해를 촉진할 수 있는가」라는 글을 발표하여 국민당 당원이 아니면 취업할 기회가 적다고 하면서 초등학교 교사와 정부기관의 책임도 맡을 수 없고, 대북시 64개 파출소에 책임자는 대만 출신이 세 사람밖에 없다고 지적하였다.

이러한 지적은 『대학잡지(大學雜誌)』 분열이후 계속되어왔던 언론의 공백을 메꾸어 주기에 충분하였다. 창간호는 5판을 발행하였으며 제5기는 5만 부가 판매되고 해외에서 2천 부가 정기구독을 신청하였다. 이처럼 대만정론을 중심으로 정부에 대한 비판 목소리가 높아지자 정부는 이 해말에 입법위원 선거도 있고, 또한 이들의 언론이 다른 사람에게 내란죄를 범하도록 유발시킬 수 있다는 구실로 정간시켰다. 그러나 대학잡지에 이은 대만정론의 발행은 특히 후자의 경우 짧은 기간이라 하더라도 당외 세력이 출현할 수 있는 바탕을 만들어 주었다. 그 대표적인 예가 대학잡지의 발행인 그룹이었던 허신량·장준굉, 대만정론의 황신개·강녕상 등은 이후 모두 당외세력의 중심 인물이 되었다.

## 2) 당외 세력의 등장과 선거

지방선거에서 당적을 갖고 있지 않은 무소속 입후보자들은 처음에 무당무파(無黨無派)란 이름을 표방하고 있었다. 그리고 당외('黨外)' 란 말은 본래 국민당 당적을 갖고 있지 않다는 뜻의 일반적인 명사로 지방선거가 실시되면서 나왔는데 널리 사용되지 않았다. 그런데 황신개 · 강녕상이 등장하면서 당외라는 말을 자주 쓰기 시작하면서 당적이 없는 정치인들이 공동으로 사용하는 명칭이 되었다.63) 즉 정부의 반대 진영인 재야 정치인물들을 당외라 칭할 수 있다. 그리고 이들은 국민당 집권시기 대만 최대 야당인 민주진보당(民主進步黨, 민진당)의 전신이라고도 할 수 있다.

사실 대만에는 국민당 이외에도 정당이 전연 없었던 것은 아니었다. 역사가 꽤나 오래된 중국청년당과 중국민주사회당(민사당)이 있었다. 그러나 이들의 활동비를 국민당 정부가 지원하여줄 정도여서 국민당에 대하여나 또는 정부에 대하여 비판을 할 수 없었다. 단지 나라 안에 야당이 있다는 형식적인 의미만 있을 뿐 국민당이나 정부에 대하여 시녀 역할 밖에 하지 못하였다. 그런데 장경국시대가 시작되면서 정부는 정부 비판에 대해 유연적 태도를 취하여 별다른 반응을 보이지 않자 무당파 즉 당외의 인물들이 하나의 세력을 형성하게 되었으며 이들이 선거를 통하여 정치에 참여하게 되었다.

대만의 선거는 지방선거와 중앙민의대표를 증원함에 따라 실시되는 보충선거의 두 가지가 있었다. 지방선거는 지방자치의 일환으로 실시되는 것으로 국민정부가 대만으로 옮겨가기 전인 1946년 3, 4월에 대만의 각향, 진, 현, 직할시, 구의 대표를 선거한 일이 있고, 1951년 1월에 제1대 현(縣), 시의원(市議員) 선거를 실시하고, 4월에 제1대 현(縣), 시장(市長) 선거를 실시한 이래 계속 실시되고 있었다. 중앙민의대표 증원 보충선거는 1969년부터 실시한 것으로 외부적인 압력에 의하여 실행하게 된 것이다. 물론 대만에서의 선거란 국민당 일당 독재를 좋게 보이도록 하기 위한 것에 불과하였고 성(省) 주석(主席)이나 대북(臺北)특별시 시장(市長)은 국민당 정부에서 임명하였다.

그러나 선거라는 것이 있기에 당외 정치인사들이 참여하게 되고 경선을 통하여 집정당에 경종을 줄 수 있었다. 1957년에 대북시장 선거에서 국민당 당적이 아닌 고옥수(高玉樹)가 당선되었고, 국민당 당원이 아닌 농회(農會)의 말단 직원이 1957년에 대동현(臺東縣) 의원이 되고, 1964년에 대동현의 현장에도 당선되었다. 특히 1964년의 선거에서는 재야당과 무당파 인사들이 당해년 지방선거검토회를 조직하여 당외 인사들이 좋은 성적을 올리기도 하였다. 그러나 대체적으로 1970년까지 당외 세력은 여전히 약세에 놓여 있었다.

1970년대에 들어와 당외 세력은 더욱 확대되고 대중적 지지기반을 갖게 되었다. 당외 인사들은 선거지원단을 조직하고 서로가 지지하고 협동하는 행동을 보였다. 그 결과, 이후에 실시된 선거에서 당외 인사들의 당선 비율이 비교적 높아졌다.

1977년 11월에 있었던 지방 선거에서 당외 세력은 30%이상 지지를 얻었고, 도원현(桃園縣)의 무당적 후보자 허신량(許信良)은 61.5%의 고득표를 올려 국민당 후보를 눌렀다. 20개 현, 시장의 선거에서 당외 세력은 14개를, 77석의 성의원 가운데 당외 세력은 21석을 차지하여 그동안 당외 세력이 선거에 참여한 이래 가장 좋은 성적을 올림으로써 이 해는 당외 세력발전의 전환점이 되었다.

이에 자극을 받은 당외 인사들은 다음해에 있었던 중앙민의대표증원 보충선거에서 중앙민의대표선거 당외후보자연합회 대만당외인사 선거지원단을 조직하여 통일된 정견과 표어, 노래를 제공하였다. 특히 선거지원단은 입후보자들에게 12대 정치건설방안을 제출하여 당외 후보자들의 공동 정견이 되도록 하였다. 이는 30년이래 당외 인사들이 처음으로 공동 정견을 갖게 된 것이다.

당외 세력(황신개와 허신량)의 합동 기자회견

이들은 헌법규정의 철저한 준수, 중앙민의대표의 전면개선, 성·시장의 직선제, 군대의 국가화, 사법 독립화, 언론 출판의 자유, 계엄령의 해제 등을 요구하였다. 그러나 공교롭게도 대륙이 미국과의 외교 관계를 수립하여 국제적으로 상황이 급변하게 되면서 국민정부가 불리한 국면에 놓이게 되자 국민정부는 이를 구실로 모든 경선 활동을 중지시켰다.

### 3) 중력(中壢) 사건

제5대 성의회의 임기는 본래 4년으로 1977년 초에 임기가 끝나 개선하지 않으면 안 되었다. 그러나 이들의 임기를 이해 말까지로 하고 현(縣)·시장(市長), 현·시의원(縣·市議員), 향진현(鄕鎭縣)관할의 시장과 대북(臺北)특별시 의원과 함께 5종의 지방 공직자 선거를 11월 19일에 치르기로 정하였다. 이것은 대만의 지방자치이래 규모가 가장 큰 선거로 경선활동 또한 격렬하였다.

이때 원래 국민당 당원 허신량(許信良)이 국민당으로부터 도원(桃園)현의 현장(縣長)선거에서 공천을 받지 못하자 국민당을 탈당하여 무당적(무소속)으로 출마하여 국민당에서 공천한 구헌유(歐憲瑜)와 대결하였다. 국민당은 허신량을 탄압하기 위하여 각급 선거기관을 발동하였으며 허신량도 선거지원단의 도움을 받아 이에 대처하면서 쌍방은 충돌 일보직전이었다.

결국, 19일 선거당일에 투표소에서 선거감시주임이 불법을 저지르다 그 자리에서 군중들에게 붙들려 중력경찰분국으로 압송되었다. 그런데 경찰은 오히려 그를 보호하여 군중의 분노를 샀다. 모여들기 시작한 군중은 1만여 명에 달했다. 국민당측에서는 법으로 해결하겠다고 하면서 군중의 해산을 종용하였다. 결국 분노한 군중이 경찰분국을 파괴하였고 경찰과 민중 사이에 충돌이 일어났다.64)

중력사건은 표면적으로 볼 때 선거부정으로 일어난 사건이다. 그러나 그 배경에는 국민당의 통치에 대한 불만에서 폭발된 것으로 국민당 통치에 반항하는 하나의 폭력 사건이었다. 그리고 국민당 고위 당국자들도 고압적인 진압에 위험성이 있다고 보고 중력사건 진압에 나선 군과 경찰에게 총을 발포하여 사상자를 내지 말도록 하였으며, 이후의 선거에서도 후보자 공천에 주의하게 되었다.

이 선거에서 국민당은 대만으로 온 이래 처음으로 선거에서 패하였으며 당외 세력은 크게 신장되었다. 특히 장준굉(張俊宏)·임의웅(林義雄)·추연휘(鄒連輝) 등이 성의원으로 당선되어 당외 세력을 이끌어 나가게 되었다.

### 4) 고웅-미려도(高雄-美麗島) 사건

1978년에 중앙민의대표 증원 보충선거가 있을 때 당외 인사들은 선거지원단을 조직하고 시명덕(施明德)이 총간사가 되어 후보자를 선정하여 지원하였다. 그리고 이해 12월에 『미려도(美麗島)』잡지의 이름으로 대북 중산당에서 집회를 가졌는데 황신개(黃信介)의 주재아래 약 4, 5백 명이 모였다.65) 이것은 대만의 정부반대파들이 30년 만에 처음으로 갖는 대규모의 집회였다. 그런데 이들이 국가(國歌)를 부를 때 당외 인사들은 국가의 가사에 ‘우리 당(국민당을 의미)’으로 되어있는 첫 구절의 가사를 ‘나의’로 바꿔 불렀다. 이로 인하여 우익단체인 『질풍(疾風)』잡지인들과 충돌이 일어났다. 이를 ‘중산당(中山堂) 사건’이라 한다.

그리고 1979년 1월에 고웅의 당외 인사 여등발(余登發)이 중공의 정보를 알고 있으면서 보고하지 않아 형을 받았다. 이 사건을 계기로 고웅의 당외 인사들은 대규모의 시위를 전개하기로 하였는데 그 중심에 당외 인사들이 내는 잡지 『미려도(美麗島)』가 있었다.

이때 또 다른 당외 인사로 강녕상(康寧祥)은 같은 해 6월에 『팔십년대(八十年代)』란 잡지를 내고 있었는데, 이 잡지의 논조는 비교적 온화한 방법과 이성적인 정론을 제시하고 있었다. 때문에 이 두 잡지는 당시 당외 운동의 두 노선을 반영하고 있었다. 그런데 강녕상이 집권당과 접근하고 있어서 그를 타협분자라 보고 당성을 믿을 수 없다하여 점차 고립되어 가는 추세에 『미려도』가 창간되었다. 미려도는 『80년대』와 달리 한국대학생들의 시위와 같은 폭력을 선동하는 격렬한 글을 많이 실었다.

미려도는 9월 8일에야 대북의 중태빈관(中泰賓館)에서 창간축하회를 갖고 뒤이어 10, 11월 사이에 대만의 큰 도시에 미려도 지사와 독자 서비스처를 두게 되었는데, 지사를 개업하는 날에는 반드시 대규모의 군중강연을 열어 마치 지구당 창당과 같은 형태를 취하였다. 이와 같은 미려도의 방법은 일부 반공의사들을 중심으로 한 인사들의 불만을 가져와 충돌하는 일이 일어났다. 창간 축하연에서 중태빈관 사건이 일어났고, 11월과 12월에는 황신개의 집과 전성의 여러 곳에 있는 미려도 지사에 신원 불명의 청년들이 소요를 일으켰다.

고웅 사건이 일어나기 전날인 12월 9일에 미려도 고웅지사 사원 두 명이 다음날 인권기념일을 알리는 선전 벽보를 시내에 붙이고 있을 때 고산분국(鼓山分局)의 경찰에게 체포되어 구타당하고 다음날 새

고웅사건

벽에 풀려나온 일이 일어났다. 이 일은 당외 인사들의 불만을 가져와 쌍방의 충돌이 일어났다. 이것이 고웅 사건의 도화선 혹은 전주곡인 고산(鼓山) 사건이었다.

미려도 관계자들은 이날 즉 12월 10일의 세계인권선언기념일 기념대회를 계획대로 저녁에 갖기로 하였다. 물론 계엄시기이므로 이를 집행하는 당국의 허가를 신청하였으나 받아들여지지 않았다. 왜냐 하면 이 날은 공교롭게도 국민당 4중전회가 소집되고 동방(동계방어)훈련(冬防演習, 동방연습)을 실시하는 첫날이기도 하였다. 그러므로 당국은 이들의 집회를 용납하지 않았던 것이다. 헌병과 경찰이 개회장소를 봉쇄하자 강연장소를 다른 곳으로 옮겨 개회하였다. 이보다 앞서 황신개는 경비총부 남부사령부와 협의하기를 강연회는 열지만 불꽃시위는 하지 않겠다고 합의를 보았으나 군중이 모이게 되자 격렬한 시위가 전개되었고 당국과 충돌이 일어나 경찰만 100여 명이 부상당하는 고웅(高雄) 사건이 일어났다.66)

12월 12일에 미려도잡지사가 기자회견을 통하여 고웅 사건에서 미려도잡지사 직원은 아무도 먼저 도발한 사람이 없으며 헌병과 경찰이 최루탄을 쏘아 군중을 격분시켜 사건이 확대되었다고 주장했다.

그리고 다음날 새벽에 치안당국은 미려도의 중요 인물인 장준굉(張俊宏)·요가문(姚嘉文)·여수운(呂秀運)·임의웅(林義雄) 등을 체포하고, 시명덕은 도주하였다. 동시에 미려도본사와 지사를 모두 폐쇄하였다. 또한 입법원의 동의를 받아 입법위원 황신개도 체포하였다. 다음해 1월 8일에 시명덕을 체포하였는데, 도망기간 그를 숨겨준 사람들도 이와 관련하여 모두 체포되었다.

이로 인하여 당외 인사의 주도 인물들이 교도소로 들어가고 당외 운동은 크게 위축되게 되었다.

## 10. 대만의 경제와 대외관계의 조정

### 1) 6년 경제건설 계획과 12대 건설

중화민국은 1953년부터 1972년까지 모두 5차에 걸쳐 4개년 경제건설계획을 실시하였다. 이 계획은 정부가 적절한 조치를 채택하여 경제활동의 지도 역할을 제대로 하였기 때문에 쾌속으로 대만의 공업발전을 가져왔다. 그러나 상대적으로 농업은 뒤떨어지게 되었다.

이에 정부는 1972년말 적시에 1973년부터 1976년까지의 6차 4개년계획을 수립하였다. 그 중점은 농업의 현대화와 선진공업의 발전에 두었다. 그러나 이 계획을 실시하자마자 세계 석유파동이 또 일어나 대만 경제는 에너지, 수송, 원자재 등 기초공업에 선천적인 부족상황이 벌어졌다. 따라서 6차 4개년계획을 중지하고 경제계획을 기초공업의 결함을 해결하기 위한 10대 건설의 기초위에 6년 경제건설 계획을 실시하게 되었다.

이처럼 4년 계획을 6년으로 바꾸게 된 이유는 1974년부터 세계경제가 쇠퇴함에 따라 대만도 영향을 받게 되어 성장률이 0.6% 떨어져 경제계획을 세운이래 제일 낮은 성장률을 기록하였기 때문이다. 그런데 대부분의 국가들은 그런대로 우위를 지속하였다. 비록 다음해에 경제가 조금 살아났는데 그래도 6차 4개년계획의 첫 해만 목표를 초과달성하고 두 번째, 세 번째 해는 목표에 훨씬 미치지 못했다. 여기에 1970년대에 들어와 노동력 과잉에서 노동력 부족으로 상황의 변화가 나타나 4개년계획을 포기하고 새로이 6년경제건설계획을 수립하게 되었다.67)

이 계획은 10대 건설항목을 포함하여 1976년부터 1981년까지로 공업의 구조를 조정하고 농업발전을 가속화하며 대외무역을 확대하는 것을 주요 내용으로 하고 있다. 즉 노동 밀집형 공업을 기술 집약적, 자본 밀집형의 공업으로 전환하며 우선 기술 밀집형 산업 특히 석유화학, 정밀기기, 플랜트 설비, 전자원료, 중형기계 등에 중점을 두기로 하였다.

그리고 대만의 국민총생산액을 1975년의 신대폐(新臺幣) 5,567억 원에서 1981년에는 8,598억 원으로 높이기로 하여 연평균 성장률 7.5%, 국민소득을 4,312억 원에서 6,746억 원으로 늘려 연평균 7.7%를 성장하도록 하였다. 국민소득도 1인당 26,840원에서 37,646원(14,000달러)으로 연평균 5.8%를 성장하도록 하였다.

그런데 이 계획실시의 전반기는 경제발전이 대단히 빨랐다. 경제성장률이 1976년에 13.48%, 1977년에 9%, 1978년에 13,85%에 달하였으며 무역도 흑자로 돌아섰다. 따라서 대만은 일종의 경기 과열현상이 나타나 원래의 계획이 의미가 없어졌다. 따라서 후반기는 이 계획을 수정하지 않으면 안 되었다.

후반기 수정의 중심은 경제구조를 바꾸는 일이었다. 경제성장률은 7.5%에서 8.5%로 늘려 잡았으며, 공업생산도 연평균 11.3%, 국민생산 점유비중도 47.2%에서 51.2%로 높였고, 농업생산도 2.5%를 높이나 국민생산 총액에서 차지하는 비중은 42.4%에서 40.1%로 낮추었다.

그런데 수정이후의 계획을 실시한지 1년 만에 새로운 변화가 발생하였다. 즉 제2차 석유파동과 미국의 단교가 그것이다. 그 영향으로 물가는 올라가고 경제성장률은 낮아졌다. 1979년에 비록 경제 성장률은 8.02%로 안정되고 농업생산도 2.4%증가하였으나 공업생산 증가율은 1978년에 25%에서 7.47%로 떨어졌다. 특히 물가는 10%이상 올랐다. 그리고 6개년 건설경제계획은 2년밖에 시간이 남지 않았고 대부분의 계획지표도 완성하여 더욱 장기적인 경제전략이 필요하게 되었다. 이에 1979년에 10개년 경제건설계획을 수립하였다.

1977년 9월에 장경국은 행정원 시정보고에서 10개 건설에 이어 다시 12항목을 건설하겠다고 선포하였다. 전자가 하드웨어라면 후자는 소프트웨어에 해당하는 것으로 그 내용은 교통건설에 5개 항목(순환철도망, 3개의 횡단도로, 고속도로의 연장, 평동(屛東)에서 어란비(魚鸞鼻)까지의 도로, 臺中港의 확장), 공업건설에 2개 항목(원자력발전소 건설, 중국철강의 확장) 농업건설항목에 3개 항목(농업 기계화기금, 서해안제방공사, 농전배수계통의 개선), 사회문화건설에 2개 항목(신도시의 개발, 주택과 각 현, 시의 문화센터 설립)으로 되었다. 이 12대 건설항목은 1985년에 대부분 완성되었다. 그리하여 경제환경을 개선하고 사회복지시설을 늘렸다.

### 2) 미국과의 단교와 대만 관계법

1978년 12월 16일에 중화인민공화국과 미국 사이에 다음해 1월 1일부터 국교가 수립된다고 발표되자 17일에 장경국은 성명을 발표하고 미국에게 항의하였다. 그리고 저녁에 텔레비전으로 ① 군·경·헌병의 전면 경비상태로 들어가며, ② 경제 안정의 유지, ③ 민의대표 선거의 중지를 발표하였다. 그리고 18일에 소집된 중국국민당 11기 3중전회에서 중공과 담판하지 않으며 접촉하지 않는다는 완고한 입장을 확인하였다.

한편, 미국은 중화민국과 비공식 관계를 유지하기 위하여 12월

27일에 국무차관 클리스토퍼(Chlistoper, W)를 대만으로 파견하여 교섭하였으나 외교부장 장언사(蔣彦士)는 미국은 반드시 대만의 국가적 지위를 승인하고 쌍방간에 체결된 조약은 유효하다고 성명하였다. 그리고 장경국은 29일에 클리스토퍼를 만난 자리에서 관계지속의 불변, 사실에 기초, 안전보장을 법률로 정할 것, 정부관계 등 5개 항을 미국측에 요구하였다. 그리고 이날 주미대사 심조홍(沈釗虹)은 귀국하고, 미국도 31일에 주대만대사관의 성조기를 내리고 대사관의 표시판을 떼어냈으며, 중화민국 외교부는 미국과 단교한다고 선포하였다.

중화인민공화국과 국교를 맺은 미국은 중국에 대한 외교정책을 새롭게 하지 않으면 안 되었다. 즉 하나의 중국이란 원칙아래 대만과 비공식의 입장을 고수하려 하였다. 그리고 미 의회는 1979년 3월 13일에 「대만 관계법」을 통과시켜 4월10일에 카터(Carter, J.)대통령이 이에 서명하면서 대만 인민의 행복에 대한 관심은 서로 일치하는 방식으로 이 법안을 실시하겠다고 설명하였다.

특히 이 법안에서 대만과의 비공식적이란 구절을 삭제하고 대만의 안전보장을 포함시키고 있어 미국은 중화인민공화국과의 국교수립원칙에서 제시한 중화인민공화국을 유일 합법정부라 한 원칙을 위배하고 나아가 중공이 내세우는 평화통일을 저지하는 것이 되었고, 두개의 중국이란 종래의 정책을 그대로 견지한 것이다. 이렇게 함으로서 중화민국의 정치실체(政治實體)를 인정하고 국민당의 대만화, 본토화 정책을 추진하도록 격려해 준 셈이 되었다.

### 3) 외교정책의 변화

중국 대륙과 미국의 국교수립으로 미국에 의존하려던 중화민국의 대외정책은 실패했다고 할수 있다. 그런데 중화민국이 생각하였던 것보다 외교적 고립은 갈수록 심했다. 이것은 물론 기존의 외교관계를 맺고 있던 나라도 중공과 외교관계를 맺으면 바로 중화민국은 단교를 선언한다는 정부의 기본정책에도 문제가 있었지만 국제적 요인도 깊게 작용하였다. 따라서 중화민국은 새로운 외교정책을 수립하여 대외관계를 전면적으로 조정하지 않으면 안 되었다.

이에 새로이 정한 외교방침은 세 가지 내용을 포함하고 있다. ① 대외관계상 이른바 탄력적 대응을 하기로 하고, ② 기존의 형식적 관계를 유지하는 것과 동시에 실질관계를 발전시키며, ③ 국제적 성격을 갖고 있는 민간 기구의 조직, 활동에 적극 참여하여 이른바 국민외교를 전개하기로 하였다. 이러한 원칙아래 적극적인 외교공세를 펴 국제상의 고립을 탈피하고자 다음과 같은 방법을 취하였다.

첫째, 대만의 안전을 위하여 미국에 의부하여 왔던 정책이 와해됨에 따라 독립 자주의 외교활동을 펴게 되었다. 따라서 국제정치의 정세를 이용하여 대만의 안전과 이익을 찾게 되었다.

둘째, 외교의 다변화였다. 과거에는 반공외교가 외교의 중심축이었다. 그러나 중화인민공화국의 국제적 지위가 향상됨에 따라 반공외교는 더 이상 의미가 없었다. 따라서 외교의 다변화를 꾀하여 실질적 효과와 현실적 이해를 중시하는 쪽으로 전환하였다. 1983년 말까지 대만은 실질적 관계를 갖고 있는 국가이외 지역은 140여 곳이 되며, 외교관계는 없으나 50개 곳에 사무처를 설치하고 22개 국가에 32개의 기술원조단체를 주재시키고 있었다.

이와 같은 대외관계의 정책변화로 대만은 국제사회에서 정치실체로 인정받고 있으며 대륙과 외교적인 대항을 보여 하나의 중국과 하나의 대만이라는 표현으로 실제로는 두 개의 중국을 인식시킬 수 있었다.

## 11. 대만의 교육과 과학 문학

### 1) 교 육

1970년대에 들어와 사회 경제의 발전과 산업 구조의 변화에 따라 고급 전문 인력이 대량으로 필요하게 되었으며, 경제적 어려움을 덜게 되자 자식에 대한 교육열이 높아져 고등교육은 급격한 신장세를 보였다. 1980년의 통계에 따르면 종합대학이 16, 단과대학이 11, 전문대학이 77개소로 학생은 모두 34.3만 명이었다. 학생은 전문대학이 18.3만 명, 학부생이 15만 명, 석사과정이 500여 명, 박사과정이 500여 명이었다.

1970년대에 설립된 대학원은 대부분 법, 상, 이, 공, 농과가 많았으며 인문학과는 축소되는 경향을 보였다. 정규교육이외에 방송교육을 시작하여 진학하기 어려운 직장인들에게 교육을 받을 수 있는 좋은 기회를 주었다.

그리고 대학의 교수는 사회적인 지위와 대우가 비교적 좋아 존중받는 직업이어서 교수의 자질은 크게 향상되었다. 한편, 교육부는 1975년에 대학평가를 실시하였는데 그 내용은 교수, 행정, 시설, 교육과정, 예산과 10여 년이래 학생의 진학, 취업사정을 포함하였다.

이와 같은 평가는 대학의 수준을 높이는데 크게 기여하게 되었으나 대학의 확대는 경비 부족을 가져왔다. 본래 교육비가 낮았는데 공립학교가 급속도로 발전하는 바람에 학교에 대한 분배가 갈수록 감소되었다. 대학생의 6%가 사립대학에 재학하고 있었는데 개인의 사립학교 투자는 공립의 1/4도 못되는 실정이었다.

1962년부터 대만은 국외 유학규정을 수정하여 유학의 문호를 개방하였다. 그리하여 유학생 수가 갈수록 늘어나고 인재의 유출 현상이 일어나 사회 문제가 되었다. 그리하여 유학정책을 바꾸어 경제발전 추세와 배합하여 장기계획을 수립하고 자비 유학도 반드시 유학시험을 보도록 하였으며 유학생에 대한 지도와 관리를 강화시켰다. 그 결과, 이후 6년 동안에 유학생의 수가 매년 1,000여 명 줄어들었다. 1970년에 다시 미국에 유학할 수 있는 대학 219개소를 지정하여 미국에 유학하려는 학생의 심사기준으로 삼았다.

그러나 이러한 제한은 많은 사람들의 반대를 받아 1976년에 다시 유학 규정을 수정하여 자비 유학생의 경우 시험을 폐지하고 개방하였다. 그 결과 유학생 수가 급격하게 늘어났다.

참고로 출국 유학생수와 귀국하여 취업한 수를 비교하여 보면 다음과 같다.68)

| 연 도 | 출 국 | 귀 국 | % | 연 도 | 출 국 | 귀 국 | % |
|---|---|---|---|---|---|---|---|
| 1950 | 216 | 6 | 2.78 | 1971 | 2558 | 362 | 14.15 |
| 1951 | 340 | 17 | 5 | 1972 | 2149 | 355 | 16.52 |
| 1960 | 643 | 47 | 7.31 | 1975 | 2301 | 569 | 24.73 |
| 1962 | 1833 | 63 | 3.44 | 1978 | 4756 | 580 | 19.16 |
| 1965 | 2339 | 120 | 5.13 | 1980 | 5633 | 640 | 10.8 |
| 1968 | 2711 | 184 | 6.79 | 1981 | 5363 | 937 | 17.5 |
| 1970 | 2056 | 407 | 19.80 | 1982 | 5925 | 1106 | 18.7 |

## 2) 과학 연구 사업의 발전

과학 연구 사업은 경제 발전으로 더욱 많은 경비를 제공하고 교육의 발전으로 더욱 많은 인재를 배출하였기 때문에 나날이 향상되어 갔다. 국가장기발전과학위원회(장과회(長科會))가 있었던 8년 동안 연구비는 신대폐(新臺幣) 3억 8,000만 원이었는데, 1969년 장과회를 행정원 국가과학위원회로 개조한 후 당해년 연구비만 3억 2,000만 원에 달하였다.

1970년대 이후 대만의 과학 연구 기구도 크게 증가하였다. 당시 최고 연구기관이었던 중앙연구원은 18개의 연구소와 전자계산센터가 있었다. 이를 3개 부문으로 나누어 보면 1) 수리 과학부문-수학, 물리, 화학, 컴퓨터과학, 지구과학, 통계, 원자분자과학연구소, 2) 생명과학-식물, 동물, 생물과학, 생물의학, 무자생물연구소, 3) 인문과학부문-역사어언, 민족, 근대사, 경제, 미국문화, 삼민주의연구소가 있었다.

연구소별 연구인원과 그 성과(1974-1985)를 살펴보면 다음 표와 같다.69)

| 연 구 소 | 연구인원(인원누계) | 논문 수 | 연구저서 |
|---|---|---|---|
| 수 학 | 30(210) | 245 | 1 |
| 물 리 | 22(153) | 448 | 3 |
| 화 학 | 21(148) | 321 | |
| 지구과학 | 24(110) | 325 | |
| 컴퓨터과학 | 5(21) | 69 | |
| 식 물 | 26(230) | 486 | |
| 동 물 | 24(139) | 388 | 11 |
| 생물화학 | 14(117) | 171 | |
| 역사 어언 | 44(308) | 453 | 58 |
| 민 족 | 26(160) | 409 | 27 |
| 근대사 | 34(219) | 404 | 37 |
| 경 제 | 35(249) | 582 | 45 |
| 미국문화 | 25(133) | 164 | |
| 삼민주의 | 34(197) | 322 | 11 |
| 합 계 | 364(2527) | 4796 | 193 |

대만의 과학 기술의 발전을 더욱 촉진한 것은 외국으로부터의 기술도입도 중요한 비중을 차지하고 있다. 이는 1953년부터 1984년

까지 기술 합작을 통하여 이루어졌다. 즉 외국인 투자와 화교 투자 방식을 통한 과학 기술은 5,152건이었고, 외국기술 고문의 초빙과 과학 기술의 지도 혹은 외국에 파견하여 기술 훈련을 통하여 도입이 이루어졌다.

### 3) 문 학

#### (1) 신생대(新生代) 문학의 출현

1970년대 중기이후 대만 문단에는 젊은 작가들이 나타나 1980년대에 들어와 하나의 작가군을 형성하였다. 이들을 지칭하여 대만 문단의 '신생대'라 부른다. 이들은 대부분 1950년대에 출생하여 사상적으로 활발하고 시야가 넓은 독특한 풍모로 창작활동에 들어가 많은 사람들의 주의를 받았다. 때문에 이들의 출현은 당대 대만문학의 새로운 발전 방향을 제시하였다.

사실 1950년대부터 1970년대의 대만문학을 살펴보면 1950년대에 전통에 얽매어 있었고, 1960년대에는 서양화되어가는 경향을 보였고, 1970년대에는 다시 전통으로 회귀하는 모습을 보여주었다. 이에 민족문학의 전통을 계승 발전시키는 문제와 외국문학을 빌려 창작에 도움을 주는 문제를 처리하는 것이 중요한 문학발전의 관건이었다. 그런데 이들 신생대들이 중국 문학의 우수한 전통을 계승하고, 외국문학의 창작 기교를 받아들여 비교적 좋은 작품을 발표하기에 이르렀다. 이에 신생대 작가들을 가리켜 '융합파'라고도 부르며, 이는 현대파와 향토문학의 문학경험을 융합하였다고도 일컬어진다.

신생대의 작가로서 가장 대표될 만한 작가는 송택래(宋澤萊)와 황범(黃凡)인데, 이들은 서로 다른 유형, 전통에 얽매어 있으면서도 전통에서 벗어난, 서양의 것을 받아들이면서도 전통을 버리지 않는 모습을 보여주고 있다. 사실 송택래는 향토문학 작가로 문단에 올라와 『타우남촌(打牛湳村)』이란 작품으로 유명해졌다. 내용은 완전히 토속적인 향토를 소재로 하였으나 표현 기법은 오히려 신선하였다. 즉 소설의 외면은 전통적이었으나 내면은 현대적이었다. 황범은 서양문학의 영향을 받았으나 전형적인 현대파 작품과 달라서 사상과 내용에서 표현 형식은 전반적인 서양화였다. 예를 들면 그가 이름을 얻게 된『뇌색(賴索)』은 미국 현대파 작가 사울 벨로(Saul Bellow, 索爾貝洛)의『Herzog, 하색(何索)』의 작품을 벗어났으나 인물의 내심 분석에 중점을 두어 내용은 상당히 사실적이었다. 즉 그는 대만의 현실생활을 솔직하게 잘 표현하고 있었다. 비록 표현방식에서 서양 현대소설의 형식을 빌렸지만 내용의 묘사는 오히려 현대파 작가들이 소홀하였던 인류공동의 동정과 애심을 잘 표현하고 있었다. 이밖에도 요휘영(廖輝英)의『유마채자(油麻菜仔)』, 허태영(許台英)의『세수(歲修)』등이 있다.70)

⑵ 현대시 논전(現代詩論戰)

1970년대 대만 사회가 정치 경제적으로 변화가 일어나자 그 영향으로 고향으로 돌아가자는 바람이 일어나고 있을 때 현대시에 관한 논쟁이 1972년에 일어났다. 즉 섭유염(葉維廉)편역의『중국현대시선』, 장묵(張默) 등 주편의『중국현대시논선』, 낙부(洛夫)주편의『중국현대문학대계(시부분)』가 관명걸(關明杰)의 신시에 대한 비평을 야기시켰다.

관명걸은 현대시 작자들이 전통을 경시하고 서양의 것만 맹목적으로 추종하고 있다고 평하였다. 그의 이러한 비평은 쟁론을 불러일으켰다. 미국유학에서 돌아온 당문표(唐文標)는 더욱 격렬한 관점을 제시하여 현대시에 대한 비판을 가하였다. 즉 사상적으로 현실을 도피하고 사회와 현실을 위하여 봉사하려는 마음이 없다고 꼬집었다. 특히 도피는 사상적인 도피를 포함하여 문자의 도피, 서정의 도피, 개인과 집단의 도피라 하였다. 그러면서 그들은 사회의 현실을 올바로 볼 수없기 때문에 이제는 젊은이들에게 기대할 수밖에 없다고 하였다.

이에 대하여 대만대학의 외국문학과 안원숙(顔元叔)은『중외문학

(中外文學)』에 「당문표(唐文標) 사건」을 발표하여 당문표의 의견에 이의를 달고 시의 사회적 역할이란 시의 역할의 일부분이지 이를 갖고 작품을 평가하는 것은 편협하다고 하였다. 뒤이어 여광중(余光中)도 「시인이 무슨 죄가 있는가」라는 글을 발표하여 사회를 위하여 봉사하여야 한다는 주장에 반대하였다.

그리하여 당문표를 반대하는 반당파와 그를 옹호하는 옹당파가 성립되어 쟁론의 범위가 확대되었다. 즉 전체 대만의 현대파 문학의 문제로 확산되었다. 이를 '당문표 사건'이라 하고, 현대시논전의 제2단계라 칭한다.

현대시 논전 가운데 초현실주의를 제창하고 대만 현대시의 전위적인 창세기사(創世紀詩社)는 처음부터 논전에 정면으로 참여하지 않았다. 그러나 논쟁의 결과 인생을 위한 예술의 논섬이 보편적으로 사람들에게 받아들여지고, 민족으로 돌아가고 시대를 반영하자는 창작열도 사람들에게 중시되고 옹호를 받았다.

### (3) 향토문학(鄕土文學)

향토문학은 1960년대 중기이후에 일어나기 시작하여 1970년대에 들어와 대만 문단의 중심이 되었다. 황춘명(黃春明)·진영진(陳映眞)·왕척(王拓) 등이 향토문학의 창작대열에 들어가 활발한 활동을 전개하였다. 특히 1971년에 대만은 조어도(釣魚島) 사건의 충격을 받아 민족의식이 강열하게 일어났고, 향토로 회귀하자는 조류가 나타났다.

또한 공업화에 따른 노동력의 도시 집중과 농촌 인구와 노화(老化), 토지의 황폐화 등등은 농촌으로 회귀하자는 움직임을 낳게 하였다. 따라서 이러한 역사적 조건아래 1970년대는 향토 문학이 크게 발전하여 대만 문단과 대만 사회에서 환영을 받게 되었다.

그런데 1977년에 대만 문단에 이른바 '향토문학 사건'이 일어났다. 즉 팽가(彭歌)·주서녕(朱西寧)·윤설만(尹雪曼) 등이 향토문학에 대하여 공격을 가하기 시작하였다. 이 일은 현대시 논전이 막 끝나자마자 일어났는데 향토 문학가들을 가리켜 대만에서 「모택동연안문예강화(毛澤東延安文藝講話)」를 실천하려는 인물들이라고 공격하였다. 그리고 향토문학을 주장하는 이들을 가리켜 대만 독립 운동자가 아니라 공산주의자라고 공격하였다.

또 다른 이들은 지방주의의 편협함에서 비롯되었다고 하면서 스스로 현실을 반영한다며 사회 모순을 폭로하고, 사회의 진보를 추진한다며 모순을 확대하여 정부 전복운동을 꾀하고 있다고 공격하였다. 향토 문학가들은 이를 반박하는 글을 썼으나 『하조(夏潮)』이외에는 이글을 게재하지 않았다. 이러한 것은 일부 지식인들에게 불만을 가져와 문학의 학술적 토론을 정치 투쟁의 색채로 넘기지 말라고 하였다. 그리고 향토문학은 존재할 이유도 가치도 있다고 하면서 향토문학가에 대한 박해를 반대하였다.

이와 같은 논쟁을 거쳐 향토문학의 기치는 더욱 선명하여졌다. 이들은 전통을 계승하여 대만 문학의 민족 풍격을 건립하여야 하며 향토로 회귀하여 문학은 현실을 반영하여야 한다는 이론을 폈다. 그리고 문학은 인생을 위하여 봉사하여야 한다고 하고, 대만 현대파 작가의 예술을 위한 예술이 되어야 한다는 주장을 반대하면서 대만 향토문학은 현실주의의 문학으로 중화민족문화의 일부분이 되어야 한다고 하였다.

향토 문학의 대표적 작품은 황춘명(黃春明)이 그의 고향 의란현(宜蘭縣)을 배경으로 한 『바다를 보던 시절』을 비롯하여 진영진의 『장군족(將軍族)』, 왕척의 『망군조귀(望君早歸)』 등이 있다.

## 12. 해협 양안(중화인민공화국과 중화민국)관계의 새바람

### 1) 해협 양안의 역사 관계

중화인민공화국이 대륙을 통치하고 중화민국이 대만을 통치하게 된 1950년이래 양안의 관계는 무력 대결이 중심이었다. 하나는 대륙을 지배하고 하나는 섬을 지배하고 있기 때문에 두 나라의 관계는 남북문제나 동서 문제로 설명하지 않고 해협 양안이라는 표현을 쓰고 있다. 한국전쟁이 일어나자 중국국민당은 미국의 지지아래 반공대륙을 할 수 있지 않을까 기대하여 1년에 준비를 끝내고 2년에 반공하며 3년에 소탕하여 5년이면 성공한다고까지 하였다.

한국전쟁이 끝나자 대만은 1954년 12월에 미국과 공동방어조약을 체결하여 미국의 무력보호아래 삼민주의의 모범적인 성을 건설하면서 대륙에 대하여 30%는 군사, 70%는 정치적으로 대한다고 하였다. 그러나 이것은 실질적으로 무력으로 대항하자는 정책이었다.

한편, 중국공산당은 대만 해방을 국가통일의 과제로 삼아 역시 무력사용을 원칙으로 삼고 있었다. 그리고 반드시 대만을 해방하겠다고 표방하여 왔다. 그러나 1955년 5월이후 중공 당은 해협 양안의 외적인 변화가 나타나자 평화적으로 대만을 해방한다는 방침을 내세우게 되었다. 그리고 미국과는 대사급 회담을 장기적으로 갖게 되었다.

그런데 중공 당은 1957년이래 계속하여 정치적 시행착오를 일으켜 내부 문제를 해결하여야 하였기 때문에 대만 문제에 관하여 적극적인 정책을 펴지 못하였으며 상징적으로 금문도(金門島)에 대하여 격일제 폭탄 없는 포격을 가할 뿐이었다. 그리고 국민당도 그대로 반공대륙(反攻大陸) 정책을 고집하고 있었으므로 무력 대항 관계는 여전히 지속되었다.

그러나 1970년대에 들어와 국제 사회의 변화가 일어나 중공 당의 국제적 지위가 향상되고, 1979년 1월 1일에 미국과의 수교도 이루어졌다. 이에 미국은 대만과 국교를 단절하고 그곳에 주둔하고 있던 군대도 철수하였다. 또한 대륙에도 정치적으로 큰 변화가 일어나 대만에 대한 정책을 바꾸지 않으면 안 되었다.

### 2) 중공 당의 평화통일과 일국 양체제, 3통(通) 제의

대륙은 1978년 12월에 소집되었던 중공 당 11기 3중전회 이후 실사구시의 정치사상 노선이 회복되고 이른바 4대 현대화 건설을 진행하면서 대외 개방을 하게 되었다. 이러한 정세가 대륙에게 좋은 방향으로 변화를 가져와 대만에 대한 정책을 평화통일, 일국 양체제의 방침으로 전환하게 되었다. 이것은 대만에 대한 정책에 근본적인 변화를 가져온 것으로 이전과 매우 다른 것이었다.

첫째, 평화적으로 양안의 통일에 노력하며 대만의 독립 등 특수한 상황이 일어날 때에 무력간섭을 고려한다고 하였다. 즉 무력 통일에서 평화 통일로 정책을 바꾸고 대만의 집권당과 담판 방식으로 국가 통일 문제를 해결하겠다는 것이다. 둘째, 역사와 현실을 존중하여 대만의 현재 제도, 생활 방식을 장기적으로 유지하고 대만특별행정구를 성립시켜 고도의 자치권을 향유하게 하겠다는 것이다.

중공 당은 이와 같은 방침을 1979년 1월 1일에 전국인민대회 상무위원회 이름의 「대만동포에게 보내는 글」로 발표하였다. 여기에서 대만의 현상과 대만 각계 인사의 의견을 존중하여 합리적이고 실정에 부합된 정책과 방법을 채택하여 대만 인민이 손해를 보지 않도록 하겠다고 하였다. 그리고 양안의 통신(通信, 편지왕래), 통항(通港, 항공, 선박의 왕래), 통상(通商) 즉 3통을 실현하기 희망한다고 하였다.

이와 같은 정책은 1월 30일에 등소평이 미국을 방문하였을 때, 미 국회의원의 질문에 대한 답에서도 대만 해방이란 말을 사용하지 않을 것이고, 대만이 조국으로 돌아오면 현실과 현행의 제도를 존중할 것이라고 한 것에서 확인되었다.[71] 따라서 평화적 통일과 일국 양체제는 그 실체가 분명하여졌다.

1981년 9월 30일에 전국인민위원회 상무위원회 위원장 섭검영(葉劍英)은 9조를 발표하여 평화 통일의 방침을 천명하고 통일을 실현한

人民日报
RENMIN RIBAO
停止炮击大、小金门等岛屿的
中华人民共和国全国人大常委会
告台湾同胞书

인민일보에 보도된 대만동포에게 보내는 글

다음에 대만을 특별행정구로 정하여 고도의 자치권을 부여하겠다고 하였으며 군대도 유지하도록 한다고 천명하였다. 심지어 개인의 재산권을 인정하며 합법적으로 상속하도록 하고, 외국의 투자에 대하여 간섭하지 않겠다고 하였다.

### 3) 대만의 불접촉, 불담판, 불타협의 3불정책과 삼민주의에 의한 중국통일을 제창

대만은 반공거화(反共拒和)의 입장을 견지하여 중공 당의 평화담판에 대하여 거절하고 오히려 중공 당과 접촉하지도 담판하지도 타협하지도 않는 다는 불접촉(不接觸), 불담판(不談判), 불타협(不妥協)의 3불정책을 제기하였다. 이처럼 국민당 정부가 완강하게 담판을 바라지 않은 이유는 다음과 같은 원인 때문이다. ① 국민당은 과거 중공 당과 합작하여 얻은 것보다 잃어버린 것이 더 많은 쓰라린 경험을 갖고 있으며(제1, 2차 국공합작을 가리킴), ② 중공 당이 50년대와 60년대 티베트에 대한 처리에서 신용을 완전히 잃은 점, ③ 중공 당은 갖은 수단을 다하여 국제 사회에서 중화민국을 고립시키려고 한 점, ④ 대만안의 정치 화해를 위하여 중공 당에게 공개적인 조건을 제시하여 담판할 입장이 못 되는 점, ⑤ 중공의 통일 후 대만정책을 믿을 수 없는 점, ⑥ 중공 당의 내부사정으로 정책이 자주 바뀌는 점 등이다.

그러나 대만정부는 3불정책에 대한 강한 반발이 일어나자 그러한 태도로부터 약간 물러서지 않으면 안 되었다. 이에 1979년 1월 12일에 성명서를 발표하여 평화통일은 확실히 전 중국 인민의 공통된 소망이라 하면서 그러나 중공 당이 마르크스 레닌사상을 배제하고 공산독재를 폐기하라는 조건을 제기하였다.

그리고 1980년 6월 9일에 장경국은 조찬회석상에서 처음으로 삼민주의로 중국을 통일하자는 정치 구호를 제출하였다.72) 이것은 종래 주장하던 반공대륙(反攻大陸)정책을 크게 수정한 것이다. 또한 1981년 3월에 소집된 중국국민당 12차 전국대표대회에서 이를 국민당의 정식 강령으로 채택하였다. 동시에 이른바 3불변을 제출하였는데, 반공구국(反共救國)의 기본 국책은 결코 불변하며, 중화민국이 정한 국체는 결코 불변하며, 삼민주의로 중국을 통일하는 것도 결코 변하지 않을 것이라 하였다. 그리고 중공 당과는 절대 타협하지 않을 것이며 대륙의 1국 양체제는 통일전선의 속임수라고 공격하면서 대만의 경제적 성공 경험이 대륙 동포들을 자극하여 폭정을 무너뜨리는 원동력이 될 것이라 하였다.

그런데 1982년에 들어와 대만 당국은 3불정책을 견지하면서 거화(拒和)정책을 바꾸는 담판의 조건을 서서히 제시하기 시작하였다. 즉 6월 10일에 행정원 원장 손운준(孫運濬)은 대륙문제연토회에 참가한 대만과 미국학자들을 접견하는 자리에서 '해협 양안의 차이를 축소하게 되면 대륙과의 평화통일 조건도 점차 성숙되어 갈 것'이라 하여 대륙정책에 대한 변화를 표시하였다. 그리고 장효무(蔣孝武, 장경국의 아들)가 발행인으로 된 『자유중국지성(自由中國之聲)』에 중국의 평화적 통일을 세 단계로 나누어 하자는 글을 실었다. 즉 첫 단계는 쌍방이 개혁을 통해 통일의 장애요인을 없애고, 두 번째 단계는 통신, 통상, 통항(항로), 민간교류를 통해 상호 이해와 공동 인식을 찾으며, 세 번째 단계는 쌍방이 협상을 진행, 인민이 선출한 대표들로 전국대표대회를 소집하여 헌법을 제정, 중국의 통일을 완성하자고 하였다.73) 이후부터 통일문제에 관한 글들이 매체를 통하여 상당 수 발표되면서 여론조사와 좌담회가 활발하게 개최되었다. 따라서 정치적으로 논의가 금지 당했던 통일문제가 공개적으로 바뀌게 되고 민간에서 국민당의 고위 인사까지 논의가 활발하게 일어났다. 그 영향으로 대륙에 대한 여론도 변화를 보이기 시작하여 객관적이고 사실적인 보도가 점차 많아지게 되었다.

---

1) 통지문에는 1974년 2월이래 모택동의 4인방 비평내용을 열거하였다.(何沁主編, 『中華人民共和國史』, 高等教育出版社, 1997, p.350)

2) 中共上海市委宣傳部, 『中國共産黨80年』, 上海人民出版社, 2001, pp.467-468

3) 吳本祥, 『中華人民共和國史』, 高等教育出版社, 1999, p.259

4) 중공10기 3중전회의 공보에 따르면 「화국봉을 중공 당 중앙위원회 주석, 중공군사위원회 주석을 추인하는 결의」에서 화국봉은 모주석의 좋은 학생이고, 좋은 계승자이며 우리의 좋은 영도자, 좋은 군통수자라고 하였다.(『共和風雲四十年』(下), 中國政法大學出版社, 1989, p.699)

5) 1977년 3월 14일에 당 중앙이 소집한 공작회의에서 화국봉은 무릇 모주석이 결정한 정책을 우리는 받들어야 하고, 무릇 모주석의 지시(옳았건 아니면 그렇지 않았건) 우리는 모두 처음부터 끝까지 따라야 한다고 하였다. 양개범시란 두개의 凡是(무릇)에서 비롯된 것으로 문화대혁명 기간에 일어난 좌적 착오를 바로잡으려는 데 대한 반대의사였다.

6) 우경이라 뒤집어 씌워 반격한 운동

7) 『陳雲文選』(1956-1985), 人民出版社, 1986, p.207

8) 龐松主編, 『簡明中華人民共和國史』, 廣東教育出版社, 2001, pp.418-419 : 『中華人民共和國國史通鑒』, 第4卷, 紅旗出版社, 1993, p.40

9) 『中華人民共和國實錄』, 第4卷上, 吉林人民出版社, 1994, p.46

10) 『中華人民共和國實錄』, 第4卷上, 吉林人民出版社, 1994, p.46

11) 龐松主編, 『簡明中華人民共和國史』, 廣東教育出版社, 2001, p.420

12) )何沁主編, 『中華人民共和國史』, 高等教育出版社, 1997, p.352

13) 현대화 문제는 1954년 9월에 주은래가 제1차 전국인민대표대회에서 공업, 농업, 교통운수, 국방의 현대화를 이룩하자고 하였고, 1963년에 상해과학기술공작회의에서 농업, 공업, 국방, 과학기술의 현대화를 이룩하자고 제의한 일이 있다.

14) 대표는 3,500명이었으나 3명은 선거한 단위에서 대표의 자격을 취소하여 대표자격심사위원회에서 3,497명으로 확정(尹世洪・朱開楊主編, 『人民代表大會制度發展史』, 江西人民出版社, 2002, p.369

15) 『中華人民共和國實錄』, 第4卷上, 吉林人民出版社, 1994, p.105

16) 『人民日報』, 社論, 1977, 4, 19

17) 이 계획은 1979년 4월의 중앙공작회의에서 크게 조정되었다(『中華人民共和國實錄』, 第4卷上, 吉林人民出版社, 1994, p.148).

18) 본래 1978년 4월 상순에 『광명일보』 신임총편집 楊西光이 철학편 77기에 실릴 글을 심사 교정하다가 현실 문제를 부각시킬 수 있다고 보고 마침 이 문제를 다루려던 중앙당교 이론연구실의 孫長江에게 연락, 호복명과 손장강이 만나 문장을 수정 호요방의 심사를 거쳐 발표, 약 7개월 동안 10차례의 수정 끝에 발표됨(王洪模 등, 『改革開放的歷程-1949-1989年的中國④』, 河南人民出版社, 1989, p.66).

19) 『鄧小平文選』, 第2卷, 人民出版社, 1994(제2판), p.114

20) 『中華人民共和國實錄』, 第4卷上, 吉林人民出版社, 1994, pp.163-164

21) 『中華人民共和國實錄』, 第4卷上, 吉林人民出版社, 1994, pp.164

22) 『鄧小平文選』, 第2卷, 人民出版社, 1994(제2판), pp.140-153

23) 中共上海市部委宣傳部編, 『中國共産黨80年』, 上海人民出版社, 2001, p.501 최근 출판된 중화인민공화국사에서는 이를 갖고 전기와 후기로 시기를 구분하고 있다(龐松主編, 『簡明中華人民共和國史』, 廣東教育出版社, 2001, p.4).

24) 유소기에 연루되어 형을 언도받은 사람만 28,000명으로 비판받거나 억류되었던 사람의 수는 헤아릴 수 없이 많았다(龐松主編, 『簡明中華人民共和國史』, 廣東教育出版社, 2001, p.463).

25) 龐松主編, 『簡明中華人民共和國史』, 廣東教育出版社, 2001, pp.462-463

26) 중국사회과학원의 경우 반우파는 문혁기간에 1천여 명이 박해를 받았는데, 1979년에 800여 명이 복권되었다.

27) 編寫組編, 『歷史的審判』, 群衆出版社, 1981 참조

28) 대자보는 중국공산당이 불시에 제창하는 일종의 정치수단이다. 특히 문혁때 가장 효과를 본 정치수단으로서, 헌법에도 대자보로 의견을 표현할 권리가 있다고 하였는데, 1978년의 제5기 전인대 제1차 회의에서도 계속 보류되었다(高皐, 『後文革史』, 聯經, 民國 82, pp.180-182, 참조).

29) 1978년 12월에 지하 민간 간행물이 적지 않았는데, 이보다 좀더 발전된 잡지를 내기로 하여 위경생, 楊光, 路林이 1979년 1월에 창간하였다.

30) 『鄧小平文選』(第2卷), 人民出版社, 1994, pp.158-184 등소평은 여기에서 처음으로 4항 기본원칙 문제를 제출하였다. 이론공작무허회는 1979년 1월부터 4월까지 중공 당 11기 3중전회의 결정에 따라 소집되었다.

31) 王洪模 等著, 『改革開放的歷程, 1949-1989年的中國④』, 河南人民出版社, 1989, pp.138-139

32) 上海師範學院 학생이 처음으로 上海縣 인민대표로 당선되었다.

33) 『中華人民共和國實錄』, 第4卷上, 吉林人民出版社, 1994, p.191

34) 『中華人民共和國實錄』, 第4卷上, 吉林人民出版社, 1994, p.265

35) 中共中央文獻硏究室編, 『新時期黨的建設文獻選編』, 人民出版社, 1991, pp. 66-87

36) 주석제를 폐지하고 총서기를 두게 된 것은 모택동과 같은 주석 1인의 독재와 개인숭배를 방지하고 민주 집중제를 보장하기 위한 조치였다. 참고로 주석제는 1945년이래 중공 4전대회(1925)부터 총서기직을 두었다가 7전대회(1945)부터 주석제로 고쳤는데 그때부터 모택동이 맡았다.

37) 中共黨史文獻編纂室, 『中國共産黨新時期歷史大事記』, 中共黨史出版社, 2002, pp.65-66

38) 『鄧小平文選』, 第2卷, 人民出版社, 1994(제2판), pp.291-292

39) 中共中央文獻硏究室, 『關于建國以來黨的若干歷史問題的決議注釋本』, 人民出版社, 1985 참조

40) 『陳雲文選』(1956-1985), 人民出版社, 1986, pp.224-225

41) 동상, pp.226-231

42) 『中華人民共和國實錄』, 第4卷上, 吉林人民出版社, 1994, p.220

43) 『新中國經濟史』(1949-1989), 經濟日報出版社, 1990, pp.311-314

44) 『中華人民共和國實錄』, 第4卷上, 吉林人民出版社, 1994, p.273 참조

45) 『鄧小平文選』, 第2卷, 人民出版社, 1983, pp.40-41

46) 시험제도를 폐지하고 추천제를 실시한 것은 바로 모택동의 지시에 의한 것이었기 때문에 어려운 점이 있었다.

47) 『中華人民共和國實錄』, 第4卷上, 吉林人民出版社, 1994, pp.111-112

48) 『中華人民共和國實錄』, 第4卷上, 吉林人民出版社, 1994, pp131-132

49) 22院校編寫組, 『中國當代文學史』(3), 福建人民出版社, 1985, p.94

50) 단편소설 劉心武의 『班主任』과 盧新華의 『傷痕』 작품 토론회를 개최하여 상흔문학의 작품경향이 나타났다. 그 발단은 문혁후기였으며, 정치적으로 개혁파와 범시파의 대립과 어우러져 개혁파가 범시파를 부정하는 무기가 되었으며 문혁을 비판하고 사회병폐를 폭로한 시작이었다. 때문에 이를 5.4 신문학의 정신을 다시 세우는 표지로 간주되고 있다.(陳思和, 전게서, pp.190-191)

51) 顔聲毅, 『當代中國外交』, 復旦大學出版社, 2004, p.246

52) 郝雨凡, 『美國對華政策內幕』(1949-1998), 臺海出版社, 1998, p.448

53) 顔聲毅, 『當代中國外交』, 復旦大學出版社, 2004, pp.249-250

54) 林代昭, 『戰後中日關係史』, 北京大學出版社, 1992, pp.217-218

55) 顔聲毅, 『當代中國外交』, 復旦大學出版社, 2004, pp.275-276 특히 林代昭, 『戰後中日關係史』, 北京大學出版社, 1992에 따르면 중・일 무역은 1970년에 8억 2,200만 달러가 1975년에 37억 8,000만 달러, 1979년에는 67억 달러로 증가하였다. 일본인의 중국방문도 1973년에 1만여 명에 달했다.(동서, p.229)

56) 현재는 석유자원의 매장량이 풍부한 곳으로 알려졌다.

57) 林代昭, 『戰後中日關係史』, 北京大學出版社, 1992, p.239

58) 『當代中日貿易關係史』, p.172(林代昭, 『戰後中日關係史』, 北京大學出版社, 1992, p.268)
59) 中共中央文獻硏究室編, 『十二大以來重要文獻選編』, 上, 人民出版社, 1986, p.42
60) 세 가지 장애요소는 베트남을 지원 캄보디아를 침략한 것, 중·소 변경과 몽고에 군대를 주둔시킨 것, 아프가니스탄에 대한 무력침공을 말한다.
61) 『革命文獻』, 第77輯 참조
62) 1970년 8월에 미국과 일본이 오키나와 반환문제를 담판할 때 중국의 釣魚島(8개 섬으로 됨)를 오키나와군도의 부속도서로 인정하여 오키나와와 함께 일본에 귀속시키기로 하여 문제가 되었다. 그리고 1971년 4월에 미국은 이를 일본에 귀환한다고 선포하여 대만에서 조어도 보위운동이 일어났다.
63) 李筱峯, 『臺灣民主運動40年』, 自立晩報社, 民國 80, p.122
64) 陳紅民, 『臺灣政壇風雲』, 江蘇文藝出版社, 1991, pp.22-26
65) 이 잡지는 1979년 8월에 황신개(입법위원)·시명덕(施明德) 등이 창간한 정치잡지로 논조가 대단히 격렬하였다. 여기에 관계하는 사람이 약 70여 명이었는데 대만에서 이름나 있는 당외 인사는 대부분 포함되어 있었다.
66) 呂秀蓮, 『重審美麗島』, 民國80年, pp.103-202
67) 孫震, 『六年經濟建設計劃』(文化講座專集 76), 教育部社會教育司, 民國 65年 11月 참조
68) 行政院國家科學委員會編, 『中華民國科學技術年鑒』, 1985年 참조
69) 張興定外主編, 『國民黨在大陸和臺灣』, 四川人民出版社, 1991, p.224
70) 黃重添, 「從新生代創作看臺灣文學的發展」『臺灣硏究十年』, 陳孔立主編, 厦門大學出版社, 1990, pp.388-400
71) 등소평은 1980년 5월16일에 대만을 조국으로 돌아오게 하는 것이 1980년대 세 가지 이루어야 할 큰 일 가운데 하나라고 하였다.(『中華人民共和國實錄』, 第4卷上, 吉林人民出版社, 1994, p.321
72) 이는 이해 4월에 소집된 중국국민당 제12기 전국대표대회에서 정식 당론으로 결정되었다.(李雲漢, 『中國國民黨史述』, 第4編, 黨史委員會, 民國 83, p.574)
73) 『自由中國之聲』, 1982年 6月

제 9 장

# 중국특색의 사회주의건설과 대만의 민주화(1983-1989)

## 1. 중국특색의 사회주의 건설강령의 제정

### 1) 중공 당 제12차 전국대표대회

등소평(鄧小平)은 일찍이 1979년 3월에 소집된 중공 당 중앙 정치국회의에서 중국식 사회주의건설의 길로 나가야 한다는 구상을 밝힌 바 있다. 그리고 그는 이해 3월 30일에 중공이론공작무허회의(中共理論工作務虛會議)에서 중국이 4개 현대화를 실현하려면 적어도 중국이 처해있는 두 가지 특징을 살펴보아야 한다고 하였다. 하나는 속사정이고, 다른 하나는 인구가 많고 경지가 적다는 것이다. 그리고 중국식의 현대화는 반드시 중국적인 특징에서 출발하여야 한다고 하였다.[1)]

중공 당 11기 6중전회에서 당과 정부의 인사 조정을 끝낸 다음 중공은 중국식 사회주의 건설을 확정하여 사회주의 현대화 건설의 새로운 국면을 열고, 또한 앞으로 나가야 할 전략과 정책을 확정하여야 하였다. 따라서 이에 맞는 강령을 제정하기 위하여 중공 당 12차 전국대표대회를 소집하기로 하였다.

중공 당 12전 대회는 약 2년여 동안 충분한 준비 끝에 1982년 9월 1일부터 11일까지 북경에서 소집되었다. 당시 출석대표는 3,900여만 명의 당원을 대표하여 정식 대표 1,545명과 후보 대표 145명이 참석하였다. 대회의 중요 의제는 세 가지였다. 하나는 중공 당 11기 중앙위원회의 보고를 심의하고 사회주의 현대화 건설을 위한 강령을 확정하는 것이며, 또 하나는 새로운 중국공산당 장정을 심의 통과시키는 것이며, 다른 하나는 새로운 당장의 규정에 의하여 중앙위원회, 중앙고문위원회, 중앙기율검사위원회의 위원을 선출하는 일이었다.2)

등소평은 개막사에서 중공 당 12전 대회의 지도 사상과 기본 임무를 제출하였다. 여기에서 당 8전 대회 이후의 역사경험을 종합하고 80년대에 하여야 할 3대 임무를 제시하였다. 3대 임무란 '사회주의 현대화 건설의 가속화, 대만을 포함한 조국통일의 실현, 패권주의를 반대하고 세계 평화의 유지'라 하였다.3) 그리고 현대화 건설은 '반드시 중국적인 실제에서 출발하여야 하며 마르크스주의의 보편적 진리와 중국의 구체적 실체와 결합하여 중국은 스스로의 길을 걸어 중국특색의 사회주의를 건설하여야 한다'고 하였다.4)

이때 호요방(胡耀邦)은 당의 11기 중앙위원회를 대표하여 「사회주의 현대화 건설의 새로운 국면을 전면적으로 열자」는 보고를 하면서, '공업, 농업, 국방과 과학 기술의 현대화를 실현하여 고도의 문명, 고도의 민주적 사회주의 국가를 건설하자'고 하였다.5)

또한 진운(陳雲)과 섭검영(葉劍英)은 새로운 역사시기에 당 간부의 세대교체에 대하여 등소평(鄧小平)의 의견 즉 젊어야 하고 전문가여야 한다는 것에 동조하는 발언을 하였다. 따라서 늙은 사람은 당직에서 물러나고 새로운 젊은 세대가 당직을 이어받아야 한다고 하면서 3종류의 사람(문혁기간 임표, 강청에게 등용된 사람, 파벌의식이 심한 사람, 자리를 빼앗고 올라온 사람)은 기용할 수 없고 이미 기용된 사람도 추방하여야 한다고 하였다.6) 따라서 간부의 혁명화, 젊음화, 지식화, 전문화가 가능하여졌고, 계획적인 정당(整黨)으로 당풍(黨風)은 호전되게 되었다.

그리고 새로운 당장을 통과시켰는데, 중공 당 11전 대회의 좌적 착오를 제거하고 당의 7전 대회와 8전 대회 당장의 좋은 점을 계속 발전시키기로 하였다. 대회는 9월 10일에 전과 다르게 두 가지 선거에 들어갔다. 하나는 당 지도층의 세대교체를 위하여 원로당원들을 당 일선에서 은퇴시키기 위한 과도기적 성격으로 새로이 설치하기로 한 중앙고문위원회의 위원 선거였다. 이는 전례가 없었던 것이어서 그 기준을 40년 이상의 당력(黨歷)을 갖고 있으면서 당에 공헌도가 많고 풍부한 당직(黨職) 경험이 있는 원로 간부들을 중심으로 172명을 선출하였다. 그러다 보니 이들의 평균 나이는 73.3세가 되었다.7) 그리고 중앙기율검사위원회 위원 133명을 선출하였다.

또 하나는 새로운 중앙위원의 선출이었는데 중앙위원 210명과 후보중앙위원 138명 등 모두 348명을 선출하였다. 이 가운데 211명이 새로이 선출된 비교적 젊은 세대로서 전체의 60%였으며 나이도 50세 이하가 49명으로 14%였고, 60세 이하가 171명으로 49%를 차지하였다. 그리고 지식화, 전문화방면에서도 앞서의 중앙위원과 비교하여 그 비율이 상당히 높아졌나. 당신인 가운데 대졸 학력이 122명으로 전체의 35%였으며, 서기처의 구성원도 앞서와 비교하여 평균 5세가 젊어졌다.8) 원로 당원으로는 등소평(鄧小平)·섭검영(葉劍英)·진운(陳雲)·이선념(李先念)·서향전(徐向前)·섭영진(聶榮臻)·팽진(彭眞)·등영초(鄧穎超)·왕진(王震) 등 16명이 포함되어 있었다.

### 2) 새로운 당 지도부 구성

등소평의 「당과 국가영도제도의 개혁」구상아래9) 중공 당 12전 대회에서 통과된 「중국공산당 당장」에 따라 중앙고문위원회와 중앙기율검사위원회가 신설되어 당 중앙은 종전부터 있었던 중앙위원회와 함께 세 개의 위원회가 성립되었다. 중앙고문위원회는 물러나야 할 원로당원들의 과도기적인 자리마련이 필요하였던 것으로 중앙위원회의 지휘를 받도록 하여 실권은 부여되지 않고 자문기관에 불과하였으나10) 젊은 세대와 원로세대의 교체 원칙을 분명히 하는 것이었다.

중공 당 12전 대회 폐막 후 9월 12일과 13일에 계속하여 소집된 중공 당 12기 1중전회에서 중앙 정치국 위원 25명과 후보위원 3명을

등소평과 호요방

선출하였으며, 중앙 정치국 상무위원으로 호요방(胡耀邦)·섭검영(葉劍英)·등소평(鄧小平)·조자양(趙紫陽)·이선념(李先念)·진운(陳雲) 등 6명을 선출하였다. 중앙위원회 총서기로 호요방을, 만리(萬里)·습중훈(習仲勛)·등력군(鄧力群)·양용(楊勇)·여추리(余秋里)·곡목(谷牧)·진배현(陳杯顯)·호계립(胡啓立)·요의림(姚依林) 등 9명을 중앙서기처 서기, 교석(喬石)·학건수(郝建秀)를 후보서기로 선출하였다. 이 가운데 정치국위원을 살펴보면 위원 25명 가운데 10명이 새로이 선출되었으며, 후보위원 3명 가운데 2명이 새로이 선출되어 세대교체가 이루어지고 있음을 알 수 있다.

중앙고문위원회는 상무위원 24명을 선출하고 주임에 등소평(鄧小平), 부주임에 박일파(薄一波)·허세우(許世友)·담진림(譚震林)·이유한(李維漢)을 선출하였다. 그리고 중앙기율검사위원회도 중앙상무위원 11명을 선출하고 제1서기에 진운(陳雲), 제2서기에 황극성(黃克誠), 상무서기에 왕학수(王鶴壽), 서기에 왕종오(王從吾)·한광(韓光)·이창(李昌)·마국서(馬國瑞)·한천석(韓天石)을 선출하였다.

또한 중공 당 12기 1중전회는 중앙군사위원회, 중앙고문위원회,

중앙고문위원회 주석(등소평)과 부주석(박일파, 허세우, 이유한)

중앙기율검사위원회 제1차 회의에서 선출한 임원간부들을 승인하였다. 그리고 중앙군사위원회는 주석에 등소평, 부주석에 섭검영·서향전·섭영진·양상곤(楊尙昆, 상무부주석)을 선출하였다.

### 3) 전면적인 정당(整黨)

1983년 10월 11일부터 12일까지 중공 당은 12기 2중전회를 북경에서 소집하였다. 중앙 정치국 상무위원 호요방·섭검영·등소평·조자양 ·이선념·진운이 회의를 주재하여 중앙위원 201명, 후보위원 136명이 참가하고, 중앙고문위원회 위원 150명, 중앙기율검사위원회 위원 124명, 중앙과 지방당 위원회의 책임자 11명이 회의에 열석하였다. 여기에서 「정당(整黨)에 관한 중공 당 중앙의 결정」을 통과시켰다.11)

이 결정에서 정당의 필요성과 그 긴박성을 천명하고 정당의 기본방침과 기본 임무, 기본 정책, 기본 방법을 제시하였다. 이에 의하면 마르크스 레닌주의와 모택동 사상의 지도아래 전당 동지의 혁명 자각성에 따라 비판과 자아비평의 예리한 무기를 정확하게 운용하여 당의 기율을 집행하고 당 안에 존재하는 사상, 작풍(作風), 조직상의 불순 문제를 해결하여야 한다고 하였다. 그리하여 당의 작풍을 근본적으로 호전시키고 전당의 사상 수준과 공작 수준을 높여 당과 인민 군중의 관계를 밀접하게 하여야 한다고 하였다.

중전회는 호요방(胡耀邦)을 주임으로, 만리(萬里)·호계립(胡啓立)·여추리(余秋里)·박일파(薄一波)·왕학수(王鶴壽) 등 5명을 부주임으로 하는 중앙정당공작지도위원회를 뽑았으며, 1983년 겨울부터 시작하여 1987년 5월까지 3년 반에 걸쳐 정당 공작을 끝마치기로 하였다. 그리고 제1단계는 중앙 1급과 성, 시, 자치구의 1급을 대상으로 1984년 가을까지 마치고, 제2단계는 가을부터 모든 당 조직에 대하여 정풍하게 되었다.

정풍의 기본 방법은 문건을 열심히 학습하고[12] 사상의 인식을 높인 다음 비평과 자아비판을 전개하여 시비를 분명히 가리고 착오를 바로잡고 조직을 순결하게 하여야 한다고 하였다. 그 결과, 하북성에서는 제1기 정당기간 동안 476명에게 규정보다 많이 점거하고 있던 689칸의 방을 내놓게 하고, 266명에게 뇌물과 공공기물을 점거한 대가로 2만여 원을 물어내게 하였다. 1983년 5월에 중국민항(中國民航) 여객기가 춘천에 납치되어왔을 때 민항을 대표하여 우리나라에 왔던 민항국 국장 심도(沈圖)도 잦은 해외여행과 사치스러운 생활을 하였다고 자리에서 물러나야 하였다.

전국적으로 몇 차례 조사 정리한 40만 명의 기초 위에 5,449명을 세 종류의 사람으로 정리하고, 43,704명을 엄중한 착오를 범한 자로 처리하였다(광서장족자치구 제외). 그리고 조직을 재정비하여 불합격된 당원에 대하여 33,896명은 제명하고 90,060명에게 등록을 시키지 않고, 145,456명에게는 등록을 보류시켰다. 당기(黨紀) 위반의 처벌을 받은 사람은 184,071명이었다.[13]

1987년 5월 26일부터 30일까지 중공 당 중앙정당공작지도위원회는 전당정당공작종합결론회의를 소집하였다. 여기에서 박일파(薄一波)는 「정당의 기본 종합 결론과 당의 진일보 건설강화」란 보고를 통하여[14] 공작의 불균형을 언급하면서 일부분의 기관이 아직도 완전하게 정당(整黨)하지 못하였고 어떤 부분은 지나치게 하였기 때문에 정당 공작에 영향을 끼쳤다고 지적하였다.

## 2. 경제개혁과 개방의 가속화

### 1) 농촌 경제의 개혁

농촌 경제 개혁의 중점은 생산 책임제의 실시와 인민공사의 폐지에 있었다. 즉 과거의 폐단을 바로잡기 위하여 농촌 경제개혁의 중점을 농민들이 생산에 적극성을 보이도록 하는 것에 두었다. 그리하여 생산 책임제를 실시하였는데, 각 지역 생산도구의 발전과 낙후의 차이, 각 지구 노동자의 문화 정도의 차이, 각 지구의 구체적 조건의 우열 차이, 각 지구 생산의 사회화와 전문화의 차이가 있었기 때문에 각기 다른 양식으로 나타났다. 이를 귀납하면 다음과 같다.

작업 책임제(포공제 包工制)　일종의 노동 도급제라고도 부르는데,

포산도호의 계약모습

일정한 시간 안에 일정한 작업을 끝마치게 되면 그에 따른 보수를 지급하였다.

**생산량 책임제**(포산제 包産制) 생산 도급제로 일정한 생산을 맡은 작업조의 사람들이 생산량과 생산품의 품질에 책임을 지도록 하였다.

생산 책임제의 정신은 농민의 노동과 이익을 연계시켜 농민들이 더욱 많은 이익을 추구하도록 함으로써 더욱 열심히 일하게 하고, 또한 농촌 경제가 활성화될 수 있도록 한 것이다. 그 방법은 전업승포(專業承包), 종합승포(綜合承包), 통일경영(統一經營), 포간(산)도호(包幹(産)到戶)가 있었는데[15] 이 가운데 포간도호(包幹到戶)방식이 가장 환영을 받았다. 그 이유는 농업경제가 낙후된 지역에서 가장 적합한 것이었기 때문이다. 이것은 일종의 새로운 소작 관계를 형성한 것으로 국가는 지주이고 인민공사의 사원은 소작인이고 농촌 간부는 국가를 대신하여 도지를 받아주는 사람에 불과하여 농민들에게 실질적으로 독립성을 인정하여준 셈이 된 것이다. 대체적으로 1983년에 이미 93.5%의 생산대가 이 방법을 채택한 도급 책임제를 취하고 있었다.

그 결과, 농업생산량은 서서히 늘어나고, 농가 수입도 해마다 늘어났다. 그 가운데 전국농가 1인당 평균 수입의 증가는 다음 표와 같다.

포산도호의 농가 1인당 수입증가(단위 : 인민폐)[16]

| 연 도 | 1978 | 1979 | 1980 | 1981 | 1982 | 1983 | 1984 |
|---|---|---|---|---|---|---|---|
| 농가1인당 평균 | 134 | 160 | 191 | 223 | 270 | 310 | 355 |

1978년 전국농가 1인당 수입은 70여 원, 1/4 농업생산자의 수입은 50원이하 인민공사는 농업 경제 조직이면서 기층 정치 조직으로 관리상 집체화, 군사화, 전투화를 강조하여왔다. 이것은 농민의 관습인 가정 중심의 생산 방식을 파괴하고 농민의 생산 이익을 박탈하여

농민의 생산 의욕을 크게 떨어뜨렸다. 1978년이후 생산 책임제가 실시되면서 인민공사의 생산대와 생산대대의 2급 구조는 더 이상 가능하지 않게 되었고 인민공사는 이름뿐이었다. 따라서 농촌의 기층정권을 개선하고 활동을 강화하기 위하여 인민공사에 대한 철저한 개혁이 요구되었다.

대체로 1979년 봄에 사천성 광한현(廣漢縣)의 향양공사(向陽公社, 인민공사)가 처음으로 개혁을 시도하여 1980년 4월에 먼저 공사 소유의 기업 단위를 합병하여 농공상연합공사(農工商聯合公司)를 조직하였다. 그리고 5월에 향양공사의 생산대대를 취소하여 행정촌을 성립시키고 소속의 생산대를 농업생산합작사(農業生産合作社)로 고쳤다. 9월에 공사관리위원회를 향(鄕)인민정부로 고쳤다. 그리고 11월에 향양(인민)공사의 취소를 정식으로 선포하고 향 당 위원회(鄕黨委員會)아래 향인민정부와 농공상연합공사를 영도하는 체제를 건립하여 당, 정, 기업을 구분하는 새로운 체제를 실행하였다.

따라서 인민공사는 폐지되고 향 당 위원회가 전체 향(鄕)의 생산과 각종 사업을 영도하고 감독하며 당 노선과 방침, 정책을 집행 감독하였다. 향의 행정은 향인민정부가 책임을 맡았는데 인민대표대회가 간부들을 선거하였다. 그리고 농, 공, 상업의 생산과 판매는 농공상연합공사가 책임을 맡고 그 아래 공업공사, 상업공사, 농업기술공사를 두었으며 이는 주식을 불입 투자하는 방식을 채택하였다. 그리고 주주들이 대표대회를 구성하여 관리위원회를 선출하고 다시 관리위원회에서 사장과 부사장을 초빙하여 주주대표대회에서의 결정사항을 집행하였다.

농업생산합작사는 농민의 집체 경제를 위하여 조직하고 독립 채산제를 채택하였다. 사장과 부사장 등 관리 간부들은 사원의 선거로 선출되며 농, 공, 부업전문소조를 두어 생산 도급제를 행하여 초과생산하면 장려금을, 미달이면 연합 배상하는 방식을 채택하였다.

향양공사의 폐지는 바로 인민공사의 실패를 의미하므로 1981년

향양인민공사가 인민정부로 개조

중공 당 중앙은 「인민공사 존폐문제에 관한 설문조사 통지」를 보내 의견을 수집하고 조사하게 하였다. 그리고 1983년 10월에 중공 당 중앙은 「정・사(政社)를 분리하여 향 정부건립 실시에 관한 통지」를 하달하여[17] 기층 정권조직을 인민공사에서 분리시켜 농촌에 향인민정부와 촌민(村民)위원회를 조직하고 잔존 부분은 단순한 경제 조직으로 삼았다.

인민공사의 정・사 분리는 약 6년의 시간이 소요되어 전국적으로 완성되었는데, 대체로 세 단계로 나눌 수 있다. 즉 사천 광한현의 향양인민공사의 해체를 시험적으로 실시하던 첫 단계는 1979년 3월부터 1982년 신헌법이 반포될 때까지 9개 성, 시의 51개 현에서, 213개 공사가, 두 번째 단계인 1982년 12월 신헌법 반포부터 1983년 가을까지, 즉 신헌법에서 향 정부설립을 확정하여 전국 28개 성, 구, 시 967개 시, 현, 구의 10,693개 공사에서 이루어졌으며, 세 번째 단계인 1983년 10월부터 1984년말까지 즉 중앙의 통지가 하달되면서 97%이상의 농촌인민공사에 9.1만개의 향 정부, 9.26만개의 촌민위원회가 성립되었다[18]

1983년 말에 중공 당 중앙은 전국농촌공작회의를 소집하여 1년 동안의 성과를 종합하였다. 그 결과, 이해의 식량 생산액은 3.121억 원으로 전년도보다 12%증가하였으며, 면화는 28%가 증산되었다.

## 2) 도시 경제의 개혁

농촌 경제에 대한 개혁과 더불어 도시 경제의 개혁에 착수하였다. 도시 경제는 기업위주의 발전 형태를 채택하여 권력을 하향시키고 기업의 자주권을 확대시키는 것을 선결조건으로 삼았다. 이를 위해 국무원은 1979년 7월에 「국영공업기업 경영자주권 확대에 관한 약간의 규정」을 하달하였다.[19]

그 내용은 기업은 국가 계획을 완성한다는 전제아래 보충 계획을 제정하여 집행할 수 있도록 함으로써 기업이 이윤을 얻을 수 있도록 하며 기업이 신상품을 개발하도록 장려하고 우수 기술자를 고용, 이를 수용할 수 있도록 하였다. 이밖에 국가와 기업사이의 관계를 조정하기 위하여 기업의 경제 책임제를 채택하였다.

당시 사천성을 맡고 있었던 조자양(趙紫陽)은 1979년 초에 먼저 100개 국영기업과 40개 사영기업을 선택하여 시험적으로 기업의 자주권을 행사하게 하였다. 특히 조자양은 위로부터의 경제계획은 공상적인 것에 불과하다고 보고 시장경제의 기초위에 세워야 한다고 여기고 만일 시장의 수요가 없으면 계획은 가치가 없다고 보았다. 그러므로 명령성의 계획을 축소하고 기업이 시장조절에 의하여 지표와 분배를 확정하도록 더욱 많은 자주권을 부여하였다.[20] 그 결과, 7개월 후에 84곳의 기업 가운데 55개 기업이 초과이익을 달성하였다. 그리고 1979년의 7개월 동안 사천성의 기업은 전년도와 비교하여 이윤이 별로 늘어나지 않았지만 선정된 100개 기업은 21%가 성장하였다.[21] 결국 기업의 자주권 확대는 기업에도 이익이 되었을 뿐만 아니라 국가 경제에도 도움이 됨을 확인하게 되었다.

대체로 이해 말까지 시험적으로 사천, 북경, 상해 등 22개성, 직할시, 자치구의 2,963개 기업은 공업총생산이 전년도와 비교하여 12.2% 증가하였으며 이윤은 20% 증가하였다. 물론 개중에는 국가의 통제부분이 많아 효과를 보지 못한 기업도 있었다.[22]

그리고 중공은 1981년 12월에 「공업 생산 경제 책임제 실행에 관한 약간 문제의 임시 규정」을 발표하여[23] 경제 책임제는 바로 사회주의 계획 경제의 지도아래 책임과 권리를 결합시켜 기업 관리 체제에 중대한 개혁을 표시하는 것이라 하였다.

기업의 자주권을 확대한 후에 기업의 체질 개선을 위하여 공장장 책임제를 채택하였다. 즉 국무원은 1982년 1월에 「국영공장 공장장공작 임시조례」를 반포하여[24] 공장장의 지휘권 행사는 당정(黨政)을 분명히 분리시켜 공장장 영도아래 공장장 중심으로 생산 지휘 계통을 확립하게 하여 자리에 앉으면 그에 따른 권리가 있도록 하였다.

### 3) 개체 경제의 발전

마르크스와 엥겔스의 「공산당 선언」에서 사유제는 소멸시켜야 되는 것으로 되어있어 중국공산당은 정권을 수립한 이래 국유제를 채택하고 사유제를 폐지하였다. 그러나 사유제의 소멸을 실천에 옮긴 결과 사회 생산력의 발전을 파괴하였다는 것이 증명되었다. 따라서 중공은 여러 가지의 경제 활동을 통하여 개체 경제가 원활한 면이 있고 민중에게 편리함을 주고 있다고 인정하고, 또한 생산 발전을 촉진시키며 상품 유통을 확대하여 취업의 문을 넓혀 도시와 농촌 경제를 일으키는데 중요한 작용을 한다고 인식하게 되었다.

따라서 1981년에 소집된 중공 당 11기 6중전회에서 「건국이래 당의 약간 역사 문제에 관한 결의」에서 국영경제와 집체경제는 중국의 기본 경제 형식이지만 정해진 범위 안에서 노동자의 개체경제는 공유제의 필요부분을 확실히 보충해 준다고 하여 개체 경제의 중요성을 인정하였다. 그리하여 개체경제를 인정하고 보호하게 되었는데, 1982년에 수정된 헌법 제1장 제11조에서도 국가는 개체경제의 합법적 권리와 이익을 보호하여야 한다고 하였다. 대체로 1980년 4월부터 1984년 3월까지 개체경제와 관련된 법령을 20개나 반포하였다.

중국은 1978년에 개체경제를 개방한 이래 그 발전의 속도는 대단히 빨랐다. 1983년말에 이르러 개체 공, 상업은 이미 580만 3천 호에 754만 8천 명이 종사하게 되었다. 중국 공상관리국 개체부는 1985년 3월에 당시 개체호의 상황에 대하여 도시와 농촌에서 개체경제의 회복과 발전은 시장경제의 번영에 유익하고 필요한 것으로 보았다. 그러나 도시와 농촌 인민 생활에서 요구되는 것에 비하여, 그리고 상품생활이 요구되는 것에 비하여 큰 차이가 있으므로 개체 상업은 계속 발전될 것이며 농촌에서의 발전 속도가 빠를 것이라 보았다.

중국경제개혁위원의 설명에 따르면 1989년에 이르러 대륙의 경제구조상 국영기업은 67%, 집체기업은 27%, 비공유 기업이 7%였는데, 비공유 기업 가운데 개체호(8인이하의 고용자), 사영기업(8인이상 고용자), 중외합작기업, 외국인 독립 투자기업을 포함하고 있다. 그런데 실제로 비공유 경제는 최고 30%까지 증가되고 있었다.

### 4) 경제 특구와 연해도시의 개방

중국의 영토 안에 일정한 지역을 지정하여 그곳에 대하여 당 중앙은 특수한 정책을 펼 수 있는 특구를 설정하였다. 그리고 특구지역에 외국의 자본을 끌어들여 수출형 경제를 신속히 발전시켜 대외 개방의 선봉이 되게 하고, 또한 전국의 경제를 발전시킬 수 있도록 하였다. 바로 이렇게 설정된 특정한 구역을 '경제 특구'라 칭한다. 이러한 방법은 이미 세계경제에서 각국이 채택하고 있었던 방법(자유항, 자유수출공단과 같은 예)의 하나였다.

경제 특구의 건립은 1980년 5월에 광동성의 심천(深圳) · 주해(珠

海)·산두(汕頭)와 복건성의 하문(廈門)에 경제 특구를 설립하기로 결정하고, 또한 8월에 제5기 전국인민대표대회 상무위원회 15차 회의에서 「광동성 경제 특구조례」를 승인하였다.[25] 이 네 개 구역 가운데 심천과 주해는 황량한 작은 마을이었는데 지정된 지 얼마 되지 않은 짧은 기간에 번영된 신도시로 급성장하여 놀라움을 금하지 못하게 하였다.

경제 특구의 출현에 대하여 찬양하는 소리가 있었는가 하면 반대로 비판의 소리도 없지 않았다. 물론 찬양하는 사람이 많은 편이었지만 이들을 가리켜 자본주의자라고 비판하는 사람도 적지 않았다. 특히 극단적인 사람은 경제 특구는 '자본주의 복벽의 전형'이라고 까지 지적하였다.

등소평·양상곤·왕진 등 당의 지도자들이 1984년 초에 심천, 주해, 하문특구를 방문하였다. 이들은 현지를 답사하고 경제특구의 건설에 관하여 긍정적인 반응을 보였다. 등소평은 심천특구를 방문하고, 심천은 '발전과 경험의 증명이며 경제특구 건설 정책은 정확하였다'고 확신하게 되었으며[26], 주해를 방문하였을 때에는 경제 특구는 빨리하면 빨리 할수록 좋다고 인식할 만큼 깊은 인상을 받았다.

어촌이었던 심천의 발전된 모습

등소평은 북경으로 돌아간 다음 특구를 건설하고 개방 정책을 실행한 것은 정확하였다고 보고, 특구는 하나의 창구로서 기술, 관리, 지식, 대외 정책의 항구라고 하면서 몇 개 지방을 더 개방하겠다는 뜻을 표시하였다.

중공 당 중앙도 등소평의 의견에 찬성하여 중공 당 중앙서기처와 국무원은 공동으로 1984년 3월 하순부터 4월초까지 연해의 도시좌담회를 개최하였다.27) 그리하여 북쪽에서 남쪽으로 14개의 항구를 개방하기로 결정하였다. 이 14개의 항구는 대련(大連), 진황도(秦皇島), 천진(天津), 연대(煙臺), 청도(靑島), 연운항(連雲港), 남통(南通), 상해(上海), 영파(寧波), 온주(溫州), 복주(福州), 광주(廣州), 심강(湛江), 북해(北海)이다. 그리고 해남도(海南島)를 경제특구로 추가 지정하였다.28)

결국, 이들 개방 도시와 경제특구는 외국자본과 기술을 끌어들이는 문호가 되었으며 서양의 자유 시장경제와 민주정치 사조를 수입하는 파이프 역할을 하게 되었다.

### 5) 사회주의 상품경제 체제로의 전환

1984년 10월에 중공 당 12기 3중전회에서 「중공 당 중앙의 경제 체제 개혁에 관한 결정」을 통과시켰다.29) 이 결정에서 개혁은 중국 발전에서 당면하고 있는 절박한 필요라고 지적하였다. 몇 년 동안의 실천의 경험을 통하여 경제 체제의 개혁은 농촌에서 거대한 성과를 거두었다고 보고 농촌 경제의 발전이 도시 경제 발전에 유리한 조건을 제공하였다고 평가하였다. 그러므로 개혁은 절대적으로 필요한 것이라 하였다.

이 결정은 바로 중국이 이미 전면적인 경제개혁시기로 진입하였음을 의미하고 있는데 그 내용을 구체적으로 살펴보면 다음과 같다.

① 기업의 관리 체제를 개혁하여 기업을 독립적 경제 실체로 한다. ② 사회주의 아래의 상품 경제발전을 강조하여 사회주의 경제발

전이 계급을 초월하지 못하게 한다. 그러나 계획적인 상품경제를 실행하여 완전 자유 시장에 의하여 시장경제를 조절하지 않게 한다. ③ 가격체계를 개혁하여 시장이 있음을 강조하고 상품의 가격은 반드시 시장의 규율에 따르도록 한다. ④ 당의 기업에 대한 간섭을 감소시킨다. ⑤ 기업의 임금 체제를 개혁하여 임금과 보너스를 기업 경제에 유익하도록 이끈다.

이 결정을 실시한 후, 시정부의 경제적 기능을 개혁하여 도시의 작용을 충분히 발휘하게 하였다. 그리하여 여러 가지 시장을 개척하고 제3차 산업이 발전되었다. 기업의 자주권이 확대되어 1984년에 전국의 약 3,000개 기업에서 공장장 책임제를 시험적으로 실시하여 기업에 활력이 증가되고 경제효과가 더욱 높아 졌다. 이로 인하여 1987년에 전국의 기업이 대부분 이 제도를 채택하게 되었다.

결국, 경제 체제 개혁의 결정은 중국 경제 체제 개혁의 강령성 문건으로 중국 특색의 사회주의 현대화 경제를 건설하는데 현실적 의의와 역사적 의의를 갖게 되었다.

## 3. 과학 기술과 교육체제의 개혁

### 1) 과학과 기술

중공 당 11기 3중전회 후 과학과 기술, 교육영역에서도 착오를 바로잡고 개혁을 모색하여 이를 실천에 옮겼다. 1984년 5월에 전국과기체제개혁좌담회(全國科技體制改革座談會)를 소집하여[30] 과학기술 체제의 개혁에 새로운 국면을 열려면 기술의 개발과 응용에서 비롯되며, 과학연구기관이 과학기술을 보상하는 제도, 기초과학 연구기관이 기금제를 실시하고 계속적으로 각종 연합체를 조직하는 등 세 가지방면에서 노력하여야 과학 기술의 개혁이 이루어진다고 지적하였다.

그리고 이해 7월에 소집된 전국 과기간부관리공작 좌담회에서 과학기술 인재의 합리적 교류와 초빙문제를 토론하였다. 이 회의가 끝난 후 진국 과학기술과 인재개발 교류센터를 성립시켰다.31) 1985년 3월에 전국과기공작회의를 북경에서 소집하여 과기체제 개혁에 관하여 집중 연구를 하였다. 또한 3월 13일에 중공 당 중앙은 「과학기술체제개혁에 관한 결정」을 하달하였다.32) 이로서 과학기술 체세의 개혁 방향, 목표와 진행 조치계획을 규정하였다.

결정에서는 경제건설을 달성하기 위하여 반드시 과학기술에 의지하여야 하므로 과학기술은 경제 전략의 방침이어야 하고 과학기술의 개혁 목적은 현행 관리체제를 개조하여 과학기술과 경제관계가 유리된 문제를 해결하여야 한나고 하였다. 또한 과학기술 인재들에게 그들의 적극성을 자극해야 하고 개혁의 주요 내용은 자금을 지출하는 제도를 만들고 기술시장을 개척하며 단순 행정수단에 의하여 과기공작을 관리하는 것을 개혁하여야 한다고 하였다. 경제라는 지렛대와 시장조절의 수단을 가지고 과학과 기업의 분리된 국면을 고쳐야 하며 과학 연구기관 사이의 협조관계를 촉진하여 인재의 합리적 교류가 있어야 한다고 하였다.

1988년 말 중국의 자연과학 기술인원은 966만 명에 달하여 1978년의 452만 명보다 배가 늘어난 셈이다. 과학기술 인원의 수준도 높아 졌기 때문에 과학기술의 성과도 크게 뛰어 났다. 이러한 성과는 직접 간접으로 생산에 응용되어 생산력의 발전을 촉진하여 현대화 건설사업을 촉진하게 되었다.

### 2) 교 육

1985년 5월 27일에 중공 당 중앙은 「교육체제 개혁에 관한 결정」을 하달하였다.33) 결정에서 원래의 교육체제에 대한 폐단을 분석하고 반드시 개혁하여야 한다는 필요성을 천명하였다. 또한 교육은 반드시 사회주의 건설을 위하여 봉사하여야 하며, 사회주의 건설은 교육에 의지하여야 한다고 강조하고 관리체제를 넓혀 정치적 간섭을 줄이고, 학교의 자주권을 부여하며 이를 확대하고, 교육기구를 조정하며, 사회주의 현대화 건설에 적응될 수 없는 교육사상, 교육내용, 교육방법 등을 개혁하여야 한다고 하였다.

그리고 1986년 6월에 「의무교육법」을 반포하여 9년제 의무교육을 실현하기 위하여 이를 법률적으로 보장하였다. 대체로 1988년에 도시와 농촌에 107.1만 개의 학교를 세웠는데, 그 가운데 대학이 1,075개로 학생은 206.6만 명이었다. 그리하여 개혁 10년 동안에 300만 명의 대학졸업생을 배출한 셈인데 이 숫자는 건국이래 30년 동안 양성한 총수와 비슷하며 이밖에 박사와 석사도 배출하였다.

성인교육에도 주의를 기울려 1987년에 성인대학 1,399개와 별도로 방송통신대학, 야간대학이 600여 개가 있었으며 여기에 적을 두고 있는 사람은 185.8만 명에 달하였다. 이밖에도 전문고등학교가 4,742개에 학생은 168.2만 명에 이르렀다. 1986년 10월 1일에 중국텔레비젼교육프로그램을 시작하였으며 1987년에 정식으로 방송국을 세워 T.V교육을 발전시켰다.

1978년부터 1985년까지 국가가 선발하여 파견한 유학생은 이미 2.9만 명에 달하였으며, 자비유학생은 7,800여 명으로 모두 3.68만 명에 이르렀다. 이 숫자는 건국이래 28년(1950-1977)동안 파견된 유학생 11,915명보다 3.3배에 달한다. 대체로 건국 초에는 소련유학이 주여서 1962년까지 약 1만여 명에 달하여 이들이 80년대에 들어와 당과 국가의 중요한 자리를 차지하게 되었다. 1989년의 통계에 따르면 국무원의 요직을 맡고 있는 45명 가운데 소련유학생이 12명이나 되었다. 이들은 이붕(李鵬)·송건(宋健)·추가화(鄒家華)·황의성(黃毅誠)·이귀선(李貴鮮)·전기침(錢其琛)·정형고(丁衡高)·오소조(伍紹祖)·위건행(尉建行)·조동완(趙東宛)·증헌림(曾憲林)이며, 체코와 동독유학생 출신이 2명이었다.

1966년 6월 문화대혁명이 일어나면서 해외유학이 중지되었다가 1972년에 외교정책의 전환으로 1976년까지 유학생을 49개국에 1,629명을 파견하였는데, 어학을 학습한 자가 90%이상이었다. 1978년부터 유학생의 파견이 새로운 국면에 접어들어 각 방면으로 유학생 숫자가 늘어났다. 1979년에 32개국에 1,750명의 유학생을 파견하였는데, 이 가운데 자연과학이 82.6%, 어학이 16.1%, 사회과학이 1.3%였다. 이후 유학생의 수는 계속 증가되어 1981년까지 그 사정을 살펴보면 다음 표와 같다.

| 유학생총수 | 귀국자 | 유학중 | 미 국 | 서 독 | 일 본 | 영 국 | 캐나다 | 기 타 |
|---|---|---|---|---|---|---|---|---|
| 10,356 | 2,000여명 | 8,151 | 3,726 | 856 | 830 | 486 | 40 | 1,413 |

* 귀국자는 1981년에 1,143명으로 박사 62명, 석사 39명

* 자비유학생 6,000여 명은 포함되지 않음

그리고 1982년부터 1986년까지 24,542명이 파견되었고 이 기간에 귀국한 사람 수는 10,872명에 달하였다.

개방과 개혁으로 교육은 전보다 크게 발전되었다고 하지만 세계의 수준과 비교하여 보면 많은 차이가 있었다. 전문가의 수가 적어서 현대화 건설의 수요에 충족되지 못하였고 노동자 가운데 문맹이거나 반문맹의 비율이 너무 높아서 교육의 임무는 아직 막중한 편이었다. 특히 정치, 사상교육이 풀어지자 청년학생들과 일반인들에게 자산계급 자유화 바람이 불어 이미 두 차례에 걸쳐 폭발하였던 일이 있다 (위경생(魏京生)의 북경의 봄과 1989년의 천안문 사건).

## 4. 10년 개방의 성과와 문제점

### 1) 성 과

중국의 대외 개방정책은 1989년까지 약 10년 동안 계속되었다. 이 10년 동안의 성과를 요약하면 다음과 같다.

**대외무역의 신속한 발전** : 1988년에 중국의 대외무역 총액은 1,027.9억 달러로 1979년의 206.4억 달러와 비교하면 무려 4배가 증가하였다. 그리고 무역구조도 점차 합리적으로 개선되어 수입상품은 생산재의 비중이 81.4%에서 82.8%로 늘어났고, 수출품은 농·광업의 기초 원자재의 비중이 53.5%에서 30.4%로 낮아졌다. 그리고 공업 완제품이 46.5%에서 69.6%로 증가하였다.

**외자 이용규모의 확대** : 개방 10년이래 외자도입 협의가 16,377건 이루어져 금액은 785억 달러에 달하였으며, 실제로 477억 달러가 도입되었다. 그 가운데 차관은 330억 달러였으며 외국의 직접투자가 121억 달러에 달하였다. 10년 동안 외국인의 투자는 1.6만개 기업이 승인을 받았으며, 그 가운데 실제로 7,000기업이 투자를 하였다. 외자를 이용하여 건설한 것은 원자력 발전, 교통, 공업의 기초시설이었으며 기술개조와 기업의 확장도 10,000여 개에 달한다. 특히 경제특구의 대규모 건설은 이후 경제 발전의 좋은 기초가 되었다.

**과학, 기술, 문화방면의 국제교류** : 10년 동안 중국은 약 6만여 명의 유학생을 파견하였으며 전문가, 학자들이 해외를 시찰하고 또 교류를 통하여 대량의 전문과학 기술인재와 관리자를 배출하게 되었다. 10년 동안 200억 달러를 들여 3,530건의 선진기술과 시설을 도입하여 중국의 과학 기술의 수준을 높이고 생산능력을 향상시켰다. 1988년에 외국에서 중국에 온 입국자 수는 3,169만 명으로 1980년과 비교하여 5.5배의 증가를 보였다. 그 결과, 관광 외화수입만 22.2억 달러에 달하여 1980년과 비교하여 약 3.6배 증가하였다.

특히 홍콩과 대만인의 방문이 개방되고 이들이 쉽게 중국인들과 접촉함으로서 중국인들의 선망을 받았고 또한 질투도 받았으나 한편 중국인들에게 개방의 중요성을 더욱 인식시켜 주었다. 따라서 중국은 서울에서 개최된 1986년의 아시안게임과 1988년에 개최된 올림픽에 대규모의 선수단을 파견하여 '중국이 폐쇄된 나라', '죽의 장막'이란 과거의 개념을 일소시켰다.

**기술과 노동인력의 대외수출** : 10년 동안 중국은 제3세계 약 80여 국가에 대하여 경제, 기술 원조를 제공하였다. 전문 기술자의 파견은 45만 명에 달하고 1,233건의 항목이 완성되었다. 1988년 중국의 기술 수출은 약 2억 달러에 달한다. 노동력의 해외파견은 10년의 개방동안 계속 증가되었다. 1988년 말에 이미 118개 국가와 그 밖의 지역에 7,164건이 계약되어 30만 명이 파견되었고 그 액수는 58.9억 달러에 달한다.

### 2) 문제점

10년 동안의 개혁과 개방으로 중국인들의 관념이 바뀌고, 사회형태도 바뀌고, 생산관계도 바뀌고, 중국공산당 스스로도 바뀌었다. 사회구조도 지역에 따라 차이가 있기 때문에 지역적인 차이와 모순이 나타났다. 중앙은 낙후된 지방을 보살피려 하지 않고 연해 지방의 발전된 성은 자기들의 수입만 올리려고 하였다. 개인의 소득분배의 변화로 사회 계층의 모순이 심화되기 시작하였다. 분명한 현상은 돈을 번 개체호에 대한 지식인들과 일반 시민들의 불만이다. 때문에 '독서무용론'까지 나돌았다.

시장경제의 도입으로 상품가격의 자유화는 물가를 큰 폭으로 올려놓았다. 특히 1988년 5월 15일에 돼지고기, 달걀, 채소, 설탕 등 네 가지 부식품의 값을 자유화시켰다. 그 결과, 한달도 못되어 60%나 값이 올라가 도시민은 생활의 위협을 느끼고 이로 인하여 불만이 원성으로 바뀌게 되었다. 상해의 유조(油條, 밀가루를 반죽하여 젓가락처럼 만들어 기름에 튀긴 것으로 콩국과 함께 아침 식사가 됨) 값은 몇 년 동안 계속 올라 4전에서 12전으로 무려 3배가 올랐다.

이에 대한 당국의 대책은 국가공무원과 근로자들에게 5월분부터 물가상승에 대한 보조비로 10원을 추가 지급한 것인데, 이것은 오른 물가에 비하여 절대적으로 부족한 형편이었다. 따라서 통화의 팽창이 불가피하였으나 임금을 올려 해결하는 방법밖에 없었다. 그러나 이것도 책임생산으로 이익을 남기는 기업에서는 가능한 일이었으나 그렇지 못한 곳에서는 할 수 없는 일이었다.

대체로 물가상승으로 인하여 나타난 현상으로 이익을 본 계층은 개체호와 농민, 그리고 당 간부들이었다. 반면에 가장 피해를 입은 계층은 노동자, 학생, 지식인과 보통 시민들이었다. 그런데 후자가 도시인구의 80%를 차지하고 있었다.

개혁과 더불어 당정 관리에게 문제가 나타났다. 관리의 특권, 탐오, 부패, 무능으로 불만이 쌓였다. 물가가 오른 것은 상당부분 관리와의 관계, 특권과 밀접한 연관을 갖고 있었기 때문이다. 즉 물가를 올릴 수 있도록 이들에게 들인 비용을 소비자에게 떠넘겼기 때문이었다. 그 한 예로 1988년 북경의 방세가 오르는데도 부부장(차관)급의 집에 대해서는 올리지 않는 특권을 부여하여 불만을 가중시켰다.

자유화의 정책은 대학졸업생들 취업에도 나타났다. 종전에는 국가에서 직장을 알선하여 배정하였는데 이를 자유화하자 개인적으로 취업할 자리를 찾지 않으면 안 되었다. 그 결과, 특권층의 자제들은 좋은 직장을 얻을 수 있었으나 그렇지 못한 사람은 경쟁을 한다 하더라도 공평치 못하였으며 일자리 얻기도 힘들게 되었고 마침내 대학생들은 이러한 자유화 정책을 반대하였다.

개혁의 최대 문제점은 중공 당의 일당독재였다. 중공 당의 지도자들은 여전히 정통 마르크스 사상에 젖어 있었으며, 4개 현대화는 반드시 공산당이 영도하여야 하고, 사회주의 길로 가야하며, 무산계급 전정(독재)을 하여야 하며, 마르크스·레닌·모택동 사상을 따라야 한다는 4항의 기본 원칙을 갖고 있었던 것이다. 바로 이러한 원칙은 개혁계획을 수행하는데 있어 한계를 가져와 결국 큰 장애요인이 되었다.

# 5. 제6기 전국인민대표대회의 소집과 지위의 향상

## 1) 당(黨)과 전국인민대표대회의 관계

1980년대에 들어와 정치체제의 개혁과 더불어 당·정 분리의 원칙이 이루어지기 시작하여 인민대표대회는 인민의 권력기관으로 자리 잡았기 때문에 그 역할이 전보다 중요하여 졌다. 특히 중국공산당의 영도아래라는 원칙이 있었지만 당의 조직이 국가정권의 기관을 전부 관할하는 것은 아니었다.

중국의 헌법에 따르면 인민대회는 인민이 국가권력을 행사하는 기관으로 당과 인민대회조직의 관계는 당과 인민의 관계를 의미하고 있다. 당과 인민대회의 관계가 정상적이지 못하면 바로 당과 인민과의 관계가 정상적이지 못하다는 것이다.

1982년의 중공 당 12차 전국대표대회의 당장규정에 따르면 당이 사상, 정치와 방침 정책을 영도하는 것으로 되어있다. 그리고 당이 인민대표대회의 정치와 정책을 영도하기 위하여 인민대표대회 상무위원회의 당 조직을 갖고 그 당원들로 하여금 책임을 다하도록 하였다. 이렇게 함으로써 당이 직접 인민대표대회를 간섭하지 않는 것처럼 보이도록 하였다.

1980년대에 들어와 중국공산당은 인민대표대회의 선거를 고쳐 인민대표의 위상을 높이고 동시에 그 인원을 감소시켰다. 그리고 인민대표대회의 폐회기간에 인민대표대회의 상무위원회를 상설시켜 인민대표대회의 권력기관과 행정기관이 되게 하였다. 또한 각급의 인민대회는 진정으로 권위있는 인민의 권력기관이 되도록 하였다.

중공 당은 인민대표대회의 규칙을 1979, 1982, 1986년의 세 차례에 걸쳐 개정하였다. 보통선거권의 확대와 입후보자의 추천권 등을 확대하여 각 당파, 단체들이 후보자를 대신하여 선거활동을 할 수 있었다. 그리고 직접선거의 범위를 확대하고 후보자는 반드시 정원보다 다수이어야 하며 후보자의 자격을 강화시키고 전처럼 상급 당에서 파견하는 식의 폐단을 없앴다.

또한 숫자를 제한하여 1986년의 수정된 규칙에는 3천 명을 초과할 수 없도록 하였다. 그 결과, 통계에 의하면 1987년 호남(湖南)성의 현급(縣級)대표는 20%정도가 감소되었으며 향진(鄕鎭)대표는 30%가 감소되었다. 천진시구(天津市區)의 현(縣)급대표도 5%가 감소되고 향진대표는 34%가 감소되었다.

특히 주목되어지는 것은 인민대표대회 상무위원회를 상설기관으로 두고 그 직권을 강화시킨 점이다. 1982년의 헌법의 규정에 21개항의 직권을 부여하여 입법권, 헌법과 법률에 대한 해석권과 실시, 감독권, 재정감독권과 인사임면권이 포함되고 있다. 또한 상무위원은 다른 국가 행정기관, 심판기관, 검찰기관의 직무를 겸임할 수 없도록 전문화시켜 그 폐단을 막으려 하였다. 상무위원회에는 전문위원회를 두어 활동의 연속성을 확보하고 심층 연구와 심의가 가능하도록 하였다.

그러나 이러한 권한은 헌법상의 기록에 불과하고 현실적으로는 인민대표대회가 자주적이고도, 자유롭게 국가의 정치와 인사를 결정하는 것은 아니었다. 특히 전국인민대표대회는 더더욱 당의 계획과 의사에 따라야 하였다. 그런데 1980년대 후반에 중공 당이 반대여론에 비교적 관대한 태도를 보이자 자주적인 권력행사 기관으로 행동하기도 하였다. 예를 들면 1986년 4월의 6기 4차 회의에서 최고인민법원과 최고인민검사원의 공작보고와 인사임면의 표결 가운데 반대표와 기권표가 적지 않게 나왔는데, 이는 건국이래 볼 수 없었던 현상이었으며 이후의 전국인민대표 7전 대회에서도 마찬가지였다.

## 2) 신헌법의 제정

중공 당 12전대회가 폐막된 지 얼마 안 되어 1982년 11월부터 12월까지 제5기 전국인민대표대회 제5차 회의를 북경에서 소집하였다. 이 회의에서 중화인민공화국의 네 번째 헌법, 즉 「1982년 헌법」을 통과시켰다. 신헌법의 제정으로 중국사회는 법제화의 길로 나가는 하나의 이정표를 세웠다.

특히 신헌법에서는 1975년의 헌법과 1978년 헌법의 좌적 착오를 씻어버리고 중공 당 11기 3중전회이래의 성과를 반영하였다. 예를 들면 헌법의 서문에 4항 기본원칙의 견지를 삽입하였으며, 공작중심을 경제건설에 두고 있음을 밝혔다. 그리고 1954년의 헌법에 있었던 중화인민공화국의 국체는 인민민주주의 전정(독재)이라는 것과 공민은 법률 앞에서 일률적으로 평등하다는 규정을 회복하였다. 아울러 문화대혁명의 교훈에 따라 공민에 대하여 절실하고 명확한 규정을 추가하였다.

신헌법에서는 개혁개방의 정신에 따라 전민소유제와 노동군중 집체소유제는 사회주의 공유제 형식임을 다시 한번 내세우고, 성향(城鄕, 도시와 농촌) 개체기업의 합법적인 권익을 규정하였다. 즉 국영기업은 국가의 통제를 받아들여 계획경제를 완성하며, 법률이 정한 범위 안에서 경영관리의 자주권이 있으며 국가계획의 지도와 관련 법규의 전제아래 집체경제조직은 독립적으로 경제활동의 자주권을 행사하도록 하였다. 특히 국가는 외국기업과 그 밖의 경제조직 혹은 개인이 중화인민공화국의 법률 규정에 따라 중국에 투자할 수 있으며 중국의 기업 혹은 그 밖의 경제조직이 각종 형식으로 경제 합작을 할 수 있도록 하였다.

신헌법은 국가기구의 설치와 그 권한에 대하여도 여러 규정을 두었다. 우선 인민대표대회 제도를 강화하여 매 기의 대표는 임기 5년으로 1년에 한번씩 개회하도록 규정하여 종전처럼 임의로 연장하거나 단축할 수 없게 하였다. 그리고 인민대표대회 상무위원회의 직권을 강화하여 전국대표대회의 권한 일부를 상임위원회로 넘겼다. 또한 지방 현급 이상의 인민대표대회에도 상임위원회를 설립하여 지방의 중대 사안을 결정하도록 하였으며 대표도 유권자가 직접선거에 의하여 선출하도록 하였다.

또한 국가주석과 부주석제를 회복하고, 국무원은 총리책임제, 지방의 각급 인민정부는 성장, 시장, 현장, 구장, 진장(鎭長)의 책임제를 실행하였다. 그리고 농촌인민공사의 정사(政社)합일체제를 고쳐 향(鄕) 정부를 설립하고 도시와 농촌에 주민위원회, 촌민위원회를 설치하였다.

국가중앙군사위원회를 설립하여 전군을 통수하도록 하였는데, 전국인민대표대회에서 선출한 군사위원회 주석이 책임을 맡도록 하였다. 이는 군대를 국가체제 안에 넣는 의미를 갖고 있지만 실질적으로 중국공산당이 여전히 군대를 지휘하였다.

이밖에도 국가주석, 부주석, 전국인민대표대회 상무위원회 위원장, 부위원장, 국무원총리, 부총리 등 국가지도자들의 임기를 두 차례까지만 연임을 허락하여 실제로 종신제와 같았던 현상을 없앴다.

### 3) 제6기 전국인민대표대회

1983년 6월 6일부터 21일까지 제6기 전국인민대표대회 제1차 회의가 북경(北京)에서 소집되었다. 여기에는 2,978명의 대표가 참석하였는데[34], 회의의 주제는 조자양(趙紫陽)총리의 정부공작보고, 국무원 부총리 겸 국가계획위원회 주임 요의림(姚依林)의 1983년 국민경제와 사회발전계획 보고, 재정부 부장 왕병건(王丙乾)의 1982년도 국가결산 보고를 듣고 심의하며, 국가 기관의 요인을 선거하는 것이었다

제6기 인민대표대회에서 「중화인민공화국 국민경제와 사회발전 제6차 5개년계획」을 비준하고 「의용군행진곡」을 국가로 회복한다는

인민대표대회에서의 등소평과 조자양

결의를 통과시켰다. 또한 국가행정기관의 요인들을 새로이 선출하였는데, 중화인민공화국 주석에 이선념(李先念), 인민대표대회 상무위원회 위원장에 팽진(彭眞), 국무원 총리에 조자양(趙紫陽), 국가군사위원회 주석에 등소평(鄧小平)을 뽑았다. 그리고 만리(萬里)·요의림(姚依林)·이붕(李鵬)·전기운(田紀雲)을 국무원 부총리, 방의(方毅) 등 10명을 국무위원으로 선출하였다.

그리고 1984년 5월 15일부터 31일까지 제6기 전국인민대표대회 제2차회의가 소집되어 「중화인민공화국 구역자치법」과 「중화인민공화국 병역법」등을 통과시켰다. 또한 1985년 3월 27일부터 4월 10일까지 제6기 전국인민대표대회 제3차회의를 소집하여 「경제 체제개혁과 대외 개방에 관하여 국무원이 임시규정 혹은 조례를 제정할 수 있도록 권한을 부여하는 것에 관한 결정」과 「중화인민공화국 상속법」 등을 통과시켰다.35)

1986년 3월 25일부터 4월 12일까지 소집된 제6기 전국인민대표대회 제4차회의에서 국무원이 제정한 국민경제와 사회발전 7개년 계획을 승인하고 「중화인민공화국 민법통칙」, 「중화인민공화국 의무교육법」, 「중화인민공화국 외자기업법」을 통과시키고, 교석(喬石)을 국무원 부총리, 송건(宋健)을 국무위원으로 임명하고, 초도남(楚圖南)을 제6기 전국인민대표대회 상임위원회 부위원장으로 선출하였다. 그리고 1987년 3월 25일부터 4월 11일까지 소집된 제6기 전국인민대표대회 제5차회의 상무위원회에서 중국과 포르투갈의 마카오 문제에 관한 연합성명을 비준하는 문제를 통과시켰다.

이처럼 제6기 전국인민대표대회는 몇 차례의 회의에서 830건의 의안을 제출하고, 각종의 건의와 토론, 의견을 14,215건이나 제출하여 활발한 활동을 전개하였다. 이와 아울러 중국인민정치협상회의도 모두 다섯 차례의 회의를 열어 경제 체제개혁의 방침에 대하여 협상하고 중요 건의를 제출하였다. 특히 정협 제6기 제1차회의는 민주당파, 무당파 민주인사, 각 인민단체 대표, 각계의 대표인물, 소수민족, 대만동포, 특별초청인사 등 광범위한 대표 2,039명이 참석하였다.

### 4) 당과 해방군

임표는 군을 최대한 이용하여 자신의 권력 장악에 힘써왔다. 그러나 임표 사건 이후 모택동은 군의 정치권력을 약화시키기 시작하였으며 1977년 중공 당 11전 대회에서 선출한 중앙정치국 위원 26명 가운데 12명만이 해방군의 배경을 갖고 있었다. 대체로 중공 당 안의 군인의 위치는 아래 표의 자료를 통해 살필 수 있다.

중국공산당 중앙위원과 정치국 위원의 군인 점유 수(%)[36]

| 당 대회 | 8전대 | 9전대 | 10전대 | 11전대 | 12전대 | 13전대 |
|---|---|---|---|---|---|---|
| 시 간 | 1956 | 1969 | 1973 | 1978 | 1982 | 1987 |
| 정치국 | 41.7 | 52.0 13/25 | 28.6 6/21 | 52.2 12/23 | 39.3 11/28 | 11.8 2/17 |
| 중앙위 | 35.2 | 45.0 85/170 | 26.7 52/195 | 30.0 61/201 | 23.8 50/210 | 18.3 32/175 |
| 동후보 | | 50 55/109 | 20.1 25/124 | 29.6 39/132 | 18.5 25/138 | 20.9 23/110 |
| 총 계 | | 50 140/279 | 24.1 77/319 | 30.0 100/333 | 21.5 75/348 | 19.3 55/285 |

등소평이 개방정책을 펴 군대의 현대화 방안을 내놓자 해방군은 이에 반대하였다. 특히 등소평은 모택동이 제시한 3지양군(三支兩軍)을 비판하여 문혁으로 피해를 입은 사람들로부터 지지를 받았으나 그렇지 않은 쪽으로부터 불만을 샀다. 더욱이 개방화로 인하여 부인의 수입이 남편인 해방군보다 많고 농촌의 수입이 훨씬 앞서자 농촌 출신의 해방군의 불만이 적지 않았다. 이에 호요방은 1983년 10월부터 정풍운동을 제기하였다.

1982년 이전 중공 당 주석은 반드시 중앙군사위원회 주석을 겸임하였다. 그런데 1982년 중공 당 12전 대회 후 호요방이 총서기가 되면서 등소평은 정치국 위원신분으로 중공 당 중앙군사위원회 주석이 되었다. 그리고 1982년의 헌법(82헌법으로 약칭)에 국가중앙군사위원회를 새로이 설치하여 중공 당의 군대에서 국가의 군대로 전환시키고자 하였다.

그러나 국가주석이나 국무원 총리가 최고 군사통수권을 갖고 있지 못하였을 뿐만 아니라 국가 군사위원회나 당 중앙군사위원회나 구성원이 같은 상황이어서 당의 중앙군사위원회 주석은 여전히 군의 중요한 실권을 갖고 있었다.

중공 당은 13전 대회이후 군 체계를 개조하여 새로 설치한 중앙군사위원회에 4명의 부주석을 2명으로 축소시켰다. 그리고 1987년에 등소평은 당의 원로들과 함께 당 안의 중앙위원과 정치국 위원의 자리를 내놓으면서 군사위원회 주석의 자리는 그대로 갖고 있었다. 따라서 중공 당은 창당이래 보통당원이 중공 당의 요직을 맡는 기이한 현상이 나타났다.

1989년 4월의 조직을 살펴보면 다음과 같다.

주석--등소평 제1부주석--조자양(당 총서기) 상무부주석--양상곤(국가주석)

비서장--양상곤 부비서장--홍학지(洪學智), 유화청(劉華淸)

따라서 해방군이 정치에 개입할 수 없도록 정책을 펴왔는데 이붕

(李鵬)이 1989년 5월 20일에 계엄령을 선포하고 25만 명의 군을 동원하여 북경에 진주시켜 군대가 당 안의 권력싸움에 중립을 지킬 것인가에 의구심을 품게 하였다. 그리고 6.4 사건에 군이 잔혹하게 시위군중을 진압하여 인민해방군의 인상을 흐려놓기는 하였으나 그 이상 군은 정치 권력싸움에 개입하지 않았다.

## 6. 자유화 민주화 운동과 호요방의 실각

### 1) 지식인의 민주화 운동

1980년대 중기에 지식인들이 직접 중국공산당의 권위에 대하여 도전하는 일이 일어났다. 그 원인은 첫째, 사회과학자들이 정책 결정과정에서 갈수록 중요한 역할을 담당하게 되었으며, 둘째, 서방의 사조가 대륙의 지식인들에게 전해졌기 때문이고, 셋째, 지식인들의 생활이 상대적으로 낮았기 때문이다.

1980년에 조자양(趙紫陽)은 국무원총리가 된 이후에 미국의 Land Corporation이나 Brookings Institute를 모방하여 국무원 안에 몇 개의 정책 연구기구를 두고 정부정책을 결정하는 브레인역할을 맡게 하였다. 마르크스경제학의 원로학자인 설모교(薛暮橋)와 우광원(于光遠), 중견의 경제학자인 여이녕(厲以寧)과 오경연(吳敬璉), 젊은 또래의 화생(華生) 등이 모두 조(趙)의 고문이 되었다. 그리고 농촌발전연구센터, 경제체제개혁연구센터와 경제·과기 및 사회발전센터가 대표적인 연구기구로 모두 100명이상의 전문가를 두고 있었다. 이밖에도 사회과학원 아래의 정치, 경제, 마열모(馬列毛, 마르크스 레닌 모택동)사상의 3개 연구소가 국무원과 밀접한 관계를 맺고 있었다.

이들은 정책 개발에 참여하면서 사회계몽 활동을 전개하고, 또한 각 영역 안에서 보수세력, 구제도, 구의식에 도전하였다. 경제영역에서 북경대의 여이녕 등은 주식을 분배하여 공유제를 대신하자고 하였고, 정치영역에서 엄가기(嚴家其)·왕약수(王若水) 등은 마르크스주의에 대하여 재평가를 하고, 문학영역에서 유빈안(劉賓雁)·백화(白樺) 등은 자유로운 창작을 주장하면서 당의 간섭을 반대하고, 교육사상영역에서 김관도(金觀濤)·방여지(方勵之) 등이 대량으로 서양의 현대 민주사조를 전파하였다.

그 가운데 방여지의 활동이 가장 돋보였다. 그는 중국과기대학(中國科技大學)의 천체물리학교수로서 1985년부터 전국 각지의 대학을 순회하면서 학생들에게 민주사상과 모든 분야의 현대화, 전반서화 등의 정치주장을 폈다. 이것은 위경생(魏京生)이후 처음으로 중공 당의 정치 영역을 벗어난 것이다. 그는 중공 당의 정치개혁 없이 경제개혁은 영원히 성공할 수 없다고 하였다. 그의 언론과 정치활동은 대학의 캠퍼스 안에서 민주화 운동의 불씨를 남기게 되었으며 학생들의 정신을 일깨워 주어 중공 당권자들의 적시를 받았다.

개방정책은 구미 각국과 새로운 문화교류관계를 촉진하게 되고 많은 학자들이 국비 또는 교환의 이름으로 서양을 방문하였다. 그리고 중공도 많은 서양의 사회과학 학자들을 중국으로 초청, 학술교류를 도모하여 중국 사화과학자들의 시야를 넓혔다.

따라서 지식인들의 사회적 지위는 올라갔으나 학자들에 대한 대우는 형편없었다. 1985년에 임금을 조정할 때 교수의 수가 팽창되었다하여 표준대로 주지 못하고 오히려 인하하여 1급 교수가 매월 255원을 받아 본래보다(1956년에는 국무원 부장급으로 345원정도) 45%가 인하되었다. 6급의 부교수는 122원을 받아 건축노동자 154원보다도 적었다. 이러한 상황은 지식인들의 불만을 불러일으켰고 정치개혁이 경제개혁보다 우선하여야 한다는 사실을 더욱 분명히 인식하게 하였다.

### 2) 학조(學潮, 학생시위운동)

1979년과 1980년에 있었던 북경의 봄 운동과 학생의 경선운동이후 1981년부터 1984년까지 중국의 정치 기류는 그런대로 평정을 찾아 비록 소규모의 정치운동, 예를 들면 정신 오염 반대 운동, 백화의 작품인 『고연(苦戀)』 비판 등이 있었으나 처음에만 요란하였지 흐지부지되고 말았다. 또한 정치권력의 싸움도 일어나지 않았다.

그러나 중공 당이 추진하는 경제개혁은 중앙집권의 계획경제와 시장주도의 자유경제를 접목한 것이기 때문에 조화와 균형이 이루어지기 힘든 것이었다. 농촌의 경제개혁은 어느 정도 성공적으로 보였지만 바로 혼란이 일어나 경제상황은 날로 어려워져 갔다. 따라서 개혁의 소리가 컸으나 중공 당은 여전히 4개 현대화를 전개함에 있어 '4항 기본원칙'을 견지하여 정치체제의 개혁이나 민주화의 요구를 거절하였다.

북경대학에서는 1985년 9월 18일을 전후하여 상당한 규모의 반일애국운동이 일어났다(9월18일은 1931년에 만주사변이 일어난 날임). 9.18기간에 학교구내에는 근 100만 자에 달하는 대자보가 붙었고, 9월 18일에는 공안당국이 교문을 잠가놓았기 때문에 소수의 학생들만이 학교를 빠져나와 천안문 광장에서 시위하였는데 체포된 학생은 없었다. 이 학조(학생시위)는 1980년 개혁 개방이래 첫 번째의 것 이었으나 언론을 통제하여 주의를 충분하게 끌지 못하였다. 하지만 이 일은 이후 민주화 운동의 서막이 되었다. 그리고 12.9기념일인 12월 9일에 북경대학학생들이 대규모의 시위를 준비하였는데 이 또한 당국의 탄압을 받았다.

그런데 1986년 12월 5일에 방여지가 재직하는 중국과기대학에서 1,500여 명의 학생들이 교내 당위원회의 민주화 탄압에 대하여 항의하는 교내시위를 전개하였다. 원인은 안휘성 기층인민대표를 선거할 때 학교 당위원회는 학생들이 당에서 지명한 후보자와 경선하지 못하도록 한 것에서 발단되었다. 12월 9일에 안휘대학(安徽大學)과 합비공과대학(合肥工科大學)이 중국과기대학에 동조하여 연합행동으로 합비 시내에서 약 3천여 명의 대학생이 가두시위를 하면서 정치개혁, 민선정부, 민주화 등의 민주화 정치주장을 제기하였다.

같은 날 호북의 무한(武漢)에서도 약 2천 5백 명의 학생들이 합비의 시위에 동조시위하고, 12월 11일에 북경대학에서도 합비·무한에 동조하는 대자보가 붙었다. 그 이후에는 장사(長沙)·서안(西安)·성도(成都)·남경(南京)·심천(深圳)에서 대학생들의 시위가 있었다. 12월 17일에 상해(上海)에서도 대학의 교내에 대자보가 붙고 또한 3천여 명의 학생들이 가두시위에 들어갔다.37)

상해학생들은 당시 상해시장인 강택민(江澤民)에게 ① 정치체제의 개혁을 가속화 할 것, ② 신문의 자유, ③ 학생시위의 합법적 인정, ④ 시위자와 그 가족의 신변보호 등을 요구하였다. 강택민은 후자 2개 항목은 받아들이고 전자 2개 항목은 스스로 결정할 문제가 아니어서 상부에 보고하였다. 특히 21일에는 학생 3만여 명이 시위하는데 5만 명의 시민이 학생들과 함께 대오를 이루어 1976년 천안문 사건(4.5 운동)이래 가장 대규모의 군중시위운동이 되었다. 그리고 이를 탄압하는 과정에서 경찰과의 충돌은 필연적인 것이 되었다.

북경의 학생들도 12월 24일에 탄압과 봉쇄를 뚫고 거리로 나가 시위하여 중남해(中南海, 중공 당 본부와 지도자들의 거주지)가 위협받게 되었다. 따라서 중공 당국은 적극적인 대책을 취하지 않으면 안 되었다. 이에 북경시인민대표 상무위원회에서 12월 26일에 헌법에 시위와 관련있는 규정을 보충, 수정하였다. 『인민일보』사설에서도 강경한 대책을 주장하였으며, 25일에 중앙군사위원회에서도 등소평(鄧小平)·조자양(趙紫陽)·진운(陳雲) 등은 엄격한 진압을 주장하였다.

그런데 또 1987년 1월 초하루에 북경에서 3천여 명의 학생시위가 있어 경찰과 충돌이 발생했다. 그리고 20여 명의 학생들이 체포되었다가 하루가 지나 석방된 일이 일어났다.

### 3) 호요방의 실각

학조가 만연되자 당 중앙과 정부는 사태를 하루빨리 가라앉히기를 바랐다. 등소평은 학생시위 문제를 갖고 1986년 12월 30일에 호요방(胡耀邦)·조자양(趙紫陽)·만리(萬里)·호계립(胡啓立)·이붕(李鵬) 등과 만나 '학생의 시위는 큰 문제라고 보지 않는다면서도 문제의 성질로 볼 때 하나의 중대한 사건"이라고 하면서[38] 시위가 일어나고 있는 지방은 그곳의 간부들 태도가 굳굳하지 못하고 기치가 선명하지 않기 때문이며 그렇지 않으면 자산계급 자유화를 방임하였기 때문이라고 지적하였다.

이에 중공 당 중앙은 1987년 1월 6일에 「전체 당원과 간부, 군중들에게 <등소평동지의 당면 학생시위 문제에 관한 강화요점>에 관한 통지」를 하달하였다.[39] 여기에서 공산당 당원과 공산주의청년단 단원, 국가기관의 공작인원, 인민해방군 장병, 특별히 간부는 분명히 상황을 인식하고 자산계급 자유화에 대한 당면 반대투쟁이 중공 당의 운명과 관계가 있고 사회주의의 앞길과도, 전면개혁과 대외 개방의 성패와도 관계가 있다고 하였다. 그러므로 어떠한 형식으로도 참여하거나 혹은 학생시위를 지지하여서는 안 되며 위반한 자는 당기(黨紀), 단기(團紀), 정기(政紀), 교기(校紀)에 의하여 처벌될 것이라 하였다.

한편, 당 중앙은 1987년 1월 10일부터 15일까지 북경에서 정치국위원과 중앙고문위원회의 일부 위원이 참가한 당 중앙 1급의 당내생활회의를 소집하였다. 여기에서 호요방은 자신의 당 지도에 잘못이 있었음을 시인하고 중앙 정치국에 중공 당 중앙총서기의 사임을 제출하였다.

이에 중앙 정치국은 1월 16일에 확대회의를 소집하였다.[40] 이 회의에서 호요방은 그가 당 중앙 총서기를 맡고 있는 기간 당의 집단지도체제 원칙을 위반하였으며 정치 문제의 잘못을 시인하고, 또한 중앙에 그의 사임을 허락하여 달라고 요청하였다. 회의에서 호요방에 대하여 엄숙한 비평을 함과 동시에 그의 재임기간 동안 성적에 대하여 긍정하기도 하였다. 그리고 회의에서 호요방의 청을 받아들여 그의 당 총서기직을 면하고 조자양(趙紫陽)으로 당 중앙 총서기를 대리하게 하였으며 이 사항은 다음에 열리는 중앙위원 전체회의에서 추인받기로 하였다. 그리고 호요방의 중앙정치국 위원, 중앙정치국 상무위원의 자리는 그대로 보류하기로 하였다.

한편, 당 중앙은 이 문제의 중요성을 당원들이 충분히 인식하도록 하기 위하여 자산계급 자유화에 대한 반대투쟁을 더 전개하기로 결정하였다. 그리고 당 중앙은 1월 28일에 「당면한 자산계급 자유화 반대에 대한 약간 문제에 관한 통지」를 하달하고[41] 또한 당의 신문과 잡지를 동원하여 조직적으로 현대화를 전개함에 있어 4항의 기본원칙을 견지하고 자산계급의 자유화를 반대하는 글을 발표하였다.

그리고 중국과기대학의 부총장 방여지(方勵之), 중국작가협회와 상해작가협회 이사인 왕약망(王若望), 인민일보 기자이며 중국작가협회 부주석인 유빈안(劉賓雁)의 당적을 제명하였다. 이로 인하여 자산계급 자유화 바람은 잠시 잠재워졌으나 자유화 투쟁은 완전히 소멸되지 않았다.

### 4) 보혁파(保革派)의 갈등

화국봉이 물러난 후 당권은 개혁파의 손에 넘어갔다. 당시 개혁파는 보수적 개혁을 주장하는 파가 있었는가 하면 비교적 자유의 관점에서 대대적 혁신적인 개방과 개혁을 주장하는 파가 있었다. 전자는 주로 진운(陳雲)·팽진(彭眞)·이선념(李先念)과 이붕(李鵬)이 중심이 되었으며 후자는 호요방(胡耀邦)과 조자양(趙紫陽)이 중심인물이었다.

개혁파는 개혁정책의 성공과 실패가 그들의 생존과 관계가 있었으며, 또한 보수파의 공격구실이 되었다. 한편, 보수파는 4항을 견지하여 개혁한다고 하였기 때문에 스스로 방어적이고도 공격적인 성향을 보였다. 물론 이 두 파사이에서 결정적인 역할을 한 것은 등소평의 태도였다. 호요방이 물러난 다음에 조자양이 중공 당 총서기가 될 수 있었던 것도 등소평의 지지가 있었기 때문이었다.

그러나 당내에서 중요한 역할을 하고 있던 것은 당(黨) 원로들이었다. 이들은 대부분 1934년부터 1936년까지의 역사적으로 유명한 장정(長征)에 참가한 인물들로 문화대혁명 때에 박해를 받은 경험도 있어 4인방에 대항하기도 하고 또한 연합하여 모택동의 계승자인 화국봉(華國鋒)을 타도하는데도 큰 역할을 하였던 인물들이다. 이들은 등소평이 제시한 4항 기본원칙을 지지하였으며 보수적 성향을 띠고 있었다.

학조는 중공 당 고위층의 권력투쟁을 야기시켰다. 중공 당 정치국은 학조가 수그러들지 않자 긴급회의를 소집하였는데, 팽진(彭眞)·박일파(薄一波)·호교목(胡喬木)·진운(陳雲) 등 보수파들은 등소평에게 압력을 가하여 학조에 대하여 엄격하게 처리하지 못하고 동조하고 있는 호요방 총서기를 파면하도록 요구하였다. 또 이를 계기로 당 안에 자산계급 자유화 경향의 지식분자를 숙청하여야 한다고 제의하였다.

결국, 보수파의 공격아래 호요방은 총서기직에서 물러났고 조자양이 대리하다가 11월에 정식으로 총서기가 되었다. 그리고 그는 등소평의 지지아래 국무원 총리를 겸임하면서 개혁정책을 계속 추진하여 나갔다.

1989년 전,후기 개혁파와 보수파

| 시 기 | 1989. 4.1 | | | 1989. 12.1 | | |
|---|---|---|---|---|---|---|
| 소 속 | 개혁파 | 보수파 | 불 명 | 개혁파 | 보수파 | 불 명 |
| 정치국상위 | 趙紫陽 | 李 鵬 | 喬 石 | 江澤民 | 李 鵬 | 喬 石 |
| 위 원 | 萬 里 | 楊尙昆 | * | 萬 里 | 楊尙昆 | * |

| | 田紀雲 | 李錫銘 | * | 田紀雲 | 李錫銘 | * |
|---|---|---|---|---|---|---|
| | 江澤民 | 宋　平 | * | * | * | * |
| | 李瑞環 | * | * | * | * | * |
| | 秦基偉 | * | * | 秦基偉 | * | * |
| | 楊汝岱 | * | * | 楊汝岱 | * | * |
| | 李鐵映 | * | * | * | * | * |
| | 胡耀邦 | * | * | * | * | * |
| | 吳學謙 | * | * | 吳學謙 | * | * |
| 후보위원 | * | 丁關根 | * | * | * | * |
| 중앙총서기 | 趙紫陽 | * | * | 江澤民 | * | * |
| 서　기 | 胡啓立 | * | 喬　石 | 李瑞環 | 丁關根 | 喬　石 |
| | 芮杏文 | * | * | * | * | * |
| | 閻明復 | * | * | * | * | * |
| 후보서기 | 溫家寶 | * | * | * | * | * |
| 중앙군위주석 | 鄧小平 | * | * | 江澤民 | * | * |
| 제1부주석 | 趙紫陽 | * | * | * | 楊尚昆 | * |
| 제2부주석 | * | 楊尚昆 | * | 劉華淸 | * | * |
| 비서장 | * | 楊尚昆 | * | * | 楊白氷 | * |
| 중앙고문위주석 | * | 陳　雲 | * | 陳　雲 | * | * |
| 부주석 | * | 薄一波 | * | 薄一波 | * | * |
| 부주석 | * | 宋任窮 | * | 宋任窮 | * | * |

(鄭竹園, 『大陸政經巨變與中國前途』, 五南圖書, 民國 82, pp.59-60)

# 7. 중공 당 13전대회와 사회주의 초급단계이론의 확립

## 1) 중공 당 12기 7중전회의 소집과 13전대회의 준비

1986년 9월의 중공 당 12기 6중전회 이후 당 중앙은 적극적으로 13차 전국대표대회의 준비에 들어갔다. 우선 대표의 선거 이외에 인사의 배정문제와 필요한 각 보고를 준비하는데 역점을 두었다. 모든 보고에서 사회주의 초급단계이론을 가지고 ① 중국은 사회주의 초급단계에 있다고 하면서 중국은 사회주의 국가이지 자본주의를 할 수 없으며 전반서화는 나라와 인민을 해치는 것이라고 명확히 밝히고, ② 초급단계의 사회주의로 순서에 따라 점진적으로 나아가야지 급하게 목적을 이루려고 하여서는 안 된다고 천명하였다. 즉 사회주의 초급단계론을 갖고 좌, 우의 대립을 설명하고자 하였으며, 개혁·개방의 성질과 근거를 마련하려고 하였다. 이렇게 함으로서 당 안의 인식을 통일하는 것이 바람직하다고 보았고, 또한 국내에 중국의 정책이 장기적으로 안정되었다고 인식시키는데 좋다고 보았다.

이러한 원칙아래 보고서를 기초하여 반복 토론 수정하고 연구하여 반년 만에 이를 완성하기에 이르렀다. 그리고 1987년 10월에 12기 7중전회를 소집하여 중앙위원회가 당 13차 전당대표대회에서 보고할 것을 통과시키고 또한 중국공산당 장정의 부분 수정안도 통과시켜 전국대표대회로 넘기기로 하였다. 이밖에 중전회는 중앙정치국 확대회의에서 1987년 1월 16일에 결정한 호요방의 사직과 조자양의 총서기대리의 결정을 추인하였다.

이와 동시에 각지의 당 조직에서는 「당의 13차 대회 대표선거공작에 관한 중공 당 중앙의 통지」와 「보충통지」에 근거하여 대표선거에 들어가 1987년 8월에 4,601만 명의 당원을 대표한 1,936명의 대표를 선출하였다.

### 2) 세대교체의 문제

1987년 초에 비록 효요방이 실각하였어도 조자양이 총리직과 총서기직을 겸직하고 있어 개혁파의 세력은 표면적으로나마 여전히 권력을 장악하고 있었다. 그러나 호요방의 실각에는 당 원로의 영향이 컸음을 부인할 수 없고 사실 이들이 당권을 장악하고 있는 것이나 다름없어 '8노치국(8老治國)'이란 말이 나왔다. 여기서 여덟 노인이란 모두 80세 이상으로 등소평·진운·양상곤·왕진·이선념·팽진·박일파·송임궁을 가리킨다. 8노치국이 나오면서 종래 주장하여 왔던 '젊음화'의 구호는 노중청(老中靑)의 3결합으로 바뀌게 되었다.

때문에 일부에서는 개방정책이 요절나는 것은 아닌 가 의문을 갖게 되었다. 그러나 등소평은 조자양이 당시 지도자들 가운데 개방정책을 계속 밀고 나갈 것이라고 보아 그를 지지했던 것이며 또한 그가 계승자라고 하였던 것이다.

당시 중앙 정치국위원으로 호요방은 이미 실각한 상태에 있었고, 등소평·진운·이선념은 나이가 많아 명령이나 정책은 결정할 수 있어도 이를 구체적으로 실행할 수 있는 인물들은 아니어서 개혁 개방정책을 실천할 수 있는 인물은 조자양 뿐이었다. 때문에 등소평은 스스로 물러나면서 나머지 세 노인을 함께 은퇴시키려 하였다. 여기에서 문제가 되었던 것이 등소평의 권력 유지문제였으며 은퇴한 노인을 대신하여 적당한 인물을 찾아야 하는 것이 또 하나의 문제였다.

조자양의 총서기직과 총리의 겸직에도 문제가 있었다. 당시 조자양은 계속 총리직을 맡으려는 의사를 갖고 있었다. 왜냐 하면 당의 총서기직은 많은 당원들로부터 비판의 대상이 되었던 점을 그는 잘 알고 있었다. 그러나 등소평은 조자양에게 당 총서기직을 맡길 생각이어서 누가 총리가 될 것인가에 관심이 많았다. 한편, 호요방이 7, 8년간 당권을 장악하고 있었기 때문에 적지 않은 공산주의청년단의 단 간부들이 당 중앙과 지방의 요직을 차지하고 있었다. 그리고 많은 사람들은 이미 그들이 복무하는 기관에서 각각 서열이 두, 세 번째로 올라가 있는 상황이었는데 호요방의 실각으로 이들은 큰 위협을 받게 되었다.

사실 8노치국의 세대는 바로 혁명에 직접 참여한 혁명의 제1세대로서 이미 나이가 많아 당의 일상 업무와 행정은 제2, 제3세대가 맡고 있었다. 제2세대들은 대부분이 항일전쟁과 국민당과의 내전에 참가한 경험을 갖고 있으나 이들도 이미 70세 전후였다. 여기에 속한 그룹은 호요방을 비롯하여 조자양・요의림・만리・강택민・이서환・진위기 등이다.

제3세대는 새로운 별들인 이붕・호계립・교석・전기운・이철영 등으로 대부분이 50-60세에 해당하며 1949년 혁명이후의 신생대가 된다. 이들은 대부분이 대학졸업의 학력을 갖고 있으며 과학과 기술 분야에 전문지식을 갖고 있는 기술 관료형의 인물들이다. 한편, 이들과 같은 또래로서 학력도 비슷한 층으로 고급 당 간부의 자제와 그와 연관된 친인척의 진출이다. 이들은 일반적으로 '태자당'이라고도 부르는데, 1989년 학생운동 때 북경대학과 청화대학의 캠퍼스 안에 「정부안의 가정관계」라는 대자보가 붙은 것을 요약하여 보면 다음과 같은 인물들이다.

등박방(鄧樸方)・등남(鄧楠)・조보강(趙寶江, 등소평의 자녀와 사위), 이붕(李鵬, 주은래의 양자)・주림(朱琳)・이양(李陽, 이붕의 처와 아들), 조대군(趙大軍, 조자양의 아들), 양백빙(楊白氷, 양상곤의 동생), 오소란(吳小蘭)・섭선평(葉選平)・추가화(鄒家華, 섭검영의 처와 아들, 사위), 유원(劉源, 유소기의 아들), 진호소(陳昊蘇, 진의의 아들), 박희래(薄希來, 박일파의 아들), 진원(陳元, 진의의 아들), 이철영(李鐵映, 이유한의 아들) 등이다. 이들이 제3세대로 발탁된 것에 대하여 학생들과 일반인들은 강한 불만을 갖고 있었다.

### 3) 중공 당 13전대회의 소집

1987년 10월 25일부터 11월 1일까지 중국공산당 제13차 전국대표대회가 북경에서 소집되었다. 대회는 전국 4,600여만 명의 당원 가운데 선출된 대표 1,936명과 1927년이전에 입당한 원로대표 61명을 특별히 초청대표로 하여 모두 1,997명이 참석하였다.

대회는 조자양(趙紫陽)의 주재로 「중국특색의 사회주의의 길로 전진하자」는 보고로부터 시작되어 3일간의 토론을 거쳐 정치보고를 통과시켰다.42) 그리고 27일부터 선거를 준비하기 시작하여 11월 1일에 중앙위원 175명과 후보 110명, 중앙고문위원회 위원 200명, 중앙기율위원회 위원 69명을 선출하였다.

그리고 곧이어 소집된 13기 1중전회에서 조자양(趙紫陽)·이붕(李鵬)·호계립(胡啓立)·요의림(姚依林)을 중앙정치국 상무위원, 조자양을 중앙위원회 총서기로 선출하고, 등소평을 중앙군사위원회 주석, 조자양을 제1부주석, 양상곤을 제2부주석으로 선출하였다. 또한 중앙고문위원회에서 진운(陳雲)을 주임으로, 중앙기율검사위원회에서 서기로 선출한 교석(喬石)을 승인하였다. 그리고 조자양이 겸직하고 있었던 총리 대리는 만리(萬里)가 대리하기로 하고 구체적 정부 인사는 다음해 13기 2중전회와 제7기 전국인민대표대회에서 결정하기로 하였다.

중공 당 13전 대회는 ① 개혁을 보다 가속화하고 심화시키는 것과, ② 사회주의 초급단계론을 제기하고, ③ 조직의 안배로서 세대교체로의 방향을 잡은 것이 특징이다. 특히 조직의 안배로 팽진(彭眞)·등영초(鄧穎超)·서향전(徐向前)·섭영진(聶榮臻) 등 당 원로들은 당시 이미 반 은퇴 상황이었는데 이때 완전히 물러났으며, 제1선에서 요직을 맡고 있던 등소평(鄧小平)·이선념(李先念)·진운(陳雲)은 반 은퇴상태로서 당의 중앙위원회와 중앙정치국에 참가하지 않았다.43)

또한 이들의 주도하에 140여 명의 중앙위원과 후보위원이 은퇴하였다. 이렇게 함으로서 당의 젊음화를 촉진하게 되었다. 물론 원로 1세대들이 중앙위원에서 물러났다고 하여, 정국의 발전에 대하여 힘을 쓰지 못하는 것은 아니었으며. 등소평의 지위도 결코 변하지 않았다.

특히 이번 대회는 다른 대회와 달리 비교적 민주적인 분위기였다. 또 각 분야의 대표들은 직접 기자들과 만나 국내외 여론의 관심분야에 관한 질문에 답하기도 하였기 때문에 대회의 사정이 비교적 투명하게 외부에 비춰지게 되었다.

중공 당 13전대회

### 4) 사회주의 초급단계이론의 확립

중공 당 13전 대회에서 의미있고 주의하여야 할 점은 중국은 아직 사회주의 초급단계에 처하여있다는 이론을 기본 노선으로 확립한 점이다. 사실 사회주의 초급단계이론은 마르크스주의 이론연구자들조차도 제기하지 못했던 말 이어서 생소한 용어였다.44) 그런데 중공 당 11기 3중전회(1978. 12)이후 취한 노선을 계승하면서 풍부한 이론의 개방이 계속되어 30년 동안의 탐색과 경험, 국제 사회주의 운동의 경험과 교훈, 그리고 중국 사회주의가 처한 현실에 대한 정확한 판단을 통하여 사회주의 단계론을 제시하게 되었기 때문에 중공 당 11기 3중전회를 가리켜 기본노선 탐색의 신기원으로 보고 있다.45) 그리고 이때부터 처음으로 사회주의 초급단계란 용어가 등장하였던 것이다.46)

뒤이어 1982년에 9월에 소집된 당 12전대회에서 호요방은 사회주의 사회는 초급단계에 처해있으며, 물질문명은 아직 발달되지 않았다고 언급한 일이 있었는데 이에 관한 구체적인 설명은 없었다. 1984년 10월 20일에 소집된 당 12기 3중전회가 「경제체제 개혁에 관한 중공 당 중앙의 결정」을 통과시키면서도47) 이 문제를 언급하지 않은 것으로 보아 개혁파들은 이 문제에 관하여 제대로 인식하지 못 하였던 것으로 보인다. 그런데 이를 당 13전 대회에서 비로소 비교적 분명하게 설명하였을 뿐만 아니라 이를 기본노선으로 확정한 것이다.

이 해석에 따르면 현단계에서 시장경제를 실행하고 상품경제를 발전시키고 여러 가지 형태의 경제형식을 함께 취하고 있는 것은 사회주의 초급단계의 수요에 부합하는 것으로 이를 자본주의의 부활이라고 질책할 수 없다는 것이다. 이 논리의 전개는 4항의 기본원칙을 견지하면서 시장경제와 상품경제를 발전시킨다는 것으로 바로 당시 보수파들의 자본주의 자유화 경향이라고 개혁파를 강력하게 공격하였기 때문에 이를 방어하기 위한 방법이기도 하였다.

그런데 이보다 앞서 중공 당 선전국 이론부는 6월 25일과 26일의 양일간에 걸쳐 수십 명의 이론가와 언론인들이 참가한 좌담회에서 사회주의 초급단계의 이론연구 강화와 선전의 중요한 의의를 제기하고 이를 간부들에게 확대하고 일반 민중이 이해하도록 하여야 한다고 하였다. 이와 같은 시기에 상해시 당위원회 선전부가 선전부이론처, 『세계경제도보』 연구부, 『해방일보』 이론부, 『문회보(文滙報)』 이론부, 시위원회 정책연구실 등 10개 단위가 합동으로 「사회주의 초급단계 토론회」를 소집하였다.

7월 중순에 북경에서도 100여 명에 가까운 전문가, 학자, 이론가들이 모여 「중국사회주의 경제 운행기제 연구」란 과제로 교류회를 소집하였는데 이를 소집한 것이 중공의 원로이며 경제문제를 총괄하여 왔던 진운의 아들 진원(陳元)이었다. 그는 당시 북경시당위원회 상무위원이었다. 이와 같은 토론을 거쳐 중공 당 13전대회에서 초급단계론이 정식으로 제기되었다.

사회주의 초급단계이론은 두 가지 의미를 포함하고 있다. 하나는 중국은 이미 사회주의 국가이므로 반드시 이를 견지하고 사회주의를 떠날 수 없다는 것이다. 또 다른 하나는 중국은 아직 사회주의의 초급단계에 처하여 있으므로 반드시 실제적인 것에서 출발하여야 하지 이 단계를 초월할 수 없다는 것이다.[48] 즉 자본주의의 충분한 발전 단계를 경유하지 않고 사회주의의 길로 간다는 것은 우경착오의 중요한 인식의 근원이 되며, 생산력의 대대적인 발전 없이 사회주의 단계를 넘어간다는 것은 혁명 발전문제에서 공상론으로 좌경착오의 근원이라고 보았다.

그리고 사회주의 초급단계에서 중국특색의 사회주의 기본노선을 건설하여야 한다고 제기하였다. 이것은 전국의 각 민족 각 인민들을 영도하여 이들을 단결시켜 경제건설을 중심으로 4항의 기본원칙을 견지하고 개혁, 개방을 견지하고 자력갱생으로 중국을 부강하고 민주적이고 문명된 사회주의 현대화 국가로 건설하자는 것이다.[49]

### 5) 삼보주(三步走) 거시적 발전전략의 확정

초급단계 생산력의 발전에 관하여 중공 당 13전대회에서는 양대 목표를 제시하였다. 즉 하나는 국가의 공업화를 실현하는 것이고, 다른 하나는 생산의 상품화, 사회화, 현대화이었다. 농업이 절대 비중을 점하고 있는 농업국가에서 공업국으로, 자급, 반자급의 자연경제에서 대규모의 상품경제로, 수공에 의한 노동생산에서 선진 기계화된 노동으로 전환하고, 폐쇄적인 경제에서 개방적인 경제로 바꾸는 것이었다.

그리고 중공 당 13전대회에서 경제발전은 '삼보주' 전략을 취하기로 규정하여 중국사회주의 초급단계의 경제강령으로 삼았다. 즉 제1보는 국민총생산치를 1980년과 비교하여 그 배를 달성하여 인민의 온포(溫飽)문제를 해결하고, 제2보는 20세기말에 국민총생산치를 다시 한 배 증가시켜 인민생활의 수준이 소강수준(小康水平-수준)에 이르는 것이며, 제3보는 21세기 중엽에 이르면 국민총산치가 중등 개발국가의 수준에 도달하여 인민생활이 비교적 부유하게 되고 기본적인 현대화를 실현한다는 것이다.

경제건설의 '삼보주(三步走)' 전략은 중국사회주의 초급 건설단계의 기본노선의 주요 내용을 경제건설에 중심을 두고, 이를 4항 기본원칙과 개혁, 개방의 원칙 즉 두 가지 원칙아래 한다는 것이다. 그리고 두 가지 원칙을 지키려는 목적은 경제건설을 추진하기 위하여 사회 생산력을 발전시키는 것이었다.

사실 사회수의 경제건설과 현대화의 실현에 처음으로 이와 비슷한 논리를 편 것은 주은래였다. 그는 1964년 12월에 소집된 제3기 전국인민대표대회 제1차 회의에서 정부공작보고를 하는 가운데 제3차 5개년계획이 시작되면 국민경제의 발전은 두 걸음마(二步)의 구상을 갖고 있다고 언급했다. 즉 제1보는 15년의 시간 즉 1980년이전에 독립된 비교적 온전한 공업체계와 국민경제체계를 이룩할 것이며, 제2보는 금세기안에 농업, 공업, 국방과 과학기술의 현대화를 이룩하여 국민경제가 세계의 앞줄에 설 것이라는 이보주(二步走) 계획을 제시했던 일이 있었다.

삼보주 장기발전 전략은 중공 당 11기 3중전회 이후 경제발전의 실천 과정 가운데 점차적으로 형성되었으며 이는 제3기 전국인민대회에 제출된 발전전략의 연장선에서 더욱 진일보한 것이다.50) 특히 중공 당 11기 6중전회에서 「역사문제에 관한 결의」를 할 때 중국사회주의 건설은 반드시 중국의 국정에서 출발하여 단계를 나누어 현대화의 목표를 실현하여야 한다는 주장이 제기된 후 점차 구체화된 것이다.

그러나 1982년 9월에 소집된 중공 당 12전대회까지만 하여도 20세기말까지 중국경제건설을 위한 목표와 단계를 제정하였는데, 여기에서 2000년까지는 농공업의 생산치를 1980년의 배를 달성하여 인민생활이 소강(小康) 수준에 도달하며, 또한 전10년은 기초를 튼튼히 하여 힘을 비축, 조건을 창조하며, 후10년은 새로운 발전시기로 진입한다는 이보주(二步走) 발전전략을 제출하였을 뿐이었다.

그런데 중공 당 12전대회이후 13전대회이전에 중국경제발전은 발전계획보다도 더 큰 성과가 뚜렷하였다. 즉 실천으로 증명된 것이다. 이에 보다 거시적인 발전전략이 필요함을 인식하게 되었고 이른바 '삼보주'의 거시적인 발전전략을 중공 당 13전 대회에서 확정하게 된 것이다.

### 4) 제7기 전국인민대표대회

중공 당 13전 대회이후 1988년 3월 25일부터 4월 13일까지 제7기 전국인민대표대회 제1차 회의를 북경에서 소집하였는데, 2,970명의 대표 가운데 71%인 2,107명이 새로 선출된 인물이었다. 그 가운데 참석대표는 2,892명이었다.51) 회의는 정부의 공작보고를 심의하고, 중화인민공화국 헌법수정 초안 등 의안을 심의하고, 국무원의 기구개혁방안을 결정하는 것이었다. 그리고 새로운 국가기관의 지도자들을 선거로 결정하여 국가의 영도기구를 구성하는 일이었다.

이에 따라 양상곤(楊尙昆)을 국가주석, 왕진(王震)을 국가부주석, 만리(萬里)를 제7기 전국인민대표대회 상무위원회 위원장으로, 습중훈(習仲勛) 등 19명을 상무위원회 부위원장으로, 등소평을 중국중앙군사위원회 주석으로 선출하고 국가주석의 제의에 따라 이붕(李鵬)을 국무원 총리, 중국중앙군사위원회 주석의 제의에 따라 조자양(趙紫陽)과 양상곤을 부주석으로 결정하고, 요의림(姚依林)·전기운(田紀雲)·오학겸(吳學謙)을 국무원 부총리, 이철영(李鐵映) 등 9명을 국무위원으로 선출하였다.

역대 인민대표의 구성52)

| 역 대 | 5 | 6 | 7 | 8 | 9 |
|---|---|---|---|---|---|
| 인원과 점유비율 | 인원/ % | 인원/ % | 인원/% | 인원/% | 인원/% |
| 공산당원 | 2545/72.8 | 1861/62.5 | 1986/66.8 | 2030/68.4 | 2130/71.5 |
| 민주당파, 무당파 | 495/14.1 | 543/18.2 | 540/18.2 | 572/19.2 | 460/15.4 |

| 공농대표 | 1635/47.3 | 791/26.6 | 684/23.0 | 612/20.6 | 563/18.8 |
|---|---|---|---|---|---|
| 간부대표 | 468/13.4 | 636/21.4 | 733/24.7 | 842/28.3 | 988/33.2 |
| 해방군 | 503/14.4 | 267/9.0 | 267/9.0 | 267/9.0 | 268/9.0 |
| 소수 민족 | 381/10.9 | 404/13.6 | 445/15.0 | 439/14.8 | 428/14.4 |
| 귀국화교 | 35/1.0 | 40/1.3 | 49/1.6 | 36/1.2 | 37/1.31 |
| 부녀대표 | 740/21.6 | 632/21.2 | 634/21.3 | 626/21.0 | 650/21.8 |

이 회의에서 중화인민공화국 헌법 수정안 제1, 제2조를 통과시켜 사영경제는 사회주의 공유제 경제의 보충이며, 토지사용권도 법률이 정한 규정에 따라 넘길 수 있다고 하였다.[53] 그리고 「중화인민공화국 전민소유제 공업기업법」과 「중화인민공화국 중외합작경영 기업법」을 통과시키고 해남노(海南島)를 성으로 승격시켜 해남경세특구를 실치하기로 하였다. 이밖에도 「국영기업법」을 통과시켜 공장장의 지위와 기업의 당 조직 기능을 명확하게 확정지었다.

또한 1989년 3월 20일부터 4월 4일까지 소집된 제7기 인민대표대회 제2차 회의에서 경제환경과 경제질서의 정돈문제를 집중적으로 토론하였으며, 「중화인민공화국 행정소송법」 등을 통과시켰다. 제3차 회의는 1990년 3월 20일부터 4월 4일까지, 제4차 회의는 1991년 3월 25일부터 4월 9일까지, 1992년 3월 20일부터 4월 3일까지 북경에서 소집되었다.

## 8. 천안문 사건과 보수파의 집권

### 1) 호요방의 사망

1989년은 국제적으로 세계인권선언 40주년, 프랑스대혁명 200주년, 국내적으로 5.4운동 70주년, 중화인민공화국수립 40주년, 1979년의 민주운동인 북경의 봄 운동 10주년을 맞이한 해였으며, 우발적으로 호요방이 사망한 해이다. 사실 이러한 일련의 사건들은 중국의 민주화 운동에 영향을 끼쳤다.

그동안 민주화 운동을 주도하여 온 방여지(方勵之)는 1989년 1월 6일에 중공 당의 최고실권자 등소평에게 10년 전에 체포된 위경생의 특별사면과 모든 정치범의 석방을 촉구하는 편지를 보냈다. 이것은 지식인들이 또 한 차례 정치의 성역에 도전한 것이었다. 방려지와 함께 임완정(任畹町)이 국제연합인권위원회에 중국의 인권문제를 주의해 주도록 요구하고 또한 이와 관련된 글을 발표하고 있었다.

방여지의 이러한 행동은 2월 13일에 젊은 지식인들을 중심으로 33명이 연명하여 인민대회 상무위원회와 중공 당 중앙에 공개편지를 보내기에 이르렀다. 물론 이 편지는 중국 안에서 언론의 봉쇄를 받았지만 서양 통신사와 팩스를 통하여 발표되었기 때문에 신속하게 확산되었다. 또한 이들의 행동은 해외의 중국인들로부터 많은 지지를 받았고 국내의 자연과학자들도 42명이 33명의 공개편지에 서명하였다.

한편, 중공 당국은 3월 14일에 국무원 대변인을 통하여 중국에 정치범이 없다고 공식 발표하고, 19일에 인민대표대회 대변인은 앞으로 소집될 인민대표대회에서 정치범 문제는 토론되지 않을 것이라고 하였다. 이붕(李鵬) 총리도 4월 2일에 내외 기자회견을 갖는 자리에서 외국인들이 인권이란 구실을 갖고 중국의 내정에 간섭한다고 강경하게 나가는 한편, 4월 7일에 33명의 공개편지를 주도한 진군(陳軍)을 구속하였다가 2일후에 국외로 추방하였다. 서명 운동은 약 두 달 동안 계속된 셈이다.

그런데 1989년 4월 8일에 중남해(中南海)에서 소집된 중앙 정치국 회의에 참가하였던 호요방이 갑자기 심장병 발병으로 쓰러져 결국 4월 15일에 세상을 떠났다. 호요방은 1987년의 학조(學潮, 학생시위)로 인하여 물러났기 때문에 당 안에서나 일반인들이 부당하게 숙청되었다고 생각하고 있었다. 때문에 그의 갑작스러운 죽음은 민중의 분노를 샀다. 그리고 중공 당 중앙이 호요방에게 공정한 평가를 내려주어야 한다고 요구하였다.

1987년의 학조에 참가하였던 북경대 학생들도 당시 학생들이 끝까지 밀고나갔으면 호요방은 물러나지도 않았을 것이고 또 그렇게 일찍 세상을 떠나지 않았을 것이라 하면서 호요방에게 죄스럽다고 하였다. 이러한 분위기 아래 4월 17일부터 북경의 4천명 학생들이 호요방을 애도하게 되고 49일 동안 계속되는 시위활동에 들어갔다.

### 2) 천안문 사건의 점화

학생들은 1989년 4월 18일에 천안문광장과 중남해의 신화문(新華門) 앞에 모여 중공 당 중앙에 대하여 7항을 요구하였다. 즉 그 내용은 ① 호요방의 공과를 재평가 할 것, ② 반자산계급 자유화 문제를 재평가할 것, ③ 고급간부의 수입과 재산을 공개할 것, ④ 민간 신문 발행을 허가할 것, ⑤ 교육비를 증가할 것, ⑥ 호요방의 애도활동을 객관적으로 보도할 것, ⑦ 1987년에 공포된 시위에 관한 10개항 규정의 취소 등이다. 그리고 이붕총리와의 대화를 요구하게 되었는데, 4월 20일 이후에는 전국의 각 도시에서 학생들의 시위가 일어났다.

4월 21일에 천안문 광장에는 이미 학생과 시민 1만여 명이 모였고 북경의 학생들은 자치단체인 북경의 대학임시행동위원회 등을 조직하여 스스로 질서를 유지하면서 중공 측에 진압구실을 주지 않으려 하였다. 이것은 당국과 장기적인 대립상태로 들어가겠다는 의미를 담고 있었다.

호요방의 장례식은 4월 22일에 예정대로 진행되었으나 그의 업적을 평가하면서 학조로 사직하게 된 일에 관하여는 언급하지 않았다. 인민대회당 밖에는 20만 명의 시위군중이 모였으나 학생들의 자치조직을 통해 질서가 정연하였으며 3천명의 무장 경찰이 있었으나 쌍방은 충돌하지 않았다. 그리고 추도식이 끝나자 학생들은 학교를 단위로 광장을 떠났다. 그러나 북경이외의 도시는 사정이 달랐다. 22일 저녁에 서안(西安)에서는 10여 량의 자동차에 불을 지르고 성 정부를 습격하고 검찰청과 법원에 방화하면서 중국공산당의 타도를 외쳤다.

결국, 호요방의 장례이후에 전국의 학조는 순수한 정치 민주화 운동으로 전환되었다. 학생들은 공개적으로 등소평을 비판하고 이들의 하야를 주장하여 중공 당의 권력투쟁에 개입하였다. 각 학교로 돌아간 학생들은 무기한 동맹휴학에 들어가고 5월 4일에 전국적인 동맹휴학을 준비하였다.

이에 대한 등소평은 전국을 혼란스럽게 하고 국가의 정치 안정을 파괴하는 것이라 보고, 이붕과 만나 강경수단으로 이를 막도록 하였다. 중공 당 중앙정치국은 북경시위원회에 필요한 조치를 취하여 학생의 시위항의를 제지하도록 하였다. 이와 같은 강경방침에 의하여 4월 26일에 『인민일보(人民日報)』 사설이 나왔는데, 학생들의 항의는 계획된 음모이고 한차례의 동란이라고 지적하여 학생들을 더욱 자극하였다.

그 결과, 4월 27일에 북경의 대학생들이 참여한 대규모의 가두시위가 시작되어 경찰의 저지선을 넘어 시 중심구로 들어갔다. 이때에는 시민들도 참여하여 천안문 광장에 도착하였을 때에 50만 명으로 늘어났다. 당국도 강경진압방침을 철회하고 학생들과 대화를 모색하였다. 그러나 학생들은 정부지도자들과의 직접 대화를 요구하였는데, 이것이 받아들이지 않자 5월 4일에 대규모 시위를 전개하였다. 이때에는 지방의 대학생들도 북경으로와 시위대에 참가하였다. 뿐만 아니라 사회 각 계층이 참가하였으며 북경대학생들은 민주방송국을 만들어 무선방송을 시작하고 대학자치연합회는 『신문도보(新聞導報)』를 발행하였다.

당의 총서기인 조자양(趙紫陽)도 이때부터 중앙과 학조의 대립을

등소평과 소련의 고르바초프(1989. 5) 양국의 관계가 정상화되었다.

완화하고 대화로 풀어 나가려 하여 학조에 관한 신문보도 금지를 해제하고 중앙통전부, 중앙선전부, 국가교육위원회의 안배아래 학생들과 대화를 하도록 하였다. 이것은 등소평이나 이붕의 강경책에 정면으로 반대되는 행동이었다. 한편, 학생들도 시위를 멈추고 수업을 받기로 하면서 정부와 대화를 하기 위하여 대학생 대화대표단을 조직하였다.

그러나 이로 인하여 조자양은 당으로부터 공격받기 시작하였고, 수천 명의 학생들은 5월 13일에 당국의 대답이 없자 천안문 광장으로 가 단식청원을 시작하였다. 이들의 요구는 정부와 학생은 신속히 대화할 것, 학생운동을 전면적으로 긍정할 것 등이었다. 다음 날 광장에서 단식청원하던 학생들이 10여 명 기절하고 당·정 지도자들은 학생들과 대화를 통하여 학교로 돌아갈 것을 권하였다. 엄가기(嚴家其) 등 12명의 학자와 작가들은 학생운동과 학생조직의 합법성을 긍정하고 진압을 반대한다는 긴급호소문을 발표하였다. 그런데 금식청원단의 학생들이 생명의 위험에 까지 이르게 되어 병원으로 후송되는 숫자가 늘어나자 이를 계기로 파금(巴金), 애청(艾靑) 등 1천여 명의 지식인들이 「516 성명」을 발표하여 정부가 착오를 인정하라고 요구하였다. 북경의 신문들도 조자양의 지지아래 학생들의 금식상황을 사실대로 보도하였다. 이러한 사정은 고르바초프(Gorbachov M.)의 중국방문을 취재차 온 세계 각국 기자들의 중시를 받았고 세계 뉴스의 초점이 되었다.

### 3) 천안문 6.4 사건

학생들의 단식청원은 인민대중들의 동정과 지원을 받았다. 5월 16일 밤에 노동자, 학생, 시민 등 30만 명이 광장에 모여 중공 당의 태도를 비난하여 북경의 중심부가 혼란에 빠졌다. 5월 17일의 중・소 정상회담이 진행되는데도 100만 명 이상이 가두행진을 하고, 등소평과 이붕(李鵬)의 하야를 요구하는 구호와 표어가 도처에 붙었다.

당시 중공 당의 당내에는 개방파와 보수파사이에 권력싸움이 일어나고 있었다. 조자양(趙紫陽)과 이붕의 권력싸움이 전개되고 있을 때 등소평(鄧小平)과 조자양 사이에도 학조를 둘러싸고 의견이 대립되었다. 조자양은 학조를 학생들의 애국행동으로 보아 정권타도에 까지

천안문으로 출동한 군 탱크부대를 저지하는 모습

이르지 않을 것이라 보았고, 이를 해결하기 위하여 학생들과 직접 만나 대화로 풀자고 하였다. 그러나 등소평은 그의 성격뿐만 아니라 군대와의 관계 때문에 학조를 반혁명으로 보았다.

조자양은 북한을 방문하고 귀국한 다음 등소평을 설득시키고자 하였으나 등소평은 여전히 강경태도였다. 학생들의 단식청원이 있자 5월 13일에 조자양은 다시 등소평에게 학생들의 요구를 받아들이도록 요구하였다. 그러나 등소평은 거절하였다. 조자양은 고르바초프와 대담 중 등소평이 아직도 중요한 정책을 결정한다는 사실을 공개하여 학조의 평화적 해결에 등소평이 장애가 됨을 간접적으로 나타냈다.

조자양은 자신의 권력이 미치지 못함을 깨닫고 5월 19일에 천안문 광장으로 가 학생들을 만나 학생들에게 미안하다는 말을 하게 되었다. 보수파는 이를 가리켜 학생들의 지지를 받으려 한다며 조자양을 공격, 결국 조자양은 5월 19일에 총서기직을 사임하였다.

국무원은 사태가 심각해지자 5월 20일에 북경의 부분 지역에 계엄령을 선포하였다. 그리고 당 중앙은 조자양의 중앙군사위원회 제1부주석 직도 물러난 것으로 보았다. 계엄 첫날 천안문 광장에 사람은 그런대로 많았으나 이전과 비교해 보면 시위규모는 축소되었다. 그러나 북경의 공장들은 휴업상태였고 북경주위에는 1백만 명 이상의 군중이 모여 계엄군의 입성을 저지하였다.

6월초에 들어와 정부는 강압적으로 운동을 진압하고자 하였고, 군대의 출동은 시간문제였다. 마침내 군대는 3일 밤 10시 반에 탱크를 앞 세우고 출동, 천안문 광장으로 밀고 들어가 상당수의 민간인들이 죽거나 부상당하였다. 그리고 4일 새벽 한시에 군대는 천안문 광장으로 진입, 결국 시위군중들을 진압하여 민주화 운동은 실패로 끝났다. 이를 6. 4사건 또는 천안문 사건이라 부른다.[54]

### 4) 중공 당 13기 4중전회의 소집과 보수파의 집권

천안문 사건이후 중공 당 중앙은 1989년 6월 23일부터 24일까지 북경에서 중공 당 13기 4중전회를 소집하였다. 중공 당 13기 4중전회를 소집하게 된 목적은 천안문 사건의 성격과 목적을 분석하고 당의 힘과 당이 영도하는 군대의 힘에 대하여 높은 평가를 하였다. 또한 중전회는 등소평을 대표로 하는 원로 혁명가들이 이때 발휘한 역할에 대하여, 그리고 북경의 혼란을 잠재운 중국인민해방군, 무장경찰부대 그리고 공안경찰의 공헌을 높게 평가하였다.[55]

그리고 조자양(趙紫陽)의 착오에 대하여 개괄적으로 설명하고 이붕(李鵬)이 중앙정치국을 대표하여 제출한 「반당, 반사회주의 동란 가운데 조자양이 범한 착오에 관한 보고」에 동의하였다.[56] 동시에 강택민(江澤民)을 핵심으로 한 새로운 당 중앙의 지도자들이 확정되었다. 즉 강택민을 중앙위원회 총서기로 선출하고, 강택민·송평(宋平)·이서환(李瑞環)을 중앙정치국 상무위원회 위원으로 추가 선출하고, 이서환·정관근(丁關根)을 중앙서기처 서기로 선출하였다. 그리하여 보수파가 당권과 정부를 장악하게 되었다.

한편, 호계립(胡啓立)의 중앙정치국 상무위원·중앙정치국 위원·중앙서기처 서기의 직을 파면하였으며, 예행문(芮杏文)·염명복(閻明復)의 중앙서기처 서기직을 면하여 새로운 당 핵심이 성립되었다. 대체로 모택동을 당의 제1대 영도중심으로 본다면 등소평은 제2대 영도중심이었으며, 강택민은 당의 제3대 영도중심이 되는 셈이다.

결과적으로 중공 당 13기 4중전회는 중공 당의 역사발전에서 대단히 중요한 의의를 갖고 있다. 즉 당시 소련과 동유럽의 사회주의 국가가 와해되어 가고 있었는데 이 회의를 통하여 중국은 여전히 사회주의 체제를 유지할 수 있었다. 그리고 강택민을 중심으로 한 새로운 당 중앙의 영도력이 등장하여 세대교체를 이룰 수 있었다. 또한 중공 당 13전대회에서 제출된 당의 기본노선을 재확인하여 중공 당 11기 3중전회이래 당의 노선과 방침, 정책의 연속성이 이어지게 되었다. 1989년 7월에 전국선전부장회의를 북경에서 소집하여 전당은 반드시 선전, 사상의 공작을 중시하고 강화하여야 한다고 하였는데 특히 이는 천안문 사건이후 당의 의식을 강화하기 위한 조치이기도 하였다.

# 9. 대만정치의 민주화와 갈등

## 1) 중국국민당의 정치혁신-본토화의 확대

1980년대에 들어오면서 당외 세력의 대두, 중공 당의 대만에 대한 정책의 변화와 중공 당 내부 및 국제적 지위 향상은 대만에 대하여 영향을 끼치지 않을 수 없었다. 이러한 상황아래 1981년 3월 29일부터 4월 5일까지 대북의 양명산(陽明山) 중산루(中山樓)에서 중국국민당 제12차 전국대표대회가 소집되었다. 당시 대표 991명, 열석대표 512명이 참가한 회의는 장경국(蔣經國)의 주재아래 '반공복국'의 기본국책, 국체, 삼민주의로 중국통일은 결코 변할 수 없다는 3불변정책을 강조하였다.

그리고 대회에서는「부흥기지 민생주의 사회경제 관철안」을 통과시키고 새로이 두기로 한 제1기 중앙평의위원 227명과 중앙위원 150명, 후보중앙위원 75명을 선출하였다. 그리고 뒤이어 소집된 12기 1중전회에서 엄가감(嚴家淦)·사동민(謝東閔)·손운준(孫運濬)·이등휘(李登輝) 등 27명을 중앙상무위원으로 선출하였다.

그런데 장경국의 임기만료와 더불어 건강악화로 다음의 후계자 문제가 점차 대두되었다. 그리고 다음 총통후보를 내세우지 않으면 안 되었기 때문에 국민당 12기 2중전회를 1984년 2월 14일부터 15일까지 대북에서 소집하여 총통후보에 장경국, 부총통후보에 대만성 주석인 이등휘를 선출하였다. 이는 임기를 마칠 수 없는 장경국의 입장에서 이등휘를 후계자로 선택한 것이며 이로서 대만의 본토화를 더욱 가속화시키게 되었다.

그리고 중앙상무위원 수도 27명에서 31명으로 늘리고 증원된 8명 가운데 대만성 출신이 4명을 차지하여 본래 9명에서 12명으로 늘어났다. 이들은 50세 좌우여서 평균 연령이 크게 낮아졌다. 한편, 군 출신의 비율이 낮아졌고 그 가운데 한때 장경국의 후계자라 거론되던 총정치작전부 주임 왕승(王昇)이 빠져 대만의 보수 세력은 제약받게 되었고, 기술 관료와 학문적으로 전문가인 인물들이 새로이 중앙상무위원으로 들어갔다.

1984년 3월에 제6대 총통(장경국)임기가 만료됨에 따라 제1기 국민대회 제7차 회의를 소집하였다. 국민대회는 국민당 대표 895명, 청년당 50명, 민사당 28명, 무당적(無黨籍) 50명 등 모두 1,023명이 참가하여 국민당 12기 2중전회가 지명한 장경국과 이등휘를 총통과 부총통으로 선출하였다. 5월에 총통에 취임한 장경국은 유국화(兪國華)를

장경국 총통의 취임식

행정원 원장으로 지명하여 유내각이 들어섰다. 특히 유내각에는 개명파로 중력사건을 책임지고 물러났던 이환(李煥)이 교육부장으로 입각하는 이외에 대만출신으로 내무부 부장에 오백웅(吳伯雄), 법무부 부장에 시계양(施啓揚), 교통부 부장에 연전(連戰)을 입각시켰다.

국민당 12기 3중전회가 1986년 3월 29일부터 31일까지 소집되어 중앙상무위원이 개선되어 새로이 4명이 교체되었는데, 여기에 대만출신은 2명이 들어가 정치혁신을 구호로 내세웠다.

### 2) 정당조직의 개방과 민주진보당의 조직

1970년대 후기에 들어와 대만사회가 다원화되고 자유화 민주화뿐만 아니라 본토화 바람이 불면서 당외의 정치세력이 크게 대두되었다. 대체로 당외 인사들의 후원을 받아 선거에 참여하여 나타난 그 결과를 보면 당외 세력의 확대를 이해할 수 있다.

당외 인사의 후원아래 참가한 선거 결과57)

| 구 분 | 1981년 선거 | | | 1985년 선거 | | |
|---|---|---|---|---|---|---|
| | 추천인수 | 당선자수 | 득표율 | 추천인수 | 당선자수 | 득표율 |
| 대만성의원 | 21 | 11(52%) | 13 | 18 | 11(61%) | 16 |
| 현,시장 | 7 | 3(43%) | 20 | 6 | 1(17%) | 15 |
| 대북시의원 | 9 | 8(89%) | 16 | 11 | 11(100%) | 21 |
| 고웅시의원 | 2 | 0(0%) | 2 | 6 | 3(50%) | 8 |
| 합 계 | 39 | 22(52%) | | 41 | 26(63%) | |

1983년 9월에 성립된 당외중앙선거후원회 후에 1984년 5월에 공직자들을 중심으로 당외 인사들이 당외공직인원 공공정책연구회(公政會로 약칭)를 조직하고 지방분회를 설치하기 시작하였다. 1986년 9월 28일에 당외 인사들은 공정회와 편련회(당외편집작가연의회의 약칭)를 기초로 정부의 당 조직 금지령에도 불구하고 민주진보당(民主進步黨-민진

민주진보당의 제1차 대표대회

당)의 성립을 선포하였다.

민진당의 성립선포 후에 정부는 공정회가 분회를 성립시킬 때와 마찬가지로 강압과 온건의 대책을 동원하여 민진당의 성립은 불법이므로 법에 의하여 징계하겠다고 하면서도 민진당과의 대화와 협조를 모색하였다. 즉 법과 질서, 그리고 사회의 안정을 강조하면서 재야세력과의 화해를 모색하고 합법적으로 정치에 참여하는 방안을 강구하였다. 특히 국민당은 헌법의 준수, 공산주의의 반대, 대만독립의 반대를 민진당과 새로이 조직될 정당에게 요구하였다.

정부가 이처럼 민진당에 대하여 엄한 탄압을 하지 않고 포용하는 태도를 보인 것은 국민당이 이미 정치혁신과 여타 당 조직을 허락하기로 하였기 때문이다.58) 또한 이미 대세가 기울어져 있어 강압적인 탄압이 오히려 정치적 타격을 더 입힐 것이라 보았기 때문이다. 특히 대만정치의 민주화 추세와 이러한 변화가 대만의 국제적 위상을 높여 줄 것으로 보였기 때문이다. 결국, 계엄법이 해제되고 국가안전법이 실시되기 이전에 민진당이 조직되었다는 것은 국민당이 이미 정당 조직의 금지를 해제한 것이나 같았다.

민진당의 성립은 당외 정치세력이 몇 십 년 동안 노력하고 분투한 성과였다. 민진당은 당외의 분산된 세력을 결집시켜 조직화함으로써 대만의 정치민주화에 큰 희망을 가져다 주었다. 민진당은 1986년 11월 10일에 제1차 당원대표대회를 소집하여 153명이 참석한 가운데 당강과 당장을 통과시키고 중공 일당 전정(독재)과 어떤 형식의 전체주의 통치도 반대하고 서방식 자본주의 국가 정치제도를 건립한다고 하였다. 그리고 황이선(黃爾璇) 등 31명의 중앙집행위원을 선출하고 다시 강녕상(康寧祥) 등 11명을 중앙상무집행위원으로, 강붕견(江鵬堅)이 당 주석으로 선출되었다.

민진당 제2차 당원대표대회는 1987년 11월 10일에 소집되었다. 중앙집행위원회의 위원을 개선하여 요가문(姚嘉文)이 중앙상무집행위원회 주석으로 선출되었다.[59] 그리고 1987년 12월에 있었던 중앙민의대표 선거에서 22%를 득표하여 12명의 입법위원과 11명의 국민대회 대표가 당선되었는데 이는 당 공천자의 52%가 당선된 것이다.[60]

민진당은 내부가 비교적 복잡하여 범미려도계, 신조류계, 강녕상계 등의 세 계파가 주류를 이루고 있었다. 이들은 미국의 정치세력과 해외의 대만독립파들과 밀접한 관계를 맺고 있어 당강에 대만독립을 넣자는 주장이 나오기도 하였다. 그리고 민진당은 당외운동을 계속하면서 가두시위 방법으로 국민당 정부의 독재정치를 비판하였다.

민진당 조직 후 1987년 7월 11일에 정광명(鄭光明) 등이 중국자유당의 조직을 선포하였으며 특히 계엄을 해제한 이후 1989년까지 짧은 기간동안에 20개에 가까운 정당이 조직되었다.

### 3) 계엄령의 해제와 국가안전법

입법원은 1987년 6월 23일에 국민당이 계엄법을 해제하기 위하여 제안한 국가안전법(國家安全法)을 야당인 민진당의 반대에도 불구하고 통과시켰다. 그리고 행정원은 이 법의 시행령을 통과시켰으며 7월 15

일에 정식으로 대만 팽호지역에 39년 동안이나 실시하여 온 계엄령을 해제하였다. 대신 국가안전법(민진당의 반대아래 통과, 1987년 7월 1일 발효)을 가지고 대만의 통치를 유지하여 나가려고 함으로써 정치혁신의 일보를 걷게 되었다.61)

계엄령의 해제와 더불어 이와 관련되었던 공항과 항구의 여객입국 검사방법, 계엄시기 출판물 관리방법, 전신전화통신검사 실시방법 등 30여 종의 법률이 자동적으로 폐지되었다. 대체로 계엄법과 국가안전법을 비교하여 보면 다음과 같다.

첫째, 군사법정의 권한이 축소되고 사법권한이 확대되었다. 따라서 현역군인의 형사사건 이외에는 모두 지방의 사법기관으로 이송되었다. 둘째, 대만의 경비총사령부의 직권이 축소되고 경비총사령부가 맡고 있었던 출입국 사무도 경찰기관으로 이관되었다. 셋째, 출입국 제한이 완화되어 1987년 7월 28일부터 대만출신 관광객이 홍콩·마카오를 첫 번째 경유지로 하지 못하게 되어있는 규정을 해제하였다.

넷째, 민권의 제한을 풀어 집회, 결사, 시위 등은 헌법에 위배되지 않거나 공산주의 혹은 국토의 분열을 주장하지 않으면(3원칙) 새로 제정한 인민단체 조직법, 집회시위법, 노동법과 임금쟁의 처리법의 안에서 자유롭게 할 수 있도록 하였다. 다섯째, 언론 신문의 금지와 도서의 금지규정을 개방하여 1988년 1월부터 신문잡지의 등록을 허락하고, 잡지와 신문의 면수제한을 해제하였다. 그리고 경비총국과 신문국(新聞局)이 공동으로 관리하던 출판물의 검사를 신문국에서 관리하도록 하였다.

정부의 계엄령 해제와 국가안전법의 시행은 국민당 이외에 다른 정치세력을 인정한 것이며 객관적으로 사회 각 계층이 정치에 참여할 기회를 제공한 것이다. 또한 인민의 민주 자유권리의 제한을 풀어 대만사회의 모순을 조화시키는데 도움을 주고 또한 한걸음 더 대만사회가 진보할 수 있게 되었다.

### 4) 중앙 민의대표 기구의 강화와 지방자치 문제

국민당 12기 3중전회에서 제시한 정치혁신 가운데 하나는 중앙민의대표 기구의 충실과 지방자치의 법제화였다. 국민당의 중앙민의기구는 그 구성원이 유권자의 직접선거에 의하여 선출되는 입법원, 감찰원, 국민대회라 할 수 있다. 그런데 계엄체제아래 선거를 치룰 수 없는 대륙출신의 중앙민의 대표는 종신제가 되어 국민당정부가 전 중국의 합법성을 유지하도록 하였다. 단지 대만지역만 중앙민의대표를 증원하는 방식으로 선거를 실시하여 왔으나 절대다수는 대륙출신 즉 자심대표(資深代表)들이 장악하고 있었으며 국민당정부가 계속 집권할 수 있는 힘이 되었다.

그런데 1980년대에 들어와 자심대표는 평균 연령이 75세가 넘었다. 입법원의 예를 보면 1966-70년의 5년 동안에 30명, 1975년-80년에 68명의 입법위원이 고령으로 사망하였다. 즉 1951년의 500여 명 가운데 1980년에 이미 239명이 사망하고 살아있는 사람도 모두 노인들이어서 활동하기가 힘든 실정이었다.

따라서 국민당은 12기 3중전회가 폐막된 후 전문기구를 두어 「중앙민의기구 충실방안」을 연구하게 하였다. 그 결과, 대륙의 대표를 둘 수 없는 상황아래 중앙민의대표 정원을 정하고 자유지구에 정원을 확충하여 1989년부터 선거를 실시하기로 하는 한편 제1기 자심대표에 대하여 스스로 은퇴하게 하고 정부는 그들이 국가에 공헌한 대가를 지불하기로 하였다.

충실방안이 통과된 후 재야인사들의 반대에 부닥쳤다. 이들은 노인대표들이 많은 상황에서 충실방안은 소용이 없다며 모든 자심대표가 물러가야 하며 국회의 전면개선을 요구하였다. 한편, 자심대표들도 이를 위헌이라며 반대하고 물러나지 않을 것을 천명하고 심지어 계엄령을 회복하고 민진당의 활동을 제지하여야 한다고 주장하였다.

그러나 국민당이 이 방법을 채택한 것은 옛 법통을 유지하면서 신생의 새로운 활력을 갖고 절충하려 한 것이며 또한 언젠가는 전면적인 개선이 이루어질 것이므로 우선 그 과도기로서 점진적으로 하려는 것이었다. 그리하여 전중국을 대표한다는 법통의 위기를 해소하고자 하였다.

지방자치 법제화의 문제는 국민당이 대륙에서 철수하기 전에 성·현 자치통칙을 제정하여 입법원의 제2독회까지 마쳤으나 대만으로 온 다음 버려두었던 사안이었다. 그런데 대만의 당외 세력은 강력하게 성(省)·현(縣) 자치통칙을 제정 반포하라고 요구하였다. 그동안 대만출신 관료와 대륙출신 관료집단의 권력배분 문제에서 성 주석과 행정원 직할시장을 정부가 임명하였던 것인데 이를 민선으로 하자는 것이었다.

국민당 중앙상무위원회에서 1988년 2월 10일에 지방자치 법제화에 관한 방안을 결정하였다. 즉 대만성 정부와 성의회 조직조례에 따라 처리하며 성 주석은 행정원 원장이 지명하여 성의회에서 통과된 후 임명하기로 하였다. 특히 대만성과 복건성의 일부를 다스리고 있는 정부로서는 전국적으로 시행하여야 할 성·현 자치통칙의 제정이 아직 시기상조라고 보았던 것이다. 이밖에 고웅시와 대북시 시장의 직선문제는 더 연구하기로 하였다.

### 5) 이등휘총통의 계임과 중국국민당 13전대회

1988년 1월 13일에 장경국총통이 서거하였다. 당일 국민당은 부총통인 이등휘(李登輝), 행정원 원장 유국화(俞國華), 입법원 원장 예문아(倪文亞), 사법원 원장 임양항(林洋港), 고시원 원장 공덕성(孔德成), 감찰원 원장 황존추(黃尊秋)와 장경국의 3남인 장효용(蔣孝勇)이 서명한 「경국선생 유촉」을 발표하였다.62)

그리고 당일 국민당 중앙상무위원회는 임시회의를 소집하고 부총

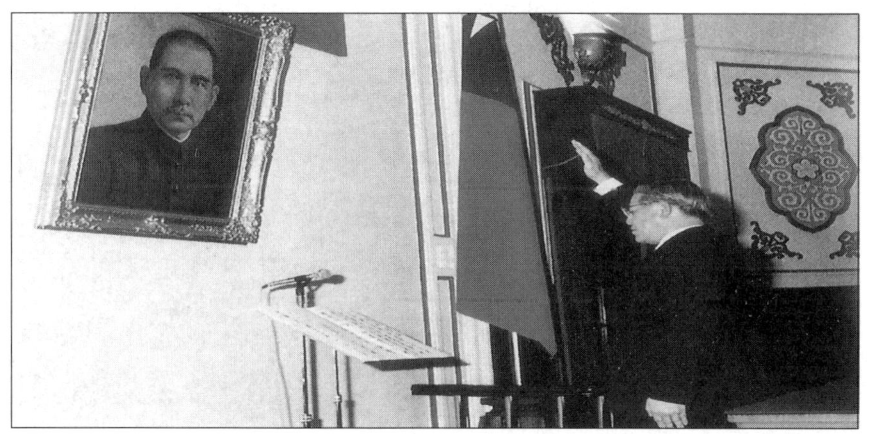

이등휘의 총통계임

통 이등휘가 총통의 직을 승계하기로 하여 이른바 국민당의 강인정치(强人政治)시대는 끝내고 '후장경국 시대'로 들어갔다. 그러나 문제가 된 것은 국민당의 주석대리 문제였다. 일부에서는 장례가 끝난 다음에 결정하자고 하고 일부에서는 중국국민당 13차 대표대회에서 결정하자는 것이었다. 전자는 이른바 개명파(開明派)로 지칭되는 이환(李煥)·송초유(宋楚瑜)·여충기(余忠紀) 등이고, 후자는 관저파(官邸派)로 지칭되는 송미령(宋美齡)·유국화(兪國華)·진효의(秦孝儀)가 여기에 속하였다. 결국 전자의 의견대로 이등휘는 국민당 대리주석에 취임하였다.

그리고 1988년 7월 7일부터 13일까지 1,184명의 대표가 출석한 가운데 중국국민당은 13전대회를 대북에서 소집하였다.63) 당시 이등휘가 주석대리에 취임하였다고 하나 지도체제가 튼튼치 못하였다. 즉 고도로 집권화된 일원화 통치체제였었기 때문에 당 지도부를 새로이 조직하지 않으면 안 되었다. 여기에 본토화 정책으로 대만출신과 국민당 자체의 제3세대가 점차 세력을 형성하고 있어 그 내부가 복잡해졌다.

중국국민당 제13차 전국대표대회

또한 밖으로는 민진당 이외에 계엄의 해제로 다수의 정당이 조직되고 재야세력은 합법적으로 국민당에 대하여 공개적으로 비판하고 나섰다. 여기에 사회 각계에 숨어있었던 각종의 불만들이 표출되고 있어서 국민당은 이러한 정세에 적응하지 않으면 안 되었다. 특히 1987년부터 일기시작한 대만인의 대륙 친척방문으로 나타난 '대륙열(大陸熱)'은 국민당에게 영향을 미치지 않을 수 없었다.

국민당의 13전대회는 후장경국 시대에 소집된 첫 번째 대회로서 국민당이 대만으로 옮겨온 지 40년 만에 정치적으로 전환기를 맞이한 가운데 소집되었다. 내적으로는 정치혁신, 중앙민의기구의 개혁, 지방자치의 강화, 선거제도의 개선, 정당 활동의 합리적 규제, 경제체제의 개혁과 경제의 자유화 노선, 사회복리의 충실, 공해방지의 강화, 노동자의 권익보호를, 대륙정책으로 반공, 반독립의 견지, 3불정책의 지속, 삼민주의로 중국통일, 일국 양체제의 반대 등에 관한 정책을 재 확정하였다.

그리고 대회에서는 이등휘를 주석으로 선출하고 360명의 중앙위원 후보자를 제안하여 180명의 중앙위원과 90명의 후보위원을 선출하였다.64) 그런데 이등휘 주석이 지명한 후보 180명 가운데 29명이 후보위원으로 밀려나고 4명은 낙선되는 이변을 낳았다. 그리고 14일에 13기 1중전회에서 31명의 중앙상무위원을 선출하였는데, 19명은 재선이고 12명은 신임이었다. 이 31명 가운데 대만출신은 16명으로 앞서의 45.2%에서 51.6%로 늘어나 처음으로 과반수를 넘게 되었다. 또한 중앙위원도 전보다 30명이 증원되어 107명의 신인이 당선되고 대만출신이 20%에서 38.3%로 늘어났다. 평균 나이도 70.67세에서 63.67세로 낮아졌으며 학력도 80%이상이 대학졸업 이상이었다. 특히 행정원 원장 유국화(兪國華)는 세 번째 후보자로 지명되어 35번째로 당선됨으로써 이른바 관저파의 약세가 나타났다.

### 6) 국민당의 정치지위 변화와 정당정치의 길

계엄을 해제한 후 각 정치세력이 신속히 발전하였고 민진당을 중심으로 한 반대세력은 견제 역할에서 벗어나 국민당과 경쟁하게 되었다. 국민당도 권위적인 체제가 와해되고 그 역할에 조정을 가하지 않으면 안 될 입장이 되었다. 따라서 국민당은 지배형의 정당에서 경쟁형의 정당으로 바뀌져야 하였다.

1989년 말에 대만인의 1인당 국민소득은 7,509 달러에 이르렀고 30세이하 18세 이상의 젊은이가 40%이상 전문대학 이상의 교육을 받아 현 질서를 바꾸려는 동력이 되었다. 이들은 민중의 권익을 목표로 각종 사회단체를 조직하여65) 소비자 운동, 환경보호 운동, 노동운동을 전개하였는데, 특히 자신들의 요구를 관철시키기 위하여 가두시위를 폈다. 1986년부터 1988년까지 집단 시위운동이 3.402건이었고 이를 위하여 동원된 경찰이 연인원 50.52만 명에 달하였다.

1989년 12월 2일에 현·시장, 입법위원, 성·시의원의 선거를 한꺼번에 실시하였다. 국민당과 민진당은 선거에서의 승리를 위하여 각기 선거지원단을 조직하여 전국적으로 유세하였다. 국민당은 이등휘

(李登輝)·송초유(宋楚瑜)·관중(關中) 등이 각지를 방문하며 간접적인 선거지원을 하는 한편 중앙지원유세단을 조직하여 전국 각지에서 50회의 정견발표회를 열어 국민당의 정강을 선전하였다.

한편, 민진당은 지방으로 중앙을 포위한다는 작전아래 중앙순회지원단을 조직하여 주석인 황신개(黃信介)가 단장, 강녕상(康寧祥)·강붕견(江鵬堅)·진영홍(陳永興)·황행미(黃行美)가 각각 북부단(北部團), 도원신죽묘율단(桃園新竹苗栗團), 중부단(中部團), 남부단(南部團)을 이끌고 20회의 선거강연회를 가졌다.[66] 특히 선거유세기간 당국의 흑색명단에 들어가 있던 해외의 인물들이 각종 방식을 통하여 대만으로 돌아와 민진당 후보를 지원하였다.

선거 결과 국민당은 40년 이래 처음으로 가장 낮은 득표율을 얻게 되었다.[67] 그 결과를 살펴보면 다음 표와 같다.

1989년 민의대표 선거결과[68]

| 구 분 | 정 원 | 국민당 | 민진당 | 기 타 |
|---|---|---|---|---|
| 입법위원 | 101 | 72 | 21 | 8 |
| 성 의원 | 77 | 56 | 16 | 5 |
| 현 시장 | 21 | 14 | 6 | 1 |
| 대북시의원 | 49 | 34 | 14 | 1 |
| 고웅시의원 | 38 | 29 | 8 | 1 |
| 평균득표율 | | 70 | 22 | |

득표율이나 확보한 자리는 확실히 중국국민당이 과반수를 훨씬 넘었으나 그 동안의 예를 보아 이 선거에서 국민당은 '승리한 실패'의 결과를 가져왔다.[69] 국민당의 기관지 『중앙일보』는 선거에 의한 의석 수의 변동은 바로 정당정치의 정상적인 모습이라고 하여 정치는 결코 국민당 한손으로 이루어지지 않음을 나타낸 것이라 하였다. 이처럼 중국국민당은 이제 변화를 실감하고 새로운 길을 모색하지

않으면 안 되게 되었다.

특히 국민당은 현·시장의 선거에서 전보다 4석이나 줄어들고 야당이 7석이 됨에 따라 국민당의 행정에 위협이 예상되었다. 그리고 현·시장들은 모두 대민성 출신이었으며, 연임은 2명밖에 되지 않았고 나머지 19명은 모두 신인이었다는 점도 주목할 만한 것이었다.

## 10. 대만 경제의 안정과 발전

### 1) 재경제도의 혁신

1980년대 중기에 들어와 정부는 세 차례에 걸쳐 경제혁신을 단행하면서 전면적인 개방을 실행하였다. 이른바 '3화 방침'이었는데, 자유화, 국제화, 제도화가 그것이다. 자유화란 시장가격의 기능을 존중하고 행정 간섭을 감소시켜 공평한 경쟁 환경을 창조하는 것이며, 국제화란 경제활동의 공간을 확대하여 내부시장을 개방하고 경제·과학과 기술·문화의 교류를 촉진하여 실질적인 관계를 증대시키는 것이며, 제도화란 합리적인 법규를 제정하여 법제로서 경제운영을 조절하겠다는 것이다.

이 원칙에 따라 다음과 같은 경제혁신을 주요 목표로 세웠다. 관세율을 대폭적으로 낮추어 고관세의 장벽을 무너뜨리고 시장을 개방하여 외국의 상품이 대만시장에서 자유경쟁하게 하는 것이었다. 따라서 1985년 초에 약 1천여 상품의 관세율을 내리고 관세의 부가세율도 10%에서 5%로 인하하였으며, 1986년에 약 1천여 상품의 수입제한을 해제하였다. 이렇게 관세를 감면함으로서 경제구조의 변화를 가져오도록 촉구하고 또한 기술밀집형의 공업을 발전시키고자 하였다.

화교와 외국인 자본의 직접 투자에 대한 제한을 해제하고 금융,

보험, 서비스업, 관광여행업에 대한 외국인 투자제한을 풀었다. 또한 외국인 투자기업이 의무적으로 하도록 되어있는 수출 비율 등에서도 제한을 완화하거나 해제하였다. 이처럼 투자여건이 좋아지자 1987년 1월부터 6월까지 화교와 외국인의 투자는 199개 항목에 6.31억 달러에 달하여 1986년의 동기와 비교하여 157%가 증가하였다.

외환관리의 규제를 풀어 황금의 수입과 매매를 자유화하고 외환의 사용도 심사제에서 신고제로 바꿨다. 그리하여 금융업무의 국제화를 적극 추진하였다. 공장신설 제한도 해제하고 민간의 투자 한도액도 취소하여 공공사업분야 이외에 개인의 투자가 가능하게 되었고, 대만자본의 외국투자도 규제를 많이 완화하였다. 또한 제반 경제법규를 전면 수정하여 이를 엄격하게 집행함으로써 사회경제의 운용을 통제하고 조절하게 하였다.

이렇게 하여 더욱 많은 외자를 유치하게 되고 민간의 투자의욕이 되살아나 기술합작이 확대되고 대만경제는 새로운 단계로 진입하게 되었다.

### 2) 농업의 개선

1970년대 후기에서 1980년대 초에 대만의 공업과 상업의 급성장으로 인하여 소자경농이 중심이 된 농업경제는 사회경제발전에 더 이상 적응하지 못하게 되었다. 따라서 별도의 조치가 없는 한 농업생산은 계속 쇠퇴되어 대만경제의 신속한 발전에 위해를 가져올 수도 있게 되었다. 그러므로 대만당국은 1980년 2월에 제2차 토지개혁을 실시하게 되었다.

그 내용은 ① 계획적으로 소농의 전업을 유도하며 국가가 이 토지를 매입하여 전문 농업호에 전매하며 전문농호에 장기저리융자를 알선한다. ② 수리시설과 지형조건에 따라 가장 좋은 농장과 수송 판매방안을 설계하여 자원을 유용하게 효율적으로 이용한다. ③ 구릉지, 간석지, 강변의 토지를 개발 이용하는 문제를 재검토하여 공·민영 합동으로 토지를 개발하며, ④ 현행법령을 수정한다고 하였다.

그리고 1982년 11월에 제2단계 농지개혁방안(농지개혁강령)이 제정통과되고 제2차 토지개혁을 구체적으로 지도하게 되었다. 그 내용은 다음과 같다.

① 토지구획의 재정비로 농장규모의 확대와 토지 이용률을 높일 수 있는 조건을 창조해 내며, ② 공동·위탁·합작경영의 추진으로 이웃하고 있는 농민들이 같은 종류의 가축, 양어를 공동으로 경영하거나 자경지가 너무 작거나 노동력이 부족한 농호는 다른 농호에 위탁하여 경영하게 하며, 농호사이의 생산도구의 사용을 비롯하여 모든 생산과정을 합작 경영하도록 하며, ③ 농장경영을 확대할 경우 대출제공, ④ 농업의 기계화를 가속화하는 것이었다.

대만정부는 제2차 토지개혁과 함께 농업 발전정책을 추진하였다. 그 내용은 1985년부터 농업의 고부가 생산계획을 실행하여 정밀한 과학 기술의 수단을 동원하여 부가가치가 큰 농산품을 생산하고 경제적 효과를 얻을 수 있는 농업의 현대화를 촉진하고자 하였다. 벼농사의 생산량을 감소하여 6년 이내에 쌀 생산량을 20%감산하게 하는 한편 옥수수의 재배를 장려하고 그 값은 수입 옥수수 가격의 한배를 정부가 보증함으로서 잡곡의 대량수입으로 일어나는 경제문제를 해결하고자 하였다. 또한 농업 후계자를 양성하여 농업인재의 육성에 주의를 힘쓰기로 하고, 교육이 끝난 후계자들에게는 창업대출을 제공하고 전문적인 농업경영에 종사하도록 격려하기로 하였다.

### 3) 산업구조의 재조정

경제발전에 따라서 제1차 산업인 농업의 비중이 낮아지고 제2차 산업인 공업과 제3차 산업인 서비스업의 비중이 상승추세를 보이고 있는 것은 세계적인 현상이었다. 대만의 경우도 농업의 비중이 낮아지고 상공업의 비중이 높아지는 현대 경제구조의 일반적인 특징과 공업사회의 특징을 갖고 있었다.

1986년에 대만의 1차 산업은 국민총생산에서 5.7%를 차지하고 취업인수는 전성의 취업인수의 17%로서 1985년의 132만 명에서 1986년에 128만 명으로 감소되었다. 1986년에 대만의 농업투자는 3.4%에 불과하였다. 그러나 과거 대만의 농업의 발전은 2, 3차 산업이 발전할 수 있는 조건을 제공하여 주었고 시장과 자금을 제공하여 주었다. 그런데 몇 십년의 변화로 1차 산업의 총생산액은 비록 증가하였으나 그 비중은 크게 낮아졌다. 이것은 대만경제구조의 큰 변화 가운데 하나이었다. 대만의 농업은 비교적 좋은 기초를 갖고 있어서 농업상품화가 75-80%, 농산품의 수출이 전체 수출의 10%를 점하고 있었다.

1985년과 1986년에 대만의 2차 산업은 각각 47.9%와 51.7%를 차지하고 있어 40%선을 초과하고 있으므로 서방 공업국가와 비슷하게 되었다. 그리고 공산품의 수출은 전체의 90%를 점하고 있었다. 제2차 산업에 취업하고 있는 수는 1986년에 이미 320.6만 명에 달하여 전체 취업인수의 비율이 1980년에 38.1%에서 1986년에 41.5%로 증가하였다. 또한 제2차 산업에 대한 투자율도 1986년에 45.6%를 차지하고 있어 공업구조에 현저한 개선이 보였다.

한편, 제3차 산업의 경우는 비록 발달되었다고 하지만 미국・일본과 비교하여 뒤떨어진 형편이었다. 따라서 1980년대에 제3차 산업을 발전시키고자 1986년-1989년의 경제건설계획에서 연평균 7.5%의 성장률을 계획하고 국민생산총액의 비중을 1985년의 44.3%에서 1989년에는 46.0%로 올리도록 하였다. 따라서 제3차 산업의 육성을 경제발전의 중요 부분으로 삼았던 것이다.

결론적으로 1980년대 제정하고 또한 실시한 사회경제의 발전정책과 재경제도의 혁신은 대만경제의 발전에 적극적인 작용을 하였다. 이와 같은 경제적 발전과 혁신은 국민당으로 하여금 정치혁신을 꾀할 수 있는 기초를 마련하여 주었다.

특히 1988년과 89년에 대만경제는 새로운 단계로 진입하게 되었다. 국민소득은 선진국 수준으로 진입하였으며 무역총액은 1,100억 달러로 세계 13위의 무역국가가 되었으며, 외환 보유고는 740억 달러로 세계 두 번째의 나라가 되었다. 따라서 중화민국정부는 이와 같은 경제발전의 경험을 이른바 '대만 경험'이라 하여 이를 갖고 중화인민공화국과 국제무대에 그들의 입지를 높였다.

# 11. 해협 양안의 새로운 관계

## 1) 중공 당의 일국 양 체제론과 대만의 반응

중공 당은 청대인 1898년에 영국에게 99년간 조차해준 구룡반도의 북쪽 신계(新界)지역의 조차기간이 끝나감에 따라 영국과 1997년 홍콩의 반환문제를 둘러싸고 협상에 들어갔다. 1982년 9월에 등소평은 홍콩문제를 협의하기 위하여 영국수상 대처(Thatcher, Margaret)를 만났을 때 중국은 홍콩을 회수한 다음 자본주의 현체제를 그대로 유지할 것이라 하였다.

이를 법률적으로 보장하기 위하여 1982년 12월에 제5기 전국인민대표대회 5차회의에서 『중화인민공화국 헌법』을 통과시켜 특별구역에 대한 전문규정을 넣었다. 헌법 제1장 제31조 규정에 따르면 국가는 필요시에 특별행정구를 설립할 수 있으며 특별행정구안에서의 실행할 제도는 전국인민대표대회에서 법률로 규정한다고 하였다.

그리고 1984년 2월 12일에 등소평(鄧小平)은 미국 조지타운대학의 전략과 국제문제연구센터 대표단을 회견하는 자리에서 공개적으로 일국 양체제의 구상을 발표하였다. 즉 통일 후 대만은 자본주의체제로, 대륙은 사회주의체제로 한다는 것이다. 1986년 11월에 열렸던 손

삼민주의 중국 통일동맹 조직

문 탄신 120주년 기념식에서 팽진(彭眞)은 특별행정구의 건립은 바로 일국 양체제라고 하였다. 이처럼 중공 당의 대만에 대한 통일정책은 평화통일을 전제로 제기되었다.

이에 대하여 대만은 삼민주의(三民主義)로 중국을 통일하자는 원칙을 내세웠으나 사실 이는 불가능하다는 점을 잘 알고 있었다. 그렇다고 중공이 제시한 일국 양체제를 신뢰할 수 없었던 것은 과거 중공당과의 역사적 담판 경험(제1, 2차 국공합작)에 의하여 얻어진 결론이었다. 그러므로 일단 회의를 거부하는 정책으로 나갔다.

그러나 대만의 사정은 훨씬 복잡하였다. 우선 평화적 통일을 반대하는 정부에 대한 비난이 가일층 증폭되고, 대만독립을 내세우는 세력의 영향력 또한 간과할 수 없는 문제였다. 국제정세로 보아도 완고한 생각을 그대로 견지하게 되면 자기 스스로 고립된 궁지로 몰릴 처지이고 또 그렇게 되면 국제사회로 복귀하기가 불리하게 되리라는 판단이 서게 되었다. 따라서 피동적 태도위에 벗어나게 정책의 변화를 가져오게 되었다.

### 2) 민간교류의 시작

대만당국은 3불정책을 견지하고 있었으나 1983년에 들어와 조금씩 변화를 보이기 시작하였다. 즉 양안의 민간교류, 사람의 접촉과 무역의 제한이 점차 완화되었다. 그리고 양안의 학자교류도 갈수록 빈번하여 졌다. 1983년 1월부터 10월까지의 조사에 의하면 쌍방은 제3지역에서 통일문제를 갖고 10여 차례이상 만났다.

이에 1984년 1월 30일에 행정원 원장 손운준(孫運濬)은 정식으로 국제학술회의, 과학기술방면이나 체육, 문화방면의 국제회의에서 대만인은 대륙인들과 접촉할 수 있다고 발표하였다. 또한 편지의 왕래도 금지하던 것에서 이를 완화시켜 1983년에 중공 당의 우표가 붙여진 채로 홍콩을 경유하여 대만으로 보내진 것이 1,700여 통이나 되었다. 여기에 다른 방법을 통하여 대만에 보내진 편지를 포함한다면 그 수는 더욱 늘어날 것이었다. 그리고 대륙으로 가 친척을 방문한 사람도 적지 않아 마침내 여행과 사업을 위해 대륙을 방문한 사실은 공개된 비밀이 되어버렸다. 대만당국의 태도도 더 이상 이를 단속하거나 금지하려고 하지 않았다.

1981년 이전의 양안의 무역은 반드시 중간항구에서만 교역이 가능하였다. 그러나 1982년부터 외국에 등록된 모든 배는 직접 상대방의 항구에 입항할 수 있게 되었다. 그리고 1985년 말에 대만은 대륙을 항해금지 구역으로 설정한 규정을 완전히 취소하고 외국선박에 고용된 대만출신 선원도 사전에 신청만하면 어떠한 국가나 항구에 들어가도 규제를 받지 않도록 하였다.

1984년 3월에 대만 경제부는 홍콩과 마카오를 경유하여 대만으로 들어오는 대륙 상품 1,157종에 대하여 제한을 두지 않았다. 그 가운데 대륙에서 나오는 당귀, 구기자와 같은 한약제 등 아홉 가지는 공매하는 이외에 그 밖의 것은 개인적으로 무역하도록 하여 민간인의 대륙 통상을 허용한 셈이 되었다.

국제사회에서도 대만의 태도에 변화가 일어났다. 1981년 이후에 외교와 국제 활동에서도 명분이나 국기, 국명에 구애받지 않았다. 1984년부터 대만의 체육팀은 중국대북이란 이름으로 세계올림픽에 출전하고 각종 경기대회에서 대륙선수들과 함께 참가하였다.

### 3) 친척방문(탐친, 探親)의 허용과 무역의 증가

대만당국은 비공식적으로 왕래가 이루어지고 있는 현실을 고려하여 1987년 11월에 정식으로 대만인의 대륙에 있는 친척방문을 허용하였다. 또한 1988년 2월에 국민당 중앙상무위원회는 간부동지의 대륙친척 방문방법을 통과시켜 중앙과 지방 각급 당 간부와 그 가족이 대륙의 친척을 방문할 수 있도록 허락하였다. 또한 3월에는 군인의 부모와 그 자녀의 대륙방문에 제한을 가하지 않기로 하였다. 그 결과 1988년 말에 대륙을 방문한 대만인들은 43.6만 명에 달하였다.[70]

1989년 2월에 대륙방문에 대한 종전의 방문회수 기간 등 제한조건을 더욱 개방하였으며 4월에 신문, T.V의 대륙취재와 영화촬영을 허용하고 공립학교 교원의 대륙방문도 허용하였다. 그 결과, 대륙방문자는 급속도로 늘어나 1989년 1월부터 10월까지 45만 명으로 전년 같은 기간보다 35%가 늘어났다. 특히 이해 5월초에 국민당 중앙상무위원이며 재정부 부장인 곽완용(郭婉容)이 북경에서 개최된 아시아은행의 총회에 참석하여 40년 이래 처음으로 대만정부의 고위관리가 공식적으로 북경을 방문하게 되었다.

이처럼 대륙방문자가 늘어나자 대만정부는 1988년 12월부터 대륙동포로 우수한 학술문화계 인사, 해외학인, 유학생들의 대만방문을 허용하였다. 1989년 8월에 이르기까지 이미 3,000여 명이 대만을 방문하여 가족의 병문안을 하거나 장례식에 참가하였다. 또한 미국에 유학하고 있던 5명의 대륙학생들이 1주일동안 대만을 방문하여 대륙열을 뜨겁게 하였다.

양안사이의 무역은 제3국을 통한 간접무역으로서만 가능하였다. 그런데 1979년 양안사이의 간접무역은 7천여만 달러에 불과하였으나 1987년에는 이미 15억 달러로 늘어났으며 매년 60%의 성장률을 기록하였다. 이렇게 발전하게 되자 대만정부는 1985년 7월에 대륙과의 간접무역에 대하여 간섭하지 않겠다고 공식적으로 선포하여 간접무역은 합법적인 무역이 되었다.

1987년 후반기부터 간접무역이 직접부역으로 바뀌어 갔다. 그리하여 1988년에는 양안의 무역액이 27억 달러로 대륙은 대만의 5대 무역상대국이 되었으며 대만은 대륙의 6대 무역상대국이 되었다. 이처럼 무역량이 증가하게 되자 양안사이에 상무중재기구가 필요하여 1988년 8월에 중국대외경제무역중재위원회와 대만중재협회사이에 홍콩에서 회의를 열어 치후 쌍방은 자료를 교환하고 중재조직을 설립하거나 중재할 수 있는 길을 열도록 합의하였다.

또한 대만정부도 그동안 비밀문건으로 되어왔던 대륙의 경제무역자료를 공개하여 상공인들에게 새로운 자료를 제공했으며 매일 발표되는 세계경제 동향에 대륙소식을 포함시켰다.

대만의 대륙투자도 갈수록 늘어나 중국 26개 성시(省市)의 초보적인 통계에 의하면 1988년 11월까지 대만인이 대륙에 투자한 액수는 435개 항목에 5.2억 달러에 달하였다. 이 가운데 대부분은 1987년에 친척방문이 허용된 다음에 이루어 진 것으로, 처음에는 비공개적이었으나 공개화 되었으며 투자규모도 확대되었다. 복건성은 대만과 지리적으로 가깝고 방언이 같아 비교적 투자액이 많은 지역인데 1988년 이전에 65.45만 달러였으나 1988년 5월까지, 5개월 동안에 이미 103.67만 달러에 달하였다.

1987년 10월부터 공식적으로 대만인들의 대륙 친척방문이 시작된 이래 대만의 피동적이고 경직되었던 정책에 변화가 보이게 되었다. 그러나 일반 상공계나 지식인들은 정부가 취하고 있는 제한된 개방정책에 대하여 불만이 많았다. 그리고 개방의 속도를 가속화시킬 것과 개방의 범위도 확대하여주길 바랐다. 특히 국민당의 신생대(新生代)들은 보수적인 개방정책에 대하여 불만이 컸다.

그러므로 이들은 해협양안화평촉진회를 성립시키기로 하고 또한 대륙관계법의 제정을 요구하였다. 이해 10월 10일에 국민당소속의 입법위원 조소강(趙少康) 등 50여 명은 연명으로 당국에 대하여 공무원의 대륙친척방문를 허락하여주도록 촉구하였다. 국민대회 대표들도 단체를 조직하여 대륙을 시찰하겠다는 움직임을 보이고 심지어 평화공존, 평화경쟁, 평화통일의 3화정책으로 3불정책을 대체하자고까지 주장하였다.

이러한 분위기아래 1988년 7월에 소집된 중국국민당 제13차 대회에서 「현단계 대륙에 대한 정책안」을 통과시켰다.71) 비록 개방의 폭이 민간의 기대에 부응하지 못하였지만 대만의 경제를 확대하여 대륙의 민주화 운동을 지지하고 정치 경제의 영향력을 발휘하여 대륙인의 민심을 끌어 즉 대만의 경험을 갖고 대륙의 정치 민주화, 경제자유화, 사회 다원화, 문화의 중국화를 촉진하자고 하였다.

1)『鄧小平文選』, 第2卷, 人民出版社, 2001, pp.163-164

2) 中共中央文獻硏究室編,『十二大以來重要文獻選編』, 上, 人民出版社, 1986, p.1

3) 中共中央文獻硏究室編,『十二大以來重要文獻選編』, 上, 人民出版社, 1986, p.3

4) 이때 '중국특색의 사회주의 건설'이란 용어를 처음으로 제시하였다.

5) 中共中央文獻硏究室編,『十二大以來重要文獻選編』, 上, 人民出版社, 1986, pp.6-62 참조

6) 陳雲,「在黨的第12次全國代表大會上的講話」『十二大以來重要文獻選編』, 上, 人民出版社, 1986, pp.93-96

7) 이 기구는 중공 14전대회에서 취소되었다.

8) 吳本祥主編,『中華人民共和國史』, 高等教育出版社, 1999, p.307

9) 중공 당 중앙 정치국확대회의에서 등소평은 중앙정치국상무위원회를 대표하여 행한 講話(中共中央黨史硏究室,『中國共產黨新時期歷史大事記』, 中共黨史出版社, 2002, pp.56-57, 1980년 8월 18일):『鄧小平文選』, 第2卷, 人民出版社, 2001, pp.320-343

10)『鄧小平文選』, 第2卷, 人民出版社, 2001, pp.413-414

11) 中共中央文獻硏究室編,『十二大以來重要文獻選編』, 上, 人民出版社, 1986, pp.390-409

12) 중앙에서 펴낸『黨員必讀』(내용은 8편의 문장으로,「整黨에 관한 중공 중앙의 결정」, 등소평의「4개현대화를 실현하려면 반드시 4항 기본원칙을 견지」,「등소평의 당 12차 전국대표대회 개막사」,「당내 정치생활에 관한 약간의 준칙」,「건국이래 당의 약간 역사문제에 관한 중공 중앙의 결의」, 호요방의「사회주의 현대화 건설 신국면의 전면개창」,「중국공산당 당장」,「중화인민공화국 헌법」이며,『중공 11기3중전회이래 중요 문헌간편』,『모택동동지의 당작풍과 당조직론』,『등소평 문선』의 4권이다.

13) 中共中央文獻硏究室編,『新時期黨的建設文獻選編』, 人民出版社, 1992, pp.335-336

14) 中共中央文獻硏究室編,『新時期黨的建設文獻選編』, 人民出版社, 1992, pp.330-353

15) 전업승포란 특정 부분을 도급받아 생산하는 것이며, 종합승포란 일괄 도급 생산인데 생산은 작업조 단위로 생산하고 생산대별로 분배한다. 생산량의 초과 달성, 부족에 따른 보상과 벌금이 부과되고 공유한 생산 자료의 사용료를 포함한 생산비와 세금을 납부한 다음 남는 것이 생산대의 소유가 된다. 통일경영이란 통제된 계획아래 일괄 경영으로 작업조 생산에 생산대 분배 방식이다. 포산도호란 개인 작업호가 생산하며 국가에서 세금 및 생산비를 제외한 이익은 개인 소유로 한다.

16) 國家統計局,『中國統計年鑑』(1985), p.570,『中國統計年鑑』(1983), p.499

17) 中共中央黨史硏究室,『中國共產黨新時期歷史大事記』(增訂本), 中共黨史出版社, 2002, pp.145-146

18) 吳本祥主編,『中華人民共和國史』, 高等教育出版社, 1999, p.321
19) 中共中央黨史硏究室,『中國共産黨新時期歷史大事記』(增訂本), 中共黨史出版社, 2002, pp.23-24
20) 陳一諮,『中國-十年改革與八九民運』, 聯經, 民國 79(高皐,『後文革史』, 聯經, 民國 82, p.398에서 재인용)
21) 高皐,『後文革史』, 聯經, 民國82, p.398
22) 中共中央黨史硏究室,『中國共産黨新時期歷史大事記』, 中共黨史出版社, 2002, p.24
23)『中華人民共和國實錄』, 第4卷上, 吉林人民出版社, 1994, pp.492-493
24) 中共中央黨史硏究室,『中國共産黨新時期歷史大事記』, 中共黨史出版社, 2002, pp.95-96(전문 7장 28조로 됨)
25)『中華人民共和國實錄』, 第4卷上, 吉林人民出版社, 1994, pp.321, 349
26) 등소평의 심천방문 題詞:'深圳的發展和經驗證明, 我們建立經濟特區的政策是正確的'(『中共11屆3中全會以來大事記』, 人民出版社, 1998, p.136).
27)『中華人民共和國實錄』, 第4卷中, 吉林人民出版社, 1994, pp.751-752
28) 1988년에 광동성에서 분리, 성으로 승격되었다.
29) 中共中央文獻硏究室編,『十二大以來重要文獻選編』, 中, 人民出版社, 1986, pp.558-587
30)『中華人民共和國實錄』, 第4卷中, 吉林人民出版社, 1994, p.766
31)『中華人民共和國實錄』, 第4卷中, 吉林人民出版社, 1994, p.783
32) 中共中央文獻硏究室編,『十二大以來重要文獻選編』, 中, 人民出版社, 1986, pp.661-634
33) 中共中央文獻硏究室編,『十二大以來重要文獻選編』, 中, 人民出版社, 1986, pp.721-737
34) 이들은 신헙법에 의하여 선출된 대표들이었다. 이 가운데 76.5%가 새로이 선출되었고, 지식인과 민주당파의 수가 늘었다(吳本祥主編,『中華人民共和國史』, 高等教育出版社, 1999, p.310)
35)『中華人民共和國實錄』, 第4卷中, 吉林人民出版社, 1994, pp.849-850
36) 朱新民,『中共政治體制改革硏究(1978-1990)』, 永然文化, 民國 80, p.301
37) 1986년 말 약 100여 개소의 대학, 수 십 만 명이 시위에 참여하였다(趙建民,『當代中共政治分析』, 五南, 1997, p.232 )
38) 李永豊,『改革的軌迹-從三中全會到十六大』, 中國文史出版社, 2003, p.121
39) 中共中央黨史硏究室,『中國共産黨新時期大事記』, 中共黨史出版社, 2002, p.223
40) 中共中央黨史硏究室,『中國共産黨新時期大事記』, 中共黨史出版社, 2002, p.224
41) 中共中央黨史硏究室,『中國共産黨新時期大事記』, 中共黨史出版社, 2002, p.226
42)『中華人民共和國實錄』, 第4卷中, 吉林人民出版社, 1994, pp.1122-1123
43) 이를 가리켜 三老半退(등소평, 진운, 이선념), 四老全退(서향전, 섭영진, 팽진, 등영초)라 한다(龐松主編,『簡明中華人民共和國史』, 廣東教育出版社, 2001, p.537).

44) 모택동의 경우 사회주의의 개조가 완성된 다음에 이 사회주의를 공산주의로 넘어가는 초기단계로 보았을 뿐 사회주의에도 단계가 있다는 언급을 한 일이 없다. 중공 9전대회 당장에 설명하기를 사회주의 사회는 상당히 오랜 시간의 역사단계이며 계급, 계급모습과 계급투쟁이 존재하며 사회주의와 자본주의 두 길의 투쟁이 존재한다고 하였을 뿐 사회주의에 단계가 있다는 언급은 없었다.(中共上海市委宣傳部編, 『中國共産黨80년』, 上海人民出版社, 2001, p.606)

45) 中共上海市委宣傳部編, 『中國共産黨80년』, 上海人民出版社, 2001, p.607

46) 공식적으로 이 용어가 등장한 것은 1981년의 중공 11기 6중전회에서 나온 「건국이래 약간의 역사문제에 관한 결의」에서 중국의 '사회주의 제도는 아직 초급단계에 처하여 있다'라는 언급으로부터였다..

47) 中共中央黨史硏究室, 『中國共産黨新時期大事記』, 中共黨史出版社, 2002, p.172

48) 中共中央文獻硏究室編, 『新時期黨的建設文獻選編』, 人民出版社, 1992, p.357

49) 中共中央文獻硏究室編, 『新時期黨的建設文獻選編』, 人民出版社, 1992, pp. 364-370

50) 등소평은 1979년 12월 일본수상 大平正芳을 회견하는 자리에서 중국식 4개 현대화는 금세기 말에 소강수준에 도달할 것이며, 다시 30년, 50년이 지나면 발달된 국가의 수준에 도달할 것이라고 거시적 발전 전략을 피력한바 있다.

51) 대표의 수는 전인대 제5기 제5차 회의에서 제5기 대표 수 2,978명을 유지하기로 하였으며, 각 단위에서 2,975명을 선출하였다.

52) 尹世洪主編, 『人民代表大會制度發展史』, 江西人民出版社, 2002, pp.221-222 참조,

53) 82헌법은 세 차례 수정되었는데, 1988년, 1993년, 1999년이 있었다.(尹世洪主編, 『人民代表大會制度發展史』, 江西人民出版社, 2002, pp.209-210)

54) 중공과 대륙의 저작물은 이를 '政治風波'로 설명하고 있으며, 대만에서는 민주운동으로 표현한다.

55) 中共中央文獻硏究室編, 『新時期黨的建設文獻選編』, 人民出版社, 1992, p.414

56) 中共中央黨史硏究室, 『中國共産黨新時期歷史大事記』, 中共黨史出版社, 2002, p.283,

57) 田弘茂저, 李晴暉역, 『大轉型-中華民國的政治和社會變遷』, 時報社, 民國 78, p.219

58) 장경국총통은 1986년에 워싱턴포스트지 발행인과의 회견에서 정당조직과 신문의 발행금지를 곧 개방할 것이라 공개적으로 언급하였다.

59) 대부분이 40여 세로 1989년말 까지 이미 4차의 당원대표대회를 소집하였다.

60) 鄭牧心, 『臺灣議會政治四十年』, 自立晩報社, 1987, p.259

61) 국가안전법 이외에 집회시위법(1988년 1월 20일), 인민단체법(1988년 1월 26일)으로 계엄법을 대체한 셈이다.

62) 장경국의 사망소식이 알려지자 중공중앙은 1월 14일에 중국국민당 중앙위원회에 애도의 전문을 보냈다.

63) 대표 1,209명 가운데 대만출신이 68.5%인 829명이었다.(沈駿主編, 『當代臺灣』, 安徽人民出版社, 1990, p.330)

64) 당시 국민당 비서장 이환은 당과 정은 동일인이 영도하여야 한다는 주장을 펴 이등휘를 주석으로 적극 추대하였다.(周玉蔻, 『李登輝的一千天』, 麥田, 民國 82 참조) 이등휘는 1,184명의 대표 가운데 1,176명의 추천으로 당선되었다.

65) 1989년 6월 말 현재 873개의 단체가 조직되었다.

66) 민진당의 출마자들과 지원유세는 민남어를 사용하여 본성인들의 열렬한 환영을 받았다.

67) 투표율 72%에 국민당 55.7%, 민진당 34.7%를 획득하여 과거의 선거와 비교하여 보면 상당히 떨어졌음을 알 수 있다. 대체로 1986년이전의 선거에서 국민당은 대만성 의원의 경우 69%이상, 현·시장과 대북시장의 경우 60%이상의 득표율을 보여주었다.

68) 『中央日報』, 1989년 12월 3일

69) 당시 중국국민당 중앙비서장 宋楚瑜(이환의 후임)는 국민당은 선거에 승리하였지만 실제는 실패하였다고 하였다.

70) 대만의 대륙출신들은 벅찬 감회를 갖고 고향을 찾았다. 대부분 나이가 많았던 이들에게 고향의 친척방문은 그리움아래 꿈에서나 이루어지지 않을가 여겨왔었는데 직접 가볼 수 있게 되었으니 그 기대는 대단히 컸다. 갖가지의 선물꾸러미를 들고 찾았는데, 동네 사람들은 물론 멀리 떨어져 살고 있는 사돈의 팔촌까지 몰려들었다. 궁핍하게 사는 그들의 모습을 보고 가지고 간 선물이 부족하다보니 몸에 지니고 있는 것마저 내놓지 않으면 안 되었고 그들이 몰려든 이유가 선물 때문이었다는 사실을 알고 허탈감을 안고 대만으로 돌아와 크게 실망하였다.

71) 「第13次全國代表大會會議記錄」(李雲漢, 전게서, p.625) 참조

제10장

# 회귀이전의 마카오와 홍콩

## 1. 마카오 문제의 유래와 미래

### 1) 마카오의 역사

마카오(澳門, Macau)는 광동(廣東)성 향산(香山)현(지금의 中山市)의 남쪽에 있으며 주강(珠江)의 서쪽에 있는 조그마한 반도이며 현재 주해(珠海)시와 접해 있다. 면적은 16만㎢, 인구는 약 45만 명이다. 마카오는 일찍이 동서양 무역에서 중요한 역할을 하였고, 중국에서 가장 먼저 서양의 식민지가 된 지역이었다.

인도항로를 통하여 처음으로 동양에 진출한 포르투갈은 당시 명(明)과 교섭하여 1557년에 마카오에 거주할 수 있는 권리를 획득하였다. 그리하여 1567년까지 이미 이곳에는 약 천여채의 집이 지어져 황폐하였던 곳이 조그마한 도시를 형성하게 되었다. 그러나 이들에게는 거류권만 주었지 관할권은 1848년까지 향산현(香山縣)에 속하여 있었다.

그런데 마카오에 선교사와 상인들의 왕래가 많고 거주하는 사람이 늘어나게 되자 1560년에 명의 묵인아래 이들이 거주지의 사회와 질서를 유지하기 위하여 자치기구를 설치하였다. 그리고 명의 행정으로부터 독립하려하였으나 이는 명에 의하여 거부되었다. 따라서 마카오는 아편전쟁이 일어나기까지 중국정부의 관할아래 있으면서 포르투갈 인이 경영하는 하나의 무역특구와 같은 곳이었다.

아편전쟁 후 포르투갈은 중국에 대한 태도를 바꾸기 시작하였다.

관갑--
대륙과 마카오의 경계 관문
1573년에 세움

1843년 여름에 ① 매년 500냥의 지조(地租)를 면제하여 줄 것, ② 삼파문(三巴門)밖의 관갑(關閘)지구를 마카오에 귀속시켜주고 포르투갈 군대가 주둔할 수 있도록 하여 줄 것, ③ 각국의 상선이 와서 무역할 수 있도록 마카오를 자유항으로 하여 줄 것, ④ 마카오의 상업 세금은 중·영 통상장정의 세율보다 낮게 하여야 할 것, ⑤ 마카오의 선박만이 다섯 항구의 통상에 참여할 수 있도록 허락할 것, ⑥ 마카오의 집과 선박을 수리할 때 중국정부의 허락을 받도록 되어있는 규정을 폐지할 것, ⑦ 중국 안으로 수입되는 마카오의 화물에 대한 세금은 마카오에서 징수하며 동시에 중국은 수입 상품의 수량을 제한하지 말 것을 중국에게 요구하였다.

이 요구는 중국의 마카오에 대한 주권을 부정하는 것으로 직접 식민통치하겠다는 뜻이 내포되어 있었다. 당시 양광총독 기영(耆英)은 포르투갈 인의 다섯 항구 통상을 허락하고 마카오의 세금을 낮추어 주는 등 일부 요구를 수용하면서 관할권의 요구는 거절하였다. 그런데 포르투갈은 1845년 11월 20일에 마카오를 자유항으로 선포하고 해군소령 아마랄(Amaral)을 마카오총독으로 임명하였다. 당시 포르투갈 식민지 장관 팔카오(Falcao)는 그에게 부임에 앞서 식민지의 절대주권을 유지 행사하라고 지시하였다.

1846년 4월에 아마랄이 마카오에 도착한 이후 마카오의 주권행사를 둘러싸고 중국측과 분쟁이 끊이지 않았다. 그리고 1849년 3월에 아마랄은 외국의 해관이 마카오에 있는 것을 용인할 수 없다면서 중국 해관을 봉쇄하였다. 그리고 마카오의 주변 지역을 편입시켰다.

1887년 3월 26일에 중국과 포르투갈은 중・포(中・葡)리스본초약(草約)을 체결하고 12월 1일에 정식으로 중・포화호통상조약(中葡和好通商條約)을 체결하였다. 내용은 통상 문제와 마카오 문제로 나눌 수가 있는데 포르투갈 인은 영구히 거주할 수 있고 마카오와 부속지를 통치할 수 있도록 하였다. 단지 중국의 허가 없이 다른 나라에 넘길 수 없도록 하였다. 이로서 마카오는 포르투갈의 합법적인 식민지가 되었다.

## 2) 회수의 좌절과 현상유지

1928년에 중・포 조약의 기한이 만료되었다. 그러나 국민정부는 이해 12월 19일에 중・포 우호통상조약을 체결하면서 포르투갈 인의 마카오점령에 대하여 아무런 이의를 제기하지 않아 식민지를 그대로 유지하게 되었다. 항일전쟁이 일어나자 마카오는 중립을 선포하였으나 일본 군함의 마카오 정박을 허용하고 보급을 제공함으로서 일본군에게 편의를 주었다. 심지어 일본은 마카오를 통하여 중산현으로 침입하려 하여 광동전구(廣東戰區) 장관인 여한모(余漢謀)가 국민정부 군사위원원회에 불만을 표시하기도 하였다.

항일전쟁이 끝나자 중국에서는 마카오의 회수운동이 일어났다. 즉, 1945년 11월부터 12월 사이에 마카오를 회수하기 위하여 무력으로 마카오를 포위하였다. 당시 국민정부의 제2방면군인 장발규(張發

奎)가 광주에서 일본으로부터 항복받고 즉시 중산현 현장인 장혜장(張惠長)과 159사단장 유소무(劉紹武) 등에게 시켜 반포르투갈 운동을 전개하도록 하였다. 그러나 마카오 당국은 내지인의 출입을 제한하고 반포운동을 진압하였다. 이때 광동당국은 식품의 공급을 중지시키는 조치를 취하였으나 마카오 당국은 영국정부를 통하여 국민정부와 교섭, 마카오에서 중국국민당의 활동이 공개적으로 이루어 질 수 있도록 하여 국민정부도 마카오의 무력봉쇄를 풀었다.

중국 대륙이 중국공산당에 의하여 통일되자 1952년 7월에 마카오 포르투갈정부는 이 기회를 이용하여 관갑(關閘)을 벗어나 33m나 먼 곳에 경비 초소를 세워 중국의 변계를 잠식하면서, 관할 지역을 확대하고자 하였다. 이를 '관갑 사건'이라 한다. 당시 포르투갈은 중국의 변방군에 대하여 발포하였는데 중국의 반격으로 포르투갈은 초소를 철수하였다.

1955년 3월에 포르투갈은 그들의 식민지 통치를 강화시키기 위하여 마카오 개항 400주년 기념활동을 전개하였다. 이와 동시에 포르투갈은 마카오를 포르투갈 정부의 한 성으로 고치고, 7월에 「마카오 해외성 조직법」을 발표하여 중국의 불만을 초래하였다. 10월 26일에

마카오 내항모습(1950~60년대), 우측상단에 보이는 산이 대륙이다.

『인민일보(人民日報)』는 「마카오 포르투갈 당국에 경고」하는 사설을 싣고 중국이 회수하여야 한다고 주장하였다. 중국의 불만이 커지자 포르투갈 당국은 경비부족을 이유로 400주년 기념활동을 취소하기에 이르렀다.

1966년 11월-12월 사이에 마카오 당국과 마카오의 중국인들 사이에 충돌이 일어났다. 11월 15일에 모자(氹仔)주민들이 자녀의 교육문제를 해결하기 위하여 방중(坊衆)초등학교를 세우고자 하였는데, 포르투갈 당국이 건축공사를 강제로 중지시켜 주민들은 대표를 당국에 파견 담판하게 되었다. 이때 당국은 주민대표들을 구속하여 이에 항의하는 운동이 일어났다. 그러나 포르투갈 당국은 오히려 항의운동을 진압하여 45명의 사상자를 냈다. 12월 3일부터 5일 동안 마카오총독부 안에서 또다시 구타사건이 일어나 8명의 사망자와 107명의 부상자가 생겼고 40여명이 체포되어 구속되었다.

따라서 마카오의 각계는 12월 10일에 항의대회를 거행하고 중국인을 살상한 육군의 책임자 징계, 계엄의 해제와 인신의 안전보장, 손해배상과 추도회의 거행, 사상자의 명단 발표, 모자학교의 인가, 중국인 단체에 차후 이러한 일이 발생되지 않을 것이란 각서를 쓰도록 요구하였다. 이 항의운동은 대륙의 중국인들로부터 지지를 받아 사태가 확대될 우려가 있게 되자 마카오 당국은 12월 12일과 13일에 방송을 통하여 이 조건을 모두 받아들이기로 하였다.

그런데 마카오 당국의 답 가운데 이 사건의 원인이 중국인에게서 비롯되었다는 내용이 있었다. 이에 중국인 대표들은 회의를 소집하여 1967년 1월 25일부터 납세의 거부, 마카오의 포르투갈 당국과 그 관원에 대하여 상품을 팔지 않으며, 모든 점포에서 포르투갈 국적의 관리 출입을 금지시키기로 결정하였다. 이에 할 수 없이 마카오총독은 중국인들의 모든 요구를 다 받아들이기로 하고 사태를 수습하였다.

### 3) 마카오 회수교섭

중화인민공화국이 국제연합에 가입하면서 1972년 3월에 홍콩과 마카오는 제국주의 열강들이 역사적으로 중국에 남겨 논 불평등조약의 결과라 하면서 홍콩과 마카오는 영국과 포르투갈에게 점령당한 중국 영토의 일부분으로 이 문제의 해결은 완전히 중국의 주권 범위 안에 있는 것이며 통상적으로 말하는 이른바 식민지의 범주는 아니라고 하였다. 그리고 중국 정부는 조건이 성숙될 때까지 홍콩과 마카오의 문제를 적당한 방식과 평화적으로 해결할 것이며 해결하기 이전에는 현상을 유지한다고 성명하였다.

그런데 1974년에 포르투갈에 4.25 혁명이 일어나 신정부는 식민주의를 반대하고 해외의 식민지를 포기한다고 선포하였다. 따라서 마카오는 포르투갈의 식민지가 아니고 중국의 영토임이 승인되었고 포르투갈이 관리하는 특구가 되었다. 이에 따라 행정 관리면에서 개혁이 진행되었다.

1979년 2월 8일에 중국과 포르투갈 사이에 외교관계가 수립되었다. 쌍방은 마카오가 중국의 영토임을 재차 확인하고 앞으로 포르투갈이 잠시 관리하며 마카오 문제는 적당한 때 양국이 우호적인 협상에 의하여 해결하기로 하였다.

### 4) 마카오의 정치·경제, 사회와 문화

포르투갈이 마카오를 처음 지배할 때에는 일본으로 항해하는 상업함대사령관의 관할아래 있다가 이후 총독과 함대사령관을 나누었고 중국은 이를 병두(兵頭)라 불렀다. 1877년에 중·포(中·葡) 조약체결 후에 총독은 포르투갈의 마카오 식민지 통치의 상징이 되었다.

1955년에 포르투갈은 마카오를 해외성(海外省)으로 선포하였다. 그리고 「마카오해외성 조직법」에 의하여 총독은 최고 행정장관으로 임기는 4년, 마카오의 군정대권을 장악하였다. 일반적으로 포르투갈은 군인출신을 총독으로 임명하였다.

총독아래 마카오 정부의 정책을 결정하는 기구로 정무위원회를 두었다. 그 구성원은 총독(위원장)을 포함하여 9명으로 정부 관리가 3명, 사회저명 인사가 5명인데, 그 가운데 중국인은 한명이었다. 위원 2/3는 총독이 지명하고, 1/3은 포르투갈 인 가운데서 추천되었다. 그리고 그 아래 민정청, 재정청, 위생청, 우전청, 경찰청, 시정청, 육군부와 법원 등이 있었다.

1974년의 포르투갈 혁명으로 마카오가 중국의 영토라고 인정하면서 포르투갈 헌법과 1976년에 반포된 「마카오 조직 장정」에 따라 마카오에서 입법, 사법, 행정의 3권이 분립되고 지방은 행정, 재정, 입법의 자치권이 부여되었다. 따라서 입법회(임기 4년, 17명으로 구성, 5명은 총독이 임명, 6명은 간접선거로, 6명은 직접선거로 선출), 자순회(諮詢會, 임기 4년, 총독과 10명의 위원으로 구성), 보안사와 보안최고위원회를 두었다. 위의 세 기구에는 중국인이 참여할 수 있었는데, 특히 제2기부터 입법회의 17명 위원 가운데 10명이, 자순회 14명 가운데 9명이, 보안최고위원회 11명 가운데 3명이 중국인이었다. 이로 보면 마카오 인이 마카오를 다스리는 과도기적인 형태였다고 할 수 있다.

마카오는 자원이 없을 뿐만 아니라 포르투갈 당국이 적극적이지 못하여 경제적으로 홍콩과 비교하여 크게 낙후되었다. 어업과 폭죽, 성냥, 향의 3대 전통 수공업이 중심이었으나 미국의 중국에 대한 금수조치로 대륙수출이 중단되었기 때문에 동남 아시아에만 의지하여 낙후될 수밖에 없었다. 그러나 홍콩이 일본에게 점령당했을 때 홍콩의 은호(銀號)들이 중립을 취하고 있던 마카오로 옮겨와 마카오는 잠시 번영하기도 하였다.

즉, 마카오는 동양의 몬테 칼로로 비유될 만큼 도박업이 성행하여 포르투갈 마카오정부의 수입에 큰 몫을 차지하였다. 그밖에 기녀와 아편이 유행했다. 60여 가의 상등에 기녀가 천명에 다다랐으며,

담화실·차화실이란 이름의 공개적인 아편흡연실이 있었다. 그러나 이들은 2차대전 후 여론의 압력아래 금지되었고, 대신 경마와 같은 도박과 카지노가 크게 유행하여 마카오의 주업이 되었다.

마카오는 30여 개의 국제조직에 가입하여 마카오에 영사관들이 설치되었고, 110여개 국가와 무역관계를 맺고 있었다. 따라서 마카오의 무역은 갈수록 늘어났다. 물론 이 무역은 중계무역으로 마카오의 생산품은 극히 일부였다. 즉 대륙의 생산품을 홍콩이나 대만으로, 대만과 홍콩, 그 밖의 나라 상품을 대륙으로 중계하였다.

마카오는 개항 400년의 역사가 말해주듯이 무역항이면서 문화도시이기도 하였다. 즉 중국과 서양의 경제, 문화가 교류되는 곳이었다. 때문에 많은 역사 문물이 남아있다. 그러나 마카오의 문화와 교육수준은 높지 않았다. 1970년의 조사에 따르면 대학정도의 교육수준은 1,500 여명으로 0.5%, 고등학교정도는 5,000여 명으로 2%에 불과하였다. 이후 대륙이나 홍콩에서 전문교육을 받은 사람들이 마카오에 들어와 정착하는 바람에 문화구성에 변화가 일어났다.

### 5) 마카오 반환협정의 체결

1975년 1월에 포르투갈은 대만의 국민정부와 단교한다고 발표하여 중화인민공화국과 국교수립을 위한 준비에 들어갔다. 1977년에 쌍방은 국교수립을 위한 담판을 시작하여 1979년 2월에 국교수립에 관한 공동성명을 발표하게 되었는데, 여기에서 마카오는 중국의 영토라는 것을 인정하여 이때부터 쌍방은 공식적인 왕래가 잦아졌다.

중국은 1984년에 홍콩문제에 관하여 영국과 합의를 보았기 때문에 마카오 문제 해결은 훨씬 쉬어졌다. 특히 중국은 일국 양체제를 표방하고 마카오는 마카오 사람이 다스려야 한다(오인치오, 澳人治澳)는 입장을 취하였다. 1985년 5월에 포르투갈의 신임 대통령인 이아네스(Eanes, Antonio Ramalho)가 북경을 방문하였을 때 가까운 시일 안에 마카오문제를 협의할 것이라는 공동성명을 발표하였다.

그리고 중·포 양국은 4차에 걸쳐 담판을 진행하였는데, 첫 번째 담판은 1986년 6월 30일과 7월 1일 양일간 가졌다. 그리고 9월 9일과 10일에 두 번째 담판, 10월 21일과 22일에 세 번째 담판을 가져 쌍방은 실무소조를 구성하기로 합의하였다.1) 그런데 쌍방 사이에 가장 문제가 되었던 것은 반환시기였다. 홍콩의 신계(新界)처럼 반환기간이 1997년으로 정해진 것도 아니었으며, 중국도 금세기 안, 즉 2000년까지 돌려받기를 희망하였는데, 포르투갈은 2017년에 반환하기를 희망하였다. 그런데 중국 측의 의지가 강하여 1987년 1월에 포르투갈 정부는 1997년에 반환한다는 원칙을 정하였다.

이에 따라 회담의 두 번째 단계인 네 번째의 담판이 1987년 3월 18일부터 23일까지 진행되어 쌍방은 의견의 일치를 보고 3월 26일에 협의서 초고에 서명하였다. 그리고 4월 13일에 양국의 총리가 정식으로 서명하여 중국정부는 1999년 12월 20일에 마카오의 주권을 행사한다고 하였으며, 중국정부는 마카오 특별행정구를 설치하여 고도의 자치권을 부여한다고 하였다.

## 2. 홍콩(香港, Hong Kong) 문제

### 1) 홍콩과 구룡

청대 중국무역을 해오던 영국은 청의 여러 가지 무역에 대한 제한에 불만을 갖고, 이를 해결하고자 아편전쟁을 일으켜 1841년 1월 20일의 천비(穿鼻)가조약에서 홍콩을 분할 받기로 하였다. 그리고 1월 26일에 원정군의 찰스 엘리오트(Charles Elliot)는 홍콩섬의 점령지에 영국 기를 게양함으로써 홍콩은 영국의 식민지가 되었다. 그 후 전쟁을 종식시키는 1842년 남경조약(南京條約)에서 이를 거듭 확인하였다.

홍콩은 광동어로 Heung Gong으로 그 의미는 향기로운 항구를 의미하고 있다. 보잘것없는 조그마한 어촌에 불과하였던 홍콩은 그 면적이 82.9㎢이다. 그러나 영국의 식민지가 되면서 홍콩은 중국무역의 거점이 되었으며 외국 상인들이 몰려들기 시작하여 아편 밀수의 기지이면서 무력 침략의 근거지이기도 하였다.

한편, 홍콩은 1840년대부터 중국인을 해외로 송출하는 창구가 되기도 하여 초기 중국인 노동자 쿠리들이 홍콩을 통하여 해외로 나갔다. 또한 중국의 이민도 이곳을 거쳐나가 급속하게 발전되었다.

1860년에 영국과 프랑스군이 북경을 함락하여 북경조약을 체결할 때 영국은 홍콩 섬의 맞은편에 있는 구룡(九龍) 반도를 할양 받았다. 그 면적은 8.4㎢이다. 구룡은 광동어로 Kow Lung인데, 의미는 아홉 마리의 용(龍)이란 뜻으로 이곳에는 아홉 봉우리의 산이 있어 한 봉우리마다 한 마리의 용이 있다고 믿었기 때문에 붙여진 이름이다. 구룡을 할양 받은 영국은 중국무역에서 계속 선두를 지킬 수 있었으며, 또한 이곳을 자유항으로 정하여 유럽 여러 나라에 편리를 제공하였다. 그리고 이에 의하여 홍콩의 경제는 크게 발전되어 중국의 대외무역에서 홍콩은 40%를 차지하였다.

### 2) 신계(新界)의 확장

청일전쟁 후 중국의 무력함이 사실로 들어 나자 서양 열강들은 중국으로부터 이권을 얻기에 바빴다. 그리하여 중국은 무역항과 일부 지역을 특정한 나라에 조차해주어 서양열강의 세력범위를 인정하지 않을 수 없게 되었다. 그런데 이 문제는 중국과의 관계 때문만은 아니었다. 열강들이 상호 견제하기 위한 필요성에서 중국에게 조차를 요구하게 되었던 것이다.

당시 영국은 러시아의 진출을 막기 위하여 위해위(威海衛)를 러시아가 여순(旅順)과 대련(大連)을 조차한 기간만큼 조차하였으며, 또한 프랑스가 광주만(廣州灣)을 세력범위로 설정하자 영국은 홍콩섬과 구룡 반도만으로는 부족하다고 구룡 반도의 주변 지역을 새로이 조차하게 되었다. 바로 이 지역이 신계(新界)이다.

신계란 영국으로 보았을 때 새로운 경계지의 확장이며 그 확장범위는 무려 919.5㎢로 홍콩 섬과 구룡 반도를 합친 것보다도 거의 10배에 가까운 넓은 땅이나. 물론 여기에는 부속으로 33개 섬이 포함되었다. 따라서 홍콩을 포함한 영국의 지배지역은 모두 235개의 섬을 포함하여 1,070㎢에 달하게 되었다.

1898년 6월 9일에 영국은 중국과 「전척향항계지전조(展拓香港界址專條)」를 체결하여 신계를 99년 동안 조차하게 되었다. 당시 조차지 안에 있는 구룡성의 중국 관리들은 홍콩을 무력으로 보위하는데 방해가 되지 않는 전제아래 사무를 볼 수 있으나 그밖에 새로이 조차한 지역은 영국이 관할하도록 되었다. 신계는 본래 광동성 신안현(新安縣) 심천하(深圳河) 이남에서 구룡 반도의 경계지까지로 신계의 인구는 약 10만 명, 그 가운데 6만 4천 명은 본지 토착인이고, 3만 6천 명은 객가인(客家人)이었다. 대부분이 농업으로 벼농사를 2모작을 하여 생활은 풍족한 편이었다.

조차기간이 99년으로 한정되어 있었기 때문에 영국은 주민을 이주시키지 않기로 하였으며 또한 이들의 생업과 재산권을 보장하며 생활과 풍습은 간섭하지 않는다고 확약하였다. 따라서 이후에 관에서 필요로 하는 토지를 징발하는 경우 중재국(仲裁局)의 결정에 따라 보상하였다.

### 3) 홍콩의 쇠퇴와 회복

19세기말이후 20세기에 들어와 상해(上海), 대련(大連) 등 신흥 무역항이 발전되면서 홍콩은 중국무역의 기능이 전보다 많이 감소되었다. 여기에 노동운동이 조직화되면서 중국인들의 반영운동(反英運動)도 일어나 1926년에는 최대의 홍콩파업이 일어났다. 홍콩영국정부는 인도 동남아 등지에서 노동자들을 불러들여 사태를 수습하려 하였으나 이것도 시간을 요하는 문제여서 잠시 홍콩은 죽은 항구가 되기도 하였다. 1928년 이후 중국과 영국의 관계가 호전되면서 홍콩은 다시 활기를 찾게 되었다.

특히, 1937년에 중일전쟁(中日戰爭)이 일어나면서 중국인 약 50만 명이 중국으로부터 홍콩으로 유입되었다. 그리고 일본군에게 점령당하기 전까지 홍콩은 영국과 미국이 중국을 원조하는 관문역할을 하였다. 군수품뿐만 아니라 향항상해은행(香港上海銀行)을 통하여 중경(重慶)으로 피난 가 있는 국민정부에 대하여 거액의 차관도 해주어 홍콩은 지역적으로 중요한 역할을 하였다.

그런데 1941년에 일본군이 광주(廣州)로부터 남하하여 홍콩을 점령하였다. 그리하여 제2차 세계대전이 끝날 때까지 홍콩은 일본의 지배아래 들어갔다. 일본의 지배를 받으면서 홍콩사회는 큰 변화가 일어났다. 즉 일본에게 협조하여야 할 것인가의 문제였다. 이때 많은 이 지역의 향신(鄕紳)들은 이 문제를 둘러싸고 분열이 일어났다. 그리고 많은 사람들은 대륙으로 도망갔다. 1941년에 1백 60만 명의 인구가 일본이 항복할 때까지 65만 명으로 감소된 것으로 보아 그 사정을 짐작케 한다. 그 후 일본이 항복함에 따라 홍콩은 다시 영국의 식민지가 되었으며 1946년 5월에 홍콩 식민정부가 성립됨에 따라 중국인들과 외국인들이 다시 모여들기 시작하여 1947년에 인구는 180만 명에 달하였다.

### 4) 대륙의 공산화와 홍콩

항일전쟁이 끝나고 국민정부의 부패통치와 국공 내전을 피하기 위하여 중국인들에게 홍콩은 가장 좋은 선택지였다. 그리고 1949년

1960년대 홍콩

대륙이 공산화되자 또한 이를 피하여 많은 대륙의 중국인들이 홍콩으로 유입되었다. 따라서 이때 적어도 100만 명 이상이 유입되어 홍콩의 인구는 급속하게 불어났다. 대체로 1947년 말 홍콩의 인구는 180만 명에 불과하던 것이 1950년대 말에는 230만 명, 1957년에 280만 명, 1961년에는 310만 명, 1965년에는 380만 명에 달하였다. 이들 대부분 즉 98%는 중국인으로 주로 광동성에서 온 사람들이며 광동어(廣東語)를 쓰고 있다. 이와 같은 인구의 증가는 홍콩의 주택, 위생, 교육문제 등 많은 어려움을 가져다주었다.

1956년 10월 10일, 즉 신해혁명(辛亥革命)을 기념하는 쌍십절(雙十節)에 중국인이 주로 거주하는 구룡 지역에서 청천백일기(靑天白日旗, 국민정부의 국기)를 게양하는 문제로 폭동이 일어났다. 이 사건은 중국국민당의 당원들이 일으킨 문제로 영국 홍콩정부는 군대를 출동시켜 진압하였다. 한편, 이 사건은 홍콩에 있어서의 국민당과 공산당사이의 묘한 관계를 반영하고 있는 것이기도 하지만 큰 사고 없이 종식되었다.

그리고 대륙에서 문화대혁명이 일어나자 홍콩에서도 공산주의자들이 1967년 5월에 여기에 동조하여 반영(反英)운동을 일으켰다. 제국주의를 타도하자면서 소란을 폈으나 중국정부는 홍콩 식민지에 대하여 신중하였다. 때문에 이 소동은 곧 평정되었다. 당시 중국정부가 홍콩문제에 대하여 신중을 보인 것은 홍콩이 그만큼 중공에게 필요한 곳이었기 때문이다. 즉 중국의 수출 창구이면서 외화를 벌어들일 수 있는 유일한 곳이었다. 또한 영국도 홍콩을 잠시나마 유지하면서 죽의 장막 뒤에서 벌어지고 있는 일을 관찰할 수 있고 경제적으로도 가치가 있는 곳이었다.

대륙이 공산화되면서 상해의 자본가들은 대량으로 홍콩으로 이주하여 왔다. 이들은 공장 시설을 배에 싣고 홍콩으로 들어와 홍콩에서 공장을 짓고 생산에 들어가 홍콩의 방직업이 발전하는데 큰 기여를 하였다. 그러나 홍콩은 공업보다 중계무역으로 크게 발전하였다. 1947년부터 1951년 사이에 연평균 35% 증가하였으며, 1949년부터 1950년에 홍콩의 대륙에 대한 무역은 66%와 74%나 증가하였다.

## 5) 홍콩의 정치와 경제

홍콩의 정치구조는 영국 왕이 임명한 총독이 다스렸다. 총독아래에 입법, 자문기관으로 행정국과 입법국이 있었다. 행정국은 최고 정책 시행기구였다. 그리고 입법국은 영국 왕의 명에 의하여 조직된 입법기구로서 정부예산을 심사하였다. 입법의원은 정부에서 임명하는 공직자 임명의원 3명과 총독이 위임한 공직자 의원 7명, 비공직자에게 위임한 의원 20명, 민선의원 26명(11명은 직능단체에서, 12명은 구의회에서 선출하였으나 1991년부터 직접선거로 선출됨)으로 구성되었다. 그리고 입법국은 전문위원회로 재무위원회(財務委員會), 정부장목위원회(政府帳目委員會)가 구성되어 있었다.

총독아래 행정기구로 포정사(布政司), 재정사(財政司), 율정사(律政司) 등이 있다. 이 가운데 포정사는 정부 안에서 총독의 바로 아래에 있

1990년대 홍콩

으면서 모든 공무원의 대표가 되며 정책을 집행하였다.

한국전쟁이 일어나고 대륙에 대한 금수조치가 취하여지면서 대륙에 대한 중계무역은 급전직하로 떨어져 무려 2/3가 감소되었다. 1951년부터 1955년까지 홍콩시장에서 중국은 첫 번째에서 다섯 번째로 떨어졌으며, 이로 인하여 금융·보험·해운업이 불경기를 맞게 되었다. 그러므로 홍콩은 중계무역에서 벗어나 공업화의 길로 바꿨다.

상해로부터 들어 온 자금과 인력을 집중하여 방직, 기성복을 중심으로 한 노동집약형 산업을 가지고 유럽과 미국 시장을 공략하여 1950년대 말 홍콩의 수출 가운데 제조업이 70%를 차지하였다. 이처럼 성공하게 된 원인은 당시 다른 국가들이 기술 집약, 자본집약형의 공업발전에 중심을 두었는데 비해, 홍콩은 값싼 노동력으로 저가의 제품을 만들어 세계시장을 공략한데 있었다.

그러나 1960년대 말부터 대만과 우리나라의 추격으로 경쟁이 심하게 되었으며 여기에 석유파동으로 인하여 세계경제가 불안하였다. 1973년에 주식가격은 70%이상 폭락하고 금융업과 부동산업이 흔들렸다. 따라서 공업의 다원화를 추진하여 높은 가격을 받을 수 있는 기업을 육성하여 선진국의 보호무역에 대응하고, 시장다변화로 대응하여 대만·싱가포르·우리나라(세 마리의 용) 보다 앞서 나갈 수 있었다.

1980년대에 들어와 세계경제가 쇠퇴하고, 또한 보호무역주의에 휘말리어 제조업의 수출과 취업률이 크게 감소하였다. 여기에 홍콩의 장래마저 불안하여 투자율도 급격히 감소되었다.(1980년의 19.7%에서 1982년에 1.7%) 그러나 중·영 공동성명이 발표되어 점차 안정을 찾았고, 또한 대륙이 개혁과 개방정책을 취함에 따라 홍콩은 새로운 국면에 접어들게 되었다.

### 6) 해협양안 사이의 홍콩

신중국 성립 40년 이래 국민당과 공산당은 홍콩에서 대포소리 없는 전쟁을 진행하여 왔다. 이들은 각각 상대방의 정보를 획득하는데 주력하였을 뿐만 아니라 또한 홍콩인의 인심을 얻기 위하여 노력하였다. 한편, 홍콩은 해협양안 사이에 정치적인 안식처 역할을 하여 대륙에서도, 대만에서도 정치적인 압박을 당하는 경우 도피처로서는 가장 좋은 곳이 되었다.

대체로 홍콩이 반환될 것이라는 분위기 아래 1981년에 조사된 홍콩인들의 여론을 살펴보면 아래 표와 같다.

홍콩인들의 대륙과 대만에 대한 인상(1981년 조사)

| 구 분 | 대 륙(%) | | | 대 만(%) | | |
|---|---|---|---|---|---|---|
| | 좋 다 | 보 통 | 나쁘다 | 좋 다 | 보 통 | 나쁘다 |
| A(사무원 119명) | 2 | 35 | 42 | 14 | 81 | 5 |
| B(노동자 39명) | 10 | 73 | 17 | 27 | 73 | 0 |
| C(학 생 68명) | 0 | 40 | 60 | 39 | 61 | 0 |

영국과 중공이 통치할 때 홍콩인의 반응

| 구 분 | 영 국(%) | | 중 공(%) | |
|---|---|---|---|---|
| | 남겠다 | 이민가겠다 | 남겠다 | 이민가겠다 |
| A(사무원 119명) | 34 | 26 | 40 | 60 |
| B(노동자 39명) | 79 | 21 | 56 | 44 |
| C(학 생 68명) | 85 | 15 | 61 | 39 |

홍콩 문제에 대한 해결 방안

| 구 분 | 독 립 | 특별행정구 | 연 장 | 기 타 |
|---|---|---|---|---|
| A(사무원 11명) | 16 | 20 | 60 | 4 |
| B(노동자 39명) | 15 | 26 | 56 | 3 |
| C(학 생 68명) | 5 | 41 | 28 | 26 |

자료 : 『七十年代』, 140, 1981. 9

1981년 홍콩의 인구는 약 550만 명으로 99.5%가 중국인이고, 그 가운데 홍콩출생자가 57%, 중국출생이 40%를 차지하고 있다. 그리고 이후 해마다 3만 명 정도가 대륙으로부터 합법적으로 유입되고 있었다.

홍콩은 해협 양안사이에서 정치, 경제적으로 중요하였을 뿐만 아니라 일반 민간인에게도 대륙의 소식을 접할 수 있는 좋은 장소였다. 정치적 분열은 이산가족을 낳게 하였으며 시간이 지나면서 가족의 소식을 궁금해 할 수밖에 없었는데 바로 홍콩은 이들에게 좋은 만남의 장소, 연락의 장소 역할을 하였다. 심지어 대륙이 개방화되면서 홍콩에는 친척상봉을 주선해주기 위한 박애사무소(博愛事務所)가 정식으로 홍콩 당국에 등록하였으며, 이를 전문으로 하는 기업이 등장할 정도였다. 특히 국민정부의 대륙에 대한 3불통 정책의 지속은 홍콩의 중요성을 재인식케 하였다.

### 7) 홍콩반환 문제에 대한 중국의 태도

중화인민공화국수립 후에 중국은 여러 차례 홍콩문제에 관하여 기본입장을 발표하여왔다. 즉 홍콩은 중국 영토이며 영국의 중국에 대한 불평등 조약에 대하여 승인하지 않는다고 하였다. 그런데 중국이 국제연합에 가입하고 중국을 대표하게 되자 영국도 중국에 대한 정책을 바꾸게 되었다.

1972년 1월 말에 부임한 신임 영국주중국대표 아치스(Achis, John)는 북경에 도착하여 2월초부터 3월초까지 중국측과 양국의 대사급 외교수립에 관하여 협의하고, 양국은 3월 13일에 공동성명에 정식으로 서명하였다.

이 성명서에서 주권과 영토의 완정함, 내정의 불간섭과 평화호혜의 원칙을 서로 존중하기로 하고 쌍방의 수도에 있는 대표부를 대사관으로 승격시키기로 하였다. 동시에 영국은 대만에 있는 공식기관을 철폐하였다. 그리고 이후부터 양국정부 관계자의 방문이 잦아졌다.

이와 같은 시기에 유엔주재 중국대표는 중국정부의 홍콩에 대한 입장을 다시 제기하여 홍콩과 마카오에서 영국과 포르투갈이 중국의 영토 일부를 점령하고 있다면서 홍콩과 마카오의 문제는 이른바 식민지 범위에 넣을 수 없다고 하였다. 그리하여 홍콩과 마카오는 유엔의 식민지 명단에서 삭제되었다.

1978년 말, 홍콩면적의 98%이상을 차지하고 있는 신계의 조차기간이 1997년 7월 1일로 끝나게 되고 이후 영국은 신계를 계속 다스릴 수 있는 법률적 근거가 없어지게 되므로 영국측은 중국의 홍콩문제에 대한 입장을 파악하여야 하였다. 따라서 홍콩문제를 해결할 수 있는 분위기가 조성되었다.

이때 중국의 기본방침은 반드시 1997년 7월 1일 이전에 홍콩을 회수하여 주권을 행사할 것이며, 주권을 회복한다는 전제아래 홍콩은 번영과 안정을 유지하여야 한다는 것이었다. 이에 맞추어 등장한 것이 이른바 일국 양체제 이었으며 홍콩은 홍콩인이 다스린다는 항인치항(港人治港)으로 고도의 자치권을 부여하는 것으로 되었다.

즉 홍콩을 특별행정구로 설정하여 중국홍콩(中國香港)으로서 각국과 각 지역 및 국제조직에 그대로 참여하면서 경제, 문화에 관련된 협정을 체결할 수 있도록 하였다. 단지 외교와 국방사무는 중앙인민정부에 속하도록 하였으며, 행정・입법・사법권을 홍콩인들에게 맡긴다는 것이다. 또한 이를 위하여 1982년 12월에 소집된 제5기 전국인민대표대회 제5차 회의에서 「중화인민공화국 헌법」을 통과시켜 이와 같은 것을 실시할 수 있도록 헌법으로 보장하였다.

### 8) 반환 교섭과 연합성명의 발표

홍콩반환을 둘러싼 쌍방의 접촉은 1982년 9월에 영국수상 대처(Thatcher, Magaret)가 중국을 방문하여 등소평을 만나면서 시작되었으나 대처는 청대(淸代)에 영국과 체결된 불평등조약은 유효하다는 태도를 보여 홍콩문제에 관하여 아무런 결과를 얻지 못하였다. 그러나

등소평과 대처 수상

1982년 10월이후에 중·영 쌍방은 홍콩문제 해결에 관한 중요 원칙에 합의하였다.

영국은 1983년 3월에 조건부로 홍콩을 반환하겠다는 뜻을 발표하여 종래 불평등 조약은 유효하다는 입장에 변화를 보였다. 그리하여 6월에 중국은 영국과 의사일정에 관한 협의를 달성하게 되었다. 이것이 반환회담의 제1단계이었다.

쌍방의 대표단은 7월 12일에 홍콩에서 협상에 들어갔는데 이것이 회담의 제2단계이다. 9월 23일까지 계속된 이 단계의 회담에서 내용이 유익하다거나 건설적이었다는 성명이 없자 유언비어가 나돌아 혼란이 일어났다. 홍콩의 부동산과 주식이 폭락하고, 물가가 폭등하여 경제적 혼란이 일어났다. 홍콩 달러화도 폭락하여 3일 동안에 공정환율이 미화 1달러 당 8.1원에서 9.5원으로 급등하였고, 주식은 항생지수(恒生指數)가 700으로 떨어졌으며 금값은 폭등하였다. 특히 토요일인 24일에는 더욱 심하여 '검은 토요일'이라고까지 불렀다.

홍콩 영국정부는 이러한 동요가 중국의 주권회수에 영향을 줄 수 없다고 보고, 또한 영국의 이익을 고려하여 항생은행을 접수하고 미 달러와의 환율을 7.8:1로 고정시켰다. 이러한 조치로 홍콩은 경제적

중·영 홍콩반환에 관한 공동성명 조인식

평온을 되찾게 되었다. 한편, 중국은 홍콩에 혼란이 일어나면 1997년 이전에 회수될 수도 있다고 여겼으며, 또한 혼란으로 조성된 분위기로 홍콩은 영국의 통치를 받을 수밖에 없다는 인식을 일소시켰다.

1983년 10월 6일에 전 영국수상 히스(Heath, Edward)가 중국을 방문하자 등소평은 영국이 태도를 바꾸지 않으면 중국측이 일방적으로 행동을 취하겠다는 뜻을 대처수상에게 전해달라고 요청하였다. 이후 담판이 재개되어 담판시작한 이래 22회 만인 1984년 9월 18일에 합의가 이루어졌다. 9월 26일에 중·영 협상대표는 「홍콩문제에 관한 중화인민공화국과 영국의 공동성명서」를 채택하였는데, 정식 서명은 12월 19일에 북경에서 거행되었다.

그 내용은 중국정부가 1997년 7월 1일에 홍콩에 대하여 주권을 회복하며, 영국정부는 이날 홍콩을 중국정부에 반환한다는 것이었다. 그리고 중국정부는 홍콩에 대하여 일국 양체제의 원칙에 따른다는 기본 방침을 명시하였다.

### 9) 홍콩 반환협정의 체결과 해협양안의 입장

중국과 영국이 1997년에 홍콩을 중국에 반환하기로 한 1983년말의 공동성명은 대만에 대하여 큰 충격을 주었다. 즉, 대만에서는 홍콩문제를 단순히 홍콩문제로만 보지 않고 중국의 대만에 대한 정책과도 깊은 관계가 있다고 보았다. 따라서 홍콩문제는 중국이 대만에 대응하는 좋은 무기라 하면서 중공의 대군이 침입해 들어오는 것보다 두려운 것이라고 여겼다.

왜냐하면 정치적으로 홍콩문제는 일국 양체제를 가지고 중국을 통일하려는 중공의 통일전선 정책을 실천하는 것이 되며, 또한 이를 예로 들어 대만문제를 해결하려 들 것으로 예상되기 때문이었다. 특히, 대만당국이 염려하는 것은 홍콩방식이 국제사회에서 받아들여질 경우 대만의 입지가 더욱 어려우리라 예상되었기 때문이다. 그러나 일부 인사들은 홍콩문제가 오히려 중국통일에 중요한 역할을 할 것이며 본세기 안에 통일이 이루어질 것이라고 낙관하기도 하였다.

홍콩문제가 해결되면 경제적으로 대만은 상당한 타격을 받을 것으로 예상되었다. 왜냐 하면 홍콩은 대만의 경제에 중요한 역할을 맡아왔기 때문이다. 홍콩은 지리적으로 좋은 위치를 차지하고 있을 뿐만 아니라 특수한 정치 환경을 갖고 있었으며 자유무역의 제도와 금융의 중심지로, 중계무역항으로 입지가 좋은 곳이었으며 실질적으로 대만의 상품이 홍콩을 경유하여 수출되고 있었다. 따라서 홍콩이 대만을 필요로 하는 것보다 대만이 홍콩을 더 필요로 하는 실정이었다.

1984년 9월에 중국과 영국 사이에 홍콩 반환협정이 채택되었을 때 대만 당국은 일차적으로 이를 승인하지 않는다고 성명하였다. 그리고 홍콩화교의 이익이 유지되고 홍콩인의 자유 쟁취를 위하여 협조하겠다고 표시하였다. 이에 대해 중공계의 『문회보』는 10월 6일자 사설을 통하여 자유를 쟁취한다는 이유로 파괴활동을 하지 말라고 경고하고 홍콩의 이익과 번영은 공산당 한 정당의 이익만이 아니라고 하였다. 그리고 홍콩의 자결(自決)과 독립적인 실체를 운위하며 조국을 분열시켜서는 안 된다고 지적하였다.

한편, 중공 당은 홍콩을 반환받은 다음에도 국민당이 홍콩에 그대로 남아있기를 희망하였다. 1984년 9월 11일에 신화사 홍콩지사장인 허가둔(許家屯)은 추석을 기하여 각계 인사들을 초청, 연회를 베풀면서 홍콩주재 대만의 각 기관과 인원들이 그대로 남아있기를 희망하였다. 그는 홍콩의 지하총독이라고까지 불릴 정도로 중공 당의 대변인 역할을 하여왔는데 분명하게 국민당의 정치신앙과 사상을 보증한다고 하였다.2)

이해 10월에 등소평도 국경일을 축하하기 위하여 북경에 온 홍콩·마카오 축하단을 만난 자리에서 국민당은 홍콩에 남아있으면서 공산당을 비판할 수 있으나 행동상 혼란을 조성하는 것은 허락하지 않는다고 하였다. 그리고 삼민주의(三民主義)는 선전할 수 있어도 두개의 중국을 꾀하여서는 안 된다고 하였다.

이와 같은 중공 당의 태도는 홍콩에 변화가 일어나지 않고 현상을 그대로 유지하였으면 하는 희망을 표현한 것이라 보이나 설득력이 있는 것은 아니었다. 왜냐하면 구체적으로 어떤 것을 보장하여 준다는 내용이 없었기 때문이다. 공산당을 욕하다보면 혼란을 조성할 수 있고 삼민주의를 선전하다보면 두개의 중국을 이야기할 수밖에 없는 노릇이어서 친국민당 인사들로부터 반감을 불러일으키고 홍콩의 지식인들로부터 비웃음을 샀다.

한편, 홍콩 내부는 1997년에 반환이 확정되자 '홍콩은 홍콩인이 다스리자'는 항인치항(港人治港) 운동을 전개하였다. 특히 중공 당은 고도의 자치를 부여한다고 하였기 때문에 정치단체가 많이 등장하였다. 그러나 중공 당은 홍콩을 독립국가로 보는 것이 아니라 중국의 주권아래 있어야 하기 때문에 정당의 출현과 같은 것은 하나의 꿈이었다. 그래도 홍콩에는 더욱 많은 자주권을 가져야 한다는 항권파(港權派)와 중앙정부가 통제권을 가져야 한다는 중권파(中權派)가 등장하였으며, 이들은 다시 민주파와 보수파의 대립양상을 가져왔다. 민주파는 입법국이나 행정장관도 직선하자는 주장을 폈다. 그러나 보수파는 서방식의 민주제도로는 현재 홍콩의 경제와 생활방식을 유지할 수 없다고 주장하면서 지나친 민주화를 반대하였다.

한편, 대만은 홍콩의 자본과 홍콩의 중국인을 대만으로 끌어들이고자 1986년에 중력(中壢) 근처에 100여 호의 주택을 건설하여 광동어(廣東語, 광동 · 홍콩 · 마카오지방에서 쓰는 말)를 쓸 수 있는 향항혜교신성(香港惠僑新城)이란 새로운 주거지를 만들기도 하였다. 문을 연 첫해에 약 70여 호가, 그 다음해에 약 40여 호가 입주계약을 하여 홍콩인들이 1997년 이후를 대비할 수 있게 하였다. 그러나 홍콩의 경제적 번영은 계속되고 있어 이곳에 장기적으로 거주하는 사람은 5호도 못되었고 대부분이 일년에 한두 번 와서 집을 둘러보고 갈 정도밖에 되지 않는 실정이었다. 심지어 이곳의 부동산 거래는 홍콩에서 이루어질 정도이었다. 상주 호수가 적었으므로 자연 교통마저 불편하여 사람이 살고 있지 않는 마을처럼 보였다.

따라서 이는 홍콩인들의 도피 준비처에 불과한 것이며 대만당국이 1997년 이후를 대비한 홍콩정책이라 볼 수 없는 것이었다. 확실히 홍콩의 반환결정은 대만당국을 긴장시키게 만들었으며 이를 극복하기 위하여 정치적으로 민주화를, 대만의 안정이 우선되어야 하였다.

---

1) 대체로 이때까지를 담판의 첫 단계로 본다.

2) 그는 1991년에 미국으로 도피하였다.

제 11 장

# 제3대 영도 체제-강택민시대
# : 사회주의 시장경제 체제의 확립과 성장의 지속

## 1 강택민 체제의 출범과 정치적 안정과 개혁

### 1) 등소평의 후계구도와 강택민

등소평은 처음에 당 원로들의 도움을 받아 화국봉(華國鋒)을 비롯한 신모파(新毛派)를 제거하고 권력을 장악하였으나 중공 당 11기 3중전회이래 형성된 '하나의 중심(경제건설) 두 개의 기본점(4항 견지와 개혁개방)'의 기본 노선을 지키기 위한 그의 개혁 개방정책은 더 이상 이들에 의지할 수 없었다. 때문에 개혁 개방정책을 지속적으로 펴나가기 위하여 후계문제를 고려하여 호요방(胡耀邦)과 조자양(趙紫陽)을 세워 과도체제를 이끌어 나가도록 하였다. 그러나 호요방의 사망과 뒤이어 천안문 사건(중국에서는 '정치풍파'로 표현)으로 그의 계획은 도전을 받았다. 그리고 이를 수습한 이붕(李鵬) 등이 새로운 세력으로 등장하였다. 그러나 이들에게도 개혁개방을 지속적으로 맡길 수 없었다.

천안문 사건으로 등소평은 국내외적으로 공격받게 되자 새로운 제3대 영도체제가 절실히 필요하다고 인식하였으며, 면모를 일신하고 개혁을 계속 실천해 나갈 새로운 인물을 물색하여야 한다는 생각을 가졌다. 그리고 이를 구체화시킨 것은 1994년의 중공 당 13기 4중전회의가 소집되기 직전이었다. 즉 5월 30일에 등소평은 중앙정치국 위원이었고 그 동안 중책을 맡아왔던 이붕(李鵬), 요의림(姚依林)을 만났을 때 다음 세대를 이을 인물에 대하여 자신의 생각을 설명했다.

이때 등소평은 새로운 영도체제는 인민에게 신선감을 주어야 되고, 개혁을 100% 실행할 수 있는 인물이어야 되지 99%를 실행해서도 안 되며, 인민으로부터 믿음을 받고, 당에서도 신임을 얻어야 한다고 하였다. 그러면서 새로운 영도체제가 등장하면 자신은 물러나 간섭하지 않을 것이라 하면서, 강택민(江澤民)을 중심으로 단결하고 영도집단이 단결해야 개혁개방을 지속할 수 있으며, 그렇게 안정적으로 발전하기를 몇 십 년 해야 중국은 근본적인 변화를 가져올 수 있다고 언급했다. 그는 열쇠는 영도자에 있다며 자신의 말을 당 중앙의 동지들에게 전하라고 하면서 강택민을 지목했던 것이다.[1] 등소평은 보름후인 6월 16일에도 당 중앙의 책임자들과 만나 그들에게 중국공산당은 제3대 영도체제를 구성해야 한다며 여기에는 한 사람의 핵심이 있어야 하며 의식적으로 핵심을 지켜주어야 하는데 그 핵심은 강택민이라고 하여 더욱 뚜렷하게 후계구도로 강택민을 지명하였다.[2] 이와 같은 등소평의 조치들은 있을 수 있는 강택민의 반대세력을 사전에 봉쇄하고 그의 구도대로 세대교체가 이루어지기를 바랐기 때문이었으며, 이는 이미 자신의 경우처럼 있을 수 있는 권력투쟁을 사전

등소평과 강택민

에 차단하기 위한 조치이기도 하였다.

그리고 소집된 중공 당 13기 4중전회에 앞서 6월 19일부터 21일까지 열렸던 중공 당 중앙정치국 확대회의에서 강택민(江澤民), 송평(宋平), 이서환(李瑞環)을 중앙정치국 상무위원으로 선출하고, 천안문 사건의 책임을 물어 조자양(趙紫陽)의 총서기직과 호계립(胡啓立) 등의 직을 면직하였다. 뒤이어 소집된 중공 당 13기 4중전회에서 등소평의 뜻에 따라 강택민을 중공 당 중앙위원회 총서기로 선출함으로써 강택민이 중앙무대에 등장하게 되었다.

등소평이 강택민을 선택하게 된 것은 천안문 사건으로 민주화바람이 고조에 달했을 때 당시 중공 당 상해시장, 당서기를 맡고 있었던 강택민이 과감하게 민주화에 대항하여 『세계경제도보(世界經濟導報)』를 폐간시켰던 일에서 비롯되었다.[3] 등소평은 이 모습을 보고 강택민의 태도를 높이 샀고[4] 그를 새로운 인물로 지목하게 되었다. 즉 그가 구상하고 있는 신선한 인물로 이른바 당 권력서열에도 들어있지 않았던 강택민을 택하였던 것이다.

그리고 강택민 세력의 안정을 위하여 등소평은 여전히 군사위원회 주석직을 그대로 갖고 있었다. 왜냐 하면 강택민의 가장 큰 약점은 군과 밀접한 관계를 맺고 있지 않았기 때문에 이를 견제해주기 위한 방법이기도 하였다. 따라서 강택민은 등소평이란 우산을 쓰고 권력교체로 있을 수 있는 혼란스러운 바람과 비를 피하면서 당을 이끌어 등소평이 제시한 4항 견지와 개혁 개방정책을 지속적으로 펴나갈 수 있었다.

사실 정치풍파 직후에 등장한 강택민은 등소평의 기대에 부응하여 등소평의 이론을 당의 지도이념으로 확정하고 이를 실천하여 신뢰를 얻어갔다.[5] 이는 등소평이 11월 6일에 북경을 방문한 김일성(金日成)을 만난 자리에서 '제3대 지도자 강택민을 가리켜 폭넓은 지식을 갖고 있고, 충실하게 업무를 처리할 뿐만 아니라 비교적 민주적이다. 오랫동안 지방의 중요 간부였는데, 지난 4개 월 여 동안 당 중앙의 일도 잘하고 있다'라고 하여[6] 그의 강택민에 대한 믿음을 표시하였던 것으로 보아도 잘 알 수 있다. 이는 그동안 개혁 개방에 따른 문제점을 해결하기 위하여 1988년 9월 26일부터 30일까지 소집된 중공 당 13기 3중전회에서 제출된 치리정돈(治理整頓)과 개혁의 심화방침에 따라 1988년부터 정리해오던 사업을 강택민이 계속적으로 추진하고 국내의 정치풍파를 진정시켰을 뿐만 아니라 동유럽 사회주의 체제가 붕괴되는 와중에서도 중국의 사회주의 국가체제를 흔들림 없이 유지해가고 있었기 때문이었다.[7]

## 2) 치리정돈과 시장경제의 지속적인 추구

1988년은 개혁 개방을 내 세운지 10년이 되는 해였는데 특히 1984년부터 1988년까지 5년(7차 5개년계획) 동안의 고속성장은 개혁 개방을 심화시키고 경제를 지속적으로 발전시킬 수 있는 물질적 기초를 마련해주었다. 그러나 부작용도 나타났다. 즉 투자규모와 소비규모가 확대되면서 통화 팽창을 가져와 물가 상승을 초래하였다. 예를 들어 1988년의 소매물가지수는 전년도와 비교하여 18.5%상승했고, 12월만 해도 전년도의 같은 달보다 26.1% 상승했다.

또한 농업 성장률이 공업 성장률에 비하여 떨어지기 시작하여 1986년과 1987년을 비교하면 공업은 11.1%, 16.5%나 성장했으나 농업은 3.5%와 4.7%로 떨어졌다. 식량의 경우 2.8% 증가하였으나 같은 기간의 인구의 자연 증가율은 14%이상이어서 양식도 수출하던 것에서 이제는 수입하지 않으면 안 되었다. 여기에 국가의 경제 관리체계도 떨어져 경제 질서가 문란해 졌으며, 생산과 건설, 유통부문에서도 혼란이 나타났다.[8]

따라서 이러한 혼란을 수습하고 정리하기 위한 대책으로 1989년부터 1991년까지 3년 동안 이른바 '치리정돈(治理整頓)'을 펴게 되었다. 이 대책은 효과를 보아 1989년 1월부터 9월까지 공업성장은 8.2%로 낮아졌고, 물가도 8.2%하락되었는데, 반면에 이에 따른 부작용도 나타났다. 예를 들면 지나친 통제로 시장은 위축되고 기업의 이윤이 떨어졌다. 그래도 전반적으로 성장률은 조금 떨어졌지만 7차 5개년 계획은 계획 보다 초과 달성하였다. 그러나 내부적으로 모순은 여전하였다. 그러므로 8차 5개년계획의 제1년인 1991년을 정해 치리정돈과 개혁심화의 첫해로 삼고 치리정돈을 계속해 나갔다. 그 결과, 4과 1란(4過1亂)이 수습되고 경제 환경이 좋아져 경제는 지속적으로 안정 발전될 수 있는 궤도에 올랐으며, 마침내 1992년 이후 경제가 건강한 상태로 고속 발전할 수 있는 좋은 기초를 마련했다.

그러나 이 과정에서 국가의 행정적인 조치가 중요한 성과가 있음을 보고 계획경제의 우월성에 대한 착각과 오해를 가져와 중국 경제의 관건이 되는 개혁 개방방식에 이견을 불러일으켰다. 심지어 중공당 13전대회에서 제출된 국가가 시장을 조정하고 시장이 기업을 이끈다는 공식도 폐지하자는 주장까지 나왔다. 따라서 이러한 인식은 등소평의 노선에 따라 계속적인 개혁과 개방을 확대하여야 한다는 이론과 지도노선에 저항하는 경향을 낳게 하였다.

### 3) 강택민 체제의 확립과 개혁의 계속

중국공산당은 당 지도자가 군사위원회 주석을 맡아왔다. 즉 군을 당이 지휘하고 있기 때문에 군권을 장악하지 못하면 실질적 지도자라고 할 수 없는 것이었다. 강택민은 비록 당 총서기(總書記)이긴 하지만 군권을 장악하고 있지 않은 상황이었기 때문에 그의 체제가 완전하게 갖추어진 것이라 볼 수 없었다. 또한 이 사실을 잘 알고 있는 등소평도 더 이상 군사위원회 주석 직을 자신이 계속 갖고 있을 수 없어 이를 강택민에게 넘기기 위한 조치들을 취하였다.

이미 여러 차례 물러날 뜻을 표시해왔던 등소평은 마침내 1989년 9월에 중공 당 중앙 정치국에 당 중앙군사위원회 주석 직에서 물러나겠다는 편지를 보내고, 장차 전국인민대표대회에 국가군사위원회 주석직도 사퇴할 것이라고 하였다. 이에 11월 6일부터 9일까지 소집된 중공 당 13기 5중전회에서 강택민을 중공 당 중앙군사위원회 주석, 양상곤(楊尙昆)을 제1 부주석, 유화청(劉華淸)을 부주석, 양백빙(楊白氷)을 비서장으로 선출하여 새로운 군 영도체제 즉 강택민 체제가 형성되어 제3대 정권교체가 이루어지게 되었다.

등소평은 특별히 11월 12일에 소집된 군사위원회 확대회의에 참가하였던 인사들을 회견하는 자리에서 '강택민을 당 중앙의 핵심으로 정한 것은 정확한 선택이었다고 생각하며, 당 총서기에 합격하였기 때문에 군사위원회 주석도 합격'이라고 하여,9) 강택민에 대한 신임을 적극 표현하였다. 그는 한 걸음 더 나아가 '제3대 지도자는 인민의 신임을 받아야 하고, 인민의 신임을 당 중앙의 주변으로 모아야 한다'며10), 3대 그룹의 구성원들에게 '강택민을 중심으로 단결하라'고 당부하여 강택민의 자리를 더욱 튼튼히 해줌으로써 당권과 군권을 장악한 강택민 체제, 제3대 영도체제를 갖추게 되었다. 그리고 등소평은 1990년 3월에 소집된 제7기 전국인민대표대회 제3차 회의에 중화인민공화국 중앙군사위원회 주석 직을 사퇴한다고 청원하여 이를 승인 받는 방식으로 완전히 은퇴하게 되었으며, 이 회의에서 강택민을 후임 국가 중앙군사위원회 주석으로 선출하여 당권과 국가의 군권 까지 장악한 강택민 체제가 확립되었다.

등소평의 강택민에 대한 평가는 1992년 초, 그의 남방시찰(소위 남순(南巡))에서도 '지금의 당 지도부가 잘해 나가고 있지 않느냐'라는 말을 함으로써11) 그의 만족도를 표현한 일이 있다. 또한 강택민도 신뢰를 받을 만큼 정치적 안정과 성공적인 치리정돈으로 개혁개방을 지속시키고 있었다.

(1) 등소평의 남순 담화와 그 의미

등소평은 정계에서 물러난 다음에도 계속적으로 강택민을 지켜주

강택민의 영도집단

면서 1991년의 중공 당 14전대회에서 강택민체제가 공식적으로 확립될 때까지 후견인으로서 권력교체의 과도기를 안정적으로 이끄는 역할을 해왔다. 그러나 당내에서는 계획경제에서 시장경제로의 개혁에 대하여 불만도 없었던 것은 아니었다. 특히 3년의 치리정돈의 효과는 계획경제의 우월성이 증명된 것으로 보여 시장경제로의 전환에 상당한 비판이 있었으며 간접적으로 강택민 지도체제를 흔들고 있었다. 이에 대처하려 하였던 것이 이른바 등소평의 '남순강화(南巡講話)'이다.

등소평은 1992년 1월 18일부터 2월 21일까지 경제특구로 정한 심천(深圳), 주해(珠海)를 방문하여 그동안 개방의 성과를 직접 살피고 상해(上海)를 방문하면서 자신의 생각이 담긴 체계적인 담화를 발표하였다.12) 그의 담화는 당시 국제 정세의 변화와 국내에서 전개하고 있는 개혁과 개방을 확대하여 경제발전을 보다 빠르게 이룩하고 중국특색의 사회주의 길로 매진하려는 그의 기본적 사상과 노선을 제시한 것이었다.

그의 담화내용은 첫째, 사회주의의 본질을 천명하고 당의 기본노선은 일백년 동안 동요되어서는 안 된다는 점을 강조하였다. 즉 그는 사회주의만이 중국을 구할 수 있고 중국을 발전시킬 수 있으며, 사회주의를 지켜나가지 않고 개혁개방을 하지 않고 경제를 발전시키지 않고 인민의 생활을 개선하지 않으면 죽음의 길 하나밖에 없다고 하였다.

둘째, 시기를 잡아 스스로 발전해 나가는데 있어서 관건은 경제발전이라는 것이다. 조건이 갖추어진 지방은 최대한 빠르게, 그렇지 못한 지방은 발전할 수 있는 조건을 창조하여 점차적으로 빠르게 나가야 하며 국내외 시장의 수요에 따라 변화를 가져와야 한다고 하였다. 발전할 수 있는 곳까지 가로막아서는 안 된다는 것이다. 그리고 지적하기를 경제발전을 빠르게 가져오려면 과학 기술과 교육에 의존할 수밖에 없다며 중국은 이 영역에서 세계 일류의 자리를 차지하여야 한다고 강조하였다.

셋째, 개혁 개방은 대담하게 모험적으로 그리고 비판을 받을 각오로 하여야 한다고 하였다. 즉 종전에는 혁명을 생산력의 해방이라고 하였지만 개혁도 생산력의 해방이라며, 생산력의 발전을 촉진시키는 것은 혁명만이 아니라 개혁으로 가능하다는 것이다. 이는 사회주의 개혁의 본질을 명쾌하게 설명한 것으로 사회주의 혁명밖에 모르

등소평의 남순

던 종전의 이론을 벗어난 참신한 것이었다. 그리고 개혁에는 모범답안이 없으므로 대담하고도 용감하게 욕을 먹어도 두려워하지 않고 추진해나가야 할 모험심이 충만해야 한다는 점을 강조하였다. 그렇지 않으면 새로운 사업을 할 수 없다는 것이다. 개혁 개방의 장애요소는 자본주의의 길로 가는 것을 두려워하는 것인데 그 판단의 기준은 사회주의 생산력의 발전에 유리한 가 또는 불리한 가에 있다는 것이다.

등소평의 남순 담화는 그가 그 동안 부르싲어왔던 중국특색의 사회주의 이론의 종합적인 결론으로 이론적으로 사회주의가 무엇인가, 어떻게 사회주의를 건설할 것인가의 문제를 설명한 것으로, 그의 이론을 체계적으로 모아놓은 것이기도 하였다. 뿐만 아니라 제3대 당의 지도자들에게 앞으로 나아가야 할 방향을 제시하기도 한 것이다. 다시 말하면 그는 비록 정계에서 물러났다고 하지만 자기의 뜻대로 후계자를 정하고 다시 그 후계자에게 자신의 뜻대로 따르도록 노선을 명확히 밝혀 줌으로써 있을지 모르는 반대세력의 저항을 사전에 차단하려고 하였다.

### ⑵ 중공 당 14전대회

등소평의 남순담화를 배경으로 중공 당 제14기 전국대표대회가 1992년 10월 12일부터 18일까지 북경에서 개최되었다. 전국의 5,100여만 당원을 대표한 1,989명의 대표가 참석한 대회였다. 동시에 강택민이 당 총서기로서 주재한 최초의 회의이기도 하였다. 이 대회에서 강택민은 「개혁개방과 현대화 건설의 속도를 가속화시켜 중국특색의 사회주의 사업의 더 큰 승리를 얻자」 라는 보고를 통하여 중공 당 11기 3중전회이래 14년 동안의 실천 경험을 종합하고 사회주의 현대화 건설과 개혁개방의 방침을 천명하고 이를 더욱 확대하자는 방침을 제시하였다. 특히 90년대 개혁개방과 건설의 중요임무를 10가지로 정하여 이를 실천하자고 하였다.13)

당시 제시된 10개 항목은 다음과 같다.

① 사회주의 시장체제를 건립하고 경제개혁을 가속 확대한다. ② 대외개방을 더욱 확대하여 외국의 자본과 자원, 기술과 관리경험을 이용한다. ③ 우수한 산업구조를 조정하고 고도로 농업을 중시하며, 기초 공업, 기초시설과 제3차 산업을 더욱 빠르게 발전시킨다. ④ 과학기술의 발전을 가속화하고 교육을 발전시켜 지식인의 역할을 충분히 발휘하도록 한다. ⑤ 각 지방의 특성에 따라 지역 경제를 발전시키고 전국의 경제구조가 합리화 되도록 한다. ⑥ 정치체제의 개혁을 적극 추진하여 사회주의 민주법제화의 발전을 추구한다. ⑦ 행정관리체제와 기구 개혁을 진행하여 최고의 효율을 가져오도록 한다. ⑧ 사회주의 정신문명 건설을 최고의 수준으로 올려놓는다. ⑨ 인민의 생활 개선과 인구증가의 통제를 엄격히 하고 환경보호를 강화한다. ⑩ 군대건설을 강화하여 국방실력을 증강시키고 개혁개방과 경제건설이 순조롭게 진행되도록 보장한다.

중공 당 14전 대회는 강택민의 정책에 동의하고, 동시에 중앙고문위원회의를 두지 않기로 한 건의를 받아들이면서 아울러 중앙고문위원회의 원로당원들에게 감사와 최고의 경의를 표하였다. 이로서 중공 당 지도자들은 전보다 훨씬 젊어지게 되었을 뿐만 아니라 당내 강택민을 중심으로 한 새로운 지도체제에 부담을 주었던 원로당원들을 물러나게 하였다.[14] 그리고 당 중앙위원 189명, 후보위원 130명과 당 중앙기율검사위원회 위원 108명을 선출하는 한편, 중국특색의 사회주의 건설 이론을 중국공산당 당장(黨章)에 넣기로 한 결의를 통과시켰다.

뒤이어 10월 19일에 중공 당 14기 제1중전회를 소집하여 중앙 정치국위원, 후보위원을 선출하였는데, 정치국 상무위원에 강택민(江澤民), 이붕(李鵬), 교석(喬石), 이서환(李瑞環), 주용기(朱鎔基), 유화청(劉華淸), 호금도(胡錦濤)를, 다시 강택민을 총서기, 중앙서기처 서기에 호금도, 정관근(丁關根), 위건행(尉健行), 온가보(溫家寶), 임건신(任建新)을, 중앙군사위원회 주석에 강택민, 부주석에 유화청, 장진(張震)을, 그리고 중앙기율위원회서기로 위건행을 비준하였다.15) 이로서 당내의 강택민 체제가 구성되었는데, 이는 등소평이 생각하였던 1인 독재를 견제하고 집단지도 체제를 구상하였던 의도대로 이루어진 것이었다.16)

(3) 제8기 전국인민대표대회

중공 당 14전대회의 보고에서 강택민은 정치개혁의 목표를 중국특색의 사회주의 민주정치를 건설하는 것으로 설정하고 그 내용은 서양의 다당제, 의회제를 하는 것이 아니라 인민대표대회와 상무위원회의 입법과 감독권을 강화하여 인민대표가 실질적 역할을 발휘토록 하는데 두었다.17) 따라서 전보다 위상이 높아지게 된 제8기 전국인민대표대회는 제1차 회의를 1993년 3월 15일부터 31일까지 북경에서 소집하였다.18)

이 회의에서 중화인민공화국 헌법 수정안을 통과시키고, 마카오 특별행정구 기본법과 행정구의 설립안을 통과시켰다. 그리고 강택민을 국가주석, 영의인(榮毅仁)을 부주석, 교석을 전국인민대표대회 상무위원회 위원장, 전기운(田紀雲) 등 19명을 부위원장, 강택민을 중화인민공화국 중앙군사위원회 주석으로 선출하고, 국가 주석인 강택민의 지명으로 이붕을 국무원 총리로 결정하였으며 새로운 국무원의 조직을 통과시켜 국가 권력에서 이른바 제3대 세력인 강택민 체제를 확립하게 되었다.

이붕은 본래 보수적이었으나 천안문 사건이후 개혁개방을 지지하였고 등소평의 공헌을 칭찬하여 왔기 때문에 여전히 국무원 총리로 행정을 총책임진 것으로 보이나 실제 주요한 일을 담당해 왔던 것은 주용기였다. 주용기의 등용도 등소평의 후계구도에 따른 것이다. 즉 주용기는 1992년 10월 19일 중공 당 14기 1중전회에서 호금도와 함께 중공 당 중앙정치국 7인 상무위원에 선출되어 개방 개혁파가 우세를 점하게 되었다.

사실 주용기가 중앙위원 후보위원에서 세 등급이나 뛰어 넘어 상무위원으로 선출된 것은 파격적이었다. 그런데 그가 이렇게 될 수 있었던 것도 등소평의 선택에서 비롯되었던 것이다. 등소평은 후계자 물색에서 비록 강택민을 총서기로 선택하였으나 조자양과 같이 과감하게 자기의 노선을 실천해 줄 인물을 천안문 사건이후부터 찾고 있었다. 이에 주목한 것이 상해의 개방을 주도해온 주용기였고, 1991년 3월에 그를 부총리로 영입하여 경제문제를 맡겼던 것이다. 그리고 주용기는 등소평의 기대에 어긋나지 않게 과감하면서도 신중하게 경제문제를 처리하여 등소평을 만족시켰던 것이다. 따라서 중공 당 14전대회의 중앙 정치국확대회의 주석단에서 중앙정치국 7인 상무위원을 선출할 당시 그에 대한 반대도 있었지만 강택민을 통해 등소평의 강력한 뜻을 전달받았기 때문에 그가 상무위원에 진입할 수 있었다. 이는 행정적으로 강택민 체제를 굳혀주기 위한 등소평의 구도아래 이루어진 것이었다.

## 4) 강택민 체제의 강화와 3개 대표론

### (1) 중공 당 15전대회와 제9기 전국인민대표대회

중공 당 14전 대회와 제8기 전국인민대표대회를 통하여 표면적으로 강택민, 이붕체제가 성립되어 당과 국가행정을 총괄하도록 되었는데, 비록 당이 우선이어서 강택민이 전권을 장악하였다고 문제가 없었던 것은 아니었다. 우선 든든한 배경으로 등소평이 있었으나 한편으로 그의 존재는 오히려 강택민 독자 체제로의 발전에 영향을 끼쳤으며 이붕만 하더라도 강택민에게 부담스러운 존재였다.

이를 극복하기 위하여 강택민은 등소평이 해왔던 것처럼(모택동 사상의 긍정과 계승) 이미 중공 당 14전 대회에서 등소평이 내세웠던 중국특색의 사회주의 시장경제이론을 계승하고 발전시키는데 앞장섰던 것이며 이를 기회로 삼아 자신의 위치를 굳건히 하였다. 그런데 1997년 2월 19일에 강택민 체제의 우산이 되었던 등소평이 향년 93

강택민과 호금도

세로 사망했다. 그러나 이미 등소평의 노선 즉 대외개방과 사회주의 시장경제론과 그에 따른 경제적 성장은 중국인들에게 절대적인 지지를 받고 있었기 때문에 이를 기치로 내세운 강택민 영도체제를 비판하고 나설 세력은 없었다.

이러한 상황에서 중공 당 15전 대회가 1997년 9월 12일에 북경에서 소집되었다. 5,800만 명의 당원을 대표하여 2,048명이 참석한 대회에서 강택민은 여전히 등소평 이론의 위대한 깃발을 높이 들어 중국 특색의 사회주의 건설 사업을 21세기를 향해 전면적으로 추진하자는 보고를 통해 그의 체제를 굳혀나갔으며, 또한 '등소평 이론'을 당장(黨章)에 포함시켜 마르크스 레닌주의·모택동 사상과 함께 중국공산당의 지침으로 삼아 강택민 체제를 굳혀나갔다.

그리고 뒤이어 9월 19일에 소집된 중공 당 제15기 1중전회에서 22명의 중앙정치국 위원과 2명의 정치국 후보위원을 선출하고, 정치국 상임위원은 중공 당 14전대회의 정치국 상임위원 교석(喬石)과 유화청(劉華淸) 대신에 위건행(尉健行), 이람청(李嵐淸)을 새로 선출하고, 군사위원회 부주석도 장만년(張萬年), 지호전(遲浩田)을 선출하였다. 그

인민대표회의에서
조선족 대표 투표 모습

리고 위건행을 중앙기율검사위원회 서기로 비준하였기 때문에 독자적 노선이라기보다 중공 당 14전대회의 당직자들 가운데 부담 줄 수 있는 일부가 교체됨으로써 강택민의 체제의 권력구조가 더욱 강화되었다.

중공 당 대회에 이어 1998년 3월에 제9기 전국인민대표대회 제1차 회의가 소집되었다. 여기에서 강택민이 국가주석, 호금도가 부주석, 이붕을 인민대표상임위원회 위원장으로, 그리고 강택민을 중앙군사위원회 주석으로 선출하였다. 또한 국가 주석 강택민의 제의로 중앙인민정부의 수뇌들을 선출하였는데, 여기서 주용기를 국무원 총리로 선출하였다. 그리고 주용기의 제안으로 이람청(李嵐淸), 전기침(錢琪琛), 오방국(吳邦國), 온가보(溫家寶)를 국무원 부총리로 선출하는 등 새로운 강택민 체제의 정부를 구성하였다.

이들은 대부분 등소평의 집권이후 모택동시대의 혁명을 배경으로 한 당(黨), 정(政) 관료 대신에 등용된 기술관료 출신들이었다. 즉 7명의 정치국 상임위원이 모두 기술관료 이었으며, 중요 권력기구와 중공 당 중앙위원회, 국무원과 신임 주용기(朱鎔基) 내각도 대부분 기술관료 출신으로 채워졌다. 그리고 이전과 달리 교육수준도 크게 향상되어 중공 당 중앙위원의 경우 1982년에 대졸출신이 55%가 당 15전대회에서는 92%로 상승되었으며,[19] 정치국위원도 15전대회의 경우 24명 가운데 고졸이 2명, 군사학교 2명, 대학원이 2명, 그리고 나머지 18명이 대졸이었다. 기술관료 출신이었기 때문에 이들은 이념의 제약에서 벗어나 문제 해결을 중하게 여겼으며 정치적 문제도 비정치적 문제로 해결하려 하였다. 즉 혁명가적 구태의연한 투쟁방법이 아니라 전문가의 지식으로 문제를 진단하고 해결하여 권력싸움이 일어나지 않았다.

그러나 경제발전이 급속도로 진행되면서 중국사회의 변화도 크게 일어나 내부적 충돌이 일어났는데 기술 관료들로서는 이를 해결하기 어려운 실정이 되었다. 이에 강택민은 지속적인 개혁과 개방의 합리성을 설명하기 위하여 이른바 사회주의 초급단계론(社會主義初級段階論)을 다시 들고 나왔다.[20] 이는 등소평 이론을 비판하고 그동안의 발전위주의 정책에 비판적인 이른바 신좌파(新左派)에 대하여 이론적으로 대항하기 위한 것이었다.

비판자들은 사회주의 시장경제와 개방을 확대하면서 비국유기업을 장려하여 중국도 중산층이 나타났기 때문에 이를 우려하였던 것이다. 등소평 이론을 반대하는 측은 신흥 중산층이 국가경제의 지주가 되고 국유기업이 날로 더욱 약화되어 국유기업 노동자를 기반으로 하는 당이 어려워지고 국가의 재정수입이 약화될 것이며 당의 영도력이 약화되어 무산계급 전정(독재)을 할 수 없게 된다는 것이다. 한편, 신좌파들은 국가가 지나치게 우파경향으로 빠지는 것을 우려하였다. 이들은 경제민주와 정치민주를 통해 국가의 정권 성격을 바꿔야 한다며, 특히 경제적 성과를 국민이 공평하게 향유하여야 한다고 하였다.[21]

### (2) 3개 대표론

시장경제와 개방에 비판적이고, 우파경향을 우려하는 신좌파들의 도전을 극복하는 길은 결국 등소평 이론의 기치를 더욱 강조하는 것이었다. 그리고 개혁과 개방으로 경제를 발전시키기 위하여 사회주의 초급 단계론 이외에도 당풍을 쇄신하기 위하여 당은 선진 생산력 발전의 대표이며, 선진 문화 전진방향의 대표이며, 다수 인민의 근본 이익의 대표이라는 이른바 '3개 대표론'을 제시하였다.22) 사실 시장경제의 발전과 과학 기술, 정보산업의 발달로 개인기업의 종업원이 갈수록 늘어나 마르크스주의의 전통적인 노동자 계급의 개념을 바꾸지 않으면 안 되었다. 그리고 과거 계급의 적, 반혁명 분자들의 사회경제적 역할이 뚜렷해지면서 당의 방향을 굳건히 할 필요가 절대적으로 요구되었다.

3개 대표론을 처음 제기한 것은 2000년 2월에 강택민이 광동(廣東)을 시찰하면서였다. 그리고 뒤이어 5월에 강소, 절강, 상해 등지를 방문하면서 3개 대표가 당의 근본이며, 집정의 기반이며, 힘의 원천이라고 하여 3개 대표의 요구를 관철하여야 한다고 강조하였다. 그리고 10월 9일에 소집된 중공 당 15기 5중전회에서 3개 사상(마르크스 레닌주의, 모택동 사상, 등소평 이론)의 지도아래 당의 건의를 통과시켰다.

그리고 2001년 7월 당 창건 80주년에서 3개 대표의 중요 사상이 갖고 있는 뜻과 새천년에 당의 임무와 목표를 설명하여 더욱 구체화시켰다. 그리고 9월에 소집된 중공 당 15기 6중전회와 16전 대회 직전에 소집된 중공 당 15기 7중전회에서 강택민이 제시한 3개 대표를 관철시키자고 결정하였다. 결국, 2002년 11월 8월에 소집된 중공 당 16전대회에서 중국공산당 당장의 총강(總綱)을 수정하여 마르크스 레닌주의, 모택동 사상, 등소평 이론과 함께 '3개 대표의 중요사상'을 행동의 지침으로 삼는다고 하였다.

## 4) 정치제도, 정부기구의 개혁과 의법치국의 표방

### (1) 정치제도와 정부기구의 개혁

강택민은 1992년의 중공 당 14전 대회에서 적극적으로 정치체제 개혁을 추진한다고 하면서 '우리들의 정치체제의 개혁 목표는 중국특색의 사회주의 민주정치 건설이지 서구식 다당제와 의회제는 아니다' 라고 못을 박았다.[23] 그리고 1997년에 소집된 중공 당 15전대회에서도 4항 기본원칙을 견지하는 전제아래 정치체제를 개혁하고 경제발전의 중요한 정책결정과 입법을 결합시킨다고 하였다.

그런데 WTO에 가입하려면 국제적 신임도를 얻어야 하기 때문에 1998년 가을에 인민의 정치적 자유의 보장을 포함한 국제연합 인권규약에 서명하였다. 이에 일부 인사들은 정치개혁에 발맞추어 전국에서 '중국민주당'을 조직하려는 움직임을 보였다. 특히 이들이 중국공산당의 지도를 받아들인다고 하였음에도 불구하고 중국 당국은 신청을 받아들이기는커녕 주요 관련자들을 체포 투옥하고 십 수 년에 이르는 실형을 선고하였다. 또한 1999년에도 파룬궁에 대하여 그것이 비정치적 단체임에도 불구하고 제2의 천안문 사태를 우려하여 엄격하게 단속하여 정치적 반대세력을 억압하였다.

정치제도의 개혁은 1990년대 초부터 인민정부를 주축으로 농민이 스스로 농촌의 촌민위원회의 지도자를 선출하는 기층선거의 보급으로부터 전국인민대표대회의 기능 확대, 성시현(省市縣)의 행정 간부 임명에 지역대표의 의견을 존중하는 제도의 수립 추진으로 진행되고 있었다. 이에 따라 1998년 봄에 400만 명의 지방 기층간부가 농촌기층선거 방식에 의하여 선출되고 93만의 촌민위원회가 성립되었다. 그리고 이해 말에 촌민위원회 조직법이 개정되어 더욱 보완해 나갔다.

전국인민대표대회도 1990년대 후반부터 당의 방침에 구속되지 않고 지역과 조직을 대표해 자신들의 주장을 내세우는 현상이 두드러지면서 종전처럼 무조건 찬성하던 풍조가 서서히 사라져가고 있다. 예를 들면 정부의 활동보고에 대하여 반대표와 기권표는 40%가 넘는 경우도 있었다.

당과 정부기관, 국영기업의 인사를 통일적으로 관리하고 종신제였던 간부 인사제도를 개혁하기 위하여 1987년부터 국가공무원 잠행조례(초안)를 제정하여[24] 몇몇 기관에서 시범적으로 운영하여 오던 것을 1993년 10월 1일부터 정식으로 채택, 실시하기 시작하였다. 그리고 이 법을 근거로 공무원의 각종 인사 관련법률, 예를 들면 공무원의 직급 분류(1급에서 15급까지) 임용, 훈련, 평가, 기율징계, 후생 복리 등에 관한 잠행규정을 제정하였다. 그러나 다당제가 아닌 중국공산당이 유일한 집권당이었고, 가입할 수 있는 유일한 정당이었을 뿐만 아니라 정당 활동에 참여하여도 당의 노선에 따라야 하였기 때문에 중국의 공무원은 정치적 중립을 지킬 수 없었다.

중국은 건국초에 대규모 경제건설의 필요에서, 또는 정치권력의 부침에 따라 수 십 차례에 걸쳐 정부기구를 개편하였다. 그 가운데 개혁 개방이래 중공 당 15전대회 이전까지 비교적 규모가 컸던 것은 세 차례였다.[25] 즉 제1차는 1982-83년으로 국무원의 기구를 100개에서 61개로, 인원 5만 명을 3.9만 명으로(25%) 줄이면서 혁명의 간부화, 젊음화, 지식화, 전문가화 원칙아래 이루어졌는데, 정부와 국영기업이 분리되지 않아 시간이 지나면서 다시 기구가 방대해지고 인원이 팽창되었다.

이에 두 번째로 1988년에 개혁이 있었다. 국무원의 상설 기구를 72개에서 66개로, 비상설 기구를 75개에서 49개로, 인원을 5.28만 명에서 4.48만 명으로(20%) 줄였다. 이때에 비로소 직능, 기구, 편제를 정하였으며, 정부와 국영기업을 분리하였고 당 중앙에 직속된 기구에 대하여도 개혁을 단행, 정부에 관련된 것은 정부에 넘겨 국무원 기구와 중복되지 않게 하였다. 특히 당 중앙에 직속된 사업기관을 26개에서 22개로 줄였다. 그러나 시장경제 체제에 이르기 까지는 문제가 있어서 세 번째의 개혁이 1993-1996년에 있었다.

세 번째 개혁은 강택민 체제 후 진행된 것으로 주로 경제체제의 개혁으로 사회주의 시장경제를 확립하기 위한 것이었다. 즉 2차 개혁이 끝 난지 4년밖에 되지 않았는데도 국무원의 상설기구는 66개에서 86개로, 비상설 기구는 49개에서 85개로 늘어났기 때문에 이를 다시 조정하여 국무원 기구를 59개로 줄이고 인원을 20%줄이는 개혁을 단행하였다.

그러나 그동안의 개혁은 대부분 기구를 축소했다가 다시 늘리거나, 합병과 분리, 재합병, 하급기관에 위임하였다가 다시 상급기관에서, 그리고 다시 하급기관으로 넘기는 것에 불과하여 효과를 거둘 수 없었다. 여기에 오랜 동안의 관습, 예를 들면 기한이 차면 승진된다거나 일단 들어가면 내쫓을 수 없는 등의 문제가 있었다.

이에 강택민은 중공 당 15전 대회에서 사회주의 법제, 의법치국(依法治國)을 표방하였고, 뒤이어 주용기 총리를 수반으로 한 새로운 정부는 이를 달성하기 위하여 대대적인 정부기구 개혁에 착수하였다. 즉 주용기는 1998년 6월에 직능을 조정하여 200개 항목에 달하는 것을 기업과 중간조직, 지방에 이관하고, 100개 항에 달하는 부내의 업무도 조정하였다. 그리고 각 부의 기구를 조정하여 약 4분 1로 줄이고 편제상의 인원도 47.5%나 축소하였는데, 국무원 판공기구 이외에 40개부를 29개부로 개편하였다.

이에 따라 간부들은 직제상 상위직에서 하위직도 맡게 되었고, 부문별, 업무영역, 중앙과 지방의 장벽을 헐고 능력에 따라 교류시켰다. 또한 국무원의 29개 부장은 평균연령 57.45세, 국무원의 직속기구는 평균연령이 57.44세, 차장은 평균연령이 54.62세였는데 가장 젊은 간부가 48세와 42세로 학력은 모두 대졸이거나 일부 대학원 졸업으로 갖추어졌다.

### ⑵ 의법치국의 표방

강택민은 1989년 9월에 다른 정치국 상임위원들과 합동 기자회견 석상에서 뉴욕타임스 기자의 질문에 답하기를 '당이 정부를 대신할 수 없고 당이 법을 대신할 수 없다'고 답하여[26] 법치를 내세웠다. 이는 중국공산당 집권이래 지도자들의 말이 곧 법이었던 관념에서 벗어난 큰 변화로서 강택민을 중심으로 한 새로운 영도집단의 각오였으며, 과거 인치(人治)로부터 법치(法治)로 이행하겠다는 선언으로 이른바 관계(關係, 관시-인적 유대관계) 사회의 변화를 가져오는 신호가 되는 계기를 마련하였다. 물론 이는 중국의 현대화를 위해 개혁, 개방정책을 지속적으로 펴오면서 그리고 경쟁의 사회주의 시장경제를 구축하고 통제하기 위해서도 법의 제정이 필요함을 절감했기 때문이기도 하다.

의법치국(依法治國)을 위해 1994년 12월 23일부터 1999년 말 까지 중공 당 중앙은 10차례에 걸친 법제강좌를 열었다.[27] 그 가운데 1996년 2월 8일에 열렸던 제3회 강좌는 강택민 스스로가 정한 「의법치국과 사회주의 법치국가 건설 이론과 실천문제에 관하여」를 통하여 사회주의 법치국가 건설의 필요성을 역설하였다. 이를 위해 입법을 통해 제도화, 규범화가 필요하며, 또한 법을 준수하고 법에 따라 일할 줄 아는 소양과 자각성을 교육하여야 한다고 강조하고 중국특색의 법률체계를 갖자고 하였다.[28]

그리고 1997년 제8기 전국인민대표대회 제4차 회의에서 통과된 국민경제와 사회발전 95계획과 2010년 장기발전목표에 의법치국과 사회주의 법치국가의 건설을 기본 방침으로 넣었으며, 강택민은 중공당 15전대회의 정치보고에서도 의법치국과 사회주의 법치국가 건설을 강조하고 나섰다. 강택민은 의법치국은 당이 인민을 이끌어 나라를 다스리는 기본적 방략이며 사회주의 시장경제를 발전시키기 위한 객관적 수요이고 문명이 진보된 중요한 표지라고 하여 의법치국의 의미와 중요성을 강조하였다.

그리고 1999년 3월에 소집된 제9기 전국인민대표대회 제2차 회의에서 헌법을 수정하여 중화인민공화국은 의법치국을 실행하며 사회주의 법치국가를 건설한다고 명기함으로써 의법치국은 당 뿐만 아니라 전국 인민의 의지이며 국가의 의지임이 표현되었다.

법의 제정은 계획경제에서 사회주의 시장경제로 전환되면서 그 필요성이 절감되었다. 따라서 1993년 4월에 소집된 제8기 전국인민대표대회 상임위원회 제1차 회의에서 위원장인 교석(喬石)은 법 제정의 시급함을 강조하고 시장경제의 법률체계를 세우는데 노력하자고 제안하였다. 또한 진일보 해방된 사상으로 시야를 넓혀 더욱 새로운 관념과 개혁정신을 갖고 입법상의 어려운 문제를 해결하자고 하였다. 동시에 공평, 공정, 공개, 효율적인 원칙으로 인민과 국가의 근본 이익에 착안하여 국정을 만족시키며 대담하게 세계 각국의 성과와 경험을 받아들이고 국제 통행의 규칙과 관례에 주의하자고 하였는데[29] 이는 중국의 입법사상 중요한 변화와 진보된 모습을 보인 것이다.[30]

이에 따라 1993년 3월부터 1998년 2월까지 제8기 전국인민대표대회와 상임위원회는 40여 건의 시장경제 관련법을 제정하였는데, 시장체계와 교역규칙, 시장 감독과 관리, 거시적 시장조정, 기초 산업의 진흥 등의 내용을 포함하고 있다. 예를 들면 회사법, 상업은행법, 중재법, 수표법, 담보법, 보험법, 소비자 권익보호법, 불공정 거래 반대법, 대외무역법, 외국인 투자기업과 외국기업의 소득세법 등을 제정하였다. 1998년 3월이래 제9기 전국인민대표가 성립되면서 증권법, 합작법 등을 제정하여 시장경제의 육성과 발전에 필요한 법제 조건을 갖추게 되었다.

이밖에도 전국인민대표대회에서는 중화인민공화국 행정소송법(1989), 민사소송법(1991), 공회(노동조합)법, 부녀권익보장법(1992), 예산법(1994), 교육법, 중국인민은행법(1995), 행정처벌법(1996) 등을 제정하여 법치국가의 구성요건을 갖추어 나갔다. 이에 따라 관시(인적 유대관계)사회에서 제도권 사회로 바뀌게 되고 법의 중요성을 인식시켜 나갔다.

중국은 본래 헌법에서 전국인민대표대회 만이 입법권을 갖고 있었다. 그런데 1982년 제3차 헌법수정에서 전국인민대표대회가 폐회중일 때에는 상임위원회에서도 입법할 수 있게 되어(법령의 반포만 가능하였음) 입법제도에 큰 변화가 일어났다. 이는 1년에 한번 씩 개회되는 전국대표대회로서는 필요한 법을 제정할 수 없었기 때문이었고, 현실의 수요에 따라 상임위원회는 2개월에 한 번씩은 개회되도록 규정하였다. 그리고 전국인민대표대회로부터 국무원이 권력을 위임받아 입법하거나, 또는 전국인민대표대회에서 지방인민대표대회에 위촉하여 법을 제정하도록 하여 필요한 경우 적시에 입법할 수 있게 되었다.[31] 그리고 1989년에 인민대표대회의 운영에 필요한 「전국인민대표대회 의사규칙」, 2000년 3월의 제9기 전국인민대표대회 제3차 회의에서 「중화인민공화국 입법법」 등을 제정하여 운영방법을 개선해나갔다.

## 5) 강택민 체제의 마감과 제4대 영도집단 호금도 체제의 성립

### (1) 강택민의 후계구도

강택민의 후계구도는 일찍이 1998년 2월에 소집된 중공 당 15기 2중전회에서 강택민이 중앙위원회 총서기에 유임되고 7명의 중앙정치국 상무위원회와 7명의 중앙서기처 서기를 선출하면서 예견되었다. 즉 7명의 중앙정치국 상무위원과 중앙서기처 서기 가운데 유일하게 호금도(胡錦濤)가 새롭게 포함되었기 때문이다. 그리고 3월에 소집된 제9기 전국인민대표대회 제1차회의에서 국가주석에 강택민이 유임되고, 부주석으로 호금도를 선출하였으며, 전국인민대표대회 상임위원회 위원장에 이붕, 국무원 총리에 주용기, 부총리에 이남청, 전기침,

오방국, 온가보 등을 선출하였는데, 이는 호금도가 명실상부하게 국가의 제2인자로 확인된 것이며 다음 세대의 영도자로 부상한 것을 의미했다. 이는 등소평이 강택민을 후계자로 지명한 것과 같은 방식으로 강택민이 다음 지도체제를 지명한 것이었다.

사실, 호금도는 1992년에 소집된 중공 당 14기 1중전회에서 7명의 중앙 정치국상무위원회의 위원 가운데 한 사람이 되었는데, 이때는 등소평의 입김이 강한 때여서 그가 선출된 것은 주용기와 함께 개혁개방정책을 지속적으로 펴나가는데 필요한 인물로 평가되어 등소평의 강력한 추천에 의해서 이루어졌던 것이다. 따라서 호금도는 2002년 중공 당 16전대회가 소집될 때까지, 강택민이 취해왔던 개혁과 개방의 가속화 정책을 결정하고 집행하는 실무적 경험을 통하여 다음 세대의 지도자로서 훈련을 충분히 받은 예약된 지도자였다고 할 수 있다. 특히 1995년 5월에 소집된 중공 당 14기 5중전회에서 결정한 '국민경제와 사회발전 9차 5개년 계획과 2010년의 장기 목표설정'을 통해 개혁 개방을 가속화하고 있던 중국은 다시 2000년 10월에 소집된 중공 당 15기 5중전회에서 '국민경제와 사회발전 10차 5개년 계획'을 결정하여 실천하고 있었다. 그런데 달성할 목표를 이미 1997년에 달성하고 중국의 사회 경제가 비약적인 발전을 지속하고 있었기 때문에 이를 계속 계승 발전시키면서 이로 인해 발생된 문제점을 해결하여야 하는 과제를 앉게 되었다.

중공 당 15기 2중전회에서 이미 호금도를 선택한 것은 마치 13기 4중전회에서 강택민이 선택된 것과 같이 당내의 권력투쟁을 표면화시키지 않았다. 이는 개혁 개방을 추구하면서 현대화된 사회주의 국가 건설을 앞세운 강력한 하나의 중심을 내세웠던 등소평의 이념에도 부합하는 것이기도 했으며[32] 강택민이 내세웠던 등소평의 이론을 실천한 것이기도 하였다. 결과적으로 중국공산당은 이 차세대 지도자를 사전에 선택함으로써 권력투쟁이 표면화되지 않고 정치적 안정을 가져와 개혁개방을 지속하며 비약적인 발전을 가져오게 되었다.

⑵ 중공 당 16전 대회

권력의 승계는 공식적으로 2002년 11월 8일에 소집된 중공 당 16전대회에서 이루어졌다. 중공 당 중앙은 당원 6,600여만 명의 대표를 2,120명으로 정하여 각 단위별로 선거를 통해 확정하였다. 그런데 사망하거나 기율위반으로 자격을 상실한 인물을 제외하여 실제 참석한 대표는 2,114명이었으며,33) 특별 초청자를 포함하면 모두 2,154명이 참석하였다.

그리고 11월 13일에 강택민이 주재한 주석단 3차 회의에서 중앙위원회 위원(208명)과 후보위원(167명), 중앙기율검사위원회 후보위원(128명)을 선정한 다음 2,132명의 대표와 특별초청 대표들이 참석한 회의에서 무기명 투표방식으로 중앙위원회의 198명의 위원과 158명의 후보위원, 그리고 121명의 중앙기율검사위원을 선출하였다.34) 선출된 중앙위원은 모두 신중국 성립 후 활동하였으며, 일부는 개혁 개방이후에 참여한 젊은 간부들로 평균연령이 55.4세, 50세 이하가 1/5 이상이었으며 중앙위원과 후보위원의 반수 이상인 180여 명이 새로이 선출된 인물들이었다.35)

그리고 11월 15일에 중앙위원회 1차 전체회의를 소집하여 호금도

중공 당 16전 대회

(胡錦濤)를 중앙위원회 총서기, 호금도를 포함한 오방국(吳邦國), 온가보(溫家寶), 가경림(賈慶林), 증경홍(曾慶紅), 황국(黃菊), 오관정(吳官正), 이장춘(李長春), 나간(羅干) 등 9명으로 중앙정치국 상임위원회를 구성하였으며, 중앙정치국 상임위원회의 지명으로 증경홍, 유운산(劉雲山), 주영강(周永康), 하국강(賀國强), 왕강(王剛), 서재후(徐才厚), 하용(何勇) 등 7명이 중앙서기처의 서기가 되었다. 그리고 당 군사위원회 주석의 자리는 강택민이 그대로 갖고 있으면서 호금도를 부주석에 신출하여 등소평의 권력이양과 같은 방식을 채택하였다.

이로서 호금도를 핵심으로 하는 제4대 영도체제가 형성되었다. 그리고 호금도는 기자회견에서 등소평 이론의 위대한 기치를 높이 들고, 강택민이 제시한 3개 대표 중요사상을 전면적으로 관철할 것임을 천명하면서 이미 정해진 국가 정책의 실천과 목표를 달성할 것이라 하였으며, 마르크스 레닌주의, 모택동 사상, 등소평 이론과 함께 강택민의 3개 대표 중요사상을 당의 지도사상으로 삼을 것을 밝혀 제3대 영도체제의 사업은 제4대 영도체제의 사업으로 계승하게 되었다.

그리고 2003년 2월에 소집된 중공 당 16기 2중전회에서 제10기 전국인민대표대회에 추천할 국가 기구의 장을 결정하고, 호금도가 당 군사위원회 주석직을 물려받아 강택민은 당내 권력에서 완전히 떠나게 되었다. 그리고 3월에 소집된 제10기 전국인민대표대회에서 호금도는 국가주석, 온가보는 국무원 총리로 선출되어 호·온 체제가 정식으로 출범하였으나 국가 군사위원회 주석은 여전히 강택민이 맡았는데 2005년 3월에 소집된 10기 전국인민대표대회 제3차회의에서 호금도가 이도 이어 받아 새로운 제4대 영도체제가 확립되었다.

## 2. 시장경제 체제의 확립과 경제의 급성장

### 1) 시장경제 체제의 확립을 위한 경제 개혁

개혁개방으로 인하여 발생한 문제점을 해결하기 위하여 치리정돈(治理整頓)이 성공적으로 끝나갈 즈음인 1992년 초에 등소평의 남순담화로 시장경제체제로 나갈 것이 확인됨에 따라 이해 말에 다시 경기가 과열되어 경제적 위기 징조가 나타났다. 그리고 1993년의 중공 당 14전대회에서의 주제가 등소평의 남순담화를 이론화시켰기 때문에 이를 실현할 경제체제 즉 시장경제 체제를 확립하는 것이 강택민 체제의 당면목표였다. 따라서 경기 과열에 의한 경제적 위기징조를 해결하지 않으면 안 되었다.

당시 경기 과열은 주식, 부동산, 개발 붐에서 나타났다.36) 즉 이 세 분야는 막대한 자본이 필요한 것으로 전국적으로 상하를 구별하지 않고 각종 자금을 끌어 모았는데, 은행들도 이 기회에 이윤추구에 매진하여 기존의 금융제도에 충격을 가했다. 그리하여 금융계는 과다한 현금 투입과 신용대출로 은행의 지급준비 비율이 떨어지고 외화의 감소(兩多兩少)를 가져왔다. 그리고 투자를 위해 제멋대로 자본을 모으고, 빚을 끌어들이고, 경영을 어지럽히는 일(3란, 三亂)이 일어나 중국의 금융질서는 이미 무정부 상태에 빠져든 것과 같았다. 이로 인하여 물가가 폭등하고 통화가 팽창되는 부작용도 가져왔다.37)

또 개발 붐은 개발구를 설정해 다량의 농경지를 점유하였는데도 지방정부는 여전히 각종 세금을 거두어 들여 농민의 부담만 가중시켰다. 여기에 도시 주민들도 당시의 상황에 불만이어서 경제는 물론 사회적 위기로 까지 확산되고 있었다. 따라서 정부도 새로운 개혁방식을 찾지 않을 수 없었다. 이를 담당한 것이 주용기(朱鎔基)였다.

주용기는 1992년 10월에 중공 당 14전대회가 소집되는 날 국무원 증권위원회를 성립시켜 스스로 주임을 맡아 주식 붐을 정리하는데 앞장섰다. 그리고 1993년 4월에 총리에 연임된 이붕이 심장병으로 업무를 볼 수 없게 되자 주용기가 총리대리로서 과열된 경기부터 진정시키고자 하였다. 경제 운영의 거시적 조정을 위해 그는 우선 지방 지도자들과 만나 중앙에서 취하는 제반 정책을 지지해 달라고 요구하여 정책 집행의 장애요인을 해소하였다.

그리고 6월 하순에 북경에서 중앙재경회의를 소집하여 「거시적 조정을 위한 조치 16조」를 결정하고 이를 중공 당 중앙과 국무원이 하달하였다.[38] 그 내용은 경제에 관련된 것이 13조로 경제과열을 식히기 위한 조치로서 적당한 규모의 재정, 통화 긴축과 금융질서의 정리, 투자규모의 통제, 효과적인 공급 확대, 가격의 감독강화 등인데, 그 가운데 금융에 관련된 것만 11개조였다. 특히 제도화 가운데 금융체제, 외환무역 체제의 개혁이 포함되었다. 따라서 그 방식은 전처럼 행정적인 수단이 아니라 경제와 법률 수단을 통해 과열된 경기의 연착륙과 사회주의 시장경제체제를 건립하는데 목표를 두었다.

이를 위해 1993년 11월에 소집된 중공 당 14기 3중전회에서 「사회주의 시장경제 체제에 관한 약간문제의 결정(즉 시장경제 50조)」을 통과시켜[39] 중공 당 14전대회에서 제출된 경제체제의 목표와 기본원칙을 구체화하였는데, 이는 경제체제 개혁의 행동강령이기도 하였다. 이로부터 과열된 경기의 연착륙과 시장경제 체제로의 개혁이 본격적으로 추진되게 되었다.

### (1) 금융질서의 정돈, 개혁과 외환관리 체제의 개혁

주용기는 금융질서를 정돈하려 할 때, 중국인민은행장(中國人民銀行長) 이귀선(李貴鮮)이 반대하자 다음 달에 소집된 8기 전국인민대회 제2차 회의에서 그를 사직시키고 스스로 중앙인민은행장을 겸임한 다음 바로 전국금융공작회의를 소집하여 이른바 '약법 3장과 4항 임

태환권(외국인은 인민폐를 사용할 수 없어 태환권을 사용하였다.)

무'를 부여하는 금융개혁을 단행하였다.40) 그리고 이 과정에서 새로운 금융제도의 필요성을 절감하게 되었다.

금융개혁의 초점은 중앙은행의 조정과 감독기능의 강화아래 정책성 금융과 상업성 금융을 분리하는 것이었다.41) 그리고 국가은행을 주체로 각종 금융기관들이 분업 합작하는 금융계통을 확립하는 것이었다. 이를 위해 1995년에 중국인민은행법을 제정하여 중국인민은행에게 법적으로 이를 보장해주었으며 기존의 국가은행(중국은행(中國銀行)과 중국공상은행(中國工商銀行), 중국건설은행(中國建設銀行))은 정부 단독투자의 상업은행화를 단행하였다.42)

그리고 현대적인 자금대출 관리제도를 수립하고, 금융시장의 개방과 그 발전을 강화시켰다. 즉 자본시장에서 은행과 기업으로 하여금 금융채권과 기업채권, 주식 등 유가증권을 발행하였으며, 증권감독위원회를 설립하여 증권시장을 효과적으로 관리하였다. 대체로 1999년에 상해(上海)와 심천(深圳)거래소에 상장한 기업은 949개에 금액은 26471.17억 원에 달했으며, 분포는 제조업이 60.91%, 상업류가

10.43%, 금융업이 8.32%, 부동산업이 3.16%, 공공사업이 3.6%로 되었다.43)

특히 비은행권의 금융기관이 건전하게 발전 할수록 이끌어 나갔다. 즉 보험회사, 투자신탁회사, 증권회사, 기업집단의 금융회사 등 비은행권의 금융기관 업무범위를 나누고, 비은행권도 그 업무를 구분하였다. 예를 들어 신탁투자회사의 경우 신탁 대출, 증권매매와 융자를, 기업집단의 금융회사는 기업자금의 단기 융통을 위한 상업어음의 발행, 증권회사는 주식투자 이외에는 투자를 할 수 없도록 하였다.

이와 함께 외환관리 체제를 개혁하였다. 1994년부터 부동환율을 핵심으로 하여 모든 기업과 기관 사회단체의 외환수입은 반드시 국내로 들여오도록 하였으며, 은행에서 외환을 판매할 수 있게 하였다. 또 은행사이의 외환시장을 설립시키고, 환율을 시장의 수요에 기초하여 단일적, 통일적으로 교환율을 결정하였다.

그리고 1996년부터 국제통화기금의 규정을 받아들여 인민폐로 외환을 바꿀 수 있게 하였다(그 이전까지 외국인은 반드시 인민폐 태환권을 사용하여야 하였다).

(2) 재정과 세제의 개혁

주용기는 세제에 대한 개혁도 단행하였다. 개혁개방이래 중앙과 지방의 세수를 확정하고 확정된 세수를 갖고 중앙과 지방이 각기 스스로 재정의 균형을 유지하는 것이었다. 즉 중앙과 지방이 나누는 분세제도(分稅制度)였다. 이에 따라 지방의 지분은 중앙의 간섭 없이 독자적으로 운영할 수 있어 분권적인 경향이 나타났다.44) 이처럼 재정분권은 중앙의 재정능력을 크게 떨어뜨렸고, 1992년에 이르러 중앙정부의 재정지출은 반 이상을 채권이나 차관에 의존할 수밖에 없는 실정이었다. 뿐만 아니라 각성마다 실시되는 세수정책에 따라서 중앙정부는 각 지방마다 다르게 대책을 세워야 하는 입장이 되어 중앙정부의 통제력이 약화되었다. 이는 지방사이의 격차를 조장하게 되고 중앙정부와 지방정부 사이에 배분을 놓고 마치 상거래 하듯이 늘이고 줄이는 일들이 일어났으며 심지어 지방의 권력이 증대되는 현상이 나타났기 때문에 이러한 분세제도를 개혁하지 않으면 안 되었다.

즉 중앙 재정은 국방, 외교, 중앙 정부기관의 운영과 행정비, 경제조정, 지구발전의 협조에 따른 비용을 부담하고, 지방은 지방정부의 운영비와 지방 경제발전 비용을 확실하게 분담하도록 하였다. 그리고 국세와 지방세, 중앙과 지방의 공용세로 구분하였다.

그리고 세수방법도 개혁하여 중앙과 지방에 징세기관을 따로 두고 징수하였다. 즉 국가와 지방세무국을 따로 독립시켜 전자는 국세와 공용세를 징수하고, 후자는 지방세를 징수하였다. 그리고 중앙에서 거두어 들인 세수를 지방으로 이전하는 반환제도를 확립하였다. 결과적으로, 세금은 중앙정부가 징수하고 이를 지방으로 돌려보내는 제도로 바뀜에 따라 과거에는 중앙정부가 지방에 의뢰하던 것이 반대로 지방이 중앙에 의뢰하는 현상으로 바뀌어 중앙의 통제, 조정권이 확대되었다. 예를 들어 1993년의 개혁 전에 중앙정부의 재정은 상해에 대한 의뢰도가 87.5%였는데 신세제 실시 후 상해시정부는 오히려 중앙정부에게 10.9%를 의뢰하게 되었으며, 광동성의 경우 4.6%가 28.3%로 역전되었다.45)

그리고 세금부과와 징수제도도 자진신고납세 제도를 수립하고, 기한을 위반하거나 탈세행위에 대하여 법에 따라 처벌하도록 하였다. 그리고 신고납부 대리제도를 채택하여 회계사나 법률사무소가 이를 맡도록 하여 시장경제의 수요와 국제적 관행에 접근해 갔다. 또한 기업에 대한 엄격한 세무조사 제도를 수립하였다.

(3) 가격체계의 개혁

1993년에 물가가 급등하게 된 원인은 통화의 팽창과 수요에 비해 공급의 부족도 있었지만 더 큰 원인은 기초 상품 생산에 대한 생산원가의 통제를 풀어주면서도 시장과 물가관리를 제대로 못했기 때문이었다. 즉 식량 구매와 전기, 교통 등의 요금을 현실화시켜 가격을 조정하고, 공업상품에 대한 가격을 풀어 비록 시장원리에 순응하고 경제구조의 조정에는 적극적인 작용을 하였다고 하지만 물가 상승을 유발하였던 것이다.

이에 전면적인 사회주의 시장가격제도와 관리체계로 들어갔다. 경쟁성 있는 상품의 가격을 계속적으로 개방해 나갔다. 그리고 건전한 가격을 형성 유지하도록 거시적 조정체계를 갖추고 가격관리의 수준을 높였다. 또한 가격관리의 규범화 법제화를 기하기 위하여 1997년 12월에 「중화인민공화국 가격법」을 반포하고 이를 핵심으로 시장경제가 요구하는 법률체계를 갖추어 나갔다.

그리하여 그동안 계획경제 아래의 가격체계가 상품과 노임의 가격이 시장에 의하여 결정되었다. 1998년의 경우 사회 갖가지 상품의 가격은 직접 생산자와 경영자가 80%-90%의 상품에 대한 가격결정권을 장악하고 있었다.

(4) 국유기업의 현대적 기업화와 개인 기업의 장려

국유기업46)은 전민소유로 국가가 경영하고 국가의 계획아래 생산하고 국가가 판매하며, 손실을 입으면 국가가 보조하여 왔다. 그리고 국유기업이 주요 기초공업, 중공업, 많은 수의 유통기업을 지배하고 있어 국민경제의 중요 명맥을 장악하고 있었다. 개혁개방 이후 기업의 자주권을 확대하고, 기업의 소유권(전민소유로 정부가 대표)과 경영권(기업 책임자의 독자 경영)을 분리하여 기업은 도급을 받아 계약을 통해 일정한 액수를 상납하고 남은 이윤을 기업에 남겨 주는 제도를 실시하였다. 그런데 과거 계획경제의 경영방식을 그대로 갖고 있어 기업은 부실화되고 오히려 국가의 이익과 자산을 침해하는 결과를 가져와 대대적인 개혁이 요구되었다.

1992년 7월에 국무원은 전민소유제 공업기업의 경영전환조례를 제정 반포하여 기업개혁에 대한 새로운 조치를 취하였다. 즉 기업개혁을 시장경제 체제의 건립이란 틀 안에서 중요한 개혁으로 간주하여 당과 정부가 주력하여야 하며, 기업이 자주 경영권을 갖고 국내 국제 시장에 들어가 경쟁하고 손익에 대한 책임감을 더욱 크게 가져야 하며 국가재산을 보호하고 증식하여야 한다고 하였다.

이에 따라 각 지방정부는 국유기업의 개혁에 착수하여 인사, 노동, 임금문제의 개혁방안을 제시하고 실시에 들어가 계약제를 채택하였다. 그리고 정부도 이로 인해 발생된 문제를 해결해 주기 위하여 자리를 잃은 직원과 노동자들의 안정문제, 재취업까지의 보험 등에 관한 규정(초안) 등을 제정하였다. 또한 기업의 경쟁력 있는 경영을 위하여 기업재무 통칙, 기업회계 준칙을 제정하였으며 기업의 노동쟁의 처리조례, 부당경쟁 반대법을 제정하고 1993년 7월부터 시행하였다. 그러나 이러한 조치를 취했음에도 불구하고 국유기업의 개혁은 예상대로 이루어지지 않았다. 이에 현대적인 기업으로의 개혁이 절실히 필요하게 되었다.47)

1993년 11월에 소집된 중공 당 14기 3중전회에서 기업개혁 방향을 시장경제가 요구하고 있는 명확하고 분명한 자산관리(산권명석(産權明晰)), 권리와 책임의 명확(권책명확(權責明確)), 정부와 기업의 분리(정기분개(政企分開)), 과학적인 관리(관리과학(管理科學))의 현대적 제도를 건립하는데 두었으며, 조건이 갖추어지면 독립채산제로 회사화하는 것으로 하였다. 이를 위해 12월에 전국인민대표대회 상임위원회에서 중화인민공화국 회사법을 통과시켜 1994년부터 국유기업을 현대적 기업으로 개혁하기 시작하였다.

우선 대중형 기업 가운데 100개의 기업을 선택하여 시범적으로 개혁을 실시하였는데, 원칙을 효과적인 공유제와 시장경제를 결합하여 기업경영을 바꾸고 경제 효과를 높여 생산력을 높이며, 정부가 기업의 생산과 경영에 간섭하지 못하게 하여 시장경제 원칙에 따라 독자 경영하도록 하며, 국유재산 관리와 경영체계를 분리하여 기업의 재산권을 분명히 해 기업이 법인으로 민사상의 독립된 권한과 책임을 갖고 스스로 이윤을 남겨 스스로 발전하도록 하였으며, 내부적인 조직, 관리의 규범화, 과학화로 매진하게 하였다.

따라서 기업의 국유재산은 국가가 투자한 재산으로 국가 또는 기관으로부터 위임받은 투자기관이 기업의 주주로서 역할하게 되었다. 이에 특정 생산업체의 경우를 공사(公社)화하는 이외에 유한회사, 또는 주식회사로 개조하고 회사법에 따라 주주총회를 두고 여기에서 이사회, 감사회를 선임하였다. 그리고 기업의 인사 노동 임금제도를 개혁하여 관리직의 국가 간부 신분을 취소하고, 관리직과 생산직의 신분 한계를 철폐하였으며, 임금의 경우 국가에서 간접적으로 임금의 기준을 정하였다.

이처럼 중앙에서 100개 기업을 선택하여 시범적 개혁을 시작하자 뒤따라 지방정부에서도 시범적으로 개혁을 실시하였으며 선택되지 못했던 기업들도 스스로 개조하여 1996년까지 계속되는 과정에서 상당한 효과를 보았다. 그리하여 국유기업의 민영화가 이루어졌는데, 물론 일부는 파산되거나 합병되거나 처분되기도 하였으며 경영합리화에 의한 감원으로 다수의 실업자가 발생하는 등 문제점을 가져왔다.

한편, 개인기업의 경우[48] 1988년에 수정된 중화인민공화국 헌법에서 개인기업의 합법적 지위를 부여하고 그 존재와 발전을 인정하였으나 그 지위는 사회주의 공유제 경제를 보충해 주는 것에 불과하였다. 따라서 국가가 개인기업에 대한 관리 감독을 하게 되었다. 그런데 1989년 천안문 사건이후 개혁개방파가 정권을 장악하고, 1992년에 등소평은 남순 담화의 형식을 빌려 개혁개방파를 적극 지원해줌에 따라 1992년에 소집된 중공 당 14전 대회에서 시장경제를 앞세운 중국특색의 사회주의 이론을 당장(黨章)에 삽입시켜 적극적인 개혁에 착수하면서 개인기업의 위상이 높아져 마침내 개인기업도 사회주의 시장경제의 한 중요한 부분이 되었다.[49]

중국은 처음에 소규모의 사유기업을 허락하고 점차 대기업으로 확대하였으며 외국자본을 받아들이면서 외자 합작기업, 외자기업을 허락하여 개인기업의 합법성을 인지시켰다. 그리고 국유 소기업의 개혁을 단행하였는데, 이는 소기업에서부터 시작함으로써 충격을 줄이기 위한 것이었다. 이 때문에 소련에서와 같은 급격한 정치 경제와 사회파동은 일어나지 않았다. 또 개인기업의 등장으로 기업사이의 경쟁은 있었으나 서방 국가들의 기업경쟁과 같은 것은 일어나지 않았다.

사유화를 인정하지 않았던 중국에서 개인 기업의 합법화는 국유기업의 범위와 규모를 축소시켰으며 계획경제에서 사회주의 시장경제체제로 이행되는 과정에서 인식을 전환시키는데 중요한 역할을 했다. 따라서 개인기업의 역할과 경제발전에서 가져온 공헌을 무시할 수 없게 되었다.

개인기업의 발전 상황50)

| 구 분 | 1989 | 1992 | 1995 | 1998 | 2000 |
|---|---|---|---|---|---|
| 등록 기업수(만개) | 9.1 | 14.0 | 65.5 | 120.1 | 176.2 |
| 출자인 수(만명) | 21.4 | 30.3 | 134.0 | 263.8 | 395.3 |
| 고용인 수(만명) | 142.0 | 201.5 | 822.0 | 1,445.3 | 2,011.1 |
| 등록자본(억원) | 84.5 | 221.2 | 2,621.7 | 7,198.0 | 13,307.7 |
| 공업생산(억원) | 89.2 | 189.4 | 2,036.1 | 5,018.7 | 9,005.4 |
| 상품판매(억원) | 33.7 | 90.7 | 1,006.4 | 3,059.3 | 5,813.5 |

(5) 무역체제의 개혁과 무역의 증가

중국의 경제발전이 급성장하게 된 것은 자체의 충분한 노동력을 바탕으로 외국기업의 상품을 생산해주는 세계 공장 역할로부터 시작되었다. 그리고 국내 산업에 영향을 주는 수입품에 대하여 높은 관세를 부과하여 국내 산업을 보호 육성하였다. 그리고 경제발전에 따라 중국인들의 소득이 향상되어가면서 국내시장도 개방되어 중국은 세계의 시장으로 바뀌어 교역량도 대폭 증가되었다.

이는 국제 시장 경제체제로 무역체계를 개혁하면서 가속화 될 수 있었다. 즉 계획경제시대에는 대외무역부에서 소속된 수출입회사가 전문적으로 무역을 담당하여 왔는데, 1987년부터 실시된 국유기업체제의 개혁과 함께 지방정부에게도 허락하였다. 즉 무역회사의 설립과 경영권을 허가 심사할 수 있는 권한을 부여하였다. 단지 중요 상품으로 공급의 제한과 가격이 민감한 상품의 수출입에 한하여 국가의 계획아래 지정된 무역회사가 취급하도록 하는 직접 혹은 간접 규제를 실시하고, 그 밖의 것은 시장의 기능에 맡겼다.

1990년대에 들어와 대외무역 기업에 대한 국가보조를 취소하고, 상품의 수입관세를 내렸으며 대형의 무역회사를 설립하였다. 그리고 1994년에 무역회사의 독자경영과 평등경쟁, 공업과 무역을 결합시켜 무역체계의 발전적 방향을 제시하였다. 특히 1995년에 허가 배분하는 상품의 품종을 53종에서 36종으로 줄이고(2002년에는 33종), 세목도 742개 항목에서 354개 항목으로 줄였다. 그리고 관세의 인하는 무역의 발전을 더욱 촉진시켰다.

대체로 1992년부터 2001년까지의 관세율의 변화는 다음 표와 같다.

관세율의 변화(1992-2002)[51]

| 연 도 | 1992 | 1993 | 1995 | 1997 | 2001 |
|---|---|---|---|---|---|
| 평균관세율 % | 43.2 | 36.4 | 23.0 | 17.0 | 15.3 |

무역체제의 개혁과 함께 중국의 무역량이 급속도로 성장하였다. 그러나 그 중요한 이유는 외국자본의 투자로 중국이 그들의 생산기지가 되었기 때문이다. 이는 2002년 까지도 가공수출이 총 3021.7억 달러로 전체 수출의 48.8%를 차지하고 있는 것으로 알 수 있다.

중국의 대외무역 비교[52]

(단위 억 달러)

| 연 도 | 무역총액 | 수 출 | 수 입 | 차 이 | 전년도와의 증감율 | | |
|---|---|---|---|---|---|---|---|
| | | | | | 무역총액 | 수 출 | 수 입 |
| 1981 | 440,3 | 220,1 | 220.2 | -8 | - | - | - |
| 1989 | 1116.8 | 525.4 | 591.4 | -66.02 | 8.7 | 10.6 | 7.0 |
| 1990 | 1154.4 | 620.9 | 533.5 | 87.46 | 3.4 | 18.2 | -9.8 |
| 1991 | 1357.0 | 719.1 | 637.9 | 81.19 | 17.6 | 15.8 | 19.6 |
| 1992 | 1655.3 | 849.4 | 805.9 | 43.55 | 22.0 | 18.1 | 26.3 |
| 1993 | 1957.0 | 917.4 | 1039.6 | -12,215 | 18.2 | 8.0 | 29.0 |
| 1994 | 2366.2 | 1210.1 | 1156.1 | 53.91 | 20.9 | 31.9 | 11.2 |
| 1995 | 2808.6 | 1487.8 | 1320.8 | 166.96 | 18.7 | 23.0 | 14.2 |
| 1996 | 2898.8 | 1510.4 | 138,833 | 122.15 | 3.2 | 1.5 | 5.1 |
| 1997 | 3251.6 | 1827.9 | 1423.7 | 404.22 | 12.2 | 21.0 | 2.5 |
| 1998 | 3239.4 | 1837.1 | 1402.4 | 434.75 | -0.4 | 0.5 | -1.5 |
| 1999 | 3606.3 | 1949.3 | 1657.0 | 292.32 | 11.3 | 6.1 | 18.2 |
| 2000 | 4742.9 | 2492.1 | 2250.9 | 241.09 | 31.5 | 27.8 | 35.8 |
| 2001 | 5097.7 | 2661.6 | 2346.1 | 225.50 | 7.4 | 6.7 | 4.2 |
| 2002 | 6207.7 | 3256.0 | 2951.7 | 304.30 | 27 | 22.0 | 25.1 |
| 2003 | 8509.9 | 4383.2 | 4127.6 | 255.60 | 37 | 34.6 | 39.8 |

(6) 대외 개방의 확대

1990년대에 들어와 중국은 상해 포동(浦東)지구를 개방 개발하기로 하면서 또다시 개방의 바람이 일어났다. 특히 중국의 국내경제가 급속히 발전하면서 수출상품의 품질도 향상되어 중국의 수출 가운데 공업완제품은 86.9%를 차지하였다. 무역액도 1978년의 206억 달러에서 1997년에 3,250억 달러에 달해 세계 32위에서 10위로 올랐다. 외환보유고도 1.7억 달러에서 1,400억 달러로 늘어나 일본에 이어 세계

포동지구의 개발

제2위를 차지하였다.

이와 같은 급성장은 대외 개방으로 인한 외국자본의 투자에 의해서 이루어진 것이다. 특히 1992년이래 외자의 투자 영역을 확대하였기 때문에 규모가 증가되었을 뿐만 아니라 상품의 종류도 많아졌다. 대체로 1997년말에 중국이 승인한 외자 투자기업은 30여만 개에 달하였으며, 계약액은 5,200억 달러에 실제 이행된 것은 2,200억 달러였고, 투자기업으로 문을 연 것은 14.5만개였으며 취업자 수는 1,750여만 명이었다. 세계적인 다국적 기업으로 제조업 500개 가운데 300개 이상이 중국에 투자하고 있으며, 갈수록 늘어나는 추세이다.

대외 개방으로 인해 선진 기술과 선진 관리 경험을 받아들여 현대화 된 생산설비를 갖추게 되어 효과적으로 중국 국민경제의 수준과 질을 높였다. 이에 따라 중국 상품의 수준이 국제적 선진 기술 수준에 다다르고 중국 경제 발전을 가속화 시켰다.

대체로 1992년에 상해 포동신구를 성립시켜 향후 10년 동안 적극적으로 개발하기로 하고, 해남성의 양포(洋浦) 특구개발구를, 1992년 4월에 장강 연안의 무호(蕪湖), 구강(九江), 악양(岳陽), 무한(武漢), 중경

(重慶)을 개방하여 연해와 연결되었으며, 흑룡강성의 흑하(黑河)와 수분하(綏芬河), 길림성의 혼춘(琿椿), 내몽고자치구의 만주리(滿洲里)를 개방하여 변경지역도 개방하였다(이를 연해(沿海) 연강(沿江), 연변(沿邊)의 3연(沿)이라 칭함). 9차 5개년계획 기간(1996-2000)의 서부개발도 이와 관련된 것이었다. 따라서 80년대의 개방의 정신은 연해우선으로 되었으나 90년대에 들어와서는 전국적 균형을 이루려는 면이 있었다.[53] 대체로 1997년까지 중국은 1,194개 현(시)이 개방되었다. 이로 인해 중국 관광산업의 발달을 가져와 1978년에 180여만 명의 관광객이 1997년에 5,758만 여명으로 30배나 늘어났다. 이에 따라 외화수입도 1978년에 2억 여 달러에서 1997년에 120여 억 달러로 44.9배나 증가했다. 대외개방으로 중국 기업도 해외에 투자하였는데, 해외주식 시장에 상장된 기업도 상당수에 달하고 있다.

(7) 외국자본의 투자

개방초기에 주로 차관에 의존하던 외국자본도 1990년대에 들어와 외국상인의 투자가 외자를 초과하게 되었으며,[54] 액수도 늘어나 외국상인의 투자는 1992년의 581.24억 달러로 1991년보다 385.3% 증가했고, 이는 1979년부터 1991년까지의 누계보다도 많은 것이었다. 그리고 다음 해부터는 더욱 대규모의 투자가 시작되어 미국 다음으로 세계 두 번째로 외국자본이 유입되었다.

이에 1995년 하반기부터 외국인 투자를 양적인 것에서 질적인 것으로 전환하여 우대조건을 점차 줄여나갔다. 그 결과, 1996년에 외국상인의 투자항목과 액수가 1995년과 비교하여 33.7%와 19.7%나 감소했다. 그리고 뒤이어 일어난 아시아 금융위기로 인해 외국인의 투자는 한동안 회복되지 않았다.

중국이 외국자본을 받아들이는 형식은 대체로 직접투자 방식과 기타 방식으로 구분된다. 직접투자 방식은 중외 합자기업 경영, 중외 합작기업 경영, 위탁가공 및 보상무역의 형식이 있다. 합자경영기업은 주식형식의 합영기업으로 중외합자 경영기업법에 따라 중국정부의 승인을 받아 경영하는 유한책임회사이다. 합자기업은 외국기업이 기존의 중국기업의 주식을 취득하는 방식으로 중국기업에 투자하거나 쌍방이 일정 비율로 투자하여 새로 기업을 세우기도 한다.

중외 합작기업경영은 계약식 합영기업으로 쌍방이 체결한 계약에 따라 공동으로 기업을 경영하는 방식이다. 당사자의 권리와 의무는 투자자본의 비율로 결정한다. 독자경영기업은 외국인이 중국에 전액 출자하여 설립한 기업으로 독립 경영한다. 위탁가공 및 보상무역에서 위탁가공이란 외국계약 당사자가 제공하는 원자재, 부자재 또는 부품으로 외국 계약자의 요구에 따라 가공 조립한 제품을 외국계약자에게 납품하는 방식이며 보상무역이란 외국측이 중국에 기계설비, 생산기술, 원자재 및 기타 제품을 제공하고 중국은 이를 이용하여 생산한 제품 혹은 기타제품을 제공하거나 혹은 쌍방이 합의한 기타 제품을 대금으로 상환하는 것이다.

## 2) 아시아 금융위기의 극복과 경제발전의 가속화

### (1) 인민폐의 안정과 외자유치

1997년 7월에 태국에서 시작된 금융위기는 빠른 속도로 주변의 인도네시아, 필리핀으로 영향을 미쳤고 경제기초가 튼튼하였던 싱가포르, 홍콩, 대만과 우리나라 일본으로까지 확대되었다. 이에 따라 중국도 수출의 감소와 외국인 자본의 유입이 감소되는 결과를 가져왔다. 그런데 다행스럽게도 중국은 1993년대 말에 소집된 중공 당 14기 3중전회이래 시장경제 체제로의 금융체제를 개혁해 왔기 때문에 금융질서가 호전되고 과열되었던 경제도 연착륙되었기 때문에 비교적 방어능력을 갖춘 기반을 구축하고 있었다.

따라서 금융위기가 나타나 위기에 처한 나라들의 환율이 급등함을 보고 인민폐도 절하될 것이라는 예측이 난무하였으나 국내경제의 성장과 물가의 안정, 국제무역의 흑자와 1,400억 달러의 외환보유고가 있었기 때문에 끝까지 인민폐를 절하하지 않았다. 특히 인민폐가 불안하게 되면 홍콩의 금융안정에도 영향을 미칠 수 있었기 때문에 인민폐를 절하하지 않았고, 정부 당국자는 이를 수차례 대외에 확인시켰다. 즉 1997년 11월 말에 주용기 총리는 일본경제신문(日本經濟新聞)과의 대담에서 인민폐를 절하해 중국의 수출을 촉진하지 않겠다는 뜻을 처음으로 또 공개적으로 분명히 확언하였다.

그리고 인민폐의 안정을 위해 수출을 가능한 한 늘렸는데, 수출상품의 질을 높이고 수출국의 다변화, 수출기업의 구조개혁을 통한 원가절감과 직접 수출을 허락하고, 신용대출을 늘려 자금문제를 해결해 주었다. 또한 해외 자본의 유치를 위하여 지역과 투자환경을 개선하고 투자와 세금우대정책을 썼다. 이에 따라 그동안 외자 유치의 문제점도 동시에 해결하게 되었다.

1998년 1월부터 외국인 투자산업 지도목록을 수정하여 규정에 정한 상품이외에 대하여 투자 총액 안에서 스스로 시설하는 설비에 대한 관세를 면제해주어[55] 선진 설비와 기술을 들여올 수 있게 되었고 이로 인해 국내 생산기술도 발달되게 되었다. 또한 금융지원을 통해 투자를 장려하였으며, 생산품을 직접 수출하게 하여 대외수출을 크게 확대하였다. 그리고 외자 도입에 따른 불리한 규정과 정책을 정비하고 조정하였다.

그리고 2001년에 중국은 WTO에 가입하게 되자 외자도입규정과 WTO규정을 연계시켜 대외개방을 확대하고, 적극적으로 외자를 유치하였다. 그리고 외국인 투자산업 지도목록과 규정을 수정하여 전통농업의 개조와 산업화, 교통·에너지·원자재 등 기초산업과 설비, 전자·정보통신연구, 환경 등에 이르기까지 외국자본의 투자영역을 확대하였다. 또한 외자투자 항목의 심사도 개선해나가 다국적 기업의 진출이 늘어났으며 외국인이 참여할 수 있는 주식시장의 개방으로 투자회사들의 간접 투자도 유입되었다.

대체로 2002년에 중국에 투자한 10위까지의 국가와 지역은 홍콩(178.61억 달러), 버진 아일랜드군도(61.17억 달러), 미국(52.24억 달러), 일본(41.90억 달러), 대만(39.71억 달러), 한국(27.21억 달러), 싱가포르(23.37억 달러), 케이맨군도(11.80억 달러), 독일(9.28억 달러), 영국(8.96억 달러)이며, 전체 외자의 86.50%를 점하고 있는데 대부분 제조업 중심이었다.[56] 이는 1990년대 이래 경제개혁 과정에서 자본과 기술의 부족과 기업경영 능력과 체질의 악화를 외자 기업을 통해 개선하고 경제성장을 이끌어가려 하였기 때문이다. 따라서 중앙에서 지방에 이르기까지 적극적으로 경쟁적으로 외국의 공장을 유치하였다.

외국자본의 투자 현황(1998-2002)[57]

| 연 도 | 1998 | 1999 | 2000 | 2001 | 2002 | 2003 | 2004 |
|---|---|---|---|---|---|---|---|
| 합작투자 | 632 | 520 | 711 | 720 | 828 | ** | ** |
| 외국인직접투자 | 455 | 403 | 407 | 469 | 527 | 535 | 606 |

2003년, 2004년은 중국통계국의 외자통계에 의함 (단위 억 달러)

또한 외환과 외채의 관리를 강화해나갔다. 각 은행들에게 엄격하게 국가에서 정한 법규를 지키도록 하고, 외화로 구매되는 지출과 거래는 반드시 국가외환관리국의 승인을 받도록 하여 국제수지 균형을 맞추었다. 그리하여 외환 수지 질서가 안정되고, 외채의 합리적 규모와 국제 수지의 균형을 유지하여 인민폐의 안정을 가져왔다.

(2) 내수 경기 확대정책의 실시

중국은 1990년대 중반 과열된 경제구조를 연착륙시키면서 상품의 생산과 공급이 균형을 이루어갔다. 1998년 초에 조사된 자료에 보면 전국 601종의 상품 가운데 균형을 이룬 것이 74.2%, 과잉공급이 25.8%로 공급부족이 없었다.[58] 농민 소득이 점차 낮아져 구매력이 떨어지고, 국유기업의 개혁과 사회보장, 주택과 의료위생제도의 개혁으로 수입은 감소되고 지출은 늘어날 추세여서 소비 증가율도 속도가 늦어졌다. 여기에 1998년의 대홍수는 경제성장의 목표를 달성하는데 부담이 되었으며, 개혁과 발전에 시련을 안겨주었다.

따라서 적극적인 재정정책과 안정된 화폐정책을 내용으로 하는 내수확대정책을 취했다. 1998년 2월에 소집된 중공 15기 2중전회에서 강택민은 1998년의 경제정책은 경제의 성장속도를 유지하고 내수확대에 노력하여 국내시장의 거대한 잠재력을 발휘하자고 하였다. 그리고 국내 총생산의 목표를 8% 성장 목표로 정했다.

이에 재정정책으로 장기 건설국채를 발행하여 고정자산에 투자를 늘려, 기간 산업시설의 확충을 추진하였다. 그리고 다음해에 기간 시설의 확대와 함께 기술의 개조에 역점을 두어 기술 향상을 도모하고 생태환경 보호를 강화하고, 교육과 문화시설의 기반을 구축하는데 투입하였다. 그리고 경제개발의 불균형을 해소하기 위하여 서부개발에 나서 2000년 3월에 소집된 제9기 전국인민대표대회 제3차 회의에서는 국채의 70%을 중서부에 투입하기로 결정하였다.

이와 함께 주민 수입을 올려 소비를 활성화시켜 경제성장의 동력으로 삼았다. 이를 위해 1999년 7월 1일부터 임금과 퇴직금, 실업보험금 등을 높이고 퇴직인원에 대한 양로금도 올렸다. 이 때문에 국가의 재정지출은 540억 원 늘어났으나 전국적으로 8,400만 명이 혜택을 보아 구매력을 향상시키고 소비를 자극하였다. 특히 신용카드를 이용한 소비 심리의 확대, 대학생의 입학정원 확대와 법정 공휴일의 연장 등의 방법으로 소비영역을 확대시켰다.

안정적인 화폐정책을 취하여 통화 공급량을 적당히 조절하고, 상업은행의 대출 한도액에 대한 중앙은행(중국인민은행)의 통제를 취소하고, 자산과 부채의 비례 관리제를 실시하였다. 그리고 예금과 대출이율을 낮추어 기업의 금융부담을 덜어주고, 국채 발행의 부담도 덜었다. 동시에 법규와 창구지도를 통해 대출금은 경제 구조조정에 쓰이도록 유도하여 중소기업과 고급 신기술 기업, 농업에 투자하였으며, 소비를 자극하기 위하여 주택과 신용대출을 늘렸다.

이처럼 금융위기를 극복해나가면서 끊임없이 국유기업의 개혁과 발전방향을 모색하여 그 수익의 증대를 가져와 세계 500대의 기업 가운데 포함되는 중국의 기업 수도 증가되었다.

세계 500대 기업에 포함된 나라와 기업 수59)

| | 1996 | 1999 | 2000 | 2001 |
|---|---|---|---|---|
| 미 국 | 162 | 179 | 185 | 197 |
| 일 본 | 126 | 107 | 104 | 88 |
| 한 국 | 13 | 12 | 11 | 12 |
| 중 국 | 3 | 9 | 11 | 11 |

그리고 중국은 개방초기 값싼 노동력에 의존한 상품생산 중심의 세계 공장에서 이제는 거대한 상품시장으로 면모를 바꾸게 되고, 그 힘을 바탕으로 2001년에 WTO에도 가입되어 세계 경제의 한 축을 이루게 되었다.

### (3) 중국경제의 발전과 미래목표

중국경제발전의 최종 목표는 21세기 중엽에 사회주의 현대화를 이룩하는 것이며 이를 위해 1987년에 이른바 '삼보주(三步走)' 전략을 세웠다. 즉 제1보는 1981년부터 1990년까지 국민총생산을 1980년의 배로 늘려 국민을 배고프지 않고 따뜻하게 살도록 하는 것이며, 제2보는 20세기 말까지 국민총생산을 다시 배로 늘려 국민의 생활수준을 소강(小康) 수준으로 끌어올리는 것이며, 제3보는 21세기 중엽에 국민총생산이 중등 개발 국가의 수준에 도달하여 비교적 부유한 생활을 누려 기본적인 현대화를 이룩한다는 것이다. 그런데 계획보다 3년 앞서 1987년에 배로 성장하였으며, 또 계획보다 5년 앞서 1995년에 두 배로 성장하는 목표를 달성하여 이미 소강사회로 진입하였던 것이다.

**각국의 성장속도**(배 이상 성장에 소요된 기간)60)

| 국 가 | 소요기간(년) | 비 고 |
|---|---|---|
| 영 국 | 58 | 1780-1838 |
| 미 국 | 47 | 1839-1886 |
| 일 본 | 34 | 1885-1919 |
| 브라질 | 18 | 1961-1979 |
| 한 국 | 11 | 1966-1977 |
| 중 국 | 10 | 1977-1987 |

이렇게 되자 1995년에 「9차 5개년계획과 2010년의 미래목표」를 정하였으며, 중공 당 15전 대회에서 새로운 삼보전략을 다시 정했다.

이에 따르면 제1보는 2001년부터 2010년까지 국민총생산을 2000년의 배로 늘려 국민의 소강생활을 더욱 부유하게 하며, 제2보는 2011년부터 2020년까지 국민총생산을 배로 늘려 부유한 소강사회를 만들며, 제3보는 2021년부터 2050년까지 기본적 현대화를 이룩하여 중등 개발 국가 수준의 부강한 민주, 문명의 사회주의 현대화된 국가를 세운다는 것이다.

이 신 삼보전략에 따라 제1보의 목표를 달성하기 위하여 10차 5개년계획을 세웠는데, 기간동안 경제성장의 속도를 평균 7-8% 유지하여 2010년에 GDP 한 배를 성장시키기로 목표를 정했으며 이 계획은 2002년에 소집된 중공 16전 대회에서 받아들였다.

그러나 각 지역마다 경제발전의 차이가 있기 때문에 현대화의 목표를 지역마다 다르게 설정하지 않으면 안 되었다. 연구 발표된 각 지역의 목표달성은 상해가 2015년에 현대화의 단계로, 북경은 2018년, 광동성은 2021년, 천진시는 2026년, 강소성은 2033년으로 계획보다 앞서 현대화를 가져오며, 2050년 이전에 13개 성, 시의 현대화를, 2060년이전에 27개 성, 시, 자치구의 현대화를, 마지막으로 2062년부

터 2075년까지 감숙, 청해, 귀주, 티베트의 현대화를 달성한다고 하였다.61)

## 3. 사회의 변화

### 1) 개방의 확대-경제의 급성장과 사회 계층의 변화

개방과 개혁의 확대로 중국경제는 급성장하였다. 1979년부터 1999년까지 20년 동안 중국의 GDP 성장률은 20배, 매년 평균 실질 성장률은 9%를 초과하였다. 이 기간 동안 공업과 농업의 생산은 각각 8배와 17배 성장하였으며, 소비수준도 18배, 무역의 총액은 17배가 성장했다.

1980년대에 들어와 개혁개방정책은 농촌에서 집체적 농업구조를 가정 중심의 생산구조로 바꿨으며62) 그 결과 잉여 노동력을 부업과 상공업 활동으로 전환시켜 인민의 수입과 소비가 크게 향상되었다. 이는 경제적인 변화뿐만 아니라 사회적으로도 불평등의 관계가 줄어드는 효과를 가져왔다. 그런데 농촌중심으로 시작된 개혁개방이 점차 확대되면서 도시중심의 공업화 정책을 펴나가자 농촌의 복리를 소홀하게 되고, 더욱이 외국의 자본과 기술에 의존하는 수출위주의 공업이었기 때문에 도시와 농촌의 관계와 사회 계층사이에 모순이 나타났다.

그리고 쾌속도로 경제가 성장하면서 사회 전체로는 경제적으로 부유하여졌으나 지역에 따라서 도시와 농촌, 그리고 도시내부와 농촌내부에 빈부 차가 현격하게 나타났다. 이러한 현상은 지역내부에서도, 같은 업종사이에서도 수입의 차이가 확대되어 사회계층의 분화를 더욱 촉진하고 분명하게 하였다. 특히 1984년의 호구관리 규정이 바꾸면서 농민도 스스로 식량과 자본을 갖고 도시로 들어갈 수 있었으며, 1993년에는 식량의 생산 배급제마저 없어졌기 때문에 도시와 농촌의 장벽이 무너지게 되었다.[63] 또한 농민, 노동자, 당 간부로 구분되던 사회계층도 먼저 부자가 되는 것을 허락하는 발전전략을 내세우면서 민영기업과 개인 상공업의 급속한 발전으로 소자산계급이 형성되었고, 이전부터 존재했던 계층내부에서도 변화가 일어나 계층의 분화는 급속도로 진행되었다.

최근 중국사회계층의 연구에 따르면 국가와 사회 관리자, 일반기업의 경영자, 민영기업주, 전문가, 사무직, 개인 상공업자, 상공업자의 직원, 산업노동자, 농업노동자 도시와 농촌의 실업자 등 10계층으로 나누고 있다.[64] 또한 계층의 유동도 개혁개방이래 급속도로 확대되었다.

예를 들면 동일 세대안의 유동은 1979년 이전에 전직에서 현직으로 옮긴 것이 13.3%에 불과하였으나 1980년부터 1989년 사이에는 30.3%, 1990년부터 2001년 사이에는 54.2%에 달했다. 이는 개혁개방 이전에 거의 이동 없이 한 직장에서 오래 근무하였음을 보여주는 것이며, 같은 직장에서의 신분 변동도 상승되는 경우 1979년이전에는 7.4%, 1980년부터 1989년까지는 18.2%, 1990년부터 2001년까지는 30.5%로 높아지고 있으며 하향되는 경우도 각각 5.9%, 11.5%, 23.6%로 높아지고 있다.[65]

### 2) 빈부의 격차와 도시와 농촌의 차이

사회 계층의 변화와 함께 빈부의 차가 심화되었다. 수입에 따라 5등분하여 분석한 결과에 따르면 20%의 고소득자와 20%의 저소득자의 평균비율은 1990년에 4.2배, 1993년에 6.9배, 1999년에 9.6배, 2001년에 11.76배로 그 간격이 벌어졌다. 특히 중국이 WTO에 가입한 다음에 빈부의 차이는 더 커졌다.

빈부의 차이는 계층 간의 소득차이에서 비롯되었지만 업종, 지역의 경우 농촌과 도시, 연해지역과 내륙에 따라서 현격한 차이가 존재했다. 농민의 경우 1978년 상해 농민의 평균수입은 290원인데 감숙성은 98원으로 차이가 1:2.96, 1984년에는 785원과 221원으로 1:3.55, 1991년에는 2,003원과 446원으로 1:4.49로 갈수록 늘어났다. 또 같은 감숙성이라 하더라도 1983년에 평균 228원이었으나 가장 빈궁한 정서현(定西縣)은 108원이었고, 정서현의 동악향(東岳鄕)은 55원에 불과했다.66)

도시의 경우 상해와 북경은 연평균 1.57%가 증가한 반면 산서나 하남의 도시는 0.25%증가했다. 1997년에 도시인의 수입이 제일 높은 상해시가 8,483.9원이었는데 이는 제일 낮은 산서성의 4,989.9원과 비교하여 1.69배에 달한다. 그런데 2000년에는 2.48배로 증가했다. 한편, 지방의 소도시와 읍의 수입차이도 늘어나고 있다. 1996년부터 1998년에 고수입을 얻고 있는 20%의 호와 낮은 수입 밖에 안 되는 20%의 호를 비교하면 2배에서 9.6배로 늘어났으며, 고수익을 올리는 10%의 호가 총 수입의 38.4%를 차지하고 있었다.

동남 연해지역과 귀주 감숙성을 비교해보면 차이가 7배 이상이었으며, 업종별로 고소득을 올리는 업종과 낮은 수익을 올리는 업종의 임금을 비교해보면 1978년에 2.17:1에서 1995년에 1.81:1, 1996년에 2.18:1, 1999년에 2.49:1이었다. 그리고 민간기업의 기업주 수입은 일반 고용자 임금의 10배이었으며, 일부 기업은 백배에 달했다.67)

금융자산을 갖고 보아도 빈부의 차이가 심각함을 알 수 있다. 1997년 도시와 농촌에 33,962만 호가 있었는데, 대체로 네 계층으로 나누어 1.3%를 차지하는 최상층 호가 31.5%, 7.4%를 차지하는 두 번째 계층이 28.5%, 47.6%를 차지하는 세 번째 계층이 37.0%, 43%를 차지하는 최하위층은 3%의 금융자산 밖에 갖지 못했다. 이는 최상층은 세 번째 계층의 31.2배, 최하층의 360.2배를 갖고 있다는 의미가 된다. 그런데 이는 WTO가입 이후 더욱 확대되는 추세에 있다.68)

1992년 시장경제로 나가면서 도시의 건설 규모가 신속하게 확대되었다. 1999년까지 도시의 수는 667개로 늘어났으며 그 가운데 인구 200만 명이상이 13개, 100만 명에서 200만 명이 24개에 달하였다. 이러한 도시의 건설에 비하여 농촌은 장기간 소홀히 취급되어 왔고, 이는 바로 도시와 농촌의 차이를 가져온 주요 원인이었다.

2001년 3월에 실시한 제5차 인구조사에 따르면 전국 12억 9,533만 명으로 세계인구의 21.23%를 차지한다. 이 가운데 농촌인구가 63.91%이다. 그런데 도농 간의 차이 가운데 수입을 비교해보면 1985년에 도시와 농촌은 1.72대 1, 1992년에는 2.33대 1, 1998년에는 2.54대 1, 1999년에는 2.65대 1로 늘어났다. 여기에 도시의 기업에서 제공하는 각종 개인 복리 후생비를 포함한다면 도농 간의 격차는 더욱 확대될 것이다. 때문에 농촌의 소비수준은 도시와 비교하여 약 10년은 뒤떨어진 것으로 판단하고 있다.

### 3) 해직자의 문제

개방이 확대되고 법률과 법규가 점차 국제 규범과 관례를 따르게 되었다. 여기에 다국적 기업이 투자를 해 공장을 세우고 제품을 생산하면서, 또 외국으로부터 값싸고 질 좋은 상품이 수입되면서 국내 토종산업을 위협하게 되었다. 그 결과, 토종 산업이 문을 닫거나 대대적인 구조조정을 펴나가지 않으면 안 되었고, 해직된 실업자들이 늘어나게 되었다. 1998년 말에 노동·사회보장부에서 파악하고 있는 해직된 실업자는 국영기업에서 약 692만 명이었다. 그리고 2002년까지의 누계는 2714.7만 명으로 나타났는데[69], 이들의 재취업률은 높지 않아 실업자가 누적되었다. 이와 같은 현상은 성진(城鎭)기업에서도 다를 바 없다. 그런데 이는 관방의 통계일 뿐 실제는 더욱 심각하다. 정부는 실업률을 낮추기 위하여 국영기업에서는 해직 근로자의 자료를 파견 근로자로 그대로 갖고 있었으며, 이들 근로자들에게 일도 주지 않은 채 기본급만 지급하고 있기 때문에 실업률은 허수가 많다는 설명이다. 그러므로 한 연구는 해직된 실업자를 WTO가입 이전에 4,500만 명에서 6,000만 명으로 보고 있으며, 가입 이후에는 계속 상승하는 추세라고 진단하고 있다.70) 그런데 문제는 이들에게 복리후생제도가 온전하지 않아 생활비, 휴직금, 복리후생비 등 기타의 보조가 없기 때문에 더 큰 불만을 초래하고 있다.

따라서 1999년에 관의 승인을 받지 않고 발생한 시위가 11만 여 건에 달하고, 2000년에는 대규모의 시위가 3만 건에 달하였다. 여기에는 지방정부에서 숨기고 보고하지 않은 수도 포함되고 있는데 수적으로 증가일로에 있어 사회문제가 되고 있다.

이 때문에 국무원 판공청에서는 2002년 10월에 해직된 실업자들을 재취업시키기 위한 우대정책을 통보했다. 즉 이들에게 개인 사업을 경영할 수 있도록 국가가 제한하고 있는 업종(건축업, 오락업, 광고업, 사우나, 안마, 바 등)을 제외하고 공상부의 허락을 받아 경영하는 경우에는 영업시작 3일부터 2005년 12월 31일까지 개업, 변경에 관한 등기, 증명, 관리상 필요한 서류의 수수료 등 각종 경비의 납부를 면제 해준다는 것이다. 즉 해직된 유형의 기업에 재취업하는 것이 아니라 개인 사업을 장려한 것이다.71) 그리고 이와 비슷한 조치를 강력히 추진하도록 하는 통지를 2003년 5월에도 하달하고 있어 해직 실업자의 문제가 사회적으로 뿐만 아니라 재정적으로 심각함을 나타내고 있다.

한편, 해직 실업자의 퇴직금과 생활보조는 밑 빠진 독과 같은 것이었다. 1998년부터 2001년까지 2,400만 명의 해직근로자들이 재취업 복무센터에 등록하고 기본 생활비를 수령하는 사람이 600만 명 내외여서 생활보장 자금 800억 원을 지출하였다. 이는 정부재정에도 큰 부담이 아닐 수 없었고 실제적인 효과도 미미하였다.

### 4) 농촌 실업자의 문제-민공(民工)

1990년 이전 중국 농촌의 잉여 노동력은 향진기업이 흡수하였고, 농사는 짓지 않아도 고향을 떠나지 않았으며 공장에 들어가도 도시에는 들어가지 않는다는 것이 특징이었다. 대체로 1984-88년 사이에 향진기업이 매년 1,084만 명을 흡수하고 같은 기간 농촌을 이탈한 쫓겨난 노동력은 300만 명 좌우였다.

그런데 1990년대에 들어와 사정은 달랐다. 향진기업도 기술이 쌓여가면서 수용능력이 떨어져 1989년부터 1995년까지 겨우 593만 명밖에 수용하지 못했다. 이에 비해 도시에는 건축과 서비스 산업이 크게 발전되면서 농촌에서 수용되지 못한 노동자들이 도시로 몰려들었다. 이들을 민공(民工)이라 부르는데 그 수는 대체로 1993년에 5,100만 명, 1994년에 7,100만 명, 1995년에 8,000만 명으로 늘어났다.72)

이후 농촌에도 개발 붐이 일어나 토지를 잃은 농민이나 생업이 어렵게 된 농민들이 다투어 도시로 몰려들면서 민공의 수는 갈수록

거리에서 일자리 구하는 민공

늘어나고 있어 도시의 새로운 사회문제가 되고 있다.

특히 농민의 실업문제는 심각해졌다. 이는 경지면적이 9,497만 경(頃)으로 1억의 농민이 경작할 수 있는데 농업인구는 3억 5천만 명이어서 장차 2억 5천만 명의 농업인구가 일자리를 잃게 될 것이라는 계산이 나온다.(WTO가입이후에는 농촌 취업문제가 더 어려워져 잉여 노동력은 갈수록 늘어나 약 1천만 명이 일자리를 잃게 될 것으로 보고 있으며, 도시 실업자는 해마다 3, 400만에 달할 것으로 보고 있다.[73])

따라서 농민의 생활은 갈수록 어려워졌고 불안이 가중되었다. 이를 잘 반영하고 있는 것이 중국 위생부(衛生部)의 보고이다. 이에 따르면 최근 몇 년 동안 자살자 수가 약 25만 명, 자살미수가 100만 명에 이르는데 그 가운데 90%가 농촌에서 일어나고 있다.

### 5) 부패와 탐오 문제

개혁개방이래 1980년대 중반부터 부패와 뇌물수수, 밀수 사건은 끊이지 않고 일어났다. 이에 1989년 8월 15일에 최고인민법원과 최고인민검찰원은 탐오, 뇌물수수, 투기 등 범죄분자는 기한 내 반드시 자수할 것에 관한 통고를 발표하여 10월 31일까지 관련기관에 자수하면 관대하게 처벌하고, 장물을 숨기거나 증거를 훼손하거나 도망하는 등 경우에는 법에 따라 엄중하게 처벌한다고 하였다. 이에 기간 안에 일반 민중의 신고가 133,765건에 달하여 중앙기율위원회는 25개의 조사조를 전국적으로 파견하여 조사를 진행하였는데 그 안에는 성(省)과 성이 연결된 대형 사건도 포함되어 있다.[74]

그리고 본인의 자수 신고도 많았다. 탐오와 뇌물수수의 경우 25,544명, 다른 경제 범죄자를 포함하면 모두 36,171명이었다. 그 가운데 당원이 9,363명으로 처(處)급 이상의 간부가 742명, 사국(司局)급 간부가 42명이었다.[75] 1991년에 전국 각 기율검사기관에서 조사된 관료의 독직사건은 3,189건이었는데, 이는 앞의 1990년보다 5.2%상승한 것이며, 관련된 간부가 3,339명으로 이는 앞의 1990년보다 7% 상

밀수범에 대한 재판

승한 것이다.76)

이러한 현상을 정리하기 위하여 당은 13기 4중전회 이후 여러 차례 조치를 취하였으나 탐오의 방법은 더욱 새롭게, 규모는 더욱 커지는 일이 일어났다. 적발된 사건에 대하여는 엄한 처벌, 심하면 사형까지 집행하였다. 심지어 북경의 어느 회사 사장은 총살까지 당했는데 다음해 그 회사의 부사장과 그 보좌인이 같은 수법으로 수십만 원의 뇌물을 받는 일도 있었다. 1995년 하반기에 있었던 북경시 부시장 왕보삼(王寶森)의 자살사건, 전 중앙정치국 위원이며 북경시 당위서기 진희동(陳希同) 사건 등이 있었으나 이것은 빙산의 일각일 뿐이었다. 대체로 1995년에 검찰기관에서 처리한 탐오, 뇌물수수, 공금남용 등 경제사범만 6만여 건에 달하는데, 이는 앞의 1년 전보다 6.8%가 증가한 것이다. 그리고 각급 법원에서 1만 원 이상의 경제사범을 판결한 것이 9,465건으로 앞의 1년 전보다 74% 증가한 것으로 부패 증가율은 놀랄만하였다.77)

국제투명조직이 1995년부터 세계 각국의 부패탐오인지지수(Corruption Perceptions Index)를 발표하고 있는데, 2001년에 중국은 91개 국가 가운데 57번째, 2002년에는 102개 국가 가운데 59번째, 2003년에는 133개 국가 가운데 66번째 였다. 대체로 1992년 10월부터 1997년까지 전국기율감찰기관에서 73.1만 건을 조사하여 67.01만 여건에 결론을 내렸는데, 당기(黨紀), 정기(政紀) 위반처분을 받은 것이 66.93만여 명이었다. 그 가운데 당적에서 쫓겨난 사람이 12.15만 명, 당적에서 제명되고 형사처벌을 받은 사람이 3.74만 명이었다. 처벌을 받은 당원간부 가운데 현, 처급 간부 20,295명, 청·국급 간부 1,673명, 성급 간부 78명이었으며, 경제적 손실을 국가에서 환수한 것이 159.8억여 원이었다.78)

이처럼 부패가 성행하게 된 원인은 공유제라는 체제적인 요인과 가족관계인 사회문화적 요인을 들 수 있다. 이를 구체적으로 귀납해보면 경제 개혁 개방정책을 펴면서 재정권을 지방에 넘겨줘 지방 간부들이 재무를 보는 기회가 많아졌기 때문이고, 오랫동안 법제를 중요시하지 않았으며, 사업의 결정방식이 제도화되어 있지 않았고, 당정이 분리되지 않아 직무와 개인의 역할을 구분할 수 없었기 때문이다. 특히 인사권이 당에 있어 정치인과 공무원의 경계가 없었으며 당은 임의로 행정에 관여하는 현상이 만연했기 때문이었다.79) 특히 부패의 규모가 컸던 것은 지방에 상당한 권력이 넘어가면서 지방 보호주의가 작용했던 것에서 연유한다.

탐오의 바람도 모든 분야에 미치고 있었기 때문에 스스로 이를 제어하기가 쉽지 않았고 감사관도 자율성이 없었다. 치안, 정법, 감찰, 세관에 종사하는 기율 감사관도 정치부패의 대상이었기 때문에 감독의 책임을 다하지 못했다.

그러므로 몇 차례 반부패 조치를 취해도 관리의 부패와 탐오, 뇌물, 낭비와 사치는 정리 되지 않았다. 결국, 강택민은 이를 막기 위해 교육이 기초가 되고 법제가 보증하고 감독이 관건이 된다고 지적하였다. 즉 교육은 인간의 사상 관념을 바꿀 수 있는 것이며 행위는 바로 그 사상과 관념의 지배를 받기 때문에 교육을 통해 자본주의 부패사상에 물들지 않게 한다는 것이다. 그리고 이를 위해 1995년에 11월에 처음으로 이른바 '3강(講)' 교육을 제시하였다.

'3강'이란 '강학습(講學習)', '강정치(講政治)', '강정기(講正氣)'를 가리키는데, 당성(黨性), 당풍(黨風) 교육을 내용으로 하고 새천년을 맞이하여 중국특색의 사회주의를 전면적으로 건설하기 위해 다시 강조되기 시작하였다.

강학습은 당 15전대회의 정신을 갖고 등소평의 이론을 배우며, 사회주의 건설의 유리한 지식을 배우자는 것이다. 강정치는 정치방향, 정치입장, 정치기율, 정치감별력, 정치예민성을 말하는 것으로 이를 통해 당의 단결과 간부들의 의식을 높여 경제건설과 현대화 건설 균형을 맞추고 경제발전의 전면에서 더 큰 공헌을 할 수 있다고 하였다. 강정기란 오랜 혁명과 건설기간 동안 형성된 공산당의 좋은 전통과 작풍, 진리와 정의를 견지하고 모든 부패와 부정 현상, 사기와 투쟁하여야 한다는 것이다. 즉 공산당원의 혁명의 본질과 혁명의 기개를 높이자는 것이다.

그리하여 당 중앙은 세 차례에 걸쳐 3강 교육공작(업무, 행정)회의를 소집하여 교육사무기구와 순시조를 조직하고 교육에 들어갔다. 그 결과, 2000년 1월 전국 31개 성, 자치구, 직할시와 142개 중앙, 국기기관의 고위 지도급 간부들에 대한 교육을 실시했다. 그리고 계속해 지방의 행정단위에 까지 3강 교육을 확대하였다.

한편, 당 15전대회 이후 1998년 1월, 1999년 1월, 2000년 1월에 중앙기율위원회 2, 3, 4차 전체회의를 소집하여 강력한 사정과 감독을 철저히 하기로 하였다. 그리고 이 회의의 정신을 관철시키기 위하여 중앙에서 1998년에 감사관을 훈련시켜 기관과 기업에 파견하였으며, 국무원은 1999년 1월과 2000년 2월에 제1, 2차 청렴정치공작회의를 소집하였다. 회의를 주재하였던 주용기 총리는 그 동안의 활동은 아직도 중앙과 인민의 바람과는 거리가 있다며 법에 의한 행정으로 엄하게 다스릴 것과 약법 3장과 5항 준수를 계속 집행하고 염정(廉政,

청렴정치)준칙을 관철해달라고 주문했다.[80] 그러나 이러한 노력에도 불구하고 부패와 탐오는 끊이지 않고 일어나고 있었다.

뿐만 아니라 폭력조직도 점차 늘어나고 있다는 점이다. 신중국이 수립되었을 때 이들에게 엄격하게 대처하여 거의 소멸된 것으로 보았다. 그런데 통계에 의하면 1990년에 이미 500개의 폭력조직이 발견되고, 1992년에 1,800개로 늘어났으며, 1995년에 10,000개로 늘어나 조직원은 50만 명에서 100만 명에 가까웠다. 증가속도는 거의 해마다 한배씩 늘었다. 규모는 10명 이내에서 시작되어 500여 명으로 발전되고 총부, 분부, 지부를 둘 정도였다. 참가인원도 47명 진(鎭)의 인민대표 가운데 22명이 참가한 곳도 있었으며 당 간부도 참여하여 점차 사회문제화 되어가고 있다.[81]

## 4. 교육의 강화와 과학기술의 장려

### 1) 교육의 장려

문화대혁명까지 중공 당은 지식인을 폄하하였다. 1971년에 발표한「전국교육공작회의 기요」에서는 건국 17년이래 학교의 교사는 자산계급 학교통치의 대표라고 하였으며, 타도되어야 할 자산계급에 속했다. 때문에 대우도 12개의 직업군 가운데 제일 낮은 직업군에 들어가 있었다. 그러므로 문혁시기에 가장 큰 피해를 입은 것이 지식인과 교육이었다.

그런데 1977년에 등소평이 다시 권력을 장악하면서 지식인을 정신 두뇌 노동자로 인정하고 지식을 존중하고 인재를 존중하여야 한다고 하여 지식인에 대한 인식이 바뀌기 시작했다.[82] 특히 문혁이후 문맹의 수가 약 5분의 1이 되었다는 현실을 직시하고 4개 현대화를 실현하기 위하여 지식인의 참여 없이 성공할 수 없다고 판단했기 때문이다. 그리하여 중공은 다음 해 당 11기 3중전회에서 지식인에 대한 정책을 크게 바꿨다.

우선 파괴된 교육을 복구하는 일에 중점을 두었다. 특히 등소평은 지식인들의 지위를 인정하면서 노동자계급의 한 부분으로 보고 교육에 헌신하기를 바랐다. 그리하여 대학입시 제도를 회복하고 전일제 10년제 중소학교육계획 시행초안, 학위제도를 정해 실시하였다. 그리고 1982년의 중공 당 12전 대회에서 교육의 중요성을 인정하고 현대화 건설을 제고시키는데 중요함을 확인하여 교육 발전에 관심을 갖게 되었다.

이에 1985년에 중공 당 중앙은 「교육체제 개혁에 관한 결정」을 통하여 교육법규의 제정과 교육제도의 개선을 전개, 중국특색의 교육체계를 수립하게 되었다. 예를 들어 9년제 의무교육의 추진과 보급, 중등교육 기구의 조정, 즉 보통 중등교육과 중등 직업교육의 비율, 대학교육의 자주권 확대로 총학장의 책임제, 그밖에 교원임명과 임기, 대우, 졸업생의 분배에 관한 구제적인 규정을 제정 시행하였다.

이처럼 교육에 대한 관심을 갖게 된 것은 현대화 건설 과정에서 교육과 과학 기술의 중요성을 인식했기 때문이다. 노동자의 수준이 너무 낮아 경제건설에 한계가 있다는 것을 인지한 것이다. 특히 1990년대 초 당시 11억 인구 가운데 문맹이 1.6억, 초등학교 수준이 4.2억, 중학정도가 2.6억, 고등학교 이상이 1.07억 명이었다. 기업에서 일하는 직원과 근로자의 수준도 낮았다. 1988년에 전국 48개 도시의 960개 국영기업의 직원과 근로자 가운데 초등학교와 중학정도의 학력을 갖고 있는 사람이 60%, 대학이상의 학력은 7%에 불과하였다. 농촌의 과학기술 인재도 부족했다. 전국 1만 명의 농촌 인구 가운데 6.6명의 과학기술 인재가 있었을 뿐이었고, 농촌의 40%가 초등학교 수준이고 그 밖은 반문맹이거나 문맹이었다. 따라서 2.5만 건의 과학기술의 성과를 올렸으나 70%도 응용되지 못했다. 고급인재도 개혁

개방이래 10년 동안 대학 300여만 명, 석사 15만 명, 박사 5,000 명 밖에 배출하지 못했다.83)

이러한 상황이어서 교육의 개혁과 진흥은 절실했다. 이에 1993년 2월에 「중국교육개혁(中國敎育改革)과 발전강요(發展綱要)와 그 실시 의견」을 발표하였다. 그 내용은 20세기 말까지 교육개혁과 발전의 기본 목표와 임무를 정한 것으로 중국특색의 사회주의 교육체계를 확립하고, 9년제 의무교육을 보급하고 동시에 학교운영 조건을 개선해 점차 표준화하며, 방송교육, 소수민족교육, 장애자 교육을 강화하며, 교육의 내용과 교육 과정의 구조 조정, 교사의 사회적 지위와 대우의 향상, 입법을 통한 교육경비의 안정과 증액을 보증하는 것이었다. 이를 위해 10월에 전인대 8기 4차 중앙상무위원회에서 「중화인민공화국 교사법」을 통과시켰다.

따라서 건국이래 소모적인 정치운동과 권력투쟁에 휘말렸던 교육이 비로소 긍정적으로 받아들여지고 건전하게 발전할 수 있게 되었다. 개방의 확대와 함께 1995년 1월에 국가교육위원회는 「중외합작 판학 잠행(학교설립 임시시행)규정」을 발표하고, 3월에 전국인민대표대회 8기 3차회의에서 「중화인민공화국 교육법」을 통과시키고, 다음 해에는 전국인민대표대회 8기 19차 상무위원회에서 「중화인민공화국 직업교육법」을 통과시켰다. 그리고 빈곤지역의 의무교육을 위해 건국이래 최대 규모의 예산을 지원하였는데 그 가운데 중앙정부와 지방정부가 100억 원 이상을 투입하였다. 또한 국무원은 대학교육의 발전을 위하여 이른바 「211프로젝트」를 정하고, 「교사자격 조례」도 발표하였다. 1997년 7월에 「사회역량 판학 조례」를 발표하여 민간도 학교를 세울 수 있도록 허락하여 사립학교가 도처에 설립되었다.

정부의 이러한 노력으로 중국은 교육 발전의 좋은 조건을 갖추게 되었고 교육사업이 크게 발전했다. 1997년 말까지 초등의무교육이 실시된 지역은 91%에 달하며, 초등학교 진학률은 99%에 가까웠는데 재학생 수는 5167.8만 명으로 1980년과 비교하여 14% 증가하였다.

그리고 중학 진학률은 1985년과 비교하여 25% 증가하였으며 초등학교와 초급중학의 중도휴학생은 1.0%와 3.14%로 낮아졌다. 중등교육, 중등직업기술 교육의 발전도 고등교육과 함께 날로 향상되어갔다. 다음은 고등교육의 발전 모습을 보여주는 표이다.

대학과 대학원 졸업생의 증가추이

| 연 도 | 대학 졸업생 | 대학원 졸업생 | 연도 | 대학졸업생 | 대학원졸업생 |
|---|---|---|---|---|---|
| 1978 | 16.5 | 9 | 1995 | 80.5 | 31877 |
| 1985 | 31.6 | 17004 | 2000 | 95.0 | 58767 |
| 1990 | 61.4 | 35440 | 2002 | 133.7 | 80841 |

자료: 국가통계국(단위 만 명)

1998년 3월에 교육위원회를 교육부로 고치고 국무원이 직접 교육을 관리하게 되었다. 그리고 8월에 전국인민대표대회 9기 4차 중앙상무위원회에서 「중화인민공화국 고등교육법」을 제정하여 대학의 합병과 구조조정을 가능케 하였다. 예를 들면 이공계 중심의 절강대학, 인문사회과학계 중심의 항주대학, 그밖의 절강농업대학, 절강의과대학을 합병하여 각 분야가 망라된 종합대학 절강대학(浙江大學)이 되었다.

21세기를 맞이하면서 그 준비로 1995년에 교육위원회는 「전국교육사업 95계획과 2010년 발전계획」을 발표하였고, 교육부는 1998년에 21세기를 향한 교육진흥행동계획을 발표하여 2010년까지의 교육목표와 규모를 설정하고 있다. 이에 따르면 9년제 의무교육의 전면 보급, 청장년의 문맹률을 1%좌우로 낮추고, 성인의 식자(識字)율을 90%이상 높이는 것으로 되어 있다.

## 2) 과학과 기술의 장려와 상업화

1988년에 등소평은 당대의 과학기술의 발전 추세가 경제 사회발전에 거대한 작용을 한다고 판단하고 '과학 기술은 제1의 생산력'이라고 결론지었다.84) 이와 같은 등(鄧)의 결론은 과학 기술 사업의 지도사상이 되었다. 사실 개혁개방이래 중국은 눈부신 경제발전의 성과를 올리고 있었으나 기술면에서는 크게 뒤떨어졌다는 것을 실감하고 있었다.

이를 극복하기 위하여 1980년대에 입안되어 실시되었던 과학기술의 발전을 위한 「국가 고급기술 연구 발전계획(863계획)」은 국내 고급기술 발전에 선도적 역할을 했다. 즉 생물기술, 정보통신, 자동화, 신재료기술, 에너지 등의 다섯 영역에서 기초연구와 기술응용연구, 시험시제품, 상품화로 나뉘어 실시되었다.85) 뒤이어 화거(火炬)계획은 1988년에 43개 항목, 1989년에 238개 항목, 1990년에 298개 항목, 1991년에 301개 항목 등 880개 항목을 선성하여 연구한 결과를 상품화 산업화하였다. 그리고 전통산업의 개조를 가속화하여 고효율과 환경보호의 목표를 달성하고자 하였으며 기업에게는 활력을 가져다주었다. 또한 국내산업의 공백을 보충해주고, 수입상품을 대체하였으며 수출에도 큰 기여를 했다. 특히 이 계획으로 고급기술 산업개발구를 설정한 것이 주목된다.

1991년 말까지 전국에 각종 고급기술 산업개발구가 48개였는데, 국가급 개발구가 27개, 국가과학위원회가 승인한 성급 개발구가 10개, 지방 스스로 정한 개발구가 11개였다. 그리고 이 개발구에 들어가 있는 기업이 3,419개로 이들은 1990년과 비교하여 생산 가치는 36.3%의 성장, 수출총액은 7.4억원으로 58.8%의 성장을 보았다.

1991년 5월에 강택민도 재차 과학과 기술이 제1의 생산력으로 현대화 건설에서 중요한 자리를 점하고 있다고 강조하여 과학과 기술은 국력을 평가하는 중요한 요소라고 인식하고 과학의 첨단 기초영역 혹은 이후 응용상 발전이 보이는 신흥영역을 연구하도록 하였다.86)

8차 5개년 계획기간인 이 해에 기초과학의 연구를 중시하여 「국가 기초과학의 중요 연구항목(이른바 반등계획(攀登計劃))」을 제출하였고[87] 국가의 계획아래 정보통신, 에너지 등 분야를 적극 연구하였는데, 이는 뒷날 1997년에 수립된 「국가 중점기초연구 발전계획(973계획)」에 포함시켰다.

1993년의 전국인민대표대회 상무위원회에서도 「중화인민공화국 과학기술 진보법」을 심의 통과시켜 이를 바탕으로 특허법, 기술 합작법, 농업기술 추진법 등을 제정하여 과학기술사업이 법적인 제도권으로 들어갔다.

1995년 5월에 중공 당 중앙과 국무원은 과학기술 진보의 가속화에 관한 결정을 발표하여 과학 기술이 제일의 생산력이라는 사상에 기초하여 과교흥국(科教興國)의 전략을 실시하고 과학기술의 진보를 가속화하자고 하였다. 그리고 전국과학기술대회를 소집하여 이를 대대적으로 실천하기로 하였다.[88]

이에 1997년에 국무원은 「국가 중점기초연구 발전계획」, 즉 973계획을 내놓았다. 여기에는 고급기술 연구발전(863)계획에서 제기된 생물, 항공우주, 정보통신, 선진 국방기술, 자동화기술 에너지 개발기술과 신재료 기술 등 일곱 영역 가운데 15개 주제를 연구와 개발을 발전시킬 고급기술의 중점으로 삼았다. 이는 선진국과 경쟁할 수 있는 연구로 전략적인 계획이기도 하였으며 선진국과의 거리를 좁히고 더 나아가 신기술의 성과를 상품화하여 국제화하려는 것이었다.

고급 신기술산업의 발전과정에서 북경의 중관촌(中關村)은 중국의 실리콘 벨리의 칭호를 듣게 되었다. 중관촌에 있는 북경신기술산업개발구 안에는 북경대학, 청화대학, 북경항공항천대학 등 50여개의 대학, 중국과학원의 200여개 연구소가 밀집되어 있으며, 1998년말까지 국가가 인정하는 5,657개의 고급 신기술 기업과 이와 관련된 수천의 기업이 포진하게 되었다. 그리고 공업 생산치는 455.9억 원에 달해 북경 전체 공업생산의 22.9%, 상품판매 수입은 458.7억 원으로 전 시의 공업생산품 판매 수입의 22.54%를 차지하고 있었다.[89]

중국과학원은 21세기에 대비하여 전문가들을 조직, 지식경제시대를 맞이하여 중국경제와 중국과기발전전략을 연구한 다음 「지식경제시대를 맞이하여 국가창신체계(國家創新體系)의 건설보고」를 마련하였다. 이에 따르면 2010년이 되면 국제적으로 알려져 있는 창신기지를 건설하고 과학 기술의 경쟁력은 세계 10위안에 들어갈 것이라 하였다. 강택민도 이 보고를 받고 지식경제, 창신의식이 21세기 발전에 중요하다고 보고 중국과학원을 지원하기로 하였다.90)

국가창신체계는 지식, 기술, 지식광고 계통의 세부분으로 되어있는데, 그 가운데 지식창신계통은 새로운 기초과학과 기술과학의 연구를 통하여 기술창신에 근원을 마련해준다는 것이다. 이를 위하여 중국과학원은 12개 중점사업을 정했다. 즉 3개의 국가 과학연구중심으로 상해생명연구원, 수학계통과학연구원, 국가천문연구중심을 설립하고, 여섯 개의 연구기지로 북경물질과학연구기지, 북경정보통신과학기술발전기지, 상해고등기술연발기지, 동북고성능재료와 선진제조기술연구발전기지, 북경지구과학연구기지, 서북자원환경발전연구기지를 설치하고, 3개의 행정관리 기구를 두었다.

대체로 1992년부터 2001년까지 과학기술 연구에 관련된 지출을 보면 국가재정 예산은 5.2%에서 3.7%로 낮아졌지만 총액은 증가하는 추세였으며, 기업에서 마련한 자금은 29.15%에서 56.3%로 상승했다.91) 이는 과학 기술의 상업화가 성공적이었기 때문이었다.

### 3) 해귀파(해외유학생 귀국자)의 역할

개혁 개방 이래 20여 년 동안 해외유학생의 파견은 중국 경제사회의 발전과 과학연구 및 교육에 많은 변화를 가져왔다. 즉 고급인력을 배출하여 선진국과의 교육과 과학 기술의 차이를 단축시키고 국제합작과 교류를 확대하여 최신 정보와 기술로 중국과학기술의 고급화를 가져왔다. 사실 개혁개방 초기의 유학생들의 경우 귀국자보다는 출국자가 많았던 것이 현실이었으나 90년대 후반이후 중국사회의 변화와 경제의 발달, 그리고 정부의 적극적인 우대정책으로 귀국자가 늘어나고 있었다. 특히 1999년 4월에 미국을 방문한 주용기 총리는 WTO 가입을 위한 힘든 협상을 끝내고 귀국하던 길에 매사추세스공대(MIT) 강당에서 중국유학생들에게 조국으로 돌아올 것을 호소하면서 귀국유학생에 대한 적극적인 지원책을 마련하였던 것이다.

2003년의 귀국한 유학생은 전년도 보다 12.3% 증가한 2.01만 명으로[92] 1978년 이래 최고의 기록을 세웠다. 그 가운데 자비유학생의 귀국자가 15.0%, 국가에서 파견한 유학생의 귀국자는 7.4% 증가했다. 그리고 유학을 위한 출국자는 11.73만 명이었다.[93]

특히 교육부에는 유학생들을 관리하기 위하여 38개 국가의 대사관이나 영사관에 55개의 교육처를 설치하고, 교육부에도 국제합작과 교류국 아래 유학생귀국봉사처, 유학생귀국투자사무처를 두었으며, 유학생의 학위인증과 자료 관리를 위한 부서를 마련하였다. 대체로 해외 유학생출신들이 중국과학원의 원사는 81%, 중국건축기술원의 원사는 54%를 차지하고 있으며, 교육부 직속의 대학 가운데 45세 이상 박사학위 지도교수는 58%, 행정상 학교를 이끌어가는 인원의 50%이상, 중국과학원의 중점과제는 책임자의 94%를 차지하고 있는 것으로 나타났다.

한편, 해외유학생의 유치를 위해 교육부는 관련 부처와 협의, 출입국 및 장기 외국거류자와 그 자녀의 교육문제들 까지 해결하려고 노력하여 귀국하여 창업하는데 제약이 되는 요인을 해소시켰다. 그리고 하이테크 기업을 창업할 때에 10만 위안의 무상지원과 약 800위안의 사무실 월세금 지원, 2년 동안 법인소득세의 면제, 이후 3년 동안의 50%감면 우대정책을 펴고 있다. 뿐만 아니라 원하는 지역의 호구(戶口)를 부여하여 이들을 적극적으로 유치하였다. 특히 경제특구인 선전(심천)의 경우 귀국한 유학생의 창업자금으로 3,000만 위안을 지원하거나 지방에 따라 사무실을 무료로 제공하는 곳도 있었다.

이와 같은 우대정책에 따라 실리콘 벨리라고 불리는 북경의 중관촌(中關村)에는 2003년 상반기에 등록한 창업기업 수가 1만 100개에 달했는데[94], 이 가운데 30%가 해귀파 출신이 창업한 것이다. 이들이 보유한 최신 과학 기술은 당연히 중국의 과학기술 수준의 질적, 양적 발전에 영향을 끼쳤다. 바로 이점은 미국 일부 인사들이 미국에 유학한 중국인 과학자들에게 경계심을 갖도록 한 원인이기도 하다.[95]

## 5. 홍콩과 마카오의 회귀

### 1) 회귀 예정과 반응

중국과 영국의 홍콩반환에 관한 교섭이 시작되면서 홍콩인들의 해외이주 현상이 점차 높아졌다. 80년대 초에는 평균 2만 명이었는데, 1985년에 1997년 7월 1일에 반환하기로 결정이 나자 홍콩을 떠나는 사람들이 늘어났다. 즉 1989년에는 3만 명에 이르렀고, 1992년에 66,000명, 1994년에도 6만 명으로 추산된다.

이에 따라 이들이 갖고 있던 재산이 해외로 빠져나가게 되고, 주가와 부동산의 가격이 하락되어 다소 혼란이 일어나게 되었다. 그러나 반환이 가까워진 1995년에는 4만 명으로 줄어들었고 1997년에 30,900명, 1998년에 19,300명, 1999년에 12,900명, 2000년에 119,00명, 2001년에 10,596명으로 감소했다.[96] 이는 홍콩인들의 일국 양체제에 대한 여론 조사에서도 나타나듯이 점차 사실을 인정하는 동향을 보여주는 것이다.

**홍콩인들의 일국 양체제에 대한 심리적 동향**[97]

| 연 도 | 1993 | 1994 | 1995 | 1996 | 1997상반년 |
|---|---|---|---|---|---|
| 믿 음 | 38.6 | 37.7 | 42.0 | 44.0 | 57.0 |
| 믿지 않음 | 44.2 | 43.8 | 33.7 | 32.0 | 23.8 |
| 모 름 | 17.2 | 18.4 | 22.3 | 24.4 | 19.2 |

1997년 5월 중순에 조사한 또 다른 의견은 홍콩인이 홍콩을 다스린다는 것에 관하여 그렇게 믿는다가 34.5%, 반반이다가 17.3%, 부정적이다가 35.4%, 말하기 어렵다와 의견이 없다가 12.8%로 나타났던 것으로 보아 큰 기대를 하지 않은 것으로 보인다. 하지만 홍콩을 떠날 것이냐에 대하여는 17%가 의견을 표시하고 남겠다는 사람이 71%였다.[98]

한편, 중국은 1985년 4월에 제6기 인민대표대회에서 홍콩(香港)특별행정구 기본법기초위원회를 두어 기본법의 기초작업을 하기로 결정하였으며, 국무원 홍콩마카오판공실 주임(실장)을 주임위원으로 삼고 59명으로 이루어진 기초위원회가 7월 1일에 성립되었다. 여기에는 23명의 홍콩 각계의 유명인사가 포함되었다. 그리고 위원회는 홍콩에 홍콩인 180명으로 조직된 기본법 자문위원회를 두어 현지인의 의견을 반영하도록 하였다.

그 결과, 4년 8개월만인 1990년에 기초위원회 제9차 전체회의에서 무기명 투표로 3분의 2이상 찬성으로 기본법을 완성하게 되었다. 홍콩 자문위원회가 기초위원회에 보낸 보고서가 138만자에 이른다는 것은 사회적 기초위에 마련되었음을 보여주었다. 이 기본법은 1990년 4월에 제7기 전인대회 3차 회의에서 통과되고, 행정구의 구기(區旗)와 휘장도 통과되어 1997년 7월 1일부터 실시한다고 양상곤(楊尙昆) 주석이 선포했다.

기본법은 이후 마카오와 대만 문제에도 선례가 되는 것이어서 신중을 기했다. 등소평도 1987년 4월 16일에 전체 기초위원과 만난자리에서 홍콩문제에 '일국 양체제가 성공될 수 있느냐가 달려있다'고 특별히 당부하였다. 기본법은 보통 법률보다 우위에 있어 작은 헌법과 같다. 여기에서 중앙정부와 특구와의 관계를 '고도의 자치권을 향유하는 지방행정구역으로 중앙인민정부에서 직할한다'로 되었다. 그리고 특구내의 거류민은 재산권, 거주이전, 출입경의 자유, 개인과 기업의 재산을 보호 받는 것으로 되었으며, 홍콩인이 홍콩을 나스린다는 원칙아래 구의 행정장관, 입법회 의장 등은 반드시 외국 거류권을 갖고 있지 않는 홍콩거류 중국인이 맡는다고 하였다. 그리고 '중국홍콩'의 이름으로 국제무역기구에 참여할 수 있고 협정을 체결할 수 있도록 하여 국제 금융 중심이며 자유무역항으로서의 지위를 유지하도록 하였다. 국가단위가 아닌 국제조직이나 국제회의에도 중국홍콩의 이름으로 참가하고, 스스로 발행한 여권으로 여행도 할 수 있도록 하였다. 단지 국가 단위로 참가할 때 중국대표단의 일원으로 혹은 중앙인민정부나 관련 국제조직에서 인정한 신분으로 참석할 수 있었다. 따라서 표면적으로 보면 홍콩의 모습이 조금도 바뀌지 않고 그대로 유지되도록 하였다.

1984년 12월에 중·영 연합성명이 발표된 이래 홍콩은 반환되기까지 13년이란 과도기가 있었다. 이때 홍콩거류민 국적문제에 관한 양해각서가 교환되었는데, 홍콩에 있는 모든 중국인은 중국국적이며, 영국연방국적의 여권을 갖고 있는 자는 이를 갖고 기타지역을 여행할 수 있으며 영국영사의 보호를 받으나, 홍콩특구나 중국내지에서는 그러하지 않다고 하였다.

그런데 1989년 말에 영국정부는 갑자기 영국거주권계획을 정해 약 5만 호, 22만 5천명에게 영국이나 영연방국에 거류할 수 있는 거류권을 부여하였다. 그런데 이들 대부분은 고급 인재들이어서 그들의 재산도 함께 유출되게 되었다. 그리고 다른 사람들도 남아있을 것인가, 다른 곳으로 떠나야 할 것인가를 결정하지 않으면 안 되었기 때문에 90년대에 들어와 이민바람이 불었다.

또 영국은 홍콩에 1,500억 홍콩달러가 투입되는 신공항건설계획을 추진하여 중국의 불만을 샀다. 즉 거액의 건설비를 홍콩특구정부가 떠맡지 않으면 안 되었기 때문이다. 결국, 1995년 3월에 중·영 쌍방은 3년의 협상 끝에 합의를 보고 공사를 시작, 1998년 7월에 완공하고 사용에 들어갔다.

홍콩인들의 홍콩영국정부에 대한 불만도 높아갔다. 즉 시정보고에 대한 여론조사에 나타난 것을 보면 그 지지도는 1992년에 68%, 1993년에 61%, 1994년에 57%, 1995년에 52%로 떨어지고 있다. 이에 비하여 중국에 대한 평가는 조금씩 호전되었다.

한편, 홍콩 경제는 1995년 여름부터 위축되기 시작하였다. 이해 14분기에 6.1%가 하강하고, 34분기에는 4.2%로 낮아졌다. 실업률도 10년 이래 제일 높았는데 이는 제조업이 1980년대 초에 임금이 낮은 동남아나 주강삼각주 지역으로 이전하기 시작하여 중엽이후에 더욱 가속적으로 진행되었기 때문이다.99)

그러나 80년대부터 홍콩은 중국경제발전의 중요 투자역할을 하였기 때문에 다국적 기업의 본사가 속속 홍콩으로 들어와 1996년 5월까지 816개, 지점은 1,491개가 되었는데, 1980년대 이전에 136/253개, 1980-84년에 108/155개, 1985-89년에 214/396개, 1990-95년에 342/666개, 1996년 5월까지 16/21개로 나타나100) 그 위상이 조금도 흔들리지 않고 있다.

### 2) 홍콩특구정부의 성립과 사회 경제

1990년 4월에 전인대 7기 3차 회의에서 1996년에 홍콩특별행정구주비위원회를 설치하기로 하였다. 이를 위해 먼저 1993년 7월에 그 예비공작위원회를 설치하고 기초적인 작업을 시작하여 1995년 12월에 부여된 일을 마무리 지었다. 그리고 1996년 1월에 북경에서 주비위원회를 조직하였는데 이는 홍콩의 각계를 대표하는 94명과 홍콩사무와 관련있는 내지의 56명으로 구성되었다. 여기에서 초대 행정장관의 선출과 임시 입법회를 성립시키는 홍콩특구정부 제1기 추선위원회를 구성하게 되었는데, 대체로 1997년 6월 30일까지 다음과 같은 일을 했다.

우선 추선위원 400명을 선출하였다. 340명은 홍콩 영구거주인으로 홍콩의 각계 인물의 지원을 받아 이들 가운데 엄선하여 1966년 11월 2일에 선거로 뽑고, 홍콩의 전국인민대표 26명과 홍콩지역의 전국정치협상회의 대표가 추천한 34명으로 이루어졌다, 그리고 추선위원들이 특구정부 초대 행정장관을 선출하였다. 이는 홍콩에서 처음으로 자신들의 대표를 뽑는 것으로 추선위원회에서 3명의 후보자를 추천하고 다시 무기명 투표방식으로 초대 행정장관 동건화(董建華)를 압도적 다수표(320표)로 선출했다. 그리고 국무원도 이 결과에 따라 동건화를 제1대 행정장관으로 임명하여 7월 1일에 취임하게 되었다.

그리고 추선위원회에서 법률적 공백을 막기 위하여 행정장관을 선출한 방식과 같이 60명 의원으로 구성된 임시 입법회를 1996년 12월에 심천에서 성립시켰다. 홍콩의 민의대표 기관으로 당시 입법국위원 33명과 전 입법국 위원 8명이 포함되었으며, 중국적이 아니거나 외국에 거류권을 갖고 있는 사람도 11명 포함되었다.

임시입법회의가 구성된 다음 홍콩회귀 후 최고의 정책결정기관인 특구 초대 행정회의가 동건화를 포함 15명으로 조직되었다 그리고 동건화의 제청에 따라 국무원은 제1기 정부의 주요 관리를 임명하였다.

그리고 역사적인 1997년 6월 30일 자정을 맞이하여 정부의 인수인계식이 이루어져 중국은 마침내 홍콩의 주권을 되찾았고, 일국 양체제 아래 홍콩인이 홍콩을 다스리게 되었다. 과도기에 있었던 심리적 불안이나 경제적 불안을 떨치고 새 출발에 기대를 걸어 주가와 부동산 가격도 급등하였고 거품까지 보이게 되었다.

그런데 이 홍분이 채 가시기도 전에 아시아 금융위기의 폭풍이

홍콩 반환의식

불어왔다. 10월 22일에 홍콩 환율이 역사상 가장 낮은 수준으로 떨어지고, 주가도 떨어졌고(1998년 8월에 61%가 하락), 부동산도 50%가 하락했다. 1998년에 5% 성장을 기대하였는데, 결과는 오히려 -5%였다. 대외무역도 수출이 6.9%, 수입은 11%가 떨어졌다. 관광수입도 마이너스 성장으로 몇 달 동안은 무려 20%가 감소했다.

그러나 홍콩은 경제구조가 건전하고 관리제도가 비교적 잘되어 있었기 때문에 위기를 극복할 수 있었다. 우선 1997년 11월말 외환보유고가 세계 3위로 965억 달러여서 금융위기의 영향을 입었으면서도 1999년 4월 말 895억 달러를 보유하고 있었다. 특히 중국의 인민폐가 홍콩달러 가치를 유지시켜 주는데 기여하였다. 관광수입도 내지인들이 몰려들어 어느 정도 보전해 주었다. 임시입법회 의원들도 스스로 감봉운동을 결의하고, 각 업종의 부담과 시민의 생활지출 부담을 덜어주는데 역점을 두고 취업의 기회를 마련하여 점차 안정을 되찾아 위기에서 탈출해갔다. 그리하여 1999년 말에 마이너스 성장을 끝내고 2000년에 이르러 회복속도가 빨라져 8월말까지 11.7% 성장함으로써 13년 이래 최고의 성장률을 기록했다.

### 3) 마카오 특별행정구

중국과 포르투갈은 1986년 6월부터 네 차례의 담판 끝에 1987년 3월에 합의가 이루어져 양국은 연합성명을 발표하고 1999년 12월 20일에 마카오의 중국 주권이 회복된다고 천명하였다. 그리고 일국 양체제에 따라 고도의 자치권을 갖고 있는 마카오특별행정구를 설치하고 중앙정부에서 직할한다고 하였다. 대체로 홍콩에 취했던 원칙이 준용되었다.

그리고 연합성명이 효력을 발생하는 날로부터 1999년 12월 20일까지를 과도기로 설정해 이 기간동안 포르투갈 정부가 마카오의 행정관리를 책임지고 마카오의 경제발전과 유지, 사회 안정을 담당하고 중국정부는 최대한의 협조를 하기로 하였다. 또한 중국포르투갈연합연락소조와 중・포 토지소조를 두기로 하고, 전자는 인수인계에 관한 문제를, 후자는 토지계약 관계만을 협의하며 마카오의 행정에는 관여할 수 없도록 하였다. 만일 연락소조의 업무에 문제가 발생하면 중・포 양 정부 당국이 협상을 통하기로 하였기 때문에 첫해에는 북경, 마카오, 리스본에서 업무를 보고, 그 다음해에는 마카오에 상주하면서 2000년 1월 1일까지 두기로 하였다. 그리고 토지소조는 마카오에 상주하면서 1999년 12월 19일까지 두기로 하였다.

한편, 중국은 1988년에 홍콩 기본법과 함께 마카오 기본법 초안을 마련하기 위하여 전국인민대표대회 상무위원회아래에 기초위원회를 북경에서 구성하였다. 모두 48명으로 마카오 위원 22명과 내지인 26명으로 구성된 위원회는 홍콩 기본법의 기초 경험을 빌려 전문 소조로 나뉘어 골격을 갖추고, 1989년 5월에 마카오 기본법 자문위원회를 구성하여 기본법을 홍보하였다. 자문위원회는 마카오 출생 포르투갈인을 비롯하여 마카오 각계 인사를 망라하여 90명으로 이루어졌는데, 이들은 1991년과 1992년에 두 차례에 걸쳐 4개월 동안 각계의 의견을 수집하여 건의서를 제출하였다. 이러한 과정을 거쳐 마침내 4년 반 만에 기초위원회에서 기본법 초안을 결정하고 이를 받아 1993년 3월의 전국인민대표대회 제8기 1차회의에서 통과시켜 기본법이 효력을 발생하게 되었다. 그리고 과도기간 기본법을 선전하기 위하여 마카오 기초위원과 자문위원으로 기본법협진회를 조직하였고, 1998년에 기본법 반포 5주년을 맞이하여 기본법의 학습과 선전이 최고조에 달했다.

마카오는 홍콩과 달리 오랫동안 포르투갈의 지배를 받아왔다. 때문에 홍콩과 비교하여 주민의 경우도 마카오 태생의 포르투갈 인이 상당수 있었고, 공용어로 포르투갈어가 통하고 있었다. 그러나 경제적으로 특별한 산업은 발달되지 못하였고, 중계무역과 홍콩 관광객의 유흥지로 이용되었기 때문에 카지노업의 발전이 빨랐다. 이로 인해 홍콩은 마카오의 모방의 대상이었고 마카오인 약 4분의 1이 두 곳의 신분증을 갖고 있을 정도였다.

과도기간 해결되어야 할 과제는 공무원의 본지화, 법률의 본지화, 중국어의 지위문제였다. 공무원은 1980년대에 크게 늘어나 1990년 말(13,125명)에는 1981년(5,063)과 비교하여 159.2%가 늘어났다. 이는 인구증가율 44.6%와 비교하면 상당한 숫자였다. 그리고 그 구성원도 포르투갈적이 70.7%, 중국적이 25.1%였는데, 이를 출생지로 보면 포르투갈 출생이 11%, 마카오 출생이 55.6%, 중국출생이 22%, 기타 국가와 지역 출생이 8%였다. 고위직은 44%가 포르투갈 출생이고, 하위직은 마카오 출생 중국인이 맡았다.

따라서 마카오인이 마카오를 다스리기 위하여 해야할 시급한 과제는 마카오인 특히 중국적 공무원을 양성하는 것이었다. 이를 위해 1989년부터 포르투갈어를 할 줄 모르는 중국인들에게 문호를 확대하였다. 그리고 승진에 반드시 중국어 성적을 반영하였다. 심지어 1996년말이전에 처장이하의 직은 본지인이 맡도록 하는 조치를 취해 공무원의 본지화가 기본적으로 완성되었다. 1997년말에 공무원의 수

17,043명 가운데 96.3%가 본지화 되고 중국어를 모어로 쓰는 사람이 87,9%, 마카오 출생이 61.3%에 달했다. 그리고 포르투갈에서 불러온 950명의 공무원 대부분은 1998년 말 전에 귀국시켰다.

다음에 포르투갈어로 되어있는 법률의 본지화였다. 마카오에는 포르투갈의 법전 이외에 총독과 마카오 입법기구에서 제정한 법률, 중국인 습관에 따라 제정된 법률 등 다양한 법률이 존재하고 있었다. 따라서 기본법에는 원래 있넌 법률은 기본적으로 바꾸지 않는다고 하였으나 실제 사정에 적합하게 정리하지 않으면 안 되었다. 뿐만 아니라 사법기관의 인원도 본지인으로 대체하지 않으면 안 될 형편이었다. 이에 1988년에 법률번역판공실과 입법사무판공실을 설치하여 법조문을 번역하고 본지화시켰다. 이를 위해 중국어와 포르투갈어를 할 줄 아는 사범인원을 양성하여 법관과 검찰에 임명하였다.

마카오는 본래 포르투갈어가 관의 공식 언어였다. 모든 법률과 공고문 등은 포르투갈어를 사용하고 중국어는 법률적으로 인정받지 못했다. 중국은 이 문제를 포르투갈과 교섭하여 1991년 2월에 그 시점부터 중국어를 공식 언어로 합의하고, 포르투갈어와 함께 법률적 효력을 갖게 하였다. 그리고 1995년 8월부터 정부의 각종 서류, 신분증, 중요 법률 등에 포르투갈어와 중국어를 함께 썼다.

이러한 준비를 하면서 홍콩을 귀속시킬 때와 같은 방법으로 마카오특별행정구 정부의 조직을 준비해 1998년 5월에 주비위원회를 성립시켰다. 주임위원과 부주임위원 8명, 99명의 위원으로 구성되었는데, 99명 가운데 마카오 위원이 60명이었다. 여기에서 제1기 정부추선위원을 선출하여 행정장관을 뽑기로 하고, 추천위원회가 구성되고, 여기에서 특구행정장관을 선출했다.

특구정부가 구성되고 1999년 12월 19일 자정이 되자 정부 인수인계의식이 거행되어 12월 20일 0시에 중국국가가 연주되고 오성기가 올라가면서 마카오는 중국에 귀속되었다. 중국의 지도자들이 말 한대로 20세기 안에 마카오 식민지의 주권을 되찾았던 것이다.

이후 특구정부는 1년여의 노력으로 연속적으로 하강하던 경제가 상승국면으로 바뀌고 관광사업도 회복되어 2000년에는 방문객이 900만 명에 달해 최고의 기록을 냈다. 물론 이러한 성과를 가져오게 된 것은 다수의 대륙인들이 마카오를 방문했기 때문이다.

## 6. 국제관계의 변화와 중국 위상의 제고

### 1) 중국의 외교정책

#### (1) 국제환경과 전방위 외교

1989년 6월 4일에 일어난 천안문 사건은 세계를 놀라게 했고, 미국을 비롯한 유럽의 비난을 받았기 때문에 중국의 국제관계는 얼어붙게 되었다. 각국의 반응은 냉담하여 사건 후 6주간동안 주요 서방국가들과 일본은 중국에 대하여 실질적이거나 상징적인 제재를 취하였다. 그렇다고 실질적인 관계가 중지된 것은 아니었으나 경제교류나 과학, 기술이전이 잠시 중단되어 중국의 개혁개방 정책에 어려움을 가져다주었다.

예를 들어 미국의 부시(Bush, G.)대통령은 사건 바로 다음 날인 6월 5일에 군사물자의 판매와 상품의 교역을 중단하고, 군 지도자들의 상호 방문과 관방의 교섭 왕래를 중지시키고, 미국에 유학하고 있는 중국 유학생들의 체류연장을 재고하며, 국제적십자를 통해 부상자에 대한 인도주의적 의료지원 등을 한다고 하였다. 미 의회도 국제기구로 하여금 중국에 대한 차관 등 각종 제재를 하도록 부시에게 요구하였다. 또 오스트레일리아는 고위층의 방문을 취소하고 중국해방군과 합작으로 통신위성을 발사하려던 계획을 취소하였다. 유럽공동체도 이와 비슷한 제재조치를 취했고, 세계은행도 중국에 대한 차관을 재고한다고 하였다.

뿐만 아니라 이해에 동구권에 불어 닥친 자유화바람으로 폴란드와 헝가리의 공산당 정권이 붕괴되고, 루마니아, 동독도 붕괴되었다. 1991년에는 소련마저 공산당 세력이 와해되어 연방에 가입했던 국가들이 독립을 선포, 연방이 해체되었으며, 사회주의 국가의 존립이 위태로운 상황에 처하게 되었다.

이처럼 국내, 국제 환경이 좋지 못한 상황에서 천안문 사건 직후 강택민은 상해 당위원회 서기 신분으로 중앙당의 총서기가 되었고, 그해 11월에 군사위원회 주석을, 1993년에 국가주석을 맡게 되었다. 그리고 당시 중국이 처한 국제관계를 개선하지 않으면 안 되었는데, 국내 정책에서도 그러했지만 대외관계에서도 등소평의 노선을 그대로 따를 수밖에 없었나.

그런데 등소평은 고립, 봉쇄, 제재를 두려워하지 않는 것이 중국이라고 선언하고[101], 미국의 닉슨에게도 미국이 강한 나라이지만, 중국은 약한 나라이고 피해를 입은 나라도 중국이다. 중국에게 구걸하라면 해결할 수 없다. 1백년을 늦추더라도 중국은 제재를 풀어달라고 구걸하지 않는다고 편지를 보냈다.[102] 그런데 이때 소련의 해체가 있어 제재의 압박이 더 심해졌다. 등소평은 새로운 지도체제에 대하여 냉정히 관찰하고 침착하게 대응하며 먼저 나서지 말라는 지시를 내렸다. 이에 강택민은 원칙을 갖고, 상대방의 모순을 이용하며, 많은 나라와 관계를 맺어 제재를 타파하고 고립을 면하려고 하였다. 그는 주변국가와 우호관계를 확대 발전시키며 적극적인 전방위 외교를 펴나갔다.

전방위 외교 방침아래 1982년 중공 당 12전 대회이후 문혁시기의 좋지 못한 인상을 씻고 새로운 면모를 보여주기 위하여 국가대 국가의 외교이외에 인민대회 대표, 당정, 경제, 군사, 정치협상회의 외교 등 강택민을 비롯한 각 분야의 인물을 세계 각국으로 파견하였다. 그리고 방문국도 한 나라로 한정하지 않고 여러 나라를 두루 방문하여 자주독립과 평화 공존 5원칙, 강권정치의 반대를 내세우고, 중국이 강해져도 패권을 내세우지는 않을 것이라며 중국의 입장을 지지하도록 요청하였다. 뿐만 아니라 10여 국가의 원수와 정부 수뇌를 중국에 초청하여 중국의 입장을 이해시켰다.

그 결과, 주변 국가와의 관계가 개선되어 1990년에 인도네시아와 국교를 회복하고 싱가포르와도 국교를 맺었다. 그리고 중국에 대한 제재에도 변화가 일어나 일본도 세 번째의 차관을 결정했고, 서유럽 국가들도 중국에 대한 제재를 풀기 시작하였다.

(2) 경제발전과 대국외교

1993년에 이르러 중국의 국력은 인력, 자연자원, 정치, 군사력으로 볼 때 독일이나 러시아보다 앞서게 되었다. 당시 외교부장 전기침(錢其琛)은 세계가 중국을 새롭게 재인식하고 있다며 중국의 외교를 평가했다. 이는 벌써 중국이 스스로 대국으로 자처한 것이었다. 그리고 동구권과 소련이 해체되면서 이들과 함께 하였던 냉전시기의 유산인 공동의 적이 소멸되었다. 따라서 새로운 국제관계는 다극화로 발전될 것이므로 주목되는 나라가 미국, 중국, 일본, 유럽연합과 러시아라고 보았다. 따라서 중국은 이들 국가와의 관계를 발전시켜 세계대국을 조정하는 일원이 되어야 한다는 입장에서 이른바 대국외교로 전환하게 되었다.

그리고 러시아 연합과 유럽 강대국들과 관계가 호전되면서 전략적 동반관계로까지 발전되어나가자 이들과 외교를 펴는 대국외교정책을 강화해 나갔다. 1997년의 중공 당 15전대회에서 강택민은 보고를 통해 발달국가와 관계를 계속적으로 개선한다고 하였는데, 여기에서 말하는 발달국가란 바로 대국을 가리키는 것이었다.103) 중국의 대국외교는 실제로 1994년에 강택민이 러시아를 방문하여 건설적인 동반관계를 맺음으로서 시작된 것이었다. 그리고 이해에 중국에 대한 제재를 해제한 독일과 프랑스를 이붕과 강택민이 방문하여 구체적으로 실현되기에 이르렀다.

이렇게 강대국들과 동반관계를 구축하면서 이들의 힘을 빌려 중국의 국제적 지위와 영향력은 커지게 되었으며, 중국도 대국으로 인정받게 되었다. 또한 중국은 계속 경제발전을 통하여 국력을 증강시켜야 하는데 이를 위해 강대국들의 자본과 기술, 시장을 얻을 수 있게 되었고, 이들 국가들도 중국 진출의 문을 더욱 넓히게 되었다.

강대국 외교는 중국의 대만에 대한 정책과도 깊은 연관이 있다. 이는 중국이 내세우는 일국 양체제를 인정케 함으로써 국제적 간섭을 피할 수 있는 방패로 활용되고 있었다. 그리고 강대국외교의 일환으로 자국 중심의 사고를 통해 주변 국가들에게 무형, 유형의 오만함을 보여주고 있기도 하였다. 이러한 외교는 18세기 중엽 종이호랑이가 아닌 21세기 야수의 왕자다운 호랑이 모습을 지향하면서 과거 중화제국의 의식이 부활되는 것이 아닌가 하는 우려를 자아내게 한다.

## 2) 러시아와의 관계

천안문 사건 직전 고르바초프의 중국방문으로 중국은 소련과의 외교관계를 재수립하고, 1990년 4월과 1991년 5월에 제3대 지도자인 이붕과 강택민이 각각 소련을 방문하여 우호 관계가 더욱 밀접해지는 듯 하였는데, 1991년에 소련 연방이 해체되는 큰 변화를 맞게 되었다. 당시 중국은 중립적 입장을 지키면서, 연방이 해체되면서 러시아를 비롯한 독립국 연합과 이탈한 나라들이 독립을 선언하는 정치적 혼란에 빠졌을 때 개입하지 않고 오히려 이들을 신속하게 승인하고 새로운 관계를 구축하였다.

1992년 12월에 러시아 옐친(Yeltsin Boris) 대통령이 중국을 방문하여 중국과 러시아 사이에 민감하였던 국경문제에 관한 의정서를 포함하여 20여 항목에 관하여 협의하고 서명하였다. 그리고 쌍방의 지도자들이 정기적으로 상호 방문을 통해 문제를 협의하기로 하였다.

1994년 5월에 러시아 체르노미르딘(Chernomyrdin Viktor.) 총리가 북경을 방문하여 국경관리, 이중과세의 폐지, 경제와 과학기술의 합작, 해운, 환경보호 등 7개 항목에 합의하고 서명했다. 그리고 이에 대한 답방으로 9월에 강택민이 모스크바를 방문하여 쌍방은 먼저 핵무기를 사용하지 않을 것과 전략무기 개발을 하지 않기로 하였다.

이후 쌍방의 수뇌들은 빈번한 접촉을 통해 관계를 돈독히 하고 발전시켜 나가고 있었다. 특히 1996년에 쌍방은 전략적 동반관계를 맺어 옐친 대통령이 상해합작조직회의에 참석하여 국경을 맞대고 있는 카자흐스탄, 키르기스스탄, 타지키스탄 등 중앙아시아 국가들의 영수들과 함께 중국과 러시아 국경지역의 군사영역 신임협정을 체결하고, 1997년에는 강택민이 모스크바를 방문하여 이들 국가 수뇌들과 변경에서 군사력을 감축하는 협정을 체결하여 변경에서의 군사적 부담을 덜었다.

그리고 1998년에 강택민이 러시아를 방문하였을 때 옐친은 대만에 무기를 팔지 않겠다고 확약하여 쌍방의 관계는 더욱 밀접해졌다. 특히 중국은 인도 다음으로 많은 러시아 무기를 구매하고 있었다. 이와 아울러 군사 기술을 도입하여 합작으로 전투기를 생산하고 있

강택민의 모스크바 방문

었다.

2000년에 푸틴(Putin, Vladimir)이 대통령에 당선되어 5월에 취임한 후 7월에 중국을 처음으로 방문하여 강택민과 경제, 무역, 과학 기술, 에너지, 군사기술 합작 등에 관한 협정을 체결하고 북경선언과 연합성명을 발표하였다. 전자에서는 중국의 입장을 지지, 민족분열주의, 국제 테러, 종교적 극단주의 등을 공동으로 배격하고, 패권주의, 강권정치, 집단정치를 반대한다고 하였다. 후자에서는 미국을 겨냥하여 미사일 방어망 구축을 비난하고, 특별히 대만을 전략방어망에 포함시키는 것을 반대하였다.

### 3) 미국과의 관계 회복과 발전

중국은 천안문 사건의 진압으로 야기된 인권문제로 미국과 대립함으로써 미국과의 정치적 관계가 냉담해졌다. 그러나 중국으로서는 경제건설을 위하여 미국의 도움이 필요했기 때문에 관계 개선을 도모하지 않으면 안 되었다. 미국도 국제관계의 어려운 문제에 봉착하였을 때 유엔(국제연합)의 상임이사국의 하나로 부결권을 갖고 있는 중국의 협조가 절실해 졌다. 그러므로 6월 5일의 제재조치 선언이후 바로 7월 31일에 캄보디아 문제로 파리에서 국제회의가 소집되었을 때 베이커(Baker, James) 국무장관은 중국외교부 부장 전기침과 만나 쌍방의 의견을 교환하게 되었다. 이때 전기침은 중국의 국내 사정을 설명하고 독립 자주적 평화외교방침과 개방 개혁정책은 바꾸지 않을 것이라는 입장을 밝혔다.

1990년에 8월에 쿠웨이트를 침범한 이라크 군의 철수 문제가 유엔에서 토의될 때 거부권을 갖고 있는 중국의 태도는 미국에게 중요한 의미를 갖게 되었다. 이때 중국도 철군에 동의하여 미국과 같은 입장이었으나 의견에 차이가 있었다. 그런데 무력개입에 관한 결의안에 중국이 기권을 해주어 미국의 뜻대로 무력동원이 가능해지게 되었다. 이를 계기로 미국이 중국에 가했던 제재가 다소 풀리게 되었다.

그러나 미국은 동구권의 붕괴를 보고 중국에 대하여 중국의 인권문제와 중국에 대한 최혜국대우의 연장을 취소하여 다시 쌍방은 난관에 부딪쳤다. 그런데 고위층의 접촉으로 양국의 좋은 관계가 양국의 이익에도 유리하다는 인식을 갖고 인권문제에서 의견의 차이가 있었으나 1992년 2월에 부시대통령은 중국에 가해졌던 제재조치를 취소하게 되었다. 하지만 인권문제, 대만에 대한 미국의 무기 판매, 티베트 문제 등과 클린턴(Bill Clinton) 정부가 성립되어 양국 관계는 재차 곤경에 빠졌다.

그런데 중국의 경제발전은 계속 되고 있어 세계적인 불황으로 중국이 세계의 공장에서 시장으로 주목받아 서방 국가들은 중국에 대한 제재를 풀고 관계를 회복하려 하였고 중국도 적극적으로 이에 응하였다. 이에 중국에 대한 투자가 늘어나고 관계는 회복되었으며 더욱  발전되었다. 따라서 중국에 압력을 가해 양보를 받아내려던 미국의 강경정책은 목적을 달성할 수 없었고 오히려 피동적인 입장에 빠졌다. 그리고 미국 조야에서 중국에 대한 실질적인 정책을 요구하여 클린턴도 1993년 1월에 강택민 주석을 초청하여 시애틀에서 아태경제협력(APEC)정상의 비정식 회의에 참석하고 단독 회담을 가졌다. 여기에서 강택민은 양국관계의 중요성을 설명하고 양국 지도자들이 상호방문을 통해 대화로 문제가 해결되기를 희망했다. 그리고 편리한 때에 클린턴이 중국을 방문해주도록 초청했다. 클린턴은 바로 중국을 방문하지 않았으나 다음해 인도네시아에서 소집된 아태경제협력회의에서 강택민과 회담했다.

그런데 1995년 5월에 대만총통 이등휘가 개인 신분으로 미국을 방문하여 중국과 미국관계에 문제가 되었다. 하나의 중국을 내세우는 중국의 입장에서 이등휘에게 비자를 준 것은 대만을 인정했다는 우려를 낳게 했기 때문이다. 이로 인해 양국관계는 재차 불편한 관계로 바뀌었는데, 1996년 11월에 필리핀 마닐라(Manila)에서 개최된 아태경제협력 정상회의에서 강택민과 클린턴이 만나 다음해에 양국의 영수가 상호 방문, 문제를 협의하기로 합의하였다. 이에 따라 1997년 3월에 고어(Gore, Al)부통령이 북경을 방문하고, 다음해에 강택민이 미국을 방문하여 핵의 평화적 이용과 에너지와 환경과 무역에 관한 협력을 합의하였다.

1998년에 클린턴 대통령이 천안문 사건이후 처음으로 대통령 신분으로 중국을 방문하여 공개나 성명하지 않은 채 대만을 지지하지 않을 것과 하나의 중국과 하나의 대만을 지지하지 않으며 대만이 국가의 신분으로 국제조직에 참가하는 것을 지지하지 않는다고 하여 대만 문제에서 중국을 흡족하게 했다. 이에 양국의 관계는 가장 긴밀한 관계로 발전했다. 때문에 1999년 4월에 유고내전에 개입한 나토군의 일원으로 참가한 미군 공군기가 베오그라드(Beograd)에 있는 주유고연방 중국대사관을 오폭한 사건이 일어났으나 원만하게 수습되었다.

그런데 2001년에 부시(Bush, G. W.)가 대통령에 취임하면서 클린턴이 취했던 대외정책과 다르게 중국에 대하여도 건설적인 전략적

강택민의 미국방문, 부시의 텍사스주 개인목장에 초청되어 회담(2002. 10)

동반관계에서 중국을 경쟁의 대상으로 여기고, 국내법에 따라 대만의 방어력에 필요한 무기를 판매하려고 하였다. 이에 중국은 미국의 대만에 대한 무기판매를 저지하기 위하여 고위인사를 미국에 파견하여 설득하고, 또 미국의 고위인사를 초청하여 미국에 대한 호의를 표했다. 9.11테러가 일어나자 중국은 위문의 뜻을 전하고 공동으로 테러에 대응한다고 하여 미국의 지지를 받았다. 그리하여 미국과의 관계는 더욱 개선되고 발전되었다. 그러나 미국은 일본을 앞세워 아시아 정책을 펴고 있고, 중국은 미국의 패권주의적인 태도에 견제정책을 쓰려고 하기 때문에 양국이 자국의 실리를 취하려는 이면에는 보이지 않는 갈등이 잠재해 있다.

### 4) 유럽연합과의 관계

중국이 유럽공동체와 정식 관계를 수립한 것은 1975년 5월이었고, 이해 9월에 브뤼셀에 상주대표를 두었다. 이후 쌍방의 지도자들이 상호 방문을 통해 경제와 과학기술합작 방면에서 유럽 각국과 관계를 발전시켜왔다. 그러나 유럽연합은 미국과 함께 천안문 사건이후 중국제재에 동참하여 관계가 악화되었다.

그런데 1991년부터 미국의 제재가 완화되자 영국수상 메이어(Mayer Jhon), 이탈리아 총리 안드리아오티(Andreotti, Giulio)와 영국, 프랑스, 이탈리아 외상들이 중국을 방문하면서 중국과 유럽연합은 관계가 정상화되었다. 그리고 1992년 1월에 이붕 총리가 국제연합 안전보장이사회의 정상회의에 참석하는 기간 서방지도자들과 개별 회담을 갖고 관계 개선에 노력하였으며, 이해 10월에 독일외상 겐셔(Genscher, Hans-Diertrich)가 중국을 방문하여 중국과 독일의 관계는 정상화되었다고 성명하기에 이르렀다.

특히 1994년에 강택민 주석이 프랑스 국빈방문 때 중국과 서유럽 관계의 4항 원칙을 발표하여 유럽 각국들도 재빠르게 중국과 정치,

경제 등 각 분야에서 관계가 밀접하게 이루어졌다.104) 그리고 독일 콜(Kohl, Helmut) 총리와 프랑스 시라크(Chirac, Jacques)대통령이 중국을 답방하여 이들 국가들과의 관계가 더욱 긴밀해졌다.

영국과의 관계는 1997년 7월에 홍콩을 순조롭게 반환한 다음 새로운 단계로 진입하였다. 특히 1999년 10월에 강택민 주석이 영국을 방문하여 영국수상 블레어(Blair, Tony)와 회담 가운데 장기적으로 안정된 양국관계를 수립하기 위한 방안을 제시하여 양국 관계는 전보다 더욱 발전해 나갈 수 있는 길이 마련되었다.

이 밖의 국가들은 1994년 1월에 전국인민대표대회 상임위원회 위원장 교석(喬石)이 스위스와 오스트리아를 방문하고, 5월에 정협 주석 이서환(李瑞環)이 핀란드, 노르웨이, 덴마크와 벨기에를 방문하여 관계 개선이 이루어졌고, 7월에 이붕 총리가 오스트리아를 방문하였다. 그리고 1999년 3월에 강택민 주석이 이탈리아, 스위스, 오스트리아를 방문하여 이들 국가들과 유대를 강화하였다.

### 5) 일본과의 관계

천안문 사건이 일어나자 미국 등과 함께 중국의 제재에 참여하였던 일본은 다른 나라들보다 먼저 제재조치를 풀었다. 그런데 1990년 1월과 6월에 국무위원 추가화(鄒家華)와 이철영(李鐵映)이 일본의 초청을 받아 일본을 방문하였다. 이를 계기로 7월에 중국에 제공하기로 되었던 세 번째의 차관을 주기로 결정하여 제제이전의 관계로 회복했다. 더욱이 1991년 8월에 해부준수(海部俊樹, 가이후 도시키) 총리가 중국의 초청을 받아 방문하고, 다음해 강택민 총서기가 일본을 방문하여 궁택희일(宮澤喜一, 미야자와 기이치) 수상과 회담하여 양국관계는 전면적으로 회복되었다. 수교 20주년과 소련의 해체라는 국제적 변화도 있었지만, 궁택 수상이 지적한대로 양국관계는 새로운 시대를 맞이했다고 할 만큼 진전되었다. 이는 중국의 입장을 보더라도 개혁개방을 강화하기 위해서는 적극적으로 일본을 포함한 세계 각국의 경험을 받아들이지 않으면 안 될 입장이었기 때문이기도 했다. 이러한 분위기는 1992년 10월에 일본천황의 중국방문이 이루어졌고, 여기에서 과거 중국인들에게 고난을 주었던 불행한 시기에 통심(痛心)을 느낀다고 하였다. 그리고 이후 일본은, 평화적인 국가의 길로 갈 것이라 표시하였다. 이후 양국의 정상은 국제회의에서 또는 상호 방문을 통하여 1994년에 두 차례, 1995년에 네 차례 만났고 이후에도 계속되고 있다.

특히 중국에서 민감하게 여기는 대만문제에서 일본은 경제, 문화적 교류를 유지하면서 정경분리를 내세우고 하나의 중국을 지지하고 있기 때문에 양국 사이에 이등휘 전총통의 일본방문 치료, 역사 교과서, 일본 수상의 신사 참배, 조어도의 영토 문제 등 의견을 달리하여 유쾌하지 못한 경우도 있으나 정상들의 방문을 통해 상호 이해하면서 관계를 유지하고 있다.

### 6) 우리나라와의 관계

장벽에 막혀 직접 교섭을 할 수 없었던 한·중 관계는 1983년 5월 5일에 중국 민항기가 심양 공항을 이륙한 다음 공중 납치되어 춘천 근교에 불시착한 사건을 계기로 직접 교섭이 시작되었고, 이때 중국은 처음으로 우리나라를 대한민국이라 호칭하였다. 그리고 1986년에 우리나라에서 개최된 아시안 게임과 뒤이어 1988년에 개최된 올림픽 게임에 중국이 참가하고 우리나라가 1990년의 북경 아시안 게임에 참가함으로서 교류의 길이 넓어지기 시작하였다.

당시 중국은 개혁개방 정책을 취한지 이미 10년이 지난 뒤이었고 국가 발전 방향을 모색하고 있던 때여서 이른바 아시아의 네 마리의 용답게 상당한 수준에 올라있었던 한국 경제의 발전 모습이 중국으로 하여금 한국을 새롭게 인식하도록 만들었다. 뿐만 아니라 우리나라의 경제발전이 강력한 군사정권아래 정부의 주도아래 이루어진 것이기 때문에 중국공산당이 주도해야 하는 중국의 입장에서 대만의 경험과 함께 한국은 중국의 경제성장 발전의 모델로까지 여기게 되었다. 이에 따라 인적왕래가 가능해 한국의 경험을 살피기 위해 중국의 실무관리들은 비공식적으로 상당수 우리나라를 방문하고 갔다.

우리나라 역시 중국과의 관계개선은 정치적으로나 경제적으로 당시 시급한 과제의 하나였기 때문에 그동안 유지해왔던 대만과의 관계에도 불구하고 적극적인 자세로 나갔다. 그 결과, 중국이 세계 모든 국가들에게 요구하고 있는 국교수립의 선결요건인 하나의 중국을 인정하고 마침내 1992년 8월에 정식 외교관계가 수립되었다.

그러나 중국의 입장에서 보면 같은 사회주의 국가체제로서 오랫동안 군사동맹 까지 맺고 있는 북한과 정치적, 전략적 관계를 유지하여왔기 때문에 남한과의 관계는 중국경제 개발에 필요한 한국의 자본과 기술, 그리고 경험을 참고하는 등 경제문제에 중점을 둔 것이었다. 따라서 중국과 수교한 이래 우리나라와 중국과의 경제관계는 급속도로 강화되었고, 이는 중국경제의 급성장과 함께 중요성도 높아졌다.

1994년부터 1999년까지 우리나라의 중국과 교역동향을 살펴보면 다음 표와 같다.

| 연 도 | 1994 | 1995 | 1996 | 1997 | 1998 | 1999 | 2000 | 2001 | 2002 |
|---|---|---|---|---|---|---|---|---|---|
| 수 출 | 62.0 | 91.4 | 113.7 | 135.7 | 119.4 | 136.8 | 186.1 | 181.9 | 237.5 |
| 수 입 | 54.6 | 74.0 | 85.3 | 101.2 | 64.8 | 88.7 | 128.0 | 133.0 | 174.0 |

(한국 관세청, 단위 억 달러) 2004년의 경우 수출- 497.7 수입- 295.8

또한 우리나라에게 중국은 지리적으로 가깝고 저렴한 인건비와 광대한 시장 등의 요인 때문에 중국에 대한 우리나라의 투자도 처음에는 산동성과 동북 3성에 집중되었다가 점차적으로 확대되어 나갔다. 2002년 이래 중국은 우리나라 연간기준 최대의 투자국이 되었으며, 중국내 외국의 투자로는 2003년에 4위, 2004년에는 3위에 올라 일본을 앞질렀다.

1998년부터 2003년까지 우리나라의 중국에 대한 투자 동향은 다음 표와 같다.

우리나라의 지역별 중국투자현황[105]

(단위 백만달러)

| 구 분 | 1998 | 1999 | 2000 | 2001 | 2002 | 2003 | 누 계 |
|---|---|---|---|---|---|---|---|
| 발해만 | 380.7 | 156.2 | 329.4 | 294.5 | 482.9 | 631.1 | 4,078.3 |
| 동 북 | 45.8 | 52.3 | 92.6 | 51.3 | 80.0 | 113.6 | 1,128.4 |
| 동 남 | 183 | 81.5 | 97.7 | 124.1 | 242.4 | 402.1 | 2,060.8 |
| 기 타 | 67.9 | 58.8 | 92.6 | 105.7 | 81.2 | 158.2 | 727.4 |
| 합 계 | 677.4 | 348.0 | 605.0 | 575.6 | 886.5 | 1305.0 | 7,994.9 |

한편, 인적 교류도 확대되었는데 그 동향을 살펴보면 다음 표와 같다.

| 연 도 | 1993 | 1994 | 1995 | 1996 | 1997 | 1998 | 1999 | 2000 | 2001 | 2002 |
|---|---|---|---|---|---|---|---|---|---|---|
| 중국방문 | 11.2 | 23.5 | 40.7 | 53.4 | 58.8 | 30.6 | 82 | 103.3 | 129.7 | 172.2 |
| 한국방문 | 4.0 | 6.3 | 8.1 | 9.1 | 9.5 | 5.9 | 20 | 44.3 | 48.2 | 53.9 |

(법무부 출입국관리국, 단위 만 명)[106]

이와 같은 경제와 인적 교류의 확대로 말미암아 서로의 이해를 높이고 남북교류가 확대되면서 북한을 의식하던 한·중 관계는 1998년에 '협력의 동반자' 관계로 발전하였으며, 2003년에 전면적 협력동반관계로 격상되었다.

1) 中共中央黨史硏究室第3硏究室, 『中國改革開放20年史』, 遼寧人民出版社, 1998, pp.325-326: 『鄧小平文選』, 第3卷, 人民出版社, 1993, pp.296-301
2) 『鄧小平文選』, 第3卷, 人民出版社, 1993, p.309
3) 1989년 4월 21일에 나온 제430기를 호요방 특집호로 내 89 민주화운동의 불을 붙였다.(任不寐, 『江澤民和他的15年』, 博大, 2005, p.27)
4) 任慧文, 『中南海權力交班內幕』, 太平洋世紀出版社, 홍콩, 1998, p.30
5) 강택민은 1989년 당의 13기 4중전회의 총서기 취임과 건국 40주년의 담화 등에서 누누이 이를 천명하였다.
6) 中共中央黨史硏究室, 『中國共産黨新時期歷史大事記(1978.12-2002.5)』(增訂本), 中共黨史出版社, 2002, p.292
7) 1989. 7. 28, 최근 군중 관심사를 해결하기 위한 중공 당 중앙과 국무원의 결정
1989. 8. 28, 당의 건설을 강화하기 위한 중공 당 중앙의 통지
1989. 12. 21, 공회 공청단과 부련의 일을 개선 강화하기 위한 중공 당 중앙의 통지
1989. 12. 30, 중국공산당 영도하의 다당합작과 정치협상제도를 완전하게 견지하기 위한 중공 당 중앙의 의견
1990. 2. 16, 새로운 형세아래 군대의 정치공작을 개선 발전시키기 위한 문제에 관한 중공 당 중앙이 총정치부에 보낸 통지
1990. 3. 12, 당과 인민의 관계를 강화시키기 위한 중공 당 중앙의 결정
1990. 5. 25 현급이상 당과 국가기관 당원 영도간부들의 민주생활상 규정에 관한 통지
1990. 7. 14 통일전선공작을 강화하기 위한 중공 당 중앙의 통지
1990. 9. 5, 당교공작을 강화하기 위한 중공 당 중앙의 통지
1990. 11. 4, 중앙기위가 제시한 당풍강화와 청렴정치 건설에 관한 의견을 중공 당 중앙이 비준 통지
8) 이러한 혼란은 '4過 1亂'으로 표현, 즉 과다한 사회의 수요, 지나치게 빠른 경제성장 속도, 지나치게 많은 신용대출과 통화발행, 지나치게 높은 물가폭등과 경제혼란을 가리킨다.
9) 『鄧小平文選』, 第3卷, 人民出版社, 1993, p.334: 吳智棠主編, 『從鄧小平到江澤民領導的中國』, 中國青年出版社, 1998, p.195
10) 동상, pp.299, 301
11) 『鄧小平文選』, 第3卷, 人民出版社, 1993, p.381
12) 그의 방문은 전용열차를 이용한 것으로 경유지인 무창, 장사 등 몇몇 도시에서 그 지역의 지도자들과도 만나 개혁개방과 시장경제의 중요성을 설명하였다.
13) 中共中央文獻硏究室編, 『十四大以來重要文獻選編』, 上, 人民出版社, 1996, pp.1-47 참조
14) 중앙고문위원회는 과도기적인 것으로 등소평의 집권 때에 원로 당원에 대

한 예우였는데 이를 폐지함으로써 종신직이었던 원로당원의 문제를 해결한 셈이다.

15) 中共上海市宣傳部編, 『中國共産黨80年』, 上海人民出版社, 2002, p.656

16) 1988년 9월 5일에 체코슬로바키아 대통령 후사크(Husak, Gustav)의 방문 때 등소평은 하나의 당이나 국가가 한 두 사람의 권위와 세력에 의존해 나간다면 건강하지 못하여 그 한 사람이 잘못되면 사회가 안정되지 못하다고 언급하고, 자신은 11기 3중전회이후 당 총서기 국가 주석을 거절하였으며 당 13전대회에 자신과 당 원로들은 당에서 은퇴하고 새로운 지도집체가 중국을 이끌어 갈 것이라고 하여 지도 집체를 구상하고 있었다.(『鄧小平文選』, 第3卷, 人民出版社, 1993, pp.272-273)

17) 中共中央文獻硏究室編, 『十四大以來重要文獻選編』, 上, 人民出版社, 1996, pp.28-29 참조

18) 1978년의 제5기 전국인민대표는 3,497명이었으나 이후 6기는 2,978명, 7기는 2,790명, 8기는 2,978명, 9기는 2,779명으로 정했다.(浦興祖, 『當代中國政治制度史』, 復旦大學出版社, 1999, p.17)

19) 13기는 73.3%, 14기는 83.7%였다.

20) 이는 1987년의 중국공산당 13기 전국대표대회에서 조자양이 제기하였던 것으로 그의 실각이후 언급되지 않았다. 그는 가택연금 상태에서 2005년 1월에 세상을 떠났다.

21) 신좌파의 사상의 문제는 公洋主編,, 『思潮-中國新左派及其影響』, 中國社會科學出版社, 2003, 참조

22) 編寫組, 『三個代表重要思想全面建設小康社會』, 中共中央黨校出版社, 2002 참조

23) 中共中央文獻硏究室編, 『十四大以來重要文獻選編』, 上, 人民出版社, 1996, p.28

24) 국가공무원이란 이름이 이때 정식으로 등장하였다.(浦興祖, 『當代中國政治制度』, 復旦大學出版社, 1999, p.214)

25) 개방이전의 세 차례는 1954-66년, 1959-1961년, 1968-1970년의 개혁이었다.

26) 『人民日報』, 1989. 10. 27

27) 강좌의 제목은 다음과 같다.
1) 국제상법과 관세협정, 2) 사회주의 시장경제의 법률 제정 문제, 3) 의법치국과 사회주의 법치국가이론과 실천문제에 관하여, 4) 국제관계에서 국제법의 작용, 5) 일국 양체제와 홍콩기본법, 6) 과학진보와 법 제정, 7) 금융안전과 법 제정, 8) 사회보장과 법 제정, 9) 법에 의한 농촌 개혁발전과 안정 촉진과 보장, 10) 법에 의한 국유기업 개혁의 보장과 촉진

28) 『人民日報』, 1996. 2. 9

29) 中共中央文獻硏究室編, 『十四大以來重要文獻選編』, 上, 人民出版社, 1996, pp.252-254

30) 包玉娥外, 『20世紀中國政治發展』, 南京大學出版社, 2002, p.429

31) 尹世洪主編, 『人民代表大會發展史』, 江西人民出版社, 2002, pp.279-280

32) 등소평은 강택민에게 권력을 인계하면서 '어떤 영도집단이건 반드시 하나의 핵심이 있어야 하며 핵심이 없는 영도는 지탱할 수 없다'고 했다.

33) 대표선출은 전과달리 단위의 기층조직이 98%, 당원 참여도 93%로 높았다. 영도간부와 각 분야의 제1선 대표와 모범당원의 비율이 높았고, 여성대표와 소수민족의 대표는 당원 수에 비하여 많았으며, 교육수준도 15전대회와 비교하여 높아 대학이상의 학력이 1,943명으로 8.2%가 높았다(陳雪薇·陳述, 『十三屆四中全會以來重大事件和決策調査』, 中共中央黨史出版社, 2003, p.605).

34) 중앙위원은 10명, 후보위원은 9명, 중앙기율검사위원은 7명이 낙선된 차액선거제노를 백하여 이선의 등액(정원만금 추천된 후보를 모두 선출)선기방식과 차이가 있었다.

35) 李永豊, 『改革的軌迹-從三中全會到十六大』, 中國文史出版社, 2003. p.430

36) 상해와 심천의 증권거래소는 1990년 11월 26일과 1991년 7월에 성립되었으며 이후 무한, 천진 등에도 거래소를 열었다. 상장회사는 1991년에 14개가 1993년에 182개로, 주식발행량은 6배, 주가 총액은 3,531억 원으로 50배가 늘어났다. 거래액은 1993년에 8,474여 억 원으로 14.5배가 증가하고, 증권 업무를 취급하는 기관도 크게 늘어났다. 증권시장은 국내인들이 거래하는 A와 외국인(홍콩, 마카오, 해외거주 화교) 들이 거래할 수 있는 B로 나누며, 홍콩거래소에 상장한 H주식으로 나눈다.

37) 1994년의 전국의 소매 물가는 전년에 비해 21.7%, 가장 컸던 1988년과 1989년의 18.5%, 17.8%의 경계선을 넘었다. 전국 소비자 가격도 24.1%, 농산품과 농업부산품의 가격은 39.9%가 상승되었다. 특히 양식 가격은 50.7%, 식용유는 61.3%, 채소는 33.3%가 상승되었다.(龐松主編, 『簡明中華人民共和國史』, 廣東教育出版社,, 2001, p.658 참조)

38) 『中共十一屆三中全會以來大事記』, 人民出版社, 1998, pp.403-404

39) 『中國共産黨新時期歷史大事記』, 中共黨史出版社, 2002, p.401

40) 3장이란 기한 안에 위장대출에 대하여 철저히 회수하고, 어떠한 금융기관도 저축이율의 인상으로 수신액을 늘려서는 안 되며, 은행이 경영하는 기업에 대한 신용대출을 금지한다는 것이다. 4항 임무란 금융질서의 정돈, 금융기율의 엄수, 금융개혁의 추진, 거시적 조정의 강화이다.

41) 정책성 은행으로 중국수출입은행(1994), 국가개발은행(1994), 그리고 중국농업은행의 농업과 농촌발전 부문을 독립시켜 중국농업개발은행(1994)을 설립하였다.

42) 2001년에 은행의 대내개방으로 주식회사의 상업은행이 13개, 100여개의 각 도시은행이 있으며, 대외개방으로 13개의 외자, 합자의 상업은행, 159개의 외국은행 지점이 개설되어 있다.(馬洪主編, 『國家發展硏究』(2003年版), 2003, p.68

43) 虞和平, 『中國現代化歷程』, 第3卷, 江蘇人民出版社, 2001, p.1369

44) 등소평의 개혁을 분권적 개혁이라 부르기도 할 만큼 그의 개혁은 어느 지방이던 먼저 부자가 되라고 고무하였다. 또 처음의 개혁은 농촌에서부터 시작되었다.

45) 鄭永年,『朱鎔基新政:中國改革的新模式』, 八方文化企業公司, 1999, p.111

46) 8기 전국인민대표대회 1차회의를 준비하기 위하여 소집된 중공14기 2중전회에서 헌법 가운데 국가는 사회주의 시장경제를 실행한다는 내용이외에 국영기업과 국영경제란 용어를 국유기업과 국유경제란 말로 수정하도록 건의하기로 하여 전인대에서 헌법수정안이 통과되었다. 중요한 의미는 기업의 소유권과 경영권을 분리하는 것에 있었다.(李永豊,『改革的 軌迹-從三中全會到十六』, 中國文史出版社, 2003, p.233 참조)

47) 1993년 8기 전국인민대표대회 2차회의 이후 주용기는 흑룡강성의 국유기업 현장을 방문하고 국유기업 문제의 해결점을 찾고자 하였다. 이때 흑룡강 서기 孫維本의 조치가 잘못되었음을 엄격하게 질책했는데 손이 이에 불복하고 쟁론을 펴게 되자 바로 그를 해임하고, 요녕성 성장 岳岐峰을 흑룡강성 서기로 임명하였다.(鄭永年,『朱鎔基新政:中國改革的新模式』, 八方文化企業公司, 1999, p.130)

48) 1988년에 국무원이 발표한「중화인민공화국 사영기업잠행조례」에 따라 8명이상 고용하여 영리를 도모하며 기업의 자산이 개인에게 속한 경제조직이라 정의하였으며, 이전에는 개체호(個體戶)라 불렀다.

49) 전국의 개인 기업주 가운데 13.1%(1993), 17.1%(1995), 19.80%(2000)가 중국공산당에 가입하였다.(編寫組,『十三屆四中全會以來改革開放成就概覽』, 中央文獻出版社, 2002, p.101

50) 小林熙直編,蕭秋梅譯,『中國經濟的危機』, 經濟新潮社, 民國 92, p.161

51) 張弘遠,「中國大陸對外貿易體制的改革與發展](魏艾主編,『中國大陸經濟發展與市場轉型}』, 揚智, 2003, p.127

52) 2000년까지의 통계는 http.//www.customs.gov.cn/TJS/1/nian.htm 2001년도는 國家統計局編,『中國統計摘要』, 中國統計出版社, 2002, p.148

53) 高長,「中國大陸經濟發展五十年」『中共建政五十年』, 中國大陸問題研究所編, 正中書局, 民國 90年, p.115

54) 1979-1982년에는 차관이 76%, 외국상인의 직접투자는 17%였으나, 1990-92년에 차관은 22%로 낮아졌다.

55) 면세우대를 받는 항목이 270조에 달하여 전체 항목의 83%를 차지하고 있다.(虞和平主編,『中國現代化歷程』, 第3卷, 江蘇人民出版社, 2001, p.1407)

56) 劉國光・王洛林・李京文主編,『中國經濟前景分析-2003年春季報告』, 社會科學文獻出版社, 2003, p.238

57) 曾喜炤,「經濟發展」(施哲雄主編,『發現當代中國』), 揚智, 2003, p.242

58) 王夢奎主編,『中國:直面金融危機-亞洲金融危機中的中國經濟對策與走勢』, 外文出版社, 1999, p.15

59) 編寫組,『十三屆四中全會以來改革開放成就概覽』, 中央文獻出版社, 2002, p.10

60) 세계은행의「1991년도 세계발전보고」 참조

61) 曾喜炤,「經濟發展」(施哲雄主編,『發現當代中國』), 揚智, 2003, p.228)

62) 농촌은 과거 정사합일의 인민공사가 점차 와해되고 향정부가 기본이 되는 행정체제가 회복되었다. 인민공사는 경제적인 실체로 남아 있다가 1984년 말에 이르러 마침내 인민공사시대는 막을 내렸다.

63) 施哲雄,「中國大陸社會五十年來的發展與變遷」『中共建政50年』, 正中書局, 民國 90, p.195
64) 陸學藝主編,『當代中國社會流動』, 社會科學文獻出版社, 2004, p.8
65) 동상, p.176 표4 참조
66) 龐松主編,『簡明中華人民共和國史』, 廣東教育出版社, 2001, p.626
67) 楊雲善,「加入WTO對中國居民收入分配的影響」『社會主義研究』, 142期, p.87
68) 何平,「加入WTO對 中國社會保障的影響與對策」『宏觀經濟研究』, 40期, 2002. 3, p.19
69) http://molss.gop.cn/tongji2003nj
70) 施哲雄主編,『發現當代中國』, 揚智, 2003, p.165
71) 「국무원판공청의 해직실업자의 개인사업에 관련된 제 경비 수납 우대정책에 관한 통지」, 國辦發 57號
72) 龐松主編,『簡明中華人民共和國史』, 廣東教育出版社, 2001, p.670
73) 施哲雄主編,『發現當代中國』, 揚智,2003, p.164
74) 王關興·陳揮,『中國共産黨反腐敗倡廉史』, 上海人民出版社, 2001, p.377
75) 王關興·陳揮,『中國共産黨反腐敗倡廉史』, 上海人民出版社, 2001, p.378
76) 王關興·陳揮,『中國共産黨反腐敗倡廉史』, 上海人民出版社, 2001, p.380
77) 林海克,「中共腐敗的制度性根源」『明報』, 1995. 5, p.19
78) 龐松主編,『簡明中華人民共和國史』, 廣東教育出版社, 2002, p.750
79) Hilton Root, "Corruption in China:Has it Become Systemic? "*Asian Survey*, vol.36, no.8(Aug.1996), pp.741-756
80) 王關興·陳揮,『中國共産黨反腐敗倡廉史』, 上海人民出版社, 2001, p.472-473 염정준칙이라 함은 1997년 3월 28일에 하달한「中國共産黨黨員領導幹部廉潔從政若干準則」(『十四大以來重要文獻選編』, 下, p.2452)을 가리킴.
81) 남경대학 蔡少卿 교수 방한 때 발표한『當代中國的黑社會』참조
82)『鄧小平文選』, 第2卷, 人民出版社, 1983, pp.40-41
83) 虞和平主編,『中國現代化歷程』, 第3卷, 江蘇人民出版社, 2001, pp.1321-1322
84)『鄧小平文選』, 第3卷, 人民出版社, 2003, pp.274-276
85) 中國大陸問題硏究所編,『中共建政五十年』, 正中書局, 民國 90, p.358 대륙의 설명에는 항공우주, 선진국방기술을 포함하여 7영역으로 설명한다.
86)『江澤民論有中國特色社會主義(專題摘編)』, 中央文獻出版社, 2002, pp.238-239 참조
87)『中華人民共和國國史通鑒』, 第4卷, 紅旗出版社, 1993, p.214 참조
88)『中國共産黨新時期歷史大事記』(增訂本), 中共黨史出版社, 2002, p.433
89) 龐松主編,『簡明中華人民共和國史』, 廣東教育出版社, 2001, p.727
90) 龐松主編,『簡明中華人民共和國史』, 廣東教育出版社, 2001, p.727
91) 國家統計局,『中國科技統計年鑑-2002』, 中國統計出版社, 2002, pp.3-6, 415
92) 1978년 개혁개방이래 약 70만 명이 유학을 떠났으며 그 가운데 17만 명이 학업을 끝내고 귀국하였다.

93) 국비파견 3,002명, 기관파견 5,144명, 자비유학 10.92만 명이었다. http://news.xinhuanet.com/zhengfu/2004-02/17/content 1317047.htm 2005-01-26 참조

94) 중관촌에는 1998년말까지 국가가 인정한 5,657개의 고급신기술 기업과 관련된 수 천 개의 기업이 입주하였다. 또한 첨단기술에서는 세계 수준에 가깝거나 앞서 있다.(龐松主編, 『簡明中華人民共和國史』, 廣東敎育出版社, 2002, pp.726-727)

95) 中國大陸問題研究所主編, 『中共建政五十年』, 正中書局, 2001, p.354

96) 『香港年鑑』, 1996, 2000, 2001 참조

97) 鍾庭燿, 「後過渡時期民意面面觀」『97過渡:香港的挑戰』, 鄭宇碩・盧兆興編, 中文大學出版社, 1997, p.500

98) 鍾庭燿外, 『香港市民對97過渡的意見調查』, 香港大學社會科學研究中心, 표10과 15

99) 「中英談判與港英政府後過渡期的挑戰」『97過渡:香港的挑戰』, 鄭宇碩・盧兆興編, 中文大學出版社, 1997, p.13

100) 封小雲, 「97後香港在中國經濟發展中的地位與作用」『邁向新紀元』, 劉澤生主編, 香江出版有限公司, 1997, pp.397-398.

101) 태국총리와의 회견에서 피력(『鄧小平文選』, 第3卷, 人民出版社, 1993, pp. 329)

102) 동상, pp.331-332

103) 于有慧, 「中共的大國外交」『中國大陸研究』, 第42卷 第3期, 民國88年, p.46

104) 원칙 4항은 21세기를 향하여 장기적으로 안정적 우호 합작관계의 유지, 상호존중, 국제협상과 합작의 강화, 상호 보호와 공동발전의 노력이다.

105) KOTRA, 중국투자, 한중경제 관련 주요통계(04.12월) 참조

106) 2002년에 중국을 방문한 한국인은 212만 명, 한국을 방문한 중국인은 55만 명에 달하였다.

제 12 장

# 대만의 정권교체와 대만화

## 1. 정국의 변화

### 1) 새로운 권력 중심의 등장-이등휘 체제의 성립과 국민당의 내분

1988년 1월, 장경국 사후 부총통으로 이등휘의 총통 승계에 대하여 어느 세력도 이의를 제기할 문제가 아니었기 때문에 순조로웠으나, 행정원장은 관저파(官邸派)의 유국화(兪國華), 당권은 이환(李煥), 군권은 참모총장 학백촌(郝柏村), 안전회의는 안전회 비서장 장위국(蔣緯國)이 장악하고 있었기 때문에 이등휘는 자신의 지위를 확고히 하지 않으면 안 되었다.

이에 이등휘는 장경국의 계승자로 장경국이 내세웠던 노선과 정책을 충실히 이행해 나가는 모습을 보여야 하였으며 비록 불만스럽기는 하였지만 인사를 그대로 유지해 나갔다. 그리고 자신을 반대하는 것은 바로 '장경국을 반대한다'고 하면서 당 원로들을 방문하여 당의 이익과 단결의 필요성을 강조하여 상당한 지지를 얻어냈다.

그런데 국민당의 주석 대리직은 간단하지 않았다. 우선 이해 7월에 예정된 전국대표대회까지 비워두자는 송미령(宋美齡)을 중심으로 한 관저파가 있었는데, 이들은 주석직을 대륙출신이 맡아야 한다는 전제를 갖고 있었기 때문이었다. 그러나 당내의 개명파들은 이등휘를 지지하여 결국 중앙상무위원회에서 그를 주석대리로 추대하였으며, 또 중국국민당 제13차 전국대표대회에서 순조롭게 주석에 선출되었다.

당시 중국국민당 안에는 권력 승계자로 앞서 설명한 네 사람이 있었고 이들의 세력은 이등휘의 권력 장악에 큰 장애가 되었다. 이에 이등휘는 장경국 사망 후 물러나야 한다는 여론이 있음에도 행정원장 유국화를 유임시켜 다수표를 얻어 행정원장이 되려는 이환(李煥) 세력을 눌렀다. 그리고 약세의 유국화를 이용하여 총통을 견제하려는 세력을 감소시키고, 또 실제로 내각을 조종할 수 있어 각 부 장관을 이등휘 뜻대로 임명했다.

그러나 유내각이 사퇴하여야 한다는 여론은 갈수록 비등하여 유는 1989년 5월에 사임할 수밖에 없었으며 이등휘는 내키지 않았지만 국민당 중앙위원회 비서장 이환을 신임 행정원장으로 지명하였다. 그리고 이 기회를 이용하여 당내의 이환 세력을 약화시키고자 직계의 송초유(宋楚瑜)를 당의 비서장으로 임명하였다.

다음에 이등휘는 군권장악에 나섰다. 이를 위해 장경국의 신임을 받아 임기 2년의 참모총장을 네 번이나 연임하고 있으면서 중앙상임위원회의 유일한 직업군인인 학백촌(郝柏村)을 중앙상무원원회의 이름

대북시내에 있는 중국국민당 중앙당사

으로 국방부장관에 임명하였지만, 대신 공군총사령관을 참모총장에 임명하여 학의 군대 지휘권을 빼앗고, 대대적인 정리로 군대의 본토화를 할 수 있게 되었다. 이로서 이등휘를 중심으로 한 국민당의 주류파는 세력을 확고히 하였으며 과거의 당권파들은 비주류파로 전략했다.

사실 당·정·군의 인맥이 없던 이등휘가 이처럼 권력을 확고하게 장악할 수 있었던 배경에는 그 자신이 대만출신이기 때문에 대만인의 민족감정을 부추긴 덕분이었다. 그 첫 번째가 '2.28사건(1947년에 공산당을 탄압하는 과정에서 일어난 사건)'은 대만인의 비극이라는 말로 여론을 들먹인 것이다. 왜냐 하면 당시 외성출신 당권파들은 이 사건과 직, 간접적으로 연루되어있어 정치 도덕적 책임을 피할 수 없는 입장이었기 때문이다.[1] 그런데 이등휘 총통은 이전에 대만을 집권한 것은 모두 외래정권이며 국민당도 외래정권으로 대만인을 통치한 하나의 정당에 불과하므로 반드시 이를 대만인의 국민당으로 바꿔야 한다고 주장하면서 대만화, 본토화를 내세워[2] 대만 출신의 지지를 받아냈던 것이다.

1990년은 총통선거의 해였다. 국민당 주석인 이등휘는 당연히 총통후보가 될 수 있었으나 부총통 후보를 정하는 문제를 둘러싸고 주류파와 비주류파의 보이지 않는 암투가 벌어졌다. 당시 당내의 여론은 총통을 대만인, 부총통을 대륙인이 맡아야 한다는 것이었다. 따라서 이등휘는 미리 정한 구비조건을 제시하고 총통부 비서장이었던 이원족(李元簇)을 부총통으로 지명하였다.

이렇게 되자 부총통을 꿈꾸던 이들은 비주류진영을 형성하고[3] 임시중앙상무위원회에서 이등휘와 그가 지명한 이원족을 거부하고, 임양항(林洋港)과 장위국(蔣緯國)을 후보로 내기 위하여 투표방식을 비밀투표로 결정하자고 요구하였다.[4] 결국, 2월 11일 임시 중전회에서 비주류파의 의견이 받아들여지지 않고 총통후보는 기립방식, 부총통은 거수 표결방식을 택하여 비주류파의 구상이 실패로 끝났다. 비주류파는 직접 국민대회 대표 100명의 서명을 받는 방법으로 다시 주류파에 대응하기로 하였다.

그런데 2월 19일 국민대회 개막식장에서 11명의 민진당 소속 대표들이 주석 선출을 거부하는 혼란을 일으켜 3명이 경찰에 붙잡혀 갔고, 또 그날 총통이 초대한 저녁의 만찬에서 민진당이 식탁을 뒤엎어버린 사건이 일어났다. 이를 본 나이 많은 만년대표들은 이총통이 민진당을 용납하였기 때문에 발생한 문제라며 이를 비판하여 반이등휘 바람이 일어났다.

그러므로 비주류파는 이를 이용하여 재반격에 나섰다. 이등휘는 사태의 심각성을 인식하고 국민당의 원로 8인에게 중재를 요청하였는데, 이들도 국민당이 분열하면 당만 망하는 것이 아니라 나라도 망한다는 인식아래 양파의 중재에 노력하여 이등휘는 5년 임기이후에 다시는 총통에 나오지 않는다는 약속을 하고, 임양항도 총통에 나서지 않을 것이라 성명하여 결국 장위국도 꿈을 접어야 하였다.

한편, 민진당은 3월 18일에 대북시 중심에 있는 중정기념당에서 군중집회를 열고 국회의 전면 개선, 총통의 민선, 동원감란(動員戡亂)시기의 종지부를 요구하였다. 10시간이나 계속된 집회였으나 다행히 유혈충돌은 일어나지 않았다. 그런데 그 동안 침묵을 지켰던 대학생들이 3월 16일부터 남북각지에서 대북의 중정기념당에 모이기 시작하여 많은 학생들이 정좌시위를 벌이고 심지어 절식 행렬에 참여하여 불만을 표출하였다. 이등휘는 학생대표를 접견하고 이들의 요구를 일부 수용하여 국시회의(國是會議)를 소집하여 2년 이내에 국회(國會)의 개조와 헌정개혁(憲政改革)을 약속하여 학생들을 해산했다.5)

이러한 분위기아래 3월 21일에 실시된 국민대회의 총통선거에서 이등휘는 668명 가운데 641표를 얻어(95,9%) 총통에 당선되었고, 다음날 이원족이 644명 가운데 602표를 얻어(93.5%) 부총통에 당선되어 총통선거를 둘러싼 국민당 내외의 갈등은 일단 끝났다. 그러나 당내의 주류와 비주류의 갈등과 풀어야 할 문제는 여전히 남아있었다.

한편, 이등휘는 5월에 정식으로 제8대 총통에 취임하면서 동원감란시기에 종지부를 찍고 임시조치를 폐지하며, 총통은 대만지역의 공민이 직접 선거로 뽑는 것 등을 포함하는 헌정의 개혁을 시작한다고 선포하였다. 그리고 군부세력의 대표인 학백촌을 행정원 원장으로 임명하여 이환을 대신하게 하였다. 이는 당 안의 비주류인 보수 세력과 잠시 타협하기 위한 것이었는데, 이로부터 이른바 대만의 신권위 정치가 시작되었다.[6]

그리고 6월 28일에 국민정부가 대만으로 물러난 다음 처음으로 반대당, 무당파, 해외의 반정부 활동인사 등을 포함한 142명이 참가한 국시회의를 소집하였다.[7] 회의의 주제는 앞에서 이등휘가 언급한 내용이었다. 여기에서 헌법의 수정은 국민대표대회에서 두 단계 즉, 수정 과정과 실질적 헌법 수정 두 단계로 나누어 하기로 하였다. 그리하여 1991년 4월에 제1대 국민대표대회 제2차 임시회의를 열고 첫 단계로 헌법조문의 수정과 임시조치의 폐지, 제2대 국민대표대회 대표의 선거와 동원감란시기 임시조치법의 폐지 등을 논의하여 결국 1992년 4월 30일에 동원감란시기의 종지부를 찍고, 임시조치를 폐지한다고 선포하였다.

이에 따라 대륙에서 선출되어 대만으로 와 자리를 유지해 만년대표, 철밥통 소리를 듣던 국민대회 대표와 입법위원, 감찰위원들이 물러났으며(이들을 資深民意代表(자심민의대표)라 부르기도 함) 대만인들의 진출이 가속화되어 본토화, 대만화가 이루어 졌다.[8]

대체로 대만출신은 국민당의 경우 당 11전(1976) 대회 때 당원 155만 명 가운데 대만출신이 55%, 당 14전 대회(1993)때 당원 200여만 명 가운데 대만출신이 85%로 절대 다수를 차지하였다. 상층구조도 1973년에 중앙상무위원 2명이 11전 대회에서 4명, 12전 대회에서 9명으로 33%, 1986년에 14명으로 44%, 13전 대회에서 16명으로 과반수를 넘겼으며 당 주석도 대만출신이었다.

### 2) 민의대표 기구(제2기 국민대표, 입법원) 대표의 선출과 대만화

제1기 국민대회 대표들이 물러남에 따라 1991년 12월 21일에 제2기 국민대표의 선거를 선출하였는데, 403명 가운데 대만성 출신이 324명, 대륙출신이 79명으로 국민당은 318석, 민진당은 75석, 기타가 10석으로 분포되어 헌법의 개정은 역시 국민당이 주도권을 장악하게 되었다.

이렇게 소집된 제2기 국민대회는 1992년 3월에 제1차 임시회의를 소집하여 국민당 제13기 3중전회에서 결의한 내용을 기준으로 총통의 직선제, 총통의 임기 6년을 4년으로, 1차에 한해 연임이 가능하며, 국민대회의 직권을 확대하여 감찰, 고시원의 정・부 원장과 위원의 동의권, 사법원의 정・부 원장과 대법관의 인사 동의권, 지방자치의 제도화와 성, 시장의 민선 등에 대하여 토의하였었다. 특히 국민당내에서는 직선제를 주장하는 주류파와 종전처럼 간선제를 주장하는 비주류파와의 쟁론이 있었다.

그리고 이해(1992) 12월 9일에 제2대 입법위원 선거가 있었다. 이는 바로 입법원 개조이후 첫 번째 선거로 국민당이 집권을 유지하기 위해서는 중요한 선거였다. 그 결과, 125명의 입법위원 가운데 국민당은 71석, 민진당은 38석, 무당파 16석으로 나타났다. 그리고 대만출신이 80%를 점유하여 제2대 국민대표와 함께 대만화가 현저하게 나타났다. 또 일부 급진적인 대만독립파들도 입법원에 들어가 합법적으로 두 개의 중국, 하나의 중국과 하나의 대만을 고취할 수 있게 되었다.

결국, 이 선거에서 23석이 증원된 가운데 국민당은 오히려 1석이 감소되는 참패를 당했으며, 이 책임을 지고 학백촌 행정원 원장이 1993년 2월에 사임하고 후임에 이등휘가 추천한 연전(連戰)이 대만출신으로는 처음으로 행정원 원장이 되어 총통과 행정원 원장을 모두 대만인이 맡게 되는 정치 체제의 대만화를 가져와 장경국 서거 5년 후인 이해 즉 1993년을 대만화의 원년으로 보고 있다.[9]

### 3) 총통 직선제의 채택

헌법수정에 관한 논의를 위하여 1994년 4월 24일에 중국국민당 14기 임시중전회가 소집되어 8개 항목의 헌법수정 원칙을 통과시켰다.[10] 그리고 5월 2일에 제2기 국민대회 4차 임시회의에서 이를 갖고 격론을 벌리는 가운데 민진당의 국민대회 대표들이 퇴장해 버려 결국 헌법수정안은 국민당 1당의 것이 된 셈이었다. 그런데 총통직선제 선거와 제3대 국민대표 선거가 1996년 3월에 동시에 실시되어야 하였다.

당시 국민당은 8월에 14기 2중전회를 대북에서 소집하여 직선 총통후보를 내기로 하였는데, 이등휘는 당연히 당주석이 총통후보가 되어야 한다는 안건을 통과시켜 당내의 선거로 추천하자는 반대파를 누르고 후보 지명을 받았다. 이로 인해 총통에 뜻을 두고 있던 부주석 임향항도 출마를 선언하고, 또 국민당을 탈당한 진이안(陳履安, 전 부총통 진성의 아들)도 민선총통에 출마한다고 하여 국민당의 분열이 공개화되고 심화되었다.[11]

국민당의 본격적인 분열은 이해 12월에 있었던 제3대 입법원 의원선거에서 나타났다. 국민당에서 떨어져 나온 신당(新黨)[12]과 국민당, 민진당이 경쟁하였던 선거에서 국민당은 164석 가운데 2대 때보다 10석이 적은 85석, 득표율은 전보다 52%에서 46.06%로 떨어졌고, 민진당은 전보다 2석 많은 54석으로 득표율은 전보다 2% 증가하였다. 그리고 새바람을 일으킨 신당은 21석으로 12.95%의 득표율을 얻었다.[13]

결국, 1996년 3월에 있었던 9대 총통선거(초대 민선 총통선거)는 대만 정치계의 각 정파들이 힘을 겨루는 싸움이었고, 이른바 통파(統派, 대륙과의 관계유지)와 독파(獨派, 대만독립파)의 첫 번째 결투였다. 여기에 일국 양체제를 선언하였던 대륙이 대만에 대한 보다 근접된 군사훈련이 진행된 배경아래 선거가 실시되었다.14)

선거는 국민당의 이등휘와 연전(連戰), 민진당의 팽명민(彭明敏)과 사장정(謝長廷), 국민당의 임양항(林洋港)과 학백촌(郝柏村), 감찰원장을 사임하고 국민당을 탈당한 진이안(陳履安)과 감찰위원 왕청봉(汪清峰)의 네 후보가 출마하여 이등휘·연전 캠프가 54%의 지지를 얻어 당선되었다. 그리고 민진당은 21.13%, 임과 진은 각각 14.9와 9.98%를 얻었다.

이 선거에서 국민당은 지지율이 떨어졌지만 이등휘의 당내 지위는 더욱 확고해졌으며, 이를 이용하여 당무개혁을 단행하고 반대파를 제거하였다. 한편, 부총통이 된 연전은 확실하게 다음 총통후보 경쟁에서 유리한 자리를 확보하고, 연전이 겸임하던 행정원장 직을 이어받은 소만장(蕭萬長)도 핵심적인 인물로 등장했다.

### 4) 국민당 주류파의 내분과 총선실패

아시아의 금융위기가 나타나게 되면서 국정이 혼란에 빠지자 1996년 12월에 국가발전회의를 소집하여 헌정체제와 정당체제, 경제발전, 양안관계의 3개 주제를 갖고 회의를 진행하였다. 경제와 양안관계에서는 참석자들이 같은 인식을 하여 문제가 없었으나 헌정체제와 정당체제에 관하여 격론이 벌어졌다.

그 결과, 민진당은 대만성정부가 대만의 독립, 건국의 장애가 된다고 보아 성정부와 성의회의 폐지를 요구하였고 이등휘가 이를 수용하게 되어 이등휘의 보좌역이었던 대만성 성장인 송초유는 사직을 선언하고 이에 항의하는 일이 일어났다.15)

당시 송초유는 대만 안에서 근정애민(勤政愛民)의 상징으로 그에 대한 여론도 좋았다. 그는 1994년 12월의 초대 직선제 성장선거에 출마하여 대만화되는 과정인데도 외성출신으로 이등휘의 절대적 지원으로 본성 출신을 누르고 당선될 만큼 인기가 있었다. 때문에 다음 총통선거(2000년)를 둘러싸고 자신의 거취를 분명히 하지 않으면 안 되었다.

이때 국민당 안에서는 총통에 연전, 부총통에 송초유를 내세우자는 의견이 지배적이었다.[16] 그러나 성(省)폐지를 둘러싸고 이등휘를 비롯한 당고위층과 갈등이 심했던 송초유는 이를 해소할 길이 없었고, 또 그가 강력한 정치인이 되기를 바라지 않던 이등휘가 연전 · 송초유 조의 배합을 암암리 방해하였다. 때문에 송초유와 국민당의 갈등은 더욱 깊어가, 마침내 송초유는 1999년 7월에 국민당을 탈당하고 총통 출마를 선언하였다. 이에 국민당은 기율위반으로 그를 당적에서 제명하고, 그를 지지하는 수 십 명의 입법위원도 당적을 취소하여 이미 국민당에서 떨어져 나온 신당(新黨)과 함께 국민당의 내분을 격화시켰다.

한편, 민진당도 1996년 선거에서 패한 다음에 대만독립 강령과 연합집권 문제를 둘러싸고 당 안에서 대립이 일어나 극단적인 대만독립파들이 당을 떠나 건국당(建國黨)을 조직하여 분당되었다. 그리고 다시 총통후보를 둘러싸고 진수편(陳水扁)과 허신량(許信良)이 경쟁을 벌리다 당의 지명을 받지 못한 허신량이 1999년 5월에서 떨어져 나와 11월에 신당의 대북시의원 주혜량(朱惠良)을 런닝메이트로 출마를 선언하였다. 이로 말미암아 주혜량은 신당에서 제적되고, 다수가 신당을 탈당하는 사태를 유발시켰다.

따라서 2000년 총선을 앞두고 송초유의 지지율이 높았다. 그런데 1999년 9월에 100년이래의 최대 재난이었던 지진이 일어나 부총통으로 재난수습의 책임을 맡았던 연전의 지지율이 다소 높았으나[17], 송초유의 지지율이 떨어졌다 해도 연전보다는 높았다. 그런데 11월에 송초유가 무당파이면서 진수편의 막료였던 장소웅(張紹雄)을 부총통후보로 내세워 대만출신의 표를 많이 끌어들임으로써 연전과 진수편의 인기는 더욱 떨어졌을 뿐만 아니라 그 차이도 크게 벌어졌다.

그런데 12월에 송초유의 아들이 국민당의 중흥증권회사 주식을 매입한 이른바 '중흥주식사건'이 폭로되었다. 즉 송초유가 국민당의 비서장으로 있을 때 직권을 남용하여 문서를 위조하고 당비를 도용했다는 것이다. 이 사건으로 송초유의 인기는 물론이고 국민당에게도 큰 상처를 주었다. 이를 잘 이용한 것이 민진당의 진수편이었다. 결과적으로 하위에 머물던 진수편은 연전을 누르고 상승세를 타던 송초유와 비슷하게 지지율이 올라갔다.

이러한 상황에서 진수편은 통일파를 의식하여 종래 민진당이 내세웠던 대륙정책이나 그 자신이 독립입헌하며 대만독립만세를 외쳤던 것과 다른 태도를 취했다. 특히 선거가 임박해지면서 대륙과 선의의 화해와 적극적인 합작을 통해 영구적인 평화를 목표로 삼는다며, 금융업의 대륙투자를 허용하고 대륙자본의 대만 참여를 허락한다는 등을 내세워 여론의 지지도를 높였다.

결국, 2000년 3월 18일에 시행된 총통선거는 연・소(蕭萬長), 송・장(張紹雄), 진・여(呂秀蓮), 황・주(朱惠良)의 4파전이 되었다. 그 결과, 민진당의 진수편이 39.3%를 얻어 당선되고, 송초유는 36.84%, 국민당의 연전은 23.1%밖에 얻지 못해 1945년 일본으로부터 광복이래 국민당의 지배를 받아왔던 즉 외래정권의 지배를 받아왔던 대만의 정권교체가 처음으로 이루어졌다.

선거의 패배로 국민당 당원들은 간접적으로 진수편을 지원했던 이등휘의 주석직 파면을 요구하여 3월 24일에 이등휘는 주석직을 사임하고 연전이 주석대리가 되었다가 6월에 소집된 중국국민당 제15기 임시전당대회에서 연전을 정식 주석으로 선출하였다. 이후 이등휘는 계속 국민당을 비판하고, 2001년 입법원 선거에서도 국민당을 지원하지 않아 제명당하였다.

이때 국민당은 입법원선거에서도 민진당에 참패하여 제2당으로 전락하였다. 제3당은 송초유가 이끄는 친민당이 차지하였으며 이등휘를 정신적 영수로 창당된 대만단결동맹은 제4당이 되었다.18)

## 5) 정권교체와 진수편 총통 취임

제10대 총통선거에서 국민당을 누르고 총통에 당선된 진수편은 5월 20일에 취임식을 가졌다. 그는 취임사에서 독립을 선언하지 않으며, 국호를 고치지 않으며, 두개의 중국론을 헌법에 넣지 않을 것이며, 독립과 통일문제로 국민투표를 추진하지 않을 것이며, 국통강령과 국통회의 방침을 폐지하지 않을 것이라고 하였다. 그리고 행정원 원장에 당비(唐飛), 총통부 비서장에 장준웅(張俊雄), 국가안전회의 비서장에 장명요(莊銘耀)를 임명하여 민진당의 새로운 내각이 성립되었다.19)

그러나 당 내각은 임명된 각료의 이중국적 문제로 감찰원에서 탄핵안이 통과되어 출발부터 순탄치 않았고, 경제적으로 주식은 크게 떨어져 내각에 대한 일반의 불만도 커 결국 4개월 13일 만에 물러나 최단명으로 끝났다. 그리고 장준웅이 행정원 원장이 되어 내각을 조직하고 진수편 총통의 지시에 따라 경제발전을 우선 시정목표로 설정하였다.

이해 10월 10일은 정권교체이후 처음으로 맞는 쌍십 국경절이었는데 기념행사에 야당인 국민당과 친민당 주석이 참가하지 않고 해외화교도 참가자가 제일 적었다. 대회의 치사는 국어, 민남어, 객가어, 산지족 어로 동시에 하여 각 족군(族群)의 융합을 과시하였고, 진수편 총통은 대만정신을 강조하고 21세기 대만의 장래를 창조해나가자고 하였다, 한편, 야간의 경축불꽃놀이는 처음으로 고웅으로 옮겨 행사를 치렀다.

그러나 진수편은 인기에 영합하는 가벼운 언행과 대륙과의 대립, 경제부진으로 결국 입법원에서 파면결의를 하자는 의견으로 확대되

진수편 총통 취임식

어 정치 불안을 가속화시켰다. 여기에 국민당 정부에서 정해진 정책의 취소, 예를 들면 원자력 제4발전소의 건설 파기와 같은 것으로 야당과의 관계는 갈수록 악화되었다.

결론적으로 그는 재임기간의 치적이 뚜렷하지 않음에도 불구하고 대만독립의 강조를 내세워 결국 2005년의 총선에도 승리하였다. 특히 이 선거에서 국민당과 친민당이 연합하여 국민당의 정권탈환에 유리한 국면이 조성되었으나 투표 전날 진수편에 대한 저격사건이 일어나 오히려 진수편은 근소한 차이로 재집권에 성공하였다.20)

## 2. 대만의 경제

1980년대에 들어와 투자비율이 크게 떨어지면서 경제발전에 문제가 발생하여21) 유국화 행정원장은 산업자문위원회를 성립시키고 관계와 학계의 연합토론으로 1985년 5월에 경제혁신위원회를 소집하여 해결하려 하였다. 이 회의에서 여러 가지 결의를 하였으나 그 정신은 '자유화, 국제화, 제도화'의 발전방향이었다. 때문에 1987년의 계엄해제부터 정치의 자유화가 이루어졌다면 경제적 자유화는 이에 조금 앞서 이루어졌다고 할 수 있다.

그리고 높은 임금과 공해문제가 대두되면서 국민당은 이를 해결하기 위하여 노동위원회와 환경청을 설치하였고 이와 관련된 (공해유발) 산업이 1986년부터 밖으로 빠져나가는 현상이 두드러졌다. 이에 1990년 5월에 학백촌(郝柏村) 내각이 들어서면서 정부는 힘으로 노동운동과 환경보호운동을 막으면서 이들 산업의 국내 공장설립과 노동문제를 해결하였다.

특히 새로운 6년 계획을 세웠는데, 그 내용은 ① 공공건설을 통해 내수를 확장시키고, 경제성장을 지속해 국민소득을 향상시키며, ② 산업발전의 잠재력을 높이고 대만을 서태평양의 금융중심, 교통물류의 중심, 과학기술의 중심으로 삼으며, ③ 지방의 균형 발전과 ④ 생활의 질을 향상시킨다는 것이다.

한편, 그 동안 민영은행의 설립을 금지해왔던 국민당은 1989년 7월에 신은행법을 통과시키고, 다음해에 재경부는 「상업은행 설립 표준안」을 공포하여 이에 따라 1991년에 15개의 민영 은행이 설립되었다. 이로 인해 국민당의 관저파 유국화가 지배해 오던 금융구조가 와해되고[22], 이등휘를 중심으로 한 자유파의 대만대학 그룹이 중심이 된 신금융 관료가 점차 우위를 차지하게 되었다. 특히 행정원장에서 물러난 유국화의 후임으로 등장한 이환은 기술관료 출신도 아니어서 대만대 그룹과 기술 관료출신인 KT그룹(李國鼎의 문하생)에 의존할 수밖에 없었다. 따라서 금융권과 국민당의 관계는 이때까지 부자관계였다면 이후부터 동반자관계로 바뀌었고[23], 이에 따라 경제정책도 대만인들의 의견이 더욱 영향을 미치게 되었다.

이처럼 금융정책의 혁신을 가져오게 된 이유는 투자의욕의 저하로 은행이 이자율을 낮출 수밖에 없었고, 여기에 미국에 대한 수출이

증가하여 이로 인한 미국의 압력으로 환율이 상승되어 자금이 부동산과 주식으로 몰려들었기 때문이다.24)

국가건설 6년 계획은 2년여 실시되었는데 순조롭지 못해 1994년부터 1996년까지 목표를 낮게 잡거나 (경제 성장률 7%에서 6.2%, 물가 상승률은 4%이내), 예산을 3분의 1로 삭감하여 항목도 대폭 줄이거나 기간을 연장하는 조치를 취했다. 그리고 조정 후에 계획을 순조롭게 완성하기 위하여 3년 기간의 경제진흥방안을 추진하였다.25)

그리고 1995년에 행정원은 아시아 태평양지역의 물류중심 계획을 세워 대만 경제발전의 우선계획으로 설정하였다. 이는 1997년에 홍콩이 중국에 귀속됨에 대한 대비책이기도 하였다. 그러나 홍콩은 대륙에 귀속된 다음에도 그 위치를 굳건히 지키고 있어 그러한 계획의 성과가 나타나지 않았다. 그리고 뒤이어 아시아의 금융위기로 대만은 동남아지역에 진출한 기업이 손해를 입었으나 대만 자체는 풍부한 외환보유고를 갖고 이에 대응하여 큰 영향을 받지 않았다.26) 특히 대륙과의 교역이 활발해지고 확대되면서 대미수출의 감소를 극복하고 경제 발전을 꾸준히 지속시킬 수 있었다.

계엄해제이후 급성장한 지방의 정치세력은 각기 자기 계파의 이익을 확장하였는데 걸림돌이 된 것은 국민당이 경영하는 국영기업이었다. 이에 이들이 중심이 되어 중앙 민의 대표들이 국영기업의 전면적인 민영화를 요구하였다. 결국 1996년 국민당의 주류와 민진당이 합작하여 국가발전회의에서 국영사업의 민영화를 결의하여, 1997년에 85개의 국영기업 가운데 47개를 민영화하기로 결정하고, 그 기한을 2002년 6월까지로 정했다. 그렇지 않으면 폐쇄하거나 매각처리하기로 하였다.27)

국영사업의 민영화의 목적은 독점방지와 자유화의 바람도 있었지만 정부의 재정 부족을 채우기 위한 것이었고 그 방법은 정부보유 주식을 푸는 것인데 제조업의 경우 결손을 보는 기업이 있어서 증시에 상장도 되어있지 않았거나 상장되어있어도 적자가 계속되는 기업이 있었기 때문에 쉽지 않았다. 그리고 대만성이 폐지되어 대만성정부 소유의 기업, 예를 들면 대만중소기업은행, 대만물산보험공사가 1998년 1월에 주식을 처분했고, 6월에 대만인수(생명)보험, 대만항업공사, 1999년 1월에 대만토지개발신탁투자공사의 주식을 매각하여 민영화시켰다. 2000년에 통신 산업관리원칙을 제정하여 중화전신의 민영화를 서둘렀으며, 또 석유관리법을 개정하여 석유제품의 생산, 판매를 사유화하고 중국석유공사를 민영화 시켰다. 전력발전에서도 1997년에 행정규제를 완화하여 11개 민영전력회사의 설립을 허가하였고, 대만전력의 민영화를 이루었다. 특히 신정부가 제4 핵발전소의 건립을 중지시켜 정계에서 큰 논란을 가져왔으나 결국 계속 건설하기로 하였다.

이밖에도 국방부에 예속된 국영 방위산업도 민영화하기로 하였으며 행정원 직할시인 고웅시와 대북시의 기업도 민영화하였다. 물론 이러한 공기업의 민영화를 둘러싸고 노동조합의 맹렬한 반대에 부딪히기도 하였다.

## 3. 대만 사회의 변화-탈중국화와 대만화

### 1) 대만 독립파 세력의 확산

1987년의 계엄해제이후 중요한 변화는 대만독립파들이 공개적으로 활동하기 시작하여 그 바람이 점차 만연되어갔다는 점이다. 즉 대만독립파들은 계엄해제이전에 국민당정부의 강력한 단속과 탄압으로 대만 안에서 거의 활동을 하지 못하고 주로 해외에서 활동해 왔다. 그런데 계엄해제, 장경국의 사망, 대만출신 이등휘 총통의 등장 등으로 정치적 변화가 일어난 틈을 이용하여 대만 안에서도 중국으로부터 독립하자는 세력-대만독립파(대독(臺獨)이라 약칭)의 조직이 나타났다.

제일 처음 조직된 것이 1988년에 민진당의 외곽조직이었던 대만문화촉진회가 중심이 된 대만건국연맹이었는데 이들은 공개적으로 신헌법의 제정과 새로운 국호를 정하자는 주장을 폈다. 그리고 국민당 치하에서 구속되어 교도소 생활을 했던 인사들의 정치수난자연의회(政治受難者聯誼會), 교육계와 문화계의 보위대만위원회(保衛臺灣委員會), 몇몇 대학 교수들의 대만교수협회, 종교계의 대만기독교장로교회가 조직되어 있었다. 그리고 정계에서는 민진당 안에 신국가연선(新國家連線), 신국회판공실(新國會辦公室) 등 각계각층에서 조직이 이루어져 그 수는 수 십 개에 이른다. 조직에 가입한 사람은 많을 때 몇 백 명, 적을 때는 몇 십 명도 있으나 종교조직인 대만기독교장로교회는 1만여 명이상인 것으로 최대의 조직이었다.

한편, 그동안 해외에서 활동하던 대만독립파들도 국내의 변화를 보고 특히 1989년의 선거에서 국내파들이 당선되는 모습을 보면서 속히 대만으로 돌아올 기회를 찾게 되었다. 그렇지 않으면 대만독립운동의 주도권을 대만에서 자생된 세력에게 빼앗기지 않을 가 우려하였다. 따라서 이들의 조직도 등장하였는데, 이미 1987년에 허세해(許世楷)가 대독연맹(臺獨聯盟)의 주석이 된 다음 대독운동의 공개화, 귀향운동 보편화를 목표로 세워 일부 분자들은 귀국하기 시작하였다.

이밖에도 세계대만동향연의회(世界臺灣同鄉聯誼會), 세계대만동향회, 대독연맹의 요인들이 비밀리 돌아왔으며, 대독연맹이 직접 통제하고 있는 세계대만동향연의회는 1988년과 1989년에 15차와 16차 연차대회를 대만에서 소집하기도 하였다.

그리고 국내외 대만독립파들이 1990년 8월에 로스앤젤레스에서 대만정국토론회를 소집하고 대독연맹의 대만이전 문제와 대독조직의 통합정리 문제를 종합적으로 토론하고 국내에서의 발전은 민진당의 조직을 이용하는 길이 좋겠다고 결론지어 대독연맹 구성원의 민진당 가입을 장려하였다. 그리고 국대조선(國代助選, 국대민의대표선거지원)후원회를 조직하여 이들을 재정적으로 후원하였다.

따라서 민진당도 공개적으로 대독연맹의 귀환을 지지하여 귀환운동을 전개하였다. 그리하여 대독연맹은 1991년 1월에 대독연맹대만본부를 설치하고 적당한 시기에 총본부를 설치하여 귀환 목표를 완성하기로 하였다.

이러한 분위기아래 대만이 독립되어야 한다는 각종 간행물이 쏟아져 나왔고 독립바람은 더욱 확산되었다. 특히 1989년의 선거에서 대만독립의 주장은 유권자를 선동하는 중요 수단으로 삼아 더욱 거세졌으며, 이후에 실시된 각종 선거에서도 이용되었다. 그러므로 국민당 통치에 대하여 특별한 의식도 갖고 있지 않았던 사람들도 이에 동참하게 되었다.

결국, 장경국시대 하나의 중국이 이등휘 총통 때에 들어와 두 개의 대등한 정부라는 주장을 하게 된 것도 바로 이러한 사회 분위기를 반영한 것이다.

## 2) 대만 문화의 탈 중국화와 대만 독립의식의 강화, 실천

### (1) 사상계의 변화

대만은 국민당 집권이래 초등학교부터 대학까지 그들의 통치이념인 삼민주의 과목을 필수로 가르치고 배웠다. 물론 대학입시에서도 필수과목에 포함되어 있었다. 따라서 삼민주의는 하나의 신앙에 가까울 정도였다. 그런데 1990년대에 들어와 많은 초등학교와 중학에서 삼민주의 과목을 폐지하였으며, 대학에 설치되었던 삼민주의연구소도 중산학술과 인문학연구소 등으로 이름을 바꿨다. 물론 대학에서 필수였던 삼민주의도 선택으로 바뀌었고, 대학입시에서도 삭제되었다.

이에 따라 오로지 국민당 중심의 정치철학을 갖고 있던 지식인의 정치사상 의식에 변화가 일어나 다원화 경향을 보였다. 1998년에 분석한 연구에 따르면 이미 자유주의(自由主義)파, 대독(臺獨)이론파, 후

현대파, 사회주의파 등 네 큰 주류가 형성되었다고 하였다.28)

자유주의 파는 그 기원이 『자유중국』 잡지까지 거슬러 올라가지만 1980년대의 『중국논단』, 1990년대의 징사(澄社) 등을 통해 국민당의 위압정책에 반대하거나 대만통파(臺灣統派, 통일파)의 정치 주장에도 반대하였는데, 일부는 민진당 등 대만독립을 주장하는 쪽으로 들어가고, 일부는 이에 반대하면서 국민당 당국에 불만을 갖고 있었다.

삼민주의가 무너진 다음 대독이론파가 이론계의 패권을 장악하였다. 이들은 대만을 우선시하여, 대만민족, 대만의식, 대만인주의를 내세우고 있었다. 이들은 이미 학술계, 교육계, 심지어 언론계에도 영향력을 미치고 있었으며, 문화가치관의 입장에서 대만인의 마음, 정신을 개조하고 있었다. 그런데 문제는 이들의 이론에 합리성이 결여되어 있다는 점이다.

후현대파는 대만 정치의 허무파로 대만사회에서 제기되고 있는 통일과 독립 문제를 회피, 이와 관련된 일체의 사상과 이론에 회의하고, 권위와 주류의식을 전복시키려 하였다.

사회주의파는 각양각색의 사회주의자들을 모아놓은 것으로 일부분은 모택동 사상을 신앙하거나 지금의 대륙은 이미 중국식 자본주의라고 하는 가하면 일부는 중국특색의 사회주의라고 인식하였다. 따라서 일부는 대만이 먼저 사회주의 국가를 만든 다음 전중국을 사회주의 국가로 건설하여야 한다고 주장하고 있다.

사상계의 이러한 혼란으로 일반 민중은 방향을 잃고 서구식 민주주의나 대만독립 사상, 사회주의에 빠져들거나, 일부는 삼민주의 사상을 그대로 갖고 있는 사람도 있다. 그러나 이러한 정치사상에서 도피하여 마조(馬祖, 대만 토속신앙), 불교, 기독교 등 종교 신앙으로 들어가는 사람이 늘어나고, 심지어 사교를 믿는 사람도 증가하였다.

### (2) 대만문화의 탈 중국화 주장

종래 대만인들은 중국인이며, 대만역사와 문화는 중국역사와 문화라고 생각해 왔다. 그러므로 대륙에서 문화대혁명으로 전통문화가 파괴되고 있을 때 전통문화를 부흥시키자는 운동을 벌였고, 한학(漢學)의 중심지가 되고자 하였다.

그러니 이는 국민당 정부 시절의 이야기이었고 대만의 독립을 내세우는 등 상황이 크게 바뀌면서 종래의 사고를 떨쳐버릴 새로운 이론을 모색하여야 하였다. 여기에서 나온 것이 대만의 역사와 문화의 기원은 중국문화가 아니라는 탈 중국화(脫中國化)의 문제가 제기되었다.

탈 중국화의 이론적 근거로 제시되는 것은 대만문화가 다원적이라는 것이다. 중국문화는 대만문화의 일부분으로서 대만문화는 네덜란드 문화, 일본문화, 원주민 문화, 중국문화, 서양문화가 융합된 것이라는 것이다. 그리고 대만문화는 원주민 문화, 복노계(福佬系, 복건성)문화, 객가계(客家系, 광동성) 문화, 대륙계의 문화로 이루어졌다는 입장이다.

그리고 대만은 해양문화이고 중국문화는 대륙문화라고 하여 대만문화와 중국문화가 다르다는 것을 강조하고 있다. 또한 근100여 년이래 대만의 정치, 경제, 사회, 문화, 제도는 중국 대륙과 다른 중국문화를 갖추게 되었다고 하여 중국 대륙문화와 대만의 중국문화가 다르다는 주장이다.

해양문화와 대륙문화의 관계를 설명하면서도 대만의 50년 동안 통치를 대륙문화의 해양문화에 대한 지배로 보면서 대륙문화는 보수, 경직되고 비교적 변화가 없으나 대만민간의 해양문화는 모험적이고, 모방적이고 비교적 새로운 것을 찾아 변화를 바란다는 것이다. 또한 대만문화는 중국문화와 공통점이 있다하더라도 특수성이 있다면서 양자사이에는 반드시 차이가 존재하며 이는 이상할 것이 없다는 것이다. 이는 마치 중국문화에도 제노(齊魯, 산동성)문화와 파촉(巴蜀-사천성)문화의 차이가 있듯이 대만문화와 중국문화의 본질적 차이는 대만문화가 해양문화라는 것을 강조하였다.

한편 중국문화는 낙후된 것으로 반드시 도태시키거나 버려야 한다는 주장도 제기되었다. 이들은 대만문화의 우수성을 발전시키기 위해서는 행정적인 수단을 통해서라도 대만문화에서 중국문화의 그림자를 없애야 한다는 주장을 폈다.

이와 같은 이유로 하여 탈 중국화를 실천에 옮겼는데 이를 위하여 대만의식의 강화와 언어교육과 역사교육 등에서 구체적으로 진행되고 있다.

(3) 대만의식의 강화

a. 호적법(戶籍法)의 개정과 신대만인(新臺灣人)

대만은 국민당이 지배하면서 외성출신과 본성출신으로 구별하여 오랫동안 갈등을 빚어왔다. 그런데 호적법에 따라 대만에서 태어난 세대들도 부성을 따라 외성적(外省籍)을 갖도록 했기 때문에 90%이상이 대만에서 태어났는데도 본성과 외성의 구별이 여전히 존재했다. 이에 입법원에서는 1992년 6월에 호적법을 수정하여 본적지 등록제를 폐지하고, 아버지의 본적을 따르던 속부주의(屬父主義)를 버리고 대만출생자는 모두 대만적으로 고치게 하였다. 그리고 대륙출생자만 전처럼 그대로 외성적을 갖도록 하였다.

이처럼 호적법을 수정한 다음에 출생지를 신고하도록 하여 대다수가 대만적을 갖게 되었으며, 국민신분증도 1996년 이전에 본적지란을 고치도록 하여 외성과 본성의 구별을 없애고, 호적상에서 대륙출신이라는 흔적을 없앰으로써 탈 중국화를 도모하고 본성과 외성의 갈등을 완화시켰다.

여기서 등장한 용어가 '신대만인'이다.29) 이는 대륙의 위협아래 본성출신과 외성출신은 단결하여야 할 현실과 본성과 외성의 감정을 완화시키자는 의미에서 제기되었다. 즉 외성출신도 본성출신과 융합하여 새로운 대만인으로서의 역할을 할 수 있도록 하자는 것이며 대만의식을 확대시키려는 의미이기도 하였다. 그리하여 신대만인으로 대만제일, 대만우선의 가치의식으로 대만의 주체성을 만들자는 것이다.

물론 대만인들 가운데 한족(漢族)의 성분이 있음을 부인하지 않는다. 그러나 400여 년이래 대륙에서 대만으로 이주해 온 한족과 절대다수를 차지하고 있는 원주민 평포(平埔)족이 융합하였고, 장개석 국민정부를 따라온 군인과 공무원들이 대만인들과 결혼하였으며, 그 2세들은 대부분 대만인들과 결혼하여 하나의 가족을 이루었기 때문에 오늘날의 대만인들은 체질적으로 순수한 한족은 아니라고 할 수 있다. 여기에는 마치 싱가포르가 한족(漢族)이 중심이 되어 건국한 나라이지만 그들은 자칭 싱가포르인이지 중국인이라고 부르지 않듯이 대만인들도 스스로 신대만인이란 공동의식을 갖고 중화인민공화국의 국민이라는 오해를 피해보려는 의미가 담겨져 있다.

그러므로 신대만인을 만들기 위해서는 대만의 인문정신을 발양하고, 청소년에 대하여 대만의 역사와 지리 교육을 통하여 그들의 선조들이 어렵게 이루어 놓은 과거를 이해시켜야 하였다. 그리고 민남인(閩南人)들에게는 민남어를, 객가인(客家人)들에게는 객가어를 교육시키는 이중언어 교육이 제시되었다.30)

b. 모어 교육의 강화

1987년에 입법원 의원이 처음으로 회의에서 대만어로 질문을 해 풍파를 일으켰다. 즉 그동안 대만인들은 습관상 일상생활에서는 대만어(민남어를 가르킴)를 써왔지만 공공장소에서는 국어(중국어)를 써왔었다. 이를 계기로 대만의 언어학자들은 외래어에서 토박이말을 쓰자는 쪽으로 여론을 이끌어갔다. 특히 중·장년층의 대만어 사용 능력이 크게 떨어졌음을 체감하고 언어가 유실되지 않을 까하는 위기감도 가지게 되었다. 이에 대만어인 민남어의 학습바람이 불었는데 이는 대만화의 움직임과도 밀접한 관계를 갖고 있다. 그리고 대만성 교육청에서는 각 학교에 대만어를 쓰는 학생에게 체벌하지 말라는 지시를 내렸다.

그리고 TV 방송 세 회사에서도 민남어 뉴스를 매일 20분씩 방송함으로써 정부가 언어정책에 큰 양보를 했다. 뒤이어 객가인들도 객가어 방송을 요구하는 시위를 벌려 타이완 TV에서는 1주에 30분씩 객가어 방송도 시작하였다. 이러한 분위기에 맞추어 1989년의 현, 시장 선거에서 입후보자들은 초등학교에서 대만어로 가르치겠다는 정견을 내세우기도 하였다.

1990년 1월에 이등휘총통은 구정 전날 담화를 발표하였는데, 국어(중국어), 민남어, 객가어를 사용하여 대만이 여러 언어를 사용하는 사회임을 공식적으로 인정하였다. 이를 계기로 지방에서 대만어 보급추진활동을 전개하기에 이르렀으며 일부 학교에서는 두 가지 언어를 함께 쓰기도 하여 대만어가 급속도로 사용되기 시작하였다. 한편, 문자가 없는 원주민 언어와 민남어, 객가어에도 로마자 발음표기를 하여 학습과 보급에 편하도록 하였다.

ㄷ. 대만 역사의 강조와 중국사로부터 독립

대만에 관한 역사 연구는 1987년의 계엄령해제 이후에 활기를 띠기 시작하였다. 특히 그동안 금기시 되어왔던 2.28 사건도 정부의 공식적인 사과와 함께 자료집과 관련자의 회고록이 발간되면서 활발한 연구가 시작되어 전문 연구서가 출판되었으며, 대만사 연구를 위한 관련 국제학술회의가 열려 관심이 더욱 고조되어 갔다.31)

한편, 민진당의 창당과 함께 대만독립 문제를 공개적으로 제기하면서, 또 이등휘 총통취임이래 국민당의 대만화가 이루어지면서32) 대만의 주체를 강조하기 위하여 중국사에서 대만역사를 독립시켜 대만역사의 교육문제를 교과과정에 넣어야 한다는 주장이 제기되었다. 이에 따라 1993년에 개정된 초등학교 교과서에서 과거에 향토사로 간주되었던 대만사가 본국사로 편입된 것이다. 여기에서 말하는 본국사란 중화문화, 혹은 중국사가 아님을 의미하고 있다.33)

그리고 1994년에 공포된 국민중학역사과정에 『인식대만(認識臺灣)』이란 과정을 증설하였다. 뒤이어 1995년에 제정된 「국민중학과정 표준」에서 1학년에 「대만인식」을 신설하고 중국사의 시간 수를 반으로 줄였다. 시간배분도 대만사, 중국사, 외국사의 비율을 20%, 40%, 40%로 나누어 이전의 기준과는 크게 달랐다.34)

대체로 중학교 1학년에서 대만인식, 2학년에서 중국사, 3학년에서 세계사를 기르치도록 하였는데, 여기에서 가장 큰 변화는 대만사가 중국사에서 독립되었다는 점이다. 그리고 중국을 아국(我國)이라 표현하던 것에서도 변화가 일어나 대만사 서술에서 중국인과 중화민족이란 단어를 언급하지 않았다.35)

2004년 11월에 공포된 「고등학교 역사강요 초안」에 이르면 그 내용은 더욱 대만사를 강조하기에 이르렀다. 예를 들면 1943년의 카이로 선언의 경우, 이는 하나의 선언일 뿐 국민정부가 대만을 수복하는데 인용할 법률적 효력도 없다는 것이며, 대만은 중국 영토의 일부분이 아니라는 것이다. 심지어 국민당정부아래 국부라고 숭앙받던 손중산(孫中山, 즉 손문)도 외국인이라고 언급함으로써 비판이 일어나 일단 시행을 보류하였다.

역사교육이 대만사 중심으로 바뀌자 문학도 마찬가지 였다. 대만의 문학은 중국문학의 일부분이었다는 종래의 관점에서 벗어나 대만문학은 대만의 독립된 문학이라는 것이다. 따라서 각 대학에서는 대만문학과가 중국문학과에서 독립되어 하나의 독립된 학과를 이루게 되었다.

1) 劉國深, 『當代臺灣政治分析』, 博陽文化, 2002, p.85

2) 黃光國, 『民粹亡國論』, 商周出版, 2003, p.57

3) 신생대로 불리는 趙少康, 李勝峰 등은 대륙출신 국민당 2세대로 대만의 본토화와 계엄해제 후 대만독립세력이 확대되고, 국민당 안에서도 당권파의 배제로 활동영역이 한정되어 있어 1989년 12월 공직자 선거직전에 新國民黨連線을 정식으로 조직하였다.

4) 장위국은 장경국의 이복동생으로 이미 장경국이 생전(1985년 행헌절)에 장씨는 총통의 자리를 절대 승계하는 일이 없을 것이라 선언한 일이 있어 나오자마자 장경국의 아들 효남으로부터 비난받았다. 장경국의 선언으로 대만은 專制로부터 憲法民主의 과도시기로 진입하였다는 평가를 받았다.(翁松燃, 「臺灣的政治自由化」『轉折期的臺灣政治』, 民主大學, 1990, p.29)

5) 총통에 당선된 이등휘는 바로 다음 날 약속대로 國是會議를 소집한다고 선포하였다. 그리고 바로 주비위원회를 조직하여 비주류파를 설득하는데 공이 있었던 蔣彦士를 그 책임자로 정해 광범위한 여론 수렴과 각계 인사가 참가한 국시좌담회(심지어 해외의 화교들과도 22회의 좌담회 개최)를 열어 대표의 선발과 의제 등을 결정하였다.

6) 그는 국민당의 정치개혁을 계획대로 실시하여 1991년에 종신직의 민의대표를 전원 물러나게 하고 치안회의를 소집하여 지하 금융과 유행하고 있던 도박, 몇 차례 범죄 소탕령을 내려 사회 안정을 가져오면서 불법 사회운동도 단속하여 치안내각이라 불렀다. 또한 국민당이 실행하지 못했던 경제정책을 「6년국가건설계획」을 세워 추진해 나갔다. 이에 따라 국민당은 더욱 자본가들에 의존하게 되었는데, 이전과의 차이라면 자본가와 국가권위주의의 상하관계가 아니고 동반자 관계가 되었다는 점이다.

7) 실제는 150명으로 국민당과 민진당의 타협아래 선정되었으며 회장단도 양당의 타협으로 구성되었다. 이 가운데 국민당은 87명, 민진당은 17명이나 되었기 때문에 53개의 야당들이 국시회의를 반대하는 성명서를 발표하였다. 특히 회의 직전에 회장단에 있었던 자유주의자이자 지식인의 대표격인 胡佛도 국민당과 민진당의 막후 거래를 보고 탈퇴를 선포하였고 여기에 동조한 사람들도 탈퇴하여 142명이 참석하게 되었다.

8) 1986년 정치혁신 때 상층권력 조직 가운데 대만출신이 1/3을 차지하였다. (李蓓蓓編著, 『台港澳史稿』, 華東師範大學出版社, 2003, p.198)

9) 許介鱗, 『李登輝與臺灣政治』, 社會科學文獻出版社, 2002, p.46

10) 제9대 총통은 자유지구 전체공민의 직접 선거로, 총통이 국민대회와 입법원의 동의를 받은 인사에 행정원장의 부서를 받을 필요가 없다. 국민대회의 의장과 부의장을 둔다. 입법원의원의 임기는 3대부터 3년을 4년으로 한다(헌법수정 때 통과되지 못함)고 하여, 총통과 국민대회의 권한을 확대한 것으로 각계의 의문을 자아냈다.

11) 당시 대만의 『中國時報』의 여론 조사에 의하면 44%가 국민당의 분열로 대만 정국의 안정이 어렵다고 보았고, 국민당의 분열에 대한 책임은 19%가

부주석으로 출마한 임양항과 학백촌에게, 17%는 당내 분열을 막지 못한 이등휘에게, 쌍방책임론이 18%, 그밖에 모른다였지만 그 가운데 34%가 임, 학의 출마가 선거에서 국민당에 어려움을 줄 것이라고 하였다.(范麗靑, 『臺灣變局(民進黨與國民黨的政權爭戰)』, 新華出版社, 1998, p.4에서 재인용)

12) 비주류파의 지도자 격이었던 학백촌이 행정원장직에서 물러나게 되어 新國民黨連線은 당내에 이미 자신들의 활동공간이 없다고 판단, 당을 떠나 새로운 활동공간을 만들어야 할 필요가 있었다. 이에 1993년 8월 10일에 정식으로 국민당을 탈당하고 신당을 성립시켰다. 이들의 이념은 삼민주의의 인정과 정치의 민주화를 추구하고 양안관계를 발전시키는 것이었으며, 반독재, 반부패, 반특권을 내세웠다.

13) 이때 무소속은 4석으로 7.7%의 지지를 받았다.

14) 이 훈련은 대만독립파들을 견제하기 위한 군사훈련이었고, 실제적으로 대만 독립을 앞세웠던 민진당은 창당이래 각 선거에서 얻었던 지지율 가운데 제일 낮았다.

15) 결국 1997년 5월에 제3대 국민대표대회 2차 회의에서 국민당과 민진당의 담합아래 국민당 내의 반대파였던 신당의 반대에도 불국하고 성장과 성의원의 선거 폐지를 포함한 헌법 증 수정조문 11조가 통과되었다.

16) 1994년 내북시장 선거는 국민당과 국민당에서 떨어져 나온 신당, 그리고 민진당 진수편의 삼파전이었는데, 그 결과 진수편이 당선되었다.

17) 정부의 재난수습 처리에 대하여 비판적 여론도 적지 않았다.

18) 2004년 입법원 선거는 국민당 정파와 판란쥔(泛藍軍)이 114석, 민진당계인 판루쥔(泛綠軍)이 101석으로, 세분하면 225석 가운데 민진당 89석, 국민당 79석, 친민당 34석, 대만단결동맹이 12석, 신당이 1석, 무소속이 10석이다.

19) 당시 민진당은 총선에서 승리하였으나 입법원 의원 수는 국민당보다 적었으므로 국민당은 내각의 구성을 국민당에 넘기라고 하였다. 이러한 상황에서 진수편 총통은 민진당과 협의 없이 조각함으로써 민진당은 민진당 대로 진수편총통에 불만이 많았다. 2001년 12월의 입법원 선거에서 민진당이 크게 약진하고, 국민당이 대패하였으나 민진당은 과반수를 얻지 못하여 총통은 중요 정책을 민진당과 협의 없이 결정하여, 민진당은 집권당으로서 구실을 제대로 하지 못했다.

20) 득표는 6,471,970대6,442,452이었다.

21) 대만의 투자율비교(1982～1986)

| | 1982 | 1983 | 1984 | 1985 | 1986 |
|---|---|---|---|---|---|
| 투자율 | 25.2 | 23.0 | 21.5 | 18.0 | 16.3 |

반대로 저축률은 30%에서 1986년에 37.5%로 상승되어 양자의 차이가 21.2%에 달했다.(王振寰, 『誰統治臺灣』, 巨流圖書, 1998, p.069)

22) 유국화는 봉화출신으로 장개석의 집사역할을 하면서 1950년대 말에 중앙은행가가 되어 약 40년 동안 금융계를 지배해왔다.

23) 王振寰, 『誰統治臺灣』, 巨流圖書, 1998, p. 129

24) 주가 변동추이: 1985년에 지수 636이 87년초에 2,000, 중반에 4,600(이는 7

월에 외환 관리의 자유화와 관련), 1988년에 8,789, 1989년에 12,495, 1990년 2월에 12,600에 달했다. 이때 주식에 투자한 사람 수가 460만으로(1986년에 47만) 밀도는 세계 제일(인구 4명당 한 사람)이었다.(王振寰, 『誰統治臺灣』, 巨流圖書, 1998, p.121),

25) 행정원은 2002년에 대만경제를 지속적으로 발전시키기 위하여 2002~2007년까지의 6년 국가 발전계획으로 「도전 2008년 국가발전중점계획(2002~2007)」을 발표하였다.

26) 외환보유고는 2003년 7월 1,760억 달러에 달했다.

27) 許介鱗, 『李登輝與臺灣政治』, 社會科學文獻出版社, 2002, p.229

28) 劉國深, 『當代臺灣政治分析』, 博陽文化, 2002, p.72

29) 신대만인의 제기는 이전부터 新黨과 외성출신들이 처음으로 시작된 바 있으나 1998년 12월 8일의 직할시인 대북, 고웅시장과 입법위원, 각 현시의원(3합 1) 선거에서 이등휘 총통이 국민당의 대북시장으로 공천된 馬英九를 지원하는 유세에서 제시하여 더욱 크게 주목 받았다.

30) 陳春生, 『臺灣政黨與政治文化』, 翰蘆圖書出版, 2001, p.151

31) 國立臺灣大學 歷史系에서에서 1992년에 「日據時期臺灣史國際學術研討會」, 1994년에 「臺灣史料國際學術研討會」를 1995년에 淡江大學 歷史系가 國史館과 공동으로 「臺灣史國際學術研討會」를 吳三連臺灣史料基金會에서 「臺灣近百年史研討會」, 臺灣省文獻委員會에서 「臺灣近代史研討會」를 개최하였다.

32) 1992년 3월 중국국민당 전국대표대회에서 선출된 33명의 중앙상무위원 가운데 대만성 출신이 다수인 23명이 선출되었다.

33) 1993년판 국민소학사회과과정표준에 따르면 초등학교 1-2학년은 학교와 가정, 사구(社區)의 역사, 3-4학년에서는 향토(현, 시, 향, 진)의 역사와 대만사, 5-6학년은 중국사와 세계사로 구성되었다.

34) 彭明輝, 『臺灣史學的中國纏結』, 麥田出版, 2002, pp.238-239

35) 王仲孚, 『臺灣中學歷史教育的大變動』, 海峽學術出版社, 2005, p.18

## 제 13 장

# 해협양안의 정치 관계와 민간 교류의 확대

## 1. 해협양안의 정치적 주장과 교섭의 중단

### 1) 일국 양체제와 두 개의 정부론

1990년 5월에 9대 총통에 취임하기 직전 대륙과의 담판은 당 대 당(黨對黨)이 아니라 정부 대 정부(政府對政府)라고 제기하였던 이등휘(李登輝)는 20일 취임연설에서 대등한 지위에서 쌍방 대화의 창구를 만들겠다고 하면서 중화민국은 하나의 주권을 갖는 독립된 국가라고 하였다.[1] 그리고 이를 위해 10월 7일에 총통부 안에 국가통일위원회를 두고 대륙정책의 자문기관으로 삼았다. 그러나 이 기구는 실제로 결책기관이 되었다. 한편, 행정원은 1991년 1월30일에 대륙위원회를 두고 대륙공작의 책임을 맡았다.

그리고 1987년에 대만 당국이 친척방문을 허락한 이래 대륙방문과 투자의 열기가 확산되어 가는 추세여서 1991년 2월 19일에 민간기구로 고진보(辜振甫)를 이사장으로 대만해협교류기금회(臺灣海峽交流基金會)를 성립시켰다. 특히 이 기구는 당국의 대륙정책 집행을 협조할 뿐 스스로 정책을 입안하거나 정치를 논하지 않고 공권력이 필요한 부분에 관련된 업무에 필요한 서비스를 제공하도록 하였다.

1991년 2월에 국가통일위원회는 국가통일강령을 통과시켜 대만의 대륙정책 지도방침을 확정했다. 이에 따르면 시기와 방식은 먼저 대만지구 인민의 권익과 안전, 복지를 존중하고 이성, 평화, 대등 호혜의 원칙아래 단계를 나누어 달성한다 라고 하였다.[2] 다시 말하여 호혜교류하면서 쌍방의 실체를 인정하고 적대관계를 풀고 국제간 상호 존중하고 배척하지 않으면 다음 단계로 쌍방 정부당국의 공식적 대화에 들어가, 대륙이 선의의 반응을 보이면 협상통일의 마지막 단계로 나아간다는 것이다. 그리고 동원감란시기가 종식되었음을 선포하여 중공이 대륙을 지배하는 정치적 실체로 인정하게 되었다.

그러나 이 강령은 두 개의 정부를 인정하라는 의미였고, 이등휘는 다시 대만은 일찍부터 주권을 갖고 있는 독립국가로 나라이름도 중화민국이라고 성명하여 대륙의 일국 양체제에 대응했다. 더 나아가 1992년 8월에 양안 분리통치의 이론을 제시하면서, 1993년부터 유엔에 가입하려는 외교전을 전개하여 대만이 주권 국가임을 알려 하나의 중국이 아닌 두 개의 중국이 실존하고 있다는 사실을 인정케 하려 하였다. 그리고 이등휘 총통은 신문과의 회견에서 '현단계는 대만에 중화민국이 있고 대륙에 중화인민공화국이 있다'고 하여 하나의 중국이 아닌 두 개의 중국론을 공개적으로 제시하였던 것인데, 이는 대만독립을 뜻하는 것이기도 하였다.

사실 대만독립 문제는 국민당이 대만을 지배하면서부터 대만인들 사이에 끊임없이 제기되었던 것으로 그동안 계엄령으로 대만 안에서는 불가능하였지만, 해외에서는 대만독립파의 활동이 있어왔다. 그런데 계엄령이 해제되고 민진당이 창당되면서 대만독립을 당강으로 채택함으로써 대만독립 문제가 대만인의 지지를 받아가고 있었다.

따라서 선거 때가 되면 대만독립 문제는 민진당이 우선적인 이슈로 채택하였고, 대륙에 대한 정책을 애매모호하게 표현하여 여론을 주도해나가려 하였다. 특히 1996년에 총통직선제가 실시되기에 이르자 대륙정책은 중요한 쟁점으로 등장하였다.

한편, 중공 당의 제2대 지도자들이 일국 양체제를 표방한 대륙은 이등휘의 취임연설과 이른바 일국 양부(一國兩府)의 논리에 대하여 1990년 6월에 일국양부는 하나의 중국과 하나의 대만으로 분열을 지향하는 것이지 통일로 가는 길은 아니라고 자적하였다.[3] 그리고 대륙의 일국 양체제를 더욱 발전시키기 위하여 1993년 8월에 중공 당은 대만문제와 중국통일이라는 백서를 내 일국 양체제 아래 고도의 자치부여, 평화적 담판, 무력유지의 불승인, 정치와 주권에 관련된 국제사무는 중공 당의 동의가 필요하다는 점 등 6항을 제시하였다. 그리고 1995년 1월에 강택민 주석은 조국통일대업의 완성을 촉진하기 위하여 계속 분투하자는 강화(講話)를 발표하여 8개항(강 8점으로 약칭)을 제시하였다. 즉 그는 하나의 중국을 지키는 원칙은 평화통일의 기초와 전제가 되며, 대만인들이 경제 문화 관계로 외국으로 발전하는 것에 이의가 없고, 중국인이 중국인을 때리지 말고 평화통일을 실현하도록 노력하며, 대만동포는 대만성 출신이건 다른 성 출신이건 다 중국인이며 골육이자 동포라 하면서, 끝으로 대만당국의 지도자가 적당한 신분을 갖고 대륙을 방문하는 것에 환영하며 자신도 대만의 초청받기를 원한다는 뜻(강 8항)을 표했다.[4] 이는 바로 강택민시대의 대만정책, 통일정책을 표현한 것이기도 하다.

이에 대한 반응으로 대만은 4월에 행정원장 연전(連戰)이 시정보고에서 현상을 보고 교류를 증가하며 상호 존중해 통일을 추구한다고 하였고, 이등휘 총통은 국통회의(國統會議) 폐막사에서 국제조직에 평등하게 참여하고 자연적인 만남을 통해 평화통일을 추구하자고 하였다. 이는 대만의 실체를 인정받겠다는 것이어서 갈등은 더욱 증폭되었다. 그러함에도 대만은 1995년 5월과 6월에 네 차례에 걸쳐 대륙을 겨냥한 군사연습을 단행하고, 6월에 이등휘총통이 미국을 방문하였을 때 두 개의 중국론을 선전하여 양안관계는 그늘이 드리워지기 시작하였다. 이에 대륙도 1995년 7월부터 11월까지 인민해방군이 대만해협의 공해상에서 해상봉쇄 등 네 차례의 군사 훈련을 실시하는 군사적 시위를 벌렸다.

이등휘총통은 1999년 5월에 2000년에 예정된 총통선거를 의식하고 대만독립을 내세운 민진당을 지원하기 위하여 『대만의 주장』을 출간하였는데, 여기에서도 대륙은 중화주의(中華主義)를 버리고 중국에서 대만, 티베트, 신강, 몽고, 동북 등 7개 구역이 충분한 자주권을 누려야 한다고 주장하고[5], 7월에 있었던 독일 TV와의 인터뷰에서도 대륙과의 관계를 '특수한 국가와 국가의 관계'라고 하여 대륙의 일국양체제를 확실하게 부인하였다.

### 2) 왕고(汪辜)회담

대만은 민간인의 대륙방문과 투자와 교역이 늘어나면서 분쟁이 일어날 경우 이를 해결하기 위하여 1991년에 해협교류기금회(海峽交流基金會)를 성립시켰다. 한편 대륙에서 대만에 관한 사무를 국무원 대만사무판공실에서 맡아왔는데, 대만의 해협교류기금회가 성립되기 직전 대만성의 어떠한 단체나 개인도 양안관계를 발전시키고 3통과 쌍방의 교류를 촉진시킨다면 접촉하여 토론해 나가기를 원한다는 담화를 발표하여 대만에서 조직한 기금회를 긍정적으로 받아들였다. 그 후 기금회는 1991년에 세 차례나 실무자들이 대륙을 방문하여 투자와 무역, 여행에 관련된 사항을 협의하였다. 이에 대륙에서도 대응하기 위하여 1991년 12월에 왕도함(汪道涵)을 회장으로 하는 사회단체법인 성격으로 민간단체인 해협양안관계협회(海峽兩岸關係協會)를 북경에 설립하였다.

두 단체는 비록 표면적으로 순수 민간교류를 위한 단체로 대륙과 대만당국의 양해아래 성립되었기 때문에 어느 정도 관방적 성격도 내포하고 있었으나 성격상 차이가 있다. 즉 대만의 기금회는 민간이 관을 대신하여 순수하게 사무적인 성격을 띠고 있으나, 관계협회는 관이 민간 신분으로 대륙당국의 대만정책의 전략과 구상으로 성립되어 정책입안의 전문가들이 포함되어 있었다.[6]

두 단체는 1992년 3월부터 먼저 문서의 공증문제와 등기우편물의 유실조사와 보상 문제에 관하여 논의를 벌였으나 일국 양체제를 원칙으로 하는 대륙의 입장과 국가간 왕래하는 외국영사관에 준하자고

왕고담판 4항 협의서 서명(왕도함과 고진보(우))

하는 대만의 의견이 대립하여 쉽게 해결되지 않았다. 결국, 대만의 국가통일위원회에서 하나의 중국은 하나의 중국이란 원칙을 견지하자는 것이라는 결론을 내렸고, 모든 상무적(商務的) 협상은 하나의 중국이란 원칙아래 진행된다는 점이 대륙에서 받아들여져 쌍방의 협상이 다시 진행될 수 있게 되었다.

한편, 대륙의 협회는 설립되자마자 1992년 1월에 왕도함의 명의로 대만의 기금회 고진보(辜振甫)에게 대륙 방문을 초청하였는데, 대만도 쌍방이 편리한 때에 방문하겠다는 뜻을 보냈다. 그리고 8월에 왕도함은 재차 고진보를 초청하였고 고진보도 만나기를 원한다며 장소를 싱가포르로 하며 두 단체의 회무와 양안의 문화, 경제 무역 교류문제에 관하여 논의하자고 제안하였다.

대륙측에서 이를 받아들였고, 회담의 성공을 보장하기 위하여 실무자의 예비협상을 건의하였다. 따라서 1993년 3월 25일부터 27일까지 공증문서의 인증과 등기 우편물의 유실에 대한 조사와 보상 문제에 관하여 의견의 일치를 보았다. 그리고 4월 8일부터 11일까지 양측의 대표는 북경에서 예비회담 성격의 회의를 갖고 시간과 장소, 인원, 의제와 관련문제에 대한 인식을 논의하고 회담의 성격을 민간성, 경제성, 사무성의 회담으로 규정하였다. 그리고 앞의 협의에서 일치를 본 문서의 인증과 등기우편물에 관한 협의에 가서명하였다.

이러한 준비를 거쳐 4월 27일부터 28일까지 싱가포르에서 왕고회담이 열렸다. 이 회의에서 대륙은 정치적 요인이 양안교류의 장애가 된다하더라도 양안의 경제교류와 합작을 양안관계의 첫 문제로 놓자고 제의하였으며, 직접 3통도 의사일정에 놓자고 하면서 노무, 포동(浦東)과 삼협(三峽) 건설, 에너지, 자원개발, 과학기술의 합작과 민간차원의 경제교류에 관한 회의를 공동으로 준비하자는 구체적인 건의를 하였다. 회의분위기는 순조로워 앞서 실무 대표자들이 가서명한 협의안에 서명하였다.

왕고회담은 1949년이래 쌍방의 고위층 인사가 처음으로 만난 것이었다.7) 이로 인해 양측의 경제, 무역과 인적인 교류가 활발하게 되었으며, 대만의 대륙 투자가 계속 증가할 수 있었다. 쌍방의 회담은 1993년 8월부터 1995년 1월까지 여섯 차례의 실무자 회의와 세 차례의 비서장급 회담만 가졌을 뿐이다. 그리고 5월에 관계협회의 당수비(唐樹備) 부회장이 대북을 방문하여 제2차 왕고회담의 예비적 접촉을 갖고 7월 20일에 북경에서 정식 회담을 갖기로 합의를 보았으나 6월에 이등휘 총통이 미국을 방문하여 두 개의 중국을 외쳐대는 바람에 이후 실무자들의 왕래는 계속되었으나 정식 왕고회담은 중단되었다.8)

이에 1997년 9월에 강택민은 중공 당 15전 대회에서 정중하게 정치 담판을 하자고 대만에 주문했다. 그러나 대만은 이에 명확한 답변도 없었고 적극적으로 나오지도 않아 구체적인 교섭은 더 이상 없었다.

### 3) 민진당 정부 진수편 총통의 정책

대만독립을 선거 이슈화하여 정권교체를 이루고 총통에 당선된 민진당의 진수편은 2000년 5월 20일의 취임식에서 '대륙이 대만에 대하여 무력을 사용할 의도가 없다면 임기 안에 독립을 선포하지 않고, 국호를 바꾸지 않으며, 양국론 입헌을 추진하지 않을 것이며, 현상태를 변화시키는 공민투표를 추진하지 않을 것이며, 국통강령과 국통회 문제를 폐지하지 않을 것임을 보장한다'고 하였다.

그리고 '양안정부와 인민은 많은 교류를 하고 선의적인 화해, 적극적인 협력, 영구적인 평화 원칙을 가지며 인민들의 자유의지 선택을 존중하고 불필요한 여러 가지 장애를 배제한다면 협협양안은 아시아 태평양지역의 번영과 안정에 반드시 큰 공헌을 할 것이다'라고 언급하였다.9)

진수편 총통의 취임사에서 나온 선의의 화해란 '중공 당의 양안의 적대적 상태를 종식시킨다'와 맞물려 있으며, 적극적인 협력은 중공 당의 '양안경제교류와 협력을 발전시킨다'와 부합되는 것이었으나, 영구적인 평화는 중공 당이 주장하는 평화통일과는 큰 차이가 있다. 왜냐하면 대륙은 대만에 대한 무력사용을 포기하지 않고 있으며, 그들이 주장하는 하나의 중국원칙을 전제로 하고 있어 민진당의 당강(黨綱)인 공민투표로 대만독립을 결정한다와 다른 의미를 갖고 있다. 그러므로 진수편의 영구적 평화란 사실 분리의식을 은연중 포함하고 있어 대륙에서 받아들이기 어려운 문제이기도 하다. 따라서 대륙은 진수편의 취임이래 신정부의 대륙정책을 비판하고 있다.

진수편 총통은 2000년 12월 31일에 「담화-한 세기를 보내며」를 발표하였는데, 여기에서 대륙에 대하여 취임사에서 언급한 선의를 명확하게 보여주었다. 즉 적극적인 개방, 효율적인 관리, 민주대등의 원칙을 가지며 기존의 기초위에 선의로 협력을 만들어내자는 조건으로 앞으로 하나의 중국 문제를 공동으로 처리해 나가자고 밝혔다. 그리고 중화민국 헌법에 의거 하나의 중국은 문제 삼을 만한 것이 아니라고 하면서 국내의 각 정당 사회단체가 국가발전과 양안관계를 지속적으로 통합한다고 하였으며, 중국공산당 정부와 지도자는 양안 경제무역과 문화통합에 착수하여 양안 사이의 신임을 점차적으로 수립하고 더 나아가 양안의 영구적 평화와 정치통합의 새로운 모델을 공동으로 찾자고 호소하였다.

이와 같은 진수편의 입장은 대륙이 가장 관심을 갖고 있는 하나의 중국 원칙에 구체적인 답을 피한 것일 뿐 해협양안관계의 교착상태를 돌파하려는 구체적인 방법을 제시한 것도 아니었다. 따라서 중국공산당은 이에 대하여 침묵을 유지하며 문자놀음을 통해 유희를 즐기는 술책이라고 비난하여 양안의 교섭은 중단되었다.

이처럼 진수편 총통이 교섭에 적극적이지 않은 이유는 궁극적으로 대만의 독립을 추구하는데 있어 현실적 한계를 수용하는 전략을 채택하고 있었고 여기에는 절대다수의 대만인들이 당장의 통일보다는 일정기간을 두고 현상유지를 바라고 있었기 때문이었다. 실제로 2000년 12월 3일에 대만국가평화안전연구회가 발표한 여론 조사에 따르면 89.8%가 현상유지를 바랐고, 63%가 중화민국과 중화인민공화국은 상호 예속되지 않고 상호 대표되지 않는다고 인식하였다.10)

이런 여론의 분위기를 이용하여 진수편 총통은 2002년 7월 21일에 민진당 제10차 당대표대회에서 주석으로 당선된 다음 취임연설에서 대만의 길로 나갈 것을 표명하였다. 그리고 8월 3일에 일본에서 소집된 대만동향회 제29차 연차총회에서 화상연설을 통하여 대만은 제2의 홍콩·마카오가 될 수 없으며 주권독립국으로 대륙의 중국과 그 반대쪽의 대만으로 '일변일국(一邊一國)'론을 제시하여 대만 독립의 입장을 분명히 하였다. 그리고 이러한 입장은 2004년의 대선에서 작용하여 재임 중 좋은 평가를 받지 못했던 진수편이 총통에 재당선되었다.

그는 취임연설에서 대만은 자유 민주사회로 특정인이나 특정 정당이 국민들을 대신하여 정치적 선택을 할 수 없다고 선언하고, 양측이 장래 상호 선의를 토대로 평화적 발전과 선택의 자유에서 생길 수 있는 환경을 창조할 용의가 있다면 중화민국과 중화인민공화국,

또는 대만과 중국이 어떠한 형태의 관계를 설정할 수 있다고 하였다. 이러한 주장은 이미 대만의 민심이 대만인으로서 정체성 인식이 점차 높아가고 있기 때문에 국민의 동의가 있다면 어떤 가능성도 배제하지 않을 것임을 분명히 한 것이다.

대만인의 정체성 인식[11]

| | 1992 | 2000 |
|---|---|---|
| 중국인으로 인식 | 44% | 14% |
| 대만인과 중국인으로 인식 | 37 | 39 |
| 대만인으로 인식 | 17 | 43 |

결국, 대륙이 제시한 일국 양체제에서 하나의 중국이란 문제는 대륙과 대만의 입장이 확연하게 달라 평화적 담판에 의하여 해결될 문제가 아니다. 특히 대만의 경우 공민투표에 의하여 결정한다고 하더라도 대만인들의 정서상 대륙이 제시한 하나의 중국에 동조할 대만인들은 많지 않을 것으로 보이기 때문이다.[12]

## 2. 경제, 민간교류의 확대

### 1) 경제 교류의 확대

대만은 1980년대 중반에 경제구조의 변화를 가져와 동남아 지역에 주로 투자를 하였지만, 1987년 11월에 대만인의 대륙방문이 개방되면서 대륙의 값싼 노동력과 자원, 문화 언어상으로 편리하였기 때문에 대만 기업인들의 주목을 받아 대륙에 대한 투자가 시작되었다. 또한 대륙으로서도 대만의 경제발전 경험, 자본과 기술이 절대적으로 필요하였기 때문에 환영하였다. 뿐만 아니라 쌍방의 교역확대로 분리주의를 막을 수 있는 통일전선 정책에도 도움이 되는 것이었기 때문에 1988년 7월에 국무원은 대만동포의 투자를 장려하기 위한 규정, 즉 22조를 발표하였다. 이는 투자의 합법화와 권익을 보장해주는 것으로 대만인들을 비교적 우대해주고 편리를 부여하여 대만인의 투자를 끌어들였다. 그리고 천안문 사건이후 대만의 자본을 유치하여 개방정책을 계속하고 서방국가의 제재에도 대응할 수 있는 방법이었기 때문에 복건성의 마미(馬尾), 함강(涵江), 집미(集美) 등지에 대만인을 위한 투자구역과 전문기관을 두어 투자기업에 대한 융자 등을 제공하였다. 그 후 1994년에 제8기 전국인민대표 상무위원회 제6차회에서 「대만동포 투자 보호법」을 제정 통과시켜 투자의 항목과 영역, 방식에서 우대하는 내용을 법률로 보장했다.

한편, 대만은 처음 허가를 받은 기업이 대륙에 간접투자의 형식으로 투자할 수 있었다. 1992년부터 전면투자 단계로 투자가 급속히 늘어나자 1993년 11월에 대륙에서의 투자와 기술합작 허가법을 발표하여 약 9,000종의 농공상품을 허가류와 금지류, 심사류로 나누고, 투자방식도 간접투자로 제3국에 투자회사를 설립하도록 하고 액수가 100만 원이하의 경우 제3지역을 경유하도록 하였다. 그런데 1994년에 대륙의 치리정돈으로 투자액은 다소 하향되었고, 1996년 말 정치적으로 양안관계가 악화되자 위축되었다. 대만정부는 1997년에 투자 및 기술합작의 심사원칙을 발표하여 대륙 투자에 대한 항목, 금액에 대하여 명확한 규범을 정했다. 그리고 중요한 기초건설로 공항, 댐, 200만 와트 이상의 발전설비 등 13항목에 대하여 금지시켰다.

대체로 대만의 대륙투자는 대만 대외투자 총액의 40%이상을 점하고 지역으로는 최대 지역이 되었다. 그리고 노동집약 산업에서 기술집약 산업, 경공업에서 중공업으로 발전되는 경향을 보이고 있다.

한편, 대만정부의 대륙투자정책은 이등휘시대에 계급용인(戒急用忍, 서두름을 경계하고 인내한다)이었는데, 진수편총통이 취임하면서 적극개방(積極開放), 효율적 관리(有效管理)로 바뀌었다. 특히 대만은 2002년

2월에 WTO에 가입하여 대륙투자에 대한 제한을 풀었다.

대만의 대륙투자(1991-2000.3.4분기)[13]

| 연 도 | 대만의 통계 | | 대륙의 통계 | | | 비율(%) | | |
|---|---|---|---|---|---|---|---|---|
| | 건수 | 금 액 | 건 수 | 협의금액 | 실제금액 | 1 | 2 | 3 |
| 1991 | 238 | 1.74 | 3,884 | 35.37 | 8.69 | 9.52 | 6.76 | 3.72 |
| 1992 | 264 | 2.47 | 6,430 | 55.43 | 10.50 | 21.78 | 9.54 | 9.54 |
| 1993 | 9,329 | 31.68 | 10,948 | 99.65 | 31.39 | 65.61 | 8.94 | 11.41 |
| 1994 | 934 | 9.62 | 6,247 | 53.95 | 33.91 | 37.31 | 6.53 | 10.04 |
| 1995 | 490 | 10.93 | 4,778 | 57.77 | 31.62 | 44.61 | 6.33 | 8.43 |
| 1996 | 383 | 12.29 | 3,184 | 51.41 | 34.75 | 36.21 | 7.02 | 8.33 |
| 1997 | 8,725 | 43.34 | 3,014 | 28.14 | 32.89 | 35.81 | 5.44 | 7.26 |
| 1998 | 1,284 | 20.35 | 2,982 | 29.62 | 29.15 | 31.55 | 5.72 | 6.41 |
| 1999 | 488 | 12.53 | 2,499 | 33.74 | 25.99 | 27.71 | 8.19 | 6.45 |
| 2000 | 562 | 17.84 | **** | 27.36 | 14.28 | 36.72 | 7.26 | 5.35 |

비율 1-대만통계의 수는 대만 대외투자 가운데 차지하는 비율
2-대륙의 외자 협의액 가운데 대만 협의액 비율
3-대륙의 외자 실제투자액 가운데 대만의 실제투자액 비율

대만기업의 투자 형태 변화[14]

| 구 분 | 1993 | | 1998 | | 2000 | 2001 | 2002 |
|---|---|---|---|---|---|---|---|
| | 기업수 | % | 기업수 | % | % | % | % |
| 독자경영 | 55 | 25.58 | 252 | 51.96 | 64.1 | 80.7 | 56.7 |
| 합자경영 | 149 | 69.30 | 195 | 40.20 | 29.7 | 12.4 | 20.6 |
| 합작경영 | 11 | 5.12 | 38 | 7.84 | 6.2 | 6.9 | 6.9 |
| 기타(재료반입 가공) | * | * | * | * | * | * | 15.8 |
| 합 계 | 215 | 100.00 | 485 | 100 | 100 | 100 | 100 |

### 2) 무역의 확대와 그 영향

대만과 대륙의 무역은 제3의 지역을 거쳐야 하는 불편함이 따랐으나 해마다 증가했다. 그 이유는 투자가 늘어나면서 대만산 원료와 기계설비가 늘어났기 때문이었고, 또 그렇게 생산된 반제품이 대만으로 수입되었기 때문이었다. 따라서 대만의 대륙에 대한 투자가 늘어나면 늘어날수록 무역도 급속도로 성장했다. 1993년에 쌍방의 무역총액은 144억 달러에 달하였는데 대륙의 대외무역의 7.3%, 대만의 대외무역의 8.9%를 차지하였고, 1994년에는 비중이 8%와 10%로 높아졌다. 1995년에 대만의 대륙에 대한 수출은 21%나 증가하였으며 비중도 16%이었고, 대륙으로부터 대만의 수입은 30.91억 달러로 성장률이 66%로 늘어났으며 수입 의존도는 3%로 높아졌다.15) 이리하여 양자의 관계는 점차 서로 의존성이 커졌다.

또한 상품의 구조도 원료와 초기 가공품에서 부속품이나 한 단계 진전된 가공된 상품으로 전환되었으며 날로 다원화되어 갔다. 대체로 대만의 경우 주로 한약재, 토산품을, 대륙은 대만의 간단한 전자제품을 수입하였는데 수 천종에 이르는 농공원료, 반제품과 완성품으로 까지 확대되었고 서로 부족된 물품을 교역하여 보완 관계가 되어갔다.

교역의 방법은 간접 무역방식에서 직접 무역방식으로 바뀌고 있다. 본래 대만 쪽에서 직접통상을 허락하지 않았기 때문에 홍콩이나 기타 지역을 통하는 간접 무역방식이었는데, 어민이나 상인들이 해상 또는 동남 연해지역의 항구나 도서에서 직접 무역을 하게 되었다. 1994년의 경우 홍콩을 통한 무역액이 93억 달러였는데, 반직접 무역은 75억 달러에 달하였으며, 1995년에는 반반씩으로 나타났다.

1998년에 이르러 양안의 무역이 역전되었다. 쌍방의 무역총액은 224.1억 달러로 전년도 보다 7.95% 감소되었는데, 그 가운데 대만의 대륙에 대한 수출은 183.8억 달러로 10.42% 감소되고 수입은 41.11억 달러로 5%가 성장되었다. 이는 개방이래 처음으로 두 자리 수의 감소를 가져온 것이며 수입이 늘어나 무역차도 14.1%나 감소되었다. 그리고 1999년에 다시 증가세로 올랐는데 이는 금융위기가 극복되고 각국의 경제가 소생된 것과 관련있다.

물론 무역 수지면에서 대륙은 대만의 큰 시장이었으므로 무역 흑자를 보고 있다. 1991년에 63.3억 달러가 1997년에 166.03억 달리로 늘어났고, 1998년에 142.70억 달러로 감소되었다가 1999년에 다시 166.95억 달러로 증가되었다.

대륙과 대만의 무역16)

(단위 1만 달러)

| 연 도 | 대륙 세관 통계 | | | 대만 대륙위원회 통계 | | |
|---|---|---|---|---|---|---|
| | 수 출 | 수 입 | 합 계 | 수 출 | 수 입 | 합 계 |
| 1991 | 3639.0 | 594.8 | 4233.9 | 7493.5 | 1125.9 | 8619.4 |
| 1992 | 5881.0 | 698.0 | 6579.0 | 10547.6 | 1119.0 | 11666.6 |
| 1993 | 12933.0 | 1461.8 | 14394.9 | 13993.1 | 1103.6 | 15096.7 |
| 1994 | 14084.8 | 2242.3 | 16327.0 | 16022.5 | 1858.7 | 17881.2 |
| 1995 | 14783.9 | 3098.1 | 17822.0 | 19433.8 | 3091.4 | 22525.2 |
| 1996 | 16182.2 | 2802.7 | 18984.9 | 20727.3 | 3059.8 | 23787.1 |
| 1997 | 16441.7 | 3396.5 | 19838.2 | 20535.0 | 3915.4 | 24450.4 |
| 1998 | 16630.0 | 3870.0 | 20500.0 | 18400.4 | 4110.5 | 22510.9 |
| 1999 | 19530.0 | 3950.0 | 23480.0 | 21221.3 | 4524.3 | 25747.6 |
| 2000 | 20830.0 | 4170.0 | 30530.0 | 26160.0 | 6220.0 | 32380.0 |

그런데 대륙도 자체적인 산업이 일어나 대만의 원료나 생산설비의 투자가 감소되었고, 대만 상인들이 대륙에서 상품을 직접 구입하였기 때문에 대만 안의 기업은 대륙을 큰 시장으로 보는 환상에서

벗어나 시장을 다변화하지 않으면 안 될 처지에 놓였다. 또한 해외시장에서 대만은 대륙제품과 경쟁하지 않으면 안 될 처지에 놓였고 대륙이 WTO에 가입함으로써 경쟁은 더욱 어렵게 되어가고 있다.

한편, 대륙에서나 대만 상공계에서도 끊임없이 3통을 요구하여왔으나 이를 받아들이지 않고 2001년 1월부터 복건성의 하문과 이곳과 제일 근접해 있는 금문, 마조도사이의 통항, 통상을 허락하여 이른바 '소3통'이 시행되었다.

### 3) 인적 교류의 확대

대만과 대륙의 오랜 단절로 인해 상호 방문의 기회가 주어졌다 하여도 교류의 완전개방은 어려웠다. 따라서 쌍방은 점진적으로 서로를 이해하기 위하여 교육과 문화방면을 우선적으로 교류하게 되었다. 1990년대 초 대만이 131개 개방항목을 정했는데 문화 교육이 46%를 차지하고 있다.

한편, 대륙에서도 출판, 교육, 학술, 체육, 종교 교류의 관리법을 제정하여 각양각색의 교류단체가 성립되어 교류업무를 처리하였다.

본성 출신의 대만인들은 복건성인들과 함께 토속신앙으로 마조(馬祖)를 받들고 있어 대만인들의 대륙 마조묘(馬祖廟) 참배단 왕래가 빈번하다.

특히 양안의 지도자 강택민과 이등휘는 중화문화를 갖고 하나의 중국을 내세우거나 양안의 교류를 강화하자고 하였기 때문에 정치 경제적 제약을 받기는 하였으나 문화와 교육, 학술영역에서 교류가 광범위하게 이루어지고 갈수록 확대되어갔다.[17] 이는 대만정부가 1998년과 1999년에 대륙의 문화 교육계 인사들의 대만방문을 허가한 사례를 보아도 잘 알 수 있다.

내만 기업인이 투자한 지역에 그 가족이 함께 기주하여 인적 교류가 더욱 확대되면서 그 자녀들의 교육 문제가 대두되었다. 적어도 자녀들에게는 대륙에서 가르치는 대로 '위대한 지도자 모택동'이나 '영명한 지도자 주은래'라고 하면서, 장개석은 나쁜 사람이라고 교육시킬 수 없었기 때문에 자녀들의 교육문제는 어려운 실정이었다. 또한 2,3년 상주하는 기업의 임원들의 경우 대만으로 돌아가서 자녀들에게 학업을 계속할 수 있는 법적 제도적 장치가 마련되어야 하였다. 이에 절실히 요구되었던 것이 대륙에 주재하는 대만기업인들이 학교를 직접 세우는 일이었다.[18]

중국에서 제정 공포된 1986년의 '의무교육법'과 1992년의 「의무교육 시행세칙」에 따르면 대륙에서는 외국인들이 의무교육을 실시할 수 없게 되어 있었다. 그런데 다행히 1995년에 외국의 자본을 유치하여 교육투자의 부족한 부분을 개선하고자 「중외합작 판학규정」을 제정하여 외국인들에게 학교설립을 장려하고 합작으로 학교를 경영할 수 있게 되었다. 그러나 외국인들은 교장을 맡을 수 없도록 하여(국제학교의 경우 대륙학생은 입학을 금지시켜 외국인이 교장을 맡을 수 있었다.) 의무교육의 주도권을 장악하였다.

대만을 방문한 대륙인의 활동[19]

| 항 목 | 1998 | 1999 |
|---|---|---|
| 문교 활동 | 7,786 | 7,933 |
| 대중전파 활동 | 730 | 1,104 |

| | | |
|---|---|---|
| 과학기술연구 활동 | 157 | 436 |
| 산업교류 활동 | 13 | 28 |
| 전통 민족 예술과 민속 | 1 | 91 |
| 종교 활동 | 475 | 313 |
| 위생 활동 | 689 | 814 |
| 법률 활동 | 55 | 41 |
| 지역 건축 활동 | 222 | 228 |
| 체육 활동 | 532 | 634 |
| 총 계 | 10,660 | 11.622 |

대만의 대륙출판물과 영화, TV프로그램[20]

| 항 목 | 1998 | 1999 |
|---|---|---|
| 대륙 출판물 수입(책) | 1,263,159 | 896,312 |
| 출판된 대륙 출판물(종) | 78 | - |
| 대륙 영화의 수입(부) | 0 | 7 |
| 대륙 TV녹화프로그램(롤) | 14,894 | 3,462 |
| 총 계 | 1,278,131 | 899,781 |

국제학교의 설립으로 대륙에 파견된 대만기업의 직원들은 자녀 교육이 해결 될 수 있었으나 너무 비싼 학비를 부담할 수 없는 입장이었다. 이에 이들 스스로 학교를 세워 교육문제를 해결하려 하였다. 그런데 대만의 교육부가 대만인 교장이 없으면 해당학교의 학력을 인정할 수 없다는 원칙을 제시하여 대만인들의 학교설립 계획은 취소될 형편이었다. 이에 대륙은 대만인의 투자를 끌어들이기 위하여 대만 기업인이 가장 많은 광동 동완(東莞)과 심천(深圳)의 경우 묵시적으로 대만인 교장을 인정하게 되었다. 따라서 이들 학교는 대만의 교과서를 사용할 수 있게 되었으나 중공이 정한 규정에 따라 상당부분을 고치지 않으면 안 되었다.[21] 그러나 그 학력은 대만이나 대륙에

서 다 인정해주고 있다.

한편, 대륙의 통계에 따르면 1987년부터 1997년까지 약 2,500명의 대만학생들이 대륙의 대학에 입학하여 수학하고 있었다. 대만학생들은 홍콩, 마카오, 화교와 함께 대학입시에 참가할 수 있었는데 1997년에 대륙에 있는 142개 대학에서 대만학생을 953명 모집하였다. 그 가운데 대학원생 152명, 대학생 653명, 나머지는 예과와 청강생이었나. 2004넌의 경우 대만학생으로 대륙의 대학에 응시한 수가 1,369명에 입학자가 1,078명에 달하는 것으로 집계되고 있으며, 전체는 약 4,000여 명으로 추산하고 있다.

대만학생의 대륙유학 추세는 늘어날 것으로 보이는데, 적어도 20년 동안 매년 1천여 명씩 늘다가 20,000명을 정점으로 더 이상 늘지 않을 것으로 보고 있다.[22] 이처럼 대만학생의 대륙유학은 상대적으로 대만의 대학들 운영에 문제점(학생의 감소)을 가져와 대만 교육부는 이들의 학력인정에 신중을 기하게 되었는데, 이는 간접적으로 대륙유학을 억제하고 있는 셈이다.

1) 『中央日報』, 1990년 5월 15일
2) 『국가통일강령』, 국가통일위원회, 1991
3) 『人民日報』, 1990년 6월 12일
4) 『一國兩制重要文件選編』, 中央文獻出版社, 1997, p.257
5) 李登輝, 『臺灣的主張』, 遠流出版社, 1999 참조
6) 黃嘉樹・劉杰, 『兩岸談判研究』, 九州出版社, 2003, p.85
7) 쌍방은 1981년 올림픽 참가문제로(대륙은 중국 대북을 대만은 중화대북을 주장), 1986년에는 중화항공 화물기의 기장이 대륙으로 귀순, 부기장을 비롯한 승무원의 귀환과 항공기의 반환 문제로(兩航談判이라 함), 1990년에는 적십자회담으로 金門協議가 이루어졌다.
8) 1998년 9월에 고진보가 상해와 북경을 방문하여 왕도함과 만났을 뿐이다.
9) 『中國時報』, 2000. 5. 21
10) 『中國時報』, 2000. 12. 4
11) 행정원대륙위원회자료(주한대만대표부공보실, 대만2004년-2005년개관)
12) 유럽연합의 예를 참고, 유럽연합의 기치아래 즉 하나의 중국아래 대륙과 대만이 각기 헌법을 갖자는 주장도 나왔다.(黃光國, 『一中兩憲-兩岸和平的起點』, 生智, 民國 94, pp.288-296 참조)
13) 中國大陸問題研究所編, 『中共建政五十年』, 正中書局, 民國 90, p.604
14) 魏艾主編, 『中國大陸經濟發展與市場轉型』, 揚智, 2003, p.350
15) 楊榮華主編, 『九十年代兩岸關係』, 武漢出版社, 1997, p.147
16) 李蓓蓓編著, 『台港澳史稿』, 華東師範大學出版社, 2003, p.211
17) 1995년의 강택민의 8점과 이등휘의 6조 가운데 강조된 점
18) 이들 학교를 臺商子弟學校라 부르고 있다.(劉勝驥編著, 『臺灣學生在中國』, 高雄復文圖書, 2002, p.2)
19) 張五岳・蔡慧美, 「兩岸經貿文教交流之檢討」『中共建政五十年』, 中國大陸問題研究所主編, 正中書局, 2001, p.583 참조
20) 張五岳・蔡慧美, 「兩岸經貿文教交流之檢討」『中共建政五十年』, 中國大陸問題研究所主編, 正中書局, 2001, p.584 참조
21) 대만성 출신의 교사가 대만의 교과서를 갖고 가르치고 있으며 교과서는 지역에 따라 규제의 내용에 차이가 있었다.
22) 蕭弘德, 『臺灣學生在北大』, 生智文化公司, 民國 88, p.212

# 참고자료

## 1. 중 문

### A-1. 資料類


1. 『建國以來重要文獻選編』(1-20), 中共中央文獻編纂室編, 中央文獻出版社, 1992-1998
2. 『建國以來毛澤東文稿』,(1-13), 中共中央文獻編纂室編, 中央文獻出版社, 1987-1998
3. 『十一屆三中全會以來重要文獻選編』, 上下, 中共中央文獻編纂室編, 人民出版社, 1987
4. 『十二大以來重要文獻選編』, 上中下, 中共中央文獻編纂室編, 人民出版社, 1986-1988
5. 『十三大以來重要文獻選編』, 上中下, 中共中央文獻編纂室編, 人民出版社, 1993
6. 『十四大以來重要文獻選編』, 上中下, 中共中央文獻研究室編, 人民出版社, 1996
7. 『十五大以來重要文獻選編』, 上中下, 中共中央文獻研究室編, 人民出版社, 1996
8. 『新時期黨的建設文獻選編』, 中共中央文獻編纂室編, 人民出版社, 1992
9. 『新時期統一前線文獻選編』, 中共中央黨校出版社, 1985
10. 『當代中外文化交流史料』, 第1輯, 文化藝術出版社, 1990
11. 『周恩來外交文選』, 外交部·中共中央文獻編纂室編, 中央文獻出版社, 1990
12. 『共和國風雲四十年-1949-1989』, 上下, 張偉瑄, 中國法政大學出版社, 1989
13. 『共和國走過路』, 中共中央文獻研究室編, 中央文獻出版社, 1991
14. 『中華人民共和國實錄』, 1-5, 劉國新主編, 吉林人民出版社, 1994
15. 『一國兩制重要文獻選編』, 中央文獻出版社, 1997


### A-2.


1. 『毛澤東著作選讀』, 上下, 人民出版社, 1986
2. 『毛澤東選集』, 第1-5卷, 人民出版社, 1966, 1977
3. 『周恩來選集』(下), 人民出版社, 1984

4. 『朱德選集』, 人民出版社, 1983
5. 『劉少奇選集』(下), 人民出版社, 1985
6. 『陳雲文選』(1949-1956), (1956-1985), 人民出版社, 1984, 1986
7. 『鄧小平文選』, 第1-3卷, 人民出版社, 1993, 2001
8. 『薄一波文選(1937-1992』, 人民出版社, 1992
9. 『彭德懷自述』, 人民出版社, 1981
9. 『張聞天文集』, 中共黨史出版社, 1995
10. 『黃克誠自述』, 人民出版社, 1994
11. 『李宗仁回憶錄』, 廣西人民出版社, 1995
12. 『若干重大決策與事件的回顧』, 薄一波, 中共中央黨校出版社, 1991
13. 『江澤民論有中國特色社會主義(專題摘要), 中央文獻出版社, 2002
14. 『歷史的審判』, 編輯組編, 群衆出版社, 1981
15. 『周恩來年譜』, 上中下, 中共中央文獻研究室編, 中央文獻出版社, 1997
16. 『歷史在這里沈思-1966-76年紀實』, 1-6, 周明主編,華夏出版社, 1988-91
17. 『3反.5反運動』(江蘇卷), 中共江蘇省委黨史工作室・江蘇省檔案館, 中共黨史出版社, 2003

### A-3. 신문, 잡지, 인터넷

1. 人民日報, 光明日報, 解放日報, 文滙報 明報(홍콩), 中國時報, 中央日報 外
2. 新華月刊, 明報月刊, 爭鳴, 當代 外
3. 人民網, 中華網 外

### B. 年表, 辭典類

1. 『中華人民共和國大事記, 1949-1980』, 新華通迅社國內資料室編, 新華出版社, 1982
『中華人民共和國大事記, 1981-1984』, 新華通迅社國內資料室編, 新華出版社, 1985
『中華人民共和國大事記, 1985-1988』, 新華通迅社國內資料室編, 新華出版社, 1989
『中華人民共和國40年大事記』, 中共中央宣傳局主編, 光明日報出版社, 1989
2. 『中華人民共和國政治體制沿革大事記(1949-1978)』, 洪承華・郭秀芝 等編, 春秋出版社, 1987
3. 『十年改革大事記(1978-1987)』, 新華通迅社國內資料室編, 新華出版社, 1988
4. 『十年政治大事記(1976-1986)』, 李盛平・張明澄編, 光明日報出版社, 1988
5. 『中共黨史大事年表(1919-1982)』, 中共中央黨史研究室, 人民出版社, 1987

6. 『中國共產黨新時期歷史大事記(1978.12-2002.5)』(增訂本), 中共中央黨史硏究室, 中共黨史出版社, 2002
7. 『中共11屆3中全會以來大事記』, 編輯部編, 人民出版社, 1998
8. 『中國學術界大事記(1919-1985)』, 王亞夫·章恒忠主編, 上海社會科學院出版社, 1988
9. 『新中國的歷程(1949.10.1-1989.10.1)』, 中國人民大學出版社, 1989,
10. 『中華民國史事紀要草稿』1949年이후, 國史館編, 國史館, 臺北
11. 『中國農村經濟統計大全』, 中華人民共和國農業部計劃司編, 農業出版社, 北京, 1989
12. 『中國年鑑』, 『中華民國年鑑』, 『香港年鑑』
13. 『中國統計年鑑』(1983), 國家統計局編, 中國統計出版社, 1983
14, 『中華民國科學技術年鑒』, 行政院國家科學委員會編, 1985年
15. 『中國科技統計年鑑』, 國家統計局, 中國統計出版社, 2002
16. 『中國統計摘要』, 國家統計局編, 中國統計出版社, 2002
17. 『中華人民共和國大辭典』, 張克明主編, 中國國際廣播出版社, 1989
18. 『中國共產黨大辭典』, 景杉主編, 中國國際廣播出版社, 1991
19. 『當代中國政治大事典』, 廖蓋隆主編, 吉林文史出版社, 1991
20. 『臺灣知識詞典』, 包恒新, 福建人民出版社, 1988

### C. 概說類

1. 『新編中國現代史』(下冊), 上海·中山·安徽·蘇州·武漢·復旦·廈門·華東師範大學編著, 江西人民出版社, 1987
2. 『中華人民共和國史綱』, 朱宗玉·李思·蘇仲波主編, 福建人民出版社, 1988
3. 『中華人民共和國史綱』, 楊勤爲·陳榮勛·袁之舜主編, 石油大學出版社, 1990
4. 『中華人民共和國簡史』(上), 郭彬蔚·譚宗極編著, 吉林文史出版社, 1988
5. 『中華人民共和國簡史』, 金春明著, 開明書店, 香港, 1992
6. 『中國社會主義時期史稿』(第1, 2卷), 王學啓·楊樹標·沈家善·姚鴻瑞, 浙江人民出版社, 1988
7. 『中華共和國簡史』, 薛爾頓, 曙光圖書, 1984
8. 『中國社會主義革命和建設史講義』, 胡華主編, 中國人民大學出版社, 1985
9. 『中國近現代史綱(1840-1989), 上海外國語學院出國培訓部, 上海外國語教育出版社, 1990
10. 『簡明中華人民共和國史』, 龐松主編, 廣東敎育出版社, 2001
11. 『中國現代化歷程』, 第3卷, 虞和平主編, 江蘇人民出版社, 2001
12. 『中華人民共和國簡史』, 龐松·陳述, 上海人民出版社, 1999

13. 『中華人民共和國史』, 何沁主編, 高等教育出版社, 1997
14. 『當代中國史事略述』, 楊樹標·梁敬明·楊菁, 浙江人民出版社, 2003
15. 『新中國四十年研究』, 陳明顯主編, 北京理工大學出版社, 1989
『新中國四十五年研究』, 陳明顯主編, 北京理工大學出版社, 1994
16. 『中華人民共和國史』, 吳本祥主編, 高等教育出版社, 1999
17. 『中華人民共和國國史通鑒』, 1-4卷, 有林主編, 紅旗出版社, 1992
18. 『中國共産黨執政四十年』, 中共黨史資料出版社, 1989
19. 『紅潮』, 何家驊, 홍콩神州出版社, 출판년도 미상
20. 『中華人民共和國50年-回顧和思考』, 謝忱編著, 新華出版社, 1999
21. 『1949-1989年的中國-凱歌行進的時期』, 林蘊琿·范守信·張弓, 河南人民出版社, 1989
22. 『1949-1989年的中國-曲折發展的歲月』, 叢進, 河南人民出版社, 1989
23. 『1949-1989年的中國-大動亂的年代』, 王年一, 河南人民出版社, 1988
24. 『1949-1989年的中國-改革開放的歷程』, 王洪模等著, 河南人民出版社, 1989
25. 『中共政權四十年的回顧與展望』, 吳安家主編, 國立政治大學 國際關係研究中心, 民國 80
26. 『中共建政五十年』, 中國大陸問題硏究所主編, 正中書局, 2001
27. 『發現當代中國』, 施哲雄主編, 揚智, 2003
28. 『當代中共政治分析』, 趙建民, 五南, 民國 86

D : 黨史(1990년이후 출판을 중심으로)

1. 『中國共産黨七十年史』, 中共上海市黨委宣傳部編, 上海人民出版社, 1992
2. 『中國共産黨建設史』, 上海人民出版社, 1990
3. 『中國共産黨80年』, 中共上海市宣傳部編, 上海人民出版社, 2002
4. 『中國共産黨八十年重大會議實錄』(上·下), 張樹軍 · 齊生主編, 湖南人民出版社, 2001
5. 『中國共産黨八十年重大事件實錄』(上·下), 張樹軍 · 齊生主編, 湖南人民出版社, 2001
6. 『中共黨史講義』, 中國人民大學出版社, 1984
7. 『中共黨史風雲錄』, 中共中央文獻研究室 中央檔案館編, 人民出版社, 1990
8. 『中國國民黨史述』, 第4編, 李雲漢, 黨史委員會, 民國 83
9. 『中國國民黨概史』, 鄒魯, 正中書局, 民國 66

E : 사건, 시기별

1. 『偉大的十年』, 人民出版社, 1959

2. 『歷史的啓示-十年(1956-1966)建設史硏究』, 陳雪薇, 求實出版社, 1989
3. 『農業合作化運動始末』, 高化民, 中國靑年出版社, 1999
4. 『人民公社化運動』, 安貞元, 中央文獻出版社, 2003
5. 『共産中國人民公社之政治硏究』, 張紹軍編著, 正中書局, 民國 68
6. 『廬山會議實錄』, 李銳, 春秋出版社, 1989
7. 『廬山會議實錄』(增訂本), 李銳, 河南人民出版社, 1995
8. 烏托邦祭-廬山會議紀實』, 蘇曉康·羅時敍·陳政, 存眞社, 1989
9. 『荊棘路-記憶中的反右派運動』, 牛漢·鄧九平主編, 經濟日報出版社, 1998
10. 『文化大革命史稿』, 金春明, 四川人民出版社, 1995,
11. 『文化大革命的起源』, 第1-2卷, (영)Roderick MacFarquhar(羅德里克 麥克法夸爾), 魏海生·艾平 等譯, 求實出版社 1989
12. 『文化大革命簡史』, 席宣·金春明, 中共黨史出版社, 1996
13. 『文化大革命十年史』, 高皐·嚴家其, 天津人民出版社, 1986
14. 回首『文革』, 上·下, 張化·蘇采靑主編, 中共黨史出版社, 2000
13. 『我的父親鄧小平-文革歲月』, 毛毛, 中央文獻出版社, 2000,
15. 『中共文化革命與政治鬪爭』, 陳力生, 黎明文化事業公司, 民國 63
16. 『毛共「批孔」謬論』, 正中書局, 楊榮昌, 民國 65
17. 『四人幇事件探索』, 齊辛, 七十年代雜誌社, 1978
18. 『四人幇後的中國』, 鄭宇碩編著, 天地圖書, 1981
19. 『大崩壞-上海工人造反派興亡史』, 李遜, 時報文化出版, 1996
20. 『「文化大革命」中的人民解放軍』, 李可·郝生章, 中共黨史出版社, 1989
21. 『後文革史』, 高皐, 聯經, 民國 82
22. 『歷史轉折的前奏-鄧小平在1975』, 程中原·夏杏珍, 中國靑年出版社, 2003
23. 『當代歷史問題札記』, 羅平漢, 廣西師範大學出版社, 2003,
24. 『中國-十年改革與八九民運』, 陳一諮, 聯經, 民國 79
25. 『1978-1990 中共政治體制改革硏究-80年代後中國大陸的政治發展』, 朱新民, 永然文化出版, 民國 81
26. 『暴風之後-八九民運及其影響』, 楊力宇 · 馬怡陽, 百姓文化, 1991
27. 『未完成的民主運動』, 大衛, 艾克敏等著, 譚志强等譯, 時報文化, 民國 79
28. 『大陸政經巨變與中國前途』, 鄭竹園, 五南圖書, 民國 81
29. 『堅持四項基本原則反對資産階級自由化』, 中共中央書記處硏究室編, 人民出版社, 1987
30. 『王牌出盡的中南海橋局』, 王之楓, 中央日報社, 民國 78
31. 『神州巨變與臺灣風雲』, 黃毓民, 新境傳播出版, 1989
32. 『鉅變與未來-1989年天安門事件之後的中國大陸情勢,』, 趙政主編, 政大國際

關係硏究所, 民國 79
33.『中共政治體制改革硏究(1978-1990)』, 朱新民, 永然文化, 民國 80
34.『改革的 軌迹-從三中全會到十六』, 李永豊, 中國文史出版社, 2003
35.『十三屆四中全會以來改革開放成就槪覽』, 編寫組, 中央文獻出版社, 2002
36.『20世紀中國政治發展』, 包玉娥外, 南京大學出版社, 2002
37.『中國改革開放20年史』, 中共中央黨史硏究室第3硏究室, 遼寧人民出版社, 1998,
38.『從鄧小平到江澤民領導的中國』, 吳智棠主編, 中國靑年出版社, 1998
39.『朱鎔基新政:中國改革的新模式』, 鄭永年, 八方文化企業公司, 1999
40.『三個代表重要思想全面建設小康社會』, 編寫組, 中共中央黨校出版社, 2002
41.『江澤民和他的15年』, 任不寐, 博大, 臺北, 2005
42.『中南海權力交班內幕』, 任慧文, 太平洋世紀出版社, 홍콩, 1998
43.『晩年周恩來』, 高文謙, 明鏡出版社, 2003
44.『中國八十年代人文思潮』, 曹維勁主編, 學林出版社, 1992,
45.『九十年代文存(1990-2000), 孟繁華·林大中主編, 中國社會科學出版社, 2001

### F. 경 제

1.『中華人民共和國經濟史』, 孫健, 中國人民大學出版社, 1992
2.『中華人民共和國經濟史(1967-1984)』, 趙德馨主編, 河南人民出版社, 1989
3.『中華人民共和國經濟史簡編1949-1985』, 李德彬, 湖南人民出版社, 1987
4.『新中國經濟史(1949-1989)』, 曾璧鈞·林木西主編, 經濟日報出版社, 1990
5.『中華人民共和國經濟史稿』, 孫健, 吉林人民出版社, 1980
6.『中國社會主義經濟問題硏究』, 薛暮橋, 人民出版社, 1982
7.『三十五年來的中共經濟的演變』, 鄧辛未, 臺灣商務印書館, 民國 74
8.『中國大陸經濟發展與市場轉型』, 施哲雄主編, 揚智, 2003
9.『中國工資制度』, 李唯一, 中國勞動出版社, 1991
10.『中國經濟前景分析-2003年春季報告』, 劉國光・王洛林・李京文主編, 社會科學文獻出版社, 2003
11.『中國:直面金融危機-亞洲金融危機中的中國經濟對策與走勢』, 王夢奎主編, 外文出版社, 1999
12.『當代中國的基本建設』, 編輯部編, 中國社會科學出版社, 1989

### G : 정치제도, 사회

1.『中華人民共和國政治制度』, 浦興祖主編, 上海人民出版社, 1999
2.『當代中國政治制度』, 浦興祖, 復旦大學出版社, 1999

3.『人民代表大會制度發展史』, 尹世洪主編, 江西人民出版社, 2002
4.『人民代表大會二十年發展與改革』, 中國檢察出版社, 2001
5.『當代中國社會階層研究報告』, 陳學藝主編, 社會科學文獻出版社, 2002
6.『當代中國社會制度的變遷』, 何玉長, 河北大學出版社, 2004
7.『開放中的變遷-再論中國社會超隱定結構』, 金觀濤·劉靑峰, 中文大學出版社, 1993
8.『中國人口流動方式與途徑(1990-1999)』, 蔡昉主編, 社會科學文獻出版社, 2001
8.『北京封閉妓女院記實』, 中國和平出版社, 1988
9.『中國共産黨反腐敗倡廉史』, 王關興·陳揮, 上海人民出版社, 2001

H : 외 교

1.『中華人民共和國對外關係概述』, 竇暉編著, 上海外國語教育出版社, 1989
2.『當代中國外交』, 顔聲毅, 復旦大學出版社, 2004
3.『中國外交史』(中華人民共和國時期(1949-1979), 謝益顯主編, 河南人民出版社, 1988
4.『中國當代外交史』, 謝益顯主編, 中國靑年出版社, 1997
5.『歷史的眞情-毛澤東兩訪莫斯科1949-157』 邸延生, 新華出版社, 2004
6.『在歷史巨人身邊』, 師哲, 中央文獻出版社, 1991
7.『中蘇關係及其對中國社會發展的影向』, 孔寒氷, 中國國際廣播出版社, 2004
8.『中蘇大論戰的起源』, 蒲國良, 當代世界出版社, 2003
9.『中美關係的發展變化及其趨勢』, 朱成虎主編, 江蘇人民出版社, 1998
10.『百年之結-美國與中國臺灣地區關係的歷史透視』, 蕭元愷, 人民出版社, 2001
11.『美國對華政策內幕』(1949-1998), 郝雨凡, 臺海出版社, 1998
12.『中日民間經濟外交(1945-1972)』, 李恩民, 人民出版社, 1997
13.『戰後日本外交 1945-1995』, 馮昭奎等, 中國社會科學出版社, 1996
14.『戰後中日關係史』, 林代昭, 北京大學出版社, 1992
15.『中日關係25年』, 司馬桑敦, 聯經出版社, 民國 67
16.『擺盪在兩岸之間-戰後日本對華政策(1945-1997)』, 何思愼, 東大圖書公司, 民國 89
17.『毛澤東與抗美援朝戰爭』, 徐焰, 解放軍出版社, 2003
18.『中蘇同盟與朝鮮戰爭硏究』, 沈志華, 廣西師範大學出版社, 1999

I : 문학, 역사, 철학

1.『中國當代文學史』, 22院校編寫組, 福建人民出版社, 1985

2. 『中國當代文學史』, 華中師範大學編寫組, 上海文藝出版社, 1994
3. 『中國當代文學史教程』, 陳思和主編, 復旦大學出版社, 1999
4. 『新時期文學六年(1976.10-1982.9)』, 中國社會科學院當代文學研究室, 中國社會科學出版社,1985
5. 『中國當代哲學史稿(1949-1966)』, 劉夢義·陶德榮, 四川人民出版社, 1987
6. 『交鋒-當代中國三次思想解放實錄』, 馬立誠·凌志軍, 天下文化圖書, 民國 87
7. 『中共史學發展與演變』, 逯耀東, 時報, 民國 68
8. 『中共史學新探』, 吳安家, 幼獅文化, 民國 73
9. 『中國史學四十年』, 周朝民·莊輝·李向平, 廣西人民出版社, 1989
10. 『中國歷史學四十年』, 蕭黎主編, 書目文獻出版社, 1989
11. 『頓挫中嬗變-20世紀的中國歷史學』, 曹家濟, 西苑出版社, 2000
12. 『新中國史學五十年』, 張劍平, 學苑出版社, 2003

### J : 대 만

1. 『先總統蔣介石全集』, 張其昀主編, 中國文化大學出版社, 1964
2. 『中華民國政治發展史』, 秦孝儀編, 臺灣近代中國出版社, 1985
3. 『中國國民黨臺灣四十年史』, 宋春主編, 吉林文史出版社, 1990
4. 『中國國民黨臺灣四十年史綱』, 郭傳璽, 中國文史出版社, 1990
5. 『中國國民黨史述』, 第4編, 李雲漢, 中國國民黨黨史委員會, 民國 83
6. 『國民黨在大陸和臺灣』, 張興定外主編, 四川人民出版社, 1991
7. 『中國國民黨的改造』, 許福明, 正中書局, 民國 66
8. 『革命文獻』, 第77輯, 中央文物供應社, 1978
9. 『當代臺灣』, 沈駿主編, 安徽人民出版社, 1990
10. 『蔣經國傳』, 江南, 美國論壇社, 1984(中國友誼出版社, 1986)
11. 『臺灣政壇風雲』, 陳紅民, 江蘇文藝出版社, 1991
12. 『近代臺灣』, 薛光前・朱健民編, 正中書局, 民國 66
13. 『大轉型-中華民國的政治和社會變遷』, 田弘茂저,李晴暉역, 時報社, 民國 78
14. 『臺灣議會政治四十年』, 鄭牧心, 自立晚報社, 1987
15. 『李登輝的一千天』, 周玉蔻, 麥田, 民國 82
16. 『臺灣民主運動40年』, 李筱峯, 自立晚報社, 民國 80
17. 『臺灣政治變遷40年』, 彭懷恩, 自立晚報社, 民國 76
18. 『中華民國政治體系的分析』, 彭懷恩, 時報出版社, 1984
19. 『重審美麗島』, 呂秀蓮, 民國 80年
20. 『臺灣經濟發展』, 張果爲, 正中書局, 1970
21. 『我們如何創造了經濟奇蹟』, 王作榮, 時報 民國 67

22. 『臺灣經濟發展四十年』, 林鍾雄, 自立晩報社, 1987
23. 『六年經濟建設計劃』(文化講座專集 76), 孫震, 敎育部社會敎育司, 民國 65年
24. 『中華民國科學技術年鑒』, 行政院國家科學委員會編, 1985年
25. 『臺灣硏究十年』, 陳孔立主編, 厦門大學出版社, 1990
26. 『臺灣議會政治四十年』, 鄭牧心, 自立晩報社, 1987
27. 『民粹亡國論』, 黃光國, 商周出版, 2003
28. 『台港澳史稿』, 李蓓蓓編著, 華東師範大學出版社, 2003
29. 『李登輝與臺灣政治』, 許介鱗, 社會科學文獻出版社, 2002
30. 『臺灣的主張』, 李登輝, 源流出版社, 1999
31. 『臺灣變局(民進黨與國民黨的政權爭戰)』, 范麗靑, 新華出版社, 1998
32. 『誰統治臺灣』, 王振寰, 巨流圖書, 1998
33. 『當代臺灣政治分析』, 劉國深, 博陽文化, 2002
34. 『臺灣社會變遷的經驗』, 丁庭宇, 桂冠, 民國 75
35. 『美臺關係四十年(1949-1989)』, 資中筠·何迪編, 人民出版社, 1991
36. 『臺灣史學的中國纏結』, 彭明輝, 麥田出版, 2002
37. 『轉折期臺灣政治』, 翁松燃외, 民主大學, 1990
38. 『觀察臺灣』, 陳孔立, 華藝出版社, 2003

K : 양안관계;

1. 『轉型期的臺灣政治與兩岸關係』, 中國社會科學院 臺灣硏所編, 時事出版社, 1991
2. 『九十年代兩岸關係』, 楊榮華主編, 武漢出版社, 1997
3. 『兩岸談判硏究』, 黃嘉樹·劉杰, 九州出版社, 2003
4. 『一中兩憲-兩岸和平的起源』, 黃光國, 生智, 民國 94
5. 『臺灣學生在北大』, 蕭弘德, 生智, 民國 88

L : 마카오와 홍콩

1. 『澳門史綱要』, 黃鴻釗, 福建人民出版社, 1991
2. 『變遷中的香港政治和社會』, 李明堃, 香港商務印書館, 1987
3. 『轉折點上的香港』, 天下叢書, 1988
4. 『香港槪論』, 楊奇主編, 香港三聯, 1990
5. 『97過渡:香港的挑戰』, 鄭宇碩·盧兆興編, 中文大學出版社, 1997
6. 『香港市民對97過渡的意見調査』, 鍾庭燿外, 香港大學社會科學硏究中心, 표 10과 15

7. 『邁向新紀元』, 劉澤生主編, 香江出版有限公司, 1997

## 2. 國 文

1. 『中國社會文化事典』, 서울대 국제문제연구소, 서울대 출판부, 1991
2. 『中國政治經濟事典』, 서울대 국제문제연구소, 민음사, 1991
3. 『中共圈의 將來』, 金俊燁編, 범문사, 1967
4. 『中共과 아시아』, 金俊燁, 일조각, 1979
5. 『新中國論』, 鄭鍾旭, 서울대 출판부, 1982
6. 『신중국정치론』, 김하룡, 나무와 숲, 2000
7. 『중국의 개혁과 정치변화』, 김동성, 세종연구소, 1996
8. 『中國의 政治體制와 改革』, 김달중, 法文社, 1992
9. 『中國現代化의 政治經濟學』, 안병준, 博英社, 1992
10. 『현대중국개방사 : 건국에서 등소평의 개혁 개방까지』, 김재선, 民族文化社, 2000
11. 『中華人民共和國』, 宇野重昭, 이재선역, 학민사, 1988
12. 『現代中國의 政治와 社會變動』, 徐鎭英編, 高大亞硏, 1986
13. 『中共文化大革命研究』, 金河龍, 高大亞硏, 1975
14. 『中華人民共和國50年史』, 天兒慧 岩波文庫(임상범역, 일조각, 2003)
15. 『현대 중국의 이해 : 정치·경제·사회』, 김익수, 나남출판, 2005
16. 『오늘의 中國大陸』, 柳世熙편, 한길사, 1984
17. 『현대중국정치론 : 변화와 개혁의 중국정치』, 서진영, 나남출판, 1997

## 3. 日 文

1. 『現代中國事典』, 岩崎學術出版社, 1969
2. 『現代中國事典』, 安藤彦太郎編, 講談社, 昭和 53
3. 『新中國資料集成』, 1-5, 日本國際問題研究所, 1977-9
4. 『中國社會主義の研究』, 上原一慶, 日中出版, 1978
5. 『現代中國の歷史』(1949-1985), 宇野重昭외, 有斐閣, 1986
6. 『中國大躍進政策の展開, 資料と解說』, 上下, 日本國際問題研究所 現代中國研究部編, 同研究所, 1973-1974,
7. 『紅衛兵の時代』, 張承志, 岩波書店, 1992
8. 『中國社會主義ど經濟改革』, 井手啓二, 法律文化社, 東京, 1988
9. 『中國黨軍關係の研究』, 上中下. 川島洪三, 慶應通信, 東京, 1988

10. 『中國共産黨對外路線の檢證-文革以後二十年の昏迷ど茅盾』, 佐佐木陸海, 新日本出版, 東京, 1989
11. 『中國經濟の改革』, 中國經濟改革體制硏究所編, 東洋經濟新報社, 東京, 988
12. 『中國の社會主義市場經濟』, 吳敬璉, サイマル出版會, 1997
13. 『中國經濟發展論』, 中兼和津次, 有斐閣, 1999
14. 『中華人民共和國50年史』, 天兒慧 岩波文庫, 1999
15. 『中國經濟的危機』, 小林熙直編, 日本貿易協會, 2002

## 4. 英 文

1. Liberthal, Kenneth G. and Dickson, Bruce J., *A Research Guide to Central Party and Government in China, 1949-1986.* New York: M. E Sharpe, 1988
2. Nathan, Andrew J. *Modern China, 1840-1972: An Introduction to Sources and Research Aid,* Ann Arbor: University of Michigan, 1973
3. Rodzinski, Witold. *The People's Republic of China: A Concise Political History.* New York: The Free Press
4. Winckler, Edwin A. and Greenhalgh, Susan, ed., *Contending Approaches to the Political Economy of Taiwan,* Columbia University, 1988
5. Dittmer, Lowell. *China's Continuous Revolution: The Post-Liberation Epoch, 1949-1981.* Berkeley : University of California Press, 1989
6.______ , *Liu Shao-chi and the Chinese Cultural Revolution,* University of California Press, 1974
7. Chang, P. H. *Power and Policy in China,* The Pennsylvania State University Press, 1978
8. Li, K. T. *The Evolution of Policy Behind Taiwan's Development Success,* New Haven: Yale University Press, 1989
9. Simon, Denis Fred. and Goldmann. Merele ed., *Science and Technology in Post-Mao China,* Cambridge: Harvard University Press, 1989
10. Day, Alan J. ed, *China and the Soviet Union 1949-84,* Harlow: Longman Group, 1988

11. Ellison, Herbert. J. ed, *The Sino-Soviet Conflict,* University of Washington, Seattle, 1982
12. State Statistical Bureau, *Ten Great Years,* Foreign Languages Press, 1960
13. Willam A.Jordan, *The Critique of Ultra-Leftism in China 1958-1981,* (極左思潮與中國1958-1981, 東南大學出版社, 1989)
14. Fei, Jhon C. H., Ranis, Gustav. and Kuo, Shirley W. Y, *Growth and Equity: The Taiwan Success Story,* World Bank, 1976
15. Hsiung, James C. ed, *The Taiwan Experience 1950-1980,* Pragger Publisher, 1980
16. Jacoby, Neil H., *U.S Aid to Taiwan: A Study of Foeign Aid, Self-help and Development,* New York, Praeger,1966
17. Harding, Harry, ed., *China's Foreign Relations in the 1980s.* Yale University Press, 1984
18. Baum, Richard & Teiwes, Frederick. C., *Ssu-Ch'ing : The Socialist Education Movement of 1962-1966,* University of California Press, Berkely, 1968
19. Goldman, Merle. *Sowing the Seeds of Democracy in China : Political Reforming in the Deng Xiaoping Era.* Cambridge, Mass: Harvard University Press, 1994
20. Jia, Hao & Lin Zhimin, eds. *Changing Central-Local Relation in China: Reform and State Capacity,* Boulder : Westview Press, 1994
21. Ogden, Suzanne, *China's Unresolved Issue : Politics, Development and Culture,* 3rd edition, N. J.:Prentice Hall, 1995
22. Oi, J. C. *Rural China Takes Off : Institutional Foundation of Economic Reform,* Berkeley: University of California Press, 1999
23. Goldman, M. and MacFarquhar, R. ed. *The Paradox of China's Post Mao Reforms,* Cambridge, MA: Harvard University Press, 1999 22. John King Fairbank, China Watch, Havard University Press, 1987

# 大事年表

| | | |
|---|---|---|
| 1949년 | 10월 | 중화인민공화국 수립, 소련 중화인민공화국 승인 |
| | 12월 | 국민당정부 대만으로 이전, 모택동 소련방문 |
| 1950년 | 2월 | 중소우호동맹조약 체결 |
| | 3월 | 장개석 대북에서 총통 복직선언 |
| | 4월 | 중국과 인도 국교 |
| | 5월 | 중공 전당, 전군에 정풍운동 전개 |
| | 7월 | 맥아더 대만방문 |
| | 10월 | 중국인민지원군, 한국전에 참전, 抗美援朝 운동 |
| 1951년 | 5월 | 武訓傳 비판 |
| | 9월 | 모택동 선집 제1권 출판 |
| | 12월 | 3반 운동 |
| 1952년 | 1월 | 5반 운동 토지개혁 |
| | 4월 | 대만 국민정부 일본과 평화조약 체결<br>모택동선집 제2권 출판 |
| | 6월 | 북경에서 중국과 일본 민간경제협정 체결 |
| | 9월 | 길림성 연변 조선족자치주 성립, 학제개혁 |
| | 10월 | 중국국민당 제7차 전국대표대회(대북), 蔣經國 중앙위원으로 선출, 中國反共救國青年團 성립 |
| 1953년 | 중국 | 제1차 5개년 경제개혁 시작, 대만 제1차 4개년경제 건설계획 |
| | 4월 | 모택동선집 제3권 출판 |
| | 5월 | 중화민국 吳國楨사건 |
| | 7월 | 한국전쟁 정전협정 체결 |
| | 9-10월 | 중공중앙 전국조직공작회의 소집 |
| | 11월 | 김일성 중국방문 |
| 1954년 | 2월 | 중공 7기 4중전회 |
| | 4월 | 티베트에 관한 중국인도 협정 |
| | 5월 | 주은래 인도 네루와 평화 5원칙 공동성명 |

| | | |
|---|---|---|
| | | 장개석 총통연임 |
| | 8월 | 송강성과 흑룡강성을 통합하여 흑룡강성으로, 요동성과 요서성을 통합하여 요녕성으로 함 |
| | 9월 | 중국 제1기 전국인민대표대회, 중화인민공화국헌법 통과 |
| | 10월 | 중국국가통계국 인구조사 발표, 6억 193만 8,035명 |
| | 12월 | 홍루몽 연구를 들추어 胡適批判 |
| | | 중화민국, 미국과 상호방위조약체결 |
| 1055년 | 1월 | 胡風사상비판 |
| | 4월 | 반둥회의에 주은래 참석 |
| | 8월 | 중국, 미국과 대사급회담 시작, 대만, 孫立人사건 |
| | 10월 | 서강성 폐지, 사천성에 편입 |
| | 12월 | 열하성 폐지 |
| 1956년 | 1월 | 중공 중앙 지식분자문제회의 소집 |
| | 4월 | 모택동, 10대 문제를 논함 講話 |
| | 5월 | 百花齊放, 百家爭鳴 |
| | 8월 | 중공 제8차 전국대표대회 |
| 1957년 | 2월 | 모택동의 인민모순 문제 처리방안 보고 |
| | 4월 | 중공 중앙 정풍 운동 지시 |
| | 6월 | 일본수상 岸信介 대만 방문 |
| | 10월 | 중국국민당 제8차 전국대표대회 |
| | 11월 | 모택동, 소련 10월혁명 40주년 경축전에 참가 |
| 1958년 | 1월 | 중공 중앙정치국 南寧會議 |
| | 3월 | 중공 중앙정치국확대회의 成都에서 소집 |
| | 4월 | 인민공사 출범 |
| | 5월 | 중공 8전대회 제2차 회의 북경에서 소집 |
| | 7월 | 모택동, 흐루시초프 회담 |
| | 11-12월 | 김일성 중국방문 |
| 1959년 | 2월 | 중공 중앙정치국확대회의 鄭州에서 소집 |
| | 3월 | 티베트 반란 |
| | 4월 | 제2차 전국인민대표대회 북경에서 소집 |
| | 8월 | 중공 중앙정치국회의 여산회의 소집 |
| 1960년 | 4월 | 臺灣青年 창간 |

| | | |
|---|---|---|
| | 6월 | 彭眞을 단장으로 부쿠레슈티 회의 참석 |
| | 10월 | 自由中國 창간 |
| | 11월 | 劉少奇 鄧小平이 이끄는 중공대표단 모스크바에서 소집된 81개국 공산당과 노동당대표회의 참가 |
| 1961년 | 7월 | 김일성 중국방문 |
| | 10월 | 周恩來를 단장으로 중국대표단 소련 22차 공산당대표대회 참석, 중공입장표명 후 폐막전 귀국 |
| 1962년 | 10월 | 인도군 중국변경 짐범 |
| | 12월 | 중소 분쟁표면화, 대만 T.V 방송 시작 |
| 1963년 | 5월 | 모택동 杭州회의 소집, 사회주의 교육문제 토론 |
| | 7월 | 등소평과 팽진, 중부단장으로 소련공산당 대표와 모스크바회의 참석 |
| | 11월 | 중국국민당 제9차 전국대표대회 |
| | 12월 | 신화사, 중국은 석유를 기본적으로 자급한다고 보도 |
| 1964년 | 4월 | 大慶油田 발견 |
| | 10월 | 중공 핵실험 성공 |
| | 12월 | 제3기 전국인민대표대회 소집, 주은래는 현대농업, 현대공업, 현대국방, 현대과학기술의 사회주의강국을 제창 |
| 1965년 | 1월 | 대만, 蔣經國 국방부 부장 취임 |
| | 7월 | 대만, 高雄輸出工團 조성 |
| | 9월 | 모택동, 정치국확대회의에서 수정주의에 대응책 발표, 티베트自治區성립 |
| | 11월 | 해서파관 비판 시작 |
| 1966년 | 2월 | 문화혁명 5인 소조의 2월 提綱<br>江靑, 부대문예공작좌담회 소집 |
| | 5월 | 5.16통지 2월 제강 취소, 중앙문화혁명 소조 성립 |
| | 7월 | 모택동 양자강에서 수영, 건강과시 |
| | 8월 | 중공 제8기 11중전회에서 프롤레타리아 문화대혁명에 관한 결정을 결의 |
| | 9월 | 모택동 임표, 홍위병 접견 |
| 1967년 | 1월 | 상해 조반파 1월 폭동, 대만 국가안전회의 설치 |
| | 2월 | 2월 역류 |

| | | |
|---|---|---|
| | 3월 | 중공 중앙, 박일파 등 61인 자수 반변자료 발표 |
| | 6월 | 수소 폭탄 실험 성공 |
| | 7월 | 대만 중국문화부흥운동 전개 |
| 1968년 | 9월 | 혁명위원회가 전국적으로 성립 |
| | 10월 | 유소기 영구제명(당 8기 12중전회) |
| | 12월 | 남경 長江大橋 완공 |
| 1969년 | 3월 | 중국국민당 제10차 전국대표대회(-4월) |
| | 4월 | 중공 제9차 전국대표대회-林彪를 모택동 후계자로 정함 |
| | 7월 | 중소 국경충돌 |
| | 8월 | 중소 신강성에서 국경충돌 |
| | 9월 | 중공 지하핵실험 성공 |
| | 11월 | 劉少奇 사망 |
| 1970년 | 1월 | 臺灣獨立聯盟 본부를 뉴욕에 두고 성립 |
| | 4월 | 임표, 국가 주석제 설치를 제의, 모택동 거절 |
| | 12월 | 陳伯達 비판, 정풍운동 전개 |
| 1971년 | 4월 | 중공 인공위성 발사 성공, 대만 釣魚島 보위운동 미국 탁구팀 중국방문 |
| | 7월 | 키신저 중국방문, 주은래의 닉슨 초청 |
| | 9월 | 임표 쿠데타 (9.13사건) 실패 |
| | 10월 | 중공 유엔 중국대표권획득, 대만 중화민국 유엔 탈퇴 |
| 1972년 | 1월 | 국무원 부총리 陳毅 사망, 추도대회 |
| | 2월 | 닉슨 대통령 중국방문, 상해공동성명 발표 |
| | 4월 | 중국, 미국탁구팀 초청 |
| | 5월 | 蔣介石, 嚴家淦 중화민국 제5대 정부총통에 취임 |
| | 9월 | 일본 타나가 수상 중국방문, 모택동과 회담 |
| 1973년 | 1월 | 鄧小平 부총리로 복직 |
| | 8월 | 중공 제10차 전국대표대회 |
| | 9월 | 프랑스 퐁피두 대통령 중국방문 |
| 1974년 | 2월 | 비림비공 운동 |
| | 4월 | 등소평, 뉴욕 유엔에서 제3세계론을 발표 |
| 1975년 | 1월 | 제4기 전국인민대표대회 소집 |
| | 4월 | 장개석 사망, 장경국 국민당 주석이 됨 |

| | | |
|---|---|---|
| | 12월 | 미국 포드대통령 중국방문 |
| 1976년 | 1월 | 周恩來 사망 |
| | 4월 | 天安門(4.5) 사건 |
| | 7월 | 朱德 사망 |
| | 9월 | 毛澤東 사망 |
| | 9-10월 | 華國鋒, 당주석 국무원 총리에 취임 |
| 1977년 | 7월 | 4인방 제거, 중공 10기 3중전회에서 등소평 부활 |
| | 8월 | 중공 제11차 전국대표대회, 문화대혁명 종료 |
| | 11월 | 대만 中壢사건 |
| | 12월 | 대학입학연합고사 실시, 全國總工會 부활 |
| 1978년 | 2월 | 제5기 전국인민대표대회 |
| | 5월 | 화국봉 북한방문, 장경국 謝東閔 중화민국 제6대 정부 총통에 취임 |
| | 8월 | 중국, 일본과 우호조약체결 |
| | 9월 | 등소평, 당정대표단 북한방문 |
| | 12월 | 문혁 때 폐교된 대학 복교 및 증설, 169개소<br>중공 11기 3중전회, 개혁개방, 중국4개 현대화 |
| 1979년 | 1월 | 전국인민대표대회 상무위 「대만동포에게 고하는 글」<br>중국 금문포격 중지, 미국과 정식 외교관계 성립 |
| | 2월 | 중국 베트남 전쟁, 등소평, 미국 일본 방문 |
| | 3월 | 북경의 봄 운동 종료 |
| | 8월 | 삼가촌 그룹 복권 |
| | 10월 | 魏京生에 대한 재판 |
| | 12월 | 대만 美麗島 사건 |
| 1980년 | 2월 | 劉少奇 복권 명예회복, 우편번호제도 실시, 北京晚報 복간 |
| | 4월 | 대만상품에 대한 관세폐지 |
| | 8월 | 華國鋒 총리 사임, 趙紫陽이 총리가 됨 |
| 1981년 | 1월 | 북한 국무원총리 李鐘玉 중국방문 |
| | 5월 | 중공 중앙 宋慶齡 당원으로 접수, 중화인민공화국 명예 주석호칭 부여 |
| | 6월 | 중공 11기 6중전회 건국이래 당의 역사문제에 관한 결의 |
| | 9월 | 중국 대만에 대한 9개 항목제안 |

1982년 1월 제3차 전국인구 조사, 10월 27일 발표 총 인구 10억 3,188만 2,511 명, 한족 93%, 소수민족 6.7%
9월 중공 12기 전국대표대회, 胡耀邦 총서기에 선출
11월 제5기 전인대표 5차회의 신헌법을 공포, 인민공사 해체
1983년 4월 중국인민무장경찰부대 총부 성립
6월 제6기 전국인민대표대회
11월 호요방 일본 방문
1984년 4월 중국연해 14개 도시 개방 확대, 주민등록제 실시, 유효기간-16-25세 10년, 25-45세 20년, 45세이상 영구, 趙紫陽 일본방문
5월 蔣經國 李登輝, 제7대 정부총통에 취임
7월 중국, 대만과 로스 안 젤레스 올림픽 참가
9월 중영 홍콩반환문제 연합성명에 서명
11월 김일성 중국방문
1985년 1월 중국 스승의 날(敎師節)을 9월 10일로 정함(대만은 9월 28일)
5-6월 중공 군대 100만 명 감축하기로 함
9월 중공 13차 전국대표대회
1986년 7월 중국내 위성통신망 개통
9월 중국 서울 아시안 게임 참가
1987년 1월 중공 중앙정치국확대회의
3월 중 포르투갈 마카오 반환에 관한 연합성명에 서명
7월 대만 계엄령 해제
1988년 1월 대만, 장경국 총통 서거, 이등휘 계임, 신문출판의 자유
2월 대만 국민당 당 간부 대륙방문 허용
3-4월 제7기 전국인민대표대회
8월 중국, 서울올림픽 참가
12월 미국에 유학중인 대륙학생 5명 대만 방문
1989년 2월 미국 부시 대통령 중국방문
5월 54운동 70주년 기념 민주화 운동으로 확대
대만 재정부장 郭婉蓉 북경아시아은행회의 참석
북경 계엄령 선포

| | | |
|---|---|---|
| | 6월 | 천안문 사건 |
| | | 중공 13기 4중전회, 총서기 조자양 해임, 강택민 선출, 천안문 사건을 반혁명 폭동으로 규정 |
| 1990년 | 3월 | 대만, 國是會議 소집과 2년이내 국회개조와 헌정개혁 약속 |
| | 5월 | 이등휘 제8대 중화민국총통에 선출, 취임 |
| | 10월 | 북경아시안게임 개최 |
| 1991년 | 9월 | 치리정돈 종료 |
| | 12월 | 대만 제2기 국민대표 선거 |
| 1992년 | 1월 | 등소평의 남순강화 |
| | 8월 | 우리나라와 수교 |
| | 10월 | 중공 14기 전국대표대회 사회주의 시장경제 방향 설정 |
| | | 상해 포동 개발 |
| 1993년 | 1월 | 중국과 대만 민간단체대표 싱가포르회담(왕고회담) |
| | 10월 | 국가공무원법 시행 |
| | 11월 | 강택민 미국방문, APEC 비공식 수뇌회담 |
| | 12월 | 중공 14기 3중전회에서 사회주의시장경제 확립을 결정 |
| 1994년 | 3월 | 김영삼대통령 중국방문 |
| | 7월 | 제8기 전인대 상무위원회, 중화인민공화국노동법 통과 다음해부터 시행 |
| | 9월 | 강택민, 러시아 우크라이나, 프랑스 방문 |
| 1995년 | 1월 | 강택민 대만통일 8항목 제안 |
| | 6월 | 대만 이등휘총통 미국방문, 중국과의 관계 긴장 |
| | 11월 | 강택민, 3講 교육제시, 김영삼대통령 초청으로 한국 방문 |
| | | 중국인민은행법 제정 |
| 1996년 | 3월 | 대만 직선제 총통선거, 중국은 대만에 대한 군사 훈련 |
| | 12월 | 대만, 국가발전회의 소집 |
| | | 중국, 달러 태환권 폐지 |
| 1997년 | 2월 | 등소평 사망 |
| | 7월 | 홍콩 중국에 반환, 아시아 금융위기 시작 |
| | 9월 | 중공 15기 전국대표대회, 사회주의 초급단계론 제기 |
| | 10월 | 강택민 미국방문 |

| | | |
|---|---|---|
| 1998년 | 3월 | 제9기 전국인민대표대회 제1차회의에서 강택민 국가주석에 재선출, 호금도를 국가부주석에 선출 |
| | 7월 | 미 클린턴 대통령 중국방문 |
| | 11월 | 강택민 일본 방문, 역사문제로 대립 |
| 1999년 | 3월 | 제9기 전국인민대표대회 제2차 회의, 중화인민공화국헌법수정안 통과, 의법치국 표방 |
| | 7월 | 파룬궁 단속시작, 사교금지법 통과(10월) |
| | 10월 | 중화인민공화국 건국 50주년, 대만, 100년이래의 최대 지진 |
| | 12월 | 마카오 중국에 반환되다 |
| 2000년 | 2월 | 강택민, 3개 대표론을 제기, 중공16전대회에서 총강 수정, 모택동사상, 등소평이론과 함께 행동의 지침 |
| | 5월 | 대만, 민진당 진수편 총통 취임 정권교체를 이룸 |
| | 7월 | 러시아 푸틴 대통령 중국방문 |
| 2001년 | 1월 | 무인우주선 神舟 2호 발사 성공 |
| | 10월 | APEC 제9차 회의 상해에서 열다 |
| | 11월 | WTO 가입 |
| 2002년 | 4월 | SARS, 광동성에서 첫 발생 |
| | 11월 | 중공 16차 전국대표대회, 호금도를 당 총서기로 선출, 당권 승계 |
| 2003년 | 1월 | 유인우주선 神舟 4호 성공 |
| | 2월 | 중공 16기 2중전회, 국무원 기구개혁방안 |
| | 3월 | 제10기 전국인민대표대회 제1차회의, 胡錦濤는 국가주석, 溫家寶는 국무원 총리 |
| | 5월 | 호금도 주석 크렘린 궁에서 푸틴과 회담 |
| 2004년 | 3월 | 대만, 진수편 총통 재선 |
| | 9월 | 중공 16기 4중전회 강택민 군사위원회 주석 사임 승인, 호금도를 주석으로 선출 |
| 2005년 | 3월 | 제10기 인민대표대회 제3차 회의 반분열국가법(국가분열반대법) 통과 |

# 찾 아 보 기

## 〔 가 〕

〔 바 〕

〔 아 〕

〔 차 〕



〔 카 〕



〔 타 〕

〔 파 〕



〔 하 〕

〔著者略歷〕
· 高麗大學校 史學科 卒業
· 中華民國 國立臺灣大學 歷史學硏究所 卒業
· 高麗大學校 大學院(文學博士)
· 檀國大學校 史學科 副敎授
· 中華民國 淡江大學, 國立臺灣大 歷史系 客座敎授
· 高麗大學校 史學科 敎授

〔著　書〕
· 近代中國의 西洋認識(1985, 高麗苑)
· 中國近代史(1990, 大明出版社)
· 中華民國과 共産革命(2001, 大明出版社)
· 中國當代40(1949-1989)年史 (1993, 高麗苑)
· 中國史(1998, 완전개정판(상하), 2005, 대한교과서주식회사)
· 中國史學史(2002, 高麗大出版部)
· 근대중국 : 개혁과 혁명(2004, 대명출판사)

〔共　著〕
· 20세기 中國(1998, 서울대출판부)
· 19세기 中國社會(2000, 신서원) 외

〔譯　書〕
· 中國歷代政治의 得失(錢穆 原著, 1974, 博英社)
· 中國通史(傅樂成 1975, 1981, 宇鍾社)
· 中國안의 韓國獨立運動(胡春惠 原著, 1977, 檀國大出版部)
· 中國現代政治史論(張玉法 原著, 1991, 高麗苑)
· 19세기 중국과 일본(王曉秋原著, 2003, 高麗大出版部)

본서의 제11-13장은 아산사회복지재단의 해외연수 교수지원비(2003-04)에 의해 이루어졌음

중국근현대사 ③
**당대 중국 : 중화인민공화국과 대만**

2006년 12 월 25 일 초판인쇄
2006년 12 월 30 일 초판발행

著　者　辛　勝　夏
發行者　李　澈　九
發行處　大明出版社

서울특별시 종로구 청진동 6번지
1970. 1. 14　제1-82호
電　話 (02) 734-8210, (02) 734-8211
FAX　(02) 737-8211
LCGDAE@chollian.net

定價　35,000 원　　ISBN 89-5774-145-3

중국 행정구획도
몽 골
우루무치
신장위구르자치구
간쑤
칭하이
시닝
시짱(티베트)자치구
라사
쓰촨
인도
방글라데시
미얀마
윈난
라오스